Periodization
Theory and Methodology of Training

周期训练理论与方法

[美]图德·O. 邦帕（Tudor O. Bompa）卡洛·A. 布齐凯利（Carlo A. Buzzichelli）著

曹晓东 黎涌明 杨东汉 尹晓峰 译

（第6版）

人民邮电出版社

北 京

图书在版编目（CIP）数据

周期训练理论与方法：第6版 /（美）图德·O. 邦帕（Tudor O. Bompa），（美）卡洛·A. 布齐凯利（Carlo A. Buzzichelli）著；曹晓东等译. -- 北京：人民邮电出版社，2019.9
ISBN 978-7-115-51704-3

Ⅰ. ①周… Ⅱ. ①图… ②卡… ③曹… Ⅲ. ①运动员-运动训练-研究 Ⅳ. ①G808.1

中国版本图书馆CIP数据核字(2019)第153904号

免责声明

作者和出版商都已尽可能确保本书技术上的准确性以及合理性，并特别声明，不会承担由于使用本出版物中的材料而遭受的任何损伤所直接或间接产生的与个人或团体相关的一切责任、损失或风险。

内 容 提 要

训练的周期化是把一个训练过程分解成多个小而易于管理的训练阶段的方法。本书分为训练理论、计划和周期，以及训练方法三部分，由周期训练理论先驱图德·O. 邦帕和卡洛·A. 布齐凯利合力写就。首先，本书讲解了训练体系、能量来源、训练原则、训练准备、训练变量等基础理论；其次，从身体运动能力周期训练出发，结合运动专项的特点，分析了训练课计划和周期计划的安排方法及重要性，从而帮助教练让运动员在比赛中达到最佳的运动状态；最后，结合力量、爆发力、耐力、速度与灵敏性等身体素质发展的影响因素，详细介绍了发展这些身体素质的训练安排与计划，以帮助教练为运动员制定更合理、更有目的性的训练计划。本书将训练与训练产生的生理学反应相结合，更加清晰地展示了周期训练产生的积极效果，适合教练、运动员和广大运动爱好者阅读。

◆ 著　　　[美] 图德·O. 邦帕（Tudor O. Bompa）
　　　　　　卡洛·A. 布齐凯利（Carlo A. Buzzichelli）
　　译　　　曹晓东　黎涌明　杨东汉　尹晓峰
　　责任编辑　林振英
　　责任印制　周昇亮

◆ 人民邮电出版社出版发行　　北京市丰台区成寿寺路 11 号
　　邮编　100164　　电子邮件　315@ptpress.com.cn
　　网址　http://www.ptpress.com.cn
　　三河市君旺印务有限公司印刷

◆ 开本：700×1000　1/16
　　印张：23　　　　　　　　　2019 年 9 月第 1 版
　　字数：545 千字　　　　　　2025 年 9 月河北第 29 次印刷
　　著作权合同登记号　图字：01-2018-7989 号

定价：168.00 元

读者服务热线：(010)81055296　印装质量热线：(010)81055316
反盗版热线：(010)81055315

目 录

第一部分　训练理论

第三部分　训练方法

在大量的体能培训课中，方法类的主题通常是最受欢迎的，而"周期"并不是一个常见的主题。如同书法家开始动笔之前通常会站在白纸前构思，之后再决定每一笔的轻重缓急。一名教练也应该在整个训练周期开始前，从"大画面"的层面考虑整个训练周期的安排，之后再依序发展不同的能力、组织不同的训练课。

运动员的提高过程是综合能力提高的过程，需要运动员在各种能力上均有所提高。各种训练方法固然有提高不同能力的属性，但如果不能合理地将不同的方法置于大周期中合适的位置，也很难发挥其作用，甚至会起反作用。例如，如果技能类专项的教练不考虑技战术练习所具有的负荷属性（以足球为例，足球教练经常采用小场地比赛的方式提高运动员的专项耐力），那么就很难将技战术训练与其他能力（如力量、爆发力、速度、灵敏性等）的训练相统一，甚至有可能导致"相互干扰"：一方面降低训练效率，另一方面增加受伤风险。此外，如果不能综合考虑，合理地安排训练负荷，会出现运动员在关键比赛前受"竞技状态"的影响，很难将已经获得的"能力"转化为良好的运动表现。

运动员的提高过程，是教练团队协作的过程。特别是在技能类的项目中，以"负荷变化"为核心的周期训练安排是体能教练（或运动表现团队）与以主教练为核心的技术团队交流的重要工具。在这些项目中，运动员需要承受来自不同团队施予他们的身体负荷，并且要承受来自不同方面训练带来的疲劳。诚如书中所言"周期是一种负荷管理工具，它可以帮助教练综合管理运动员因训练和比赛而产生的生理、心理和社会方面的应激和疲劳"。因此，团队之间需要在训练负荷和身心疲劳的层面进行日常交流，这样运动员的能力才能不断提高，或保持在最佳的水平。同时避免因为疲劳而引发损伤。

这是一本"教练写给教练的书"，这是在这本书的翻译过程中，多次与朋友提及的直观感受。本人 2007 年在网上书店购得 *Periodization Training For Sports* 第 2 版至今，一晃已经12 年了。在这些年中，自己有幸能够遇到为自己提供大量实践空间的主教练们，有机会在"周期"的框架下尝试各种训练方法。12 年后，当拿到本书时，发现了大量之前没有预期到的关于"周期"的新内容。在翻译过程中，自己一方面非常庆幸接下了这个任务，能够更加深入地学习由训练专家整合的、包括大量新增内容的知识体系；另一方面，也欣喜于自己从 2007 年就开始跟随本书的作者邦帕教授（一位现已年逾八十岁的训练专家）进行学习。这本书印证了自己近年来的训练思路和训练思考；同时也帮助自己丰富和完善了知识体系，为未来在实践中继续实证这些理论打好基础。

非常有幸得到翻译本书的机会，甚至在刚接到任务不久就获悉这本书是 Human Kinetics 2018 年度最佳销量图书，顿时感觉动力和压力倍增。参与这本书翻译的均是工作在理论或实践一线的年轻一代学者或教练，他们是曹晓东（博士）、黎涌明（博士 / 教授）、尹晓峰（博士）和杨东汉（硕士）。翻译的过程，也是我们重新学习的过程。由于时间有限，自然会有一些纰漏，敬请各位读者批评指正。

曹晓东　博士

2019 年 2 月于上海东方绿舟

得知这本书已被翻译成中文，我深感自豪和欣慰。至此，我已经有四本书被翻译成中文了。如果我的书能够帮助中国的专家学者们更好地理解运动训练的理论，这将会是我职业生涯中的一段佳话。

自2016年起，我有机会与中国的一些专家学者进行了交流讨论。他们的学习热情以及与我分享他们的训练观点的盛情让我无比欣慰。为什么这么说？因为体育是一个民族文化及运动传统的一部分。众所周知，中国是世界上文化最丰富的国家之一。能够为中国运动训练理论的发展做出一份微小的贡献，于我便是巨大的满足。

另一件事对我同样意义非凡，我想分享给各位读者，那就是我将自己的训练理论与概念都整合到了图德·邦帕学院的知识体系。图德·邦帕学院的大门向全中国所有追求提升运动训练理论和实践的学子敞开。

在此，我非常自豪地宣布，JUZPLAY，一个来自中国上海，致力于向成千上万热爱运动的人传播专业信息与知识的公司，与图德·邦帕学院建立了合作关系。我们将一同为中国的健身和运动爱好者服务，帮助中国健儿提升运动表现。

我有幸能与这几位杰出的中国专家学者共事，我们在共享信息的过程中建立了亲密的友谊，他们是曹晓东博士、黎涌明教授、尹晓峰博士以及杨东汉硕士。

谨致以我崇高的敬意。

图德·O.邦帕

图 德·邦帕的经典著作*Theory and Methodology of Training*，在为世界各地的众多教练和运动员组织训练实践方面，发挥了至关重要的作用。几经改版，最终形成本书。自1983年首次出版后，这本书始终都在为我们呈现与训练理论相关的最新研究和实例。此书已经被翻译成多种语言，并且成了世界范围内的众多体育科研工作者、教练和运动员关于周期化训练的主要信息资源之一。在本书中，作者邦帕邀请了卡洛·布齐凯利共同撰写了书中科学与实践的部分内容。本书不仅提供了以理解训练过程为核心的信息，同时也包括了周期化训练基础原则的科学证据。

本书的结构

作者在之前版本的基础上，将本书内容分成了三大部分：训练理论，计划和周期，以及训练方法。第一部分为"训练理论"，共包含四章，深入研究训练的主要核心概念。例如：第一章是训练过程的基本概念，第二章是训练原则，第三章是战术、技术和身体能力的训练过程，第四章介绍与制定训练计划有关的变量。这四章为教练、体育科研工作者和运动员理解并制定周期训练计划提供了必要的概念，第二部分将对这些概念进行详细的阐述。

第二部分为"计划和周期"，包含五章，主要讨论与训练计划相关的方法学概念。这些章节里面有一些之前版本的内容，其中：第五章包含周期概念的发展，以及年度计划和身体运动能力周期化安排的方法学工具；第六章涵盖了对训练课进行概念化和计划的方式；第七章的内容为构建不同训练周期化的方法；第八章进一步讨论了年度训练计划的设计；最后，第九章介绍了在合适的时间提升运动表现的方法。第九章还结合了目前有关训练疲劳和运动表现之间相互关系的科学知识及实用信息，从而能够让教练和运动员控制训练，进而确保运动员在比赛期间达到最佳运动表现。

第三部分为"训练方法"，探讨了力量和爆发力（参见第十章）、耐力（参见第十一章），速度与灵敏性（参见第十二章）的训练方法。在力量和爆发力部分，作者提供了力量、速度、力的生成率和爆发力之间的相互关系，以及在设计力量训练计划时如何控制训练变量的方法。耐力（参见第十一章）、速度与灵敏性训练（参见第十二章）章节在内容上进行了一定的扩充，涵盖了关于测试以及提升这些重要运动表现特征的最新信息。

第 6 版更新的内容

本书涵盖了第 5 版的多个内容板块，其中包括年度训练计划示例、小周期化负荷结构，以及设计周期化训练计划所用的图表。更新后的这一版具有以下新特点。

- 探讨针对竞技层面的运动员制定专项年度计划的重要性。这有助于从业人员理解制定训练计划是没有一套所谓的"通用"方案的。
- 专门拓展了一章来阐述如何在训练过程中将身体运动能力整合其中。
- 提供了周期化训练概念的历史背景，并对理论和方法领域常用的多个术语和概念进行了阐述。
- 对训练课、小周期化和大周期化的概念进行了以实际执教应用为导向的、综合性的更新和改进。
- 专门拓展了一章，阐述了提升肌肉力量的方法。这一章讨论了一些概念，例如控制负荷变量、专项力量转化，以及如何运用这些概念最大限度地提高肌肉力量，并将其转化为专项表现。
- 详细解释了速度和灵敏性训练，以及个人项目和集体性项目之间的差别。
- 深入讨论了专项耐力提升和个性化训练，并阐述了个人项目和集体性项目之间的差别。在本部分中，还呈现了耐力的不同类型，以及测试和提升耐力的具体方法。另外还涵盖了这些方法的生理学基础，并解释了如何通过训练影响生理学因素。

本书是在之前版本的基础上写就的，同时增加了当前业界对于训练理论和周期化运用的理解。

鸣　谢

Human Kinetics为本书做了很多工作，对于每个想要了解训练理论、周期化以及计划安排的人而言，本书均值得阅读。衷心感谢罗杰·厄尔对我的指导，也衷心感谢朱莉·马克斯·古德雷奥不辞辛劳地编辑本书。卡洛和我也由衷地感谢安·金德斯，是她勤勉刻苦及仔细认真的工作，使本书能够最终成书。从初稿中不断查找错误的过程是非常辛苦的，感谢你，安。

我也要由衷地感谢本书的另一位作者，卡洛·布齐凯利，他为本书的完成做出了不可磨灭的贡献。感谢你，卡洛。

最后，致敬读者：年少时，我和你们一样满怀梦想。我个人的成功来得太早，以至于最初我认为自己有多么多么的优秀。但是在经历过一次重大挫折后，我意识到成功的道路上布满了荆棘。能够带领自己的运动员走向成功固然让我受益良多，但从失败经历中我获得的经验更多。良好的组织能力使我受益良多，合理的计划能力是我最大的优势。如果你想取得成功，我极力建议你要努力成为一名优秀的计划者。

图德·O.邦帕

感谢图德·邦帕教授给予我的指导。非常荣幸能够与邦帕教授一起合著本书。在训练理论和方法学领域，这大概是全世界最畅销的书之一了。

感谢在过去二十年里和我共事的教练以及运动员们，是你们帮助我了解与运动相关的训练过程，因为对训练过程的理解对于竞技体育是非常重要的。周期化理论是通过应用于多种运动项目发展起来的；反过来，在这些运动项目中的实践反馈也为理论与实践之间建立了桥梁。

卡洛·A. 布齐凯利

第一部分

训练理论

运动科学和运动员运动准备方面的知识与实践在持续不断地演变，这种演变伴随着我们对人体如何适应各种生理和心理应激的认识的不断深入。为了提高运动员的运动表现，当代体育科研工作者不断探索不同训练干预、恢复方式、营养搭配和生物力学等因素对运动员生理及运动表现的影响。随着人们对身体应对不同应激源反应的持续深入研究，现代训练理论研究者、体育科研工作者以及教练已经能够全面地阐述大部分基本的训练理论。

训练理论的核心是我们可以建立训练的结构化系统，该系统结合了多种训练活动，这些活动的目标是提高某个运动项目运动员的专项生理、心理和运动表现水平。训练理论可以调节适应过程，并产生具体的训练效果。理解在人体进行各种身体活动时所发生的生物产能机理（人体如何供能），有助于完善调节和指导过程。那些了解身体活动和专项的生物能量学知识，并能根据身体适应的时间特征适时施加训练刺激的教练，更有可能制定出有效的训练计划。

训练范围

运动员通过结构化、目标明确的训练活动，可以实现特定的目标。训练的目的是提高运动员的技能和运动能力，从而优化运动表现。训练需要持续较长的时间，并且与很多生理、心理和社会学层面的变量相关。训练按照循序渐进和个性化的方式逐步提高难度等级。通过训练，运动员的生理和心理功能够得到了调节，以满足专项的苛刻要求。

奥林匹克运动会的传统要求运动员要努力同时具备完美的身体素质、崇高的精神思想和纯洁的道德准则。完美的身体素质意味着全面、协调的发展。运动员需要精细、多样化的技能，积极向上的心理素质，良好的健康水平。运动员需要在训练和比赛中学习应对高压力刺激的环境。基于实际经验并运用以科学为支撑的方法，完成有条理和有组织的训练计划，身体才会变得愈加完美。

无论是对初级运动员还是职业运动员来说，教练都要根据个人能力、心理特点及社会环境来制定训练计划，让运动员为现实的、可以实现的目标努力训练。一些运动员的目标是赢得比赛或者提高自己的运动表现；另一些运动员的目标是掌握技术技能，或进一步提高身体运动能力。无论目标是什么，重要的是每一个目标都必须尽可能精确且可以测量。在任何运动计划中，无论长期计划还是短期计划，运动员都需要在开始训练前设定目标，并且确定好实现这些目标的步骤。实现最终目标的时间就是重大比赛的日期。

训练目标

训练是运动员运动表现发展的过程[59, 107]。教练优化运动员运动表现的能力是通过系统化的训练计划体现的，而训练计划的设计则要依据教练掌握的各个学科的知识，所涉及的学科如图 1.1 所示[107]。

训练过程的目标是发展各种与不同专项运动有关的能力[107]。这些能力包括一般身体素质、专项身体素质、技术能力、战术能力、心理特征、健康维持、预防损伤，以及相关理论知识。确定个性化的，以及适合运动员年龄、经验和水平的训练方法，是获得上述能力的基础。

- 一般身体素质：也称为全面身体素质，是进行所有运动项目的基础。提高一般身体素质的目标主要是改善基本的身体运动能力，例如耐力、力量、速度、柔韧性和协调性。身体素质较好的运动员可以更好地接受专项训练活动，具有更大的提升运动水平的可能性。

- 专项身体素质：是为了某一专项所需要具备的生理和体能能力。这种类型的训练以某专项所需要的几种特定要求为目标，例如力量、技巧、耐力、速度和柔韧性[105, 107]。然而，很多运动专项需要各种能力的综合，例如爆发力、肌肉耐力或者速度与耐力的结合。

- 技术技能：训练的重点在于改善专项活动必需的一些技术技能。完善技术技能的基础包括一般身体素质与专项身体素质。例如，在体操项目中，是否能完成十字支撑动作取决于运动员身体运动能力中的肌肉力量[36]。最后，提高技术技能的训练目标是完善技术、优化成功完成某项竞技表现的专项技能。

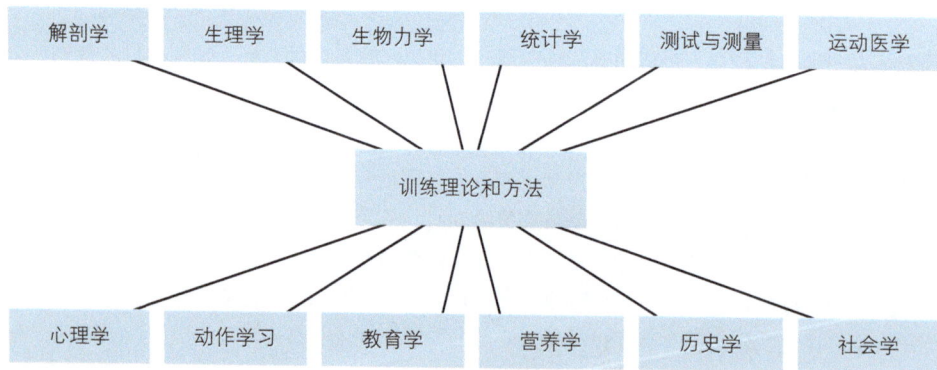

图 1.1 支持学科

技术需要在正常和非正常的情况下（例如，天气、噪声等）进行培养，并且要时刻关注完善专项所需要的技能。

- 战术能力：在训练过程中，战术能力的提升也极其重要。训练战术能力是为了完善运动员自身的竞技策略，并且需要以研究竞争对手的战术能力为基础。具体来说，这种类型的训练是为了利用运动员的技术和身体能力，来完善竞赛策略，提升在竞争中获胜的概率。

- 心理因素：心理准备也是确保身体能力表现最优化的必要条件之一。一些专家称这种类型的训练为个性培养训练[107]。不管采用何种术语，例如勇气、毅力和自信等，这些心理特征的提升都是成功达到最佳竞技表现水平的基础。
- 健康维持：运动员的整体健康至关重要。定期的医学检查和合理的训练计划，其中包括高强度训练与恢复再生期的交替进行，可以让运动员保持一个良好的健康状态。从业人员需要特别注意伤痛和疾病，正确处理这些问题是训练期间需要首先考虑的重要内容。
- 预防损伤：最好的预防受伤的方法是确保运动员在参加严酷训练和比赛的过程中，形成必要的身体能力和生理特征，另外也要确保训练的合理[61]。不合理的训练，比如运动负荷过大，会增加受伤的风险。对青少年运动员来说，身体素质的全面提高是重要目标，因为身体运动能力的提升有助于降低受伤的可能性。另外，疲劳管理也非常重要。若疲劳程度较高，受伤的概率会急剧增大[101]。因此，在制定训练计划时，教练一定要考虑运动员的疲劳因素。
- 理论知识：在训练过程中，教练还需要让运动员学习有关训练、计划、营养和恢复的生理和心理方面的基础知识。重要的是，运动员应该理解为什么要进行某种类型的训练。讨论为训练计划的每个层面设定的训练目标，或者要求运动员参加与训练相关的研讨会和大型会议，可以增加运动员的理论知识。运用与训练过程和专项相关的理论知识来拓宽运动员的知识面能够提升各种可能性，诸如引导运动员做出良好的个人决策，在训练过程中更加专注，同时也可以让教练和运动员更好地设定训练目标。

技能的分类

身体活动技能的分类方法有很多种。除了传统的分类方法，将体育活动分为个人运动项目（田径、体操、拳击）和团体/集体性运动项目（足球、橄榄球、篮球、排球）之外，另一种被广泛接受的分类方法是以身体运动能力为标准进行的分类。身体运动能力包括力量、速度、耐力和协调性等[53]。尽管根据身体运动能力来对体育活动进行分类非常有用，但是教练也会使用其他分类方法。根据运动技能进行分类，可以把体育活动分为周期性技能、非周期性技能或者非周期性组合技能，这种分类方法是一种比较普遍的分类方法。

- 周期性技能通常见于步行、跑步、越野滑雪、速滑、游泳、划船、自行车、皮划艇和独木舟运动中。这些体育运动的主要特征是动作具有重复性。一旦运动员掌握了专项动作，那么他就能长时间持续地重复。每个动作的循环周期都包含连续重复的不同阶段和相同阶段。例如，划桨击水的 4 个阶段分别是入水、拉桨、出水和回桨，这是一整套的动作。运动员在完成划船的周期性动作过程中，需要按同样的顺序多次重复。并且每个动作循环都是不间断的，一个动作紧接着下一个动作。
- 非周期性技能可以在推铅球、掷铁饼、大多数体操项目、集体性运动项目、摔跤、拳击和击剑等项目中观察到。这些运动技能在一个行动中就整合了不同的动作。例如，掷铁饼技能涵盖了预摆、转体、旋转以及最后用力和缓冲等环节，但是运动员在一个行动中就完成了上述所有步骤。

- 非周期性组合技能由周期性动作和后续非周期性动作组成，例如花样滑冰、跳水、田径中的跳跃项目、摔跤和体操跳马等项目中的技能。尽管所有动作都环环相扣，我们也能够轻松地区分周期性动作和非周期性动作。例如，跳高和跳马运动员的非周期性动作和之前的周期性跑步动作。

了解这些技能分类，对教练选择合适的教学方式具有非常重要的作用。通常情况下，将周期性技能作为一个整体教授给运动员效果会更好；非周期性技能则是把这些技能拆分成更小的单位进行教授更有效。例如，在指导标枪运动员时，在学习三步掷、六步掷和全程掷标枪方法之前，应该先掌握站立位掷标枪的方法 [38]。

训练体系

体系是一种有组织、有条理、有方法、有计划的一套想法、理论和思考。训练体系的形成基于科学发现及日积月累的实践经验。在研发一个训练体系之前去研究其他训练体系很重要，但是不应该直接引入一个训练体系。再者，创建和开发一个更好的训练体系，必须考虑所处的环境。

邦德查克 [9] 认为，要构建一个训练体系需要遵循下列 3 个原则。

1. 了解训练体系的形成因素：开发训练体系的核心因素源于训练理论与方法的一般知识、科学发现、国家精英级教练的经验，以及其他国家使用的一些方法体系。

2. 确定训练体系的结构：一旦成功确定了训练体系的核心因素，就可以构建具体的训练体系，并可以据此构建长期和短期的训练模型。这个体系要适用于所有教练，但同时也要有足够的灵活性，以方便教练根据自己的经验来充实体系的结构。在建立训练体系时，体育科研工作者的作用尤为重要。相关研究，尤其是应用研究，可以增加相关知识基础，以促进训练体系的发展和更新。另外，体育科研工作者可以协助开发运动员监测和选材计划，建立训练理论，训练应对疲劳和压力的方法。尽管运动科学对整体训练体系的重要性似乎是显而易见的，但是世界各地对这一学科的重视程度却大有差异。

3. 验证体系的有效性：一旦启用训练体系，那么就需要不断地进行评估。评估训练体系的有效性可以通过多维度的方式进行。用于验证训练体系效率的最简单的评估指标，就是在运动员采用某训练体系之后，实际表现水平的提高幅度。当然也可以采用较复杂的评估方法，包括直接测量生理适应，比如内分泌或者细胞信号适应。另外，量化的力学评估结果也可以确定训练体系是否有效，比如测量最大无氧功和最大有氧功、最大力量生成能力，以及力的生成峰值速率。体育科研工作者在评估中扮演着非常重要的角色，他们可以运用专业知识来评估运动员，并对训练体系的有效性给出专业的评价。假如训练体系并非最优，那么运动表现提高团队可以对训练体系进行重新评估，并加以调整。

训练体系的质量取决于直接的和支持性的因素（参见图 1.2）。直接因素包括与训练以及评估相关的因素；支持性因素则与管理、经济条件、专业风格以及生活方式相关。尽管整个体系中的每个因素都能影响训练体系的成功实施，但是直接因素似乎尤为重要。直接因素的重要性进一步强化了一个观点，即体育科研工作者是提高训练体系质量的重要贡献者。

提高训练体系的质量是优化运动表现的根本。训练质量并不只取决于教练，同时也有其他众多因素相互作用共同影响运动员的表现水平（参见图 1.3）。因此，需要对所有能影响训练质量的因素进行有效控制，并不断进行评估，若有需要就对其进行适度的调整，以满足当前竞技体育不断变化的需求。

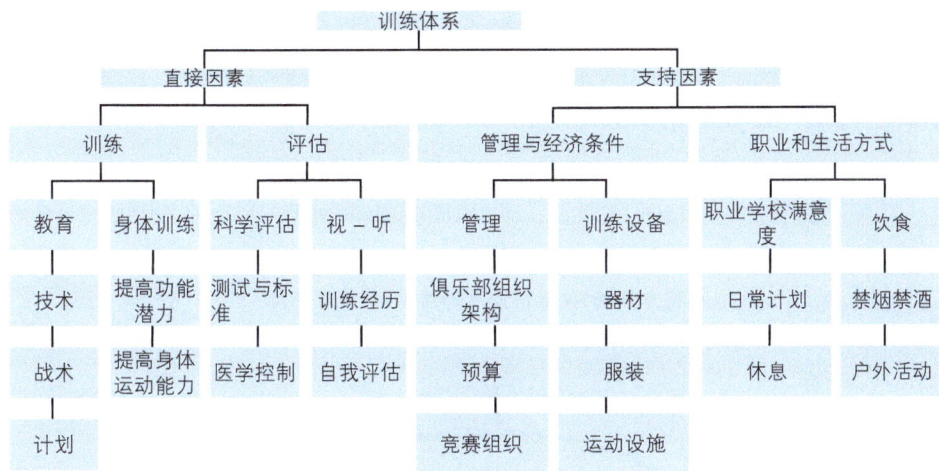

图 1.2 训练体系的组成

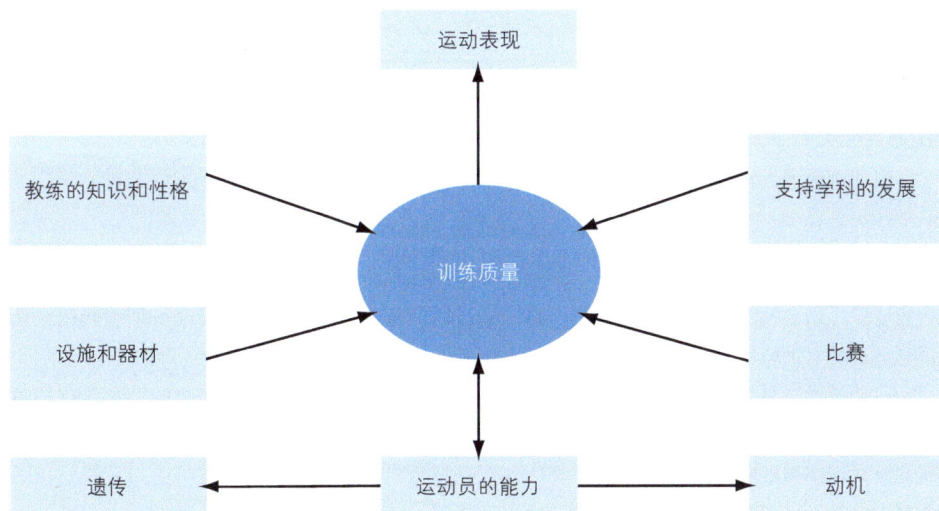

图 1.3 影响训练质量的因素

适应

训练是一个有组织的过程，运动员的身心均要不断承受训练量（总量）和强度变化所带来的应激。生物适应环境的要点在于适者生存，这同样适应于运动员：运动员需要具备适应和调节由训练和比赛所带来的身心负荷的能力。对于运动员来说，不能适应不断变化的训练负荷，以及与训练和比赛相关的应激，会导致身体处于极度疲劳或者过度应激的状态，甚至过度训练。在这种情况下，运动员将不能实现训练目标。

高水平运动表现，是基于长年累月的计划周详、方法得当、有挑战的训练的结果。在此期间，运动员需要在生理上适应专项的特定要求。对训练过程适应的越好，那么达到更高运动表现的潜力就越大。因此，任何良好的训练计划的目标都是激发运动员的适应能力，从而提高运动表现。如果运动员遵循以下顺序，就有可能有所提升。

加大刺激（训练负荷）→ 适应 → 提高运动表现

如果训练负荷总是保持同一个水平，那么身体在训练早期就产生适应，随后到达一个平台期（停滞），这将没有任何提高（参见图 1.4）。

缺乏刺激 → 平台期（停滞）→ 没有提高

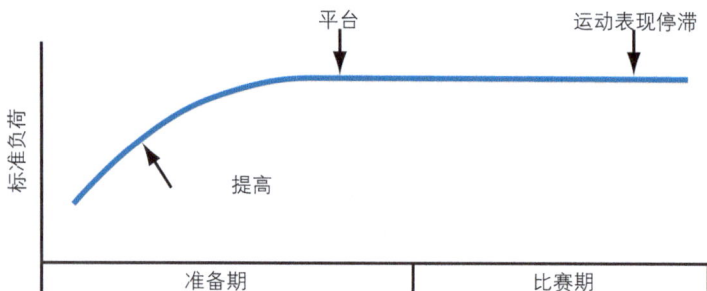

图 1.4 提高运动表现的训练计划的早期标准负荷

假如刺激过大或变化过大，超过了运动员的适应能力，那么就会产生适应不良。

过度刺激 → 适应不良 → 运动表现下降

因此，训练目标是循序渐进地、系统地加大训练刺激（强度、量和频率），以激发进一步的适应，最后使运动表现得到提高。教练通过对训练变量的控制，可以改变训练刺激，从而使运动员对训练计划的适应程度达到最大化（参见图 1.5）。

运动员通过系统性地重复训练，以产生训练适应，训练适应是各种变化的总和。这种身体结构和生理上的改变源于运动员所从事的活动对于他们身体的特定要求，这些改变取决于训练量、训练强度和训练频率。只要身体训练是超负荷，并能刺激身体产生适应就会对运动表现有所帮助。假如刺激不能激发足够的生理挑战，那就不要期望适应性能够提高。另一方面，假如训练负荷非常大，超过身体的承受范围，并持续时间过长，那么就会导致损伤和过度训练。

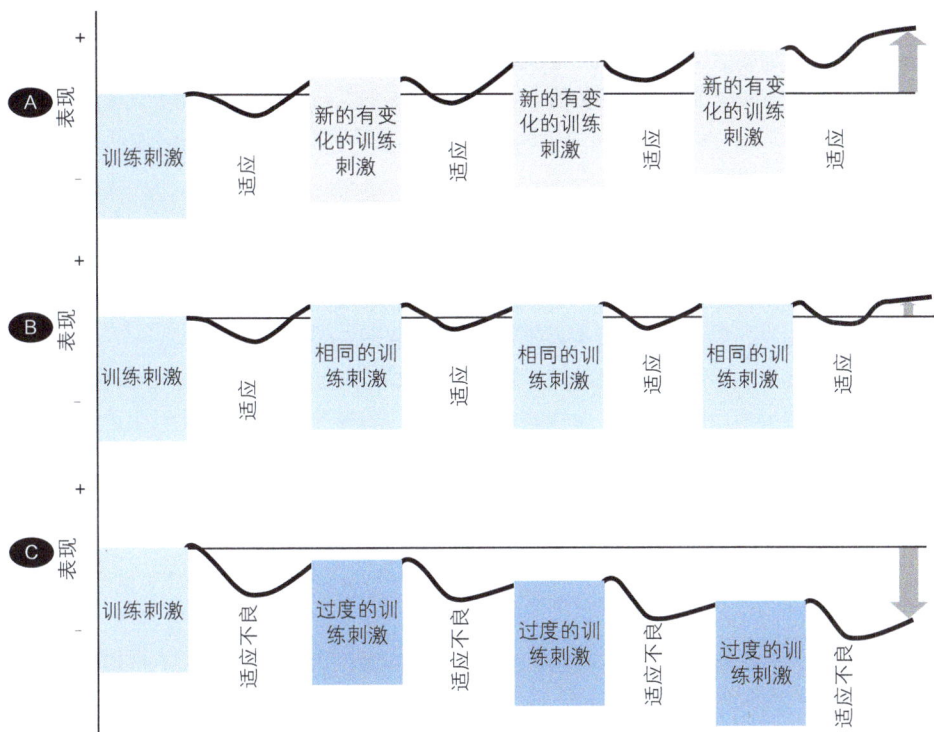

图 1.5 训练刺激和适应

A＝增加刺激（负荷）→ 适应 → 运动表现提高；B＝缺乏刺激 → 平台（停滞）→ 没有提高；C＝过度刺激 → 适应不良 → 表现水平下降；↑ ＝表现水平提高；↓ ＝表现水平下降。

适应的特异性

　　由于人体对于所进行的训练具有高度特异的适应性，所以教练在进行训练安排时也要考虑专项主导的能量系统要求、专项运动技能和专项运动能力。达到较高适应水平所需要的时间，取决于技能的复杂程度，以及该运动项目的生理和心理难度。运动越是复杂、越有难度，人体就需要更长时间去适应。

　　假如一个运动员期望达到更高的运动表现，他必须接受系统的、渐进的、旨在提高运动员生理和运动表现能力（例如，超越适应阈值）的训练。因此，至关重要的是制定系统的、有针对性的训练计划，以激发身体主要功能产生最佳的适应。

- 神经肌肉：提高动作效率和协调性，增加神经系统的反射活动，运动单位激活更为同步，提高运动单位的放电率，促进肌肉增长，增加线粒体数量，并且改变细胞信号通路[19]。
- 新陈代谢：增加肌肉中三磷酸腺苷（adenosine triphosphate, ATP）和磷酸肌酸（PCr）的储量，提高肌肉储存糖原的能力，提高肌肉对乳酸堆积的耐受性及延缓疲劳的能力，增加输送营养和氧气的毛细血管网，提高脂肪在长时间活动中作为能量来源的能力，提高糖酵解能量系统的效率，提升有氧系统的效率，改善与各种生物能量系统相关酶

的活性 [87]。

- 心肺：增加肺活量、增加左心室壁的厚度、增加左心室容积、增加每搏输出量，以此促进含氧血液向工作肌肉的传输；降低心率、增加毛细血管密度、增大乳酸阈从而使运动员在运动时能达到较高的耗氧率，以及增加最大摄氧量（VO_2max）从而提高身体在长时间运动中的有氧能力。

任何训练计划的重点都是提高运动表现。要实现这一目标，需要有更高的训练要求（比如加大训练负荷，在力量训练中采用大于 80% 的强度；增加训练时长或者耐力运动的强度；或者提高训练中最大速度和灵敏性的百分比），从而突破现有适应水平阈值。当运动员到达一个新的适应水平，那么他的运动表现就会提高（参见图 1.6）。

适应是身体对一般和专项训练计划产生的长期而循序渐进的生理反应过程，目的是让运动员为达到比赛要求而做好准备。身体的主要功能产生积极变化之后，才会发生适应。不同的训练阶段——准备和比赛期，涉及不同的训练适应要求。

- 预适应是在训练计划的前期，身体对训练所做出的渐变的、暂时的适应（在此例中我们指的是年度计划）。如果预适应的训练负荷和生理应激并不过度，那么这些最初几周的训练将会提高运动员的运动能力，同时也会提高运动员对更大训练负荷的耐受力。
- 补偿是指在达到一个稳定的适应水平之前，身体对训练的反应。此阶段仍处于准备期的早期，运动员会对训练要求做出一些积极的反应，他们的各项测试表现和技术的娴熟程度均有所提高。在此阶段，机体能够恢复到满足较高训练要求的状态，运动员训练潜力和生理机能均有所提高。

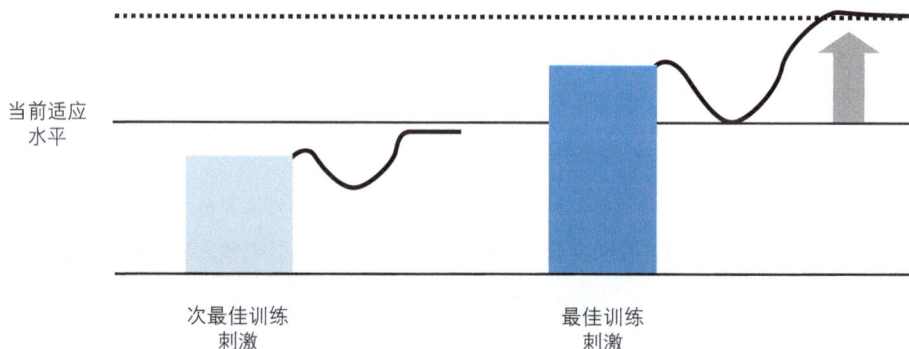

当前适应
水平

次最佳训练
刺激

最佳训练
刺激

图 1.6 突破原有适应阈值可以提高运动表现

↑ = 提高适应阈值。

- 稳定或者赛前适应。这是一个提高身体运动和补偿、高应激源与承受和恢复能力之间平衡的阶段。在比赛期间，必须考虑到训练负荷和社会或心理方面的压力，要让运动员学会如何应对和处理这些问题。此阶段，应该安排一些表演赛或比赛，在这个过程中了解运动员技术和战术的娴熟程度，以及生理和心理方面的能力。所有训练因素都处于较高的稳定水平，表示运动员处于或者接近于下一阶段比赛的准备状态。
- 比赛准备状态是运动员参加训练的结果。此时，运动员技术能力和竞技能力都处于较高水平，表现在具有良好的专项动作技能和身体能力，能够承受压力并适应压力。

训练效果

所有训练都会让身体产生适应性反应，我们称之为训练效果。自 20 世纪 60 年代开始，已有许多学者对此进行了探讨，其中 H.K. 库伯出版了一本极有影响力的书——*The New Aerobics*[22]，他认为训练效果分为 3 类。

1. 即时性训练效果，在训练时，以及训练之后就可以检测出来的运动员对训练负荷的生理反应，比如心率增加、血压升高，因疲劳而导致力量产生下降、疲劳程度增加、肌糖原损耗，上述这些反应取决于训练课的强度和训练量。
2. 延迟性训练效果是一次训练课的最终结果，这种训练效果的持续时间更长。虽然即时性训练效果会因为疲劳而降低，但是延迟性训练效果（例如积极的训练益处）会在训练导致的疲劳过后立刻显现。延迟训练效果取决于训练课的实际情况：训练课的强度越大，运动表现提高显现的时间就越延后[42, 43]。
3. 积累性训练效果是多次训练课或者多个训练阶段后的结果，在这些训练课或训练阶段中包括了旨在突破某个规定训练阶段的适应阈值高负荷训练课。积累性训练效果常常让运动员和教练感到惊讶，甚至感到出乎预料或难以解释（"我们非常努力，然后所有的一切就突然发生了！"）。训练课的合理规划，在补偿课中调整训练负荷和强度，能让运动员从积累性训练效果中获益。

柴商斯基和克拉默[119]认为，疲劳和训练结果之间的关系是 1∶3，也就是说疲劳持续时间（例如 24 小时）大约是积极训练效果持续时间（例如 72 小时）的 1/3。当然，这个比例会根据训练类型的不同而改变，因为无氧训练的要求更高，疲劳程度也更高。无论如何，训练课所带来的积极效果要在疲劳消失后才会显现出来，然后就会产生适应和运动表现的提高。

库伯[22]运用 5 种训练效果类别来评估练习后的训练效果，他建议运动员一周积 30 分，就能达到较好的训练效果（例如 2× 类别 5=10 分；2× 类别 3=6 分）（参见表 1.1）。

表 1.1 ▶ 库伯的训练效果类别

类别		训练效果	结果
1	1.0 ~ 1.9	小	发展基础耐力；运动表现没有提高；促进恢复
2	2.0 ~ 2.9	维持	维持有氧能力；对提高最大运动表现作用较小
3	3.0 ~ 3.9	提高	如果每周重复 2 ~ 4 次，可以提高有氧能力
4	4.0 ~ 4.9	快速提高	如果每周重复 1 ~ 2 次，可以快速提高有氧能力；需要少量的恢复
5	5.0 以上	显著提高	如果结合了充足的恢复时间，那么可以显著提高有氧能力

改编自：Cooper 1968[22a].

因此，训练效果是一种带有短期和长期持续影响的复杂现象，由以下因素决定。

- 个人目前的能力和训练状态。
- 前期训练效果。
- 训练刺激（负荷）的总和，训练刺激的顺序和相互影响，以及它们之间的间隔。

超量补偿循环和适应

超量补偿是一种训练现象，又称为"威格特超量补偿法则"（Weigert's law of supercompensation），由傅博洛特于 1941 年首次提出[105]；而后汉斯·塞利[102]对此做了进一步的探索，他称之为一般适应综合征（GAS）。来自多个国家的多名研究者和学者对这个重要的训练概念进行了阐述。

塞利的一般适应综合征理论（参见图 1.7）是渐增式超负荷的基础，如果运用不当则会产生不合理的高应激。

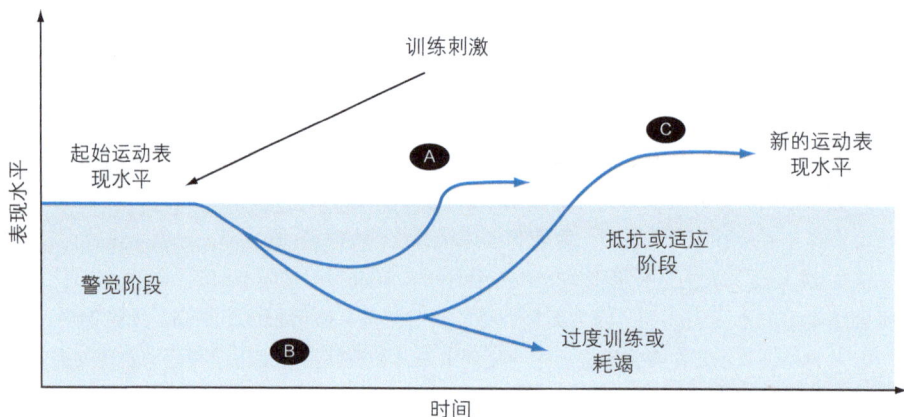

图 1.7 塞利的一般适应综合征理论图示
A= 常规训练；B= 过度训练；C= 过度应激或者超量补偿。
改编自：A.C. Fry, 1998, The role of training intensity in resistance exercise overtraining and overreaching. In Overtraining in sport, edited by R.B. Kreider, A.C. Fry, and M.L. O'Toole（Champaign, IL: Human Kinetics），114.

这些概念表明，为了获得最佳的训练适应，必须要按照各个阶段的顺序对训练强度、训练量和生物能量特性进行系统、合理的改变。例如，教练需要制定一个包括高、中、低强度变化的训练小周期计划。强度的变化保证了运动员可以在训练课之间获得恢复时间；在不同的训练阶段安排一定的恢复时间，是周期计划（称为"周期"）和超量补偿的基础。

因此，超量补偿是运动和恢复之间的一种关系，可以让身体达到一个较高的适应水平，也能在比赛前提高新陈代谢和神经心理唤醒水平。在训练时运用超量补偿理论有诸多益处。

- 帮助运动员处理压力和应对高强度的训练。
- 帮助教练建立结构化的训练体系。
- 避免引发严重疲劳和过度训练。

- 让教练认识进行强度变化的重要性，通过训练强度的改变让运动员达到最佳适应水平。
- 针对训练和比赛，合理使用不同类型的恢复方法（例如，被动和主动休息、营养、理疗、心理调整）。
- 合理安排赛前训练，使运动员达到最佳状态。
- 在训练中使用生理和心理调节方法。

运动员训练时，他们会接触到改变生理状态的一系列训练刺激。这些生理反应包括急性代谢 [28, 40, 96, 111]、激素 [46, 52]、心血管 [88]、神经肌肉 [32, 48, 49] 以及细胞信号改变 [5] 等。上述这些生理反应会受到训练量、训练强度、训练频率、训练类型的影响。训练量、训练强度和训练时长不断增加，身体对训练产生的生理反应程度就会越强。

训练课引起的急性生理反应会导致疲劳积累增加 [33, 84]，具体表现在降低身体产生和维持最大主动力量输出的能力 [48, 49, 92, 93]。运动后的一段时间内会出现肌糖原储量减少 [56]、乳酸积累 [110, 115]、磷酸肌酸含量 [64, 72] 减少，循环皮质醇水平增加 [3, 54, 94] 的情况。这些生理反应会暂时性地降低运动表现。

在训练课之后，运动员需要消除身体疲劳，恢复肌糖原和磷酸肌酸的含量，降低循环皮质醇水平，消除乳酸积累。运动员的恢复时间取决于众多因素，包括运动员的训练状态、训练期间肌肉的收缩类型 [92]、恢复技术的使用情况，以及运动员的营养状态 [12]。在恢复过程中营养状态也至关重要，营养不足会延长恢复所需的时间 [13]。

由运动引起的疲劳感会导致运动员内稳态曲线的突然降低（参见图 1.8），同时发生的还有运动能力的降低。在训练之后，运动员恢复正常的内稳态状态的过程，可以看作是补偿阶段。恢复到内稳态或正常生理状态的过程，是缓慢且渐进的过程，通常需要数小时到数天 [93]。如果高强度训练课之间有充足的恢复时间，那么身体完全可以消除疲劳并补充能量（尤其是糖原），这可以让身体恢复至超量补偿状态。

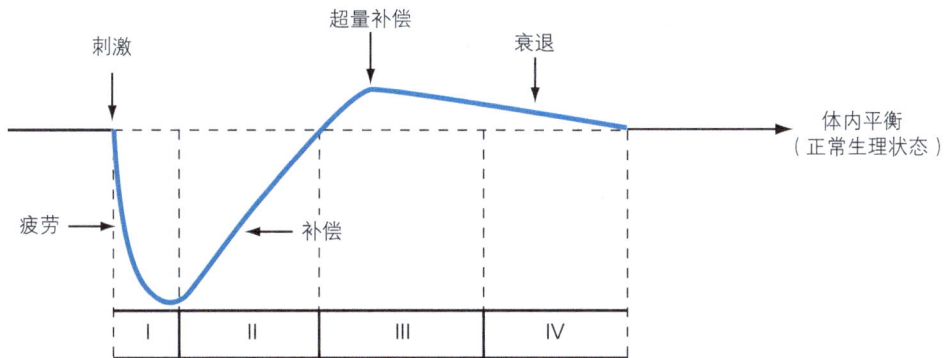

图 1.8 训练课的超量补偿循环

源自：Modified from Yakovlev 1967 [116].

每次超量补偿发生时，运动员都会形成一个新的、呈上升趋势的内稳态状态，这将对训练和运动表现产生积极的影响。我们把超量补偿看作是运动效率功能性提高的基础，这也是身体适应了训练刺激（负荷），以及肌肉内糖原含量得到补充的结果。如果训练的最终阶段或两个训练刺激间隔时间太长，那么超量补偿将逐渐消失，导致运动能力回到训练前的状态，甚至出现运动表现下降的情况。

超量补偿的阶段

超量补偿循环（参见图 1.9）有 4 个阶段，遵循下面介绍的顺序。

阶段 1：1～2 小时

训练后，身体会产生疲劳感。由运动引起的疲劳包括中枢性因素和外周性因素 [32]。疲劳是一种由多个因素引起的多维度现象。

- 肌肉神经激活减少，这一般与中枢疲劳有关，是机体对训练刺激的反应 [49]。
- 由运动引起的中枢疲劳同样也会提高大脑的血清素水平，从而导致精神疲劳 [32]。精神上的积累性疲劳，会导致运动员产生与训练比赛相关的高度不适感或疼痛。

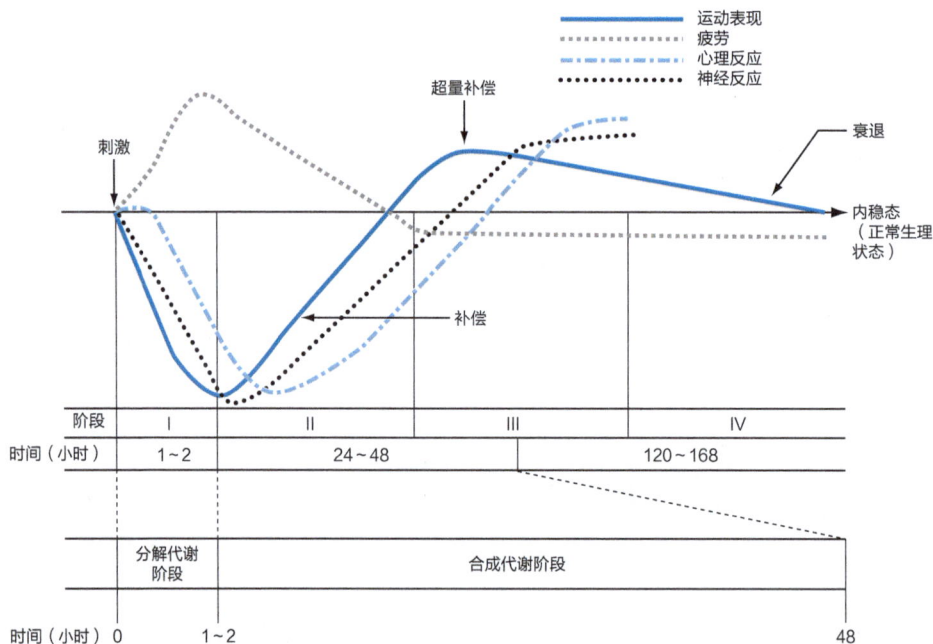

图 1.9 训练课的超量补偿循环反应

- 运动会削弱神经肌肉的传递并阻碍神经信号的传播，也会降低肌质网对钙离子的处理能力，并与酶基质的损耗以及其他干扰肌肉收缩的过程和运动性外周疲劳等因素相关 [31]。
- 运动对基质利用的影响与运动强度、运动量和运动时长有关。肌糖原和磷酸肌酸的含量对基质有显著的影响。高强度间隔训练 [11, 106]、抗阻训练 [55, 83] 和耐力训练 [23, 27] 会造成肌糖原含量的急剧下降。磷酸肌酸储量也会在 5～30 秒的极短时间内减少，并可

以在力竭运动后 [64, 73, 74]，消耗殆尽。

- 权威的文献表明，运动导致的乳酸积累是疲劳形成的主要原因 [115]。理论上认为高浓度乳酸会导致酸中毒，引起肌肉收缩能力改变，进而减弱力量产生的能力 [112, 115]。当前的一些研究文献表明，由磷酸肌酸分解形成无机磷酸盐（Pi），而非酸中毒，是导致身体运动后产生疲劳的主要原因 [115]。无机磷酸盐含量增加可能会影响肌质网对钙离子的处理能力 [6, 30]。此外，无机磷酸盐也会降低肌原纤维对钙离子的敏感度，从而降低与横桥的连接能力 [115]。
- 长时间运动时，尽管血清胰岛素的浓度会降低，葡萄糖摄取量会增加 [75]。有研究者认为，在运动期间，由于葡萄糖转运蛋白 –4（glucose transporter–4，GLUT4）的作用会使葡萄糖的摄取更为容易 [109]。葡萄糖转运蛋白具有收缩敏感性，并具有促进运动组织吸收糖原的功能 [109]。
- 运动期间，不管是耐力训练还是抗阻训练，高强度的离心运动会导致肌肉损伤 [18]。例如，抗阻训练中的下沉阶段和下坡跑，会增大肌肉损伤的概率，从而导致延迟性肌肉酸痛（DOMS）。因肌肉损伤和延迟性酸痛而引起的运动表现下降，会持续 24 小时以上，这取决于肌肉损伤的程度 [47, 85]。由肌肉损伤引发的炎症在肌肉修复过程中起着重要的作用 [18]。

阶段 2：24 ~ 48 小时

训练一结束，就开始进入补偿（休息）阶段。在补偿阶段，会出现下列情况。

- 运动停止的 3 ~ 5 分钟内，三磷酸腺苷的储存量会完全恢复 [60, 66]，8 分钟内，磷酸肌酸会完成再合成 [60]。极高强度运动之后，需要 15 分钟的恢复时间来让磷酸肌酸的含量完全恢复 [89]。根据训练量、强度和类型的不同，三磷酸腺苷和磷酸肌酸总量甚至会恢复到正常水平以上 [1, 2]。
- 拉长 – 缩短周期（stretch shortening cycle，SSC）运动中（如跳跃），运动员的最大自主收缩（maximal voluntary contraction，MVC）和肌电（EMG）活动会在训练后 2 小时内部分恢复 [93]。但是，因拉长 – 缩短周期引起的疲劳（通过肌电图和最大自主收缩下降而得知）会有两次恢复阶段，第一次恢复在 2 小时内完成，第二次恢复则需要数日 [93]。肌糖原通常在 20 ~ 24 小时内才会恢复到基本水平 [13, 29]。如果肌肉损伤严重，肌糖原的恢复就需要更长时间 [25]。肌糖原的恢复速率与补偿阶段摄入的碳水化合物量有直接关系 [26]。
- 运动后的耗氧量增加被称为运动后过量氧耗（EPOC），这是身体对运动做出的反应 [77]。根据运动形式和训练强度，过量氧耗会在运动停止后的 24 ~ 38 小时内保持升高状态 [14, 77, 90]。
- 静息能量消耗会因抗阻训练和耐力训练而增加。取决于训练强度的大小，能量消耗增加会保持 15 ~ 48 小时 [71, 91]。尽管目前刺激静息能量消耗增加的确切机制还不确定，但是一些学者认为蛋白质合成增加 [81]、甲状腺激素引起的生热作用增加 [80]，以及交感神经系统活动增加 [100] 是导致运动后能量消耗增加的原因。

- 抗阻训练后，蛋白质合成速率会提高[17, 81]。运动后 4 小时，肌肉蛋白质合成速率增加 50%，24 小时后增加 109%。36 小时后蛋白质再合成速率恢复到基础水平[81]。因此，专家认为超量补偿循环阶段是合成阶段的开始。

阶段 3: 36 ~ 72 小时

此训练阶段的标志是运动表现的反弹和超量补偿。在此阶段，会出现以下情况。
- 运动后 72 小时，力量产生能力和肌肉酸痛恢复到正常水平[118]。
- 心理超量补偿开始，标志是运动员自信心倍增、精力充沛、产生积极性思维、能够应对挫折和训练压力。
- 糖原储备会得到完全恢复，恢复正常运动状态[12]。

阶段 4: 3 ~ 7 天

如果运动员在最佳时间内（超量补偿阶段）没有接受下一次刺激，那么上一次训练后获得的效果就会衰退，也就是运动员在超量补偿阶段获得的身体益处会减小。拉长 - 缩短周期训练后的 6 ~ 8 天，肌电和最大自主收缩力量会出现第二次反弹[93]。

最佳的训练刺激后的恢复阶段，包括超量补偿阶段，大约需要 24 小时。超量补偿阶段的时间长短取决于训练强度和类型。例如一次中等强度有氧耐力训练课，在 6 ~ 8 小时后开始超量补偿。另一方面，高强度训练会对中枢神经系统产生较高的应激，超量补偿可能需要超过 24 小时，有时是 48 小时才会发生。

为优秀运动员设计的训练计划，通常不允许与下次训练课有 24 小时的间隔，他们在每次训练课后不会经历超量补偿，这是因为他们在超量补偿发生之前就要进行第二次训练课。正如图 1.10 所示，运动员的训练频率越高，那么他的提高速度也就越快[50]。当训练课之间的间隔较长，比如每周进行 3 次训练（参见图 1.10a），运动员此时整体提高的运动水平低于每周大于 3 次的训练频率后提高的运动水平（参见图 1.10b）[50, 97]。当训练课之间的间隔时间较短，运动员或教练必须调整训练强度，这可以有效改变训练的能量需求，这正是小周期计划的依据。

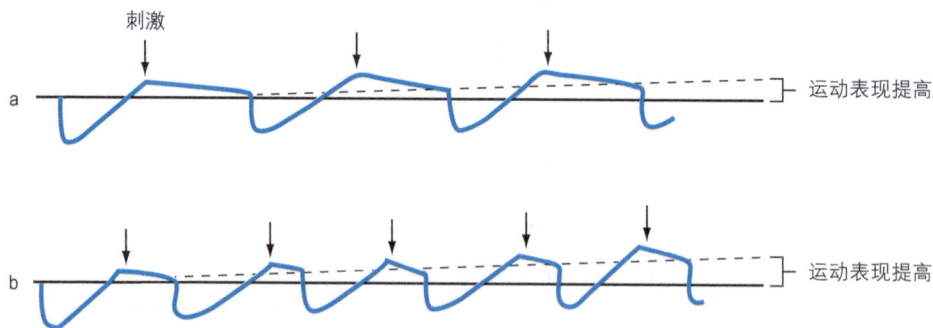

图 1.10 训练效果总和：a. 训练课之间间隔较长；b. 训练课之间间隔较短
改编自：Harre 1982[59].

假如一个运动员参加过于频繁的高强度训练,那么身体适应训练刺激的能力将大为减弱,并且还可能导致过度训练[41, 44, 45]。正如图 1.11 所示,频繁的高强度刺激会导致身体能量耗竭和过度训练,这将降低运动员的运动表现。

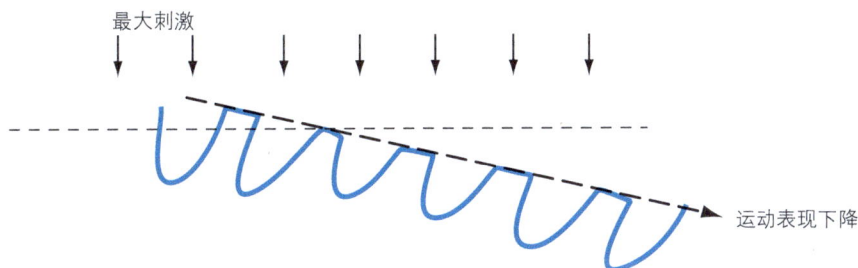

图 1.11 持续的最大强度刺激导致运动表现下降

关于抗阻训练后运动员训练适应的相关研究也支持上述观点[69, 97]。具体而言,研究表明运动员频繁进行最大强度的训练时,运动员适应训练计划的能力将大大减弱[97]。对高强度导致的过度训练的研究发现,高频率高强度的训练并不能使运动员达到最高运动表现。有一些急功近利的教练常常表现得非常严厉,相信只有运动员训练到筋疲力尽才能有所收获,他们认为没有痛苦就没有收获。在这种情况下,运动员的身体会非常疲劳而没有时间进行补偿。随着疲劳积累,运动员需要更长的恢复时间。假如过于频繁地增加额外的高强度训练,运动员的恢复时间还会继续加长。因此,更好的解决办法就是把低强度训练纳入训练计划,这样运动员的身体才能进行补偿,甚至最终出现超量补偿。

为了最大限度地提高运动员的运动表现,教练必须定期挑战运动员的生理极限,这种安排可以提高运动员的适应水平,并最终提高他们的运动表现(参见图 1.12)。这就意味着教练必须交替安排高强度和低强度训练。如果训练安排合理,那么这种方法可以促进补偿,引发超量补偿效果。运动员逐渐适应训练,运动员的内稳态将达到一个新的水平,这时就需要进行更高水平的训练刺激来让运动员继续适应[97]。在运动员达到了新的适应水平,将开始新的超量补偿循环(参见图 1.13)。相反,如果训练强度安排不当,补偿曲线将不会超过之前的内稳态水平,运动员也不会从超量补偿中受益(参见图 1.14)。

因持续、频繁的高强度训练而引起的高度疲劳,会减弱超量补偿的效果,同时也会阻碍运动员获得最好的运动表现。

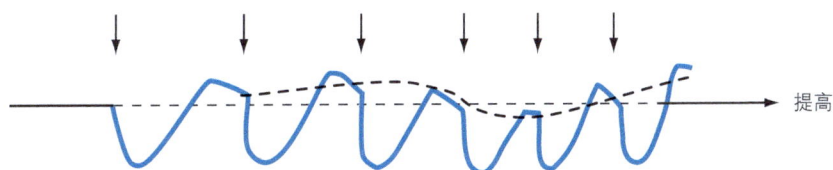

图 1.12 最大强度和低强度的交替刺激,产生了一条波浪形的提高曲线

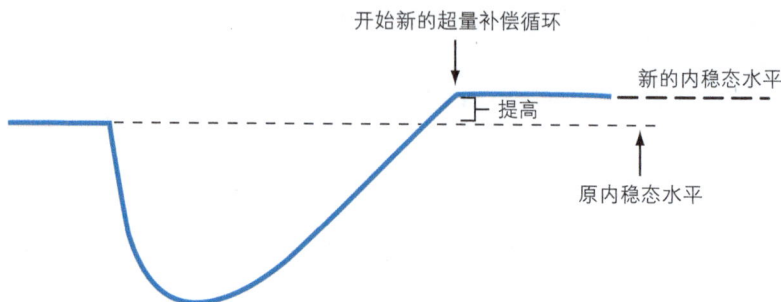

图 1.13 新的更高水平的内稳态意味着下一个超量补偿循环的开始

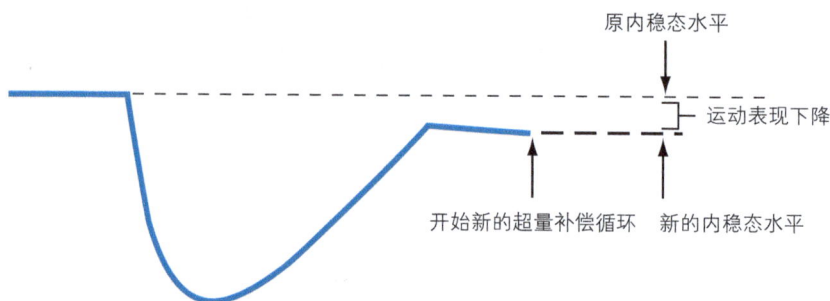

图 1.14 内稳态水平下降意味着下一个超量补偿循环的开始低于之前的水平

能量来源

　　运动员运动时需要能量。运动是一种力的应用，也就是说，肌肉收缩产生力以对抗阻力。能量是训练和比赛期间进行身体活动的先决条件。基本上，我们吸收的能量来自于食物，在肌肉细胞水平上转化为一种高能量的化合物，其名为三磷酸腺苷，这种物质储存在肌细胞中。顾名思义，三磷酸腺苷包含一分子腺苷，三分子磷酸盐。

　　肌肉收缩所需要的能量来自于高能量的三磷酸腺苷分解为二磷酸腺苷（adenosine diphosphate，ADP）和无机磷酸盐（inorganic phosphate，Pi）的过程。一个磷酸键断开，使三磷酸腺苷分解成二磷酸腺苷和无机磷酸盐，并释放能量。肌肉中三磷酸腺苷的储存量有限，因此身体需要不断补充三磷酸腺苷以供身体活动所需的能量。

　　身体可通过 3 个能量系统中的任何一个来补充三磷酸腺苷储存量，这取决于身体活动的类型：无氧磷酸原系统（ATP-PC）、无氧糖酵解系统以及有氧供能系统（参见图 1.15）。

磷酸原系统

　　磷酸原系统是主要的无氧能量系统。磷酸原系统包含 3 个三磷酸腺苷的基本反应过程。第一个反应把三磷酸腺苷分解为二磷酸腺苷和无机磷酸盐，并释放能量。由于骨骼肌中三磷酸腺苷储量有限，因此需要进一步反应来维持三磷酸腺苷的供应。第二个反应是二磷酸腺苷和磷酸肌酸再合成三磷酸腺苷。在这个反应中，一个磷酸盐会从磷酸肌酸中移除，形成无机磷酸盐和肌酸。此过程形成的无机磷酸盐，随后会与二磷酸腺苷合成三磷酸腺苷分子。最后一个反应是把二磷酸腺苷分解成一磷酸腺苷和无机磷酸盐，在这之后无机磷酸盐再次与二磷酸腺苷合成三磷酸腺苷分子。

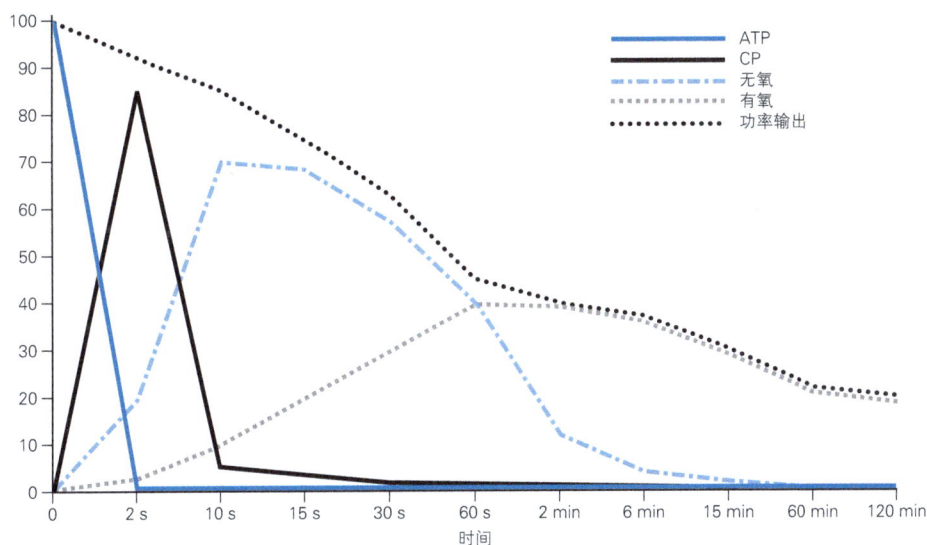

	无氧ATP供能为主导	有氧ATP供能为主导					
	时长/秒			时长/分钟				
	10	30	60	2	4	10	30	60
有氧ATP能量供应（占比/%）	3	30	50	60	80	85	95	98
无氧ATP能量供应（占比/%）	97	73	50	40	20	15	5	2

图 1.15 3 个能量系统的能量供给

改编自：K.A. van Someren, 2006, The physiology of anaerobic endurance training. In The physiology of training, edited by G. Whyte（Oxford, UK: Elsevier），88, and E. Newsholme, A. Leech, and G. Duester, 1994, Keep on running: The science of training and performance（West Sussex, UK: Wiley）.

由于骨骼肌中只能储存少量的三磷酸腺苷，因此进行高强度运动时只需短短 10 秒就会将三磷酸腺苷消耗殆尽[87]。高强度运动时只需短短 5 秒，磷酸肌酸含量会从初始水平降低 50% 到 70%，如果进行高强度力竭训练时会消耗殆尽[64, 73, 74]。有趣的是，在运动初始的 2 秒内，磷酸肌酸是促使三磷酸腺苷形成的主要因素。运动开始后 10 秒，磷酸肌酸供应三磷酸腺苷合成的能力会下降 50%，30 秒后磷酸肌酸供应给三磷酸腺苷合成的量会非常小。大约 10 秒后，糖酵解系统的贡献率开始上升[87]。

　　磷酸原系统是高强度运动的主要能量来源，比如短跑（100米冲刺跑和40米冲刺跑）、跳水、美式橄榄球、举重、田径的跳跃、投掷运动、跳马和跳台滑雪。

　　磷酸原储量的补充过程通常较快，在运动30秒内三磷酸腺苷能恢复70%的储量，3~5分钟内能完全恢复[65]。磷酸肌酸储量的恢复时间更长，2分钟可以恢复84%，4分钟恢复89%，到8分钟可完全恢复[58, 65, 66]。磷酸肌酸的储量恢复大部分通过有氧代谢[60]。但是，在高强度运动后，糖酵解系统对恢复磷酸原储量也有一定的促进作用[34, 60]。

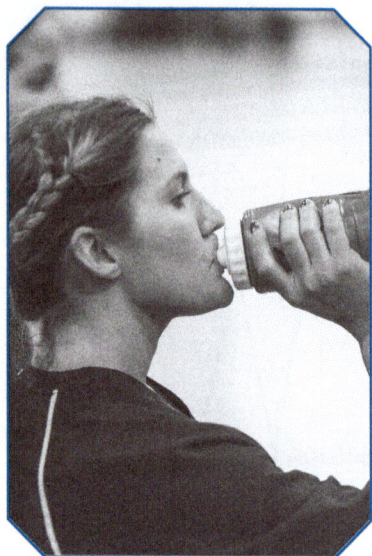

为了提高运动表现，运动员必须通过适量的营养和水合作用来补充能量来源

糖酵解系统

　　糖酵解系统是第二个无氧能量系统，这是人体进行20秒到2分钟持续高强度活动时的主要供能系统[87]。糖酵解系统的主要能源来自于血糖和糖原存储的分解[107]。在糖酵解系统供能的初始阶段，大部分三磷酸腺苷供应来自于糖原的快速糖酵解；当活动时间接近2分钟时，三磷酸腺苷供应主要来自于慢速糖酵解。

　　快速糖酵解会导致乳酸积累，而乳酸将被快速转为乳酸盐[20]。如果糖酵解速率过快，身体将乳酸转化为乳酸盐的能力会减弱，然后引发乳酸积累，导致身体疲劳，进而导致运动的停止[107]。人体在进行重复性高强度运动时，尤其是休息较短的运动时，会出现乳酸积累[63, 76]。因此，高浓度乳酸积累可能意味着机体需要快速的能量供应。

　　随着运动时间接近2分钟，三磷酸腺苷供应就由快速糖酵解转化为慢速糖酵解。理论上，随着运动强度降低，血糖和糖原分解速率减慢，因此乳酸积累减少，让身体缓冲乳酸——将乳酸转化为乳酸盐，并形成丙酮酸[20, 107]。丙酮酸一旦形成，便进入线粒体，在线粒体内用于氧化代谢。乳酸会被输送到肝脏并转化为葡萄糖，或者被输送到骨骼和心肌等活性组织转化为丙酮酸，并用于氧化代谢过程[87]。

　　糖原可利用量与饮食中摄入的碳水化合物有关[26]。因此，中低碳水化合物饮食会导致肌糖原含量减少，这会影响运动员的运动表现[57]。在运动和比赛中糖原的利用取决于运动的时长和强度[56, 103, 104]。有氧运动和无氧运动，比如反复短跑间歇训练[3]和抗阻训练[56]可以显著影响肌肉和肝脏的糖原储量。在训练后，教练和运动员首先应该关注的是糖原再合成的时间问题。假如运动员糖原储备得不到及时的补充，运动表现就会明显下降。肌糖原含量不足会造成运动引发的肌力下降[117]、等速力量生成下降[70]以及等长肌力下降等问题[62]。

　　在训练结束后，肌糖原完全恢复通常需要20~24小时[29]。饮食中摄入碳水化合物不足，或者存在过度运动所导致的肌肉受损，糖原恢复的时间会更长[24, 26]。在训练后的2小时内，运动员肌糖原合成速率较高。艾维等[68]认为，如果运动员在训练后的2小时内及时补充碳水化合物，肌糖原储量可以增加 45%。当运动员在同一天内多次训练或比赛之间的休息时间很短时，及时补充碳水化合物尤为重要 [56]。

有氧供能系统

与糖酵解系统相同，有氧供能系统也是利用血糖和肌糖原产生三磷酸腺苷。糖酵解系统和有氧供能系统之间最大的不同是与有氧供能系统有关的酶反应只在有氧气的情况下才会发生，而糖酵解系统有关的酶反应不需要氧气 [10]。不同于快速糖酵解系统，有氧供能系统不会在血糖和糖原分解的过程中产生乳酸。另外，有氧供能系统可以利用脂肪和蛋白质生成三磷酸腺苷 [107]。

在运动员休息时，有氧供能系统从脂肪的氧化过程中产生 70% 的三磷酸腺苷，另外 30% 的三磷酸腺苷源于碳水化合物的氧化 [10, 107]。能量的利用率取决于运动强度。布鲁克斯等提出了"交叉概念"（cross-over concept），也就是说低强度运动的三磷酸腺苷来源主要是脂肪和少量碳水化合物的氧化。随着运动强度增加，就需要更多的碳水化合物分解来产出三磷酸腺苷，同时脂肪消耗量减少。这再次证明了高强度运动以碳水化合物作为主要能量来源这一概念。

氧化或有氧供能系统是持续运动 2 分钟到 3 小时时（800 米甚至更长距离的径赛项目、越野滑雪、长距离速滑）所需三磷酸腺苷的主要来源。相反，低于 2 分钟的运动依赖无氧系统来满足三磷酸腺苷需求 [88]。

教练和运动员需要理解为练习和体育活动供应能量的生物能量机制。教练需要为运动员创建一个以生物能量学为基础的训练框架，这一框架的基础就是专项生物能量特征（bioenergetic specificity）[107]。图 1.16 阐明了专项运动的能量来源。根据专项的生物能量特征分类（分类是基于时长、强度、运动所使用的能量），教练和运动员可以创建一个有效的专项训练计划。

能量系统的重叠

无论在何种情况下，多种能量系统都会参与三磷酸腺苷的总体生成。但是，根据运动相关的生理需求，三磷酸腺苷产出会有一个主导的能量系统 [107]。比如，短时间的高强度运动如 100 米短跑，显然依赖无氧能量系统才能满足此项运动的三磷酸腺苷需求 [99]。随着活动时间延长，有氧系统对三磷酸腺苷供应的作用越来越大（参见图 1.17）。因此，在进行特定专项训练时，需要有一个主导供能系统来满足运动员的能量需求，理解这些可以帮助教练和运动员针对体育活动的专项生物能量需求，来制定训练计划 [107]。

项目	0秒	10秒	40秒	60秒	2分钟	4分钟	10分钟	30分钟	1小时	2小时	3小时
能量供应途径	无氧供能				有氧供能						
能量来源	磷酸原（无氧ATP生成）		糖酵解（无氧ATP生成）		有氧ATP生成（有氧情况下，完全代谢）						
能量底物	磷酸肌酸：肌肉中储存的ATP和磷酸肌酸		血糖、肝糖、肌糖原		糖原				脂肪		蛋白质
运动项目		短跑（小于100米）	短跑（200~400米）	100米游泳		中距离径赛、游泳、速滑	长距离径赛、游泳、速滑、皮划艇				
		投掷	速滑（500米）	800米径赛		1,000米独木舟	越野滑雪				
		举重	大多数体操项目	500米皮划艇		拳击	自行车：公路赛				
		跳台滑雪	场地自行车	1,500米速滑		摔跤	马拉松				
		高尔夫（挥杆）	50米游泳	自由体操		武术	铁人三项				
		跳水		高山滑雪		花样滑冰					
		体操跳马		场地自行车1,000米和追逐赛		花样游泳					
						自行车追逐赛					
技巧	大部分是非周期性	大多数集体性项目、持拍类项目、帆船			周期性和非周期性				周期性		

图 1.16 竞技性体育运动的能量来源

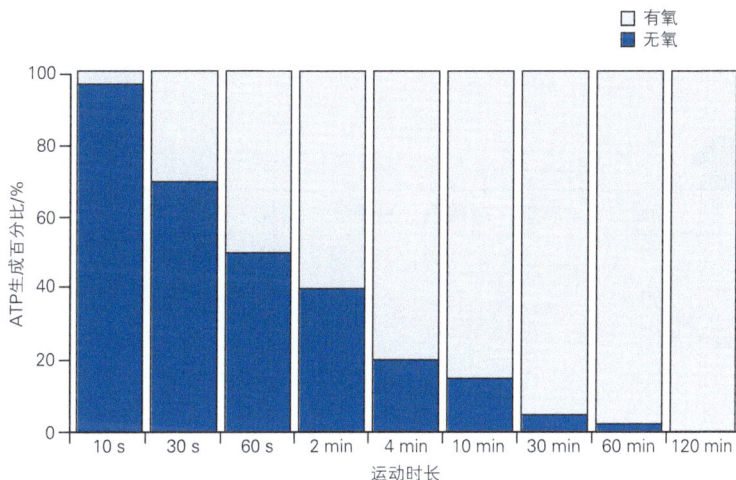

图 **1.17** 运动时长与有氧和无氧供能之间的关系

我们可以从血乳酸盐浓度了解是何种能量系统作为主要的供能系统。乳酸浓度高就表明糖酵解系统供能的比例更高。在耐力或有氧运动中，乳酸开始急剧增加的那个点，被称为乳酸阈（lactate threshold，LT）。随着运动强度加大[107]，乳酸阈是从有氧能量供应转化为无氧能量供应的点。对于没有经过训练的运动员，乳酸阈强度介于最大有氧能力（最大摄氧量）的 50%~60%，而经过严格训练的耐力型运动员，其乳酸阈强度高达最大摄氧量的 80%[16, 88]。耐力型精英运动员的乳酸阈强度介于最大心率的 83%~93%[35, 67, 95]。乳酸盐积累的第二次急剧增加大约超过4毫摩尔/升,这个急剧增加的点被称为血乳酸积累点(OBLA)。经过严格训练的耐力型运动员，血乳酸积累点在最大心率的 90%~93%[35, 67, 95]。

有研究表明，乳酸阈和血乳酸积累的时间点受训练刺激影响[39, 78, 79]。伊斯法简尼和劳尔森[39]认为，高强度间歇训练可以显著提升运动员的耐力表现和乳酸阈，可以让耐力型运动员在乳酸积累之前进行更高强度的活动。

研究表明，反复冲刺训练可以增加糖酵解和氧化酶的活动，提高最短时间内的功率输出，提高最大有氧功率[82]。有研究者建议，高水平有氧能力可以促进身体从高强度无氧运动中恢复，这是因为高水平的有氧能力促进了乳酸清除和磷酸肌酸的再合成[112]。但是，这些发现可能会误导教练和运动员，让他们认为为了提高运动员反复高强度无氧活动的恢复能力，他们需要进行有氧训练。然而，多个研究清晰地论证了最大有氧功率或有氧能力，对身体从反复高强度无氧运动中恢复起到的作用并不明显[8, 15, 22, 114]。主要以无氧供能系统为主导运动项目的运动员，他们会采用高强度间歇训练，这样的训练会同时提高有氧能力，从而提高训练后的恢复能力[15]。尽管进行有氧训练可以显著提高身体的有氧功率和有氧能力，但是通常会降低身体的无氧表现[37]。因此，教练和运动员应该专注于自己专项的生物能量特征。

表 1.2 涉及不同专项的生物能量特征。在间歇训练中，活动之间的间歇会显著影响主要能量系统的使用[107]。短暂的运动–休息比（例如1：1或1：3）会选择性地动用有氧供能系统，而长时间的运动–休息比（1：12到1：20）则选择性地动用磷酸原系统[107]。教练需要考虑专项的强度和时间特征模型，设计与专项生物能量特征相一致的体能训练方法，同

时整合专项战术和技术成分。如果合理整合，体能练习就可以与专项的时间和强度特征相匹配。为了设计有效的计划，教练和运动员应该了解专项活动的运动表现特征和生物能量需求。

表 1.2　专项的能量供应系统（百分比形式）

运动项目	项目或专项位置	磷酸原	糖酵解	有氧	参考文献
射箭		0	0	100	Mathews and Fox [86]
田径运动	100 米	53	44	3	van Someren [113], Newsholme and Duester [92b]
	200 米	26	45	29	van Someren [113], Newsholme and Duester [92b]
	400 米	12	50	38	van Someren [113], Newsholme and Duester [92b]
	800 米	6	33	61	van Someren [113], Newsholme and Duester [92b]
	1,500 米	0	20	80	van Someren [113], Newsholme and Duester [92b]
	5,000 米	0	12.5	87.5	van Someren [113], Newsholme and Duester [92b]
	10,000 米	0	3	97	van Someren [113], Newsholme and Duester [92b]
	马拉松	0	0	100	van Someren [113], Newsholme and Duester [92b]
	跳跃	90	10	0	Powers and Howley [99]
	投掷	90	10	0	Powers and Howley [99]
棒球		80	15	5	Powers and Howley [99]
篮球		80	10	10	Powers and Howley [99]
冬季两项		0	5	95	Dal Monte [31]
皮划艇	C1：1,000 米	25	35	40	Dal Monte [31]
	C2：1,000 米	20	55	25	Dal Monte [31]
	C1，2：10,000 米	5	10	85	Dal Monte [31]
自行车追逐赛	200 米场地赛	98	2	0	Dal Monte [31]
	4000 米追逐赛	20	50	30	Dal Monte [31]
	公路赛	0	5	95	Dal Monte [31]

续表

运动项目	项目或专项位置	磷酸原	糖酵解	有氧	参考文献
跳水		98	2	0	Powers and Howley [99]
驾驶	赛车、雪橇	0	0 ~ 15	85 ~ 100	Dal Monte [31]
马术		20 ~ 30	20 ~ 50	20 ~ 50	Dal Monte [31]
击剑		90	10	0	Dal Monte [31]
曲棍球		60	20	20	Powers and Howley [99]
花样滑冰		60 ~ 80	10 ~ 30	20	Dal Monte [31]
橄榄球		90	10	0	Powers and Howley [99]
高尔夫（挥杆）		100	0	0	Powers and Howley [99]
体操		90	10	0	Powers and Howley [99]
手球		80	10	10	Dal Monte [31]
冰球	前锋	80	20	0	Powers and Howley [99]
	后卫	80	20	0	Powers and Howley [99]
	守门员	95	5	0	Powers and Howley [99]
柔道		90	10	0	Dal Monte [31]
皮划艇	K1：500 米	25	60	15	Dal Monte [31]
	K2，4：500 米	30	60	10	Dal Monte [31]
	K1：1,000 米	20	50	30	Dal Monte [31]
	K2，4：1,000 米	20	55	25	Dal Monte [31]
	K1，2，4：10,000 米	5	10	85	Dal Monte [31]
赛艇		20	30	50	Powers and Howley [99]
英式橄榄球		30 ~ 40	10 ~ 20	30 ~ 50	Dal Monte [31]
帆船		0	0 ~ 15	85 ~ 100	Dal Monte [31]
射击		0	0	100	Dal Monte [31]
滑雪	障碍滑雪（40 ~ 50 秒）	40	50	10	Alpine Canada [4]
	高山滑雪大回转（70 ~ 90 秒）	30	50	20	Alpine Canada [4]
	超级大回转（80 ~ 120 秒）	15	45	40	Alpine Canada [4]
	速降（90 ~ 150 秒）	10	45	45	Alpine Canada [4]
	北欧滑雪	0	5	95	Alpine Canada [4]

续表

运动项目	项目或专项位置	磷酸原	糖酵解	有氧	参考文献
足球	守门员	80	20	0	Powers and Howley [99]
	后卫	60	20	20	Powers and Howley [99]
	前锋	80	20	0	Powers and Howley [99]
	边路	80	20	0	Powers and Howley [99]
速度滑冰	500 米	95	5	0	Dal Monte [31]
	1,500 米	30	60	10	Dal Monte [31]
	5,000 米	10	40	50	Dal Monte [31]
	10,000 米	5	15	80	Dal Monte [31]
游泳	50 米	95	5	0	Powers and Howley [99]
	100 米	80	15	5	Powers and Howley [99]
	200 米	30	65	5	Powers and Howley [99]
	400 米	20	40	40	Powers and Howley [99]
	800 米	10	30	60	Mathews and Fox [86]
	1,500 米	10	20	70	Powers and Howley [99]
网球		70	20	10	Powers and Howley [99]
排球		90	10	0	Powers and Howley [99]
水球		30	40	30	Dal Monte [31]
摔跤		45	55	0	Powers and Howley [99]

　　教练和运动员应该考虑持拍类运动项目的每个回合的时间，篮球或冰球的战术部分，多次活动之间的休息时间。例如，在为橄榄球、足球或英式橄榄球这些项目设计训练计划时，教练应该考虑运动员在球队中的专项位置。美式橄榄球中，平均每球的比赛时长在 4 ~ 6 秒，运动员有 25 ~ 45 秒的休息间隔；另外，不同的位置对身体的要求也不相同[98]。在足球项目中，教练需要考虑不同专项位置每场比赛的跑动距离(后卫 10 千米，中卫 12 千米，前锋 10.5 千米)，运动员的跑动距离会对每个运动员产生不同的生物能量压力[7]。在足球比赛中，以无氧供能系统为主导的高强度活动总共有 7 分钟左右，运动员在比赛中平均有 19 次持续 2 秒左右的冲刺，其他一些活动则主要依赖有氧供能系统[7]。

主要概念总结

　　训练的目的是提高运动员的运动能力、技能以及心理素质，从而提高运动员在比赛中的运动表现。训练是一种长期努力的过程。运动员不可能一夜之间就成为顶级运动员，教练也不可能通过投机取巧以及忽视科学和方法理论的方式创造奇迹。

　　在运动员训练的过程中，他们需要去适应训练负荷。运动员的解剖适应、生理适应和心理适应越好，运动表现提高的可能性就越高。

　　超量补偿是训练中最重要的概念。超量补偿循环取决于计划的训练强度。一个合理的训练计划必须考虑超量补偿因素，因为超量补偿在训练中的运用可以确保能量的恢复，最重要的是，可以帮助运动员避免过度训练导致的较高水平的疲劳。

　　为了实施有效的训练计划，教练必须了解人体能量系统，每个系统所需要消耗的能量，以及运动员在训练和比赛后能量恢复所需的时间。正确理解能量系统的恢复时间，是教练计算一次训练课各训练活动之间、训练课之间以及比赛后休息间隔的基础。

第二章 训练原则

自三千多年前人类开始进行运动训练起（见罗马诗人弗吉尔在公元前二十年代所著的《埃涅阿斯纪》），运动员和教练就建立并遵循着一定的训练原则。得益于生物学、心理学和教育学研究的深入，训练原则不断得以发展。这些训练原则是运动训练理论和方法的基础。

训练的主要目的是提高运动员的运动技能，并最终提高运动表现水平。训练原则是训练理论的一部分，不能孤立看待。但是，人们习惯于把这个部分单独列出来学习，以便对基本概念有更好的了解。正确使用这些训练原则，能够帮助教练制定一个卓越的训练计划，并提升运动员的训练水平。

多元化发展与专项化

运动员整体发展需要保持多元化发展和专项化训练之间的平衡。总体来说，运动员在训练早期需要着重于多元化发展，也就是全面提高身体素质。随着运动员水平的不断提高，专项化训练的比例稳步增加，这些训练主要是为了发展专项项目所需要的技能。为了有效地提升运动员水平，教练必须理解这两个训练阶段的重要性，并且知晓如何根据运动员水平的提升来调整训练的侧重点。

多元化发展

多元化发展的理念在诸多人类活动领域中都被提倡。在运动领域中，多元化发展或者身体的全面发展也是非常有必要的 [9, 25, 83]。在运动员的早期发展阶段，运用多元化发展计划极其重要 [83]。在运动员能力形成的过程中，多元化发展可以为之后专项化训练成为侧重点时打下坚实的基础。如果计划合理，多元化训练阶段可以帮助运动员打好身体和心理方面的基础，满足职业生涯后期最佳化运动表现的需求 [83]。

脱离多元化发展计划，并尽快开始专项化训练的诱惑是巨大的，尤其是在年轻运动员运动表现水平快速提高的阶段。在这种情况下，教练或父母能够抵抗住这种诱惑是极其重要的。事实已经证明，在前期打下坚实的身体基础，能够为运动员后期发展专项化训练做好必要的准备 [9, 25, 83]。假如运动员按照合适的顺序进行训练，并且在早期发展阶段打好多元化训练的基础，那么运动员身体上的准备会更加充分，还能够熟练掌握技术，最终实现更高水平的运动表现。

随着身体的逐渐成熟，运动员的训练由多元化训练向专项化训练递进，这种发展顺序似乎是实现最高运动表现水平的前提条件[25, 79, 84]。图 2.1 展示了长期训练的顺序模型。

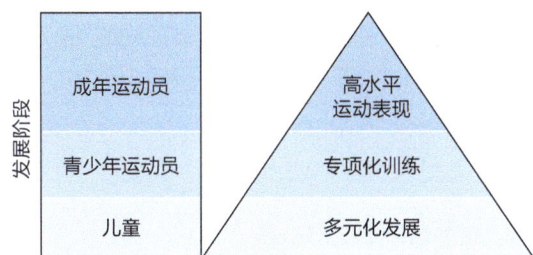

图 2.1 长期运动训练的顺序模型

金字塔底端代表了多元化发展阶段，也是训练计划的基础。该部分训练计划包含了多元动作发展、多项目技能，以及一些专项技能。在此期间运动员进行的多样化训练能够促进儿童生理系统的全面发展。例如，在这个训练阶段，神经肌肉、心血管和能量系统通过多种方式得以激活，以实现身体的平衡发展。当运动员的发展，尤其是身体发展，达到了一个可接受的水平，那么他 / 她便可以进入第二个发展阶段，也就是更大程度的专项化发展。

多元化发展阶段并没有排除专项化。相反，专项化存在于训练计划中的每一个阶段，只不过所占比例不同，如图 2.2 所示。图 2.2 展示了在多元化发展阶段，专项化训练的比例非常小。随着运动员身体的不断成熟，专项化训练的程度逐步加大。很多人相信多元化发展阶段是后续发展的基础，并且可以帮助运动员避免过度训练造成的损伤和对训练的厌倦[83]。

多元化发展的益处可见于三个国家的三项纵向研究[18, 22, 46]。在一个长达 14 年的研究中，9 ~ 12 岁的儿童被分成两组。

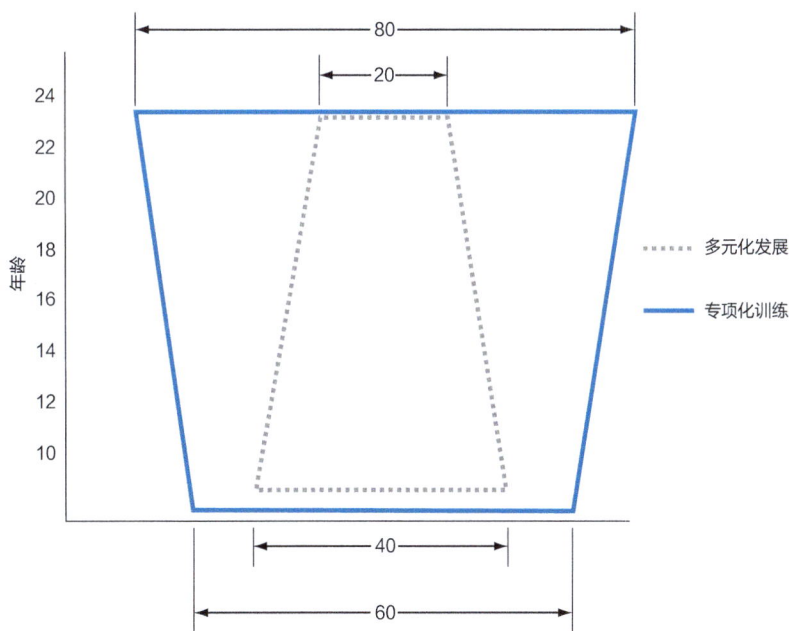

图 2.2 早期专项化和多元化发展对比

　　第一组的训练方法类似于北美地区所用的方法,专注于特定体育项目的早期专项化训练。这些运动员使用的训练及方法是为专项运动所制定的。第二组则遵循一般训练计划,专注于多元化发展。第二组在专项技能训练的同时,参与了多种体育项目,学习多种技能,全面进行身体训练。这项研究的结论支持了多元化发展的理论,即通过多元化训练建立一个扎实的基础,以帮助运动员取得更大的成功。

　　来自苏联的研究也得出类似的结论[22]:对于大多数项目,不宜在 15 岁前开始专项化训练。该研究的主要发现如下。

- 大多数最优秀的俄罗斯运动员具有坚实的多元化发展基础。
- 大多数运动员在 7 或 8 岁时开始训练。在训练的前几年,所有运动员都参与多种体育项目,例如足球、越野滑雪、跑步、滑冰、游泳和自行车。从 10 ~ 13 岁起,这些运动员还参与了集体类运动项目、体操、赛艇和田径。
- 在早期的多项训练后,运动员于 15 ~ 17 岁开始专项训练,并在 5 ~ 8 年后实现了最佳运动表现。
- 在低年龄时就进行专项化训练的运动员较早地（小于 18 岁）达到个人最佳运动表现。但是当他们进入成年后（大于 18 岁）却不能再现之前的成功。很多运动员甚至在成年之前就退役了。只有一小部分早期专项化训练的运动员在成年阶段能够继续提升运动表现。

早期专项化和多元化发展的比较

早期专项化
- 运动水平快速提升。
- 由于适应较快,在 15 ~ 16 岁时就已经达到最佳运动表现水平。
- 在比赛时运动表现水平不稳定。
- 对项目厌倦率极高,在 18 岁前退役。
- 强制性适应和生理发育不足,受伤风险增加。

多元化发展
- 运动水平提升更慢。
- 运动员在 18 岁或者更大年龄达到最佳运动表现水平,此时运动员身体和心理已成熟。
- 比赛中的表现稳定且稳步上升。
- 更长的运动生涯。
- 渐进性的负荷模式和全面性的生理发展,受伤更少。

源自：Harre 1982 [46].

- 很多高水平运动员青少年阶段（14～18 岁）在一个有组织的环境里开始训练。这些运动员在青少年阶段从未获得冠军或打破全国纪录，但在成年阶段大都达到国家级和国际级水平。
- 大多数运动员把他们的成功归因于在儿童和青少年时期建立了良好的多元化基础。

在第三则研究中，卡尔森[18]分析了在国际比赛中取得成功的瑞典精英网球运动员的训练背景和发展模式。研究人员选择了两组运动员，第一组是精英级成人运动员，第二组是在年龄、性别和青少年排名方面匹配，但运动水平更低的运动员。该研究最重要的发现见本书第 32 页的研究总结。两组运动员在 12～14 岁期间技能水平旗鼓相当，但之后两组运动员开始出现差异。研究人员还发现，第二组运动员在青少年阶段的早期技能水平提高速度较快，并且处于对成功极度渴望的环境之中。有趣的是，第二组运动员在 11 岁就已经开始专项化训练，而第一组直到 14 岁才开始进行专项化训练。实际上，第一组运动员在青少年阶段的早期参与了多种体育运动，而第二组运动员则进行了专项化和职业化的训练。尽管第二组运动员在青少年阶段展现出了极高的运动水平，但是第一组球员在成年阶段达到了个人最高的运动表现水平。卡尔森的研究证明了多元化训练的重要性，即在儿童青少年阶段的早期，运动员应该全面参与多种体育运动，更少地进行职业化训练。

在运动员发展的早期阶段，教练应该考虑将多元化训练视为未来专项化训练和熟练运用运动技能的基础[58]。儿童和青少年的训练要以多元化训练为主[9, 58]。这个发展阶段侧重的是全面发展运动员身体和心理的特质。这个阶段必不可少的身体技能包括跑、跳、爬和投掷等自然性动作[58, 78]。另外，在此发展阶段，提升速度、灵敏性、协调性、柔韧性和基础性心肺能力也非常重要。这些训练目标最好通过各种能够发展多种运动能力的活动来实现。在此过程中，年轻运动员会被教授多种运动技术，其中也包括特定运动项目的相关技术。随着运动员水平的提升和多元化训练的减少，这些技能都将会被应用。

在某种程度上，运动员在职业生涯中都应该进行多元化训练（参见图 2.2）。在发展的早期阶段，多元化训练量最大，随着运动员水平的不断提升，训练量会逐渐减少。在运动员的职业生涯中，多元化发展对于优化后续专项化训练的效果起着重要的作用。

专项化

不管是在田径场上、游泳池里，还是在体育馆里进行训练，运动员最终都会专门从事某一项运动。运动训练会产生与动作模式、代谢需求、发力模式、收缩类型和肌肉募集模式有关的生理适应[28, 82, 89]。所采用的训练类型对运动员生理学特征具有特定的效果[21]。比如，耐力训练可以同时刺激中枢和外周适应，这包括改变神经募集模式、改变生物能量或代谢因素，以及刺激骨骼肌的重要改变[2, 48]。相反，力量训练会显著改变肌肉收缩机制、神经肌肉系统，以及生物能量或代谢系统[1, 21]。研究表明，为应对不同模式的力量和耐力训练，骨骼肌会展现出极大的可塑性。训练类型不同，不同的分子信号路线也会出现激活和去激活现象[4, 6, 7, 21, 67, 68, 100]。专项化适应不仅仅局限于生理学的反应，技术、战术和心理素质也会对专项化训练做出反应。每一项体育活动都可能发展运动员的特质，使其达到更高的运动水平。

早期专项化和多元化训练对运动员培养效果的研究总结

第一组（高水平组）

- 14 岁以后开始专项化训练。
- 在培养的早期阶段，多元化训练量较多。
- 15 岁以后网球练习量才多于第二组。
- 随着训练的推进，自信逐渐建立。
- 在青少年早期，进步慢于第二组。
- 发展的早期阶段没有承受大量来自父母和教练追求成功的压力。

第二组（低水平组）

- 11 岁开始专项化训练，多元化训练停止。
- 在发展的早期阶段，多元化训练量极少。
- 在 13 ~ 15 岁之间，网球练习量远超第一组。
- 随着训练的推进，自信逐渐丧失。
- 青少年早期的进步快于第一组。
- 发展的早期阶段承受了大量来自父母和教练追求成功的压力。

源自：Carlson 1988 [18].

专项化训练是一个复杂的、非单边的，且基于多元化发展的过程。随着运动员慢慢从一个初学者发展成为一个熟练掌握其训练项目运动技能的成熟运动员，其总训练量和强度会逐步增加，专项化程度也是如此。多名学者认为，只有在形成较好的多元化基础之后，运动员才会对与专项相关的练习和发展特定运动能力的练习产生最佳的训练适应 [22, 78]。与专项相关的练习是指相似或模拟运动项目的练习，发展特定运动能力的练习是指发展力量、速度和耐力的练习。这两种练习的比例会因为具体项目的特征不同而变化。例如，长跑中约 90% 的训练量是专项训练。而其他运动项目中，如跳高，专项训练的训练量只占 40%，其余的训练量是发展腿部力量和跳跃爆发力。训练高水平运动员时，专项训练的量应该只占全部训练时间的 60% ~ 80%（参见图 2.2），而剩余的时间需要进行运动能力的训练。

考虑到当今运动员成熟年龄下降的趋势，教练应该仔细考量多元化训练和专项化训练之间的比例。在一些运动项目中，运动员在年龄较小时就达到了一个高的运动水平，因此这些项目的运动员需要更早地进行专项训练 [25]。

这些运动包括艺术体操、体操、花样滑冰、游泳和跳水。但是，近期奥林匹克竞赛规则的改变提高了高水平体操比赛的参赛年龄。比如，奥林匹克体操项目的女选手必须要在奥林匹克比赛开始那一年满 16 岁。2005 ~ 2007 年，体操世界锦标赛参赛选手的平均年龄大约是 18 岁 [84]。

表 2.1 是一份粗略的指南，其给出了个人开始训练的年龄，开始专项化训练的年龄，以

及达到最高表现水平的年龄。一些专家认为开始训练的最佳年龄在 5～9 岁 [9, 12]。在训练的早期阶段，教练应着重提升运动员的身体素质，包括跑、跳和投等基本运动技能 [9]。在训练的早期提升这些技能至关重要，因为年轻运动员这些技能水平提升的速度快于身体发育更加成熟的运动员。一旦运动员的这些基本技能得以提高，就可以针对特定的运动项目进行一些专项化的训练。这些训练通常始于 10～14 岁 [9]。如前文所述，多元化训练是运动员 14 岁前的首要训练任务，在 14 岁之后再开始进行更多的专项化训练。

表2.1　不同运动项目开始训练、专项化训练，以及达到高水平的年龄

运动项目	开始训练的年龄	开始专项化训练的年龄	达到高水平的年龄
射箭	12～14	16～18	23～30
田径			
短跑	10～12	14～16	22～26
中跑	13～14	16～17	22～26
长跑	14～16	17～20	25～28
跳高	12～14	16～18	22～25
三级跳	12～14	17～19	23～26
跳远	12～14	17～19	23～26
投掷	14～15	17～19	23～27
羽毛球	10～12	14～16	20～25
棒球	10～12	15～16	22～28
篮球	10～12	14～16	23～26
冬季两项	10～12	16～17	22～26
雪车	12～14	17～18	22～26
拳击	13～15	16～17	22～26
划艇	12～14	15～17	22～26
国际象棋	7～8	12～15	23～35
手球	10～12	14～16	22～26
自行车	12～15	16～18	22～28
跳水			
女子	6～8	9～11	14～18
男子	8～10	11～13	18～22
马术	10～12	14～16	22～28
击剑	10～12	14～16	20～25

续表

运动项目	开始训练的年龄	开始专项化训练的年龄	达到高水平的年龄
曲棍球	11～13	14～16	20～25
花样滑冰	7～9	11～13	18～25
橄榄球	12～14	16～18	23～27
体操			
女子	6～8	9～10	14～18
男子	8～9	14～15	22～25
冰球	6～8	13～14	22～28
柔道	8～10	15～16	22～26
现代五项	11～13	14～16	21～25
赛艇	11～14	16～18	22～25
英式橄榄球	13～14	16～17	22～26
帆船	10～12	14～16	22～30
射击	12～15	17～18	24～30
滑雪			
高山滑雪	7～8	12～14	18～25
北欧滑雪	12～14	16～18	23～28
30千米滑雪	—	17～19	24～28
跳台滑雪	10～12	14～15	22～26
速度滑冰	10～12	15～16	22～26
英式足球	10～12	14～16	22～26
壁球和手球	10～12	15～17	23～27
游泳			
女子	7～9	11～13	18～22
男子	<7～8	13～15	20～24
花样游泳	6～8	12～14	19～23
乒乓球	8～9	13～14	22～25
网球			
女子	7～8	11～13	20～15
男子	7～8	12～14	22～27
排球	10～12	15～16	22～26
水球	10～12	16～17	23～26
举重	14～15	17～18	23～27
摔跤	11～13	17～19	24～27

源自：T.O. Bompa and M. Carrera, 2015, Conditioning young athletes (Champaign, IL: Human Kinetics), 9.

个性化

　　个性化是现代训练的主要要求之一。个性化要求教练不管运动员水平如何，都要考虑他们的能力、潜力、学习特征和所在运动项目的需求。每名运动员都有自己的身体和心理特征，制定训练计划时需要考虑到这些特征。

　　通常情况下，教练往往会照搬之前成功运动员的训练计划，或制定完全忽视运动员训练经历、能力和身体状况的训练计划，采用不科学的训练方法。更糟糕的是，一些教练把训练高水平运动员的计划用于青少年运动员，而这些运动员根本不具备这些训练计划所需的身体素质、生理学基础以及心理素质。年轻运动员无论是在心理上还是在身体上都无法承受高水平运动员的训练计划[26, 27, 39, 99]。教练需要了解运动员的需求，并且制定符合运动员需求的训练计划。下面介绍一些制定计划的指南。

根据承受水平制定计划

　　训练计划必须基于针对运动员生理和心理特征的全面分析结果，这可以让教练深入了解运动员的运动水平。个体训练能力可由以下因素决定。

- 生理年龄：相比实际年龄，运动员的生理年龄被认为能更准确地反映个体身体能力的潜力[25, 65]。最好的生理年龄指标之一是性成熟[15, 38]，因为其标志着循环睾酮水平的增加[65, 75]。运动员身体发育越成熟，生理年龄也就越高，相比于生理年龄相对较小的同龄人，其在团队运动项目中会表现得更强壮、更快、更好[38, 65]。通常情况下，儿童抵抗疲劳的能力更强，这就可以解释为什么他们对更大的训练量有更好的反应[73]。另一方面，年长的成年人对高强度训练表现出来的积极性更低[91]，受伤率更高[55]，承受的社会压力更多[91]，所有这些因素造成了运动员承受高强度训练的能力在下降。大多数青少年运动员对中等负荷的耐受性要好于高强度或高负荷训练[27, 39, 73]。年轻运动员要谨慎采用高负荷大运动量的整合训练，因为这种训练可能会增加骨骼肌受伤的风险[39]。

- 训练年龄：训练年龄是指运动员为一项体育运动做准备的年限[12]，这与生物年龄和实际年龄有很大的区别。训练年龄大的运动员已经经历了大量的基础性训练，其很可能能够参加专项化训练计划，尤其是早期进行过多元化训练的运动员。实际年龄较大而训练年龄小的运动员则需要更多的多元化训练和技能习得训练，这是因为他们缺乏达到高专项化训练所需要的训练基础。

- 训练史：运动员的训练史会影响他们的运动能力。与没有参加过良好训练的运动员相比，进行过大量多元化训练的运动员更有可能发挥其身体潜力，且更有可能为难度更大的训练做好准备。

- 健康状态：身患疾病或受伤的运动员运动能力会下降，并且通常不能承受计划的训练负荷。疾病类型或受伤程度，以及生理基础共同决定了运动员能够承受的训练负荷[89]。教练必须监测运动员的身体状态，以确定合适的训练负荷。

教练制定训练计划时一定要考虑运动员的年龄、技能水平和其他因素

- 应激和恢复速率：运动员承受训练负荷的能力通常与运动员遇到的各种应激有关[89]。整体应激源都是额外的，对运动员有高要求的因素都能影响运动员对训练负荷的承受力[92]。比如，学校、工作和家庭活动占用时间过多会影响运动员承受训练负荷的能力。工作、学习和训练之间来回转换会进一步增加运动员承受的应激水平。教练应该考虑这些因素，并对训练负荷进行相应的调整。例如，在学业考试等高应激情况下，教练需要降低训练负荷。

个性化安排训练负荷

运动员适应训练负荷的能力取决于个人能力。如前所述，很多因素都会影响运动员对训练负荷和训练渐进的反应：运动员的训练史、健康状态、生活压力、实际年龄、生理年龄和训练年龄。简单照搬高水平运动员的训练计划并不能提高运动员的运动水平[89]。相反，教练必须通过制定一个个性化的训练计划，来适应运动员的需求和能力，这就要求教练仔细观察运动员的技术和战术能力、身体特征、强项和弱项。本章后面会讨论训练模式以及运动员的周期性测试，以便教练制定更加具体且个性化的训练计划。假如运动员基本上都处于同一训练阶段和发展水平，则不太需要个性化的训练计划[89]。

考虑性别差异

性别差异对运动员的运动水平和个性化训练的适应程度有着至关重要的影响。青春期前男女的身高、体重、体围、骨宽度和皮褶厚度基本相似[99]。进入青春期后，男女的身体特性开始表现出明显的不同。青春期后，女生的体脂水平更高，去脂体重更低，体重较轻[99]。运动能力方面，男女在肌肉质量和力量[29, 35, 54, 93]、无氧功和能力[36, 64]，以及最大有氧能力和专项成绩有显著的不同[3, 19, 20, 24, 81]。

一些研究者认为性别差异与解剖学和生物力学机制有关[60, 66]，而其他研究者则认为训练经历和是否接受过专项化训练可以部分解释性别差异造成的运动水平差异[60]。克莱默等人[57]的研究结果发现，只要女生进行了适当的训练，运动水平上的性别差距可以大幅缩小。

瑟勒等人[80]在分析了1952~2006年高水平运动员的无氧能力（短跑、游泳和速滑）后，发现性别差异最初阶段在缩小，但是后期运动水平的性别差异已经停止缩小了。切夫隆特等人比较了长跑运动员运动水平的性别差异，也发现了类似的趋势。

女性能承受低强度和高强度的训练计划[17]。事实上，曹认为女性承受抗阻训练量和强度的能力都高于男性。但是，在解读这些数据时要特别谨慎，因为女性在一些方面有其特殊性，如女性上肢[17, 28]和躯干[17]肌肉系统较弱。教练需要增加一些加强女性这些部位力量的训练。

不同月经周期女性运动员的运动表现似乎具有显著的个体差异[99]。科学研究表明，大多数情况下，最大和次最大有氧能力，以及无氧能力[14, 53]不会受月经周期的影响。但是，也有科学研究表明，由于黄体期的基础体温上升，人体体温调节能力会受限[53]。因此，女性运动员在湿热的环境中进行长时间训练时需要考虑上述因素。

体现训练的变化性

训练的变化性是产生训练适应的重要因素。新的训练会带来技能习得和表现水平的快速提高，但是长时间重复相同的训练计划或者负荷结构会减慢技能习得的速率[51]。斯通等人[86]认为，缺乏训练变化会导致单调性过度训练。长时间规律性地进行相同的训练刺激，就会发生上述情况，最终会导致运动水平的下降，这就是一种训练过度。奥托乐认为训练计划的单一程度与运动水平高低度相关[69]。

训练的周期安排不仅可以降低训练的单一程度和运动员对训练的厌倦程度，还可以让训练阶段变得井然有序，相互之间形成功能适应，最终的目的是激发更好的生理适应。扎其奥尔斯基认为，训练的周期安排是训练变化性和稳定性（单一性或重复性）之间的平衡手段。因此当谈及训练周期安排时[72, 82, 89]，训练的变化性极其重要。对训练负荷和内容进行系统的变化可以让身体产生最佳的训练适应。如果训练缺乏变化，训练计划单一，那么运动水平就不可能达到最高。这种情况发生在神经系统获得足够的超负荷来刺激身体产生生理适应[86, 89]。

训练计划的变化性可以通过多种方式来体现。例如，在小周期内，可以通过改变训练量、强度、频率和练习选取来加入一些变化。通常情况下，如果小周期内安排的负荷指标变化性越大，那么这个阶段的练习的选取则需要更加稳定。另一方面，如果小周期安排的负荷指标更稳定，那么练习的选取可以有更多的变化。练习和负荷指标的变化是周期训练的方法性概念。比如，为了提升排球和田径运动员的腿部力量和爆发力，可以在一般准备期进行颈后全蹲，在培训准备期进行半蹲。在准备期后期，训练的重点需要从力量提升转变为爆发力提升。因此，全蹲或半蹲都可以用于保持最大力量，而四分之一快速蹲或者四分之一跳蹲可提升爆发力。因此，训练计划可按照下列顺序进行组合。

颈后全蹲 → 颈后半蹲 → 四分之一快速蹲 → 四分之一跳蹲

这一概念的另一个示例可见于自行车运动员的准备期。在非赛季时，自行车运动员通常会进行越野滑雪等运动来保持有氧体能，之后在准备期恢复自行车训练。引入－再引入结构[89]认为恢复自行车训练可以快速提高运动能力，因为再次进行自行车训练，对车手来说是一种变化。

训练变化可以在小周期内或小周期间进行。比如，小周期内的某些天运动员每天可以进行多次训练，但是在其他天每天只进行一次训练。

每日多课次训练被证明可以产生比每日单次课训练更好的生理适应[41]。但是，每日训练频率的降低可以促进恢复，使运动员在后续的训练日或小周期内更加努力。

另外一种变化训练计划的方法是系统变化训练强度。小周期内变化训练强度可以让身体有时间适应训练刺激并进行恢复，这已经被证明可以提升生理适应[89]。有趣的是，耐力型运动员和力量／爆发力运动员都已采用了小周期内变化难易训练课的方法[89]。另外一种变化策略是改变训练的强度和频率。例如，当要控制一天的训练强度时，上午可以安排高强度训练，下午可以安排低强度训练。第二天可以减少训练量，让身体充分恢复，或者可以增加训练量以增加训练刺激。

训练变化性只会受限于教练创造性地运用科学原则的能力。训练变化性的应用应该基于对运动项目的生物能量学[28, 70, 89]、运动中所用的运动模式和技能，以及运动员的发展水平或训练年龄[89]的全面理解。与初级水平运动员相比，高水平运动员需要进行更多的负荷变化和更少的练习变化，而初级水平运动员由于训练基础不足，需要进行多种练习的训练。即使训练计划变化性较小，初级水平运动员也可以通过基础训练模式取得非常好的结果。

训练模式的发展

尽管训练模式没有被精心设计并且经常被随意使用，但自20世纪60年代起它一直被人们所使用[11]。虽然一些国家的体育人员在使用训练模式的过程中积累了经验和知识，但是直到 20 世纪 70 年代，训练模式才在全世界广泛被使用[10, 16]。

大量文献证明，训练和运动能力之间相关性高，这种相关性又具有明显的个体差异[5, 49]。训练模式的发展基于训练专项化和训练计划个性化的理念[11, 49, 74, 90]。训练模式可用于根据运动员的生理和能力指标进行训练计划的实施、分析、评估和修订，这对于运动员的培养极为有用[90]。

训练模式是不断持续变化的，这是因为训练模式会随着运动员的发展而变化。一种训练模式的发展是一个基于实践积累的过程，其取决于之前的训练模式、当前对运动员的评估，以及坚实的科学基础。尽管这个过程很耗时间，但是投入时间是有价值的。训练模式越好，运动员达到高水平的概率就越大。训练模式必须要持续不断地进行评估和完善，要符合新的科学知识、运动员的发展水平以及运动员进步的评估结果。图 2.3 展示了制定训练模式的理论方法。

训练模式的发展开始于体育科学研究的详细分析。了解与运动项目相关的生理学（例如，生物能量学）[74]、形态学[37]、解剖学、运动能力[56]以及心理特征，是训练模式发展第二阶段的基础。第二阶段需要制定一个有针对性的测试计划，用于分析运动员的训练状态。例如，有关投掷项目的科学研究表明，最大力量和爆发力与高水平运动能力有关[88]。因此，需要通过制定和实施生理测试，来评估运动员的力量生成能力（即峰值力量生成能力、力的生成速度、最大力量）和爆发性力量 [峰值爆发力评估，单次重复最大力量（1RM），1RM 高翻]。对运动员的战术和技术能力也要进行评估，以发现薄弱环节，并通过调整训练模式来改善。要对运动员进行测试，以发现运动员身体的不足之处，或者受伤风险较大的区域（例如动作幅度、肌肉不平衡等）。其他需要评估的领域包括心理特征（例如情绪状态）、睡眠状态（例如睡眠质量）以及营养摄入情况。最后，对运动员的训练日志和竞技水平进行评估，以确定之前的训练模式对运动员是否有效。

完成评估工作以后，教练需要对收集到的数据进行解读。制定训练模式旨在满足运动员的需求，以提高运动员实现高水平运动能力的可能性。在确定训练模式的这个阶段中，一些主要的训练因素得以确定，这些因素包括负荷渐进、训练强度、训练量、训练频率以及产生生理和心理适应的必要重复次数。另外，战术、技术和策略性因素需要确定并整合进训练模式之中。训练模式会有明显的个体特征和项目特征，因为测试结果可以帮助教练构建训练参数。训练模式形成之后就要进入实施阶段了。

在实施阶段，教练要持续不断地监测运动员，以发现运动员是否不适应训练模式。全面的监测计划包括对运动员生理学特性的周期性评估（类似于训练模式发展的评估阶段所开展的生理学测试）、日常训练数据、心理状态、营养状态以及技术能力的发展情况。在此阶段，如果教练对训练模式的有效性有任何疑问，则需要对训练进行重新评估并加以调整，以确保实现提高运动表现的目标。

```
┌─────────────────────┐
│    阅读和分析科学文献    │
└─────────────────────┘
          ↓
┌─────────────────────┐
│   制定测试方案和观察计划  │
└─────────────────────┘
          ↓
┌─────────────────────┐
│       评估运动员        │ ←──────────┐
└─────────────────────┘            │
          ↓                        │
┌─────────────────────┐            │
│    解读训练和测试数据    │            │
└─────────────────────┘            │
          ↓                        │
┌─────────────────────┐            │
│      制定训练模式       │            │
└─────────────────────┘            │
          ↓                        │
┌─────────────────────┐   ┌─────────────────────┐
│      实施训练模式       │ ← │      调整训练模式       │
└─────────────────────┘   └─────────────────────┘
          ↓                         ↑
┌─────────────────────┐   ┌─────────────────────┐
│      监测训练模式       │ → │     重新评估训练模式     │
└─────────────────────┘   └─────────────────────┘
          │         不适应
   无不适应 │
          ↓                        │
┌─────────────────────┐            │
│      比赛测试模式       │            │
└─────────────────────┘            │
          ↓                        │
┌─────────────────────┐            │
│     使用运动员的比赛     │ ───────────┘
│    结果验证训练模式     │
└─────────────────────┘
```

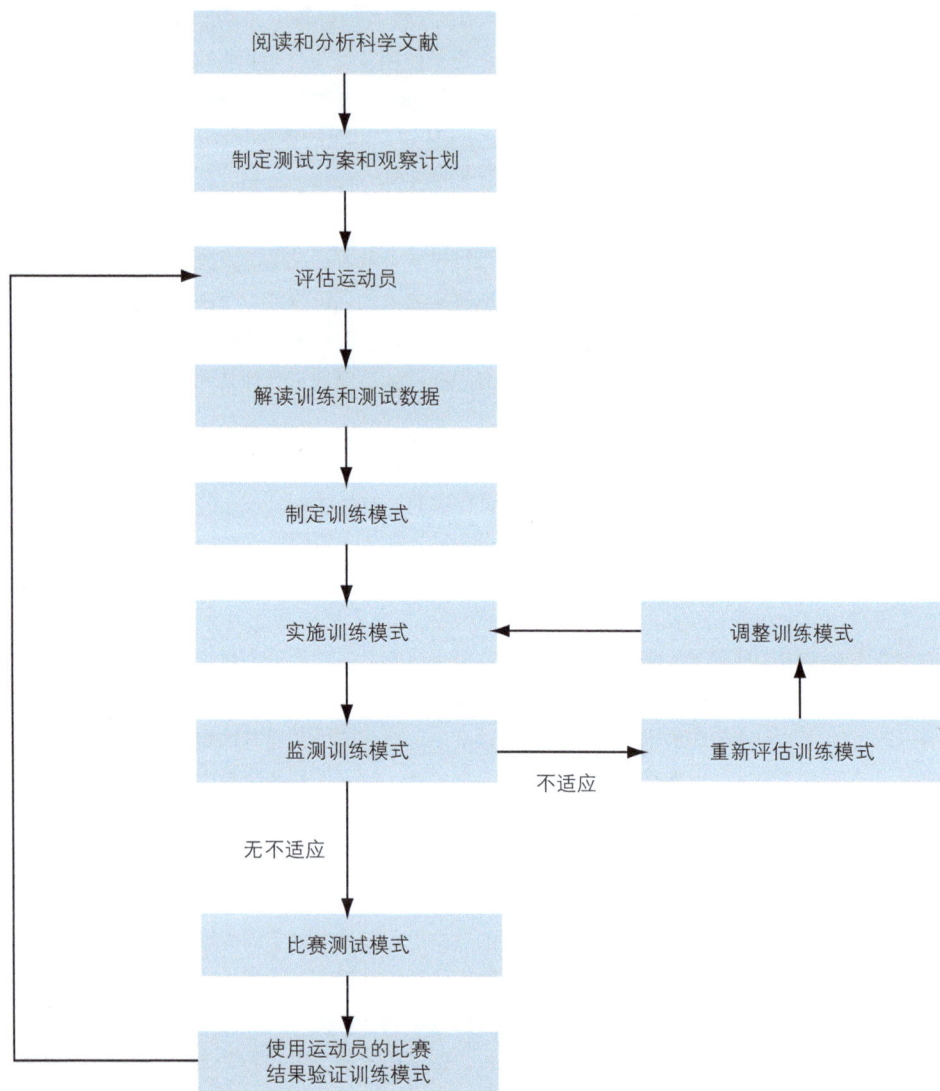

图 2.3 形成训练模式的顺序

　　测试训练模式有效性的主要方式就是运动员的比赛结果。假如运动员在比赛中取得名次，那么训练模式就是有效的。比赛期结束之后，尤其是在过渡期，需要对运动员进行重新评估，训练模式也需要进行调整。再次评估的内容包括对之前年度训练进行全面而严格的检查，以确定训练目标和运动表现标准是否都已达成。年度训练的所有测试都需要进行评估，以确定运动员的运动水平是下降还是提高了。还需要对运动员应对训练和比赛压力的情况进行评估，以确定是否需要对这一方面进行改进。在评估之后，教练决定下一年度训练计划是否需要采用新的训练模式。

负荷渐进

自 1975 年以来，运动员的成绩一直在提高。运动成绩提高源于多个原因，但是很明显，一个主要原因是运动员承受训练负荷的能力在不断提高。支撑以上观点的证据是 1975 ~ 2000 年期间的训练负荷增加了（参见表 2.2）。

运动能力提升的直接原因是运动员在训练中所完成的训练量和训练质量。在运动员从初级水平到高水平的发展过程中，训练负荷必须逐渐增加，并根据每名运动员的生理和心理能力，以及运动承受能力，进行周期性的调整。

训练负荷可以视为训练强度、训练量和训练频率的结合体[83]。训练负荷取决于运动员的训练专项化程度和运动能力提升的水平[82]。运动员的准备程度、训练负荷和承受训练的能力之间存在复杂的交互关系[83]。

训练负荷的应用能够让运动员产生一系列的生理反应以适应训练刺激。这种适应可以提高运动员的准备程度、训练耐受力和运动能力[83, 102]。随着运动员对训练负荷的适应，必须加大训练负荷才能持续产生生理适应。

训练负荷可根据生理适应效果简单分成刺激、保持和停训 3 种类型[101, 102]。刺激型负荷高于运动员的常规训练负荷。相反，停训型负荷远小于常规负荷。停训型负荷最终会导致运动员准备程度和运动能力的下降。而这两类负荷之间是保持型负荷，即运动员的标准训练负荷。保持型负荷可以让运动员在保持准备程度的同时进行身体恢复。随着运动员对刺激负荷的适应，这个负荷就转成了保持型负荷，而之前的保持型负荷就成为停训型负荷。因此，负荷分类是一个相对变化的概念，随着运动员适应程度的变化而变化，所以教练必须在训练的周期安排中特别注意训练负荷的顺序。

正确的训练负荷顺序应该逐步增大，并最终带来运动能力的提升[83]。如果训练负荷突然大幅度地增加，那么身体需要花费更多时间去形成生理适应，并达到一定的运动表现水平[89, 95, 101, 102]。负荷的突然增加会带来运动员适应的终止和受伤概率的增加。恢复和适应需要的时间与训练负荷突然增加的幅度有直接的关系[89]。

表 2.2 ▶ 1975 ~ 2000 年训练量的变化

项目	训练量	1975 年	1985 年	2000 年
体操（女子）	每周基本训练	3,450	6,000	5,000 ~ 6,000
	每周常规训练	86	86	150
赛艇（女子）	每年训练千米数	4,500	6,800	6,500 ~ 7,000
击剑	每年训练小时数	980	1,150	1,100 ~ 1,200
足球	每年训练小时数	460	560	500 ~ 600
游泳（100 米）	每年训练小时数	980	1,070	1,000 ~ 1,040
拳击	每年训练小时数	960	1,040	1,000 ~ 1,100

有条不紊且系统地控制训练负荷是周期化训练的基础，同时也被应用于各种水平运动员的训练计划中（从小周期到奥运会周期）。合理的训练负荷顺序与运动员表现水平的提高有直接的关系。不同体育项目和地区的负荷结构也有所不同。下面介绍多种负荷理论。

标准负荷

标准负荷类似于训练准备期所使用的训练负荷和频率。在训练准备期规律性地使用标准负荷时，运动表现水平的提高只发生在此阶段的早期。

当运动员从准备期向比赛期转换时，除训练负荷的减少外，训练刺激基本保持不变。如果以这种方式来应用标准负荷，那么运动能力在比赛期会停止提高（参见图 1.4）。这种平台期是训练负荷变化性不足导致的。如果在比赛期使用次最优的训练负荷，那么运动员的运动能力很有可能衰退，尤其是在此阶段的后期 [52]。

由于运动能力的提高只发生在准备期的早期，所以训练负荷需要逐年递增。现代训练理论学家认为，这种类型的负荷几乎在所有情况下都是次最优的，而台阶式或共轭式负荷变化在长期过程中可以更大幅度地提升运动能力 [71]。因此，为了优化训练负荷的适应能力，负荷必须逐年增加，以产生最佳生理适应所需的必要刺激。这些提高只有在训练计划安排合理，恢复时间充足的情况下才会出现。

线性负荷

训练线性负荷似乎是一种与周期化原则相悖的概念 [71, 89]。但是，这种类型的负荷结构特别受欢迎。据线性负荷最初的支持者称，运动员只有以其最大能力来对抗逐级增加且逐步高于正常情况的训练负荷，其运动能力才能提高 [8, 71, 72]。理论上来说，这种训练所呈现的负荷曲线随时间呈上升趋势（参见图 2.4）。尽管科学研究已经清晰地证实，应该根据运动员职业生涯的训练周期来增加训练负荷 [87, 102]，但是这种线性负荷方法可能只在较短的时间内有效，尤其

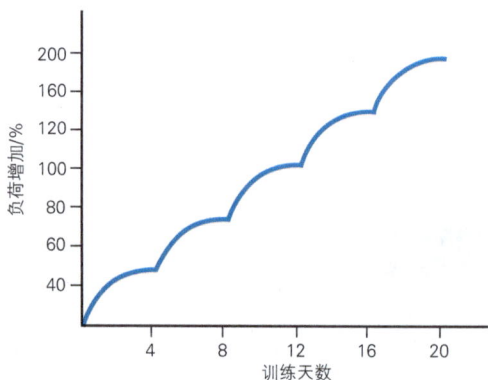

图 2.4 根据线性负荷模式的负荷增加
源自：Hellebrandt and Houtz 1956[50].

是对于初学者 [23, 31, 32, 34, 45]。假如线性负荷的持续时间较长，可能会导致过度训练。如果出现过度训练，运动员会出现生理和心理上的不适应，运动能力相关指标会变差，疲劳程度也会提高 [69]。因此，线性负荷虽然不是最佳训练方式，但是短期内实施还是有益处的，因为线性负荷没有足够的恢复时间，并且身体疲劳和受伤的概率也会逐渐增加。

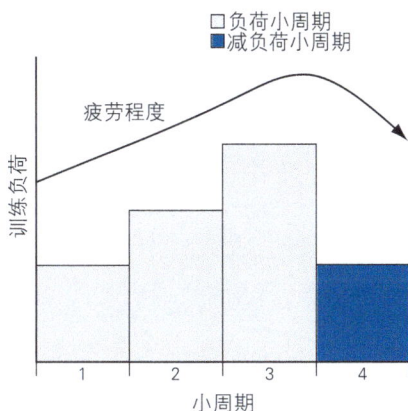

图 2.5 3：1 负荷结构

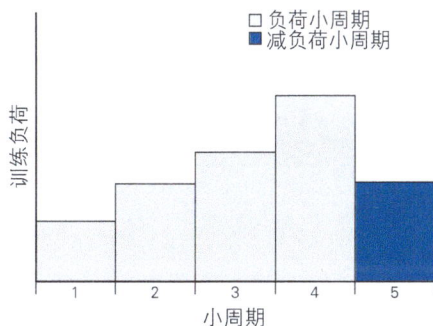

图 2.6 4：1 大周期结构（一般准备之初的负荷结构）

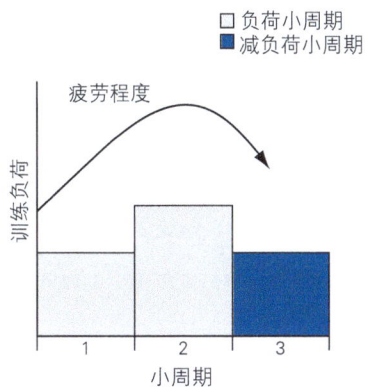

图 2.7 2：1 负荷结构

台阶式负荷

台阶式负荷训练模式可以实现渐进式超负荷，并且其中可穿插减负荷阶段。台阶式负荷有时指传统或者经典的周期化模式[11b, 62, 63, 71]。减负荷阶段或者保持负荷有助于身体恢复，产生更高的生理适应，并且能给予充分的时间让心理压力得到舒缓。台阶式负荷模式（参见图 2.5）的曲线是一条波浪形的上升曲线[87, 89, 96, 102]。由于一个训练环节不足以产生明显的生理或心理适应，因此通常建议运动员在多个训练环节中重复同样的刺激。台阶式负荷使用 3：1 的负荷结构，在这种结构中训练负荷在三个小周期内增加，之后在第四个小周期时降低，让身体充分恢复，从而避免出现训练过度。

图 2.5 展示了典型的 3：1 负荷结构[11b, 11c]。有很多证据表明，应进行为期 4 周的训练大周期[63, 71, 89]或者 2～6 周（通常是 4 周）的大周期[96, 101, 102]。前 3 个小周期内训练负荷与疲劳累积都会逐渐增加，第 4 个小周期是减负荷阶段，这个阶段训练负荷和疲劳程度都会降低，如图 2.5 所示。训练负荷减少，降低了身体疲劳程度，身体竞技状态提升，从而引发一系列的生理适应，让运动员在下一系列的小周期训练中能承受更大的负荷[89]。在一般准备期的开始，训练负荷肯定要逐渐增加，因为开始训练时负荷会很低（参见图 2.6）。有些情况下，教练需要谨慎使用台阶式负荷。例如，一个年轻运动员可以承受 2：1 的负荷结构，也就是 2 个增加训练负荷的小周期和 1 个恢复周期（参见图 2.7）。

台阶式负荷能够让运动员强化每一层级的训练负荷，这可以为下一阶段的大周期训练打下坚实的基础。这种类型的负荷通常适用于初级运动员、处于一般准备期之初的运动员，以及耐力型运动员[71]。小周期内更多的变换和次最大训练的周期安排得到了来自对人类[30]和动物[13]研究的支持。研究表明，周期性安排几天轻松的训练可以使运动员产生更好的适应，最终有助于运动表现的提高。

集中负荷

短期超负荷通常称为集中负荷[91] 或者过度刺激[61]。如果采用恰当的恢复负荷，那么运动员通常能在较短时间内从这种负荷的训练中恢复[45]。一般来说，集中负荷阶段的训练量越大，时长越长，运动员来消除疲劳和提高运动表现[82, 89, 101, 102] 需要的时间就越长。斯夫和维尔霍山斯基[82] 认为，运动员在集中负荷一段时间后，运动能力可能会出现提高（参见图2.8）。

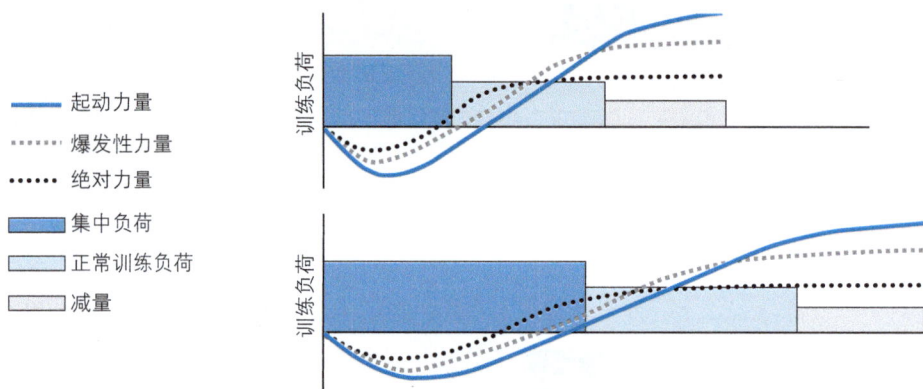

图2.8 适应集中负荷的时间

源自：Plisk and Stone 2003 [71]and Stone, Stone, and Sands 2007 [89].

已有科学研究探索了神经内分泌对过度刺激的反应，其结果支持使用周期化集中负荷训练或有计划的过度刺激[40, 42, 44]。研究者探究了2~5周的恢复期后，运动员对短期（1周）和长期（≥3周）集中负荷训练的激素反应水平。最常使用的内分泌检测方法是测量睾酮和皮质醇的比例（testosterone/cortisol ratio，T∶C比例），也就是合成代谢和分解代谢之间的平衡。尽管T∶C比例不是测量过度训练的方法，但也能说明运动员的竞技状态[72, 89, 97]。因此，T∶C比例高，则运动表现水平也高[33, 71]。

持续3周或更长时间的训练负荷剧增会导致T∶C基础值或安静值的下降，这意味机体在向分解状态发展，且这种发展与运动能力或状态下降有关[40, 42, 44]。相反，集中负荷阶段结束后，训练负荷恢复至正常水平或者稍低水平，那么T∶C和运动能力会出现超量恢复[40, 43]。这种现象也见于小周期内大幅度增加训练负荷时机体的反应[33, 85, 97]。如前所述，为了实现运动能力的超量恢复，集中负荷板块的持续时间需要根据身体恢复需要的时间做出调整（参见图2.8）。

共轭序列负荷结构

共轭序列负荷结构也被称为双连续系统[94]。维鲁[96]、斯夫和维尔霍山斯基[82]、普利斯科和斯通[71]认为，这种顺序负荷方法可以让运动员在结束集中负荷训练或者过度刺激之后，有时间进行身体恢复。目前有多种方法可以实施这种类型的负荷结构，但是最常用的方法是4个小周期式的板块，这种板块内只有一个重点，其余负荷分配到其他重点领域[71]。普利斯科和斯通[71]认为，共轭序列负荷结构的主要目标是给予运动员集中接受专项训练刺激的时期，在此期间，疲劳程度会上升，一些运动能力指标会下降。

比如，在集中负荷板块期间，力量是运动员的主要训练目标；在减负荷训练板块期间，运动员减少力量训练，稍微增加一些速度训练。这种训练负荷模式会带来运动能力大幅提升的超量恢复效应[71]。在结束此板块后，运动员可以进行更高强度的专项刺激训练板块，从而提高运动表现水平。

有相关文献介绍了这种负荷结构类型的多个优势[71, 77, 82, 85, 92, 94-96, 98, 101]。此负荷结构的支持者认为，此类负荷结构可以对运动员产生有效刺激，而且与传统训练负荷结构相比，运动能力能够提升到更高的水平。另外，此类负荷结构可以有效缓解传统负荷方式中同期化训练造成的累积性疲劳。最后，从长远来看，训练量可以减少[71]。普利斯科和斯通[71]认为，在集中负荷训练板块中，疲劳感会大量积累，运动员必须具备承受高训练负荷的训练能力。因此，通常建议此类负荷结构训练只应用于高水平运动员的训练中[71, 89]。

在共轭序列理论中必须要考虑的一个基本概念是训练必须要按照顺序进行，这样运动员的运动表现水平才能在既定的时间内得到提高。普利斯科和斯通[71]在所写的一篇关于周期化策略的重要文章里，提供了一个赛季前的训练示例，也就是在集中负荷训练板块中要加入恢复期。例如，3周式的集中负荷板块嵌入4周式的恢复板块（参见表2.3）。普利斯科和斯通[71]认为，通过控制训练频率和训练时长，可以在不改变基本强度和训练量的情况下，使用不同的训练负荷。另外，研究者建议教练和运动员可以通过进一步降低训练量的方式，加大集中负荷训练板块和休息板块之间的差异。

表2.3 ▶ 赛季前，共轭序列训练模式和调整后共轭序列训练模式

训练变量	训练板块			
	集中负荷板块 1	恢复板块 1	集中负荷板块 2	恢复板块 2
共轭序列训练模式				
持续时间	3 周	4 周	3 周	4 周
力量和爆发力训练	共 12 次课 每周 4 天	共 12 次课 每周 3 天	共 12 次课 每周 4 天	共 12 次课 每周 3 天
速度、灵敏性和耐力训练	共 6 次课 每周 2 天	共 12 次课 每周 3 天	共 6 次课 每周 2 天	共 12 次课 每周 3 天
调整后共轭序列产生更多的板块内差异				
持续时间	3 周	4 周	3 周	4 周
力量和爆发力训练	共 12 次课 每周 4 天	共 8 次课 每周 2 天	共 12 次课 每周 4 天	共 8 次课 每周 2 天
速度、灵敏性和耐力训练	共 6 次课 每周 2 天	共 12 次课 每周 3 天	共 6 次课 每周 2 天	共 12 次课 每周 3 天

源自：Plisk and Stone 2003[71].

扁平式负荷

扁平式负荷模式主要用于爆发力类项目专项准备期和比赛期[11d]。在这种模式中，两个相似负荷的小周期后紧接着恢复周期。扁平式负荷模式中（参见图2.9），由于前2个小周期训练负荷较高（这是刺激经过训练的运动能力产生适应的一个最佳负荷，因此并不会导致过度刺激），在经过2个小周期后，运动员进行第三个轻松的小周期（也称为减负荷或小负荷的小周期），在此期间，疲劳程度降低，身体竞技状态提升。

台阶式负荷模式可与扁平式负荷模式结合使用来逐步增加运动员的训练负荷。图2.10展示的训练计划有3个亚阶段：一般准备期、专项准备期和比赛前准备期。

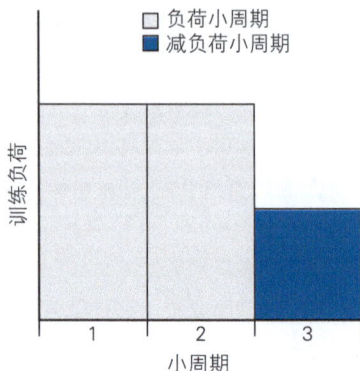

图 2.9 扁平式负荷模式示例

在一般准备期，两种大周期结构（3∶1和2∶1）可用于刺激运动员的生理和心理适应，为下一个包含强度训练的专项准备期做好准备。一般准备期使用台阶式负荷模式，逐步增加训练负荷以达成训练目标。完成一般准备期后，运动员即开始进行专项准备期。

在专项准备结束后，训练的主要目标是尽可能提升运动员的准备程度、技术熟练度以及战术能力。此目标是通过让运动员在一个简短的小周期内进行高负荷的训练，而后进行恢复周期以避免过度训练。完成此次级阶段后，训练的重点就转移至稳定状态和达到最佳状态，这些训练重点处于比赛期间。因此，经过以上3个阶段的准备，运动员可以在最重要的比赛中将自己的运动表现提升到最高水平。

在训练的准备期和比赛期阶段，负荷模式的变化取决于比赛的重要性和频率。这些阶段中的训练负荷会减少以消除疲劳并开始提升运动员的运动表现水平（提升竞技状态）。最新的研究表明，高强度和低量的训练可用于在比赛期保持运动能力[52]。但是，在重大比赛之前，训练负荷将减少以便运动员恢复。如果时间安排恰当，运动员会产生超量恢复效应，这能让运动员的运动能力达到最高水平。

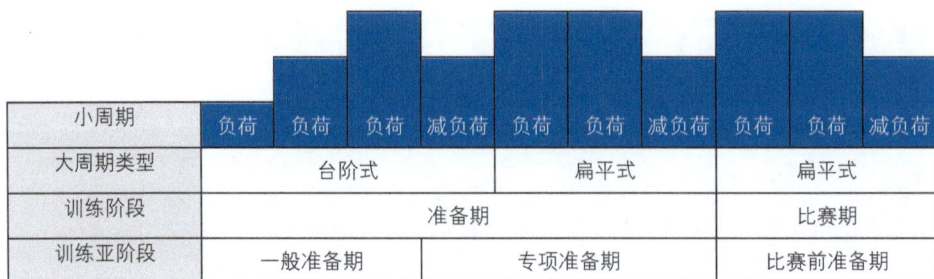

小周期	负荷	负荷	负荷	减负荷	负荷	负荷	减负荷	负荷	负荷	减负荷
大周期类型	台阶式				扁平式			扁平式		
训练阶段	准备期							比赛期		
训练亚阶段	一般准备期			专项准备期				比赛前准备期		

图 2.10 准备期内的台阶式和扁平式负荷大周期（台阶式负荷模式更适用于早期准备阶段，而扁平负荷模式建议用于其他小周期）

训练负荷顺序

周期化训练最重要的一个内容是训练负荷的顺序。如果顺序得当，每个训练阶段都能提高（增强）下一个阶段的效果。例如，相关研究表明合理地安排训练顺序可以提高力量和爆发力[47]。哈里斯和同事们证实，当基础力量发展优先于力量和爆发力发展时，就能够获得最佳的力量和爆发力。斯夫和维尔霍山斯基[82]认为，以下顺序的训练可以让中等时长的周期性耐力运动员获得最佳的发展。

一般身体准备→力量→速度→耐力

如图2.11所示，在训练周期的起始阶段，运动员将进行大量的有氧训练，以及发展一般身体能力的其他训练。在训练第一阶段结束后开始集中进行力量训练。集中负荷阶段结束之后，运动员将训练重点转为速度训练，在进行速度训练的同时减少力量训练和有氧训练。训练重点转变的整体效果就是整体训练压力减小，让运动员进行恢复，以适应与集中负荷训练有关的延迟训练。最后，运动员在训练的最后阶段开始进行专项耐力训练，这通常通过比赛来实现[82]。

当选择使用本章提出的不同负荷模式时，教练必须要考虑运动员的训练状态、训练目标、运动员可获取的恢复干预、运动员可用于训练的时间，以及科学文献中提出的不同负荷模式所产生的身体反应。通过使用可获取的科学信息，教练能够针对运动员的需求来匹配不同的负荷模式，这样可以让训练适应达到最佳，并带来运动能力的提升。

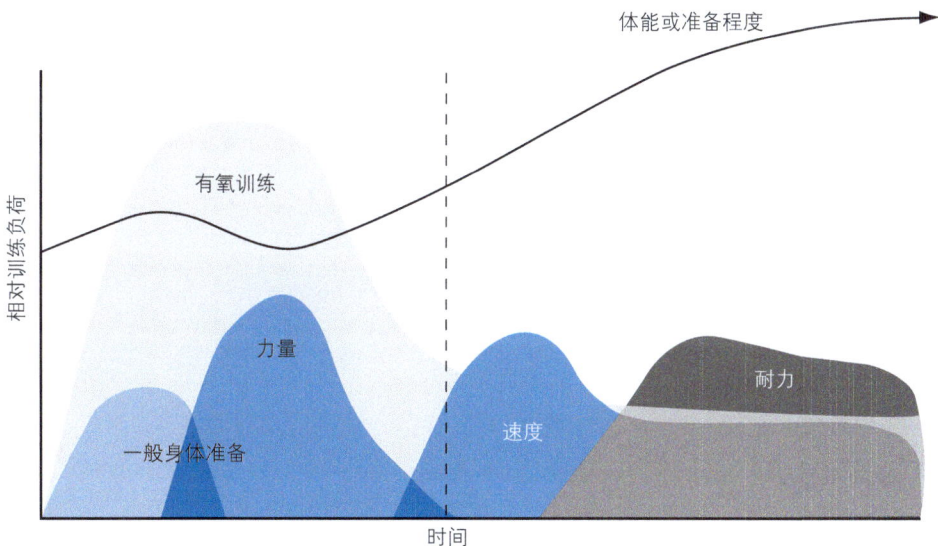

图 2.11 提升中等时长耐力的顺序模式

源自：M.C. Siff, 2003, Supertraining (Denver, CO: Supertraining International).

主要概念总结

　　运动员在确定从事某一项体育运动之前，必须进行多元化训练。如果过早开始专项化训练，运动员极有可能在开始的几年就达到较高的运动水平，但之后会很快衰竭。整合多元化训练对于青少年运动员而言极其重要。随着运动员身体逐渐发育成熟，专项训练变得更加重要。这些训练将侧重于能够带来更快的适应，以及最终实现更高运动水平的训练。

　　提高运动能力的关键在于安排负荷的渐进模式。对于青少年运动员来说，负荷变化较小的简单负荷模式就能有效地提升运动能力。但是，高水平运动员需要更大幅度调整的负荷变化和更为复杂的负荷结构。不管运动员的水平如何，训练计划中必须包含再生和恢复时间。恢复时间可以有效消除因训练诱发的疲劳，补充能量储备，并且让身体有时间产生生理和心理适应。

所有的训练计划都应该涉及身体、技术、战术、心理和理论方面的训练。不管运动员的实际年龄多少、个人潜力大小、运动能力发展水平高低、训练年限或所处训练阶段如何，上述这些因素对于任何训练计划都是至关重要的。但是，每个因素的重要性会因运动员的训练年限、生理年龄和所参与的运动项目的不同而变化。尽管训练要素之间高度相关，但是每个因素都需要用特定的方式进行提升。身体训练是其余训练因素提升的基础（参见图3.1）。身体基础越扎实，技术、战术和心理能力的提升潜力就越大。

教练，尤其是集体性项目的教练，通常会忽视身体训练和技术训练之间深层的联系。假如身体基础训练发展不足，训练时就容易产生疲劳，其他方面的能力也就难以提高。

这种现象经常发生在准备期（赛季前）太短或者没有形成恰当的生理适应时。当发生这种情况时，战术、技术和心理技巧能力的有效提升就会受到影响，从而降低运动员在比赛期间的运动表现水平。我们可以认为身体训练是提升技术能力的基础，然而技术因素又是在运动中提升和使用战术技巧能力的核心。另外，随着运动员身体能力的提升，技术和战术能力也会提升，随后，自信和其他心理因素也会得到相应的提升。因此，身体训练能力是提升所有训练相关因素的基石，有利于让运动员在比赛时超常发挥。

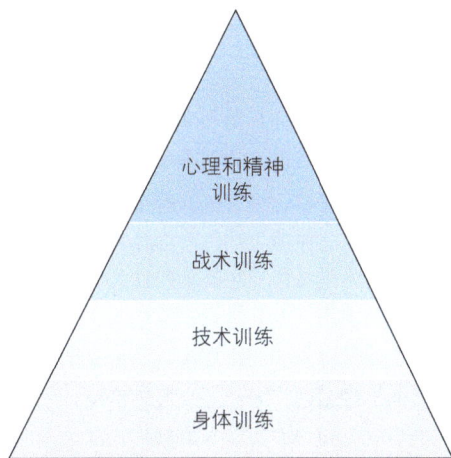

图 3.1 训练因素金字塔

身体训练

运动员要在比赛中取得成功所必需的生理特征，是通过恰当的身体训练形成并发展的 [39]。这些生理适应是提升技术和战术能力的基础。身体素质发展的不足会对运动员训练的耐受力产生负面影响，从而导致运动员不能提升运动表现所需的技术和战术特质。技术和战术能力发展不足，通常是身体疲劳积累的结果，但是通过恰当的身体训练，让运动员形成良好的生理基础，就可以轻松避免这类问题。这些概念是欧洲一些国家训练系统中应用的理念。

身体训练有两个主要目标：第一个是提高运动员生理上的潜力，第二个是让运动员的专项身体运动能力充分提高。在周期化训练计划中，身体训练的安排需要遵循有结构有顺序的模型（参见图3.2）。身体训练可以分为以下两个独立部分。

- 一般身体训练。
- 专项身体训练。

一般身体训练和专项身体训练始于周期化训练计划中的准备期。在准备期早期，一般身体训练是重点，随着运动员慢慢进入训练的其他阶段，训练重点将变为专项身体训练。因此一般身体训练主要在准备期的前期进行，专项身体训练在准备期的后期进行。

训练阶段	准备期		比赛期
发展阶段	1	2	3
时长 / 周	≥ 3	≥ 6	≥ 4
目标	进行一般身体训练	1. 进行专项身体训练 2. 完善专项技术（身体运动能力）	1. 完善专项技术（身体运动能力） 2. 维持生理基础

图 3.2 年度计划期间身体训练发展的顺序

一般身体训练开始于准备期之初，此时的训练目标是建立稳固的生理基础，需要通过进行高运动量中等强度的训练来实现这个目的。一般身体训练的时间取决于多个因素，比如运动员的训练年限、运动员的需求以及体育项目。一般身体训练所产生的生理适应可以让运动员承受专项身体训练期间的训练负荷。

随着专项身体训练的重要性逐渐增加，训练强度也会增加，这也取决于体育项目的要求。在一些情况下，尤其是对于专业水平运动员而言，当准备期的时间很短（例如欧洲足球），那么运动员可能就会在准备阶段的早期强调训练强度。专项身体训练阶段基于一般身体训练提升的生理基础，来让运动员为训练计划当中的比赛阶段做准备。在比赛期间，身体训练的最低目标是保持准备期专项身体训练中形成的生理基础。但是在某些情况下，在此阶段有可能提高专项身体能力水平。相反，如果训练和比赛的顺序安排不当，身体恢复时间不充足，专项身体能力的提高就会受到影响[30, 41]。

一般身体训练

一般身体训练的最终目标是提高运动员承受负荷的能力，最大限度地提高运动员的生理适应，为后面的训练负荷做准备。此训练阶段的目标主要是提升体能的每个组成要素，从而提高承受负荷的能力。在一般身体训练中形成的承受负荷的能力越高，就越容易适应训练和比赛中日渐增长的生理和心理需求。如第二章所言，青少年运动员的身体发展主要在于全面发展，这可以通过一般身体训练得以实现。

对于青少年运动员来说，无论他们从事何种体育项目，在一般身体训练方面基本没有区别。但是，对于高水平运动员来说，在一般身体训练中一定要加强专项运动需要的训练。

专项身体训练

专项身体训练基于一般身体训练中建立的身体基础。专项身体训练让运动员从一般身体训练过渡到比赛期。专项身体训练以满足专项需求的特定方式进一步提升运动员的身体运动能力。运动员要想在比赛中获得成功、达到最高的竞技水平，就需要提高自身的生理适应，以符合专项的要求 [38, 41]。假如按照合适的顺序精心设计专项身体训练，带来的生理适应可以提升运动员承受负荷的能力，最终达到更高的竞技水平。精心设计的专项身体训练也可以提高运动员对训练负荷的恢复能力和适应能力，最终提高竞技能力。

一般身体训练和专项身体训练需要进行明确的区分，任何一项训练实施不当都会导致身体不适应，最终导致竞技表现下降。在下面关于耐力训练概念的讨论中，可以了解到人们对一般身体训练和专项身体训练存在的错误理解。科学研究表明，不同类型的耐力训练取决于该体育项目的生理需求 [9, 41]。教练常见的误解是认为有氧训练——所谓的低强度活动耐力（low-intensity exercise endurance，LIEE），对所有体育项目都很重要 [40]。尽管有氧训练是一种提升低强度活动耐力或有氧体能的极佳方式，但是这种练习通常情况下会降低运动员在运动中重复产生力量和力量输出的能力，这是一种大多数高速或力量 – 爆发力运动项目中需要的能力 [9, 40]。这些体育项目需要一种被称为高强度活动耐力的特殊能力（high-intensity exercise endurance，HIEE）[40]。高强度活动耐力要求运动员能够在少于 2 分钟的运动时长中持续承受，或反复进行高强度活动 [44]。因此，对于某些体育运动员来说，必须培养适当的耐力，才能达到最高的运动表现水平。高强度活动耐力可以通过反复冲刺 [4]、间歇冲刺 [6, 7] 以及抗阻训练 [36] 得到提升。最新研究表明，间歇训练可以在不降低高强度活动耐力的情况下，提升低强度活动耐力 [6, 7, 19, 24]。

在准备期，专项身体训练包含大量的冲刺或间歇训练，以及战术训练，这些训练都针对某种特定的体育项目。训练策略之一就是在专项身体训练期间创建一种场景，模拟比赛时会遇到的情况。比如，一种可能的情况就是美式橄榄球以 1∶10 的运动 - 休息比（5 秒运动，50 秒休息）进行 15 次间歇冲刺跑，来模拟会在比赛中遇到的常见情况 [32]。训练准备期实施专项身体训练取决于诸多因素，其中包括运动员的训练年限、实际年龄以及专项需求（参见图 3.3）。专项身体训练的生理适应非常快，通常仅需要短短 2 周的训练 [6, 7, 18]。专项身体训练可能会持续 2 个月甚至更长的时间，这取决于专项的特点和运动员的发展水平。

准备期		
精英 / 职业运动员	一般身体训练	·专项身体训练 ·完善专项身体运动能力
初级到中级运动员	一般身体训练	·专项身体训练 ·完善专项身体运动能力
发育中的运动员	一般身体训练	·一般身体训练 ·引入专项身体训练

图 3.3 儿童、初学者、精英和职业运动员，一般身体训练和专项身体训练的基本持续时长

身体练习

练习是一种运动行为，可针对性地提高与运动员竞技技能表现有关的一般生理适应、动作模式和专项肌肉群。为了最大限度地促进生理适应和提升运动表现，运动员必须进行 8 ~ 12 年的训练 [26, 34]。在训练期间，运动员必须系统地进行重复练习，以促进提高运动表现水平的生理适应。

当教练制定训练计划时，可利用的练习很多。教练应该选择能够满足运动员需要和专项需要的练习。根据身体运动能力的发展，练习分为一般和专项两大类。运动员在整个训练期间必须要进行这两种练习，每个运动员的训练计划都是不同的，计划中两种练习的具体安排取决于不同的训练周期和运动员的训练年限。

一般身体练习

一般身体练习是非专项练习，能促进运动员身体能力提高，主要包括提升力量、柔韧性、灵敏性、有氧体能和无氧能力。一般身体练习也能够提高基本的运动能力，而基本运动能力是综合训练计划的核心内容，也是后续训练的基础 [34]。

以一般身体能力提高为重点的练习是儿童和青少年运动员训练计划的核心内容。这些练习在训练准备期的早期，或者对于缺乏扎实训练基础的运动员来说也很重要。这些类型的练习可以分为两类：第一类是没有器材的练习（例如自重练习），或者是使用一些在比赛中不用的器材的练习（例如楼梯、长凳、跳绳和实心球）；第二类是源于实际运动或者与专项有关的练习。在替代训练中可以看到对此概念的最新解读：在年度训练的某一个时间段，运动员进行与他们的专项相关的体育活动 [19]。比如，自行车手可能会在非赛季参加越野滑雪以强化心血管功能。

一般身体练习是提高整体体能水平的工具。运动员需要一个平衡训练计划，使其肌肉力量、柔韧性和耐力（低强度活动耐力或高强度活动耐力，取决于专项）都能得到提高。例如，进行力量训练时，运动员可以利用大运动量低强度的训练计划提高一般身体能力。这类训练如果安排得当，可以增强肌肉力量、肌肉耐力（低强度活动耐力和高强度活动耐力）以及柔韧性（如果采用全活动度的方式进行），针对特定的身体运动能力，创造专项化训练的基础。

专项身体运动能力练习

专项身体运动能力练习主要针对的是专项运动所需的生理适应、动作模式或肌肉群。此类练习是专项化训练概念的核心内容。专项化训练是指训练中所采用的练习和专项活动之间的相似程度 [41]。训练中的练习的特征与体育活动越相似，将训练效果转化为专项表现的程度就越高。当评估练习与专项活动的转化率时，教练需要考虑与生物能量 [29]、动作模式 [35]及和超负荷相关的因素 [41]。练习和体育活动之间的相似度越高，训练效果的转换效率就越高。

动作模式专项化概念涉及肌肉收缩类型、运动学特征（动作模式）、动力学特征（例如力量、力的生成率、爆发力）、所募集的肌肉群，以及动作速度和加速特征。上述因素都与练习的转化效果有关。其中与转化效果最相关的是动作模式和专项中使用的主要肌群。例如，与短跑表现水平相关的主动肌主要是下肢肌肉。因此，短跑运动员的教练需要采用能够提升下肢肌肉力量的练习。但是，教练同样需要考虑与腿部肌肉协调使用的协同肌。实现这一目标的最佳方式是针对动作模式进行训练。比如，短跑运动员可以选用高翻作为练习，因为这种运动的爆发力、力量和速度特质都类似于短跑。另外，高翻也能激活躯干肌肉，以及其他影响跑步表现的协同肌肉。很多练习都能激活与短跑表现水平相关的主要肌肉和协同肌肉，比如跳跃（快速伸缩复合训练）、下蹲（后蹲、单腿蹲、前蹲）以及负重拉雪橇。科学研究表明，短跑表现水平与高翻、后蹲[11]以及纵跳[5, 11]能力显著相关[1]。

让运动员进行专项以外的练习也是至关重要的，因为仅仅进行专项活动本身不能给予运动员充分的训练刺激，因而无法最大限度地提高运动表现水平（例如，腿部爆发力、速度和力的生成能力）。比如，世界上最优秀的跳高运动员也无法完成每年跳高超过 800 次，而且这个跳跃次数也不足以提高腿部爆发力。为了提高运动表现水平，这些运动员要进行成千上万次的其他练习（例如后蹲、高翻和其他快速伸缩复合训练）来提高腿部爆发力。但是，重要的是保持这些练习的专项性；练习数量越多，专项适应速率越低。

专项练习对于将训练效果最大限度地转化为运动表现水平非常重要。这些练习不仅在训练准备期非常重要，在训练比赛阶段中也是不可缺少的内容。一些教练和运动员在周期化训练计划的比赛阶段，去除了专项练习，而只选用技术性训练。这种实践方式是有问题的，因为在比赛阶段不进行专项练习，可能会导致准备程度下降，同时也会在赛季内降低运动表现水平。在训练计划的每个阶段，教练和运动员都需要将专项练习作为重要的内容，因为这些练习的训练效果会直接转化为运动表现水平。

技术训练

体育项目之间最大的一个区别是需要的技术（动作技能）不同。技术包含完成专项所需的所有动作模式、技能和技术要素。技术可被看作是运用一种技能或身体活动。运动员必须持续不断地努力，形成完善的技术，并形成最有效的动作模式。

技术越完善，或其生物力学机制越合理，动作的效率和经济性就会越高。例如，若运动员具备越良好的跑步动作效率或技术，那么身体所消耗的能量就会越少[28]。经过训练的跑步运动员动作效率更高，与那些以相同的次最大速度跑步的初级运动员相比，比后者消耗少20% ~ 30% 的氧气[10, 14, 27]。生物力学专家认为，步长[8]、步频[23]、垂直高度[13]、地面反作用力的净垂直冲量[20]以及与地面的接触时间都会影响跑步动作效率[28]。

因此，跑步运动员具有熟练的技术，就能优化自己的步频、触地时间和步幅，跑步动作会变得更加经济高效。技术和动作效率之间的关系对于所有的运动都极为重要。运动员需要持续不断地努力来提高自己的技术熟练度，因此必须将技术训练纳入整体训练计划。

技术和风格

　　每种体育活动都有技术标准或技术模型,这种标准被视为完美的技术或接近完美的技术,它通常是被广为认可的运动表现模型。运动表现模型必须要符合生物力学原则和生理效率,才能被广泛接受。模型的建立并不以高水平运动员的技术为基础,因为从生物力学和生理学的角度来看,他们的技术有可能并不完美。因此,不建议只是模仿冠军的技术。

　　技术模型具有灵活性的特征,因为我们会根据一些新的研究发现对其进行进一步的完善。技术模型可用于评估运动员的表现水平。这可以让教练针对运动员的不足制定训练计划。技术模型也可能对训练目的没有任何价值,因为运动员可能会形成自己个性化的表现风格。技能的结构没有不同,但是运动员的技巧看上去会不同,这是因为每个人的表现风格不同。

　　个人技术风格仅仅是对可接受的标准表现模型的适应,这是身体对完成动作中的技术问题所做出的反应。例如,福斯贝利式跳高(英文为 Fosbury flop,意思是背越式跳高,以一位美国运动员的名字命名,他在 1968 年赢得了墨西哥奥林匹克运动会的跳高冠军)改变了跳高技术。这种技术要求运动员背对横杆而不是面对横杆跳越。科学研究表明,与传统技术相比,这种技术在力学机制上更加有效。当首次引入这种技术时,这种个人跳高风格并不被认为是最佳技术。但在现代跳高运动中,福斯贝利式跳高被认为是最佳的跳高模型[43]。这个示例揭示了个人风格如何成为技术模型的。

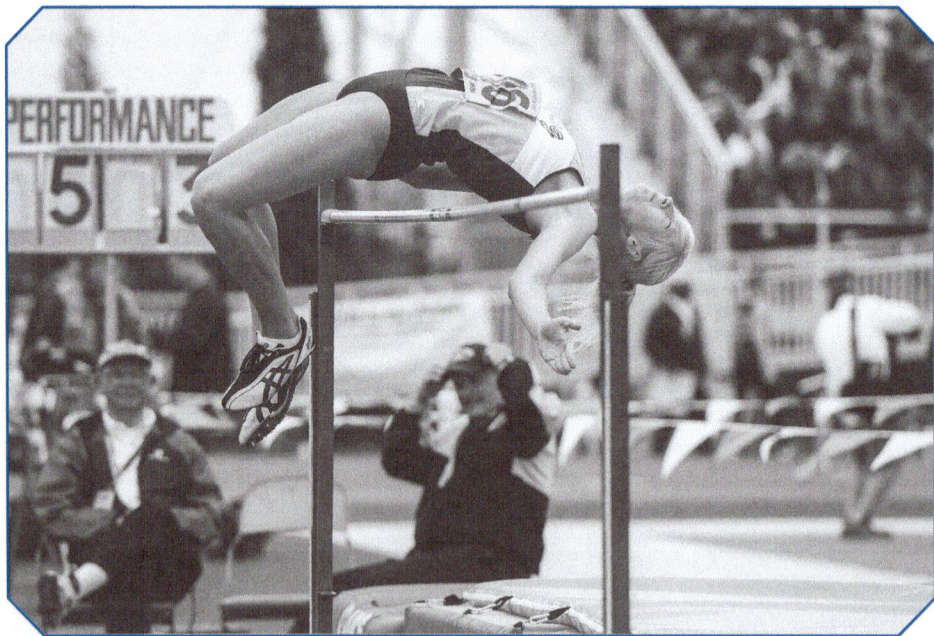

合理的技术可以让运动员更有效地施展技能,因此技术训练必须纳入训练计划

集体性项目中也具有最佳运动表现的技术模型。比如，我们可以分析隔网类运动中的击球分布、高难度动作以及对打距离，然后构建一种运动表现模型 [22]。在集体性项目中，使用的运动表现模型有明确的团队特征，与团队的技能组合和团体特性显著相关。表现风格具有一定的战术意义，能够影响团体进行技术和战术准备的方式。

技术的个性化

并不是所有的技术都适用于所有的运动员。例如，与世界级运动员相比，初级运动员使用的技术更简单。因此，当在运动员的训练计划中引入技术要素时，教练必须要了解运动员的个人发展水平、技术能力及不足。

在大多数情况下，技术提升是分阶段的，也就是说运动员首先要学习简单技术。运动员掌握了基本技术后，教练再进行调整，添加一些技术难度更高的练习。例如，当训练一个年轻的掷铁饼运动员时，首先要从完整的原地掷饼技术开始。一旦掌握了原地掷饼技术之后，就可以学习其他技术要素了，比如 4/4 转身（即跨步）和步法技巧，然后开始学习旋转技巧，掌握好这些才能成为一名合格的掷铁饼运动员 [16]。因为他们处于初级发展阶段，所以初级运动员通常使用的技术与精英运动员的技术完全不同。

运动员施展技术的方式也存在显著的不同。这些差异通常是由于动作复杂度、运动员的生物力学和生理特征有所不同而造成的。在循环性运动（例如，跑步、自行车和皮划艇）中，运动员之间没有明显的个人技术差异，而对于非循环性运动（投掷、举重和一些集体性项目），技术上就有很大的不同。比如，埃尔·奥特习惯在旋转时用较低的姿势手持铁饼，而且低于大多数铁饼运动员，这种技术在一般情况下这被认为是一种缺陷。但是，对于奥特来说，这种个人技术模型效率极高，因为他的上肢肌肉力量高度发达，并且腿上动作速度很快 [36]。这个示例向我们展示了技术的提升是基于运动员的个人能力、身体和生物力学特征，以及发展水平。

当给运动员教授技术要素和整套技术时，教练必须要了解运动员的身体和心理能力。举例来说，如果投掷型运动员不具备足够的力量基础，那么他就没有足够的力量使自己在投掷动作中保持躯干直立 [25]。因此，在力量没有得到明显的提高之前，不建议进行投掷类的旋转动作训练。不具备良好的身体基础，会限制运动员学习专项技术的能力。这从另一方面证明了，身体训练才是所有训练的基础环节这一论点（参见图 3.1）。

有时运动员会被强制中断训练进程（由于疾病或意外）。一般情况下，中断训练进程会影响运动员的身体能力，会因为准备程度不充分而导致技术稍微有一些改变。当运动员身体能力下降时，技术水平就会下降。另外，疲劳程度高会给运动员的技术以及完善技术的能力造成消极影响。疲劳程度高通常是由于身体承受负荷的能力不足导致的。因此，当身体承受负荷的能力恢复至正常或疲劳消除后，运动员的技术将回归正常。由于疲劳会对技术提升产生消极影响，因此一些专家建议技术训练需要安排在力量训练之前，并且在技术训练日之前不要安排高强度的力量训练。

学习与技能的形成

学习技术是一个过程，在此过程中运动员可以获得力学技能，并完善技术，然后将其融入自己的技术体系中[34]。运动员学习新动作技术的能力取决于多个因素，其中包括运动员目前的技术能力和目标技术的复杂性[33]。运动员的身体特征或发展水平会影响学习新技术的能力。但是，还有很多其他因素，诸如运动员的学习风格或教练的教学方法，也会影响运动员对新技能组合的学习。

新技能的学习被建议分为 3 个阶段[34]，但它们不是孤立的 3 个部分，因为 3 个阶段之间互相交叠。在学习新技能的第一阶段，运动员应该得到对技能的详细说明，并观察技能的施展方式。在初始示范和说明之后，运动员开始粗略了解该能力的技术结构，他们也需要特别重视动作模式中最重要的部分[34]。在学习过程的第二阶段，运动员开始完善技术，这是一个漫长的过程，运动员需要重复练习。在此阶段，要不断强调修正错误技术，运动员要努力完善自身的动作模式，并减少或者去除自身的技术不足[34]。在学习技术的第三阶段，运动员开始内化动作模式，让身体可以自动、自然地展示技能，这需要大量的重复练习和大量的时间。

技术的演变特征

随着体育运动领域内不断引进技术性和创造性的革新，技术也在持续不断地演变发展。随着时间流逝，训练实践和技术也在改变，曾经被认为是的先进技术，现在可能已经过时了。专项技术的创新源于教练的想象，或者是源于生理学和力学方面的科学研究。新技术在理想的条件下或实践层面上可能效果很好，但是在新技术成为可接受的技术模型之前，必须能够在赛场上表现出来。并不是所有的新技术或理念都能在赛场上被应用，这是因为竞技环境非常独特，运动员需要在巨大的生理和心理压力下进行，故具有一定的随机性。当教练和运动员尝试提高并完善技术时，他们不仅要在理论层面还要在竞技领域塑造自己的技术。

战术训练

对于教练和运动员来说，战术和策略都是至关重要的。这两个术语都源自军事用语和希腊语。"战术"（tactics）这个词语源自希腊语"taktika"，意思是计划事情的方式。"策略"（strategy）源于希腊语"strategos"，意思是"一般性"或者"一般性的艺术"。在军事理论中，策略和战术都是单独分类，因为这两个术语都有其独一无二的范围。策略主要指广阔的空间、长期和大规模的军事行动，而战术强调的是较小空间、短期和兵力。

战术和策略可用于训练或比赛中直接或间接的对手。策略是训练、打法和比赛的组织形式，它基于解决问题（例如，训练和比赛）的理念和方式。策略框架中包括战术、训练或比赛计划。在训练过程中，我们可以了解策略和战术之间的关系，力量和体能教练要在合理的系统中正确使用"战术"，引导运动员对训练产生生理反应[30]。

当我们试着理解策略和战术之间的关系时，最简单的方式是把策略视为计划和指导训练或比赛计划的艺术，而战术是这些计划的组织形式。

战术训练针对与专项密切相关的进攻和防守目标（例如进球、特殊打法）进行训练。比如，在足球运动中，被认为是战术训练的一部分的技术包括传球、进攻速度、铲球、传球、带球和传球距离[22]。每种专项都需要特定的技能，因此每种专项的战术训练都不相同。战术行为是策略框架的一部分，用于训练和比赛准备。无论是何种体育运动，成功的战术计划的基础是运动员技术的熟练度。因此，技术是所有战术行为的一个限制性因素，战术是运动员技术的表达。技术能力是基于身体对训练产生的生理适应。因此，身体训练是技术和战术训练的基础（参见图3.1）。

战术训练的任务和战术训练的专项性

对于大多数精英运动员来说，他们在生理上和技能上几乎没有差别[31]。通常情况下，所有其他因素都处于同一水平时，赢得比赛的运动员所使用的战术相对成熟、先进、合理。尽管战术训练明显依赖于身体和技术训练，但心理和战术训练之间似乎也有重要的联系[31]。

对战术的掌握程度基于精深的理论知识，以及能够在比赛中合理使用战术的能力。战术训练包括下列内容。

- 研究专项的策略性要素。
- 研究体育比赛中的规则和规程。
- 评估专项中优秀运动员的战术能力。
- 研究对手所用的策略。
- 评估对手的身体和心理特点与能力。
- 评估比赛地点的设施和环境。
- 基于个人优点和弱点，发展个人战术。
- 批判性地分析过去和某个对手比赛时的表现。
- 提升个性化的战术模型及变式，以满足各种比赛要求。
- 在训练中练习战术模型，直至运动员将其内化。

要实现战术技能的提升，其基本步骤与本章前面章节"学习和技能的形成"部分相同。传统上，运动员习惯于在形成了合适的身体基础（身体训练）和技术能力后，才开始进行战术技能训练。但是，只要计划合理，训练计划整合性强，也可以同时发展这3个要素。

当我们讨论战术训练原则时，可以将体育项目进行简单的分类。大多数体育项目可以根据战术相似性分成5类。

- 第1类：运动员单独比赛，与对手没有任何直接接触。这些专项通常需要运动员以事先确定的顺序完成比赛。比如高山滑雪、场地自行车（个人项目如1000米或4000米追逐赛）、自行车（计时赛）、花样滑冰、体操、跳水、赛道滑冰以及举重。
- 第2类：无论人数多少，运动员在同一时间开始比赛。在这些专项中，队友之间可以合作，因此这类运动需要加入团队协作的战术元素。例如田径运动中的赛跑、越野滑雪、自行车（场地或公路自行车）、北欧滑雪、越野长跑以及游泳。
- 第3类：运动特征为两人对抗的直接竞争，例如拳击、摔跤、网球、击剑和格斗。

- 第4类：集体对抗，运动员有直接接触。这类运动有棒球、足球、美式橄榄球、曲棍球和英式橄榄球。
- 第5类：这类运动需要运动员参与由多种体育活动组成的综合运动，这类运动较为复杂，这是由于运动员不仅要关注某一个单项，还要考虑整体比赛方案。这些项目包括田径七项全能和十项全能，冬季两项（射击和北欧滑雪），铁人三项和现代五项。

把众多专项分成5大类，可以帮助我们了解各个项目的战术。每类项目之间固有的相似性可以帮助我们发现类似的特征，从而更深入地了解战术。

能量分配

在身体疲劳的情况下保持战术熟练度是比赛获得成功的重要决定因素。因此，运动员的战术训练必须涵盖运动员在身体疲劳状态下完成的训练课。教练要在运动员疲劳时通过延长训练来创造这样的训练条件，但是要在训练前或训练中的某个时间点告知运动员。另外一种可能的方法是在训练中请几名精力充沛的对手对练，促使运动员或团体不断地在高水准下表现。体能训练是运动员在疲劳状态下还能进行训练的基础：身体训练基础越好，运动承受负荷的能力越强。

另外一个考虑因素是运动员调动一切资源拼尽全力完成比赛的能力。在比赛接近尾声时，胜负往往取决于运动员是否能够调动所有力量和一切资源，坚持到比赛的最后一刻。教练应该创造这样的情景，可以在平常训练中模拟比赛接近结束时的场景，让运动员拼尽全力去赢得比赛。例如，教练可以模仿比赛倒计时，并且要求运动员提升自己战术训练的节奏。

在你制定一个训练计划之前，你必须了解所需要的战术技巧

战术任务的技术解决方案

运动员经常需要在不利或恶劣的环境条件下进行比赛，例如场地潮湿、强风、冷水、环境嘈杂等。此类环境需要运动员做好特殊的准备。下面是一些可以帮助运动员适应不利条件的指导原则。

- 在模拟恶劣的环境条件下，正确且有效地进行技术和战术演练。
- 组织公开赛——公开赛的对手与未来比赛的对手使用相同的战术。
- 为运动员创造独特的环境，让运动员独立解决战术问题。

运动员在训练中运用战术规则的能力至关重要。但是，运动员在比赛中可能会遇到一些教练没有提及或模拟过的战术问题。在这种情况下，运动员必须汲取训练中的经验和教训，迅速构建针对战术问题的快速解决方案。这一过程可以通过让运动员经历不同的训练和公开赛来实现，以此加强运动员解决战术问题的能力，用以从容应对比赛时突发的一些不利情况。

加强团队合作

在第 2 类和第 4 类的体育项目中，团队之间的凝聚力是比赛成功的关键所在。技术运用，如限制外部条件（比如缩短比赛时间和缩小运动场地），可以迫使队员之间进行互动和合作。在这些情况下，提升运动员的疲劳程度也可以增加额外的压力。这可以锻炼运动员如何在不利环境下进行互动和合作。

另外一种策略是进行战术演习，与一些常规的、实力相当的对手进行对抗。教练可以邀请其他对手，或用替补队员作为对手，来实现这一策略。如果队员不理解之前教授的战术，教练可以指导这些队员。替补队员在比赛准备阶段要参与准备比赛战术，避免因团队人员出现变化时，增加合作和战术漏洞出现的风险。在训练时用替补队员替换主力队员的做法会避免这种情况的发生。这可以让替补队员熟悉团队战术和其他队员，让当前的团队了解存在替补队员时的比赛方式，以及团队战术是如何随着替补队员的出现而改变的。这些方式都可以让团队形成新的战术组合，以提高团队竞争力。

完善团队的灵活性

为了最大限度促进团队合作，教练要在训练中引入团队战术变化，以加强战术的灵活性。团队可以运用灵活的战术，来创造出乎对手意料的情境。战术变化的多样性可采用以下方法训练。

- 在特定时间，或者根据教练或指定运动员（例如，队长）的信号来使用不同的战术。
- 替换队员给球队带来新的和出乎意料的比赛变化。
- 让团队与不同打法风格的团队进行公开赛。这可以让团队为以后比赛中的类似情况做好准备，并针对遇到不同的打法风格制定战术解决方案。

战术思维和比赛计划

战术训练的核心内容是提升战术思维技能。战术性思维的能力，受运动员的知识水平和战术技能的多样性的影响。为了进行战术性思考，运动员必须了解以下内容。

- 准确客观地评判对手及自身。
- 能够快速记起可在比赛所使用的技术技能和技能的组合。
- 预判对手的战术，并且能够使用相应的战术来和对手对抗。
- 隐藏自己的战术，以免对手识破并阻碍进攻计划。
- 在团队战术中协调个人行为。

比赛计划的制定需要基于对战术趋势以及对手优点和弱点的分析。之后，可以将比赛计划的各部分内容纳入训练计划中的战术训练部分。通常情况下，教练会在最后 2 个或 3 个小周期中逐步进行与比赛计划有关的训练，这样可以使比赛计划更加完善。比赛计划如此重要的原因主要有以下几点。

- 可以让运动员对即将到来的比赛保持信心和乐观心态。
- 告知运动员即将到来的比赛的场地、设施和环境条件。
- 让运动员在各个训练环节上了解即将面对的对手的强项和弱点。
- 运动员以过去的表现水平为参考树立信心（要着重强调运动员的优点，以建立符合实际的乐观心态，但是也不能忽视弱点）。
- 综合分析上述所有因素，设立符合实际的比赛目标。

比赛计划的实施需要多个阶段。首先是制定初步的比赛计划。之后，比赛计划和计划中的战术要在赛场上加以应用。比赛结束后，要全面分析，对计划和战术内容做进一步的优化。

制定初步的比赛计划

比赛计划的第一步是在比赛开始前制定初步计划。教练对运动员和团队可能在比赛中遇到的潜在战术难题进行完整分析后，制定初步的比赛计划。然后根据在批判性分析过程中发现的潜在战术难题制定战术解决方案或目标。在战术计划中，根据运动员自身的强项和弱点制定个人战术目标。战术目标是战术训练计划的一部分，也需要进行练习。

比赛前几天，为了不对比赛时的表现造成任何不利影响，运动员要避免改变任何习惯。赛前 2 或 3 天，教练要进一步强调已经制定的比赛计划和战术，对运动员进行结构化的训练，让运动员能够具备良好的战术和技术表现能力。如果有条件，训练课程应该模拟比赛模型。教练应及时给予表扬和鼓励来为运动员建立信心，提升动力并且提高竞争欲望。

随着比赛的临近，教练只需要关注比赛计划中的几个重点，无须给运动员进行太多的指导以避免运动员心理负担过重。不管初步比赛计划多么详细，在比赛时都有可能遇到意料之外的技术和战术难题。因此，计划必须要足够灵活，才能让运动员足以应对这些挑战。

应用比赛计划

比赛计划的第二步是在真实的比赛环境中实施计划。比赛刚开始阶段，通常是对战术计划的主要内容的考验期。在比赛的这个阶段，竞争对手会极力隐藏他们的比赛计划，因此，团队的运动员们需要努力了解他们的计划。运动员要有能力分析并理解战术情况，并且能快速选择并实施需要的战术行为。而运动员理解这些战术情况的能力是基于他们的战术知识储备、经验、团队动力学，以及战术准备。具备以上特质足以让运动员通过及时反应来解决这些难题，而这需要对每一次比赛进行分析、整合（把多个独立的部分整合为一个整体）、比较和概括。这个过程可以让运动员正确选择最合适的解决方案，以符合比赛中的战术需求。个人决策过程需要和团队决策动力学相一致。在比赛中会出现各种战术挑战，团队中每一位队员都需要协同努力，这样才能制定出合理、新颖、迅速、经济、有效的解决方案。

分析比赛计划

比赛计划进行的第三步需要教练对计划进行系统的批判性分析。教练要仔细分析计划的制定方式，分析计划中个人战术作用的效果，战术计划是否成功。假如比赛计划没有成功，要分析其原因。分析得越详细，计划中的优点和缺点显现得就越多。

分析比赛计划并与运动员讨论分析结果的最佳时间，取决于比赛的结果。如果结果满意，比赛结束后可立即进行分析，在赛后的第一次训练课中讨论分析结果。相反，假如比赛结果差强人意，应该延迟分析，先对运动员的表现水平进行批判性分析。而讨论环节可放在比赛后的 2 或 3 天进行，让运动员有充足的时间进行心理恢复。当对运动员进行讨论分析时，教练应该阐述清楚，并对其给出合理的评价，同时还要强调比赛表现中积极的方面。另外，教练还应该表现出积极的情绪，并提出后续训练会强调的一些战术要素。

完善技术和战术训练

体育活动中的技术和策略都是不断变化的。技术和战术知识在不断更新，且随着运动科学[50]和实践经验的变化而改变。新增的技术和战术知识也提升了训练的有效性。为了实现熟练掌握技术和战术的目标，教练和运动员必须优化三个互相冲突的概念之间的关系：整合 – 分解、稳定 – 变化以及标准化 – 个性化[17]。

整合 – 分解

学习或完善技巧、锻炼运动员的能力是一个多因素共同影响的过程，通过这个过程运动员可以掌握技术和战术。此过程的核心是整合和分解。整合指将个人技术或战术能力整合为一个完整的过程，而分解是将整个过程的每个内容进行解析的过程。

当学习一项新技术或战术时，运动员要从简单逐渐进阶到复杂的战术和技术。为了掌握早已经学过的技术或战术，整个过程是相反的，也就是需要运动员和教练把整套技术和战术拆解成不同的部分进行分析，从而确定是否存在技术错误。假如运动员和教练确定每个部分没有技术错误，那么错误可能在于个别部分整合为完整系统的方式（比如体操运动和其他体育技术中，有两个相连的部分）。假如两个部分之间的连接没有发现技术错误，那么就需要进一步分解技术，解析错误的根源。一旦找到错误根源，教练和运动员必须制定相应的策略来解决问题。

整合 – 分解过程可以用于完善或改变正在使用的技术或战术模型。图 3.4 说明了如何通过系统的整合（例如，建构整套技能）和分解（例如，将技能拆分成多个部分，并确定错误所在）过程来完善一种技能。通过这个过程，可以让运动员熟练地掌握技能。

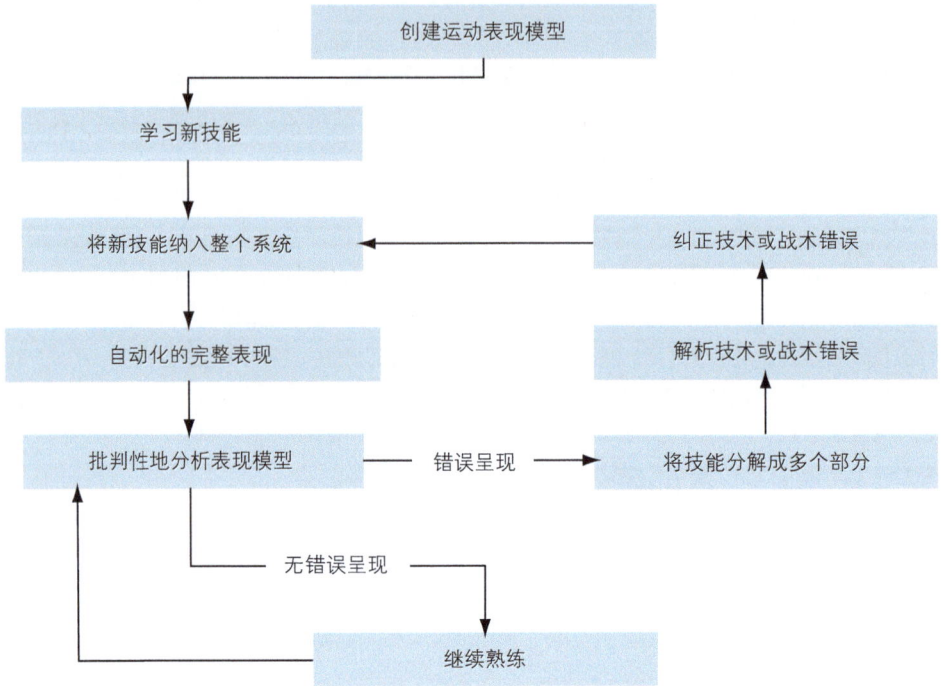

图 3.4 完善运动表现模型

改编自：Teodorescu and Florescu 1971 [44].

假如教练确定了运动员的技术或战术能力不足，那么就需要谨慎地改变相关的表现模型。教练必须要确定错误发生的原因，并且批判性地分析模型，以确定哪一部分需要移除或修改（参见图 3.5）。确定技术错误的过程和前面提到的分解过程相同。一旦确定技术错误，并且教练已经做出必须修改运动表现模型的决定，那么该技术错误必须被"忘却"，并且教练应教授新的技术。一旦运动员学习了新技能，那么就必须重复练习，直到形成自动的动作反应；然后再次将该技能引入整个表现系统，运动员要再进行反复练习，直到掌握为止。

稳定 – 变化

当训练一个运动员时，稳定和变化之间存在不断此消彼长的关系 [45, 51]。在训练时，对训练负荷、训练强度和训练内容 [45] 进行系统地调整，这样才会产生最佳的训练刺激。假如规定的训练刺激或训练负荷单一，运动员表现提升就会出现停滞，导致无法提高 [43, 45]。因此，训练计划必须要有变化，在整个年度训练计划中要定期引入不同的新任务或半新任务。引入新任务或者半新任务会让运动员产生更大的刺激效应和适应 [22]，这可以稳定运动员的技术水平和运动表现水平。因此，训练计划有所变化（例如训练量、负荷、练习项目、训练频率等）有助于运动员运动表现和技术习得的稳定。

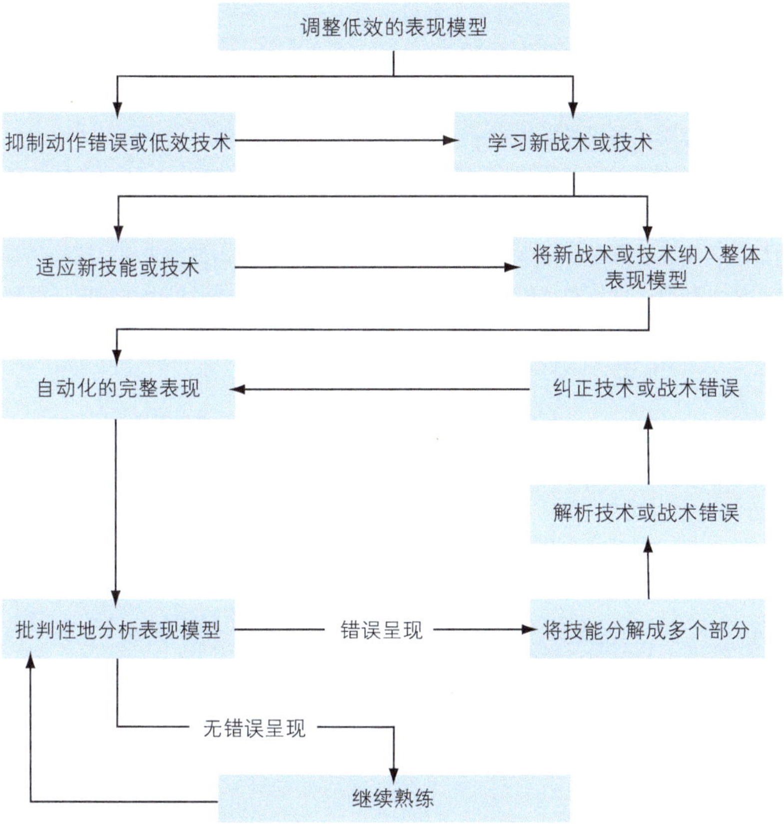

图 3.5 调整低效的表现模型

改编自：Teodorescu and Florescu 1971 [44].

标准化 – 个性化

技能组合标准化和运动员的个性特征与特点之间始终存在冲突。教练必须在考虑运动员的心理和身体特征的前提下提升并保持运动员的技术能力。教练能够通过这种方式调整技术，使其达到标准。

完善技术和战术训练的阶段

教练的学识和教学技能直接影响运动员完善技术和战术的能力。教学技能包括备课能力、渐进式引导训练的能力，以及使用视听辅助设备的能力。运动员学习新技术的能力也与他处理新信息的能力以及自身的运动能力有关。专家建议运动员在 3 个不同的阶段中提高战术和技术能力 [44]（参见图 3.6）。

第一阶段的主要目标是完善技能的不同要素（分解）。掌握这些成分后，可以逐步将其整合至完整的系统。技术的完善与身体运动能力的发展是同步的。身体运动能力的发展至关重要，这是因为技术是身体准备或能力的表达。新技能的学习最好放在年度训练计划的准备期。当训练以技能习得为核心重点时，不建议运动员在这个阶段参加比赛。

第二阶段的主要目标是在与比赛类似的标准化条件下完善整套技能。这一目标可以通过参加表演赛或模拟赛加以实现。运动员在此阶段必须要保持主要的身体运动能力，才能有足够的身体训练基础以持续提高技术水平。此阶段可纳入年度训练计划中准备期的末尾。

技术完善的最后阶段的重点是稳定整套技能并且将其应用于比赛。教练必须尽可能创建一种接近于真实比赛的环境（例如模拟相同的现场噪声和疲劳）。此阶段应纳入年度训练计划中的比赛期。

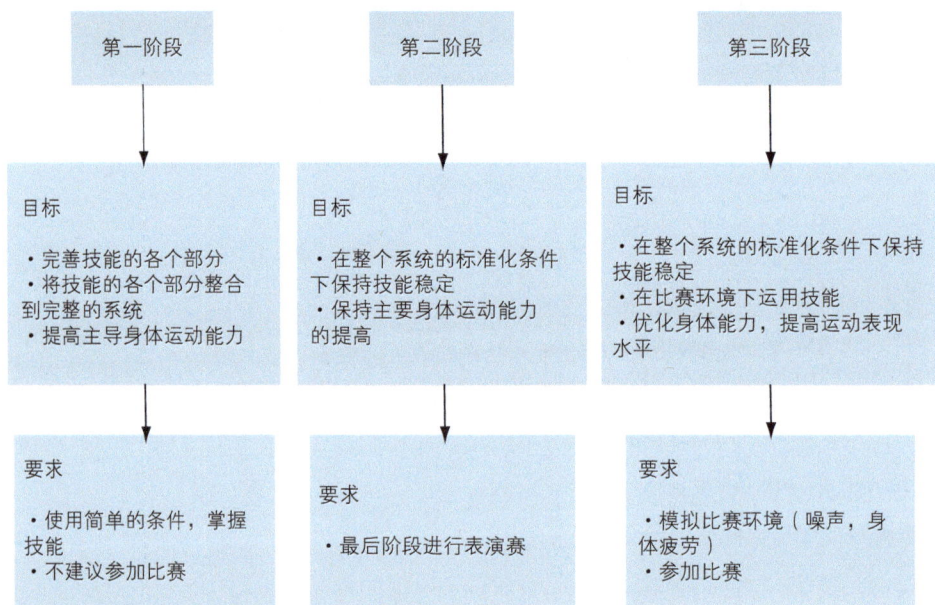

第一阶段	第二阶段	第三阶段
目标 • 完善技能的各个部分 • 将技能的各个部分整合到完整的系统 • 提高主导身体运动能力	**目标** • 在整个系统的标准化条件下保持技能稳定 • 保持主要身体运动能力的提高	**目标** • 在整个系统的标准化条件下保持技能稳定 • 在比赛环境下运用技能 • 优化身体能力，提高运动表现水平
要求 • 使用简单的条件，掌握技能 • 不建议参加比赛	**要求** • 最后阶段进行表演赛	**要求** • 模拟比赛环境（噪声，身体疲劳） • 参加比赛

图 3.6 完善技能的 3 个阶段

改编自：Teodorescu and Florescu 1971 [44].

纠正技术和战术错误

邦帕指出，"如果教练不纠正运动员的技术错误，那么他们所做的一切都是巩固错误" [3]。由于运动员学习了错误的技术，因而经常导致技术水平得不到提高，也掌握不了相关的技能。教练如果用错误的方式教授技术，运动员纠正技术错误的能力也会受到影响。教练必须尽可能排除技术错误，让运动员获得最佳的发展。导致技术和战术错误发生的原因有很多，但是通常可以分为以下 4 个方面。

1. 运动员的技能执行方式有误。影响运动员学习或完善技能的因素有很多。两个相关的因素是身体素质训练不足，以及各项身体运动能力之间关联的缺失。身体素质训练不足，身体运动能力发展不足，都能延缓技术的获得和提高。例如，运动员身体素质训练不足，训练或学习技术时身体更容易疲劳。身体素质训练不足或训练计划实施不恰当都会导致身体疲劳，这将阻碍技术学习，并且导致技术能力下降。因此，仅仅提高运动员的身体素质，就可以提高他学习新技术的能力。提高身体运动能力同样也能促进技术的习得。能够影响技术习得的主要身体素质之一就是力量。例如，体操运动员如果没有足够的力量去执行或练习技术，那么就很难学习或掌握某些特定的技术（比如十字支撑）[15]。因此，仅仅只是把加强力量作为身体基础训练的一部分，就能提高运动员学习并掌握目标技术的能力。

2. 心理因素，比如自信、士气、愿望和信念，都能显著影响运动员执行或提高技术的能力[12, 45]。通常情况下，设置以任务为导向的目标（比如努力完善技术等）的运动员取得的成就会显著高于那些自我驱动（只为自身利益考虑）的运动员[12, 45]。自我驱动的运动员更容易将失败认为是完成任务的能力缺失导致的，最后从训练中临阵脱逃[12]。相反，以任务为导向的运动员面对失败会更加努力地训练，他们坚信成功源于努力[45]。

3. 教练的教学方法会导致技术错误。教练介绍技术时，可能使用了不恰当的教学方法或错误地示范了技术，或者并没有向运动员彻底地解释清楚技术。一些教练常常会忽略要根据运动员的学习能力以及身体运动能力来进行技术指导。另外，教练的性格、教学风格以及个性都会影响运动员习得技术的能力。比如，假如教练没有给予运动员充足的技术学习时间，那么会增大出现技术错误的可能性。

4. 除了上述原因，还有设备、组织形式以及环境等原因。必须选择能够促进运动员习得正确技术的环境，并正确安排训练环节。设备要合适，并且在训练期间要保持正常运作的状态。训练期间相关的设施要随时可用（场地、球场等），因为不利的环境会影响技术的获得。

有多种方式纠正技术错误，但是最先做的应该是预防技术错误的发生。预防技术错误最好的方式是利用恰当的教学方法。假如技术错误已经出现，要尽早纠正。纠正技术或战术错误的最佳时间是年度计划的准备期，因为在此阶段没有比赛压力，并且有足够的时间去解决技术问题。

学习新技术或解决技术错误时，教练要避免在运动员疲劳时进行，身体疲劳对学习通常会产生消极影响。因此，解决技术错误和教授新技术的最佳时间是热身之后。另一个方法就是在重复训练之间增加休息时间，以解决技术错误。

解决技术错误的第一步是把错误的技术动作从其他正确的技术能力中分离。完成这项工作后，教练可以介绍纠正技术错误的方法或新的需要解决的错误内容。然后运动员练习新技术。当运动员已经习得并掌握了新技术，那么就需要把新技术重新纳入整体系统或整套技术。在这个过程中，运动员必须保持或提高身体的运动能力，来为完善该技术提供所需的支持。

解决技术错误时，另一个必须要考虑的问题是运动的强度和速度。大多数情况下，教练采用低强度、低速度的动作来纠正技术错误。尽管这是纠正过程中的重要步骤，但是在专项中多数动作是在高强度下完成的。因此，在运动员熟练掌握新技术并且用低速度、低强度的动作纠正了技术错误后，还需要循序渐进地用高速度、高强度的动作来进行巩固练习，直到技术能够用于比赛。

视觉化/观想练习和心理练习也是纠正技术错误的好方法。科学研究表明，进行心理练习的运动员，其技术完成水平优于那些没有采用该方法的运动员[42]。教练应该思考将心理练习纳入训练计划，以增强技术错误的纠正效果，最终提高运动表现。

理论训练

尽管大部分人都认为运动员需要提升身体、技术、战术和心理技巧，但是针对运动员是否需要理解训练和运动的理论基础，仍然有较大的争议。一些教练固执地认为，他们的工作是为运动员考虑，而运动员只需要考虑训练和比赛。事实上，以这种方式提高运动员的水平，可能会延缓运动员技术的习得和运动表现水平的提高。

教练需要考虑运动员的发展，这包括为运动员传授关于体育运动、训练理论，以及他们在训练中做一些事情的原因。为了更有效地教学，教练自身需要通过阅读运动科学著作，参加运动科学和教练论坛，以及和其他教练沟通交流，来充实自己的理论知识。教练需要传授运动员以下几个领域的知识。

- 管理该体育项目的规则和规程。
- 理解和分析专项技术的科学基础，因为理解了基本的生物力学知识，可以让运动员分析自己的动作，采用正确的生物力学机制，从而降低受伤风险。
- 身体运动能力的科学基础和方法论。
- 训练计划以及如何使用训练周期让运动员为比赛做准备。
- 训练的生理适应。
- 受伤原因、预防方式和基本的治疗方法。
- 体育社会学（团队内部关系）。
- 运动心理层面，包括沟通技巧、行为调整、压力管理和放松技巧。
- 营养摄入情况对训练适应的影响，以及如何在比赛或训练的前、中、后期进行饮食干预（咨询营养专家制定营养策略）。

提升运动员关于运动的理论知识，让运动员理解为比赛做准备是一个循序渐进的过程，贯穿训练的前、中、后期。这个过程包括录像分析等活动，教练可以通过分析录像教会运动员如何对表现水平参数进行批判性的分析。应该鼓励运动员时刻保持学习的心态，可以通过参加研讨会，和其他教练、运动员交流，阅读期刊和相关的文章，以及与个人的教练进行详细的讨论，来实现以上目的。

主要概念总结

运动员的准备涵盖身体、技术、战术、心理和理论准备这 5 个方面。这 5 个因素互相关联，身体素质训练与技术和战术的发展有密切的联系。身体素质训练是所有训练计划的基础。身体承受负荷的能力发展不足通常会导致疲劳，在训练或比赛中对技术和战术表现水平产生负面影响。因此，重要的是要通过合理的身体素质训练来提升运动员对负荷的承受能力。

运动员必须要持续不断地努力完善技术。技术越熟练，效率越高，在练习和比赛时消耗的能量就越少。技术能力同样会影响运动员的战术能力。因此，训练计划中必须包含技术的不断提升和精细化的训练。

在比赛前需要制定比赛计划，以促进战术训练计划的发展。教练需要把战术训练纳入训练计划，在比赛前为运动员提供充足的时间完善战术。

第四章 训练变量

4

身体训练计划是否能有效帮助运动员提升运动表现，取决于如何控制训练过程中的一些关键变量，如训练量（时长、距离、重复次数或负重）、训练强度（负荷、速度或功率输出）以及频率（训练密度）。教练要根据训练目标或比赛对运动员的生理与心理需求对这些变量进行控制。因此，在制定训练计划时，教练必须首先针对比赛目标来明确影响变量。然后，通过控制这些变量，获得不同的训练效果，显著影响运动员的表现水平。

训练计划应当根据运动员的需求设定各个训练变量。教练必须持续监测运动员对训练计划的反应，以确定是否需要对训练变量做出进一步调整。

训练量

训练量是训练的主要构成要素，是获得高水平技术、战术和体能的先决条件。然而，人们通常将训练量等同于训练持续的时长，但实际上训练量应当由以下几个部分组成。

- 训练时间或持续时长。
- 训练的总距离或总负重（总负重＝组数 × 重复次数 × 负荷，单位为千克）。
- 运动员在既定时间内完成一种练习或技术动作的重复次数。

对训练量最为简单的理解是训练中完成活动的总数。同时，还可以将训练量定义为一次训练课或阶段中完成训练的总量。教练必须对训练总量进行量化和监测，因为总的训练量会影响生理适应及运动员从训练中恢复的能力。

训练量的准确评估取决于具体的运动项目和训练活动。在耐力项目中（例如跑步、自行车、皮划艇、越野滑雪以及赛艇），可以将完成的距离作为确定训练量的单位[22, 25]。在举重或力量训练中，训练总重量[60, 64, 67, 74]或负重总千克数（总重量＝组数 × 重复次数 × 负荷，单位为千克）可以作为训练量的计量单位。除此之外，每个强度区间内的总重复次数同样是一个相当实用的训练量统计单位。重复次数可用于计算各种运动中的训练量，例如快速伸缩复合训练[46]、棒球中的投球动作[47]以及田径项目[45]。尽管在大多数运动项目中，时间是常见的评判标准，但是最合理的表达训练量的方式是与强度区间有关的方法。

在运动员的整个职业生涯中，训练量会呈现出不断增加的趋势[56, 77, 78]（参见图4.1）。随着运动员可以更好地适应训练，渐增的训练量成为刺激生理发展、提高运动表现水平的必要条件[74, 77, 78]。一旦达到了顶尖水平，教练就需要增加年度计划中的专项训练比例来促进运动员获得新的生理适应，而不是无限制地增加训练量。对有氧项目的运动员而言，随着训练年限的增长，增加训练量尤其重要。而随着时间的推移，技术和战术技能训练的增加同样非常必要，因为运动表现的提升也需要对技术和战术进行大量的重复练习。

增加运动员的训练量有多种方法。以下列出了3种有效方式。

- 增加训练频率（即训练的密度）。
- 增加训练课中的训练量。
- 增加训练课的训练频率和训练量。

有些研究者认为，在尽可能增加训练频率的同时而不引起过度训练非常重要[31、73]。另一些研究者则明确指出，训练频率越大，训练诱导的适应效果就会越明显[31、33、77]。增加日训练课数量也能够带来生理上的收益[33、77、78]。对于精英运动员而言，每周进行6~12次训练课，每个训练日包含多次训练课是很常见的[2-5、30、38]。运动员的恢复能力是确定训练计划中运动量的最重要因素[60]。高水平运动员之所以能够承受大训练量，是因为他们可以更加快速地从训练负荷中恢复。然而需要特别强调的是，不能使用一般训练（非专项）的方法，将准备阶段转化成运动员训练耐受能力的测试，因为这会导致适应紊乱。

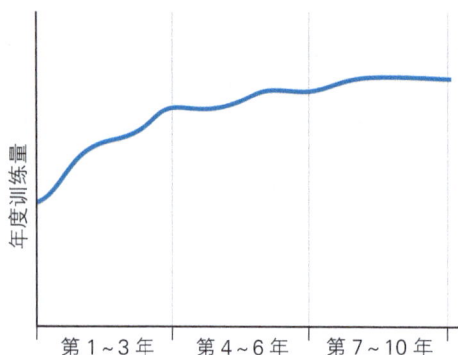

图 4.1 训练量随时间发展的理论增长模型

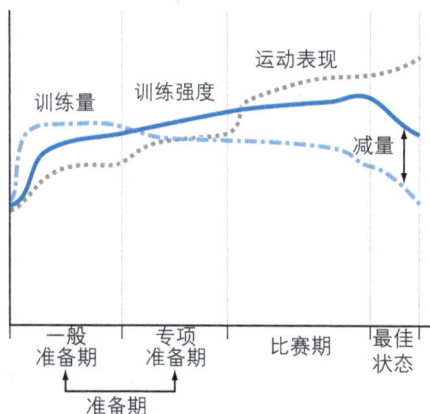

图 4.2 最小有效训练量的方法理念意味着年度计划内的训练量和强度波动较小

在过去的几十年间，运动员投入训练的时间持续增加。例如，菲斯克斯特兰德和塞勒[24]的研究表明，在1970~2001年期间，挪威国际级皮划艇运动员的训练量增加了22%。由于运动领域的职业化，在顶级和精英级爆发力运动项目中，越来越多的教练已经开始采用最小有效训练量的方法理念。与传统模式相比（参见图4.3），该理念下的年度训练计划的训练量和强度波动很小（参见图4.2）。根据运动员恢复和适应的能力，通过技术手段可以优化训练量，这意味着运动员年度训练计划中的

竞技状态会有更小的波动（参见图4.4和图4.5）。教练在安排训练量时，必须要考虑到专项、训练目标、运动员需求、运动员训练年龄、运动员发展阶段以及年度训练计划阶段这些方面。

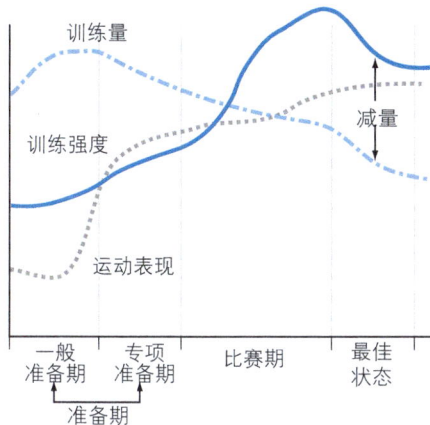

图 4.3 传统训练量和训练强度成反比的概念意味着年度计划中准备期采用了更大训练量的一般训练手段，且在年度计划中运动表现存在巨大差异

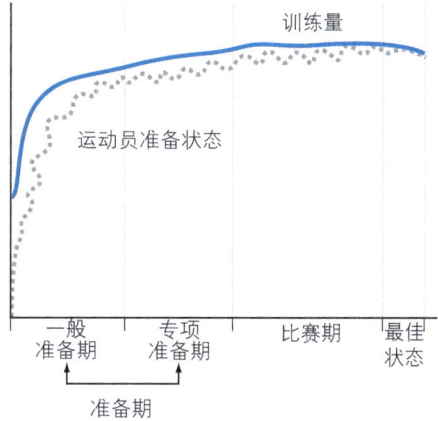

图 4.4 当使用大训练量准备时，运动员的竞技状态较低，而随着整个年度计划中训练强度的不断增加，竞技状态也会随之提升

训练强度

强度，是另一个重要的训练变量，也被称为运动员完成训练的质量。科米 [39, 40] 将强度定义为与功率输出（单位时间内的能量消耗或完成的功）、力或速度相关的训练变量。根据这一定义，运动员在单位时间内做的功越多，训练强度就越高 [18, 64, 74]。强度是神经肌肉激活的函数，强度越高（例如，功率输出越大，外部负荷越高），意味着进行了更多的神经肌肉活动 [32]。外部负荷、运动速度、疲劳积累以及参与练习的类型都可以反映神经肌肉活动的模式 [32]。另一个值得考虑的因素是练习的心理紧张程度。在一项练习中，即使身体表现出轻微的紧张，也会导致极高的训练强度，该现象是由于高度专注和心理压力造成的。

强度评价需要具体到练习和专项。涉及速度类的练习通常以米 / 秒、每分钟速率、角度 / 秒，或是功率输出（瓦）为单位进行强度评价。当进行抗阻练习时，强度通常以千克为计量单位进行量化，即在对抗重力做功，或者以功率输出（瓦）进行量化。在集体性项目中，运动强度通常量化为平均心率、无氧阈心率、最大心率百分比 [11, 29, 71]，或更为精确的代谢功率区间 [57]。

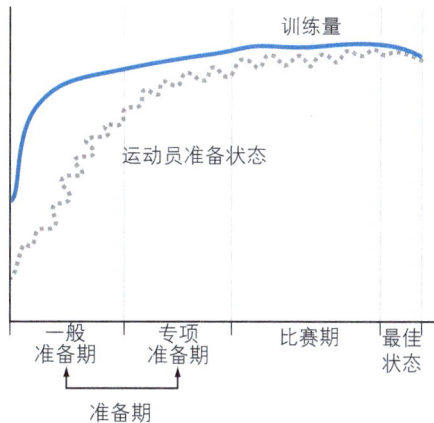

图 4.5 最优训练量的准备允许运动员在整个年度计划中保持较高的准备水平

在小周期训练计划中应当包含不同的强度。有很多可以用来量化和设立训练强度的方法。例如，进行抗阻训练和高速练习时，训练

强度可以量化为最佳表现水平的百分比[63]。最佳表现水平代表最大强度。例如，运动员在10秒内完成100米的冲刺跑，其跑动速度为10米/秒。当他以更快的速度（10.2米/秒）完成了更多的距离，那么该强度则视为超最大强度，因为已经超过了100%的最大速度（参见表4.1）。

在表4.1显示的强度等级量表中，用大于105%的最大强度的力量训练负荷进行的练习很有可能是等长或离心肌肉动作，因此该训练强度就被称为超最大强度。当进行耐力训练时（例如，5,000~10,000米），运动员可以用更快的速率完成较短的距离，因此强度可能会达到实际比赛平均速度的125%。

另外一种评价强度的方法基于活动中的主要供能系统[18, 64, 69]。根据身体对不同类型练习的生物化学反应，也可以建立一个6级强度量表（参见表4.2）。

表4.1　速度与练习强度量表

强度区间	最高运动表现水平百分比 /%	强度
1	>100	超最大强度
2	91~100	最大强度
3	81~90	高强度
4	71~80	中高强度
5	51~70	中等强度
6	≤50	低强度

表4.2　基于供能占比的强度量表

强度区间	运动时长	强度等级	主要能量系统	供能占比 /% 无氧供能	供能占比 /% 有氧供能
1	<6秒	最大强度	ATP-PC 系统	100~95	0~5
2	6~30秒	高强度	ATP-PC 系统和快速糖酵解	94~80	6~20
3	30秒~2分钟	中高强度	快速和慢速糖酵解	79~50	21~50
4	2~3分钟	中等强度	慢速糖酵解和有氧供能	49~40	51~60
5	3~30分钟	中低强度	有氧供能	39~5	61~95
6	>30分钟	低强度	有氧供能	4~2	96~98

改编自：McArdle et al. 2007 [50], Brooks et al. 2000 [15], Stone et al. 2007 [74], and Conley 2000 [18].

- 强度区间 1：本强度区间的运动几乎都依赖于无氧供能系统，并且只持续 6 秒（例如，短距离加速、举重、投掷铅球、美式橄榄球中的达阵跑以及投掷铁饼）。此强度区间的运动以最高功率输出为特征，因此也是最高强度的练习 [18, 74]。此区域的运动强度实质上高于运动员的最大摄氧量，因此强度区间 1 的所有运动都主要依赖无氧系统供能。磷酸原系统是此强度区间运动的主要能量供应系统。由于磷酸原系统只依赖于储存在肌肉中的三磷酸腺苷和磷酸肌酸，因此该系统只能维持很短时间的能量供应 [74]。而依赖无氧系统供应能量会导致身体缺氧，这是因为有氧作用机制不能满足能量的快速消耗 [50, 74]。最终，耗氧量会增加，术语为运动后过量氧耗，身体在运动后会补充三磷酸腺苷和磷酸肌酸的存储量。此强度区间的运动通常受限于肌肉中三磷酸腺苷和磷酸肌酸的储存量 [74]。

- 强度区间 2：第二个强度区间属于高强度区，同样也几乎都依赖无氧供能系统，此区间运动的持续时间在 6 ~ 30 秒（例如，田径的 100 米和 200 米跑项目，以及 100 米游泳）。此区间与区间 1 相同，能量供应速率极高，有氧作用机制不能满足能量需求。因此，以磷酸原系统和快速糖酵解系统混合供能为主 [74]。肌肉中存储的三磷酸腺苷分解速度很快，因此磷酸肌酸必须被用于能量的持续供应。高强度运动开始后的 10 秒内，磷酸原系统维持三磷酸腺苷供应的能力会下降 50%；30 秒后，磷酸原系统几乎无法再维持三磷酸腺苷的供应 [49]。因此，强度区间 2 的运动持续时间延长到 10 ~ 30 秒，对血糖和肌肉中存储的糖原需求会逐渐增加 [49]。由于对快速糖酵解的依赖逐渐增加，因此在运动时长和强度的共同影响下，身体中的乳酸堆积出现急剧增加 [49, 74]。乳酸堆积增加之后，该强度下的运动过后会出现过量氧耗。

- 强度区间 3：一般将持续 30 秒到 2 分钟的运动（例如，400 米跑、800 米跑、1,000 米以及场地自行车）归为中高强度类的活动。该强度下的运动主要依靠快速糖酵解和慢速糖酵解系统供能。随着运动时长从 30 秒持续到 2 分钟，慢速糖酵解系统将逐渐被激活。此强度区间的运动，主要为速度和高强度的耐力练习。根据这些运动的时长和强度，当新陈代谢急剧增加时，身体会产生大量的乳酸 [49]。在此强度区间，由于肌肉中存储的三磷酸腺苷、磷酸肌酸和肌糖原减少，运动表现水平的最大值将会出现下降。乳酸堆积的增加同样也会影响运动表现水平 [74]。

- 强度区间 4：第四个强度区间的运动持续 2 ~ 3 分钟。该区间属于中等强度，以慢速糖酵解和有氧代谢混合供能为主。当运动强度达到此区间时，身体的能量供应就由无氧供能机制转变为有氧系统。大多数归于此区间的活动由无氧系统和有氧系统共同供能。

- 强度区间 5：本区间的运动时间持续 3 ~ 30 分钟（例如，自行车追逐、团体追逐、2,000 米皮划艇、1,500 米跑、400 米个人混合泳）。此强度区间的运动主要依靠有氧系统供能，因此属于中低强度的运动。强健的心血管系统是此强度区间运动成功的关键，因为氧气供应对于氧化途径中的能量供应能力有着重要的作用 [18]。该强度区间下的比赛，尤其是时间持续较长的比赛，需要制定节奏策略，才能使运动表现达到最优化 [74]。在这些比赛中，能量供应（例如，肌糖原和肝糖原、脂肪储存）是限制运动表现水平的主要因素 [74]。

- 强度区间 6：最后一个区间是由低强度运动构成的，因为这类运动的能量供应主要来自于氧化代谢（例如，马拉松、铁人三项、公路自行车）[74]。康利等人[19]认为此强度区间的运动在最大摄氧量时的功率输出只是最大无氧运动中功率输出峰值的25%~35%。这类运动的表现取决于强大的心血管系统，以及通过有氧供能系统的最佳能量供应。在此区间的运动中，限制运动表现水平的因素主要是能量供应。随着运动时长的不断增加，肌糖原的利用率不断下降，最终导致血糖水平降低，同时对燃烧脂肪供能的依赖增加[49]。储存的糖原消耗殆尽，会难以维持运动的强度。因此，运动过程中碳水化合物的消耗对维持运动表现水平极其重要。

当执教耐力性项目的运动员和集体性项目的运动员时，教练应该考虑使用心率作为强度指标。心率增加说明运动负荷和氧耗同时呈线性增加[50, 61]。鉴于这一紧密关系，心率已经在有氧运动中成了一种量化运动强度的常用方式。为了让基于心率的训练有效性最大化，应该采用分级运动测试来确定运动员的最大心率、无氧阈或乳酸阈，以及最大摄氧量。虽然不如分级运动测试准确，但是还可以将基于年龄的预测方法用于评估运动员的最大心率[61]。

$$最大心率 = 220 - 年龄$$

一旦确定了最大心率，那么就可以建立心率训练区间，并且也可以根据以下强度区间开展相关训练（参见表 4.3 和图 4.4）。法瑞拉等人[22]认为，个体无氧阈值（IAT）是确定基础和高阶训练心率范围的重要指标（参见表 4.5）。

清楚你所从事运动项目对应的强度区间，可以帮助你更好地了解比赛中机体动用的供能系统

表 4.3	澳大利亚体育学院男子自行车运动员心率训练区间	
训练区间	最大心率百分比 /%	感知度
1 级耐力训练	<75	恢复（轻松）
2 级耐力训练	76 ~ 85	舒适
3 级耐力训练	86 ~ 92	不适
4 级耐力训练	>92	有压力

改编自：N. Craig et al., 2000, Protocols for the physiological assessment of high-performance track, road, and mountain cyclists. In Physiological tests for elite athletes, edited by C.J. Gore (Champaign, IL: Human Kinetics), 258-277.

表 4.4	美国自行车运动员心率训练区间	
训练区间	最大心率百分比 /%	训练描述
1	≤ 65	恢复性骑行（轻松）
2	66 ~ 72	基础耐力训练
3	73 ~ 83	节奏训练
4	84 ~ 90	无氧阈训练
5	91 ~ 100	最大强度训练

源自：Courtesy of USA Cycling.

表 4.5	基于个体无氧阈的心率训练区间		
训练区间	低区	高区	
基础训练区（公式）	心率（个体无氧阈)-50	心率（个体无氧阈)-30	
高阶训练区（公式）	心率（个体无氧阈)-5	心率（个体无氧阈)+5	
实例			
基础训练区	120	140	心率（个体无氧阈)=170
高阶训练区	165	175	

改编自：Faria, Parker, and Faria 2005 [22].

　　基础训练区间的作用在于刺激有氧能力的提升，而高阶训练区间用于提高乳糖耐受能力 [22]。基础训练区间的计算范围为 "个体无氧阈心率— 50 次 / 分钟"至"个体无氧阈心率— 30 次 / 分钟"。因此，对于一名个体无氧阈心率为 170 次 / 分钟的运动员，他的基础训练区间为"120 次 / 分钟 ~ 140 次 / 分钟"。高阶训练区间范围的计算为"个体无氧阈心率— 5 次 / 分钟"至"个体无氧阈 +5 次 / 分钟"。例如，同样是个体无氧阈心率为 170 次 / 分钟的运动员，那么高阶训练区间应该是 165 次 / 分钟 ~ 175 次 / 分钟。法瑞拉和同事 [22] 认为，应该在一段时间的基础训练之后使用高阶训练，并且要更加接近于比赛的实际需求。

在自行车项目中，通过测量功率输出可以对强度进行量化[9, 36]。当使用基于功率的训练计划时，运动员必须首先确定功能阈值（functional threshold），获得功能阈值的计算方法可以通过在平整路面上骑行 20 分钟的平均功率减去 5% 获得[9]。阈值一经确认就可以建立用于指定训练计划的 7 个不同的训练区间（参见表 4.6）。

表4.6	基于功率的自行车项目训练区间				
		百分比		计算实例[b]	
训练区间	区间名称	平均功率[a]	平均心率[a]	平均功率 / 瓦	平均心率 / （次 / 分钟）
1	主动恢复	≤ 55%	≤ 68%	≤ 124	≤ 121
2	耐力训练	56% ~ 75%	69 ~ 83%	126 ~ 129	123 ~ 148
3	节奏训练	76% ~ 90%	84 ~ 94%	171 ~ 203	150 ~ 167
4	乳酸阈训练	91% ~ 105%	95 ~ 105%	205 ~ 236	169 ~ 187
5	最大摄氧量训练	106% ~ 120%	≥ 106%	239 ~ 270	≥ 187
6	无氧能力训练	121% ~ 150%	N/A	272 ~ 337	N/A
7	神经肌肉功率训练	N/A	N/A	N/A	N/A

[a] 基于功能阈值（20 分钟骑行平均功率减去 5%）。
[b] 基于功能阈值平均功率 225 瓦，以及 178 次 / 分钟的乳酸阈心率。
源自：Allen and Coggan 2006[9].

高强度训练可以促进表现的快速提升，但是产生的训练适应却不太稳定，会造成较低程度的一致性、更高的高强度过度训练（high-intensity overtraining）发生的概率，以及运动表现出现平台期的情况。相反，低水平训练负荷会使运动员的进步较慢，对生理适应的刺激相对较小，引起的运动表现水平尽管较低，但更加稳定。训练计划应该系统地改变训练量和训练强度，以通过训练刺激达到最佳的生理适应和运动表现水平。

强度包括两种类型：绝对强度是完成练习对应的最大需求百分比；相对强度是指一次训练课或一个小周期的训练强度，与训练课或小周期内的绝对强度和总训练量有关。

训练量和强度之间的关系

训练过程的基本原则是训练量和强度之间的平衡。这些变量之间的相互作用是周期性训练计划的基础，因为这些变量对生理学适应和运动表现适应具有特殊的影响。训练周期以波动变化的方式，通过控制训练量和强度来尝试达到提高运动表现的目标[74]。训练强度与训练量在大多数情况下呈反比关系。例如，当训练强度达到最大时，训练量通常较低。在训练中改变二者关系可以刺激身体产生不同的生理和运动适应。但是，由于教练在组织训练时必须兼顾数量和质量，因此将训练量和强度分开单独考虑并不切实可行，因为已经完成的训练负荷是体现训练应激的理想指标[74]。运动负荷越大（例如，训练强度越大或持续时间越长），身体应激反应就会越大，表现为能量底物（例如肌糖原和磷酸肌酸）降低、内分泌紊乱加剧（例如皮质醇释放），以及神经肌肉疲劳程度增加。

大负荷训练能够提升耐力，形成运动能力基础，建立与训练效果相对应的运动时长和稳定性，其作用是为专项和技术准备夯实基础[74]。有许多策略可以增加运动负荷：（a）增加每组动作的重复次数或在降低相对强度的同时增加距离；（b）增加练习组数、练习数量或者二者同时增加；（c）控制训练频率（例如，加大小周期或训练日中的训练密度）。在长距离游泳项目中，可以很好地将上述方法用于增加训练负荷。在训练的准备期，游泳运动员既可以通过增加训练数量、距离或者缩短间歇时间，也可以通过增加负荷密度（增加运动量训练的频率）实现训练量的增加[56]。为了达到增加训练量的目标，很有可能会以降低训练强度为代价。然而，低强度、大运动量的训练旨在为后续高强度训练建立基础[56, 74]。

训练量与强度之间的关系会在年度训练计划内有所变化，这取决于年度训练计划的阶段性重点（参见图4.2和图4.3）。在很多运动项目中，这些波动包括时间变化，以及技术、战术和身体训练重点的调整。通常情况下，训练准备阶段早期的重点是采用高训练负荷提升身体训练的基础。在提高训练量的同时降低强度，以获得高训练负荷。随着运动员逐渐完成此阶段训练，训练量将逐渐减少而强度持续增加。当训练负荷达到非常高的水平时，运动员的准备状态会因身体疲劳的累积而降低[60, 74, 76, 77]。如果运动员持续保持大训练量，那么即使身体准备程度提升，也不会获得最佳运动表现。然而，如果不增加训练强度，那么运动员就将持续以低于比赛标准的强度进行训练。因此，为了促进并最终达到运动表现的提升，就必须在降低训练负荷的同时，增加强度。可见，根据年度训练计划中每个阶段的重点，调节好训练量和强度之间的关系非常重要。

确定最佳训练负荷，需要结合训练量和强度，这是一个非常复杂的工作，且受诸多因素的影响，包括项目的专项特征、训练计划的阶段以及运动员的发展水平。一旦可以对某个运动项目进行客观的评价，那么就能够轻易地量化其训练量和强度。例如，在举重项目中，确定训练量（用每组的重复次数乘以阻力负重再乘以完成的组数表示）和训练强度（总负荷量除以全部的重复次数，或者最大能力的百分比表示）就相对比较简单。在很多集体性项目以及体操一类的运动项目中，要量化这些变量就会很困难。一种方法就是通过全部动作的数量、要素、重复次数以及距离的总量来确定训练量。另一个可行的方法是量化一次训练课的时长或者一项技能重复的次数以确定训练量。在这类运动项目中，运动员完成练习任务的速度或者平均心率都可用于量化训练强度。

训练量和强度增加的动态平衡

在过去30~50年中，世界级运动员完成的训练负荷急剧增加[6, 24]。训练负荷的显著提升主要通过训练频率、个人训练课的训练量以及小周期训练量的增加得以实现，所有这些因素都可以显著增加年度训练计划的训练负荷。现代运动员通过增加训练频率来增加训练负荷，在小周期中进行频繁的训练（每周8~12次训练课），典型的做法是在同一天当中安排多次训练课。尽管通过增加训练频率有助于生理适应和运动表现提升[31, 58, 77, 78]，但是训练负荷（训练量和强度）以及频率（密度）必须通过循序渐进且系统的方式推进（如第二章所述）。

随着运动员能力的日益提升，之前被视为具有刺激性的训练负荷（足够高的训练负荷，可以让身体产生适应性变化），变成了只能维持运动表现的负荷水平（维持生理适应的负荷），或是一种减负荷（负荷无法达到维持生理适应的水平，并造成了生理适应下降）[77, 78]。比如，初级运动员可能会通过每周 3 天的力量训练计划来提升力量 [58, 62]；另一方面，水平较高的运动员会通过更加频繁的力量训练（每周 4 ~ 8 次训练课）来使训练刺激最大化。随着运动员水平的不断提高，他 / 她就需要更多的训练变化，这可以通过对训练负荷（训练量和强度）、训练频率和练习的周期性变化进行控制。训练负荷的变化不宜过于突然，除非教练是有目的地安排运动员进行"过度应激"或"集中负荷"策略（overreaching or concentrated loading strategies）[60, 64, 74]。当运动员变得更加训练有素，运动能力不断增加，他们应该周期性地以非线性的方式逐步增加训练负荷。教练在尝试增加训练负荷时需要特别注意，因为大多数的训练计划都会导致训练适应的延迟。

通过改变训练量和强度来尝试增加训练负荷时，教练需要考虑下列策略。

训练量的调整策略

- 增加训练课的时长。在执教耐力项目运动员时，这是一个非常有效的策略。例如，当运动员进行 3 次时长为 60 分钟的训练课时，那么可以通过将训练课时长增加至 75 分钟的方式，来增加训练量。在这种方式中，运动员的训练量随时间的推移逐渐增加。
- 增加每周训练频率（例如训练密度、训练课数量）。如果运动员每周进行 3 天训练课，那么可以增加至每周 5 天训练课，以增加训练频率。另一种方法是增加训练日中的训练课数量。例如，运动员每周训练 3 天，他可以继续保持每周 3 天训练的计划，但是每天安排 2 次训练课，也就是每周安排了 6 次训练课。当周训练频率增加时，之前的周训练量就应当平均分配给新增的训练课，如果有必要，再逐渐提升至之前训练课的训练量。
- 增加每次训练课中练习的重复次数、组数、练习数量以及技术内容。
- 增加每次重复或练习的时长或者运动距离。

训练强度的调整策略

- 在给定的距离内增加运动速度，或在完成战术技巧练习时增加速度和节奏。
- 增加力量训练中的负荷（阻力或重量）。
- 增加训练中的功率输出。
- 减少重复练习之间或战术练习之间的休息间歇。
- 要求运动员以较高的最大心率百分比进行耐力、间歇或战术训练。
- 在训练阶段增加比赛次数，前提是必须适合运动员的训练计划，不能阻碍运动员的发展。

在训练过程中，很多因素可以影响训练强度的动态变化。项目特征，训练或比赛环境，以及运动员的表现水平是被讨论最多的三个因素。

- 专项特征：每个体育活动都会刺激不同的生理适应。在主要强调最大速度和爆发力的项目中（例如，短跑、投掷和举重），身体会因为无氧系统供应能量而产生较大的生理压力。相反，在耐力运动中（例如，跑步、长距离自行车、铁人三项），因为功率输出较低，而且能量供应主要依靠有氧系统，因而运动强度相对较低 [19, 74]。依赖于技术熟练程度的运动项目（体操、跳水和花样游泳）的强度，取决于个人技能的难度等级以及主导的供能系统。在大多数情况下，这类项目高度依赖无氧系统供能，需要高功率输出或快速完成动作的能力。因此，它们都位于高强度区间。由于集体性项目的强度始终处于变化之中，因此通常很难进行分类。但是大多数集体性项目的强度较高，从而依赖于无氧系统供能（参见表 1.2 运动项目概要及其主要供能系统）。任何一个运动项目的周期训练计划都应该包含不同强度的训练，因为系统的强度变化可以产生高水平的生理适应，最终提高运动员的表现水平。
- 训练或比赛环境：训练或比赛环境对训练强度的影响非常大。例如，沙地跑或上坡跑会显著提高运动强度，我们可以通过观察心率的变化来判定训练强度的水平。在自行车、跑步以及滑冰项目中，使用引领策略减少阻力，会显著影响强度的大小。以自行车项目为例，当以 39.5 千米 / 小时的速度骑行时，跟随其他选手骑行与独自骑行相比 [35]，平均心率大约降低了 7.5%，耗氧量大约降低了 14%。因此跟骑策略在降低运动强度的同时，可以保持一个相对较高的运动速度。使用空气动力学装置（比如空气动力学把手、圆盘车轮和皮肤式紧身衣）可以降低骑行时的阻力，因此也可以在相同的绝对速度下降低运动强度 [23]。

跟随骑行训练可以调整心率对训练过程的反应，这是训练环境影响运动表现的一个实例

• 运动员的表现水平：运动员的身体发展在决定训练计划内容时，扮演着非常重要的作用。不同训练水平的运动员进行相同的训练内容（如训练负荷）时，极有可能会产生不同的生理反应，因为这意味着将不同的训练强度施加在不同的运动员身上。例如，对于精英运动员而言的中等强度训练负荷，对于初级运动员来说就是超负荷。相反，对于初级运动员而言的中等强度训练，对精英运动员来说就是低负荷。上述事实也支持了对不同水平的运动员使用个性化训练计划是十分重要的观点，这样可以优化每名运动员的生理适应，最终提高其运动表现水平。

正如本章前文提到的，训练时的心率变化是确定和评估训练强度的有效工具。心率可用于计算训练强度，作为一次训练课的总体表现。伊利塔和杜米迪斯古[37] 提出了下列等式来计算训练强度。该过程的第一步是计算部分训练强度，等式如下所示。

$$部分训练强度 = \frac{(HR_p \times 100)}{HR_{max}}$$

在等式中，HR_p 是完成某项练习时的心率，用于计算实际训练强度。HR_{max} 是个体活动时达到的最大心率。一旦确定了部分训练强度，就可用下列等式计算总体训练强度。

$$总体训练强度 = \frac{\sum (部分训练强度 \times 练习的训练量)}{\sum 练习的训练量}$$

监控心率的另外一种应用是训练冲量概念（training impulse，TRIMP）[52, 67]。训练冲量是训练时长与训练强度的乘积，即心率乘以基于乳酸曲线的非线性代谢调整系数，再乘以训练课时长[52]。尽管采用训练冲量确定训练压力的方法实用有效，但是它的应用仅限于个体最大心率以下的有氧训练强度。

训练量和训练强度的分级

由于人体具有适应既定训练刺激的能力，因此运动员真实的表现水平也会根据训练计划而发生改变。另外，所进行的训练类型会导致非常明显的遗传和分子适应，从而形成运动表现结果的基础[17]。为了实现运动员发展的主要目标，也就是通过合适的运动刺激让运动表现水平达到最大化，训练计划里的所有内容应当与专项训练的特征保持一致。教练必须要考虑运动项目的生物能量来源、力学机制以及运动特征，并且要在训练计划中着重强调这些方面。其次，个性化的训练计划是计划成功的要素。训练负荷的设定需基于运动员的个体发展水平，或训练的承受能力、年度计划的所处阶段以及训练量和训练强度之间的比例。如果实施的训练负荷合理，那么就能刺激运动员产生正确的生理适应，并且提高运动表现水平。

在训练过程中，可以将负荷划分为两种类型：外部负荷和内部负荷[34, 59]。外部负荷或运动量，是训练量和强度的函数。外部负荷主要基于训练刺激的量、强度和频率之间的相互关系。这些因素可以被轻易监测，教练和运动员需要对其完成情况进行详细的记录。外部负荷可以引起训练计划所产生的心理和生理适应。这些个体反应同时也会受具体的内部负荷或者运动量的影响，内部负荷通过运动员经历疲劳的等级和程度反映出来。内部负荷的等级和强度，是训练计划中实施外部负荷导致的直接结果。

不同运动员或者为同一名运动员实施相同的外部负荷并不能引起相同的生理和心理适应（例如疲劳程度积累的不同）。对训练产生的内部反应是单个运动员对外部负荷产生的一种功能性反应。因此，只能对内部反应进行粗略的估计。跟踪内部反应的最佳方式是借助训练日志或日记，以及周期化的生理学测试，包括心率变异性（heart rate variability，HRV）监控、测力计和加速度计测试，以及心理学测试[74]。

训练量和适应之间的关系

实施精心设计的训练计划可以让运动员产生改变运动能力的特殊生理和心理适应[60, 67, 74]。众多因素与心理和生理适应有关，其中包括基因遗传、健康状态和运动员的训练经验[67]。训练计划是决定运动表现水平的关键因素，因为训练强度、训练量和频率在调整生理适应上具有非常重要的作用，而生理适应是运动表现水平的核心内容[17, 67, 75]。

训练量及适应之间的关系一直受到人们的关注。必须采用循序渐进的方式向生理系统施加超负荷，这样才能产生提高运动表现水平所需要的适应。例如，经过良好耐力训练的运动员以相对较低的强度进行大运动量训练，并不能显著改善运动表现或者相关的生理适应[42]。较大的训练量和较高的训练强度是保持适应的必要条件[14, 34, 42, 59]。再如，力量训练计划中的练习负重（负重＝组数 × 重复次数 × 阻力）与肌肉适应高度相关。训练负重越大，肌肉增长和适应所需要的刺激就越大，弗罗布斯等人[26]对此提供了相关的证据，训练负重越大，对肌肉生长的刺激和适应就越强，最终会对运动表现水平产生深远的影响。

如果训练量或训练强度提升地过快，或者超过了运动员所能承受的能力，那么就会产生适应紊乱，从而引起过度训练（参见第五章）[27, 28, 72]。一旦发生上述情况，运动员的运动表现就会停滞不前或者下降，甚至会因错误使用训练刺激而导致过度训练综合征（overtraining syndrome）。训练计划包含的强度、训练量和频率必须要有变化，这样运动员就能不断地在刺激和再生（即训练与恢复）之间转换；这通常发生在大周期阶段（即在训练的最后一周进行无负荷训练）和小周期阶段（在训练计划内调整训练负荷）。

运动员对训练刺激产生的积极适应可以提升训练所需的刺激。对训练刺激需求的不断增加是生理适应的结果，这使得运动员可以承受更高的训练负荷。因此，当再次进行相同负荷的训练时，造成生理适应显著降低的生理紊乱就会明显减少。为了继续刺激身体产生合理的适应，就必须遵循渐进式超负荷理论（theory of progressive overload）的建议，逐渐增加外部训练量和训练负荷[25, 74]。此外，如果训练负荷大幅度减少，训练效果也会被削弱，从而导致运动表现的退化。尽管运动员想要消除身体疲劳、实现恢复或达到比赛巅峰状态时，有必要减少训练负荷，然而如果长时间进行次最大负荷水平的训练，那么就会导致生理适应水平下降，最终影响运动表现[53, 54]。例如，在年度训练计划中，如果过渡期过长，且用被动恢复取代了积极恢复，那么由准备期和比赛期训练刺激产生的适应水平将会消失。

训练频率

训练频率（即密度）可以定义为训练课的分布[74]。训练频率也可以认为是单位时间内训练与恢复之间的关系。因此，训练频率越高，训练阶段之间的恢复时间就会越少。当训练频率增加时，运动员和教练必须要建立训练与恢复之间的平衡，以避免发生过度疲劳而导致过度训练。

量化多次训练课之间所需要的最佳间隔时间非常困难（例如在一个训练日之内或一个小周期之内），因为诸多因素决定了运动员的恢复速率。当前训练课的训练量和强度在决定开始下一节训练所需的时间时起到了决定性的作用[74, 77]。训练课的负荷越大（即强度和训练量越大），准备状态或运动能力恢复所需要的时间就会越长[77, 78]。另外，运动员的训练状态[77, 78]、实际年龄[20, 41, 46]、营养干预[16]以及恢复干预的情况[10, 51]都会影响训练后的恢复能力。在下一次训练课开始之前，并不需要从上一次训练中完全恢复过来。一个常用的策略是增加训练频率，同时在训练日或小周期内安排不同负荷的训练课，以此促进恢复。

在耐力训练和间歇训练中，通常采用两种方法来优化"运动 – 休息"的间歇：（a）固定的运动 – 休息比[12, 43, 44, 68, 70]；（b）恢复时间取决于心率恢复到预设的最大心率百分比[7, 43, 44, 65]。在上述情况中，需要调整的是训练密度。训练密度可以定义为"运动员在单位时间内重复一系列动作的频率"[13]。

- 固定的运动 – 休息比：一些研究人员在研究间歇训练时，已经开始使用固定的运动 – 休息比[12, 43, 68, 70]。通过控制运动 – 休息的间歇时间，教练和运动员可以设计出针对特定生物能量适应的训练计划[18]。其中，3∶1 到 1∶4 的固定运动 – 休息比的目标是提升耐力素质，而 1∶5 到 1∶100 的比率，则是以发展力量和爆发力为目标的（参见表 4.7）。

表 4.7   短跑项目的运动 – 休息的间歇时间

训练目的	平均训练时长 / 秒	运动 – 休息比	强度
加速能力（10 ~ 40 米）	2 ~ 5	1∶30 ~ 1∶45	最大
最大速度（50 ~ 60 米）	6 ~ 7	1∶35 ~ 1∶60	最大
速度耐力（80 ~ 200 米）	9 ~ 24	1∶40 ~ 1∶110	最大
特定耐力（250 ~ 400 米）	30 ~ 60	1∶4 ~ 1∶24	次最大

- 预设心率比：另外一种确定恢复时长的方法是设定一个在开始下个回合训练之前必须达到的心率[7, 43, 65]。使用此技术的方法之一是将 120 次 / 分钟~130 次 / 分钟的心率区间，作为开始下一个训练回合的节点[7, 65]。另外一种方法是将运动员心率恢复到最大心率的 65% 所需的时间作为恢复周期[43, 44]。

一次训练课的密度可以采用相对训练密度计算获得。相对训练密度是运动员在训练课内实际完成的训练量占全部训练量的百分比。相对训练密度的计算公式如下所示。

$$相对训练密度 = \frac{（绝对训练量 \times 100\%）}{相对训练量}$$

绝对训练量是运动员个人完成的全部训练量，而相对训练量是训练课的总时长。比如绝对运动训练量是 102 分钟，相对训练量是 120 分钟，那么训练课的相对密度就可以通过如下公式计算。

$$相对训练密度 = \frac{102 \times 100\%}{120} = 85\%$$

相对训练百分比表明运动员的运动时长为 85%。尽管相对训练密度对运动员和教练有一定的价值，但是训练的绝对密度更加重要。绝对训练密度可以定义为运动员进行有效训练量同绝对训练量之间的比率。绝对训练或有效训练可以用绝对运动量减去休息间隔的运动量获得，绝对训练密度的计算公式如下。

$$绝对训练密度 = \frac{（绝对训练量－休息间歇）\times 100\%}{绝对训练量}$$

例如，休息间歇是 26 分钟，绝对负荷是 102 分钟，那么绝对密度就可以通过下列公式来计算。

$$绝对训练密度 = \frac{（102 － 26）\times 100\%}{102} \approx 74.5\%$$

计算结果表明训练的绝对密度是 74.5%。因为训练频率也是强度的一个影响因素，因此，这一绝对训练密度指数可以被视作中高强度（参见表 4.1）。确定训练的绝对密度和相对密度可用于制定有效的训练环节。

训练复杂性

复杂性指一种技能的复杂程度和生物力学难度。训练中的技能越复杂，训练强度就越大。与学习基本技能相比，学习一种复杂的技能需要付出更多的努力，尤其是当运动员的神经肌肉协调性不好，且没有全神贯注于技能学习时更是如此。让之前没有复杂技能学习经验的运动员学习该技能，可以迅速区分优秀运动员与一般运动员。因此，运动技能越复杂，运动员的个人差距和力学机制效率差异就越大。

之前所学技能的复杂度会增加运动员的心理压力，即使已经掌握该项技能。例如，埃利瑟勒[21]证实，对于足球运动员而言，与技术训练相比，战术训练会导致心率和乳酸堆积更高。在此研究中，训练课中的技术部分以无对手参与情况下的技能练习为重点。在战术训练中加入对手会显著提高技能练习的复杂性，从而导致心率和乳酸堆积增加。另外，当进行教学比赛时，活动的复杂性会再次增加，导致心率和乳酸生成同步提升。在实际比赛中，心率和乳酸水平会达到最大值。鉴于此情况，教练需要考虑技能或活动复杂性对训练课的不同阶段对运动员造成的生理压力。

总负荷指数

训练量、强度、频率以及复杂性都可以影响运动员在训练中的总体需求（即训练负荷）。尽管这些因素相互补充，但是当只重视某一个因素，而对其他因素缺少调整时，对运动员的要求就会增加。例如，如果教练想维持相同的训练需求，且运动专项要求发展高强度的耐力时，那么训练量就必须增加。一旦增加训练量，教练就必须要考虑增加训练量后对训练频率的影响，以及训练强度应当降低的幅度。

训练的计划和目的主要是实现对训练量、强度和复杂性三者关系的有效控制。教练必须引导这些要素的变化和发展，尤其是训练量和强度，它们与运动员的适应指数、训练阶段和比赛的时间安排有着直接关系。在年度训练计划中对这些要素进行最佳的整合，就可以提升运动员在合理时间节点上的最佳竞技能力，从而实现运动表现的最优化。

训练计划的总体负荷可通过总负荷指数（index of overall demand，IOD）来计算[37]。总负荷指数可以通过由伊留塔和杜米特瑞苏提出的以下公式进行计算[37]。

$$总负荷指数 = \frac{OI \times AD \times AV}{10,000}$$

例如，当 OI（总体训练强度）是 63.8%，AD（绝对训练密度）是 74.5%，AV（绝对训练量）是 102 分钟时，将这些已知变量代入上述计算公式，可得出。

$$总负荷指数 = \frac{63.8 \times 74.5 \times 102}{10,000} \times 100\%$$

在这个案例中，训练的综合需求指数较低（48.5%），略低于 50%。

主要概念总结

训练量是训练计划成功与否的关键变量。对身体、技术和战术训练的整合需要大量的工作，这是刺激生理适应的关键所在，为运动表现的提升奠定了基础。运动负荷的使用要因人而异，每名运动员承受训练量、强度和频率的能力不尽相同。在过去的50年里，训练负荷逐步增加，运动员每天都需要参加多次训练课，在一个小周期内积累了大量训练时间。运动员在职业生涯中必须逐渐增加训练量、强度和频率。假如这些因素增加的速度太快或太早，那么就可能造成过度训练。因此，运动员应该根据个人情况逐渐增加训练负荷。

　　教练必须通过监测训练负荷，并测量运动表现，确定训练计划的有效性。教练应当量化训练课的频率或技能练习的复杂程度，计算它们在战术和技术训练中的负荷比例。带有陀螺仪和GPS的三轴加速器是普遍应用在大多数运动项目中（例如，足球和橄榄球）的实用工具之一，这类设备可以用于量化训练和比赛强度，并且能够取代心率监测器。教练需要监测可能增加运动负荷或训练压力的因素，并且要整合恢复和休息的时间。教练同样要考虑恢复技术，以及用于恢复能量储备的时间。

第二部分
计划和周期

第五章　身体运动能力周期安排　5

身体运动能力周期安排和年度计划，是指导运动员全年训练的重要工具。它们是训练周期的重要组成部分，因为它们可以帮助教练把年度训练计划拆分成多个带有具体目标的不同阶段。身体运动能力周期安排和年度训练计划是最大限度促进运动员生理适应的必要的方法性工具，而运动员最大限度的生理适应是提高运动表现的基础。教练要带着周期安排的思维进行技术训练、战术训练、心理训练和营养安排，并将它们纳入年度计划，以提高运动员的适应和运动表现。换言之，年度计划中的某一阶段会涉及所有相关活动的周期安排。

周期安排是运动员训练计划的基础，术语"周期"源于"Period"一词，它是描述时间分配的方法。训练的周期安排是一种把训练进程分解成多个小而易于管理单元的方法，而这些不同单元通常被称为训练阶段。训练的周期安排的概念在一个世纪前就已形成，许多体育科研工作者和研究人员都对周期理论的发展做出了贡献。

马特维耶夫[25]从人类活动的其他领域，特别是从历史学领域，借用了"周期"这一术语。例如，人类历史可以分成几个特定的阶段（不是模块）或周期，诸如石器时代、青铜时代、铁器时代、中世纪以及文艺复兴时期等。周期同样也可用于英语文学、建筑学以及经济学等。

假如没有周期这个概念，运动员的训练实践可能还处于 20 世纪 30 年代前的状态。

周期简史

周期并不是一个新概念，但是很多人并不熟悉，也不了解其历史。周期的来源未知，但与周期有关的相对模糊的概念却早就存在了。有证据表明，古代奥林匹克运动会的运动员（公元前 776 年到公元后 393 年）在训练中已经开始应用相对简单的周期模式安排训练计划。希腊医师弗莱维厄斯·菲罗斯特拉托斯在他的作品中就提出了简单的训练计划，他也被公认为是周期理论的先驱之一。菲罗斯特拉托斯的作品中提到了希腊奥林匹克选手所用的简单的年度计划，在这份计划中奥林匹克运动员会在一些非正式比赛之前安排准备阶段，也会在赛后安排休息阶段。

罗马医师克劳迪亚斯·盖伦努斯关注了希腊奥林匹克运动员的训练强度。他指出了心理和身体的区别、训练后放松的需要（沐浴和心理休息），以及如何通过"谈话疗法"（心理治疗）了解病人的秘密和情感问题，并据此进行心理问题的处理。在他的著作 *Preservation of Health* 中，盖伦建议运动员训练后必须沐浴放松，并且要补充适当的营养。最后，盖伦建议可以为奥林匹克运动会设置一个为期 10 个月的简单训练计划，在比赛前要有为期一个月的专门训练计划。我们可以设想第十二个月是放松和恢复时间，现在我们将这个阶段称为过渡期。

美国和欧洲运动员为现代奥林匹克运动会做准备的方式类似（1896）。20世纪伊始，运动员为欧洲比赛制定的计划基本都遵循一种相似的模式。但是，有计划的周期安排随着时代的发展变得愈加复杂，特别是1910～1920年的芬兰跑步运动员，以及1936年奥林匹克运动会上德国所采用的周期安排更是如此。芬兰长跑运动员帕沃·奴尔米遵循了盖伦的年度计划结构，但是它将重点放在了准备阶段，在准备期中包含了大量的长距离有氧训练。

1965年，体育科研工作者里昂里德·P.马特维耶夫调查了1952年芬兰赫尔辛基奥林匹克运动会前一些运动员的训练方式，并在此调查问卷的基础上，发表了一个年度计划模型。马特维耶夫根据从运动员身上收集到的数据，把年度计划划分成主阶段、次级阶段和训练周期。

在马特维耶夫的研究发表之前，图德·邦帕在1961年开始创建并应用周期的年度计划，目的是训练罗马尼亚运动员米哈埃拉·佩内什，让其为1964年奥林匹克标枪锦标赛做准备。同一时期，邦帕创建了身体运动能力的周期安排概念，尤其是力量和爆发力周期安排。这种训练方法在当时来说是比较新颖的，让一位名不见经传的运动员米哈埃拉·佩内什在五年内成了奥运会冠军！此概念在随后几年内得到了更新，成了一种重要的训练方法学体系，可用于提高专项运动能力，让运动员的运动表现达到最高水平。邦帕也发展了几种主要身体运动能力的周期安排模型：力量和爆发力周期安排 [5, 7]，耐力和肌肉耐力周期安排 [8]，灵敏性周期安排 [9]。

马特维耶夫的结构化训练仅设计了年度计划，且在这个年度计划中只有一个比赛阶段，因此可称之为单周期 [25]。这种计划并不能完全满足所有运动项目的要求，因此，随着周期理论的不断完善，训练计划需要进行调整，以满足每年参加不止一项重要体育比赛的运动员的需求。因此，我们需要为运动员设计可以为每年有两项或三项大型比赛的双周期或三周期计划，甚至更多周期的计划 [9]。在19世纪中后期，马特维耶夫、奥祖林、威克奥斯汉斯基、D.哈瑞、纳多瑞、V.普拉托诺夫、斯通、科米尔、弗雷克、奥布莱恩以及邦帕等多位体育科研工作者，相继出版了关于从古至今周期演变的相关著作 [1-10, 18-20, 23-25, 27-30, 32-43, 46-49]。

周期术语

我们从以下两个重要层面讨论周期。

1. 年度计划周期，也就是把年度训练计划拆分成多个较小的训练阶段，让训练计划的规划和管理更加简单，从而保证运动员在重要比赛期间达到最高运动表现水平。
2. 身体运动能力周期安排，能够让运动员的速度、力量、爆发力、灵敏性以及耐力在一年中最主要比赛时期达到最高水平。

很多人对将周期作为年度计划的一部分，与身体运动能力周期安排之间没有清晰的区别。在大多数运动项目中，年度训练计划可分为3个主要阶段：准备期、比赛期和过渡期。准备期可分为两个子阶段，根据任务不同可分为一般和专项准备期。一般准备期的重点是通过使用多种一般或专项的方法来形成基础性的生理适应。专项准备期是通过使用专项运动方式来提升该专项运动员所需要的能力。比赛期可再细分为比赛前期和比赛期。年度计划的每个阶段包含大周期和小周期。每个子阶段都有目标，子阶段的目标均指向年度训练计划的总目标。图 5.1 表示了年度训练的多个阶段和周期。

训练阶段	年度训练计划				
	准备期		比赛期		过渡期
子阶段	一般准备期	专项准备期	比赛前期	比赛中	过渡期
大周期					
小周期					

图 5.1 年度计划拆分成多个训练阶段和周期

运动表现取决于运动员对训练的生理适应和心理调整，同时也取决于运动员对技能和能力的掌握程度。年度计划每个子阶段的时长，取决于在年度重要比赛期间用于提高运动员训练状态和在主要比赛时展现个人生理潜能的时间。每个训练阶段时长的主要决定因素是比赛日程安排。为了在合适的时间（即主要比赛的时间）达到最佳运动表现水平，运动员需要进行为期数月的训练。训练计划必须要精心设计，依序逐步提升生理适应，并且还要控制好身体疲劳，这样才不会让运动员的运动表现能力受影响。此外，在设计训练计划时，每个运动项目的最佳周期模式，以及将运动员的训练状态和准备状态提升至最佳状态所需要的时间都是应该考虑的问题。运动员承受并适应训练计划的能力会受到诸多因素的影响，例如遗传、心理特征、训练状态、营养状况、社会压力以及所使用的恢复方法，这些都是教练在为运动员安排最佳训练负荷时要考虑的问题。由于每个人对训练的反应各不相同，训练计划必须因人而异，以满足每个运动员的个人需求以及体育运动的需求。

要注意的是在过去几年中，一些专家开始采用不同的术语，代替训练理论和方法中常用的一些术语。这些人似乎把训练与时尚混为一谈：这是现代的，那不是现代的。通常情况下，这些专家只是想把自己装扮成某种趋势的代表。例如，有关训练效应的常用生理学术语，会被术语"持续剩余效应"所替换。"准备程度"通常会用于错误的语境，取而代之的是"竞技状态"（参见第九章）。同样的，在依序安排的训练过程中，每个特定的阶段都有一些训练的重点。但是在过去几年中，一些专家和教练用"板块"取代"阶段"。尤里·威克奥斯汉斯基教授把术语"板块"引入到训练理论之中，他认为在某一板块中，教练要集中加大某一运动能力的负荷，而减少其他运动能力的负荷（例如力量）。而这个术语与他的同事经常使用的复合或并行模型是相悖的——在复合或并行模型中，板块这一概念并没有被合理的使用。

周期的需求

构建训练阶段的目的是刺激生理和心理适应，并在提升运动员一般能力的同时提升专项运动表现（身体、技术和战术）。在周期的框架内，训练是按一定的顺序进行的提升运动员的技能及运动潜力的过程。采用这种方法有 3 个原因：（1）提高影响运动表现能力的各个组成部分的水平需要经过很长的一段时间；（2）在这样的过程中，教练需要提高训练方法或方式的专项性，从而激发运动员对教练所采用的方法或方式的形态 – 功能适应性，最终提高运动员的运动表现水平（参见图 5.2）；（3）要长时间保持运动员的生理和心理能力是不可能的。运动员的运动表现会因为训练阶段和类型的不同而有所差异，并受到心理和社会压力的影响。因此，年度训练计划必须拆分成多个阶段，从而按特定顺序同时提升与运动表现相关的不同方面。

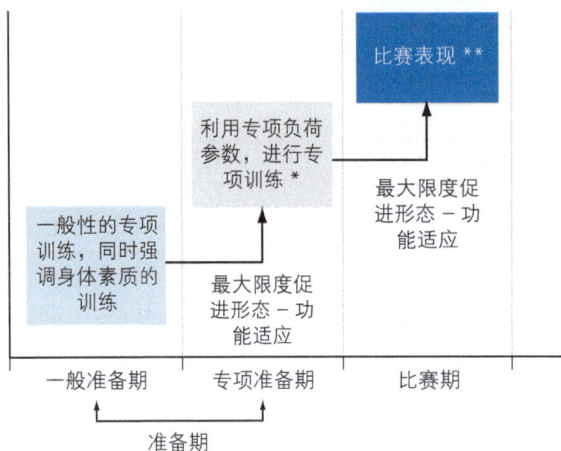

图 5.2 在每一阶段强化训练效果、发掘运动表现潜力，为下一阶段做准备

* 保持一般身体运动能力。
** 保持一般和专项身体运动能力。

准备期是建立运动表现生理基础的时期，比赛期则是运动表现能力达到最高水平的时期。假如准备期时间较短，没有形成最佳运动表现所需要的生理适应，在比赛期运动员的运动表现就不能达到最佳水平。完成比赛后，过渡期是一个必要的阶段，该阶段可以消除比赛阶段积累的疲劳，并且能够让运动员从比赛的生理和心理压力中恢复。此外，过渡期可以让运动员放松休息，并为短期内到来的下一个年度训练计划做好准备。这个训练阶段是过渡阶段，不是非赛季阶段。术语"非赛季"并不恰当，因为认真努力的运动员根本没有非赛季阶段，相反，他们只是从一个年度训练计划过渡到下一个年度训练计划。因此，过渡期联系着两个年度训练计划。

技术、战术以及身体运动能力的提升需要特殊的方法，每个训练阶段的方法都不尽相同。技术能力和战术手段需要在整个训练阶段中按照顺序进行训练。运动员要完善自己的技术能力，随着技能水平的不断提高，战术训练的复杂性也在不断提高。在提高和完善身体运动能力的过程中，同样也采用这种顺序性的方法。当运动员尝试提高身体运动能力和刺激生理适应时，教练必须改变训练量和强度，相关内容请参考渐增负荷安排原则。训练负荷的安排不能按照线性的方法，周期实质上是一种非线性的训练方法。

一个周期中的某个训练阶段的时长，有时候会受气候条件和季节影响。例如，季节性运动项目滑雪和赛艇就受天气的限制。在周期计划中，训练阶段必须要进行一定的调整以满足运动项目的需求，并且也要考虑气候条件的影响。自行车、赛艇和英式橄榄球训练的准备期一般在冬季，比赛期一般在春季、夏季或秋季，而冬季运动项目例如速滑、冰上曲棍球、高山或北欧滑雪，则与之相反。

比赛时期和高强度训练时期，运动员会产生大量的身体应激和积累性疲劳。假如这种应激持续时间过长，可能会发生过度训练，运动表现能力将会降低。因此，需要在高强度训练和比赛阶段中插入一些恢复和再生训练阶段。这些阶段都属于过渡期，其目的是消除身体疲劳，并让运动员为下一个阶段的训练做好准备。

术语"周期"的误用

如上所述，周期是一个术语，可用于多个科学领域，训练科学借用此术语去描述一个以阶段为基础的训练管理过程。自从在 20 世纪 60 年代首次提出此概念，训练周期安排的概念已经发生了演变，尤其是在教练实际应用方面。每个运动项目具有独一无二的特征，使此概念的内涵更加丰富，此概念的应用也取得了巨大成功。然而，一些教练在使用的过程中误用了此概念，导致很多人将周期误认为是非常刻板和机械化的模式。事实并非如此！周期中唯一相对比较刻板的部分是年度训练计划的比赛阶段，因为比赛日程是由每个运动项目联盟决定的。尽管如此，教练仍然可以选择什么时候开始比赛期、参与何种比赛、何时达到最佳比赛状态以及何时结束比赛期。

当谈到实际训练计划时，周期安排会更加灵活。建议教练设计训练计划时，先只为马上要开始的大周期进行更为详细的安排，而下一个大周期计划的安排则应基于每个运动员的实际进步情况，包括身体、技术和战术层面的具体情况。最后，日训练计划需要根据运动员的具体情况和主、客观数据进行调整。

由于对训练的周期概念有误解，一些教练误用术语，并且使用了所谓的周期概念"新解"，例如他们会使用传统、线性、波动以及灵活之类的新词。在我们看来，这些术语违背了科学思想的精神。以下是对这些新术语的讨论。

- 线性周期：既然周期概念源自于术语"Period"（时间有关的），那么周期的意义就包含了"时期或阶段"。在竞技训练中，当训练负荷持续增加时（50%，60%，70%），"线性"这一术语被用于某种特定的负荷安排方法论之中。唯一运用线性负荷的活动是健美。这就是为什么很多健美运动员会过度训练，或者需要减少训练频率。
- 波动周期：这个术语本身不属于周期这一范畴。波动周期是一种控制训练负荷的方法（参见图 5.3）。小周期中负荷的波动或变化是一种较老的方法论概念，在 20 世纪 50 年代后期早已用于举重运动员。再者，周期概念本身已经表明了小周期层面、大周期层面以及大周期之间的负荷变化（参见图 5.3、图 5.4 和图 5.5）。

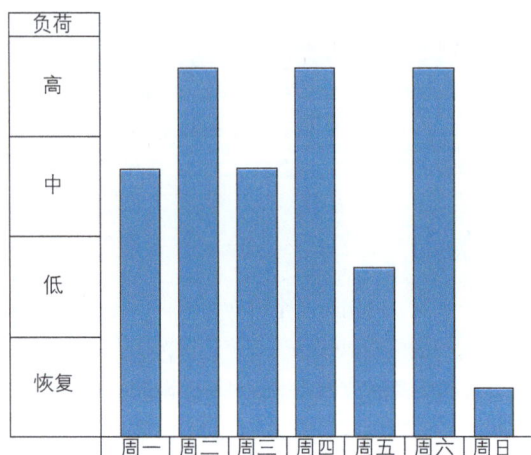

图 5.3 准备小周期中的负荷变化

源自：T.O Bompa and C. Buzzichelli, 2015, Periodization training for sports, 3rd ed. (Champaign, IL: Human Kinetics), 166.

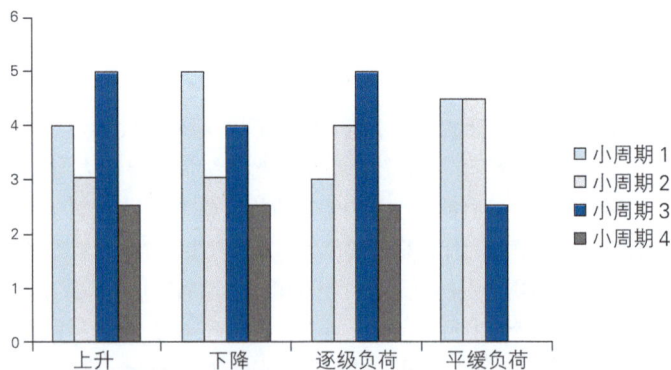

图 5.4 波动大周期的 4 种安排方法

源自：T.O Bompa and C. Buzzichelli, 2015, Periodization training for sports, 3rd ed. (Champaign, IL: Human Kinetics), 96.

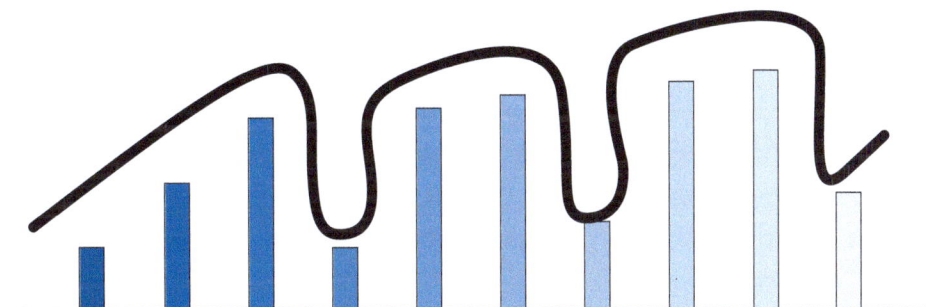

图 5.5 在波动式负荷大周期之间设置减负荷小周期

源自：T.O Bompa and C. Buzzichelli, 2015, Periodization training for sports, 3rd ed. (Champaign, IL: Human Kinetics), 97.

- 板块周期：如之前所述，不能用术语"板块"替代"阶段"，除非它指某一个阶段只用一种集中负荷进行某种运动能力的训练（例如力量、速度或耐力），而不考虑其他能力的负荷。采用这种模式时，一般准备期由力量模块组成，专项准备期由与专项运动能力有关的因素组成（例如速度或耐力），且在专项准备期没有保持力量的训练负荷。目前，似乎只有少数顶级运动员才以这种纯粹的"板块"形式安排训练。
- A.T.R［积累 – 转化 – 实现（Accumulation–Transmutation–Realization）］：A.T.R 是为了让运动员多次出现最佳运动表现而设计的周期模式。在这种模式中，包括了多个非常短的阶段（一般准备期 – 专项准备期 – 比赛期），但是一年有多次这样的阶段。这个模式尽管对经常参加比赛的运动员来说是必要的，但是在这种模式下，运动员的运动能力实质上很难到达自己的最高水平。

周期和负荷安排之间的混淆

有时，周期会与负荷安排模式相混淆。本章开篇就提到，有些人会使用线性和波动（像波浪一样）周期的概念。从严格意义上来说，周期指基于阶段的训练，因此，周期不可能是线性或波动的。实际上，周期是训练阶段或时期的依序安排（所以才使用周期一词）。每一个阶段都有特定的训练目标，最终目标是帮助运动员在比赛前或比赛时达到最高运动表现水平。

作为一种灵活的计划概念，在主要的周期模式之外，还存在几个不同的变式，这取决于各运动项目的专项特征、运动员每年参加比赛的日程，以及运动员的个人特征。根本没有线性和波动周期——这两个术语仅指运动员或者团队训练计划中的负荷安排的方法学问题。

尽管我们已经对周期进行了明确的定义，但是在负荷安排的方法学上还有不同的变式。作为众多研究渐增负荷的专家，德·罗梅和瓦特金斯[11] 提出，渐增负荷指的是增加负荷的线性方法，或者持续增加训练负荷的方法。在健美训练中，我们经常可以看到这种线性负荷安排模式，而这种负荷安排模式就是健美运动员不断出现过度训练的原因之一。那些推崇线性周期的专业人士相信从数学观点来看一定是"越多越好"，但却忽视了生物系统对应激的逐渐适应这一生理原则。

周期的选择

很多情况下,本来专门为顶级运动员设计的年度训练计划也会被用于那些没有训练经验、身体发育程度还不能承受高强度比赛日程的青少年运动员。这就是训练周期安排要因人而异的原因之一。教练应该考虑运动员是否为高强度比赛日程做好了准备,并遵循以下要点。

- 对于初级低水平运动员和青少年运动员,我们强烈建议使用单周期的基本年度训练模式。在这种周期安排模式中,运动员可以利用较长的准备期提升基本技术、战术和身体素质,同时还不会有较大的比赛压力。单周期训练计划是为季节性运动项目或以耐力为主导身体运动能力的运动项目(如北欧滑雪、赛艇、自行车、长跑)而设计的典型年度计划。

- 双周期年度训练计划是那些有资格参加全国锦标赛的高水平或精英运动员经常采用的周期安排方式。尽管如此,该计划的准备期也要尽可能长,从而让运动员有时间提升基本技能和生理适应水平。

- 三周期年度训练计划适用于高级或国际水准的运动员。这些运动员具有较扎实的基础,因此可以承受含有三个或更多需要表现出最高运动表现水平的年度计划。在个人运动项目中,常见计划如下所示:第一个运动表现最高水平出现在冬季锦标赛,第二个出现在夏季国内赛,第三个出现在世界杯或奥运会。国内赛和世界杯或奥运会之间的时间间距要足够长,从而让运动员能够恢复生理和心理应激,之后再继续训练,最后再减小训练负荷,并在全年中最重要的比赛时表现出最高运动水平。

- 多周期训练计划的特征是减少每个周期的训练周数,特别是准备期的时间。这就是为什么多周期年度训练计划只适用于那些有良好训练基础(4~6年)、高水平运动能力,以及能够承受较多、较大比赛应激的运动员。网球运动员基本上就采用此类年度训练计划,它的特点就是比赛多,比赛之间的恢复时间很短,并且准备下一个比赛的时间也很短。

训练阶段的持续时长主要取决于比赛日程。表 5.1 针对 4 种年度计划结构的每个训练阶段的训练周数的分配,提供了一些建议。

表 5.1 不同年度计划结构的每个训练阶段的训练周数的分配

年度计划结构	每个周期总周数	每个阶段周数		
		准备期	比赛期	过渡期
单周期	52	≥ 28	12 ~ 22	4
双周期	26	12 ~ 16	6 ~ 12	1 ~ 4
三周期	20 ~ 24(冬) 16 ~ 18(春夏) 4 ~ 6(夏)	12 ~ 20(冬) 10 ~ 12(春夏) 2 ~ 4(夏)	4 ~ 6(冬) 8 ~ 12(春夏) 2 ~ 4(夏)	1 ~ 2(冬) 1 ~ 2(春夏) 3 ~ 6(夏)
多周期	11 ~ 16	9 ~ 12	1 ~ 2	1 ~ 2

将周期应用于身体运动能力的提升

　　周期概念并不局限于年度计划的结构。周期同样也可用于特定专项的主要运动能力的提升，这会最终影响包含在每个训练阶段的训练类型的效果。应用周期原则提升专项的主要身体运动能力，可以帮助运动员全面提升运动潜力，并在比赛期达到最佳运动表现水平。假如在重要比赛之前或之中，主要身体运动能力没有达到最佳水平，运动员就不可能达到最佳运动表现。后续章节（参见第十到十二章）会深入讨论身体运动能力的发展，所以现在主要集中讨论在年度训练计划内，有关身体运动能力的周期安排问题。

　　大多数运动项目是个人项目，有一个比较宽松的周期结构，特别是耐力项目。然而在大多数集体运动项目中，主要运动能力有所提升只能阶段性进行。在大多数运动项目中，爆发力是专项的主要身体运动能力。在认识到这一点之后，一些教练就会只专注于提高爆发力的练习和方法，从早期准备期到比赛期的全年计划中均是如此。采用这种方式的教练往往对运动生理学和适应的概念，以及诸如周期和专项原则等认识模糊。高爆发力主要取决于高水平的最大力量。因此，在准备阶段的前期，首先应该提高最大力量（通过训练使神经系统募集更多运动单位，包括快肌纤维），然后在比赛前或比赛阶段将力量转化为爆发力（参见图5.6）。

　　图5.6 说明的是主要身体运动能力的单周期训练安排。双周期和三周期的安排方法与单周期类似，但是更为紧凑。由于双周期和三周期这种类型的年度计划会受到时间因素的影响，教练需要缩短提升某种身体运动能力的时间，其代价是运动员很难达到可能达到的最高水平。在多峰计划的示例中，提升主要的身体运动能力的时间甚至更短，这给运动员和教练的训练组织带来了一些问题。那些非乳酸类项目（例如田径场上的跳高和投掷运动）可能受频繁比赛影响较小。由于残余疲劳很低，非乳酸类运动项目的运动员在安排好的比赛期间，仍可以安排训练。而对于其他项目而言，多峰训练计划只适合于具有多年训练经验的顶级运动员。不建议青少年运动员采用多峰训练计划，因为这会造成各种损伤（尤其是足球和网球运动）。图5.7 到图5.11 展示了专项的主要身体运动能力周期安排的示例。

	准备期		比赛期			过渡期
	一般准备期	专项准备期	比赛前期	比赛中		过渡期
力量	解剖适应	最大力量	力量转化 ・爆发力 ・肌肉耐力 ・两者	保持 ・最大力量 ・爆发力	停训	补偿
耐力	有氧耐力	・有氧耐力 ・专项耐力 （机能增强）	专项耐力 （机能增强）			有氧耐力
速度	有氧与无氧耐力	HIT ・无氧功 ・无氧耐力 ・乳酸耐受力	专项速度 灵敏性 反应时间 速度耐力			

图 5.6 主要身体运动能力的周期安排

HIT= 高强度训练，通常是指间歇训练，练习通常与专项活动有关。
在本图中，训练的阶段不强调每个阶段的时长，重点是指出训练阶段之间的顺序以及时间比例。

日期	9月	10月	11月	12月	1月	2月	3月	4月	5月	6月	7月	8月
比赛					底特律	洛杉矶	多伦多	奥里利亚	温哥华国际锦标赛			
周期	准备期				比赛期						过渡期	
周期	一般准备期	专项准备期			比赛前期	比赛中					过渡期	
力量周期	解剖适应	最大力量		转化为爆发力		保持最大力量和爆发力					恢复	

图 5.7 体操运动员力量训练单周期模式

日期	6月	7月	8月	9月	10月	11月	12月	1月	2月	3月	4月	5月
比赛							小组赛	国内赛	世界赛			
周期	准备期				比赛期						过渡期	
周期	一般准备期	专项准备期			比赛前期	比赛中					过渡期	
耐力周期	一般耐力训练（跑步、自行车）	专项耐力训练（跑步、滑冰）			专项耐力训练						一般耐力训练	
力量周期	解剖适应	最大力量		转化为爆发力		保持最大力量和爆发力					恢复	

图 5.8 花样滑冰运动员主要运动能力训练单周期模式

日期	7月	8月	9月	10月	11月	12月	1月	2月	3月	4月	5月	6月
训练阶段	准备期	联赛期				恢复与再生	联赛阶段和国际比赛期				过渡期	
力量、爆发力、灵敏性训练周期	解剖适应 最大力量 爆发力 灵敏性	保持力量、爆发力和灵敏性				恢复与再生	保持力量、爆发力和灵敏性				过渡期	
速度周期	无氧和速度	保持专项速度				恢复与再生	保持专项速度				过渡期	
耐力周期	有氧耐力	保持专项耐力				恢复与再生	保持专项耐力				过渡期	

图 5.9 欧洲职业足球队单周期模式

日期	11月	12月	1月	2月	3月	4月	5月	6月	7月	8月	9月	10月
比赛								联赛				
周期	准备期						比赛期				过渡期	
	一般准备期		专项准备期				比赛前期	比赛中			过渡期	
力量周期	解剖适应		最大力量			转换为肌肉耐力和爆发力		保持肌肉耐力和爆发力			恢复	
速度周期	有氧耐力	无氧耐力		专项速度			专项速度、反应时间、灵敏性					
耐力周期	专项耐力						完善专项耐力				有氧耐力	

图 5.10 棒球队主要运动能力训练单周期模式

日期	11月	12月	1月	2月	3月	4月	5月	6月	7月	8月	9月	10月
比赛				冬季赛							夏季赛	
周期	准备期1			比赛期1		过渡期	准备期2			比赛期2		过渡期
	一般准备期	专项准备期		比赛前期	重要比赛	过渡期	一般准备期	专项准备期		比赛前期	重要比赛	过渡期
力量周期	解剖适应	最大力量		转换为爆发力和肌肉耐力	保持爆发力和肌肉耐力		解剖适应		最大力量	转换为爆发力和肌肉耐力	保持爆发力和肌肉耐力	恢复
速度周期	有氧耐力		无氧耐力和机能增强	专项速度和机能增强	有氧和无氧耐力			无氧耐力和机能增强		专项速度和机能增强		比赛

图 5.11 冬季和夏季全国锦标赛 200 米游泳主要能力训练双周期模式

身体运动能力的并行式和依序式整合

身体运动能力提高的整合概念并不是新名词 [5, 6, 9, 10]。这两种整合类型均有成功的案例。事实上，根据某运动项目的计划类型和对身体的特定要求，两种方式均可采用。我们认为，这两种类型并不互相排斥——并不是说采用某种整合方式，就不可以使用另一种方式。

但是，伊苏瑞 [17] 认为身体运动能力（和技能）的整合是依序的，而不能采用并行的方式。此外伊苏瑞指出，现代体育运动的比赛阶段持续时间较长（例如，足球和其他集体项目，甚至网球），他们都需要采用依序式的整合方法。

图 5.6 到图 5.11 展示了身体运动能力周期安排的案例，从图中可知每一种身体运动能力的发展都是有顺序的，但是这些能力可以以并行的方式（同时进行的方式）进行整合。此外，

如图 5.12 所示，每一种能力的提升都会对其他能力有积极的影响。例如，在最大力量和爆发力得到明显提高之前，不可能表现出高水平的速度能力。游泳运动员想要游得更快，只能通过增强力量来对抗水的阻力。因此，作用于水面和地面的力量越大，速度越快。

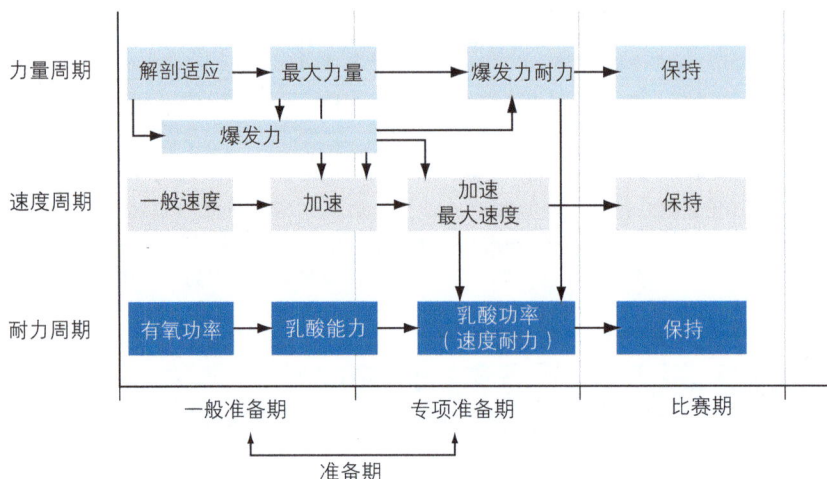

图 5.12 田径短跑运动员身体运动能力依序式提高和并行式整合

　　假如只考虑一种身体运动能力，例如力量，那么力量训练的周期安排需要遵循依序原则，这是生理因素决定的（而不是因为这是一种趋势）。为了在重要比赛之前增加运动员的爆发力，必须按照如下顺序进行周期训练安排：首先是解剖适应（3 周或更长）阶段，其目的是让肌肉和韧带适应体育活动，减少运动损伤；然后，进入最大力量阶段（4 周或更长），其中涉及神经系统训练，让其尽可能多地募集主要肌群（完成技术动作的肌肉）的运动单元，从而克服外部阻力；最后，为了最大限度地发展爆发力，则必须安排转换阶段（4 周或更长），在此阶段中要爆发性地完成大量低 - 中负荷的动态练习。在完成这些练习时运动员需要快速发力以对抗阻力，这会增加快肌纤维的放电率。长达 11 周或更长时间的训练后，爆发力将达到更高水平，运动表现也会得到进一步提升。

　　在提高运动员的速度、灵敏性和耐力水平的过程中，同样需要按生理和方法学依序安排。此外，周期性地提高每种身体运动能力时，必须整合并考虑其他各种能力的发展，这样才能最大限度地激发运动员的身体潜力，最终提高运动表现（参见图 5.12）。

　　伊苏瑞 [17] 认为，由于现代训练的比赛阶段跨度较长，因此训练必须要依序进行整合。以职业足球比赛为例，其比赛阶段长达 10 ~ 10.5 个月，比赛后的休息时间很短。当准备期只有短短的 3 ~ 4 周时，教练有时间使用依序原则来提高运动员身体运动能力和技能吗？在力量训练板块，球队整体运动表现将会是怎样的呢？在比赛期间，若进行多个板块训练时，受伤概率和运动表现会发生怎样的变化呢？

　　当必须使多种身体运动能力均得到提升时（例如速度、灵敏性和耐力），身体运动能力的周期安排就必须遵循并行式的方式。如果这些能力没有同时得到训练，那么几乎不可能达到预想的水平。在训练过程中，要为每种身体运动能力要素安排一定的负荷，而不是集中于某一种身体能力要素的负荷，采用这种方式可以合理地渐增负荷，而不会让运动员的生理系统突然承受过大负荷。训练计划中如果突然增加一个或者多个身体运动能力要素的负荷，通常会导致运动员产生适应紊乱、运动表现降低，甚至造成损伤等问题。

伊苏瑞的身体运动能力和技能的依序式发展，没有为每种运动表现能力要素提供充分的训练时间来全面提升运动员的运动潜力或保持技战术的熟练度；另一方面，如此短时间的刺激并不能形成持久"残余效应"。依序式大板块的周期安排方式可能对季节性运动，诸如皮艇、赛艇以及一些田径项目等有效，因为这些项目的准备时间通常长达 5 ~ 6 个月。但是要让所有的运动项目都运用这种依序整合方式根本不现实，并且不会最大限度地提高运动员的运动表现。事实上，普莱托诺夫发现，在最重要的年度比赛期间，采用依序式整合的周期安排会使运动员达到最佳运动表现的概率降低 5% ~ 15%[30]。

力量周期

力量训练计划的目标、内容和方法在年度训练计划的各个阶段都有所不同。这些方面变化的目标是最大限度地提高专项所需要的力量，同时考虑运动员的个人特征，以达到最佳运动表现。当然，这些改变也取决于年度训练计划的不同阶段，以及该阶段的生理适应目标。

解剖适应阶段

由于大多数运动员在过渡期只会进行少量的力量训练，因此，我们建议为了能够应对未来的训练要求，运动员首先要开始进行力量训练以形成必要的身体素质。通过力量训练计划中的解剖适应阶段的训练就可以达到这一目标。在准备阶段早期，训练的目标有如下几点。

- 刺激大部分肌肉群，包括稳定肌群。
- 提高短时运动能力。当训练强度和以技术为目标的练习的训练量很高时，提高短时运动能力能够降低训练后一阶段的疲劳。
- 开始进行力量练习基本技术层面的训练，这是这一阶段力量训练计划的重点。
- 锻炼肌肉、韧带和肌腱，为即将到来的高强度活动做准备。此外，通过训练也会降低损伤发生的风险。当准备期，尤其是解剖适应阶段的训练安排不充分时，运动员受伤风险会增加。

这个阶段的力量训练安排是准备期中的一般准备子阶段中极为重要的内容。解剖适应阶段中，力量训练的负荷特征是低强度（40% ~ 65%1RM）、多次数（8 ~ 20 次，2 ~ 3 组）。运动员所需要完成的练习项目的多少取决于他们的训练经历。相较于有经验的运动员，刚开始进行力量训练的运动员需要进行更多的练习项目。为了使运动员达到既定的生理适应，对刚开始进行力量训练的运动员来说，他们需要进行长达 12 周以上的此类训练，而对于有经验的运动员可能只需 2 ~ 4 周。对于青少年或者没有力量训练经历的运动员，解剖适应阶段的时间较长（9 ~ 12 周）；而对于职业水平的集体性项目运动员，2 ~ 4 周就已足够。

最大力量阶段

所有体育运动都需要爆发力（例如跳远）、肌肉耐力（例如 400 ~ 800 米游泳），有些项目则需要多种能力的组合（例如赛艇和北欧滑雪）。最大力量水平决定了肌肉爆发力和肌肉耐力的水平。大量的研究均支持这种观点，研究表明更强壮的运动员通常能够产生更高的爆发力[38]，并能表现出更高水平的肌肉耐力[26]。这说明在提高爆发力之前，必须先提升最大力量，因为爆发力是力量和速度的乘积。

　　最大力量阶段是准备期的重要组成部分，因为这个阶段建立在解剖适应阶段所产生的一般适应刺激的基础上，并且该阶段也能够提升肌肉爆发力所必需的神经肌肉因素[10, 43]。根据运动项目、运动员的需求以及年度训练计划的不同，最大力量阶段的持续时间从1~3个月不等。对于那些最大力量是决定因素的运动项目来说，例如美式橄榄球和铅球，此阶段时长较长（3个月）。而对于那些需要运动员具备高水平肌肉耐力的运动项目而言，例如自行车、铁人三项和赛艇马拉松，此阶段会较短（1个月）。要提升最大力量，最好的方法是首先进行提升力量的肌肉间协调因素的训练（2~6次重复，负荷为1RM的70%~80%），然后进行力量的肌肉内因素的训练（1~3次重复，负荷为1RM的80%~90%）。

专项力量转换阶段

　　转换阶段训练的目的是将最大力量转换为爆发力或肌肉耐力（参见第十章）。它同样也是准备期和比赛期之间的过渡，通过训练可以让运动员具备对最大限度提高运动表现至关重要的神经肌肉能力。

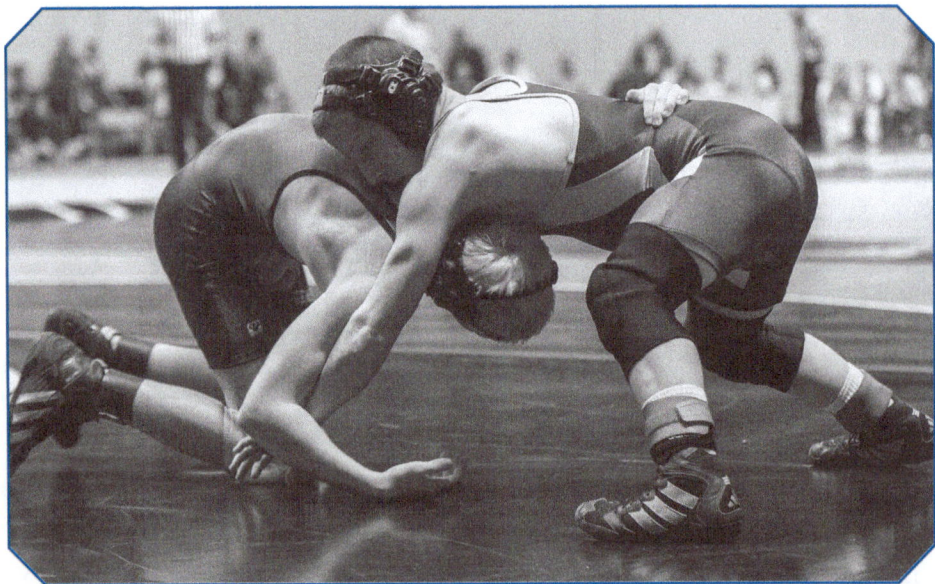

运动项目的特征要求在专项力量训练阶段，教练需要安排爆发力训练。对于摔跤运动来讲，最大力量和爆发力训练安排的训练量大致应当相等

　　运动员可以逐渐将在最大力量阶段提升的力量，转化为专项所需要的爆发力。通过合适的爆发力训练方法（例如实心球、速度训练和快速伸缩复合训练）就可以实现这个目标。在这一阶段，运动员必须还要保持最大力量水平，假如最大力量水平下降，那么最大爆发力产生能力也会降低。如果此现象出现在比赛阶段，速度和灵敏性也会相应地下降。

专项的生理要求决定了在此训练阶段运动员所需要提升的爆发力和肌肉耐力类型。由于大部分体育运动同时需要爆发力和肌肉耐力，这两者之间的比率必须要与该专项要求相一致。例如，对摔跤选手来讲两者比率基本相等，而对于赛艇运动员（200 米和 500 米）来说，爆发力或肌肉耐力将占主导地位。而赛艇运动（运动时长 6 ~ 8 分钟）、长距离游泳项目（400 ~ 1500 米）、北欧滑雪和铁人三项占主导地位的是肌肉耐力。

保持阶段

年度训练计划的保持阶段的目标是保持在之前阶段获得的生理适应和运动表现。但想要保持比较困难，并且力量水平在比赛期也会有所下降，尤其是训练安排不当的情况下更是如此 [18]。在保持阶段，运动员的力量训练必须要有一定的训练量以保持已有的力量水平，同时也要避免身体产生过度疲劳。

保持阶段的训练安排主要取决于运动员所从事的专项对身体的要求。因此，力量、爆发力、灵敏性和肌肉耐力的训练比重必须要反映这种需求。例如，美式橄榄球运动员或铅球运动员的力量训练会着重于保持最大力量水平，同时提升爆发力；而耐力型运动员会关注爆发力和肌肉耐力的提升。由于比赛期各不相同，因此确切地指出如何分配训练课时也不现实。保持阶段的训练安排通常包含较少练习项目（2 ~ 5 项）的训练单元，每项练习进行 2 ~ 4 组，每组重复 1 ~ 6 次，并且训练强度区间跨度也较大（最大力量：60% ~ 80%1RM；爆发力：30% ~ 80%1RM；肌肉耐力 30% ~ 60%1RM）。例如，一个高水平足球运动员通过进行 3 种基本的练习来保持力量和爆发力：半蹲、背伸、提踵。有的运动员可能还会加上挺髋动作（或称为臀冲）。此阶段的力量训练频率是每周 2 次，每次 30 分钟。在个人爆发力项目中，如果周末没有比赛，常用的方法是安排 2 次爆发力训练课（分别在周一和周五），一次力量保持课（周三）。而在比赛周，可以安排 1 ~ 2 次低训练量的爆发力训练课。

停训阶段

对于大多数个人项目而言，通常建议在重要比赛之前的 5 ~ 7 天就停止力量训练。采用这种方式可以降低运动员积累性疲劳水平和应激水平，促进生理和心理的超量补偿。但是，这个建议并不适用于所有项目。对力量和爆发力要求高的项目（田径中的田赛项目、摔跤），在重要比赛之前一周内减少训练课次数有助于提升他们的运动表现。此时安排的训练量会非常低，训练强度中等，但是练习必须要以爆发式的方式进行。

补偿阶段

补偿阶段是年度训练计划中的最后一个阶段，属于年度训练的过渡期。此阶段的主要目标是消除疲劳，让运动员在开始下一个年度训练计划之前得以恢复（通过主动休息的方法），同时也要保证运动员身体运动能力的水平不要出现明显下降。对于受伤的运动员来说，可利用这个阶段进行康复和运动能力的保持。必要时，运动伤害防护师和理疗师应该和教练一起工作，为运动员提供治疗。

在此阶段，除了受伤和处于康复阶段的运动员，教练都要为其他运动员制定一个包括一些力量训练的积极性休息的训练计划。力量训练的重点是稳定肌群，并要强化可能会增加损伤风险的薄弱肌群。此外，运动员也可以利用这个阶段强化在比赛阶段使用较少的肌群。

爆发力、灵敏性和动作时间周期

　　第十章和第十二章详述了爆发力和灵敏性训练，因此在本节中，我们将简短阐述与爆发力、灵敏性和动作时间周期相关的一些要素。爆发力是很多运动项目中起决定作用的能力，它是身体快速用力对抗阻力的能力。灵敏性是运动员在比赛或其他活动中快速加速和减速，以及快速改变方向的能力。动作时间指快速把肢体向预定方向移动的能力，例如拳击、持拍类项目和武术。

　　很多专家都认为灵敏性来源于速度。换言之，他们认为运动员在能够快速移动之前不会更灵敏。这种说法并不完全准确，因为运动员在没有获得必要的力量之前不可能快速移动。当运动员具有较高的相对力量水平（最大力量和体重之间的比率）时，他在感觉不费力的情况就能快速移动。正常情况下，要求产生高水平最大力量的训练方法，其目标一般是提升神经系统募集大量快肌纤维的能力，但在使用这种方法时，神经系统募集的肌肉会以较慢的速度伸展或屈曲关节。因此，为了最大限度地提高爆发力、进而提高灵敏性，就有必要在最大力量训练阶段之后安排爆发力和灵敏性转化的训练阶段。换言之，运动员必须要做到以下两点。

　　1. 首先增加最大力量，增强募集快肌纤维的能力。
　　2. 提高相同肌群的放电率（参见图5.13）。

　　简言之，灵敏性并不来源于速度。只有在最大力量得到提高以后，灵敏性才会有明显提高。事实上，我们从短跑运动员的训练就可以明白，假如不首先提高最大力量，速度永远得不到提升。

　　因为运动员在最大力量训练阶段承受的负荷强度（70%~90%1RM）更大，所以大量快肌纤维被充分募集。这种生理适应确保运动员能够成功克服较高的阻力。在下一阶段，当最大力量转换为爆发力和灵敏性时，运动员所采用的训练方法会使力被快速使用，以及快速改变方向（加速－减速），其生理基础是快肌纤维放电率的提高。在4~8周的爆发力和灵敏性训练后（取决于最大力量阶段的间长），运动员已经明显提高了自己的能力，并为比赛做好了准备。

		准备期		比赛期
周期	解剖适应	最大力量	爆发力和灵敏性	保持最大力量、爆发力和灵敏性
训练范围	生理适应	增加快肌纤维的募集	提高快肌纤维的放电率	保持最大力量、爆发力和灵敏性

图 5.13 灵敏性和动作时间周期

　　爆发力和灵敏性训练均对动作时间或将肢体向预定方向移动的能力有积极的影响。随着手臂和腿部变得更加强壮、对信号的反应会更快，动作速度也会提高。在很多情况下，教练只是为运动员安排灵敏技能训练。这些训练中的一些项目，例如绳梯，会让运动员从年龄较小的时候一直练习到成年。那么，我们不禁要问为什么使用这种方法运动员的运动表现到达一个平台后就很难再提升了呢？为了真正提高运动员的灵敏性，教练可以根据图5.13为运动员制定一个灵敏性周期训练计划，运用此方法将会得到你所想要的结果。

灵敏性的另一个成分是认知决策，这一因素与反应和动作时间有关（例如视觉观察、预判、模式识别和情景知识）[50]。我们用反应灵敏这一术语表达这一概念，它是运动员对比赛情景做出反应的能力。反应灵敏能力是区分不同专项运动员水平的重要指标[12]。

速度周期

速度周期取决于运动项目的特征，包括运动项目的运动表现水平和比赛日程。相对于短跑运动员，集体性项目运动员的速度提升具有截然不同的特征。集体性项目运动员通常进行单周期年度计划，而短跑运动有室外或室内锦标赛，因此通常进行双周期年度训练计划。无论个人还是集体性项目，速度训练的周期安排需要几个清晰的子阶段，分别是一般速度阶段、加速阶段、最大速度阶段、无氧耐力阶段。对于集体性项目，则有加速、专项速度、灵敏性和反应灵敏阶段。

一般速度和加速阶段

为了让运动员具备快速移动的能力，速度提升的第一步是建立生理和技术基础。该类型训练一般安排在年度训练计划中的一般准备期，其目的是改善速度（例如加速阶段）的技术方面的影响因素。

为了改善运动员的技术，可以采用一些与不同强度的速度训练相结合的协调性练习（如跳跃或带球）：中等强度技术性小跨栏（15~30米）练习、完全和不完全休息的高强度上坡加速跑（5~30米），以及完全恢复的高强度拉雪橇跑（20~30米）。对于田径运动员而言，可以安排他们每周在平整的草地上训练几次。根据复合式整合的原则，在进行一般速度训练的同时，可以安排以解剖适应为目标的力量练习和有氧耐力练习。

一般速度阶段之后为加速阶段。在加速阶段，通过安排完成高强度（最大强度的95%~100%）的短距离跑（5~30米），每次练习之间设置较长的休息间隔（1~4分钟）。径赛运动员在此阶段开始使用钉鞋。也可以使用距离上坡跑或中低负荷拉雪橇跑练习。这些练习主要依赖磷酸原系统供能。

在此阶段，之前的训练方法可与节奏跑同时使用。节奏跑的强度可以从低向高逐步提高，通过这种方式可以提高运动员的一般和无氧耐力，从而最大限度地为专项耐力的代谢适应提供基础[15]。

值得注意的是，对于很多运动项目而言有氧耐力并不是机能增强（为体育活动供应能量的比例）的一部分。例如，田径短跑项目中，那种传统的有氧耐力类型的练习（如长时间的匀速跑或者跑道长时间的重复跑——500米或更长距离）从生理角度来说并不是必要的。实际上，由于动作速度和冲刺能力很大程度上取决于能量供应率，所以不建议使用有损无氧代谢功能的方法[31]。

节奏跑练习诱发的代谢适应更为符合专项特征要求，并且能够帮助很多个人项目和集体性项目运动员提高生理适应水平。研究表明，使用间歇训练的方式可以增加运动员的无氧和有氧代谢能力[21]。

随着训练进程从一般准备期向专项准备期转变，在训练计划中需要安排更多的专项活动。集体性项目的训练会不间断地进行2~5分钟的战术训练，以提高专项耐力[22]。在足球项目中，可以通过一些仅有少数队员参加的小场地比赛（例如2对2，3对3，5对5）来进行专项耐力训练。最近的研究表明这种使用球的技术练习可以有效提升足球运动员的专项耐力[16]。

最大速度阶段

随着比赛阶段的临近，训练强度变得更大、专项化程度不断提高、训练要求更加精细，也更有针对性。训练包含了大量最大速度练习，但主要是通过结合专项技术和战术的方式进行的。

高强度（最大强度的90%~100%）、短距离（40~80米）、长间歇（每次间歇时间3~8分钟，每组间歇6~20分钟）的训练方式可以提高运动员的最大速度。这种训练方式会对无氧系统，尤其是磷酸原系统提供应激。运动员在开始进行速度耐力训练之前，首先要提高速度能力。从神经肌肉的角度来讲，速度是速度耐力的前置条件；同样的，在提高运动员乳酸耐受能力（无氧耐力）之前，要先提高有氧能力。总之，在最大限度地提高身体运动能力之前，运动员需要建立必要的代谢适应基础。

对于集体性项目的运动员而言，最大速度训练同样有预防受伤的功能，尤其是预防腘绳肌受伤。在训练中安排最大速度练习，可以确保神经肌肉系统为比赛中长距离最大速度活动做好准备。尽管这种长距离速度练习安排的频率可以低一些，但这种能力的提高对比赛的输赢有决定性影响。因此，教练有必要在训练中安排这样的练习。

无氧耐力阶段

如前所述，在进行速度耐力训练时，可以运用不同的练习距离和休息间歇。这种不同的休息间歇结构可以针对相应的生理适应。例如，提高乳酸系统的功率和乳酸耐受能力时，教练可以使用高强度（最大强度的95%~100%）、短距离冲刺跑（小于80米）、两次跑动之间的休息时间较短（1~2分钟），每组练习（6~20分钟）之间的休息时间较长的训练方法。此外，也可以采用高强度（最大强度的95%~100%）、中程短跑（120~200米）、两次跑之间的休息时间较长（根据运动水平、专项、强度水平等，乳酸功率: 12~20分钟；乳酸耐力: 3~6分钟）的训练方法。

专项速度、灵敏和反应灵敏阶段

对于大多数集体性项目而言，专项速度的重要特征是包含了大量的加速与变向。因此，在专项训练计划中，教练必须安排这些训练内容。前一阶段训练的重点是直线加速（以专项距离相同或稍长的距离进行），在这一阶段体能教练要安排一些有方向变化的加速训练。由于在集体性项目中加速过程很短（通常只有 3 秒或 20 米），且在短时休息后马上要完成下一个加速，因此每次练习后的休息时间很短（30 秒到 1 分钟），而每组之间的休息时间会略长（3～5 分钟）。测量和提高灵敏性训练时肌肉负荷的一种方法是统计一次课中所有变向动作的总角度。

在复杂的灵敏性训练中，可以通过使用视觉和听觉刺激（外部刺激提示）来训练运动员的反应灵敏水平。为了达到这个目的，可以在灵敏性训练课程（例如，折线跑）之后，设置不同颜色的标志桶。在练习过程中，由教练指定某种颜色来决定运动员最后的跑动方向。其他的示例如：在灵敏性练习的起始部分，在地面上放置四个圆环，每个圆环对应一个数字；教练按任意顺序说出 4 个数字，运动员则双脚交替踏入相对应的圆环。在进行灵敏性训练时，教练可以要求运动员采用不同的起始姿势，例如面向不同方向、躺下、坐下等。

耐力周期

在年度计划中的多个阶段，均可以安排提升耐力的训练内容。在单周期的年度训练计划中，耐力的提升包括 3 个阶段：（1）有氧耐力；（2）有氧和专项耐力；（3）专项耐力（机能增强）。

有氧耐力

有氧耐力训练是整个过渡期和准备期早期（1～3 个月）的重点。不同专项的需求不同，此阶段的有氧耐力训练的侧重点可以是有氧能力、有氧功率或两者均有，不同训练侧重点的选择取决于在周期的最后阶段运动员所需要的专项耐力类型。教练可以通过安排匀速中等强度的训练，提升有氧能力；通过中高强度的间歇训练（参见第十一章）提高运动员的有氧功率。需要中长距离耐力的个人运动项目可以在此阶段的开始阶段采用长距离匀速跑，之后再安排长时、中强度的间歇跑。而对于集体性项目、格斗项目、持拍类项目以及需要短时耐力的个人运动项目，则应该先采用中等强度、中程或短程间歇跑的训练方式，在后续阶段进阶至高强度短时间歇训练。在此阶段，对于爆发型运动项目，需要发展运动员的有氧功率，因为这种训练可以让运动员在无氧练习之间更快速地再合成磷酸肌酸[45]。

有氧耐力的提升具有如下好处[21, 44]。

增强心肺功能

- 增加窦壁毛细血管，从而增加氧气和营养输送。
- 增加血红蛋白含量、红细胞数量以及血量。
- 降低次最大心率和静息血压。
- 提高最大有氧功率（最大摄氧量）。
- 增加心输出量。
- 增加每搏输出量。
- 增加工作肌肉的血液流动。
- 增加肺部氧气交换。
- 降低次最大呼吸率。

增强肌肉骨骼系统功能

- 增加 I 型纤维含量。
- 提高氧化酶能力。
- 增加线粒体密度和体积。
- 增加肌红蛋白浓度。
- 提高肌肉耐力。

由于这些适应性改变更有效地促进了能量基质（碳水化合物和脂肪）的利用，因此可以提高有氧耐力。促进这些适应性改变的因素主要是训练负荷，尤其是训练量。

有氧和专项耐力

有氧耐力和专项耐力是影响运动员耐力水平的重要因素。在建立了耐力基础后，训练计划应该引入耐力要素，这些耐力要素主要是针对运动中所使用的主要能量系统（参见表1.2）。在此训练阶段，可以使用匀速或间歇式的（短、中、长时），再或两者兼有的方法来提升耐力。在此阶段早期，训练的重点是有氧耐力；在此阶段后期，则可以采用高强度的间歇训练或基于专项的间歇的训练方式提高专项耐力[16]，将重点转移至提高专项耐力，可以起到转化训练效果的作用，从而使运动员在年度训练计划的比赛阶段达到更高的运动表现水平。

专项耐力训练

专项耐力训练主要安排在年度训练计划的准备阶段后期或比赛期进行。采用专项活动的方式提高专项耐力是此阶段首选的训练方式。教练可以根据运动员的个人需求以及该项目的生物能量特征来选择训练参数。对于大多数专项而言，教练必须要重视训练强度，因此训练的强度可能会超过比赛的强度。在足球这样的集体项目中，教练会使用小场地比赛或足球专项技术练习（参见图5.14）的组织形式进行专项耐力训练，采用这种方式可以使运动员在同一训练课中既进行了技战术练习，同时也进行了体能训练[16]。对于格斗项目而言，可以在"短时"训练期间将常规回合时长分成多个部分，在正常回合内进行短时间休息，并在正常回合之间安排较长时间休息的对打练习。采用这种方式，可以使运动员在训练中产生更高的爆发力。相对应的，在"超时"训练期间，运动员则需要进行一个加长回合时长的训练。教练可以使用"短时"或"超时"这样的训练参数来安排训练，并随着训练阶段的发展进行变化，最终进阶至与比赛要求相符的情况。当然，强度高、专项性强并不是所有训练课的基本要求。通过在训练课中交替使用不同的训练强度可以促进运动员在训练课之间进行恢复，降低身体疲劳水平，让运动员在比赛中达到最佳运动表现水平。

整合周期

运动员不仅仅需要技术、身体和战术训练，同时还需要在周期中整合心理训练和营养计划。

由体育科研工作者、运动心理学家、营养学家、生物力学家以及运动医学专家组成的多学科的专家团队，可以帮助教练提高设计、执行合理的训练计划的能力。

考虑到体育科学领域的快速发展，教练需要建立自己的执教支持团队，从而可以更有效地在周期训练计划的背景下理解、发展、整合新的训练方法。

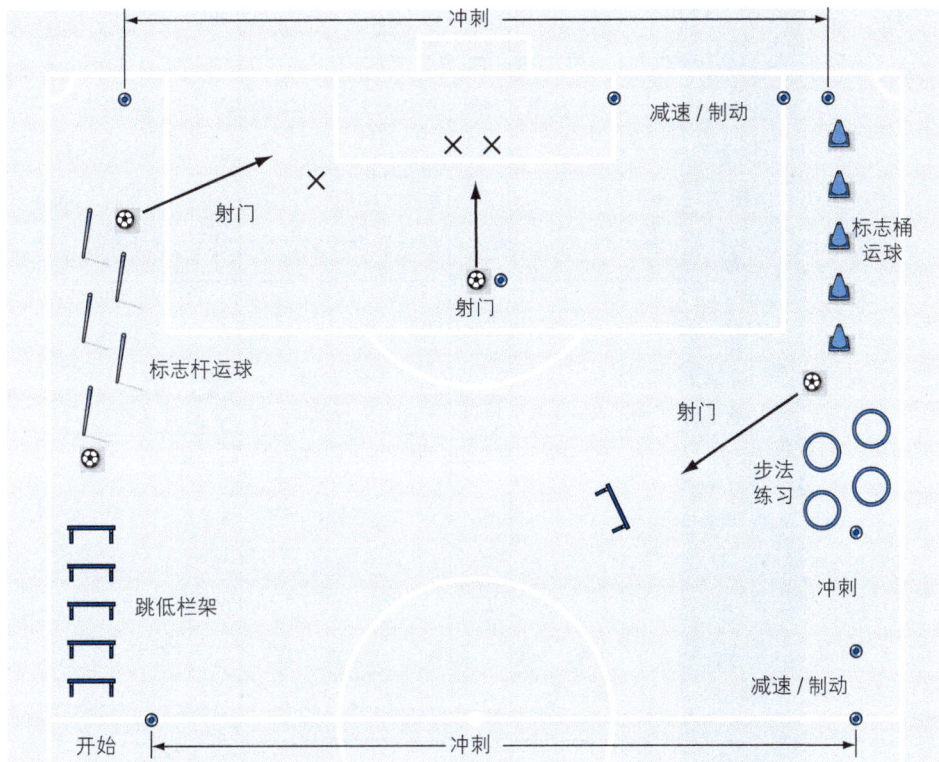

图 5.14 提升足球专项耐力的场地设置

运动员带球绕圈进行练习。在练习过程中，运动员逐渐增加训练强度，直到达到 90%～95% 最大心率，并保持这个强度 4 分钟。之后，运动员进行 4 分钟 70% 最大心率的练习。根据周期训练计划所处的阶段，安排 2～4 组练习。运动员必须围绕标志桶和标志杆运球，跳过小栏架，在标志盘之间进行加速减速，到达指定位置射门。

　　将所有训练要素纳入一个综合性年度训练计划[10]，需要教练和支持团队对运动员和训练目标进行评估，这可以让他们对训练要素进行恰当的排序。根据周期计划的不同阶段，训练侧重点将转移至提升专项能力和管理疲劳。一个实用的综合性计划包含饮食建议和心理训练。运动心理学家和营养学家要与运动员紧密联系，从而分析他们的活动，传授相关的技巧并制定营养计划。如果没有他们的反馈，运动员很难最大限度地提高运动表现。这些体育科研工作者具有丰富的专业知识和极高的热情，但是他们喜欢独自工作。但是运动员、教练、营养专家和运动心理学家之间的紧密协作是非常重要的。

　　整合周期要以教练制定的训练计划为基础。因此，心理学家、营养学家必须分析教练制定的计划，讨论执行计划的难易程度并提出解决方案和技术支撑，以帮助运动员最大限度地提高运动表现。

　　图 5.15 展示了速度和爆发力运动项目整合周期的示例，在此案例中根据运动员的计划

日期	1月	2月	3月	4月	5月	6月	7月 8月 9月 10月	11月	12月
训练阶段	准备期			比赛期					过渡期
子阶段	一般准备期	专项准备期		比赛前期		联赛期		减负荷期	过渡期
周期 / 速度	无氧和有氧耐力	最大速度 无氧耐力	最大速度 专项速度 灵敏性 反应灵敏		专项准备度 专项速度 灵敏性 反应灵敏			无负荷	游戏
力量	解剖适应	最大力量	爆发力	最大力量	转换为爆发力	保持爆发力或最大力量			补偿
心理	评估心理技能 学习新的心理技能 放松练习	心理训练 视觉化 意象 放松 能量管理			心理预演 激励 积极的自我谈话 视觉化 专注计划 激励 应对		应对对手的心理技能 压力管理 放松 专注计划 动机 积极的自我谈话	恢复、放松、压力管理的心理技能 积极的自我谈话 视觉化	积极性休息 减压
营养	高碳水化合物 适量的蛋白质	高蛋白质 适量的碳水化合物	高碳水化合物	高碳水化合物 适量的蛋白质	高碳水化合物 适量的蛋白质	高碳水化合物 适量的蛋白质	根据比赛日程调整变化	高碳水化合物	平衡饮食

图 5.15　速度和爆发力项目的周期整合

整合了营养和心理训练的周期安排。由于这仅仅是一个主观构想的方案，有关各方必须根据自身的情况做出必要的改变和调整。执教团队要综合考虑训练计划、运动员的水平以及既定训练阶段的训练目标，从而让自己的解决方案更为周全。假如训练计划没有完全整合各种必备的要素，那么运动员获得成功的概率将大幅降低。

主要概念总结

　　周期，也就是将年度计划拆分成较小的阶段，和身体运动能力周期安排一样，都是设计和安排训练过程的决定因素。没有这些将训练计划结构化的根本元素，不可能最大限度地让运动员达到最佳的运动表现水平。

　　实现训练目标的关键是对身体运动能力周期化的理解，以及对安排技巧和知识的掌握。如果运动员或团队身体能力没有达到最高标准，那么就不可能有高水平的运动表现。身体素质越好，运动员就越容易达到更高的运动表现水平。

第六章　训练课计划

古代奥林匹克运动会上就已使用训练计划了。如第五章所言，我们可以在弗莱维厄斯·菲罗斯特拉托斯为希腊奥林匹克运动员所撰写的多个关于计划和训练的手稿中，找到此事的依据。尽管他的大部分作品已失传，但存世作品《竞技教练与体操》阐述了如何为比赛安排训练，以及恢复的重要性。他认为教练"应该是一名具备大量解剖学和遗传知识的心理学家"。即使在古代，科学知识也是设计训练计划的基础。

有组织的训练课计划，最早见于由罗马诗人维吉尔写的《埃涅阿斯纪》之中。在这部史诗中，维吉尔提到了一位特洛伊的英雄——埃涅阿斯，在特洛伊灭亡（大约在公元前1100年）后埃涅阿斯决定迁徙至意大利，在路途中埃涅阿斯和同伴不得不在多个地中海的岛屿上停留。当地人邀请他们参加划船比赛。维吉尔介绍了埃涅阿斯组织划船选手练习的训练课，其中包括一些热身运动和划船练习。在完成训练课的划船练习后，他们便举石头来增加力量，该训练结束后则安排了沐浴和按摩。

这个由维吉尔介绍的训练课内容，非常类似于现代训练课。并且，埃涅阿斯将力量训练纳入训练课，即使在现代，这也是个有争议的主题。不容置疑的是，训练是一个演变的过程，从古至今一直在不断变化。这种持续的变革一方面来源于体育科研工作者们孜孜不倦的工作，是他们建立了训练的科学基础；另一方面，训练理论工作者和教练也在使用这些知识不断地完善训练进程。

计划的重要性

计划可能是教练拥有的最重要的工具。通过使用具有方法学和科学基础支撑的流程，教练可以将训练过程结构化，采用这种结构化的方式可以让运动员在合适的时间达到最佳的运动表现。教练能够有效地安排训练过程取决于他安排训练计划的能力，以及关于身体接触训练刺激后会产生什么样的生理反应方面的知识。

训练计划要立足于科学，并在执行过程中加以完善。有科学基础且组织实施良好的训练计划，会减少训练实践的随意性和盲目性。在制定训练计划时，教练不要有"强度第一""没有痛苦就没有收获"的错误训练理念，而应以体育科学的原则和训练方法学为依据设计合理的训练课。训练计划的目标是根据计划刺激特定的生理适应，这样才能让运动员在恰当的时间达到某种运动表现水平。训练中发生的任何事情都不是碰运气的，任何出现的反应都是训练计划的设定结果。有一句谚语说得好，"如果计划做不好，那么失败是注定的"。

在训练中运动员会接受不同的训练刺激，这些训练刺激会引发特定的生理反应；同时，教练也要保证运动员的恢复，恢复是让运动员对训练刺激产生适应的重要过程[56]。我们可以将训练过程视为适应管理系统，在这个系统中包含了以刺激运动员形态－功能适应为目的的高强度训练时期，也包含了以恢复和适应为目的的轻松的训练或休息。教练必须有能力预测运动员对训练刺激的生理反应和心理反应，以及由不同刺激所导致的疲劳。换言之，教练必须明白某种训练干预后运动员会产生多大程度的疲劳、运动员对疲劳的反应如何，以及这些训练刺激对整体训练负荷的影响。

教练是否能预测上述相关内容的关键在于，他对训练的生理反应以及不同的方式如何影响恢复和适应的理解。上述的论证说明了，教练最好将训练计划作为一个过程来看待，在此过程中通过对训练刺激进行系统的、合理的控制，可以优化运动员对训练的生理适应。这个过程要和专项要求相吻合，才能够最大限度提升运动员的运动表现。

训练计划是否有效，主要取决于教练的专业技能和经验。教练必须了解与运动生理学相关的不同因素，以及这些因素与训练理论和方法学的关系，并能把握与运动员水平提高实践层面相关的多种因素。教练应该了解运动员对训练和运动所产生的生理和心理反应，以及促进身体恢复所必要的恢复过程和技术，营养学及其在训练中的重要性，还有动作学习的相关知识及其在技能提升方面的运用。教练的知识基础越牢固，他对训练计划掌控就越好。

由于训练计划需要与运动员的潜力以及提高速率相一致，因此训练计划在反映了教练的知识水平的同时，也需要教练根据自己在每次训练课（尤其是在测试课）收集到的主观和客观数据，对训练计划进行调整。为了完善训练计划，教练必须查看运动员的测试结果、比赛结果、所有训练要素的进展，以及比赛日程。根据运动员的进步速率，以及教练获得知识信息量，训练计划必须不断进行改进。

计划要求

为了设计有效的训练计划，教练必须构建一个长期的发展模式，来优化运动员的潜力。为了帮助运动员实现长期的训练目标，教练必须监测运动员在训练和比赛时的表现，并定期进行测试。

制定长期计划

根据运动项目特征的不同，运动员需要花费 8 ~ 14 年的时间进行专门的训练，才能达到最高水平。长期训练计划是训练过程的重要组成部分，因为它可以在今后多年内指导运动员的训练活动。长期计划的主要目标是促进运动员的运动潜力、技能和表现水平的持续进步和提升。为了实现此目标，教练必须考虑运动员的进步速率，以及他们实现训练和运动表现目标的潜力。长期训练计划实质上是一种预测模型，计划是否有效取决于教练对运动员未来的进步水平以及在正确的时间实现合适训练目标的预测能力。

运动员在运动中获得成功的关键是教练设计并实施年度训练计划的能力，而年度计划是长期训练计划中的一部分[9]。

训练阶段			开始		竞技形成	专项化	高运动表现水平
		运动员年龄 6 7 8 9 10 11 12 13 14 15 16 17 18 19 20 21 22 25 30 34					
技能习得	技术				基本技能	技能自动化	完善
	战术				简单战术	团队战术基础	完善
训练	协调性		简单		复杂		完善
	柔韧性		全面		专项		保持
	灵敏性						
	速度 直线						
	变向						
	反应时间						
	力量 解剖适应						
	肌肉耐力						
	爆发力						
	最大力量						
	耐力 一般						
	有氧						
	无氧						
比赛	趣味性						
	本地						
	省级						
	国家级						
	国际级/专业级						

图 6.1 排球运动员的长期训练模式

注释：阴影部分表示该行所对应的能力的开始发展年龄到结束发展年龄的范围。
源自：T.O. Bompa and M. Carrera, 2015, Conditioning young athletes (Champaign, IL: Human Kinetics), 260.

　　一个长期的训练计划应该从运动员生涯早期就开始制定，应该包括图 6.1 中所示的所有阶段（开始、竞技形成、专项化和高运动表现水平）。

　　图 6.1 是一个理想化的排球运动员的长期训练计划。图顶端列出了计划的时间跨度（这里是从 8～35 岁）。随后列出了训练的 4 个阶段：开始阶段（8～15 岁），竞技形成阶段（15～18 岁），专项化阶段（18～21 岁）以及高运动表现水平阶段（21～35 岁）。以下简要分析每个阶段。

- 开始阶段：开始阶段的主要训练内容是获得技能。由于技术技能是限制青少年运动员运动表现的因素，会影响他们的持续进步，以及享受体育活动所带来的乐趣，因此开始阶段的主要目标是学习技术和战术技能。
- 竞技形成阶段：在经过几年训练后，青少年会从一个体育项目的参与者转变为该项目的运动员（15～18 岁，有时会早 1～2 岁），教练的任务就是让他们做好这个转变。在此阶段末期，他们的技术和战术技能得到改善，专项身体运动能力得到提高，运动表现水平也会提高。为了将这些初级水平的运动员培养为高水平的运动员（更强壮有力、速度更快、灵敏性和反应能力更强），能够在一段更长的时期内从事专项活动，在训练方法和手段的使用上，应从全面发展转换成更专项化的发展。

- 专项化阶段。专项化是达到高水平阶段的必经过程，在这一阶段，运动员需要提高专项位置的技战术水平和身体素质。
- 高运动表现水平阶段。在专项化和高运动表现水平阶段，运动员高运动表现的限制因素是技术和战术技能、最大力量、爆发力和灵敏性（反应时间）。教练的训练方法越有效，提高运动员运动表现水平的可能性就越大。

高运动表现水平阶段后，训练的决定因素不是场上有 6 名打排球的人，而是有 6 名打排球的运动员！

图 6.1 所示的长期计划包括了训练的所有因素：技能获得（技术和战术）、训练（协调性、柔韧性、灵敏性、速度、力量和耐力训练）以及比赛。请仔细观察每一类训练方法及其进阶方式。

整合阶段性测试和监测计划

包含阶段性测试在内的综合监测计划是长期计划中经常被忽视，但是又极其重要的部分。这一工作的目的是记录运动员的发展过程。如果在训练计划中整合监测因素，就会减少训练的盲目性。监测计划可以让教练检验训练计划的效果，以及一些科学文献中提出的与运动表现有关的量化因素。

训练计划中应该包含测试部分的内容，测试涉及运动员的发展以及目标（如运动表现结果）。任何运动项目的测试项目都应该可以揭示运动员目前的运动表现与目标运动表现相比所处的水平。在年度训练中，教练应该持续、阶段性地进行监测。例如，每个新训练阶段开始之前应该进行测试；另一方面，有些指标（如静息心率、心率变异性、情绪状态、睡眠模式，以及用手持式测力计和加速等工具测出的力量）可以作为日常监测指标。通过这些指标的监测，可以使教练了解运动员恢复状态和对计划内的训练刺激的准备状态。虽然是一个经常被忽视的工作，但运动员可以使用训练日志详细记录自己的训练情况。训练日志是非常简单的、了解运动员对训练刺激反应的工具，教练从中可以获得大量的信息，例如运动员对于训练计划的反应等。结合训练日志及从专项测试和运动表现结果收集到的数据，教练可以帮助运动员最大限度地提高运动表现。

强调主要的训练因素

制定训练计划时，教练必须要仔细检验监测计划的结果，以确定运动员在哪些方面需要提高。运动表现结果和测试数据可以揭示尚未得到改善的训练因素，或者因训练计划而有所退步的方面。落后于运动员平均提高速率的训练因素，就是训练中需要解决的最薄弱环节，教练必须通过重新安排训练计划来解决这个问题。例如，在体操项目中，技术水平提升与运动员的力量水平有关。因此，假如某体操运动员因为力量不足不能完成某种技术，那么教练应该增加提高肌肉力量的训练。一旦找到了限制运动员提高的弱项，就应该进行有针对性的训练。在计划重点改变的同时，教练也必须重新考虑训练计划所设计的各个环节的训练量和训练强度。

训练计划的类型

教练的组织能力以及使用合适的训练计划工具的能力，决定着训练效果。教练可以使用的计划工具有很多，包括训练课、小周期、大周期、年度训练计划和长期训练计划。长期训练计划（4~8年）是年轻运动员和奥林匹克运动员多年运动表现提升的根本。

从世界范围来看，用于描述训练计划的术语并不统一。例如，马特维耶夫、札兹奥斯基和很多美国专家把年度计划称为大周期。图德·邦帕、菲罗斯特拉托斯、盖伦以及20世纪30年代早期的德国专家（参见第五章），则使用年度训练计划这一术语。

年度计划是来年一整年的工作规划。特别是对于个人运动项目和年轻运动员而言，在执行的年度计划是被放在长期训练目标和计划的背景下来考虑的。年度计划分为几个较小的阶段，马特维耶夫称其为中周期，邦帕与某些德国专家一样，将其称为大周期。大周期的训练内容（训练方向）以年度计划各个阶段为基础，并且与小周期（也称小循环）的安排相呼应。大周期中的负荷变化决定了大周期的结构。根据训练阶段的不同，小周期是非常短的训练阶段，持续时间通常为3~7天。最后，日常训练课也是非常重要的训练计划类型，在不同的训练课中可以安排不同的训练活动。

训练课

在训练课或业务学习期间，教练要解释日常计划所用的方法和范围，并尝试将它们运用于训练。根据训练课的任务和训练课的结构，可将训练课分为多种形式。

根据任务对训练课进行分类

可以根据任务对训练课进行分类。训练课有4种基本类型：学习类训练课、重复性训练课、技能完善类训练课和评估课。

学习类训练课

在学习类训练课中，运动员的主要任务是习得新技术或战术。教练可以用基本结构去组织这种类型的训练课。例如，教练在此环节开始前可以解释这个环节的目标，然后安排运动员热身。热身完成后，运动员要重点学习专项技能的组合。在完成本课的主要内容后，运动员进行放松活动，随后教练要针对运动员学习技能的情况，为运动员提供反馈。在训练一项新技术或战术时，重要的是让运动员从之前的训练课中完全恢复，因为残余疲劳会影响运动员的认知和学习能力。

重复性训练课

重复性训练课与学习类训练课非常相似，在这类训练课中也会练习专项技能组合和战术方法。重复性训练课最大的不同之处是运动员要继续学习技能，并提升其水平。

技能完善类训练课

技能完善类训练课是重复性训练课的继续，在此类训练课中，运动员会尝试提高整体的技能组合水平。此训练课最大的不同之处是，练习的内容是之前学习过的，运动员现在要做的事是完善已经获得的技能。

评估课

评估课应定期安排。在此类训练课中，教练可以评估运动员对训练和比赛的生理反应，或者可以安排公开赛或练习赛以了解运动员的准备程度。教练可以根据测试与评估的结果对训练进行微调，或者将它们作为选拔参赛运动员的参考。

根据结构对训练课进行分类

根据个人或小组的不同，教练可以用不同的方式组织训练课。

- 小组训练课：小组训练课包含多个运动员，但不一定是整个的运动队。例如，教练可以指导美式橄榄球队中的进攻内锋，或者指导一组参加个人项目比赛的运动员。尽管小组训练课对于个性化训练来说不是最佳选择，但仍然是有效提升团队精神（尤其是在重要比赛前）和心理素质的工具。

- 个人训练课：个人训练课可以让教练集中精力训练某一个运动员，从而解决他的身体和心理问题。此类训练课为教练提供了准确评估某个运动员的机会，可以针对个人技能进行指导。个人训练课适用于年度训练计划的准备阶段。而其他类型的训练课可能更适用于比赛期。

- 混合式训练课：混合式训练课是小组和个人训练课的结合。在此类训练课中，整个团队会一起热身，然后再进行分组。在完成训练课的个人部分内容后，运动员重新集合，一起进行练习或放松。在放松活动期间，教练可以为运动员提供哪些能力需要强化的反馈信息。

- 自由训练课：在自由训练课中，教练对训练的控制会减小，但是能够提升运动员和教练之间的信任和运动员的自信。此类训练课可以提高运动员参与训练的责任心，激发他们的独立性、提高成熟度。自由训练课可以帮助运动员提高解决问题的技巧，并将其转化到竞技场上——因为在比赛时教练是无法直接指导的。尽管这类环节对运动员有非常明显的裨益，但是通常只适用于高水平和精英运动员；低水平运动员还不具备身体和心理技巧去应对这类训练课。

根据运动项目和年度训练计划所处的阶段的不同，训练课的时间一般在 2 小时，最长可超过 3 小时。当然，教练需要注意训练强度和训练时长之间存在反比关系。集体性项目运动员的训练课通常采用同样的时长，而个人项目的时长会有所不同。按照时长，训练课可分为 3 类：（a）短时训练课，持续 30 ~ 60 分钟；（b）中等时长训练课，持续 90 分钟到 2 小时；（c）长时训练课，持续时间超过 2 小时。训练课的时长取决于训练课的任务、活动类型，以及运动员的身体能力。在比赛阶段，短跑运动员的训练时长可能是 1 ~ 1.5 小时；而马拉松运动员的训练时长可能持续 2 ~ 2.5 小时。在每个训练日，训练可以分为多个小单元，这样，全天训练的总时间可能会稍微长一点，时长为 2 ~ 2.5 小时。训练课的完整时长是完成的动作次数所需要的时长，与重复次数之间的休息时长及组数之间的休息时长之和。

训练课的结构

一次训练课包含多个按照顺序安排的部分，这可以让教练和运动员循序渐进地增减训练课中的运动负荷。训练课包含三或四个主要结构部分。三部分的训练课有热身（准备）、练习，以及放松（结束）；四部分的训练课有引导、热身、练习和放松。

训练结构的选择取决于训练任务和内容、训练阶段和运动员的训练水平。对于大多数运动员来说，尤其是入门或初级运动员，在准备期可采用四部分结构。高水平运动员通常采用三部分模式，尤其是在比赛期，因为这些运动员很少需要解释和动员，更愿意投入更多的时间去完成训练课的主要内容。这两种结构之间本质上的唯一不同在于是否有引导部分。

引导

在引导部分，教练通常会把运动员聚集到一起进行沟通。在此期间，教练可以进行一些与管理有关的工作，例如考勤点名（尤其是集体类运动项目），强调与训练或比赛日程有关的信息，说明训练课的目标等。在讨论训练目标时，教练应该向运动员解释实现这些目标的方法。与此同时，教练必须提高运动员的训练动力，让他们专注当天的训练任务。在说明一般目标后，可根据个人或在团体中的专项位置将队员拆分为多个小组。

引入部分的时长取决于教练介绍的内容多少和运动员的水平。入门级和初级运动员一般需要 5 ~ 10 分钟，随着运动员水平的不断提高，引导部分的时长可逐渐减少。

当教练要给运动员说明训练目标时，教练必须要有准备和组织。一些教练善于使用一些视听辅助工具、印刷品进行说明。在印刷品上可以包含一些在训练课上要重点强调的具体目标。我们可以将它作为训练计划的补充。运动员要在训练课开始之前理解训练计划的相关内容，这有助于他们熟知训练课内容并做好心理准备。假如完成了这个过程，教练只需要强调训练课的重要内容。训练计划可以张贴起来，这样运动员能够在训练课开始前或进行中随时查看。让运动员熟知训练课各部分的组织安排，可以让他们对训练内容有一定的责任感，在训练中更加专注。这个过程还可以让运动员提高独立能力和毅力。

热身

无论是在训练还是在比赛，热身对运动表现有着重要的影响。现代科学研究也支持这一观点，认为热身活动的内容可以影响运动表现的提升程度 [4, 5, 33, 51, 60]。合理的热身可以提升肌肉功能，并且能够让运动员为运动和比赛要求做好准备 [60]。

热身类型 热身可以大致分为主动和被动两种类型 [4, 5, 60]。被动热身利用外部方法（例如，桑拿、热水淋浴、热水浴、加热垫或者透热疗法），在不消耗能量基质的前提下提升肌肉能力和核心温度[4, 5]。主动热身运用身体活动来提升肌肉能力和核心温度[52, 60]。主动热身可进一步分为一般和专项热身两种类型。一般热身活动包括慢跑、热身操和自行车等，而专项热身则会使用专项活动的方式进行。对于大多数运动员而言，运用被动热身方法不太切合实际，因此，更多时间都采用主动热身。

热身活动的结构　热身活动的内容取决于多个因素，包括训练课活动类型、运动员的身体能力、环境条件以及体育活动的限制。在一般热身活动期间，运动员要进行可以提升肌肉和核心温度的活动，例如慢跑、热身操或自行车。对于大多数运动员而言，一般热身活动的强度略低（40%~60% VO$_2$max），持续时长为 5~10 分钟[4, 5]。

有研究者建议在热身活动中练习强度要低，这样的热身一方面可以使体温升高，同时减少了磷酸盐的消耗[4, 5]。此外，在热身开始后的 3~5 分钟体温就会升高，在 10~20 分钟就达到稳定水平[52]。教练需要根据每个运动员的情况调整热身活动，因为身体条件不好的运动员在更短的热身时间内就可以达到相同的温度。相反，训练水平高的运动员会需要更长的时间，以及更大强度的热身活动才能达到合适的体温水平[60]。能够确定运动员是否已经充分热身的指标是开始出汗。

在完成一般热身后，运动员要进行专项热身。专项热身可以为专项活动做好准备。这类热身活动的强度会逐渐提高，甚至在某些情况下会安排一些具有激活后增强效应的活动。例如，已经证明只要在热身和比赛或主要训练内容之间安排充足的恢复时间，短暂且高强度的短跑活动可以提升跑步和赛艇的表现水平[4, 5]。在结束热身后至少要安排 5 分钟的恢复时间再进行训练或比赛[4, 5]。

当准备比赛时，专项热身很重要，因为专项热身包含了一些专项的技能组合。例如，体操选手在热身活动中需要安排一些专项的技术元素，从而为比赛做好身体和心理准备。在热身期间，很多专家都建议运动员用 10~15 分钟进行一些专项活动[29]。但是，随着体育活动的复杂性不断增加，运动员可能要进行更长时间的专项热身。表 6.1 包含了上述所有要素的热身活动示例。

热身总时长在一般在 20~50 分钟，其中包括以提高体温为目的的一般热身，以及运动员为专项做准备的专项热身活动。根据不同运动员的不同需求，热身时长可增可减。参加短跑等高强度运动的运动员，可能需要 45 分钟以上的热身，并且在热身时有些活动之间需要充足的休息时间。相反，耐力型运动员需要更短、更紧凑的热身，因为此类运动员的代谢系统已经得到了很高程度的训练，他们的神经肌肉系统不需要对高强度运动进行准备。身体条件差的运动员需要减少热身时长，或热身期间的活动密度要更小一些（更长的休息间隔）。在准备期，有些教练会加长热身活动的时间，将热身活动作为体能训练的一部分。

表6.1	爆发性运动员的热身方法	
热身类型	**热身包含的活动**	**时长 / 分钟**
一般热身	慢跑	5
	静态拉伸（如果外部温度允许）	5 ~ 10
动态拉伸 / 动作评估 / 技术	臀肌激活	2.5
	A 跳跃 → 侧步走 → B 跳跃 → 侧向交叉步走 → 后跳 → 后弓步 → 后踢 → 直腿跑 → 交叉步 → 后退跑 2 × 20 米，回起始位置时恢复	10
	弹性拉伸 每条腿 2×20（前后）	5
专项热身	轻松的交替跳	5
	中等高度的栏架跳	5
	短距离加速	5
过渡至比赛或训练	被动恢复	5
总热身时长		45 ~ 50

生理效果 主动热身可以使身体产生生理因素的改变。热身过程可以提高肌肉能力和核心温度[4, 5, 60]。一些专家称温度提高会提高神经传导速率和加快代谢反应，进而提高肌肉的收缩速度和收缩力量[4, 5, 60]。此外，随着温度提高，血管舒张以及血流加快，会使输送至肌肉的氧气量增加[60]。血红蛋白和肌红蛋白的氧气释放量也会增加，从而输送至运动肌肉的氧气也随之增加[3, 4, 5]。

尽管热身的作用与温度提高有关，但是目前已经证实对于提高运动表现来讲，还有一些其他重要因素。目前，研究者最为感兴趣的热身效果是激活后增强效应[40, 55, 61]。激活后增强效应指肌肉收缩后收缩的能力增强的现象[40]。增强效果在较大程度上与肌球蛋白调节链的磷酸化[22, 28]，或与细胞质中的钙离子（Ca^{2+}）增加有关[1]。激活后增强效应在力量和爆发力表现中最为常见[55, 61]，但是一些研究者发现，只有训练有素的运动员才会表现出激活后增强的现象[12]。

心理效果 热身产生的反应还包括运动员的心理状态的改变[4, 5]。研究人员发现，如果对运动员们实施催眠，让他们忘记已经完成了热身活动时，运动表现就不会提升[35]。还有研究人员发现，用心理意象作为热身工具，可以增强运动员的生理表现特征[34]。因此我们可以认为，热身对运动员的身心均会产生影响。

损伤 有资料表明合理的热身活动可以降低受伤概率[60]。在热身后，身体温度提高可以降低受伤的风险。动物研究结果支持并证实了这一观点，体温升高 1 摄氏度，可以降低骨骼肌的受伤风险。

主动热身可能出现的效果

- 增加肌肉和关节力量。
- 增加血红蛋白和肌红蛋白的氧气释放量。
- 加速代谢反应。
- 提高神经传导速率。
- 提高体温调节能力。
- 提高血管舒张程度，增加肌肉的血流量。
- 降低内黏滞性。
- 提高肌肉收缩的力量和速度。
- 提高基础耗氧量。
- 提高比赛或训练的准备程度。

拉伸 现代科学研究已经证实，热身期间的动态拉伸效果优于静态拉伸[53, 58]。静态拉伸会降低所有体育运动的运动表现，特别在力量和爆发力型运动项目上表现得更为突出[53]。如果将静态拉伸安排在热身环节的一般热身后，就可以避免因静态拉伸而出现的力量生成抑制效应。循序渐进地逐步增加后续运动的强度，可以消除这一负面影响。这种安排方式在世界级短跑运动员中已经成功应用多年。最后，热身环节应包含专项动作的动态拉伸活动。若想要提高柔韧性，则可以安排在课后的放松阶段。

臀肌激活练习 臀大肌是一种强有力的肌肉，是主要的髋伸肌，与半膜肌、半腱肌以及股二头肌的长头协同运作。世界著名的脊柱生物力学专家斯图尔特·麦吉尔[42]认为，越来越多的人都存在他所提到的"臀部失忆症"问题，这种现象在很多运动员身上也能发现（根据地域和专项不同，症状也不尽相同）。这种功能紊乱主要表现在臀肌不参与伸髋动作，从而导致腘绳肌和下背部承受较高的运动负荷。这是体育活动中腘绳肌频繁受伤的主要原因之一，尤其是在腘绳肌需要承受较高的离心负荷时。

基于这个原因，我们建议在热身环节增加臀肌激活练习。教练可以安排运动员在专项练习前练习直膝仰卧收腿、单腿或双腿挺髋，以及四点支撑屈膝伸髋等。

运动技能 教练可以将运动技能练习作为动态拉伸、技术精炼练习以及动作评估工具，如单腿跳、侧滑步、侧移步、交叉步和倒走、后退跑、后踢腿、直腿跑等。对于那些仅使用静态动作作为评估方法的教练，通常会忽略运用这些动作作为动作评估的工具——静态动作测试几个月进行一次，目的是评估运动员的姿势和平衡能力。但是，运动员所完成的动作均是动态的，因此教练在运动员完成运动技能、速度训练或技战术训练时，可以同时评估运动员的动作质量。

训练课主体部分

在训练课主体部分要强调专项训练目标。在训练课的主体部分，运动员要学习新技术和战术、提升专项身体运动能力和心理素质。

此部分训练课的内容取决于诸多因素，包括运动员的训练状态、年龄、性别、体育活动类别及训练阶段。在训练课的主体部分，教练可能会强调技术，并同时关注运动员的身体运动能力及心理素质。对于一般水平的运动员而言，通常建议按照下列步骤进行训练。

1. 学习并完善技术和战术要素。

2. 发展速度和灵敏性。

3. 发展力量。

4. 发展耐力。

运动员在学习新技能时要进行合理的休息，并且技术和战术一般安排在训练课主体部分较早的时间段进行。因为疲劳会对运动员掌握运动技能的能力产生负面影响[46]。当运动员尝试按照顺序学习或完善某些技术和战术时，他们首先要巩固在之前训练课上已经习得的技能。运动员应该专注于改善最重要的技术和战术，然后再把学习到的这些技能运用于模拟比赛中。

如果需要在身体负荷大、疲劳的情况下完善某个技能，那么就应该将这些活动安排在主体训练部分靠后的时段进行练习。同时，可以在进行这些活动之前安排速度练习。这种方法适用于举重和田径运动员。

专为提升速度和灵敏性而设计的活动，通常都是在相对较短的时间内以高强度的方式进行的。这些类型的运动都极其消耗体力，因此运动员必须在身体充分恢复的情况下再进行这些活动。鉴于此，这些活动通常要在一堂训练课较早的时段进行（当运动员还精力充沛时），并且要放在力量和耐力训练之前。但是，教练要根据训练课的重点灵活安排不同活动的相对顺序。例如，如果训练课的重点是提升速度，那么在热身后就要进行以速度为主的训练。如果训练的重点是协调性和灵敏性，那么就要把它们安排在训练课较早的时段进行，因为疲劳会显著影响身体运动能力[46]。

提升力量的训练通常安排在技术和速度练习之后。尽管这对于大多数运动员而言较为合适，但是也有运动员不适合此种方法。例如，有研究表明在短跑前进行高强度力量训练（70% ~ 90%1RM），可以产生激活后增强效应，从而提高运动员的跑步速度[40, 61]。如果力量练习训练量较低，那么这种方法对提高短跑运动表现非常有效。但是，这种力量训练的安排方式只对训练有素的运动员有效[12]。

提升一般和专项耐力的练习要安排在训练课的后期。这些活动会使身体产生较强烈的疲劳感，不利于运动员学习或完善动作或战术、提升速度和灵敏性，以及发展最大力量。但是，教练一定要明白，这种顺序安排的模式不要与刻意安排运动员在疲劳状态下练习特定技巧的方式相混淆——这是让运动员为特定比赛场景做准备的一种方式。

如果学习（需要高度集中注意力）是初级运动员的主要目标，那么训练顺序就是技术、速度、力量和耐力。但是，很少有单次训练课包含上述全部 4 项内容。同样的常规训练顺序可用于精英运动员，但是，高水平运动员可以根据他们某次训练课的目标，以及小周期的目标来调整顺序。

　　某次训练课的目标决定着训练课的结构。由于单次训练课很难有效实现 3 个以上的训练目标，因此每次训练课应该只关注 2～3 个目标。如果训练课目标设置太多，不利于运动员的提高，甚至会造成过度训练。单次训练课目标要与大周期和小周期的目标、运动员的运动水平以及个人潜力相结合。虽然我们建议可以从不同的训练层面来确定目标（例如技术、战术、身体和心理），但是这些层面的选择要基于专项的需求，以及运动员的能力。

　　在运动员实现既定训练课的目标后，教练可以花费 15～20 分钟对运动员进行提高身体能力补充性训练。因为在训练负荷较低的训练课后，运动员的身体负荷不大，因此可以在这些训练课后安排额外的训练。补充训练的内容主要应该是专项主要身体运动能力相关的练习，并且要着重于解决限制运动员提高的因素。

放松部分

　　在结束训练课的主要部分后，就进入放松阶段。身体在此时就已经进入修复过程，使机体回到平衡状态。运动后恢复期间，身体将清除代谢废物，补充能量储存并开始组织修复[30]。通常，在训练和比赛后身体不会立即回到完全恢复的状态。根据训练课的强度和训练量，恢复时间需要 48 小时以上[32, 41]。为了加速训练和比赛后的恢复进程，运动员需要重视结构化的可刺激身体恢复的放松部分。但是，运动员通常会忽视训练课的放松部分，他们并不了解，如果能够应用得当，放松部分是一种非常有效的促进身体恢复和适应的时段。

　　放松部分要持续 20～40 分钟，主要包含两小部分。第一小部分是积极恢复活动，持续10～20 分钟。积极恢复活动的强度较低，心率一般小于 50% 的最大心率。尽管可以查阅到的科学文献较少，但是似乎在运动后的恢复过程中，积极恢复方式比被动恢复方式要更有效[7, 44, 45]。积极恢复中涵盖的活动要取决于运动员的专项。自行车运动员可以采用持续进行 20 分钟低强度的骑行的方式作为积极放松活动，而足球运动员可以采用慢跑的方式。铅球运动员可以采用一些包含低强度、短时间的间歇性慢跑的活动。无论是何种运动项目，放松部分的运动强度要低，训练负荷不能太大。

　　放松的第二小部分是 10～20 分钟的拉伸。尽管在热身部分不推荐进行静态拉伸，但放松部分却是静态拉伸的最佳时机[29]。运动后进行拉伸的原因如下：第一，拉伸可以将肌肉逐渐拉长到原来的长度，促进新陈代谢的交换，加速恢复进程；第二，拉伸可以在不损害运动表现的情况下提升身体灵活度，放松的拉伸可以提高肌肉温度，进而增加动作活动度（柔韧性）[29]；第三，运动后拉伸已经被证实可以减轻因运动引起的肌肉酸痛[11]；第四，积极恢复结合拉伸的方式，可以明显提高身体从训练和比赛应激中恢复的速率[50]。

　　运动员进行放松拉伸的同时，教练可以问他们是否达到了训练目标，以及他们对训练课的感受。教练同样可以利用这个时间去进一步加强运动员对训练的了解。

训练课每个部分的时长

　　训练时长取决于多种因素，一般持续 2 小时（参见表 6.2）。训练课每个组成部分的时长取决于训练课的类型、运动员年龄、性别、发育阶段、运动经验、运动项目的特征以及训练阶段。例如，初级运动员不具备坚持 2 小时训练课的体能，因此训练课要根据运动员训练状态进行调整。教练要根据运动员的情况来决定使用前面介绍的三部分或四部分的训练结构，以调整训练课每个部分的时长。表 6.2 为三部分和四部分模型的示例。

表6.2	2 小时训练课每个部分的平均时长	分钟
各部分	四部分的训练课	三部分的训练课
引导	5	
热身	30	30
练习	65	70
放松	20	20
总时长	120	120

训练课疲劳和方法学指南

从整体来看，疲劳是身体对某些练习、训练或比赛应激产生的多因素反应 [30]。理论上来说，疲劳可以定义为运动表现的急性下降，它最终会导致运动员产生最大力量或动作控制能力的下降 [30, 45]。机体在训练或比赛中 / 后会出现疲劳，当出现以下一个或两个情况时，机体就会出现疲劳：可利用的能量基质减少、代谢副产物增多、神经肌肉兴奋传导受到阻碍、肌浆网处理钙离子的能力减弱、中枢神经紊乱等 [18, 47]。尽管有很多因素会导致疲劳，但是通常将其分成两类：外周疲劳和中枢疲劳。

与外周疲劳相关的科学研究较多，很多学者认为疲劳与肌肉自身因素有关 [18, 19]。这些因素包括神经肌肉传导（包括 beta-2 肾上腺素受体下行调节）[20]、冲动传导、肌浆网功能障碍、基质消耗，以及多种影响能量产生和肌肉收缩的代谢因素 [16]。关于运动员在训练或比赛时外周疲劳的研究主要集中在能量基质的供应量上 [13]。当活动强度太大或时间太长时，碳水化合物等能量基质的可供应量会下降。这会显著影响运动员保持较高运动表现水平的能力 [26]。

疲劳的第二种类型是中枢疲劳，与大脑相关 [16]。中枢疲劳通常与中枢神经系统不能募集骨骼肌有关 [47]。研究表明，因疲劳引起的多巴胺、血清素，甚至乙酰胆碱等神经递质的改变，都会影响神经冲动传导到肌肉的能力 [15, 47]。例如，因运动引起的血清素（5- 羟色胺）增加，会导致中枢疲劳，并有可能引起精神疲劳，从而影响运动表现 [14]。综上所述，例如呼吸、心脏输出量（心脏输血量）、体温、流汗等身体功能反应，都会对疲劳产生影响。这些认知感觉会影响一个人的动机，这与之前所述的类似情况有关 [54]。

显而易见的是，中枢疲劳和外周疲劳会在训练和比赛中积累。甘德尔斯曼和斯米尔诺夫 [21] 认为疲劳主要有两个阶段：隐性阶段和外显阶段。在比赛或训练早期，人体会为了满足运动要求而出现生理变化。在此阶段，人体会因运动而导致神经肌肉活动和新陈代谢应激增加，从而产生隐性疲劳。假如练习以相同的强度持续进行更长时间，疲劳会积累，疲劳进入外显阶段。结果，运动员保持最佳运动水平的能力就会逐渐下降。

要解决疲劳的方法有很多，例如，改变训练课的结构、饮食补充等[26]。此外，延长休息时长会减少隐性疲劳发生的概率，还能促进爆发力等身体运动能力的提升。在一些情况下，当身体处于隐性疲劳时进行训练，能够帮助运动员为比赛的最后阶段，即疲劳较大时做准备。这样的训练同样也是心理训练的工具，帮助运动员在心理上应对因训练而产生的隐性疲劳累积，从而在比赛最后阶段提升运动表现[54]。解决外显疲劳的方法包括为运动员安排本章前面已介绍过的结构化的放松阶段，此外，像按摩和沐浴等方法也可以促进运动员从疲劳中恢复。

训练课的强度会影响疲劳积累的程度，因此教练应合理安排训练课以解决这个问题。高强度的训练课，应尽量设置较少的训练目标，而且时间要短。相反，低强度的训练课可以设置多个目标，并且持续时间可以较长。例如，某次训练课可能是专注于完善技术的，同时可以结合一部分战术因素，此外这些练习又有一些提高运动员耐力的目标。即便是这样安排，运动员仍可能会因为运动量较大而产生代谢紊乱、出现隐性疲劳。

运动员消除疲劳、从训练课或高强度小周期训练中恢复的能力，取决于多个因素。运动员身体准备程度和训练年限决定了他对训练的承受能力。例如，身体运动能力较低的运动员通常在训练后会产生程度较高的疲劳，这会影响他们对于训练应激的承受能力。因此，教练必须调整训练课的负荷安排，以适应运动员具体情况。例如，教练可以对训练计划进行更多的调整，使课与课之间的训练量与训练强度的变化更大，通过这种方式来使运动员消除疲劳并促进恢复。最后，恢复速率和因训练课产生的生理变化程度是呈比例关系的。训练强度和训练量越大，疲劳积累程度越高，运动员达到良好竞技状态所需要的时间也就越长。

补充训练课

大多数运动员都想增加训练时间，同时又能减少过度训练情况的发生。使用补充训练课是一种可以增加训练时间并增加训练量的方式，其中包括个人训练课和小组训练课，例如训练营。这些训练课可以安排在早上去学校或去工作前进行。有时候可以将此类训练安排在早餐前进行，但是运动员在训练前需要补充少量食物，特别是训练课持续超过30分钟时[10]。此类训练课的频率和时长取决于运动员的计划。即便每次训练课的时长很短（30～60分钟），通过一年的积累，年度训练量也会增加很多。例如，一个想每天额外训练30～60分钟的运动员，他一年后增加的训练时长会超过150～300小时，这能显著提升他的运动潜力。

尽管这些训练课是补充性质的，但是它们应该与教练所安排的整体训练计划结构相契合。教练可以根据运动员的目标、不足和训练阶段来安排补充训练课的内容和训练量。在20～40分钟的补充训练课中，教练可以有目的地安排一般耐力、一般或专项柔韧性，甚至一般或专项力量训练。通过补充训练课可以改善运动员的不足，从而提高某种能力。例如，柔韧性不足的运动员，可以进行直接针对柔韧性的补充训练课。而当柔韧性提高以后，就可以完善运动员的技术能力。

补充训练课最好采用三部分的结构（参见表 6.3）。由于此类训练课可以在没有教练的情况下进行，因此不需要有引导阶段。所以，这些训练课包含三部分：热身、练习和放松。每次训练课的目标和形式与常规的训练课没有什么分别。此类训练课的主体部分的目标设置不应超过两种，最好是一个。

表 6.3	三部分补充训练课
各部分	时长 / 分钟
热身	5 ~ 10
练习	20 ~ 40
放松	5 ~ 10
总时长	30 ~ 60

训练计划样本

训练计划是教练使用的一种工具，教练可以使用它来组织和指导训练课。书面形式的训练计划应包含所有相关信息，并且要简单易行。建议教练在训练课前将训练计划分发给运动员，从而让运动员能够从心理上和生理上对训练做好准备。教练要在训练课的引导部分简要介绍训练计划，如果空间允许，可以张贴训练计划，这样运动员能够在训练期间随时查看。

训练计划呈现的形式有多种，但是不管哪一种都要包含一些基本元素。最重要的元素之一是训练目标。训练目标是训练课的指南，它让运动员明确在接下来的训练课中会发生什么。训练计划也要包含训练课的日期、地点以及所需装备。训练计划要具体到每个环节的每个部分，运动员必须要完成的运动、技巧和活动。计划要提供详细的训练量（重复次数、组数以及时长）和强度（最大力量百分比、心率范围、时间和功率）。其他需要包含的元素，尤其是集体性项目，是运动员在训练课期间要进行的难度最大的练习的说明。最后，训练计划中应该有运动员需要重点关注的训练要点。这些要点可以具体到每一个运动员，或强调一组运动员的总体要求。图 6.2 所示的短跑运动员训练课计划可作为训练课计划的样本。

训练课时长取决于运动项目类别和教练的经验。没有经验的教练在制定训练计划时需要尽可能地具体，而且尽可能包含更多的信息。通过这种方式可以降低他们忘记训练课中重要内容的可能。经验较为丰富的教练制定的计划不会过于详细，但是一个详细的计划对运动员更有价值，能够让他们从心理和生理层面上为训练课做好准备。

训练课程计划 148　　　　　　　　　　　　　　　　教练：_____
日期：6 月 14 日　　　　　　　　　　　　　　　　目标：完善起跑
地点：约克体育场　　　　　　　　　　　　　　　　　　　　专项耐力
设备：起跑器 杠铃　　　　　　　　　　　　　　　　　　爆发力训练

各部分	活动	训练量	形式	注释
引导	1. 说明训练目标	3 分钟		
	2. 强调练习要点			约翰：注意手臂动作
热身	1. 热身	20 分钟		丽塔：穿两件热身服
	2. 慢跑	1200 米		
	3. 热身操	8 次		
	手臂绕环	8 次		
	上身转体	12 次		
	4. 髋部柔韧性	8～10 次		强调髋部柔韧性
	5. 脚踝柔韧性	8～10 次		
	6. 跳跃练习	4×20 米		强调弱腿
	7. 短跑练习	4×40～60 米		
练习	1. 开始	6×30 米，休息 1～2 分钟		强调手臂动作
	2. 专项耐力	3×120 米，以最大能力的 75%（每次大约用时 16 秒）		保持速度
	3. 爆发力训练	60 千克，8～10 次，4 组		练习间歇放松手臂和大腿
放松	1. 慢跑	800 米		保持低强度并放松
	2. 拉伸	10～15 分钟		关注屈髋肌
	3. 按摩	5～10 分钟		和同伴一起

图 6.2 短跑运动员训练课计划

每日训练日程安排

实施训练计划重要的一个方面是安排训练日程，从而合理地利用运动员的时间，尤其是专业级运动员。在训练、个人自由支配时间、工作日程和放松之间要找到一个平衡点。把训练日按时间分配进行分割是一种可采用的方式。最好的组织策略是在同一个训练日安排多次训练课。哈吉仁和卡里仁[27]认为，相比于每天进行一个长时间的训练课，把每日的训练量分割成两个简短的训练课更能促进运动表现提升。这个研究与一些教练的观察是一致的，即这些教练观察到长时间的训练课会因为运动员产生较强烈的疲劳感而降低训练质量。疲劳的增加会降低运动员提升身体运动能力以及完善技战术的能力。因此，如果可以的话，教练可以将每天的训练分割成多个时间较短的训练课，以达到最大化提升运动员能力的目的。

训练日的实际结构取决于多种因素，包括训练可利用的时间、运动员的发育程度、训练设施的可利用率。假如运动员参加了训练营，训练课的频率会很大。一个训练日可包括两次训练课，一个在上午，一个在下午或晚上。如果运动员全天训练，训练结构示例如下所示。当运动员参加训练营时，他们会进行更频繁的训练，例如每天3~4次训练课，甚至更多，如下所示。

每个训练日多次训练课结构

时间	活动
每天两次训练课	
5:30~6:00	起床 加餐 准备训练
6:00~7:30	第一次训练课
7:30~8:00	早餐
8:00~8:30	准备工作
8:30~9:00	开始工作
9:00~10:30	工作
10:30~10:45	加餐
10:45~12:30	工作
12:30~13:00	午餐
13:00~17:00	运动
17:00~17:30	去训练
17:30~18:00	训练前加餐准备训练
18:00~19:30	第二次训练课

续表

时间	活动
每天两次训练课	
19:30～20:00	回家
20:00～20:30	晚餐
20:30～22:00	自由时间
22:00～次日5:30	睡觉
每天三次训练课	
6:30	起床
7:00～8:00	第一次训练课
8:30～9:00	早餐
9:00～10:00	休息
10:00～12:00	第二次训练课
12:00～13:00	休息和恢复环节
13:00～14:00	午餐
14:00～16:00	休息
16:00～18:00	第三次训练课
18:00～19:00	休息和恢复环节
19:00～19:30	晚餐
19:30～22:00	自由时间
22:00～次日6:30	睡觉
每天四次训练课	
6:30	起床
7:00～8:00	第一次训练课
8:30～9:00	早餐
9:00～10:00	休息
10:00～12:00	第二次训练课
12:00～13:00	休息和恢复环节
13:00～14:00	午餐
14:00～16:00	休息
16:00～17:30	第三次训练课
17:30～18:30	休息和恢复环节
18:30～19:30	第四次训练课
19:30～20:00	恢复技术
20:00～20:30	晚餐
20:30～22:00	自由时间
22:00～次日6:30	睡觉

构建训练课安排模式

训练课安排模式是对比赛的模拟，训练模式的目的是提升特定的训练适应，并且将这些适应转化为比赛成绩。模式化过程是创建一次训练课的方法，这种训练课能够模拟运动员在比赛中遇到的生理、技术、战术以及心理因素。在对比赛表现进行模式化的同时，教练可以将任何训练课安排得与既定训练阶段的目标相一致[8]。

教练必须避免总是使用同样的方法组织训练课。训练刺激的变化对促进身体和运动表现的提升有重要作用。模式化方法是一种可以将新异训练刺激纳入训练计划的方法。这种方法可以增加运动员的兴趣、促进新的生理适应，安排新的任务从而让运动员为比赛做准备。使用模式化训练有多种方式，教练可以在以下这些范例的基础上进行调整，从而找到适合自己训练的方式。

技能习得训练课安排模式

通过这种训练课安排模式可以强化运动员的技能获得和完善。运动员充分休息后，能够专注于任务且身体没有影响学习的疲劳时，是运动员学习新技能的最好时机。当运动员处于积累性疲劳的状态时，他们很难保持前期习得的技能。因此，用于培养以及提升技能的练习，教练要在热身后立刻安排。表 6.4 展示了这种类型的模式。此模式可用于提升速度、灵敏性和爆发力。

表 6.4	技能习得训练课安排模式	
训练	时长 / 分钟	目标
热身	20 ~ 30	让运动员做好训练准备
技术和战术练习	45 ~ 60	提升并完善一种专项技能组合
身体训练	30 ~ 45	按照训练计划提升专项身体运动能力
放松	10 ~ 20	开始恢复

注释：这个基本的模式结构可以针对灵敏性、速度和爆发力训练进行调整。

在疲劳条件下进行技能完善的训练课安排模式

通过这种训练课安排模式，教练可以模拟比赛最后阶段运动员可能会遇到的情况——此时运动员需要在身体疲劳的条件下展示特定的技能。尽管为了让运动员熟练掌握技术，我们会安排他们在身体状况良好时进行训练，但是运动员也必须在疲劳的情况下进行技能练习。运用这种模式化训练的目标是创造一种与比赛后期类似的疲劳环境。为了实现此目标，教练所设计的练习不仅要考虑技战术因素，还要模拟比赛时以糖酵解和有氧能量系统供能为主的情况（见第一章）。这种安排可以提升运动员生理上和心理上（例如决心、动机和毅力）应对并克服疲劳的能力。表 6.5 为在疲劳条件下进行技能完善的训练课安排模式的示例。

表6.5	在疲劳条件下技能完善的训练课安排模式	

训练	时长／分钟	目标
热身	20～30	运动员准备训练
疲劳状态下的技术和战术练习	45～60	强调运动员的糖酵解和有氧供能系统。主动引发一定程度的疲劳，在此条件下，运动员必须完成专项技能
技术和战术练习	20～30	提升传球和射门的准确性。提升射门的精度和准确度。在疲劳条件下进行速度和爆发力练习
放松	10～20	开始恢复

注释：这种模式同样可以调整，以提升运动员在疲劳状态下快速、敏捷、精确地完成动作的能力。

　　通过对这种训练课模式的调整，教练可以提升运动员在疲劳状态下快速、敏捷、有力地完成动作的能力。鉴于此，当武术运动员、持拍类运动员、身体对抗类运动员，或需要在比赛中有效展示技战术能力的运动员做比赛准备时，建议使用此模式。此模式的目标是提升运动员在比赛后期疲劳积累到最高程度时的运动表现，让他们从生理上和心理上有能力面对这种情景。

控制赛前唤醒的训练课安排模式

　　为在午后和晚上时间段的比赛中有最好的表现，运动员必须保持一定的唤醒状态和心理警觉度。如果比赛安排在下午，教练可以在早上（例如10点）安排短时训练，从而提高运动员的唤醒程度、减轻焦虑，帮助运动员克服兴奋、紧张和不安的情绪。这类训练课可以让运动员更沉着，并具有可控的自信。这样的训练课时间相对较短，训练课包含一些短时、爆发式活动（参见表6.6）。这些短时的活动并不会导致疲劳，反而可以起到唤醒作用，并且可以通过增强专项活动中使用的主要骨骼肌的收缩力来改善随后的表现[17]。在安排此类活动时，每个动作的时长必须要短，休息间隔时间较长，而且不能引起疲劳，因为疲劳会降低运动表现能力。另外一种安排方式是在每组活动之间安排长时间的休息以确保身体恢复[39]。

表6.6	控制赛前唤醒的训练课安排模式	

训练	时长／分钟	目标
热身	10～20	运动员以短时、小负荷的热身开始，为训练做准备
技术、战术和速度练习	10～15	进行短时技术、战术和速度练习，练习间的休息时长较长；这是为了让运动员为下午的比赛做准备
放松	10～20	恢复

主要概念总结

本章论述了组织和计划训练的作用。训练成效取决于教练和运动员组织和计划训练（包括从单次训练课的计划到长期计划）的能力。构建训练计划并不难，良好的训练计划是使运动员运动表现达到最佳水平的强大工具。运动员必须要明确每次训练课的目标。教练也必须给运动员提供与目标有关的反馈。

训练计划包含几个关键部分。热身部分是经常被忽略但非常重要的组成部分。热身可以让运动员为训练课做好准备，它是训练计划中不可或缺的部分。热身部分先进行一般性动态活动，之后进行与专项活动有关的动态性肌肉活动。

放松环节也是经常被忽视的部分，它也会影响训练课的效果。此环节可以让身体恢复到体内平衡的状态，并启动恢复过程。在这一部分，教练可以安排静态拉伸以提高柔韧性。如能够正确实施这个环节，那么放松环节是训练课中最为有效的部分。

第七章　周期计划

教练可以在长期计划，例如4年计划和个人年度计划（1年）中安排不同的周期。年度计划可以进一步拆分为大周期和小周期计划。其中，大周期持续2～6周，小周期持续1周。

尽管我们从不同的文献中可以发现8到9种不同的小周期变式，但是我们可以相对简单地将小周期分为4种基本变式：提升/发展、比赛、恢复－再生以及调整状态－减负荷小周期。尽管很多教练经常会使用这4种基本的小周期训练安排方式，但也有一些教练在使用这4个大类的变化方式。

小周期

术语"小周期"来源于希腊单词"micros"（意思是"小"），以及拉丁单词"ciclus"（指事件的常规顺序）。在训练方法学中，小周期是年度计划中的周训练计划。小周期是训练过程中最重要的计划工具。小周期的训练内容决定了整个训练过程的质量。小周期要根据训练阶段的重点来设置训练目标、训练量、训练强度和训练方法。运动员所承受的生理和心理需求不能一直都是一样的。根据年度计划，教练要合理安排一般和专项负荷刺激，还必须考虑运动员承受负荷的能力、恢复以及比赛日程。小周期必须要足够灵活，这样教练才能对某次训练课进行调整，以解决与训练课的训练目标相关的剩余疲劳（如内部负荷或准备程度）。当调整训练单元时，后续训练也必须调整，才能保持小周期的训练重点，并且确保达到该阶段的训练目标。

构建小周期

小周期一词的使用由来已久，并且我们也在古希腊学者菲罗斯特拉托斯的作品中发现了此术语。他提出了一个称为"集群系统"的短期计划，该计划将4天作为一个训练周期。

- 第1天：进行短时、有活力的训练。
- 第2天：高强度练习。
- 第3天：放松恢复。
- 第4天：中等强度运动。

这种"集群系统"可以不断重复。这种古老的训练方式是小周期结构的基础。

在决定小周期架构时，教练要考虑的主要问题是训练目标、训练要素，以及想要提高哪方面的运动表现水平。小周期结构的合理性决定了从不同训练因素提升的速率。小周期中训练课的安排顺序极其重要，因为一次训练课产生的疲劳会显著影响接下来的训练课。例如，在某次训练课中，运动员主要专注于提升耐力，或者课程中包含高强度的刺激；在进行完这次训练课后，如果下一次训练课为技术训练课，那么第一次训练课中运动员产生的疲劳会影响下一次训练课中运动员技术能力的提升。因此，在整个小周期中安排训练刺激的顺序时，必须要考虑疲劳积累的情况，这样才能保证最大限度地提高专项表现或身体运动能力。与训练课计划一样，小周期的构建应该遵循以下原则。

- 技术和战术训练。
- 速度、灵敏性和爆发力提升。
- 力量提升。
- 专项耐力提升。

构建小周期

训练刺激的不断重复是提升运动员技术或身体运动能力的基本条件。"Repetitia est mater studiorum"是一个罗马习语，意思是"重复是学习之母"。为了取得最大收获，教练要用不同的课在小周期中进行针对专项身体运动能力的训练。在小周期期间，为了取得最大化的训练效果和适应性，教练要根据运动员的能力安排2~3次具有相似目标和内容的针对性训练。在此过程中极其重要的是所使用的训练刺激，因为训练所导致的疲劳会影响下次使用相同的刺激之前所需的恢复过程。例如，相较于不要求做到力竭的练习，如果要求运动员完成20次最大重复次数的力竭练习，那么运动员就需要更长的时间恢复。因此，在进行此类力量训练之前，需要确保有足够长的恢复时间。

当运动员和教练针对专项耐力使用次最大强度进行训练时，每周3次训练课就已足够。但是，如果在比赛阶段，教练要安排最大强度的专项耐力训练时，一般每周只进行两次这样的训练课，其他训练日则进行一些低强度的训练。运动员每周要进行1~2次训练课以维持力量、柔韧性和速度。对于快速伸缩复合训练、速度和灵敏性训练，最佳训练频率是每周2~3天。

在整个小周期中，训练负荷要有变化。最大负荷训练的频率每周不能超过两次，其他训练日则可以安排低强度的训练，或进行积极性休息。赛后，要为运动员安排积极性休息和放松时间。积极性休息或低强度训练要安排在小周期的不同训练日，尤其是在高负荷训练课后。

安排小周期计划时，教练应该在连续几个小周期中重复使用相同的基本训练架构，特别是在准备期。在大周期期间，相类似的小周期（例如训练内容和方法相同）可以重复使用2~3次；这种安排可以帮助运动员提高身体适应性并得到能力上的提高。这种小周期训练安排上的变化取决于运动员的发展水平。

结构化的思考

年度训练计划决定了大周期和小周期计划的结构。单个小周期计划应该符合年度和大周期训练计划每个阶段的目标。但在周期安排上要有足够的灵活性，从而让教练根据之前的训练效果以及运动员的提升水平来调整训练内容。在这种方法中，大周期是一种大的框架指导，但教练需要根据运动员对训练刺激的反应对日训练计划和周训练计划进行调整。为了提升运动员对训练刺激的反应，需要适当调整每日和每周的训练计划。但是，小周期计划必须要根据训练目标和训练阶段来进行安排。当构建小周期训练时，教练需要考虑以下因素。

- 小周期的目标以及主导训练要素。
- 小周期中的目标训练负荷（例如训练课次数、小时数、训练量、强度和练习的复杂度）。
- 小周期的强度和小周期内的强度变化。
- 每次训练课中用于引发训练刺激的方法。
- 训练日和比赛日的安排。
- 合理安排每个训练日强度的变化（例如在小周期刚开始时安排低强度或中强度训练课，或以波动的方式逐渐增加强度）。
- 协调小周期内的比赛时间（例如在小周期后期安排比赛时，最高强度或峰值训练负荷训练课应该安排在比赛前3~5天进行）。

教练必须要确定运动员每天是上一次还是多次训练课。假如运动员的发展水平以及工作、学习或私人时间的安排允许上多次训练课，教练则可以安排多次训练课。

在每一个小周期开始前，教练和运动员可以开会讨论本周期中每个训练的目标，以及如何实现这些目标。教练和运动员也要对训练量和强度、每天训练课的数量，以及难度最大的训练安排在什么时候进行讨论。教练可以对运动员在小周期中的训练提出要求，也可以给运动员提供额外的、有针对性的信息。最后，如果小周期后就有比赛安排，教练应该给运动员提供关于即将开始的比赛的详细信息，并且激励运动员实现每一个比赛的目标。

如果小周期后期没有比赛，在最后一次训练课后，教练可以召开讨论会，分析运动员是否完成了小周期的训练目标。教练可以借此会议点评运动员在训练中的表现，确保在促进运动员提升的同时强调积极的表现。教练可以通过收集运动员的训练信息来加强对小周期的评估。教练应该利用从讨论会上和训练结果中获得的信息，为接下来具有类似目标的小周期的安排提供参考。小周期结束前的讨论会，可以让教练和运动员在运动表现结果上的关注点上保持一致。

小周期分类

本章将介绍几个不同的小周期结构，但是我们应该了解的是，特定的训练环境会使结构出现非常多的变化。许多因素会影响小周期的安排，其中包括训练阶段、运动员的发展状态以及训练重点（技术、战术和身体准备）。决定小周期结构的一个最重要的因素是运动员的发展水平和训练能力。例如，与初级运动员或发展水平较低的运动员相比，训练有素的运动员可以承受更多次高强度的训练课。同一个运动队中运动员的运动能力和训练需求各有不同，因此应该确保小周期中的训练内容因人而异。

为了对运动员提供个性化的训练刺激，教练必须在构建小周期时避免采用标准化和刻板的方式进行训练安排。根据训练、评估或比赛中所获得的信息，教练要保持训练安排的灵活性，随时调整训练计划。只有这样，才能帮助运动员达到运动表现和训练目标。

小周期分类的一种方法与每周的训练课数量有关。如前所述，运动员能够承受且不会造成过度训练的训练课数量，取决于运动员的发展水平和身体准备情况。另外，根据可用于训练的时间，以及运动员是参加训练营还是进行一般的常规训练，教练可以对小周期的结构进行改变。

小周期结构有多种：每周3次（参见图7.1）、每周4次（参见图7.2）以及每周5次（参见图7.3）。负荷承受能力强且能够满足时间要求的高水平运动员，每周可以安排8~9次训练课（参见图7.4和图7.5），有时候甚至会达到12或13次训练课。在假期或训练营期间，运动员有更多的时间或与更高水平的运动员进行训练时，可以在小周期中安排额外的训练课。

训练课时间	日期						
	周一	周二	周三	周四	周五	周六	周日
上午							
下午	训练		训练		训练		

图 7.1 每周 3 次训练课的小周期

训练课时间	日期						
	周一	周二	周三	周四	周五	周六	周日
上午							
下午	训练	训练		训练		训练	

图 7.2 每周 4 次训练课的小周期

训练课时间	日期						
	周一	周二	周三	周四	周五	周六	周日
上午							
下午	训练	训练		训练	训练	训练	

图 7.3 每周 5 次训练课的小周期

训练课时间	日期						
	周一	周二	周三	周四	周五	周六	周日
上午	训练	训练		训练		训练	
下午	训练	训练	训练	训练			

图 7.4 每周 8 次训练课的小周期

训练课时间	日期						
	周一	周二	周三	周四	周五	周六	周日
上午	训练		训练		训练	训练	
下午	训练	训练	训练	训练	训练		

图 7.5 每周 9 次训练课的小周期

增加训练课次数的方式有很多。运动员可以使用 3+1 的小周期，即连续进行 3 个半天的训练，然后休息半天，整个小周期期间有 9 次训练课（参见图 7.6）。如果运动员承受负荷的能力或潜力较高，并且能够承受较高强度的小周期，那么此模式可以适当进行调整。5+1 小周期（训练 5 个半天，之后休息半天）（参见图 7.7），与 5+1+1 小周期（训练 5 个半天，休息半天，之后再进行半天训练）都是负荷较大的小周期（参见图 7.8）。这些负荷较大的小周期的结构取决于可利用的时间长短和每次训练课所采用的训练刺激的类型。

通过在每个训练日安排多次训练课，我们可以进一步对小周期的结构进行调整。例如，运动员在上午进行短跑灵敏性训练或快速伸缩复合训练和以技战术提高为主要目标的训练课，在下午或晚上安排力量训练（参见图 7.9）。

小周期结构的额外因素与训练强度和需求的变化相关。整个小周期中的训练负荷不能过于单一，教练要根据训练特征、小周期的类型以及环境条件（如气候和天气）和年度训练计划的阶段对这些因素进行调整。

训练课时间	日期						
	周一	周二	周三	周四	周五	周六	周日
上午	训练	训练	训练	训练	训练	训练	
下午	训练		训练		训练		

图 7.6 3+1 结构的小周期

训练课时间	日期						
	周一	周二	周三	周四	周五	周六	周日
上午	训练	训练	训练	训练	训练	训练	
下午	训练	训练		训练	训练		

图 7.7 5+1 结构的小周期

训练课时间	日期						
	周一	周二	周三	周四	周五	周六	周日
上午	训练	训练	训练	训练	训练	训练	训练
下午	训练	训练		训练	训练		

图 7.8 5+1+1 结构的小周期

训练课时间	日期						
	周一	周二	周三	周四	周五	周六	周日
上午 7 点	快速伸缩复合训练		快速伸缩复合训练		快速伸缩复合训练		
下午 3 点	冲刺和灵敏性训练	有氧训练	冲刺和灵敏性训练	有氧训练	冲刺和灵敏性训练	有氧训练	
下午 5 点	力量训练		力量训练		力量训练		

图 7.9 多训练要素的整合小周期

训练课的训练强度可在 6 个不同强度区间内交替变化，从极高强度（最大能力的 90%~100%）到不进行任何训练的恢复日（参见表 7.1）。小周期的目标不同，所选择的负荷变化也就不同。例如，根据小周期的训练目标，教练可以在某个小周期安排 1 个（参见图 7.10）、2 个（参见图 7.11 到图 7.15）以及偶尔会达到 3 个（参见图 7.16）高负荷训练日。

在设计小周期中的强度和训练负荷的模式时，教练需要考虑渐增负荷原则。小周期内通常只包含一个峰值，这个峰值多出现在每周中间的 3 天。在某些情况下，小周期内可以包含 2 个峰值。一般这样的训练课前有 1 或 2 天的恢复课。在采用模式训练时，可能会遇到与上述原则不符的特殊情况。在这种情况下，为了模拟比赛时可能出现的情景，可以连续安排 2 个峰值。

表7.1 强度区间和训练负荷

强度区间	训练负荷	最大能力百分比 /%	强度
1	极高	91~100	极大
2	高	81~90	大
3	中等	71~80	中等
4	低	51~70	低
5	极低	≤50	极低
恢复	恢复	无训练	恢复

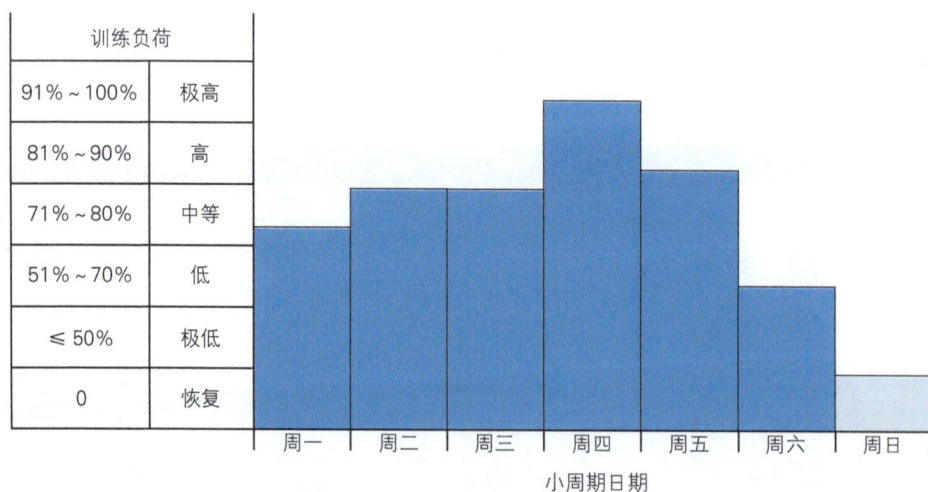

图 7.10 单峰值小周期

训练负荷		
91%~100%	极高	
81%~90%	高	
71%~80%	中等	
51%~70%	低	
≤ 50%	极低	
0	恢复	

周一　周二　周三　周四　周五　周六　周日

小周期日期

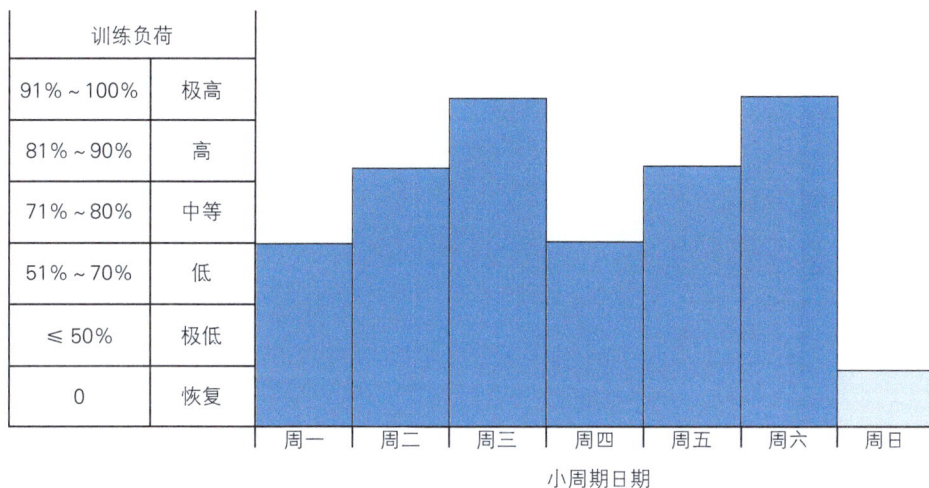

图 7.11 双峰值小周期

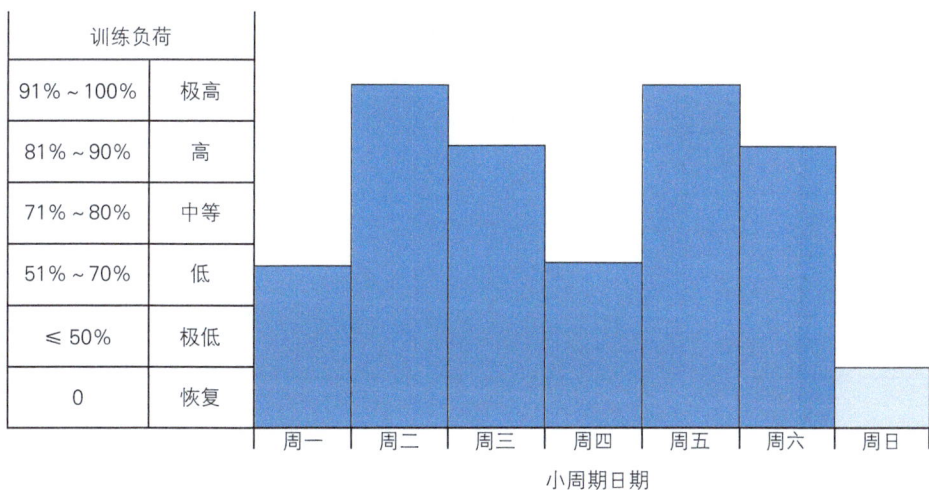

训练负荷		
91%~100%	极高	
81%~90%	高	
71%~80%	中等	
51%~70%	低	
≤ 50%	极低	
0	恢复	

周一　周二　周三　周四　周五　周六　周日

小周期日期

图 7.12 双峰值小周期的变化

如果运动员在高原地区，或经历长途旅行跨越了多个时区（时差为 5~8 小时）后进行训练，那么小周期结构可进行适当的调整。在这些情况下，有必要增加一个没有峰值的适应小周期。当运动员在湿热气候下训练时，小周期结构也应该调整。在此情况下，建议选择运动员精力还很旺盛的一周开始阶段安排峰值。

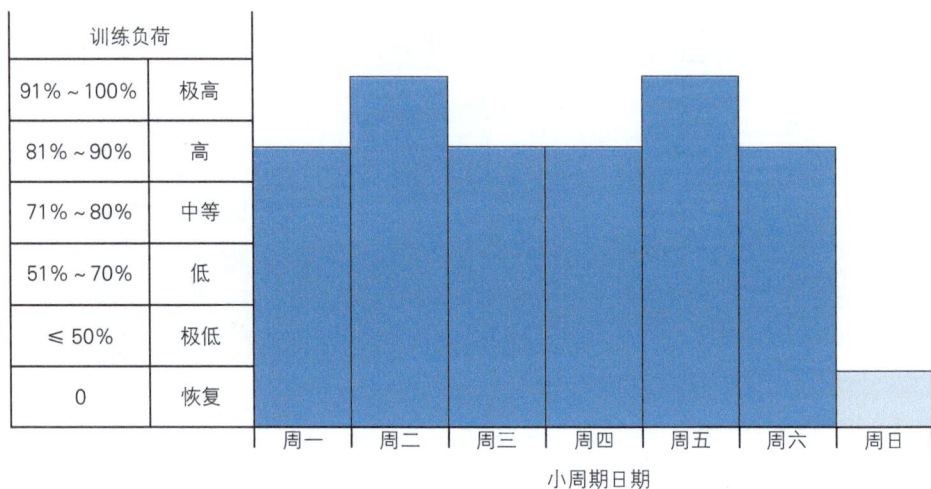

图 7.13 高要求的双峰值小周期

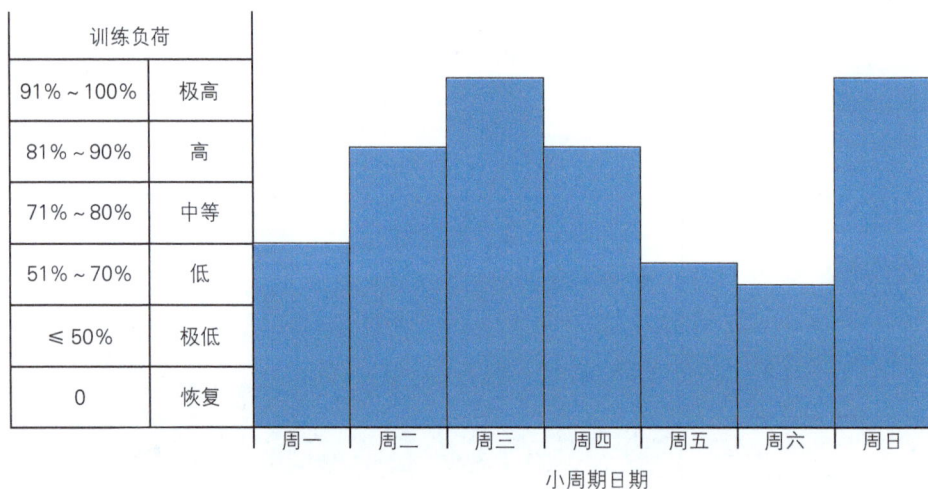

图 7.14 双峰值小周期，第二个峰值是比赛

　　图 7.10 到图 7.16 的小周期示例表示训练负荷，而不是单独的训练量和强度变化。使用这种训练总负荷的方式可以让小周期结构适用于不同的运动项目，因为，不同专项所强调的重点有所不同，有些项目以速度－爆发力为主，而有些则是以最大力量或耐力为主。另外，集体性项目包含了许多因素的交互作用，用训练总负荷更有利于表达小周期的负荷结构。

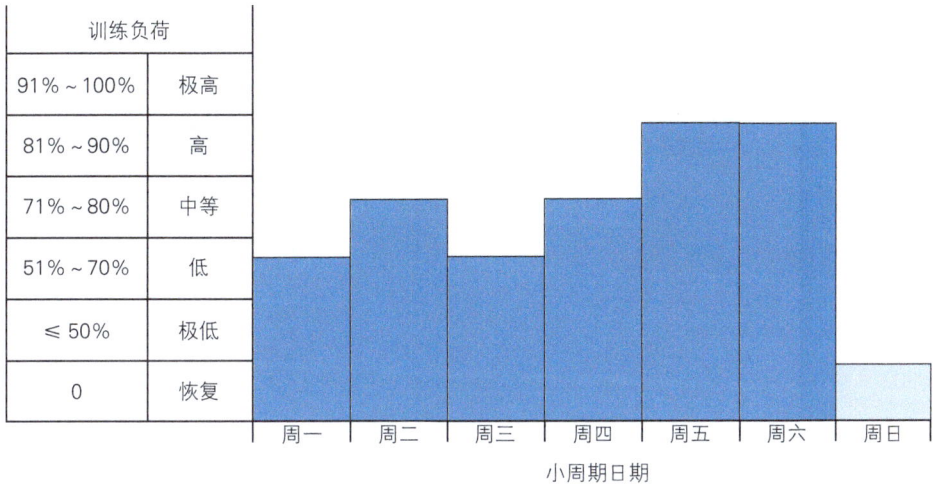

图 7.15 两个相邻峰值的小周期

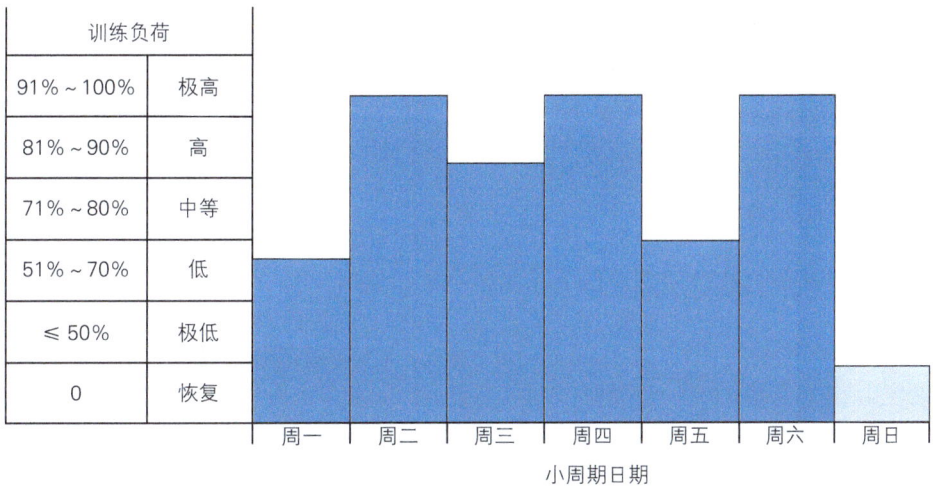

图 7.16 训练负荷交替安排的三峰值小周期

　　小周期安排方式多种多样，一些专家推测至少有 22 种小周期结构。小周期变化数量太多会让训练和设计过程变得愈加复杂化，因此，教练最好是利用较为常见的小周期结构，再根据实际情况进行调整。

　　因此，小周期要起作用，要尽可能简单。计划要具体到日期、目标和每次训练课的内容。训练内容也要简洁且易理解，并且在训练课中要强调主要项目。图 7.17 所示为比赛期的小周期计划。

专项：标枪	小周期 29						
日期： 7 月 27 日～9 月 27 日	目标 1. 成绩：67 米 2. 在最高速度下，完善最后 3 步的节奏 3. 提升上午比赛时的注意力 4. 保持腿部和手臂的爆发力						
时间	周一	周二	周三	周四	周五	周六	周日
上午 10:00 ～ 11:00	• 热身：15 分钟 • 加速跑： –20 米，2 次，分别以最大能力的 50% 和 75% –30 米，2 次，分别以最大能力的 50% 和 75% –40 米，2 次 分别以最大能力的 50% 和 75%	比赛热身：6 次投掷		同周二	比赛热身	比赛： 10:45	
下午 16:00 ～ 18:00	• 热身：20 分钟 • 加速跑： –30 米，3 次，以最大能力的 100% • 技术： – 最后 3 步 –30 次投掷棒球 –15 次投掷实心球 –2×30 米双脚交替跳	• 热身：比赛 • 投掷： –6 次投掷以最大能力的 100% –15 次投掷，以最大能力的 75%（短程助跑） • 热身：7 分钟专项热身 • 力量训练：30 分钟 • 柔韧性训练：5 分钟	篮球游戏：2×15 分钟	同周一	• 热身：比赛 • 投掷： –15 次（中距离助跑） – 走路和投掷：掷向设置在场地上不同的目标，15 分钟 • 放松：专项练习	篮球游戏：2×15 分钟	

图 7.17 女子标枪比赛期小周期计划

根据训练阶段和训练目标进行小周期分类

小周期结构取决于训练目标和训练阶段。据此，通常可以将它分为 4 类：提升、比赛、恢复 – 再生以及调整状态 – 减负荷小周期。

提升小周期

提升小周期主要用于准备期，其目的是促进运动员的生理适应、提高技能以及身体运动能力。这样的周期中可以包括 2～3 个中负荷和高负荷要求的峰值。在此类小周期中，教练可以变换运动员所动用的能量系统，同时在训练负荷上也要有所变化。小周期的实际安排取决于运动员的水平、专项特征以及运动员所处的准备期的子阶段。图 7.18 所示为准备阶段早期的小周期安排，训练课的目的是提高运动员的早期适应和能力。

恢复 – 再生小周期

恢复 – 再生小周期的目标是消除疲劳积累。因此，它可以提升运动员的竞技状态，从而提升运动表现水平。例如，它可以用于集体性项目中的准备期末期和比赛期初期。此类小周期的特征就是训练负荷极低，在这种小周期中，教练可以降低训练强度、减少训练量或两者同时降低 / 减少。此外，在过渡期也可以使用此类型小周期，在这种小周期中，教练可以安排运动员参加一些与专项训练生理特征相似的，但和日常专项训练不同的活动。

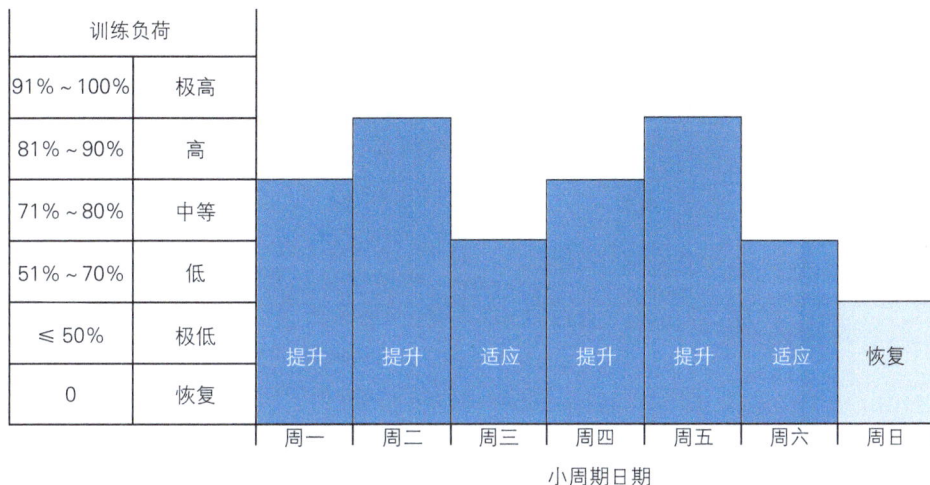

图 7.18 提升小周期（此类型小周期的重点是适应）

调整状态 – 减负荷小周期

调整状态 – 减负荷小周期一般安排在每个中周期的末期，目的是消除疲劳，提升运动员的竞技状态，最终提升专项运动表现。在年度最重要的比赛前，教练通常会连续安排两个减负荷小周期，以促进运动员达到最佳状态（参见第九章）。安排此类小周期的方法包括降低周训练量（降低 50% 或更多）、维持或减少训练强度（减少 5%~10%）。减少训练负荷，可以产生引起超量补偿的生理反应。减负荷小周期在提升运动表现水平的同时，又降低了发生过度训练的概率。

比赛期小周期

在比赛期，小周期的顺序取决于比赛日程。比赛时间也可以影响小周期中再生和减负荷训练日的安排。当制定比赛期的小周期时，所使用的形式会受专项要求的影响。在集体项目中，一周内可能有好几场比赛；而个人项目（参见图 7.19）可能连续数周进行比赛。如果，每周一次比赛，则每周要有 1~2 天的休息和恢复的时间。其中力量和爆发力训练，一般安排在小周期的中间几天。在此案例中，教练使用了中到高的训练负荷。而在下一个比赛前两天，则应安排减负荷训练。

当对手没那么强大或比赛不那么重要时，教练可以对基本的比赛小周期进行适当的调整。这样的比赛对身体的要求不高，后续由比赛而产生的疲劳也低于常规比赛。在此情况下，教练可以把设置在周一的恢复时间更改为额外的技术或战术训练课。另外，也可以在这种不重要的比赛前仅安排一天减负荷训练。

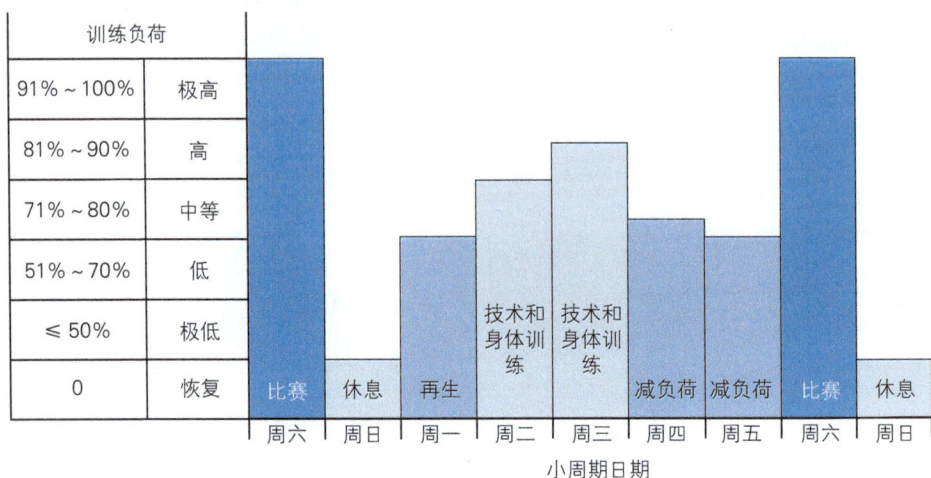

图 7.19 每周一次比赛的小周期

　　通过这种调整，教练可以额外利用 4 个训练日，在这 4 天中至少可以安排一个高负荷训练日。尽管在没有比赛的小周期期间，这些训练的负荷相对小一些，但是教练也要安排保持身体能力的训练。训练的重点应该在保持专项主要的身体运动能力方面。

　　当运动员在单个小周期中有多个比赛（参见图 7.20）时，教练可以在周一安排低负荷短时再生训练课；在周二（第二次训练课）安排战术训练，目标是为周三比赛做准备；周四则再次安排再生训练课；周五是本小周期唯一的高负荷训练课。力量和爆发力训练建议安排在周五，但是总负荷为中低水平。练习的数量必须要少（2～4 个），训练的目标肌群为主要运动肌。为了能够在周日的比赛中有较高的运动表现，周六可以安排减负荷训练。

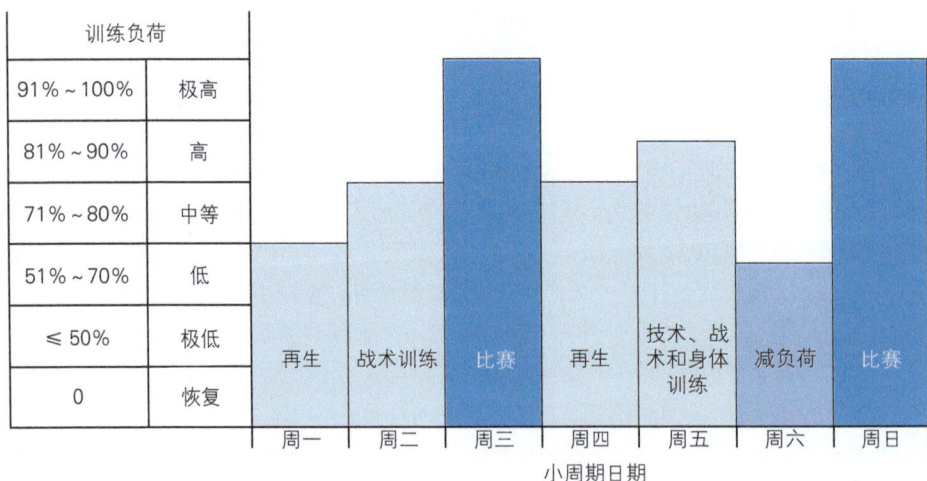

图 7.20 一周双赛的集体性项目比赛的小周期

当运动员需要在周末进行连续超过 2 天的比赛时（例如集体项目赛会制比赛，或田径及游泳的多次比赛），那么小周期的结构就需要按图 7.21 所示进行安排。教练可以在周末比赛前安排两天（周四和周五）的减负荷训练，其目的是消除身体疲劳，在比赛时身体出现超量补偿现象。在本小周期开始（周二）时，可以安排最高训练负荷，而在整个小周期中逐渐降低训练负荷。为了维持力量和爆发力，你可以在一周的某些天安排短时的训练。

假如小周期中有多天赛会制比赛，教练就要安排一些包括积极恢复的再生练习。以低强度进行的恢复活动，有利于促进乳酸清除 [1, 9, 11, 13, 16]，抑制中枢神经系统的活动，增加副交感神经系统的活动，降低肌肉酸痛程度 [14]。积极恢复要包含一些不会显著影响肌糖原含量的低强度训练。比赛会大量消耗糖原储存 [8]，因此在下一个比赛到来之前，运动员要积极补充糖原。补充糖原储存的最好方法是在活动后进行，确保在比赛之间能够摄入足够的碳水化合物 [3, 7]。图 7.22 为持续一周的集体性项目赛会制比赛小周期示例。在本示例中，每一个比赛日后的早上，都安排了低强度的再生训练，以加速身体的恢复。另外，教练可以在比赛前一天的下午安排低强度的战术训练课。以此方式进行小周期安排，可以为运动员提供最好的恢复，并最大限度地提高运动表现。

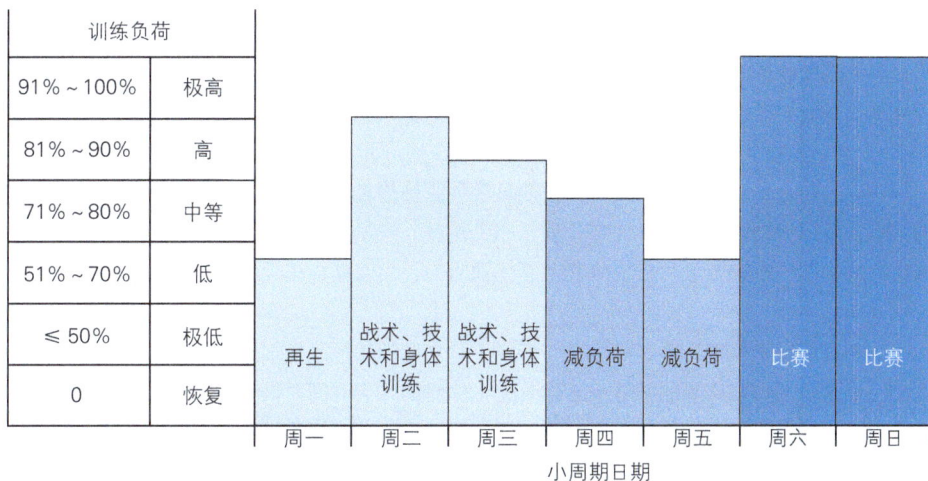

图 7.21 周末两次比赛的集体性项目比赛的小周期

时间	小周期日期						
	周一	周二	周三	周四	周五	周六	周日
上午	比赛	再生	比赛	再生	比赛	再生	比赛
下午		战术训练		战术训练		战术训练	

图 7.22 持续时间为一周的集体性项目赛会制比赛的小周期

比赛小周期模式

　　年度训练计划中的大多数小周期都是为了提升该专项所需的技能。但是，在比赛阶段，训练计划的重心就转移为让运动员在比赛期间达到最高运动表现水平。依照专项的要求和运动员的生理和心理需求，教练通过对小周期结构进行调整，就可以实现这一重心转移。制定小周期的策略之一是基于比赛模式（模式化训练）。尤其对于个人项目而言，运动员可以在重要比赛前重复使用这种模式。这种模式要包含不同强度的训练课，并且要安排积极性休息和恢复。日训练安排要与比赛当天的安排相一致。

　　很多体育项目（如地区级别的田径项目、游泳、网球、一些集体性项目、武术）在同一天不仅要进行排位赛，还要进行决赛（例如周五上午 10 点和下午 6 点）。参照比赛日程设计的模式，可以把主训练日安排在周五，且包含两次与比赛时间安排相同的训练课。

　　其他体育项目（例如，一些集体性项目、国家级和国际级田径项目、游泳、拳击、网球和摔跤）包含 2 ~ 4 天的连续比赛。调整小周期的结构同样可以使这种比赛安排方式模式化，从而让运动员适应比赛要求。在比赛前，可以让运动员重复进行几次这种模式。但是，只能每 2 ~ 3 周使用一次此模式，而在每个涵盖此比赛模式的小周期之间，要设置提升小周期。

　　诸如奥运会、世界锦标赛和国际赛等赛会制比赛，运动员要连续进行 4 ~ 9 天比赛。因此，要将这种比赛安排进行模式化显然是不可行的，因为这种模式会给运动员带来极大的生理应激，并且会严重影响用于训练的时间。为了准备大型的赛会制比赛，运动员可以参加持续 2 ~ 3 天，包括 4 ~ 5 场比赛的小型赛会制比赛。为了准备赛会制比赛，运动员要按照提升小周期以及包含了目标赛会制比赛特征的日常训练结构进行训练。另外，通过使用比赛模式的方式，可以帮助运动员熟悉比赛日程，改变比赛、恢复活动的安排方式。教练可以把高训练负荷的训练日放在与之相对应的赛会制比赛当天，而在此训练课结束后采用低强度训练课或恢复课。

　　运动员要熟悉模拟比赛日和休息（恢复）日之间的转换，从而适应比赛日程，更加适应比赛。很多运动员在比赛期间并不喜欢有完全休息的几天时间，因为他们觉得比赛第二天的运动表现不如期望的那么好。比赛后第二天，运动员运动表现水平下降也许是赛后的一种心理反应（例如过度自信、自负），而不是因为疲劳积累。为了让运动员习惯在比赛期间主动休息几天，教练可以在年度训练计划比赛阶段的所有大周期中安排比赛小周期模式。假如比赛阶段很短，教练可以在准备期的后期安排比赛小周期模式。

　　尽管比赛小周期模式可作为准备重要比赛的方式，但是运动员可能会参与几个其他的比赛。这些比赛可能被安排在与重要比赛不同的小周期中的某一天。在这些情况下，小周期模式不能进行调整，尤其是当运动员要参加重要比赛的资格赛时。

　　重要比赛前的小周期的主要目标是让运动员从训练的生理和心理应激中恢复，使运动员在比赛时达到最佳状态。在重要比赛前的小周期中，为了让运动员达到最佳状态，可以降低 40% ~ 60% 的训练负荷。在两个训练小周期中控制训练负荷，也是一种策略。在这种情况下，运动员的训练负荷会在 8 ~ 14 天内逐渐减少。第九章提供了几个示例。

恢复和再生小周期

当疲劳消除时，运动员的竞技状态和运动表现水平都会提升，因此，一些专家称疲劳管理是实际训练过程的重点[15]。假如能合理地管理疲劳，就会引发超量补偿，从而提升运动员的竞技状态和运动表现水平。

教练可以采用不同的方式在小周期中安排恢复和再生训练课。例如，教练可以通过安排休息日、改变训练强度、变换训练方法等，帮助运动员在训练课之间恢复身体[15]。此外，可以在大周期的末期安排再生小周期。图 7.23 为经典的 3 : 1（负荷和减负荷）安排结构，也就是说在第 4 周安排减负荷或再生小周期。这些小周期的结构可以类似于训练小周期，但是要降低训练强度和频率。

在另外一种恢复小周期结构中，教练可以安排有利于身体恢复的训练课。此类训练的热身时间会稍长，训练时间较短，训练课包含一些低强度内容或补充性的活动，之后再在训练课的后半部分安排一些促进恢复的活动。表 7.2 提供了恢复课的示例以及恢复方法。

再生小周期是年度计划中不可或缺的部分，在比赛期极其重要。在很多体育项目中的训练比赛期，教练可以安排 2 或 3 个包含一系列比赛的小周期。比赛多会增加运动员的疲劳。为了使运动员承受大量的心理和生理应激，教练需安排再生和恢复小周期。图 7.24 为再生小周期的一个示例。这个小周期的目的是消除生理和心理疲劳，促进能量基质恢复，并在周期末期使运动员获得超量补偿。

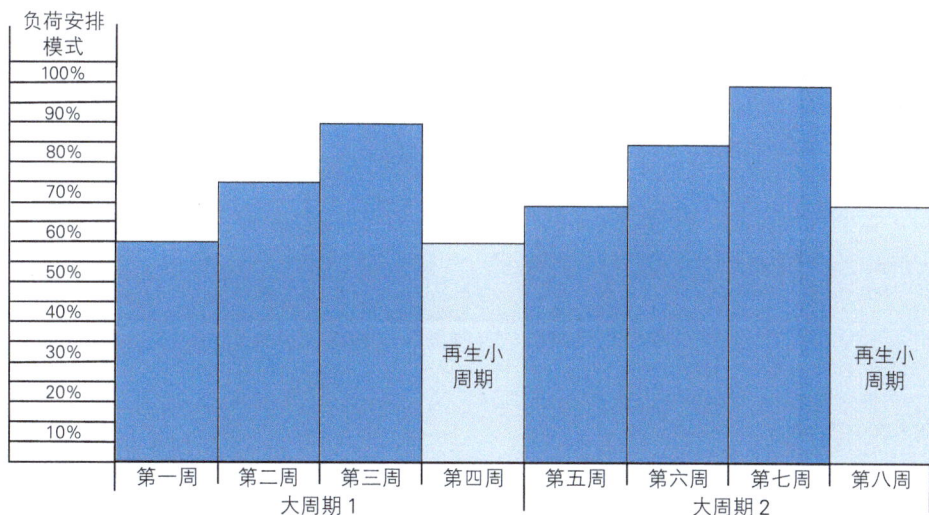

图 7.23 恢复和再生小周期的安排

表7.2 ▶ 恢复环节

	描述	时长 / 分钟
热身	一般热身	10
	专项热身	20
训练课	低强度活动：专项或补充性的活动	30
放松	静态伸展	10
再生	热水浸泡	10 ~ 20
	· 37 ℃ ~ 39 ℃全身	
	· 37 ℃ ~ 40 ℃大腿	
	· 37 ℃ ~ 45℃手臂和双手	
替代性再生技术	全身按摩	10 ~ 20
	桑拿	30
	· 60 ℃ ~ 140℃；5% ~ 15% 湿度	
	热差理疗	20
	· 热疗：37℃ ~ 44 ℃	4
	· 冷疗：7 ℃ ~ 20 ℃	1
	冷水浸泡	20
	· 12 ℃ ~ 18 ℃	

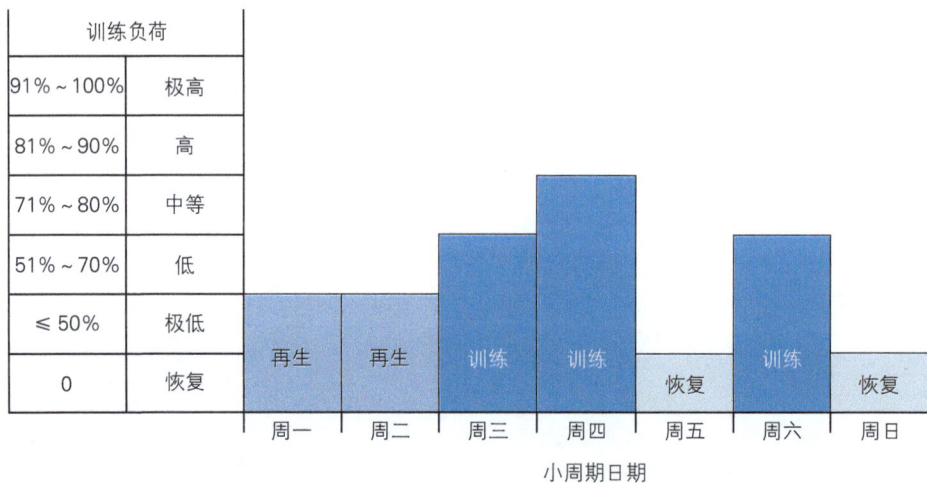

图 7.24 再生小周期

量化训练

　　教练和运动员应该利用客观的方法安排训练负荷，但实际的情况则是很多教练是根据自己的主观判断来安排训练负荷的。理想的情况下，教练要交替安排大负荷训练日和小负荷训练日。所谓的"没有痛苦就没有收获"训练理念，以及一直保持高强度–缺乏负荷变化的训练，最终会导致运动员产生程度非常高的疲劳积累，甚至是过度训练。

　　尽管对训练计划中的负荷参数进行量化的教练不多，但是量化训练是制定训练计划要考虑的最重要的因素。在个人体育项目中（田径、游泳和赛艇），训练量通常是用千米数来量化的，也就是每个小周期、大周期或训练年度计划中的千米数或英里数。在投掷项目中，训练量是以单个周期中完成的投掷数量来量化的。强度是以跳跃或投掷的距离、最大速度、最大功率输出或心率的百分比来量化的。在力量训练中，训练量是以举起的吨数（训练量）、每个运动的周重复次数或每次训练的总动作组数来量化的。强度大小取决于运动员的最大力量或单次重复最大重量（1RM）。在集体性项目中，很少有教练对训练强度和训练量进行量化，这就导致很难监测运动员的训练情况。但是，近年来，集体项目开始使用 GPS 和加速器协助教练精确量化运动员的训练情况。而在之前，他们顶多使用高强度训练时长来量化训练负荷。

　　训练量化通常难以操作，只有当教练为自己非常熟悉的某个运动员安排训练时才可能会更容易一些。教练应该了解运动员的训练背景、承受生理和心理应激的能力、强项与不足，以及训练环境。由于每个人的上述情况各不相同，因此不存在所谓的统一的训练计划。了解运动员的需求和能力是设计训练计划的基本出发点。教练要根据已经建立的公式来安排训练强度，并对训练量进行量化。

　　在所有训练计划中，整个小周期中训练强度要有变化，这样才能促进运动员对训练负荷的生理适应，并帮助他们在训练后恢复与再生。为了量化训练强度，教练需要根据体育项目的生理需求来辨识 4 ~ 5 种不同的训练强度区间。不同强度区间与不同的活动节奏、训练类型和方法，以及运动员的心率反应相关。强度区间应该根据体育项目的生物能量特征，或不同的能量系统所占的百分比来确定。在收集这些信息后，教练可以安排小周期中每个强度等级的百分比（参见表 7.3）。随着专项准备期的推进，大部分的训练负荷应集中于专项所需要的主要能力和生物能量特征。

　　表 7.3 和图 7.25 为赛艇运动的小周期安排。在表 7.3 中，强度区间 3 和 4 占了年度训练计划比赛期 70% 的总训练负荷。强度区间 3 和 4 在图 7.25 中也占了主要地位，它是我们所学的理论概念在赛艇训练计划中的实际应用。

　　如果没有量化训练的客观方式，教练可以主观地将技能和训练分成较难（比赛速度）和较易两个部分。比赛速度可用强度区间 2 进行模拟，这种训练强度至少要占每周训练时间的 50%。

　　较好的量化系统需要包含 5 种强度，强度区间 5 是低强度区间，它的作用是在运动员完成其他强度区间训练后进行补偿，或促进超量补偿。5 种强度分类的示例如下。

　　1. 最大强度。

　　2. 高于比赛速度。

　　3. 比赛速度。

　　4. 低于比赛速度。

　　5. 补偿。

　　无论是何种类别，高于比赛速度的训练强度主要使用无氧能量供应系统，而低于比赛速度的训练强度则主要使用有氧能量供应系统。

表7.3	赛艇强度区间示例				
	强度区间 *				
	1	2	3	4	5
特征	速度耐力	爆发力耐力	专项比赛训练	中距离有氧耐力	长距离有氧耐力
活动节奏	最大	较高，高于比赛节奏	快速，最佳的节奏	中等，低于比赛节奏	低
滑浆速率	> 40	37 ~ 40	32 ~ 36	24 ~ 32	< 24
训练类型	起动，加速15秒，休息15分钟	250 ~ 1000 米重复，休息3 ~ 10分钟	比赛,控制节奏,间歇训练3 ~ 4分钟，休息4 ~ 5分钟	长时间重复，不同的速率和爆发力，长距离赛艇，30 ~ 60秒冲刺	长距离（稳定状态）技术
心率/（次/分钟）	> 180	170 ~ 180	120 ~ 150	120 ~ 150	< 120
生物能量 无氧占比	80%	65%	25%	15%	5%
有氧占比	20%	35%	75%	85%	95%
训练量	10%		70%		20%

* 强度区间 1 强度最高，强度区间 5 强度最低。

		小周期						
时间		周一	周二	周三	周四	周五	周六	周日
上午 9:00 ~ 11:30	强度区间 *	4	3	4	4	3	5	
	距离 / 千米	24	20	24	24	20	24	
	训练	长时间重复:8×2 千米	间歇训练10×3 分钟，运动－休息比为1：1	有氧耐力长距离	变化速度，变化爆发力	间歇训练6×3 分钟，运动－休息比为1：1.5	有氧耐力3×1 分钟	
下午 16:00 ~ 18:00	强度区间	2	4		1	4	2	
	距离 / 千米	20	24		20	24	20	
	训练	模式训练:1×250 米，2×500 米，2×1000 米，2×500 米，2×250 米	变化速度，变化爆发力		加速跑：全力跑500米，休息1.5分钟	长时间重复:3×6 千米，休息5分钟	模式训练:1×250 米，6×100 米，2×500 米，2×250 米	
	力量训练	最大力量	肌肉耐力		最大力量	肌肉耐力		

图 7.25 利用以数字为基础的强度区间来构建赛艇项目的小周期示例

* 强度区间 1 强度最高，强度区间 5 强度最低。

　　无论教练是使用客观方法还是主观方法来量化训练，在安排小周期计划时都应该遵循正确的顺序。第一步是为每一周每一天安排训练强度区间（参见图 7.25）。每一天的强度区间选择上体现出训练强度、运动类型或目标能量系统上的差别与变化。在完成这一步骤后，就进入训练计划安排的第二步。为了使训练计划更切实可行，教练应该明确每一个强度区间所涉及的活动类型——技术练习、战术练习或身体训练。

　　每一个计划要包含 1~3 个强度符号，也就是说这个训练计划有可能会出现有两个练习均是使用同样的能量供应系统的情况。这个方法对技术和战术复杂性高的运动项目是非常有效的。集体性项目可以将这一点展现得淋漓尽致，表 7.4 是量化训练的一种方法，表 7.5 是如何安排强度区间的示例。

表 7.4　集体性项目训练量化

	强度区间 *				
	1	2	3	4	5
训练特征	T：复杂 TA：乳酸耐受训练	T/TA： 自杀式训练	TA： 最大摄氧量	T/TA： 磷酸肌酸	T：准确投射、发球、传球
时长	30~60 秒	20~30 秒	3~5 分钟	5~15 秒	10 分钟多个回合
休息间隔/（分钟）	3~5	3	2~3	1~2	1
心率/（次/分钟）	>180	>180	>170	>170	120~150
生物能量					
无氧占比	80%	90%	40%	90%	10%
有氧占比	20%	10%	60%	10%	90%
训练量	40%		20%	20%	20%

T= 技术；TA= 战术。
* 强度区间 1 强度最高，强度区间 5 强度最低。
注释：在休息期间，运动员可以练习低强度技术（如投篮）。

表 7.5　集体性项目小周期期间强度选择示例

日期						
周一	周二	周三	周四	周五	周六	周日
1*	2	4	2	1	5	
3	5	5	3	4		
5			5	5		

* 强度区间 1 强度最高，强度区间 5 强度最低。
注释：在某一天可以安排多个强度。周三和周六是补偿日。

在小周期期间变换训练强度和主要供能系统

预防疲劳、肌肉僵硬和过度训练的最有效的方法之一，是在小周期内变换训练强度。强度或功率输出越高，对无氧能量供应的需要就越大（磷酸原和快速糖酵解）。通过调节训练强度，教练能够针对特定的能量系统安排训练，从而促进运动员的身体恢复和再生或刺激生理适应。这种变化的结构取决于不同的训练阶段（准备期 vs 比赛期），以及在比赛前对特定能量系统超量补偿的需求。教练需要根据训练生理学和方法学的知识，安排这种小周期变化。如果一份训练计划中这种变化安排得合理，可以帮助运动员在合适的时间达到最佳状态。

对于大多数体育项目而言，运动期间的能量需求大多数优先来源于两种能量系统 [10, 15]。尽管通过分析，我们可以辨识出某运动项目中运动员主要使用的能量系统，但是我们必须认识到，在进行专项活动时所有的能量系统会同时参与，并且运动的强度（即功率输出）决定了优先使用何种能量系统 [2]。因此，高强度运动的主要能量系统是磷酸原和快速糖酵解，而低强度运动主要是慢速糖酵解和有氧系统 [15]。假如在比赛的过程中，运动员能量储存消耗殆尽，那么应该降低赛后训练强度。降低训练强度可以消除积累的疲劳，因此，安排可以促进恢复和再生过程的小周期，可以让运动员为后续训练做好准备。

尽管交替进行运动和恢复很重要，但是运动员没有必要每次都要完全恢复后才开始下一次训练。例如，在训练准备期，训练的重点是形成强大的生理基础时，运动员并不能完全恢复，并且运动表现水平也不会产生超量补偿。在后期的减负荷小周期中，当训练负荷降低后，运动员的竞技状态将得到提升，运动表现也会得到提升。因此，在训练的准备期，训练计划需要包含提升小周期，在这种小周期中运动员没有足够的时间消除所有已经积累的疲劳。这个过程会对运动员的生理系统提出挑战，在后续的减负荷小周期之后会使运动员的运动表现进一步提升。随着比赛期的临近，教练可以通过降低训练强度和减少训练量来降低运动员准备期所产生的疲劳。采用这种方式可以刺激生理适应、消除疲劳，让身体指标形成超量补偿。

对于复杂的体育项目（集体性项目）而言，训练强度和主导能量系统的变化会比较困难，因为此类项目中，多种不同的能量系统均对运动表现有重要的影响，而运动员的战术、技术能力也受不同的能量系统的影响。为了获得成功，运动员需要高水平的爆发力、速度和高强度耐力。因此，教练在制定计划时就会遇到难题，即既要安排不同的训练任务从而让运动员能够满足该专项的需求，又不能引起过度训练。对教练来讲，最好的方式是进行训练强度的变化，从而改变不同训练的主导生物能量需求，以促进运动员各方面的生理适应。在尝试针对特定能量系统去改变训练强度时，可以使用下面提到的方法。

第一步是根据所依赖的能量系统将所有技能和训练类型进行分类，表7.6 给出了一种技能分类示例。尽管这个表格可以用于指导技能的分类，但是教练仍需要对技能以及与该项专项相关的身体运动能力进行系统的分类。在安排日训练计划时，将训练负荷集中于某一种能量系统（无论是技术练习还是身体训练）是一种安排训练的方法。日训练课可以集中针对某选项进行训练，而在其他训练日进行其他训练。

第二步是安排小周期训练计划，在训练计划中交替使用不同的训练选项（参见表7.6），目的是在不同的训练日针对特定的能量系统进行训练。在训练负荷改变的同时辅以合理的营养，有助于运动员的能量恢复，并能促进生理适应，最终提升运动表现水平。

表7.6	交替使用不同能量系统：技能和身体训练分类	
无氧非乳酸日	**无氧乳酸日**	**有氧日**
1. 技术能力（1~10秒）	1. 技术能力（10~60秒）	1. 长时间技术能力（>60秒）
2. 战术能力（5~10秒）	2. 战术能力（10~60秒）	2. 中长时间战术能力（>60秒）
3. 加速和最大速度	3. 速度耐力（10~60秒）	3. 有氧耐力
4. 最大力量和爆发力	4. 爆发力、耐力，短时间肌肉耐力	4. 中长时间肌肉耐力

源自：T.O. Bompa and C. Buzzichelli, 2015, Periodization training for sports, 3rd ed. (Champaign, IL: Human Kinetics), 169.

就交替使用不同能量系统的小周期而言，在整个年度计划中不能一直使用这种类型的训练周期。在训练的某些阶段，训练的目的是消除疲劳、刺激超量补偿；而在另外一些阶段，训练的目的则是使运动员产生较高的疲劳积累，从而刺激运动员的生理适应。在这些小周期中，即使我们有意地交替使用不同的训练负荷，但是整体训练负荷仍然会使运动员产生较强烈的疲劳感，这会降低运动员的准备程度，并最终抑制超量补偿效应。

本章提供了多个调控训练负荷的示例（参见本节后续图表）。在某些训练日里，训练负荷对运动员是一种挑战，这会导致疲劳程度增加；但是在其他训练负荷较低的训练日里，疲劳会减小。每个小周期示例图中都包含了一个疲劳和超量补偿的动态变化曲线。

集体性项目非常复杂，这些项目的某次训练课都会涉及多个能量系统和神经肌肉系统(技术、最大速度、力量和爆发力)。图7.26所示为小周期内的负荷变化。周一的训练着重于神经肌肉、磷酸原和糖酵解能量系统。训练活动涉及短时的、主要依赖 ATP-PCr 作为燃料来源的速度、爆发力，以及最大力量练习。但是，运动员在休息间隔不足的情况下进行这些活动，会使糖原储存消耗殆尽。根据训练量和训练强度，周一运动后的恢复速率应相对较快，目的是让运动员在周二的训练时不会感到明显的疲劳。

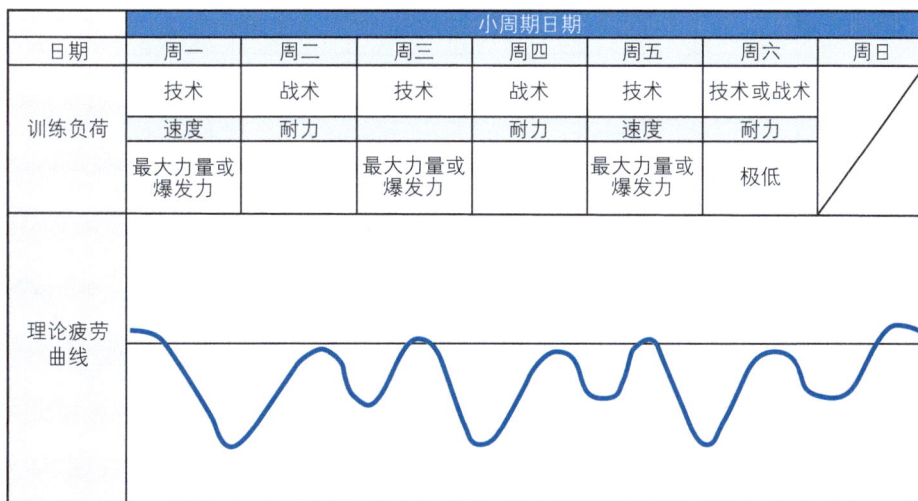

	小周期日期						
日期	周一	周二	周三	周四	周五	周六	周日
训练负荷	技术	战术	技术	战术	技术	技术或战术	
	速度	耐力		耐力	速度	耐力	
	最大力量或爆发力		最大力量或爆发力		最大力量或爆发力	极低	
理论疲劳曲线							

图7.26 集体性项目准备期末期所使用的小周期

在传统的训练过程中，运动员几乎每天都承受着极大的生理应激，图 7.26 所示的周一的训练负荷会非常高，几乎使运动员的糖原储存消耗殆尽，而且会产生疲劳的积累。交替使用不同训练强度会帮助运动员更好地管理疲劳。例如，在图 7.26 中，周一的训练使身体承受了极大的生理应激，而周二的训练课中则包含了较低强度的战术和耐力训练。在小周期中交替使用不同训练应激的目的是有效地调节身体的疲劳水平。

图 7.27 也是一种在小周期中交替使用不同训练应激的示例。此图为速度和爆发力为主要运动能力的项目的假设安排模式。在这个小周期中，我们将速度和爆发力训练与爆发力耐力（每组运动重复 10 ~ 25 次爆发力动作）训练放在同一训练日。在进行为期 2 天的以由磷酸原和糖酵解为主要供能系统的高强度训练日之前，先安排一天节奏跑和耐力训练（补偿）。

图 7.28 为以有氧供能为主导的运动项目的小周期安排示例，该项体育运动主要依赖有氧供能系统。这个训练计划同时包含了不同类型的力量训练，它们会分别被安排到需要动用相同能量系统的训练日。因此，在耐力训练后会安排肌肉耐力或大训练量（重复次数多）的力量训练。高强度力量训练（最大力量或爆发力耐力训练）则安排在以磷酸原和糖酵解系统为主要供能系统的训练日。专项强度训练安排在周四。这类目标明确的训练有时被称为"机能增强"。

图 7.29 展示了比赛时长持续 4 ~ 6 分钟的耐力型体育项目的小周期安排。在此示例中，磷酸原和糖酵解系统同时发挥作用的高强度耐力训练，是比赛成功的关键。在高强度耐力提升（如对糖酵解系统产生极大压力）的训练日之后，教练安排了低强度有氧练习作为补偿性活动。该专项训练的目标是提升运动员产生较高水平乳酸的能力，以及缓冲并快速清除乳酸的能力，从而提升恢复速率。在此示例中，在高强度间歇训练后，总是安排以促进恢复为目的的补偿训练日。

日期	小周期日期						
	周一	周二	周三	周四	周五	周六	周日
训练负荷	技术	速度	节奏	战术	速度	节奏	
	最大力量	爆发力或爆发力耐力	战术	最大力量	爆发力	战术	
						爆发力耐力	
理论疲劳曲线							

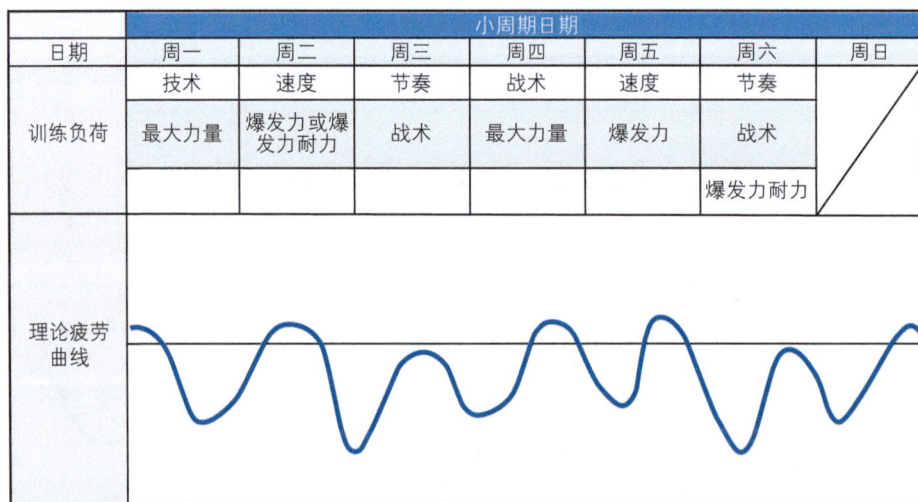

图 7.27 需要速度和爆发力的体育项目的训练应激交替安排

日期	小周期日期						
	周一	周二	周三	周四	周五	周六	周日
训练负荷	有氧耐力	无氧耐力	无氧耐力	机能增强	无氧耐力	无氧耐力	
	肌肉耐力	最大力量或爆发力耐力	补偿训练	肌肉耐力		补偿训练	
理论疲劳曲线							

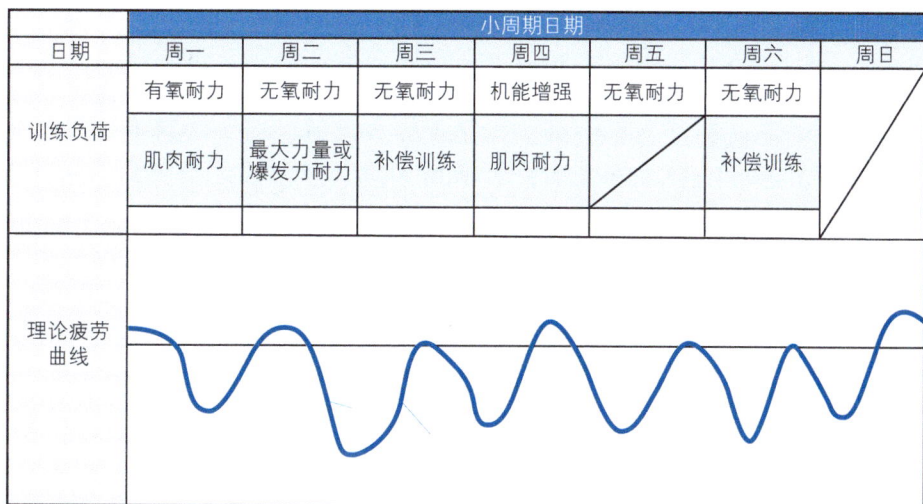

图 7.28 以耐力为主的体育项目的训练应激交替安排

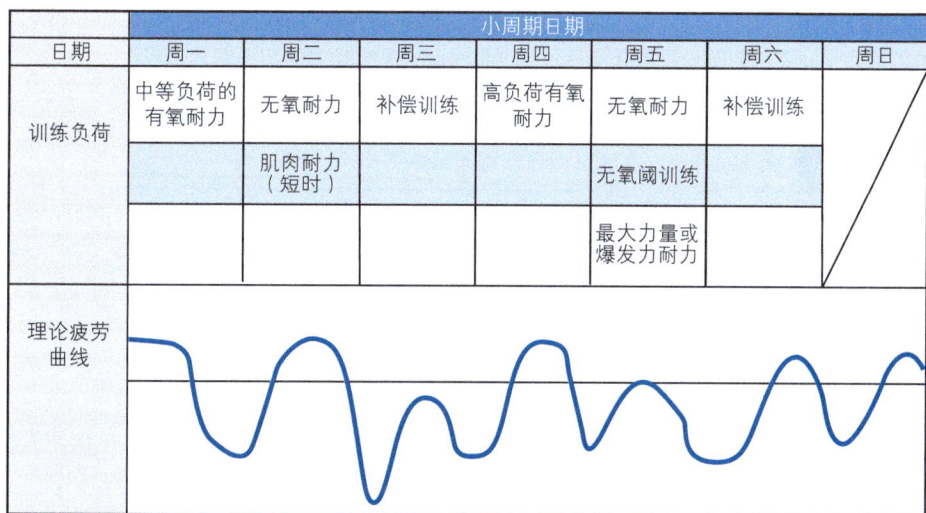

日期	小周期日期						
	周一	周二	周三	周四	周五	周六	周日
训练负荷	中等负荷的有氧耐力	无氧耐力	补偿训练	高负荷有氧耐力	无氧耐力	补偿训练	
		肌肉耐力（短时）			无氧阈训练		
					最大力量或爆发力耐力		
理论疲劳曲线							

图 7.29 需要坚持 4~6 分钟的耐力型体育项目的训练应激交替安排（有氧功率）

大周期

　　大周期一般包括 2~6 周的小周期。小周期是为即将到来的一周安排训练，而大周期则用于安排未来几周的训练。因此，我们可以把大周期认为是关于未来几周计划的一般训练结构，而小周期则是根据特定目标而安排的实际计划。

大周期的时长

　　尽管为了让运动员为各种训练活动做好准备的大周期计划都有一些相似性，但每一专项都有必须注意的不同要点。这些要点决定了大周期的结构。根据专项和训练阶段的不同，大周期的负荷结构和时长也不相同。因此，大周期的安排要考虑周全，以满足运动员的个人训练目标。表7.7为美国大学女子足球队力量训练计划的大周期结构。

　　确定大周期的时长时，教练必须要考虑训练阶段。在准备期，大周期时长（4~7周）通常多于比赛期的大周期。大周期的时间跨度必须足够长，从而能够提高运动员身体运动能力、技术能力或战术能力。因此，确定大周期时长的方法之一是考虑完善一种能力所需要的时间。

　　大周期结构同样受比赛日程的影响。在比赛阶段，大周期时间跨度稍短，包含2~3个时长为1周的小周期。通常在大周期的末期会安排减负荷小周期，之后则是比赛。这种安排方式可以让教练了解运动员与目标表现水平相比进步的情况。如果在比赛阶段，运动员要在一个月内进行多场比赛（最多8场）——这在集体性项目中较为常见，教练必须要确定哪一场比赛是最重要的。在这种大周期结构类型中，教练不要对小型比赛关注太多，因为小型比赛是训练的一种形式，目的是为教练提供反馈，教练要判断运动员是否为重要比赛做好了准备。因此，大周期的时长要包含最后一个可以过渡到重要比赛的小周期。

表7.7　美国大学女子足球队力量训练大周期结构

日期	5月	6月	7月	8月	9月	10月	11月
阶段	准备期		赛前期			比赛期	
重点	解剖适应	最大力量	爆发力	灵敏性	保持	保持	最佳状态
小周期数量	4	4	6	2	4	4	4
训练目标重点							
肌肉耐力	高	中	低	—	低	低	—
力量	中	高	中	低	低	低	低
爆发力	低	中	高	中	中	中	低
速度	—	低	中	高	中	中	中

大周期的结构

大周期的结构取决于训练目标、训练阶段和比赛日程。因此，年度训练计划的大周期要根据每个阶段的训练目标来进行调整（例如，准备期、比赛期和过渡期）。

准备期的大周期

准备期的主要目标是引发运动员生理、心理和技术的适应，这些均是运动表现的基础。但是，目前一些体育项目采用了以一年为单位的比赛日程。因为训练准备期的时间不足，所以这种计划会限制运动员表现水平的提高。在合理的年度训练计划中，准备期是计划中最重要的部分，并且可以决定比赛的成败。

提升大周期最适合安排在训练准备期。提升大周期的训练负荷通常遵循逐级渐增负荷的方法。图 7.30 为两种逐级渐增负荷的示例，分别为 4∶1 和 3∶1 的负荷安排模式。在 4∶1 的负荷安排模式中，训练负荷在前 4 个小周期中逐级增加，而减负荷和再生小周期则安排在大周期的最后阶段。当运动员准备提升生理基础、纠正技术习惯、学习新技术或战术技能时，在准备期早期安排这种负荷安排模式较为合理。3∶1 的负荷安排模式同样适用于准备期，并且是最常见的负荷计划。这种负荷安排模式和身体的自然周期相契合[5]。3∶1 负荷安排模式包含 3 个负荷逐级增加的小周期，而后是一个减负荷或再生小周期。如果在第 3 个小周期后疲劳程度很高，那么第 4 个小周期的负荷应该大幅度降低，或者可以增加一个恢复小周期，以形成 3∶2 的负荷安排模式。在大周期期间训练应激越高，运动员提高运动表现水平或者产生超量补偿效应的时间就越长[4]。哈尔森等认为，在持续 2 周的高负荷训练后，需要 2 周的减负荷，才能让运动员的运动表现能力恢复到负荷之前的水平。

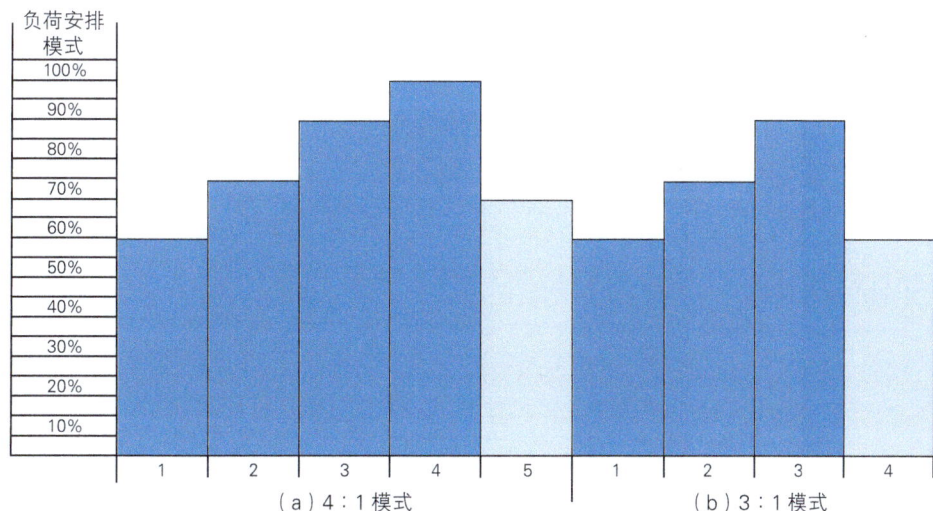

图 7.30 关于提升大周期的两个示例：a. 4∶1 模式；b. 3∶1 模式

比赛期的大周期

比赛大周期安排取决于比赛日程。由于存在这种关系，因此存在不同的专项大周期结构。

有些集体性项目在整个赛季都要进行一周一赛或一周双赛，这些项目应该在整个赛季采用稳定的训练负荷安排模式。在此结构中，在小周期中教练要对训练强度和训练量进行变化，尤其是包含了比赛的小周期。在这些小周期中，比赛之间要安排再生训练日，也要安排不同训练负荷的训练日。为符合集体项目独特的负荷要求，教练应该考虑使用多种不同的小周期负荷安排模式。

大周期负荷安排模式可以是4∶1、3∶1、2∶1、1∶1、2∶2，或者是其他任意组合。较长的大周期（4∶1，3∶1）通常在一般准备期间使用。在专项准备期间，3∶1和2∶1是最典型的大周期结构，2∶1的负荷安排模式主要用于负荷变化较小的爆发力项目。在比赛阶段，减负荷小周期（可以消除疲劳并提升运动表现水平）使用较为频繁。因此最常见的大周期结构是2∶1、1∶1和2∶2。当球队在连续两个比赛周内遇到了强劲的对手，或者运动员要准备很重要的比赛时，那么可以连续安排两个减负荷小周期（减量，见下节），从而以让运动员达到最佳状态。

另一个安排大周期的结构需要考虑的重要方面是，运动员需要在该阶段出现多少个最佳状态。例如，图7.31呈现的大周期，资格赛在7月9日，重要比赛在8月14日。在两个重要赛事之间没有其他比赛安排。资格赛的结果决定了运动员是否能够参加后一阶段的比赛，

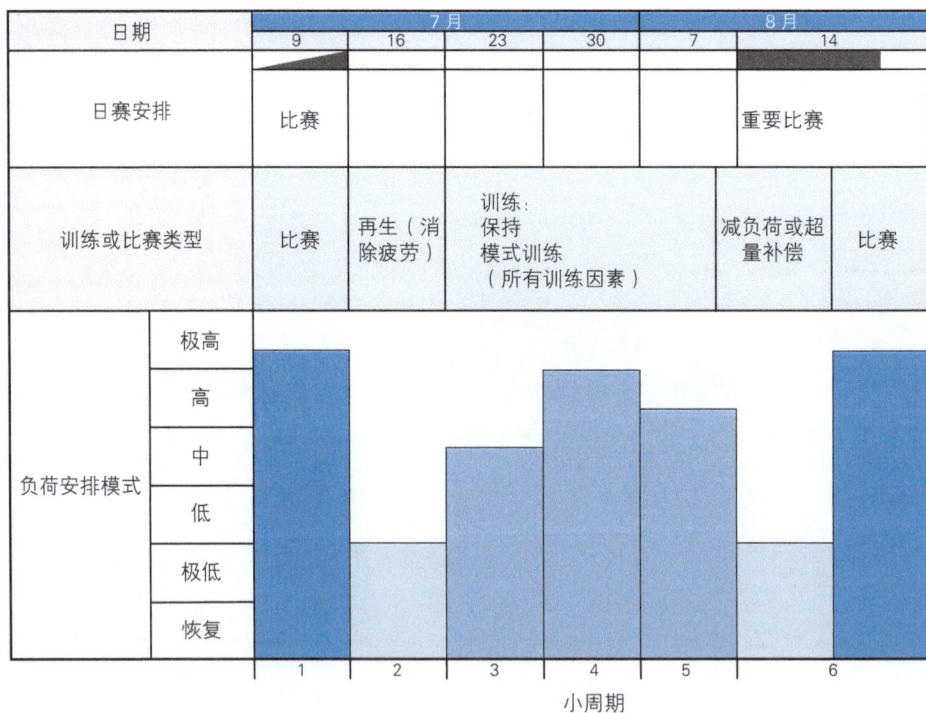

图7.31 两场重要比赛的大周期结构

也为后一阶段比赛前的训练提供了是否需要调整的依据。假如要在这两次比赛期间安排额外的比赛，那么重点就不是训练，而是如何表现得更好。另外，假如在此大周期期间比赛次数增加，那么运动员的疲劳程度肯定也会显著增加，这种安排不利于运动员在最后比赛中的运动表现。

在图 7.31 中，我们可以看到在两个比赛之间有多个小周期。资格赛后的第一个小周期是再生小周期，其目的是消除疲劳并且让运动员能够释放第一场比赛的压力。接下来的三个小周期用于对技术能力、战术策略以及身体能力进行完善。这些小周期的目的是使运动员建立对自身能力的自信，以及提升所需的动机水平，在 8 月 14 日进行的重要比赛中发挥出最高水平。在 8 月 14 日比赛之前，则安排了 8 ~ 14 天的减负荷训练，目的是促进运动员形成最佳状态（参见第九章的图 9.3）。在此期间，训练负荷会减少，从而减少运动员的身体疲劳、提高准备水平。假如为达到最佳状态而安排的减负荷训练安排得合理，运动员的运动表现水平将得到显著提升。

为比赛准备而采用的减负荷大周期

减负荷大周期的目的是消除疲劳、产生超量补偿。最佳负荷逐渐降低或减负荷阶段的时长为 8 ~ 14 天，在此期间的训练负荷要减少 40% ~ 60%[8]。减少负荷的方法有 4 种：线性、缓慢衰减（slow decay）、快速衰减以及逐级减少[12]。训练负荷逐渐降低的类型和时长绝大程度上取决于在负荷逐渐降低的前几个星期内的训练负荷。例如，假如之前训练负荷很高，负荷逐渐降低或减负荷阶段的时间则需要更长，且训练负荷的降低程度较大。基本的降低负荷策略在很多体育项目中都有效，例如举重、田径以及游泳。更多关于减负荷的策略可见第九章。

过渡期的大周期

过渡期是年度训练计划中的重要部分。图 7.32 为过渡期基本的大周期结构。更多关于过渡期结构的细节见第八章。

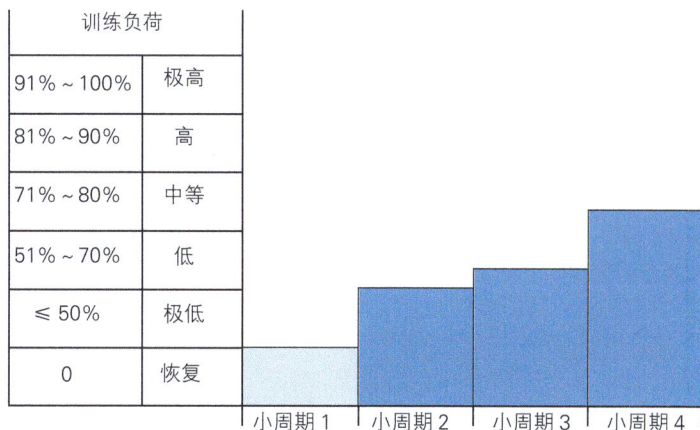

图 7.32 过渡大周期的负荷安排模式

主要概念总结

小周期是年度训练计划中最重要的功能性组成部分。使用大周期可以将年度训练计划拆分为多个小部分。最终，大周期决定了小周期的重点，并帮助实现年度训练计划的目标。

在小周期中，教练必须进行训练负荷（训练强度和训练量）的变化，以促进身体恢复。进行训练负荷变化的理论基础为身体从训练应激中恢复的能力。应用这些小周期模式要考虑很多生理因素，这些生理因素与运动员身体承受能力、从训练应激中恢复，以及适应训练应激有关。假如训练负荷的变化合理，运动员将能承受训练负荷，并在承受训练负荷后恢复，最终提升运动表现水平。然而，小周期的安排不是死板的，教练要根据主观反馈以及基于运动员对训练负荷的个人反应的客观数据进行调整。教练要根据训练课的目标以及年度计划各阶段的目标，将运动员的疲劳积累控制在可接受的范围内。

不同的小周期间负荷安排模式的变化也是非常重要的。这种变化可以让训练负荷在整个大周期内出现变化，从而使运动员应对积累的疲劳，避免过度训练。教练必须要恰当地安排提升、比赛、恢复－再生以及调整状态－减负荷小周期的顺序。

小周期和大周期的结构应该能起到指导训练的作用，这样才能让运动员在合适的时间达到生理和心理上的最佳状态。训练计划的基础是遵循训练的生物能量特异性、肌肉生理学、内分泌生理学和机体对训练应激反应等基础理论。为了更好地指导训练计划，教练应该考虑对训练应激进行量化，如使用本章所列出的用数字表示强度和训练量的方法。

第八章 年度计划周期安排 8

高效是任何行业都希望达到的目标之一。为了提高效率，教练必须进行合理的组织，并且将周期安排作为一种设计运动员训练计划的工具。假如缺乏良好的制定计划的能力，即使是专业知识非常丰富的教练也很难保证他们的效率。本书的重点就是周期安排，可帮助体育从业人员制定丰富多样的计划。

一个组织能力良好的教练能够处理多种类型的计划，包括短期计划（日训练计划）、小周期和大周期计划，以及年度计划。在新的年度计划开始之前，教练要有清晰的规划。虽然这个计划必须尽可能的详细，但是对于教练来说，同样重要的是要以一种灵活的方式去应用计划。这实际上意味着最初的计划要根据测试结果、训练进度和最终的比赛结果稍做修改甚至重新构建。教练要对运动员能力的进步或停滞进行反思，并对计划进行调整，要学会灵活变通，制定计划不能太刻板。

年度训练计划及其特征

年度计划及其训练阶段是优化运动员生理适应水平的重要工具，是提升运动表现水平的先决条件。从一个阶段到另一个阶段的训练要求如果不是渐进的，那么高运动表现水平也不可能实现。在训练的最后一个月（过渡期），可调整计划以降低生理和心理压力、消除疲劳、促进再生，以及让运动员为下一年度的训练做好准备。

训练目标在于促进生理适应，并在特定时间节点（通常是年度主要比赛）实现运动能力的最大化。为了实现这个目标，运动员的生理潜能必须要在合适的时间提高，从而确保达到最佳的运动表现水平。运动员的比赛状态取决于技能、运动能力、心理特质、良好的营养摄入、疲劳管理之间的共同作用。实现这些目标的最佳方式是利用合理设计和恰当排序的周期化训练。

年度计划是在控制疲劳的同时为生理和心理适应打好基础。训练计划面临的最大挑战是在年度训练的恰当时机让运动员达到最佳状态。经验不足的运动员将很难为教练提供信息，因此教练需要相对独立地制定训练计划。相反，高水平运动员能为教练制定年度训练目标和结构提供信息。通过让高水平运动员参与训练计划的制定，教练可以塑造一个积极融洽的氛围，在这种氛围中运动员会将参与训练计划制定作为一种自我激励。

年度训练计划至少要包含3个训练阶段：准备期、比赛期和过渡期。这3个阶段的完成时长取决于所用计划的类型（例如单周期、双周期、三周期和多周期）。无论运动员在年度训练计划中重复了多少次，这些阶段的目标和特征都保持不变。为了在整个年度训练计划中优化运动员的发展水平，以及为了比赛提升训练潜能和准备水平，每个训练阶段必须都要有正确的排序、系统的整合和恰当的架构。

准备期

准备期可能是年度训练计划中最重要的阶段。这个阶段可以建立身体、技术和心理基础，比赛阶期是否能成功就取决于此。在此阶段因训练量增加而提升的适应能力能够让运动员更好地承受比赛期所增加的训练强度。但是，假如准备期时间不足，运动员在比赛期承受训练的能力就会受到影响，运动表现也很难得到最大程度的提高。准备期有如下目标。

- 获得并提升一般身体训练能力。
- 提升专项所需要的身体运动能力。
- 提升心理素质。
- 发展、提升并且完善技术。
- 让运动员熟悉后续阶段要掌握的基本战术策略。
- 教给运动员专项训练的理论和方法。
- 建立一个个性化和专项化的营养计划。

准备期持续 3~6 个月，时间长短取决于气候、体育项目以及所使用的年度计划类型（包括单周期、双周期、三周期和多周期）。对于个人体育项目来说，尤其是有氧耐力型体育项目（如马拉松、铁人三项以及北欧滑雪），其准备期的时间跨度大概是比赛期的两倍；对于团体体育项目来说，准备期的时间比较短，但是也不少于 2~3 个月，尤其对于年轻运动员。而对于国际级别的运动员来说，因为比赛日程等组织安排上的原因，这个阶段可能只有 3~5 周。准备期都具有项目特异性，且每个子阶段的训练目标也是不同的（参见表 8.1）。对于任何体育项目而言，准备期要分成两个子阶段：一般准备期和专项准备期。对于使用多峰周期计划的国际级运动员而言（例如集体性或持拍类项目），一般准备期非常短。

一般准备期

一般准备期用于提升运动员的承受负荷的能力、一般身体准备水平、技术，以及基本的战术能力。此子阶段的重点是建立高水平的身体素质，这能提升运动员在生理和心理上承受训练和比赛要求的能力。无论是哪种体育项目，一个坚实的身体基础是运动员最基本的素质。一般情况下，要建立身体基础需要经过一般和专项练习，而不能仅仅培养专项技能。例如，体操教练可能会用开始的 2~3 个小周期去提升一般和专项力量，这是在后续周期中为掌握专项技术而必须具备的力量条件。这个原则对其他体育项目同样有效，在这些体育项目中，特定的身体特征会限制技术的提升。身体基础的不足会导致技术能力不能得到提升。因此，一定要确定运动员是否具备充足的支持技术或战术表现水平的身体基础。

表8.1	准备期每个阶段的训练目标	子阶段	
体育项目	**主要训练目标**	**一般准备期**	**专项准备期**
体操	体能 技术	一般和最大力量 技术要素	专项力量和爆发力 整套动作的某些动作要素或主要动作等
赛艇	体能	有氧耐力 解剖适应 最大力量 肌肉耐力	无氧耐力 有氧耐力 肌肉耐力
游泳（1,000米）	体能	有氧耐力 解剖适应 最大力量	无氧耐力 有氧耐力 最大力量 爆发力
游泳（800米）	体能	有氧耐力 解剖适应 最大力量	有氧耐力 无氧耐力 肌肉耐力
集体性项目	技术 战术 体能	技术要素 个人和简单的团体战术 高强度耐力 一般和最大力量	比赛情境中运用技术要素 团体战术 无氧耐力 爆发力

　　此子阶段的计划训练量较高，涵盖了一般和专项练习。此子阶段的目标是提升项目所必需的一般运动能力和心理驱动力（决心、毅力和意志力）。例如，提升有氧耐力是以耐力为主要能力或起主要作用的体育项目的主要目标（如跑步、游泳、赛艇、北欧滑雪和自行车）。对于这些体育项目来说，总训练时间的70%～80%要进行有氧耐力的培养，通过训练完成的英里数或千米数可以呈现这个过程。在以力量、爆发力和速度为主要能力的体育项目中，此子阶段会更多关注解剖适应和最大力量的提升。增加力量训练的重量或者训练负荷的量是提高一般运动能力和产生项目所需的适应的一种途径。

　　某种程度上，这个过程对于集体性项目的运动员来说有些不同：在提高体能基础的同时，这些运动员必须要花费大量的时间去培养战术和技术能力。尽管在训练过程中提升战术和技术是一个重要层面，但是计划中也不能忽视爆发力、耐力、力量和速度的发展，这是因为这些体能基础是实现未来运动能力的基石。

　　在大多数体育项目中，准备期所使用的训练类型，尤其在一般准备期，对比赛期中运动员的运动能力起到了关键的作用。在此子阶段的训练量不足会导致在比赛后期运动表现大打折扣、比赛后半程运动表现下降的问题。最后，准备期的25%～33%的训练要分配给此子阶段，而剩余的时间则进行专项准备训练。一般准备期的时长对于初级运动员而言要稍长一点，而对于高水平运动员来说要逐渐减少。集体性项目一般准备期的特征是在小周期训练中首先考虑体能训练。在此阶段，运动员从前一天的训练中恢复时，教练应该把体能训练安排在上午，把技术和战术训练安排在下午。

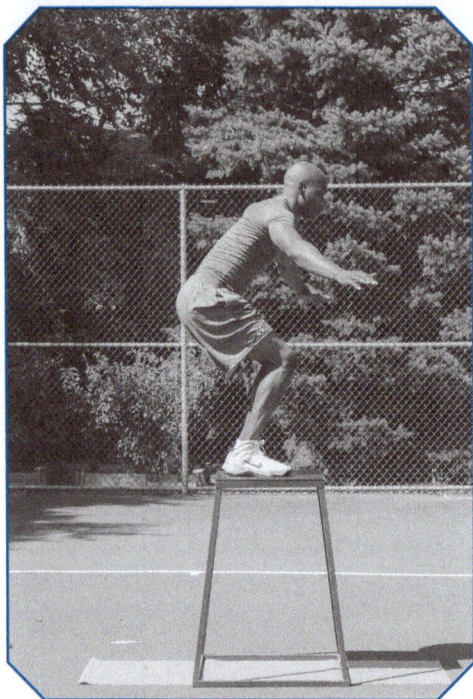
开始专项训练之前，重要的是提高体能

在一般准备期增加训练量是极为重要的，训练强度尽管重要，但是在准备期其还是属于次要地位的。在此子阶段可以进行强度训练，但是强度训练的训练量不能超过总训练量的40%，尤其对于新手和初级水平的运动员而言。在此子阶段要注重的目标是提升一般运动能力，这一点不容忽视。随着训练强度的增加，疲劳程度也在急剧增加，因此，竞技状态会急剧下降，从而降低运动能力。在此子阶段进行比赛是不可行的，因为运动员的身体会越来越疲劳，这会降低运动能力，增加受伤风险[12]。当运动员在疲惫的状态下训练时，技术能力水平会出现波动，运动员施展专项战术策略的能力将下降。此子阶段的比赛同样也会对运动员的心理状态产生消极影响，并且会减少用于提升体能基础以增强运动能力的时间。

专项准备期

专项准备期也称准备期的第二部分，在这一阶段，训练的重点也将从身体发展转变为比赛相关的活动。如同一般准备期，专项准备期的目标也是提升运动员的一般运动能力。但是，在此子阶段，训练重点是专项技能。尽管此子阶段的运动量很高，但是重点（所有运动的70%~80%）是进行与专项相关的技术或战术训练。此阶段的末期，训练量开始逐渐减少，训练强度逐渐增加。

对于那些强度很重要的体育项目而言（例如短跑、跳跃和集体性项目），训练量会在此阶段的末期大约降低40%。对技术娴熟度和协调性动作依赖高的体育项目（例如，花样滑冰、跳水、体操）会采用不同的方法。这些体育项目中，最重要的是运动员要不断完善并提升在比赛阶段取得成功所必需的技术娴熟度。同样，在集体性项目、持拍类项目和武术类项目中，应该将专项准备期的重点放在专项技术和战术要素的培养和提升上。针对特定项目所需的主要运动肌肉、动作模式和技术能力进行专项训练可以实现技术和战术的提升。通过这种方式，将一般准备期形成的体能特征和比赛阶段取得成功所需的技术和战术技能建立联系，才能完成这些运动。最主要的目标是提升技术和战术能力，次要目标应该是维持一般体能，但是其中只能包含少部分有助于运动员多元化发展的一般性练习（最多20%）。

随着训练向专项训练转换，运动员的相关测试表现和竞技表现也均有一定程度的提高。在此子阶段的后期，比赛可作为一种评价工具，为教练提供运动员比赛准备情况方面的反馈，尤其是技术和战术方面的信息。从这些比赛中搜集的信息可用于调整训练计划，以弥补运动员存在的一些具体的不足。

比赛期

比赛期的主要任务是完善所有训练因素，这可以让运动员在主要比赛或锦标赛中获得较好的名次。在比赛期，无论是何种体育项目，都有以下多个目标。

- 继续提升或保持专项运动能力。
- 提升心理素质。
- 完善并巩固技术。
- 将运动能力提升到最高水平。
- 消除疲劳并提升竞技状态。
- 完善技术和战术策略。
- 获得比赛经验。
- 保持专项体能。
- 制定个性化的营养计划。

运动员进入比赛期，保持在准备其形成的身体素质是非常重要的，因为身体素质的提升将支持其他在比赛期将得到提升的训练因素。可以将 90% 的训练分配给专项训练，如以技能为载体的体能训练，以及持拍类和集体性项目的战术训练。剩下的 10% 可以进行非专项或非直接的训练，如积极性休息或以游戏的方式进行训练，这些训练与专项无直接的关系。

比赛期的目标是通过进行专项训练来实现的，专项训练包括技术训练和战术训练。在此过程中可能会进行模拟赛、公开赛或正式比赛。重要的是，训练是专项化的，这样可以刺激运动能力的提高、稳定和保持。在整个比赛期内，训练强度逐渐增加，训练量逐渐减少。对于以速度、爆发力和最大力量为主的体育项目（如短跑、跳高、投掷和举重），训练强度急剧增加的同时应该逐渐减少训练量。在耐力型体育项目中（如长跑、游泳、越野滑雪、皮划艇、赛艇），训练量会维持原有的水平或者比准备其稍低一点。这样安排的一个例外是，在比赛小周期中，训练强度将根据比赛数量和比赛等级降低。

在整个比赛期内，训练计划的改变可以提升运动员的竞技状态，从而提高运动员的运动表现。训练计划的结构对刺激身体产生这些效果起到了很大的作用，假如计划的结构合理，运动员就能在恰当的时间内优化运动表现。假如运动表现开始下降或停滞不前，那么极有可能是运动量减少幅度过大，导致身体能力下降，或者是训练强度保持在一个过高的水平，身体疲劳掩盖了运动能力的提升。训练和运动表现水平之间的调整就像是以科学为基础的艺术，教练把监测和指导运动员的经历整合在一起，可以指导训练阶段的决策。

比赛期的时长取决于体育项目的年度训练计划类型。时间较长的比赛期（8 ~ 10 个月）常见于集体性项目，这是因为这些项目的联赛及世界锦标赛的安排需要花费一定的时间。相反，个人类体育项目的运动员在决定他们的比赛日程上有更多的自由，这可以让运动员对比赛期的时间跨度，以及引导运动员进入年度主要比赛的训练结构有更多的选择。无论是何种体育项目，确定比赛期的时间跨度和结构的最重要的因素之一是阶段的开始日期。当设计比赛期的结构以及确定开始日期时，要考虑下列因素。

- 要达到最高运动表现的比赛数量（从平均数据来看，需要 7 ~ 10 次的比赛才能达到最高运动表现）。
- 不同比赛间的间隔。
- 资格赛的时长。
- 年度主要比赛前的专项准备所需要的时间。
- 恢复和再生所需要的时间。

安排年度训练计划的比赛期时，需要将这个阶段分成两个子阶段：比赛前期和主要比赛期。

比赛前期

比赛前期通常有一些非官方的比赛，如集体性项目的公开赛。尽管此子阶段是比赛期不可分割的一部分，但是此阶段的目标并不是让运动员达到最高的运动表现水平。教练可以将此子阶段的比赛作为一种训练方式，通过让运动员参加公开赛或非官方比赛为后续比赛做准备。进行公开赛或非官方比赛的主要原因之一是教练能够从中得到关于运动员训练水平和后续比赛准备程度的客观反馈。教练不能因为公开赛和非官方赛而影响既定的训练计划，尤其对于高水平运动员而言更是如此。教练可以从这些比赛中测试运动员是否为主要比赛阶段做好了准备，是否能够在正式比赛中有优异的表现。

主要比赛期

主要比赛期的目的是最大限度地提高运动员的能力，并提升竞技状态，这可以让运动员在主要比赛期间具有更好的运动表现。此子阶段不仅应该为运动员安排负荷小周期，还应该安排再生（减负荷）小周期。负荷小周期每周有 10 ~ 14 次训练课，而减负荷小周期的训练课更少，从而让运动员在比赛开始之前减少疲劳并提升竞技状态。此子阶段的主要训练内容以专项训练和保持专项体能的训练为主。

尽管耐力型体育项目的训练量仍会很高，但对于技术、速度、力量和爆发力要求更高的体育项目而言，教练可以将训练减少至准备期的 50% ~ 75%。训练量减少的同时，训练强度逐渐增加，在主要比赛前每周需要进行 2 ~ 3 次最高强度的训练。

训练强度和比赛激烈程度的增加会导致比赛期内应激的增加。运动员的应激曲线应呈现波浪式变化，它反映了应激性活动（如比赛、强度训练课和社会因素）和再生小周期之间的波动。比赛或训练课负荷越大，应激越大，累积性应激或疲劳消除所需要的时间就越长。如果可以的话，教练应该按照比赛的重要程度安排比赛，并以主要比赛结束比赛期。另外一种安排方法是在主要比赛后安排次要比赛，让运动员能够继续训练，这样能够确保训练计划没有明显的变化（如降低训练量或强度），也无须通过长时间的减负荷小周期来激发峰值状态。

教练可以围绕比赛的具体要求来安排在主要比赛前进行的 6 ~ 8 个小周期训练计划。这能够让运动员的体能、技战术能力和心理方面的准备达到最佳化，以满足主要比赛的要求。运动员为特定的比赛环境和要求做准备可以在防止意外发生的同时提升运动表现。在比赛期的这个时期进行 8 ~ 14 天的减负荷训练可以让运动员达到巅峰状态（参见第九章）。

减负荷或减量期

减负荷或减量期为运动员提供了最好的提升竞技状态以及刺激运动能力出现超量补偿的途径，这可以促进比赛中运动员能力的发挥。控制训练量和强度来减少从之前训练或比赛中积累起来的疲劳可以让运动员在主要比赛前得到充分的休息和再生，以达到最佳的比赛状态。减负荷或减量期，需要持续 8 ~ 14 天（个人类项目尤其如此），教练可采用多种减少训练量和强度的方法（参见第九章）。减量期负荷策略的安排主要取决于训练类型和个人类项目的类型。传统上，通常建议耐力型项目降低强度并维持现有的训练量，因为相比于高强度的训练，耐力项目的运动员会更适应高训练量的训练（参见图 8.1）。

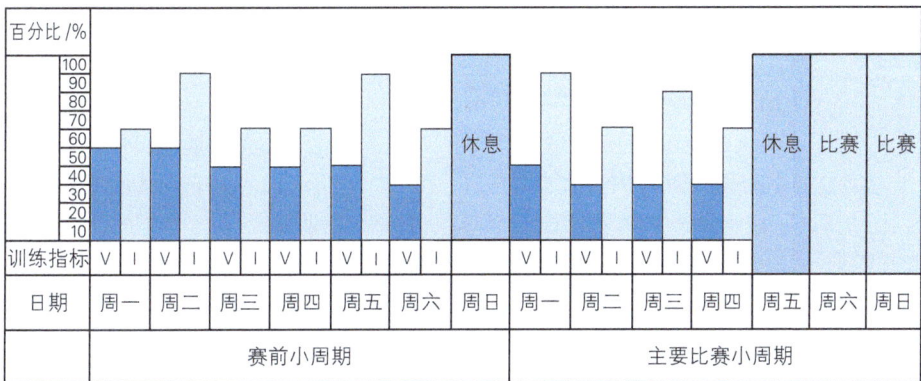

图 8.1 耐力型专项的减负荷阶段

源自：T.O. Bompa and C. Buzzichelli, 2015, Periodization training for sports, 3rd ed.（Champaign, IL: Human Kinetics）, 327.

减负荷期的第一个小周期要减少每日训练课次数和调整训练强度，以此来进入恢复阶段。教练要去除所有会造成运动员疲劳的活动，并且鼓励运动员利用业余时间为即将到来的比赛做好恢复。在减负荷期间，力量训练量和频率（每周两次课）需要降低。训练量和强度在减负荷阶段的第二个小周期内要进一步降低，这可以通过把力量训练限制在一或两次训练课来实现，或者根据专项的需要完全停止力量训练也是可以的。其他训练要素的量和强度也要减少。

同样的减负荷方法也可用于速度、力量和技术类体育项目中。在第一个小周期中，训练量要降低 40% ~ 50%，降低幅度取决于在减量前的训练量水平。此期间要包含几节简短但是高强度的训练课环节，以维持之前训练阶段所培养起来的适应水平（参见图 8.2）。双峰型小周期结构可用于此子阶段的第一个小周期内，但是在两次峰值之间要安排较长的休息时间以帮助运动员消除疲劳和应激。在高强度训练课内，所有的练习应该是动态和短时的，且应该包含中强度到高强度的负荷。小周期的其他课要将次最大强度调整为低强度至极低强度。在这些类型的体育项目中，力量训练的量和频率要降低，同时要保持中强度到高强度的训练，休息时间可稍微加长。不建议完全不进行力量训练，因为爆发力和速度水平是高度依赖力量水平的。

百分比 /%	强度														
100 90	大于比赛速度														
80 70	比赛速度														
60 50	小于比赛速度														
40 30	恢复速度				休息							比赛	比赛
20 10	–														
训练指标		V	I	V	I	V	I	V	I	V	I	V	I	V	I	V	I	V	I	V	I
日期		周一	周二	周三	周四	周五	周六	周日	周一	周二	周三	周四	周五	周六	周日
		赛前小周期							主要比赛小周期						

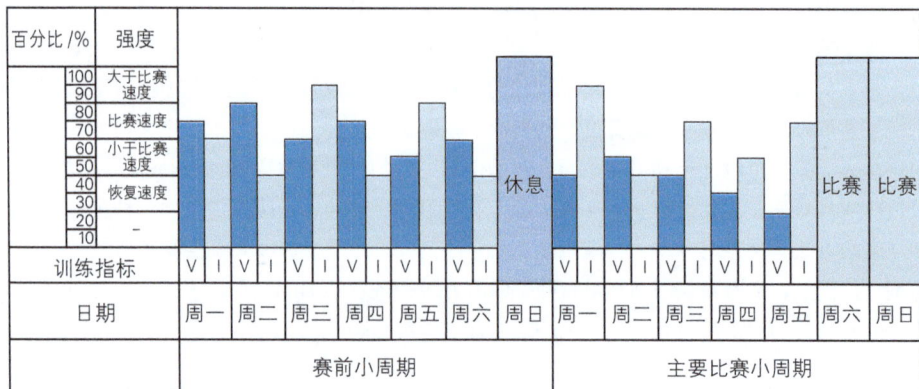

图 8.2 速度和爆发力型专项的减负荷阶段

源自：T.O. Bompa and C. Buzzichelli, 2015, Periodization training for sports, 3rd ed. (Champaign, IL: Human Kinetics), 327.

　　主要比赛在此子阶段第二个小周期内进行，教练在这期间要继续降低训练量和强度。在这个小周期内，教练应该仅在小周期的早期安排一次高负荷训练日。此小周期的目标是在最大限度减少疲劳和应激的同时，提升运动员的竞技状态、保持已经形成的生理适应。

　　由于训练量和训练强度同等重要，集体性项目所使用的方法会有所不同。在减负荷阶段的第一个小周期内，教练需要降低训练量以产生减负荷的效果（参见图 8.3）。为了达到这种效果，教练需要逐渐降低小周期内的强度，同时进行两次 50%～60% 最大强度的强度课。在此子阶段的第二个小周期内，教练要继续降低训练量和强度，且训练量的降幅要大于强度。此子阶段包含一个双峰型小周期，其中第二个峰值对应的强度要低于第一个（比第一个峰值要低 15%～20%）。赛前两天，运动员应该进行低强度至极低强度的短时训练课。更多让运动员达到最佳状态的内容请见第九章。

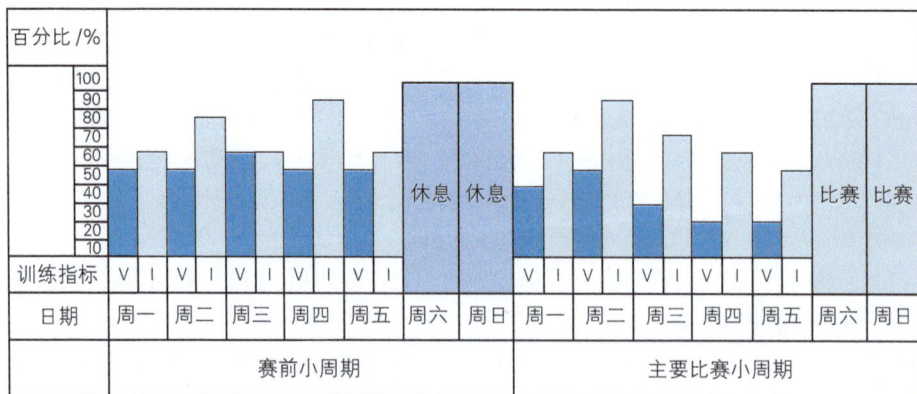

百分比 /%														
100 90 80 70 60 50 40 30 20 10					休息	休息						比赛	比赛
训练指标	V	I	V	I	V	I	V	I	V	I	V	I	V	I	V	I	V	I	V	I
日期	周一	周二	周三	周四	周五	周六	周日	周一	周二	周三	周四	周五	周六	周日
	赛前小周期							主要比赛小周期						

图 8.3 集体性项目的减负荷阶段

源自：T.O. Bompa and C. Buzzichelli, 2015, Periodization training for sports, 3rd ed. （Champaign, IL: Human Kinetics），329.

特殊准备期

特殊准备期可以单独安排也可以和减负荷阶段一起安排，此阶段包含了为提升运动员在年度重大比赛的运动表现而设计的训练。特殊准备期持续 3 ~ 7 天，具体时长取决于比赛的特点。在此阶段，一些训练内容（如战术）会根据对手最新的信息或比赛日程进行调整。此阶段的大多数训练都遵循模式化概念，目的是让运动员为即将到来的比赛做准备。对最终结果具有重要预测意义的是运动员的专项心理准备状态，其涉及运动员的放松、自信和动机。但是，这些技巧必须要谨慎使用，如果过多强调心理因素，反而会降低运动表现。每个运动员都是不同的，需要特殊准备来达到自身的目标。

过渡期

经历长时间的训练和紧张的比赛后，运动员生理和心理上的疲劳出现积累，因此需要用一个过渡期来衔接新的年度训练计划或其他重要比赛（如年度训练计划中的双周期、三周期和多周期）。过渡期对于运动员准备下一个训练周期来说是非常重要的。运动员只有从前一个比赛期中恢复过来后才可以开始新的准备期。假如运动员在没有完全恢复的情况下开始了一个新的准备期，那么运动员在未来比赛周期中的运动表现极有可能会下降，并且受伤风险也会增加。

在两年的年度训练计划之间的过渡期通常被不恰当地称为"休赛期"。过渡期促进了运动员心理上的休整和放松，加强了身体生物学上的再生，同时把一般身体准备维持在了一个可接受的水平（比赛期的 40% ~ 50%）。训练不是此阶段的重点，所有的负荷指标都要降低，训练的重点是一般训练，如果有技术或战术训练，它们的量也是非常少的。过渡期一般持续 2 ~ 4 周，但是对于年轻运动员来说可增加至 6 周。正常情况下，过渡期不能超过 6 周。

过渡期有两种常见的安排。第一个（不正确的）方式是让运动员在此期间进行完全休息，不进行任何体育活动，在此情况下，那么"休赛期"这一叫法就很符合这种阶段了。但是，训练突然中断，不进行任何活动，即使持续时间很短（小于 4 周），也会出现停训效应。停训将导致运动员丢失前期训练所建立的生理适应。

一些专家发现，训练有素的运动员突然中止训练会产生一种被称为停训综合征、放松综合征 [20, 21]、运动停止或运动依赖综合征的现象 [18]。无论运动员是主动停训还是由于伤病被动停训，停训带来的负面效果都会出现。停训综合征的症状有多种，包括失眠、焦虑、沮丧、心血管功能的改变和食欲下降。这些症状通常不是病理性症状，在短时间内恢复训练就会消失。假如训练停止时间延长，这些症状会更加明显，这表明运动员已经不能适应运动的突然停止。停训带来的症状存在较大的个体差异。通常来说，停训综合征的症状在训练停止后的 2 ~ 3 周会发生，只是严重程度不同而已。

仅仅降低训练水平也会产生降低生理（参见表 8.2）和运动能力的停训效应。停训效应的大小与停训时长有关。小于 4 周的停训会造成耐力和力量水平的下降 [15]。

对于耐力型运动员，短期停训已经被证实造成力竭时间会下降 4% ~ 25%，以及耐力水平的大幅下降 [20]。目前的推测认为，耐力水平的下降主要由心肺能力的下降造成 [14]。

仅 4 天的停训会造成最大有氧能力下降 4%[28]；3 周的停训会下降 7%[4]，4 周的停训会下降 14%[20]。假如停训时间超过 8 周，有氧能力会持续下降，最高比停训前下降 20%[21]。有氧能力的下降极有可能与心肺系统改变有关，其中包括血量、每搏输出量和最大心输出量的下降（参见表 8.2）。这些因训练停止而引发的生理变化似乎是逐渐且成比例在发生的，这表明训练有素的耐力型运动员会经历较大的生理和能力的下降。

表 8.2 短期和长期停训的影响

停训引起的生理学因素改变	停训特征	短期（小于 4 周）	长期（大于 4 周）
心肺	最大摄氧量	↓	↓
	血压	↑	↑
	次最大心率	↑	↑
	恢复心率	↑	↑
	运动中每搏输出量	↓	↓
	最大心输出量	↓	↓
	心室质量和大小	↓	↓
	平均血压	↑	↑
	最大通气量	↓	↓
	次最大通气量	↑	↑
	氧脉搏	↓	↓
	通气当量	↑	↑
	耐力	↓	↓
骨骼肌	毛细血管密度	↓	↓
	动静脉氧差	—	↓
	肌纤维类型比例	—	改变
	肌纤维横断面面积	↓	↓
	Ⅱ型：Ⅰ型肌纤维面积比	—	↓
	肌肉质量	—	↓
	EMG 活动	↓	↓
	力量爆发力	↓	↓
	氧化酶活性	↓	↓
	糖原合成酶活性	↓	—
	线粒体 ATP 产量	↓	—

续表

停训引起的生理学因素改变	停训特征	短期（小于4周）	长期（大于4周）
代谢	最大呼吸交换率	↑	↑
	次最大级呼吸交换率	↑	↑
	胰岛素调节的葡萄糖摄取	↓	↓
	肌肉GLUT4含量	↓	↓
	肌脂蛋白酶活性	↓	↓
	餐后血脂	↑	—
	高密度脂蛋白胆固醇	↓	↓
	低密度脂蛋白胆固醇	↓	↓
	次最大强度血乳酸		
	乳酸阈	↓	↓
	碳酸氢盐水平	↓	↓
	肌糖原水平	↓	↓
	肾上腺素刺激脂解作用	↓	↓

↓ = 降低，↑ = 增加，— = 无可利用数据；EMG = 心电图；ATP = 三磷酸腺苷；GLUT4 = 葡萄糖运蛋白-4。
源自：Mujika and Padilla 2000 [20, 21].

停训综合征的潜在症状

- 晕眩增加。
- 非系统性心前区不适。
- 发生心律失常概率增加或心律失常感觉增加。
- 期外收缩和心悸发生概率增加。
- 头痛发生概率增加。
- 食欲下降。
- 失眠情况增加。
- 焦虑和沮丧感增加。
- 多汗。
- 胃功能失调。

源自：Mujika and Padilla 2000 [21].

短期和长期停训同样也会对力量和功能产生极大影响。例如，4周停训期间完全没有进行力量训练，这会导致最大肌肉力量下降6%~10%，最大功率产生能力下降14%~17%[15]。力量–爆发力水平的下降可能与II型肌纤维萎缩[13, 24]和神经驱动[1, 10]下降有关。运动员肌肉力量和爆发力的下降主要原因是肌肉横断面积和肌电活动度的下降。

力量和爆发力下降以及生理适应不良的程度取决于停训时长和运动员训练状态等多个因素。肌肉力量在停训的前 4 周下降得最快（大约下降 10%），如果将停训的时间延长至 8 周会导致运动能力的持续下降（下降 11% ~ 12%）[10, 20, 21]。相比业余水平的运动员或未训练的人群，训练有素的运动员似乎呈现运动能力更大速度和幅度的下降。前者在停训 2 ~ 3 周后力量和爆发力水平会保持在一个稳定的状态 [13, 16, 22]。

如果在过渡期完全停止训练，那么运动员在前期训练中获得的生理适应很有可能随停训时长延长而出现急剧下降。如果发生这种情况，运动员需要在下一个准备期花费大量的时间去重新获得前期训练已获得的生理适应，这样会限制运动员继续提升的能力。相反，如果运动员在过渡期能够利用积极性休息的时间，那么其将在下一个准备期重获生理适应，并继续提升自身的生理适应和运动能力。

过渡期第二种安排是进行积极性休息，通过这种安排运动员可以避免出现采用消极性休息所出现的生理功能大幅度下降的问题。积极性休息指的是让运动员参加其他体育项目，或进行自己的专项活动，但仅进行低训练量和低强度的训练 [25]。通过这种方法，运动员可以将生理适应丢失程度降至最小，将体能维持在一定的水平。

过渡期在主要比赛结束后立即开始，持续 2 ~ 4 周。在赛后第一周，可以进行积极性或消极性休息。消极性休息可在运动员受伤时使用。如果在此小周期中使用积极性休息，那么训练量和强度需要较大程度地降低，可以使用之前训练中没有使用到的动作模式或活动。在过渡期（4 周）的第 2 个至第 4 个小周期期间，训练量和强度可以维持在一个较低的水平或稍增加一点。积极性休息所使用的运动必须要符合所在体育项目的生物能量学特征。例如，自行车运动员会利用越野滑雪或跑步作为过渡性运动，而排球运动员会进行篮球训练。在过渡期，运动员要尽可能少地降低体能水平，同时恢复身体和心理。

年度计划分类

图 8.4 至图 8.8 展示了年度训练计划的不同模型。对图 8.4 进行分析后，有以下几个特征。

- 这是一个单周期模型，因此适合只有一个主要比赛期的季节性体育项目。
- 该模型是基于速度和爆发力类（如田径项目的冲刺、跳跃和投掷类项目）专项训练设计的。
- 训练量和强度的变化可能不适合耐力型项目。

年度训练计划根据专项的要求不同而不同，并且这些计划的分类绝大程度上取决于比赛期的数量。滑雪、皮划艇、自行车、铁人三项、足球，以及每年只有一次主要比赛的季节性体育项目（一年内通常只有一个比赛期）。鉴于这些年度训练计划只含有一个比赛期和一次峰值（参见图 8.4 和图 8.5），可以将其归为单周期。这些计划可以分为 3 个主要阶段：准备期、比赛期和过渡期。图 8.4 和图 8.5 展示的单周期计划包括一般准备期和专项准备期。图 8.4 中标注了一般准备和专项准备的关系：一个下降时，另外一个则大幅增加。在某些运动中（如足球），一般准备期非常短，甚至完全没有，对于国家级和国际级运动员而言更是如此。

日期	1月	2月	3月	4月	5月	6月	7月	8月	9月	10月	11月	12月

周期（阶段）：准备期　比赛期　过渡期

一般准备期　专项准备期　比赛前期　官方（联赛）比赛　U C

训练量、强度和峰值曲线 /%　一周最大强度百分比/%

训练量
强度
峰值

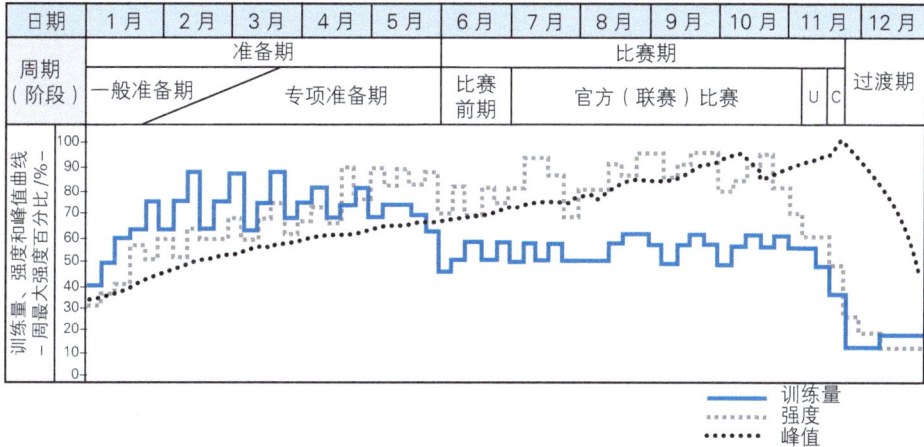

图 8.4 速度和爆发力型专项的单周期计划（注意负荷变量遵循台阶式负荷的理念）

U= 减负荷期；C= 比赛期。

图 8.4 和图 8.5 将比赛期分成了几个较小的子阶段。比赛前期一般只有公开赛，在主要比赛期前进行，在主要比赛期会进行所有的官方比赛。在年度最重要的比赛来临之前，会安排两个较短的子阶段。第一个是减负荷或减量的子阶段，此子阶段的特征是训练量和强度很低，主要目的是让运动员消除疲劳、提升身体和心理潜力，从而产生运动能力的超量恢复效应。此子阶段后是专项准备期，期间可以对技术和战术训练做出一些改变。此子阶段可以和减负荷阶段同时进行，也可以独立进行。

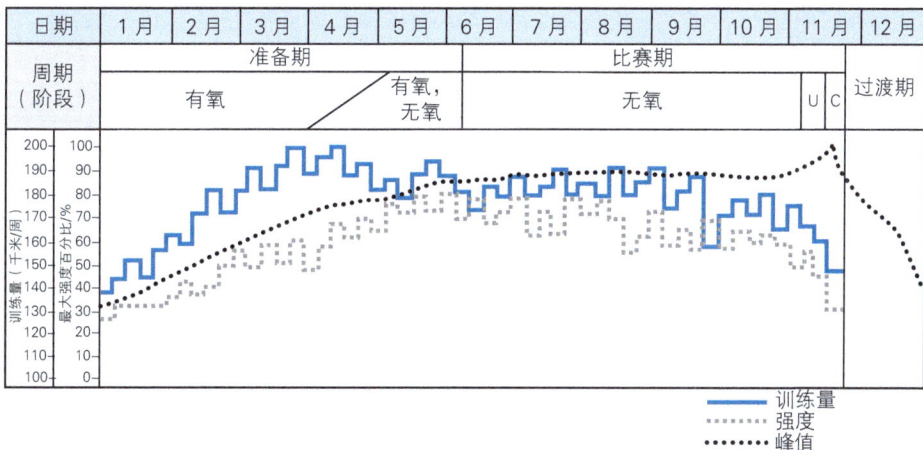

日期	1月	2月	3月	4月	5月	6月	7月	8月	9月	10月	11月	12月

周期（阶段）：准备期　比赛期　过渡期

有氧　有氧，无氧　无氧　U C

训练量（千米/周）　最大强度百分比/%

训练量
强度
峰值

图 8.5 耐力型专项的单周期计划

U= 减负荷期；C= 比赛期。

年度训练计划的准备期和比赛期有一些特定的特征。在比赛期和比赛期早期，训练量会根据项目特征侧重于低强度。在准备期，运动量很高，运动强度相对较低。随着比赛的临近

（参见图 8.4），速度和爆发力类项目的训练量会减少，以让运动员能够将大部分能量用于进行高强度训练。

图 8.5 中呈现的单周期模型是耐力型项目的年度训练计划的示例，其供能比例（有氧：无氧）特征是 50%：50%，或者有氧耐力占比会更高。训练量的变化表明有氧代谢是主导的能量来源。因此，训练量在整个比赛期必须要高。

当体育项目有两个独立的赛季时（例如，田径有室内和室外赛），制定年度训练计划的方法则截然不同。由于这种体育项目有两个明显的比赛期，因此年度训练计划要包含两个峰值状态，或包含双周期。图 8.6 是双周期结构年度训练计划的示例，包含以下阶段。

- 准备期 1：第一个准备期要长一些，大概持续 3 个月，并且会进一步分为一般准备期和专项准备期。
- 比赛期 1：第一个比赛期持续 1 个月左右，让运动员达到最佳状态。
- 过渡期 1：第一个过渡期持续 1~2 周，其特征是有一个减负荷期，目的是让运动员恢复。这个阶段过后是第二个准备期。
- 准备期 2：第二个准备期较短，但是会比第一个准备期更加专项化，持续大约 2 个月。此阶段的一般准备期很短，大部分训练会在专项准备期内进行。
- 比赛期 2：第二个比赛期会稍长一些，大约 1.5 个月，可以让运动员达到最佳状态。
- 过渡期 2：第二个过渡期大约持续 1 个月或 1.5 个月，会进行减负荷训练，让运动员进行恢复。此阶段连接了下一个年度训练计划。

一个双周期训练计划包含了两个时长较短的单周期，这两个单周期之间由一个很短的减负荷期和过渡期连接。除了准备期 1 的训练量比准备期 2 的要大之外，每个周期的方法都是类似的。另外，在比赛期 1 内竞技状态会较低。例如，在田径运动中，由于室外赛比室内赛更为重要，年度计划的第二个比赛期的主要比赛才是需要运动员表现出最佳状态的时候。因此，运动员的竞技状态需要在第二个比赛期达到最高水平。

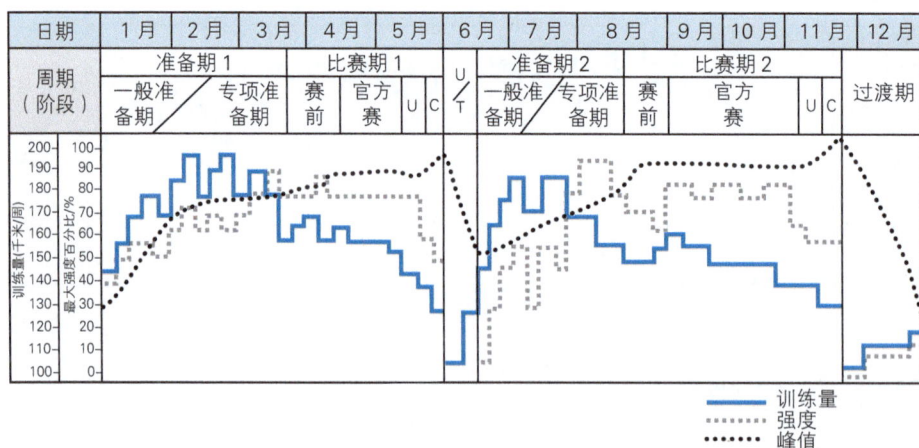

图 8.6 速度和爆发力型专项（田径）的双周期计划

U= 减负荷期；T= 过渡期；C= 比赛期。

尽管双周期计划对于一些项目有用处，但是对拳击、摔跤、武术和体操等其他年度计划中有 3 个主要比赛的项目却不见得有用处（例如，全国锦标赛、资格赛和国际赛）。假设每个比赛分别持续 3~4 个月，运动员有 3 个比赛期的话，那么可以建立一个三周期的年度训练计划。

如图 8.7 所示，三周期计划包含以下一系列阶段。

- 准备期 1：准备期 1 是年度训练计划中最长的准备期，持续长达 2 个月。它进一步分为一般准备期和专项准备期。
- 比赛期 1：比赛期 1 是年度训练计划中三个比赛阶段中最短的一个阶段，持续大约 1.5 个月。
- 过渡期 1：第一个过渡期极短，它连接了第一个比赛期和第二个准备期。和所有的过渡期一样，此阶段要安排一个减负荷期让运动员进行恢复。
- 准备期 2：准备期 2 比第一个准备期要短，持续大约 1.5 个月。此准备期只包含一个专项准备期。
- 比赛期 2：比赛期 2 比第一个比赛期要稍长一点，持续大约 55 天。
- 过渡期 2：第二个过渡期包含一个短暂的减负荷期，其目的是让运动员消除在比赛期间积累的疲劳。这个过渡期也较短，它连接了比赛期 2 和准备期 3。
- 准备期 3：此准备期是一个只持续 1.5 个月的准备期。和第二个准备期一样，只包含专项准备期。
- 比赛期 3：此比赛期是包含在三周期年度训练计划中的三个比赛期中最长的一个阶段（大约持续 2 个月）。因此，此阶段要让运动员在年度最重要的比赛中达到最佳状态。

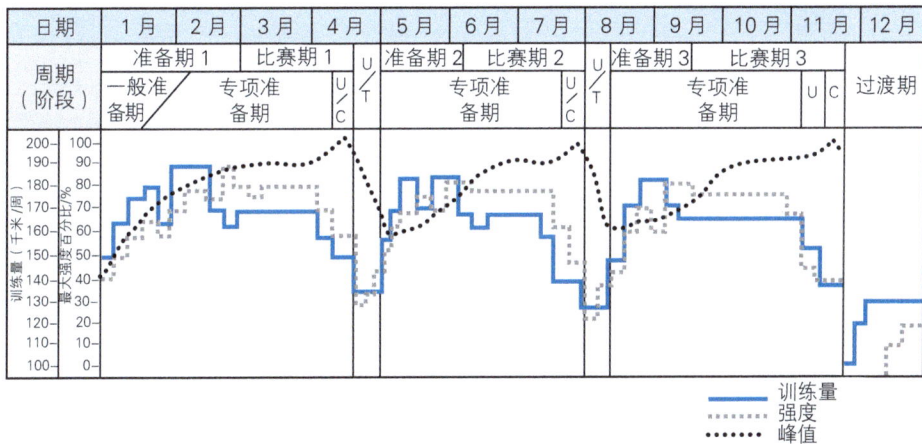

图 8.7 三周期结构的年度训练计划
U= 减负荷期；T= 过渡期；C= 比赛期。

- 过渡期 3：此过渡期是年度训练计划中最长的过渡期，持续时间大约 1 个月。此阶段在促进恢复方面上起到了重要作用，并且也能让运动员为下一个年度训练计划做准备。在三周期计划中，最重要的比赛在最后一个周期内举行。三个准备期中的第一个阶段要长，在此期间运动员可以打好技术、战术和体能基础，为下两个阶段做好准备。由于仅仅只有高水平运动员才会运用此类型计划，因此第一个准备期要包含一般准备期。

在三周期结构的年度计划中，训练量在第一个准备期最高，训练量是这个阶段的重点。三周期结构中训练强度（参见图8.7）遵循的模式与单周期类似。训练量和训练强度在主要比赛前的三次减负荷期内都稍有下降。年度训练计划中，第三个比赛期要进行最高水平的训练，以让运动员在主要比赛期间能够达到最高的运动水平。

尽管双周期和三周期对大多数体育项目都很有用处，但网球、武术、拳击和体操等一年之中可能有四次或更多比赛项目的运动员需要在多次比赛中表现出最佳状态（参见图8.8）。在此情况下，对技术、战术和专项体能发展至关重要的准备期会被大幅度缩短。高水平运动员在早年训练期间已经打下了扎实的训练基础，他们可以较为容易地承受高强度的比赛安排，但是对年轻运动员而言，承受如此高强度的比赛日程是非常艰难的。这就是很多年轻运动员在赢得主要比赛前就出现耗竭的原因。

制定一个多峰值的年度计划（参见图8.8）是一项有挑战性的工作。对于职业网球这样准备期时间极短且经常安排在巡回赛之前进行的项目而言更是如此。在图8.8中，1代表了一个时间极短且着重于恢复的准备期。而其他项目的准备期同样也要涵盖发展专项体能的训练。既然网球运动中的主要身体运动能力是爆发力，那么教练就应该在下一个巡回赛到来之前着重训练运动员的爆发力。尽管图8.8这样的安排在网球运动中很常见，教练也要选择性地让运动员参加巡回赛。此类型的计划通常用于训练经验较少的年轻运动员，这些运动员承受身体和心理压力的能力没有达到此类型年度计划的要求。这就是为什么年轻、经验不足的运动员通常会受伤和缺席，并由此导致不能完成巡回赛。

日期	1月	2月	3月	4月	5月	6月	7月	8月	9月	10月	11月	12月
训练类型	1	2	3	4	1	2	3	4	1	2	3	4

图 8.8 网球多峰值年度训练计划假设模型
1= 准备期；2= 强化或比赛期；3= 过渡/恢复期。

周期的选择

我们经常可以见到原本用于高水平运动员的年度训练计划被用于缺乏训练经验、生理发育程度不足以承受高强度的比赛的年轻运动员身上。这就是训练周期安排要因人而异的原因之一。教练要考虑运动员是否已经为高强度的比赛计划做好了准备，以下是一些要点。

• 对于新手和初级运动员而言，强烈建议将单周期作为基本的年度训练模式使用。因为此类型的计划准备期较长，这样运动员就能在不受比赛压力影响的情况下发展基础的技术、战术和体能。单周期在季节性的体育项目和耐力型项目（比如北欧滑雪、赛艇、自行车和长跑）中是一种典型的年度计划类型。

• 双周期年度训练计划是一种典型的用于能够参加全国锦标赛的高水平运动员的计划。即便如此，此计划准备期的时长也要足够长，这样才能有助于基础技能和生理能力的提高。

• 多峰值年度训练计划建议用于高级或国际级别的运动员。毋庸置疑的是，这些运动员有着扎实的基础，他们可以承受 3 个甚至更多峰值的年度计划。

训练阶段的时长很大程度上取决于比赛日程。表 8.3 是各个训练阶段的周数分配示例。

表 8.3 经典年度训练计划类型所包含的每个训练阶段的周数分配

年度计划结构	每个周期的周数	每个阶段的周数		
		准备期	比赛期	过渡期
单周期	52	≥ 32	10 ~ 15	5
双周期	26	13	5 ~ 10	3
三周期	17 ~ 18	≥ 8	3 ~ 5	2 ~ 3
多周期	52	15 ~ 18	22 ~ 30	7 ~ 8

应激和周期化

对训练和比赛应激的管理能力是决定高水平运动表现的重要因素。训练引起的应激是生理和心理应激的总和，并且可通过内部和外部手段进行消除。因此，建议教练要关注训练计划产生的训练效果，而不是关注自己做了多少工作。训练计划必须要把疲劳这种训练副产品考虑进去，并且还要关注如何去监测以及评价其对运动表现的影响。

周期是一个重要的用于管理因训练和比赛而产生的生理、心理和社会压力导致的身体疲劳的工具。在制定年度计划时，教练要考虑到训练和比赛中疲劳的积累和运动员所承受应激的情况。如果结构设计合理，那么年度计划将能够管控这种类型的疲劳，并且可以在应激很大时降低主要比赛期间的疲劳水平。图 8.9 展示了整个年度训练计划中应激是如何变化的。需要注意的是，应激在整个年度计划中并不是一成不变的，这就是周期训练的一个明显的优势。图 8.9 展示的应激曲线与训练强度曲线平行，这是因为强度越大，应激水平越高。应激曲线的形状同样也表明在过渡期应激是最低的，在准备期会上升。应激水平在比赛期会因为比赛应激和较短的恢复时间而产生波动。在准备期，应激曲线的高度与训练量和训练强度之间的关系有关。尽管训练量很高，但是强度很低，这是因为要同时进行高运动量和高强度的训练很难（举重例外）。

训练强度是主要应激源。因此，教练应该在准备期更强调训练量，而非训练强度，以此来降低运动员的应激水平。但是，准备期常见的大训练量也会带来极大的代谢应激[19] 和激素紊乱[17]，这会导致高的疲劳水平。

比赛期的应激曲线根据比赛型、提高型、再生型小周期而波动。比赛期的比赛次数和频率很明显会对运动员的应激水平造成消极的影响。频繁的比赛会增加运动员的应激水平，教练必须要在赛后给予运动员充足的休息时间。为了进一步解决比赛期的应激问题，建议教练可以在赛前让运动员进行短期的（2 ~ 3 天）减负荷训练。

除了交替进行高强度和低强度训练外，运动员可利用放松技巧来解决应激问题。在此期间同样重要的是让专家制定一个专门的营养计划，因为一些食物对解决疲劳和心理应激问题可能有一定的积极作用。每个人承受应激的能力不尽相同，对于处理不好应激的运动员，教练可能需要采用激励和放松技巧以帮助其解决。运动员承受应激的能力主要取决于训练计划。教练必须以结构化的方式制定训练计划，在计划中加入恢复期，在恢复期内可利用放松和可视化技术来帮助运动员承受训练和比赛应激。

运动员的心理状态主要取决于其生理状态。假如运动员的疲劳程度很高，那么这种积累起来的应激就会对心理状态产生消极的影响[6]。运动员的生理状态越佳，那么其心理状态就会越好。经过用合理的结构化的方式制定的周期化计划可以确保运动员的生理准备、心理准备、应激管理，以及精神训练达到最佳状态。

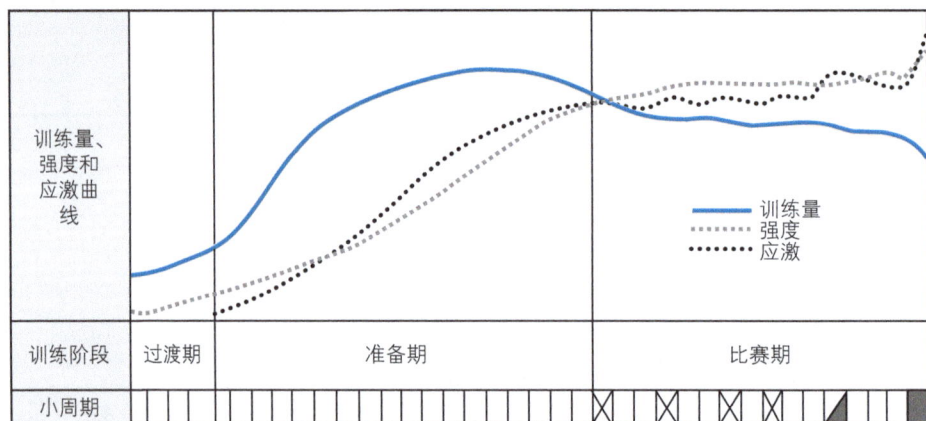

图 8.9 单周期应激曲线

虽然运动员可以在单周期训练中处理好应激，但是对于三周期训练来说，情况可能就大不相同了，对于多峰值的年度计划来说，情况尤其不同。大多数持续时间长达 10 个月的集体性项目也适用上述原则。对集体性项目而言，每个小周期都应该重视起来，因为运动员可能会产生应激累积效应，从而不能达成本周期既定的目标。图 8.10 展示的是双赛型的小周期，以及为运动员设计好的训练，这样的安排可使运动员更好地去处理并承受生理和心理应激。

	周日	周一	周二	周三	周四	周五	周六	周日
S/T	最佳状态	R/P	训练 /U	最佳状态	R/P	训练	训练 /U	最佳状态
上午	赛前唤醒类训练	休息（理疗）		赛前唤醒类训练				赛前唤醒类训练
下午	比赛	个人身心应激评估，理疗	赛前战术训练和爆发力训练	比赛	同周一下午	发展速度和灵敏性的高强度训练，高强度技战术训练	技术和赛前战术训练	比赛

图 8.10 周日和周三比赛的集体性项目建议性小周期

S/T= 训练范围；R/P= 恢复 / 再生 / 应激管理；训练 /U= 为比赛达到超量恢复效应而训练或减负荷。

年度训练计划表

在理解了每个训练阶段和子阶段的主要目标，以及基本的周期概念后，可以开始制定年度训练计划了。在制定年度训练计划表之前，教练需要理解训练与应激之间的关系。在此过程中，教练一定要考虑主要比赛的时间、每个阶段包含的训练内容的比例，以及训练阶段的顺序。一个合格的训练计划设计者可以将自己所学的关于训练和生理反应方面知识用于制定能够促进特定结果产生的训练计划。

所有运动员的年度训练计划的制定有着相同的基本步骤，但是每一个计划以及每一个计划表都必须要根据专项的生理需求和运动员的个人需求进行设计。本章列出了年度训练计划的几个样表。请注意下列表格展示了训练计划从简单到复杂的过程。教练要遵循这个从易到难的过程，这样才能做好制定年度训练计划表前期准备。

单周期年度训练计划表

单周期训练的安排，是年度训练计划中相对来说比较简单的形式，我们以青少年篮球队为例进行阐述（参见图 8.11）。在图 8.11 的顶部，标注出了计划的日期、教练以及队伍名称；在第二行，着重标注出了每个月份的比赛周。很多国家从秋季到春季（10 月到第二年的 4月中旬）会进行篮球比赛，因此计划中的首月是 6 月，计划的最后一部分应该在 4 月中旬结束。4 月的其余时间以及 5 月为过渡期。6 月是非正式的且可灵活安排的准备期。需要注意的是，夏季也是学校的暑假。但是，对于刻苦的运动员来说，暑假也同样可以作为准备期，运动员在此期间可以进行柔韧性和力量的训练（解剖适应训练，着重于强化韧带和肌腱）。

图 8.11 的 "比赛" 行，用于教练为所选择的年度比赛具体安排时间（图中是灰色单元格所标出的是 10 月到第 2 年 4 月中旬）。在比赛地点行加入每次比赛的地点。

一旦比赛日期和地点都记录在了训练计划表上，教练必须要确定周期的重要内容。年度训练计划可划分为不同训练阶段，这些阶段可从右到左进行设置。图 8.11 中 "周期" 的那一行包含了 3 个传统阶段：准备期（6 月开始，9 月结束）、比赛期（10 月上旬到第 2 年 4月中旬）和过渡期（4 月下旬到 5 月）。接下来要确定每个训练阶段的训练时长和类型了。既然此案例中的运动员都是高中生，那么在力量训练周期就需要安排较长的解剖适应期，随后便是两个简短的最大力量和爆发力训练期。比赛期可维持相同类型的训练。耐力训练（大部分是有氧）和一般速度训练可以与解剖适应训练在同一天启动，随后便是运动员为准备即将到来的比赛而设计的比赛专项耐力（无氧）和速度训练。青少年运动员最重要的一点是营养。对于这些运动员来说，要去咨询营养专家以制定合理的营养计划，或者咨询熟悉青少年生长和发育所需营养的营养专家。下一步是完善测试日期和医疗检查日期。每一个教练都应该在训练计划开始的第一周测试运动员的能力。两个测试日期可分别设置在 12 月下旬或者1 月上旬，以及过渡期的第一周。年度计划开始或结束的医疗检查是评估运动员健康状态的必要手段。

年度训练计划表

教练

类型		6月	7月	8月	9月	10月	11月	12月	1月	2月	3月	4月	5月
日期	月份												
	周数												
比赛	国内												
	国际												
	地点												
周期	训练阶段		准备期						比赛期				过渡期
	力量	AA		MxS	P							保持	
	耐力	有氧			无氧								
	速度	一般速度		专项速度									
	营养												
测试日期													
医疗检查日期													

图 8.11 青少年篮球队年度训练计划［可以根据需求调整以上计划（如计划时长），并根据情况灵活安排（如过渡期的时长）］
AA = 力量训练的解剖适应训练；MxS = 最大力量；P = 爆发力；在营养栏中可介绍营养专家推荐的营养计划中的元素（例如碳水化合物的摄取量）。

双周期年度训练计划表

图 8.12 是高中游泳运动员双周期训练计划的示例。从传统角度来讲，游泳有两个主要比赛，因此运动员每年要出现两次最佳状态（冬季持续短，夏季持续长）。决定年度双峰计划的训练内容的是年度主要比赛的日期。请注意图 8.12 列出来的两个比赛期，每一个比赛期的最后都是全国锦标赛（2 月下旬和 8 月下旬）。其余比赛都是每两周安排一次，这样安排有一个好处就是满足了比赛、恢复、训练、超量恢复、再次比赛的训练要求。这种设计训练和比赛的方法可以让运动员避免过度训练。

训练阶段的周期安排和主要运动能力的周期安排遵循同样的方法，这个内容在第五章就已介绍。每个比赛期后都有一个过渡期。可以根据比赛，力量、速度和耐力训练的阶段划分将年度训练划分为不同的大周期。图表底部的空白用来填写医疗检查和测试的日期，按照传统，这个应该设置在年度训练的开始和大多数训练阶段的结束，以便于主要运动能力的周期安排。

三周期年度训练计划表

教练在理解了单周期和双周期后就可以理解三周期了，三周期通常用于武术、艺术类项目和一些季节性项目。三周期甚至可用于高山滑雪和北欧滑雪项目上，这些项目的比赛种类繁多，有全国锦标赛、世界锦标赛、世界杯和奥运会，因此这些项目在每年都会有三个需要出现最佳状态的时间点。图 8.13 是一个武术三周期的示例，三个最佳状态出现点分别安排在了 4 月 26 日、8 月 2 日和 12 月 13 日。需要注意的是，11 月 8 日的峰值仅仅只是强度峰值，而不是年度状态峰值。

当然，每个峰值之前也需要安排次要的比赛。理想状态下，这些比赛要根据对手的强弱进行安排，比赛期初期的对手要尽可能弱于我方队员，后期要强于我方队员。为了更好地监测疲劳程度，大多数比赛都间隔两周，每一场比赛后都会进行短暂的恢复，并且会有 2~3 天的低强度训练以促进超量恢复。

图 8.13 同样可以用于计划其他方面，例如技能习得、心理和营养。可以聘请运动心理学和营养学专家来帮助确定并实现特定目标。在测试日期的上一行是最佳状态系数。关于最佳状态系数将在下一节详细讲解。

图 8.13 底部有 3 条曲线，分别代表训练量、训练强度和峰值。从方法学上讲，在准备期早期要着重训练量，这样才能建立一个强大的生理基础。

扎实的基础可以促进身心适应，这样运动员才能承受每一个周期的训练并处理好疲劳。与此同时，由于运动员不能在年度计划开始时承受高训练量和高强度的训练，因此此时的强度曲线就比较低。

年度训练计划表

教练

类型	日期	10月			11月			12月			1月			2月			3月			4月			5月			6月			7月			8月			9月		
日期	月份	10月			11月			12月			1月			2月			3月			4月			5月			6月			7月			8月			9月		
	周数																																				
比赛	国内							■			■			■												■			■			■			■		
	国际																																				
	地点																																				
14周期化	训练阶段	准备期1									比赛期1						准备期2									比赛期2											
	力量	AA	MxS		M-E						维持			T			AA	MxS		M-E						维持			T								
	耐力		AE		AE-AN									专项				AE					AN						专项			AE					
	速度							专项						专项															专项			专项					
	心理																																				
	营养																																				
	大周期	1			2			3			4			5			6			7			8			9			10			11			12			13			14
	小周期	1 2 3	4 5	6	7 8	9	10	11 12	13	14	15 16	17	18	19 20	21	22	23 24	25	26	27 28	29	30	31 32	33	34	35 36	37	38	39 40	41	42	43 44	45	46	47 48	49	50	51 52
测试日期		■																																			
医疗检查日期		■							■											■					■											■

图 **8.12** 高中游泳运动员双周期训练计划

备注：图8.12 有一些空白栏，这用于教练、心理学和营养学专业学生人员填写必要的内容。

AA = 解剖适应；AE = 有氧；AN= 无氧；MxS = 最大力量；T= 过渡期；M-E = 肌肉耐力（以低到中度负荷多次重复的能力）。

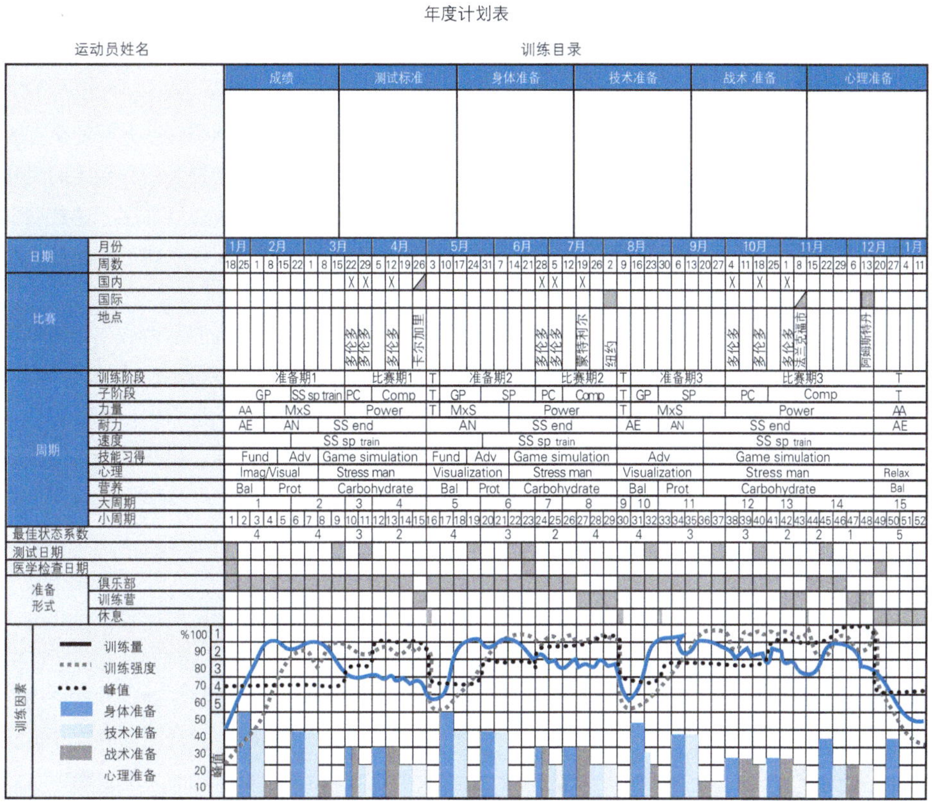

年度计划表

运动员姓名 / 训练目录

	成绩	测试标准	身体准备	技术准备	战术 准备	心理准备

日期	月份	1月	2月	3月	4月	5月	6月	7月	8月	9月	10月	11月	12月	1月

（以下为"比赛""周期""最佳状态系数""测试日期""医学检查日期""准备形式""训练因素"等各行，因图表复杂，内容概述如下）

周期：
- 训练阶段：准备期1 / 比赛期1 / 准备期2 / 比赛期2 / 准备期3 / 比赛期3 / T
- 子阶段：GP / SS sp train / PC / Comp / T / GP / SP / PC / Comp / T / GP / SP / PC / Comp / T
- 力量：AA / MxS / Power / T / MxS / Power / T / MxS / Power / AA
- 耐力：AE / AN / SS end / AN / SS end / AE / AN / SS end / AE
- 速度：SS sp train
- 技能习得：Fund / Adv / Game simulation / Fund / Adv / Game simulation / Adv / Game simulation
- 心理：Imag/Visual / Stress man / Visualization / Stress man / Visualization / Stress man / Relax
- 营养：Bal / Prot / Carbohydrate / Bal / Prot / Carbohydrate / Bal / Prot / Carbohydrate / Bal
- 大周期：1 2 3 4 5 6 7 8 9 10 11 12 13 14 15
- 小周期：1 ... 52

训练因素图例：
- —— 训练量
- ···· 训练强度
- •••• 峰值
- 身体准备
- 技术准备
- 战术准备
- 心理准备

图 8.13 武术三周期年度训练计划

T = 过渡期；GP = 一般准备期；SS sp train = 专项速度训练期；PC = 比赛前期；Comp = 比赛期；SP = 专项准备期；AA = 解剖适应；MxS = 最大力量；Power = 爆发力；AE = 有氧；AN= 无氧；SS end = 专项耐力；Fund = 基础；Adv = 高水平；Game Simulation= 比赛模式；Bal = 平衡；Imag / Visual = 想象和可视化；Stress man = 应激管理；Visualization= 可视化；Relax = 放松；Prot= 蛋白质；Carbohydrate= 碳水化合物。

运动员通常以 30%～50% 的最大运动量开始一个全新的年度训练计划，运动负荷百分比取决于他们的水平。训练量在准备期逐渐提升，在一般准备期达到最高水平。相反，在专项准备期，训练量逐渐下降。这个曲线记录了准备期训练量的变化，而后在比赛期中期，训练量曲线和强度曲线之间的距离愈发明显。这两种曲线在具有多个比赛的大周期期间波动较大。

在比赛前的小周期早期，训练强度通常较高，在比赛临近时降低，这样才能让运动员有时间休息并在比赛前恢复到正常状态。当训练量大时，训练强度就要降低。假如训练量和强度都高，那么发生过度训练的概率就极大增加[7]。

在主要比赛前的大周期早期，训练量增加。在这个大周期接近尾声时，通常在下一个大周期前的最后两个小周期降低训练量。训练强度曲线首先会稍低于训练量曲线，但是在比赛临近时会逐渐升高。在减负荷期，这两条曲线会因所采用的减量类型而稍微降低。传统意义上来说，耐力型项目的训练量和训练强度同样重要，因此强度不会增加太多。但是，即使是在比赛期（训练量稍微降低），基础扎实和耐力基础更好的国际水平运动员能够承受更高的训练强度。如果耐力型运动员要想获得更好的运动表现，那么有必要使用这种训练方法。高功率输出的项目要求训练强度曲线要高于训练量曲线。至于在比赛期内的子阶段，训练量下降，强度提高，表示大多数比赛都是高强度的。

最佳状态曲线，有时也称竞技状态曲线，可以直接反映训练量和训练强度之间的交互关系，反映了运动员的体能水平和疲劳程度。竞技状态曲线在准备期会随训练量和强度的变化而变化，它是运动员对此阶段训练所产生的疲劳的反映。竞技状态曲线在赛前期和比赛期会提升，这是运动员在训练量下降、疲劳程度减小后的反应。竞技状态曲线反映了运动员实现高运动表现的潜力和疲劳水平。

年度计划样表中（参见图 8.13），量级（不是每个曲线的百分比）表示教练在训练中是着重于训练量还是强度。以百分比来表示这些曲线要比以它们的相对关系来表示要复杂得多，因此，只有带高水平运动员的、有经验的教练才需要使用这种方式。在本图中，并不包括应激曲线，应激曲线受强度曲线的影响（因此两条曲线比较类似），此外，比赛日程也会影响应激曲线。

最佳状态系数

图 8.13 引入的新参数（最佳状态或竞技状态系数[2, 3, 29]）代表运动员的比赛竞技状态，反映了运动员的生理、技术、战术和心理状态（参见表 8.4）。为了调整运动员的竞技状态，教练必须控制运动员的训练内容来消除疲劳，从而提升运动员获得高水平运动能力的潜能。在此过程中，比赛必须要优先考虑。因为教练为了让运动员出现最佳状态会花费更多的时间进行低训练量或低强度训练，随着时间的推移运动员的体能水平会下降，但教练不必每次比赛都要求运动

表 8.4 最佳状态系数说明	
最佳状态系数	比赛准备水平 /%
1	100
2	90
3	70 ~ 80
4	60
5	< 50

员达到最佳状态。因此，每一个比赛都要有具体的侧重点。除了优先级别高的比赛，运动员没有必要在每一个比赛中都要达到自己的最佳状态（对高水平运动员和队伍来说尤其如此）。比赛期长的专项有很多比赛，让运动员在每一次比赛中达到最佳状态是不可行的。

最佳状态系数会根据训练负荷（训练量和训练强度）的改变而调整，并且能够反映出运动员的疲劳程度，这会直接影响运动员的竞技状态。疲劳程度高会降低运动员的竞技状态，反之则提高。但是，如果长时间低量和低强度的训练会导致体能水平下降很多，那么竞技状态也会下降。

运动员应该在比赛期达到个体最佳竞技状态，以参加年度主要比赛。因此，运动员在比赛期的很多比赛中没必要均达到最佳状态，在这些比赛前教练进行有效的训练，而尽可能少地安排减负荷策略。如果教练在比赛期的每一场比赛都实施了包含减负荷的最佳状态调整策略，那么运动员在整个赛季中生理能力和竞技状态会下降。但是，这并不意味着运动员可以

不重视每个比赛。相反，运动员和教练必须在比赛前确定使用哪种方法或将负荷减少到何种程度。

在为最重要的比赛，或者面临最强劲的三名对手做准备时，集体性项目的教练要安排最大程度的减负荷。图 8.13 中的 1 级最佳状态系数就说明了这一点，其表示运动员的竞技状态必须要达到最高水平。为了实现最好的竞技状态，运动员需使用专门的最佳状态调整策略（参见第九章）。2 级最佳状态系数表示运动员需达到在 1 级系数对应准备水平的 90%。当遭遇联赛前三分之二的队伍（前 3 到 5 名的队伍除外）时可使用此系数。为了让竞技状态达到这个水平，运动员的训练量和强度相比于 1 级系统可略微减少。当联赛中对手不具威胁或进行赛前热身赛时，可以使用 3 级最佳状态系数（1 级系数对应准备水平的 70%~80%）。在进行赛前热身赛时，训练计划应着重于达成技术和战术目标而不是赢得比赛。在双周期和三周期的专项准备期中实现此竞技状态是有必要的。4 级最佳状态系数（1 级系数对应准备水平的 60%）是准备期常见的竞技状态，此时运动员正在进行大运动量训练，还没有为比赛做好准备。5 级最佳状态系数（1 级系数对应准备水平的 50%）常见于年度计划末期的过渡期，即年度计划中训练负荷最小的阶段，此时的体能和疲劳均处于最低水平。

图 8.13 呈现的最佳状态系数是每一个大周期的最为恰当的系数，并且在描绘系数曲线时可作为指南使用。最佳状态系数是波动的，与训练中产生的疲劳和应激曲线基本一致，在减负荷小周期内最佳状态系数会增加。随着训练越专项化、强度越高，从一般准备期到专项准备期和比赛期，最佳状态系数将增加。

通过交替使用不同的训练负荷（训练量与强度），教练可以调整最佳状态系数，最佳状态系数反映了运动员的竞技状态。表 8.5 展示了在个人类项目中，将运动员的最好成绩作为参考，用调整最佳状态系数来反映专项准备水平的示例。

最佳状态系数可根据训练负荷（训练和强度）进行调整，它一方面反映了运动员竞技状态，另一方面也反映了运动员的疲劳程度。疲劳程度高会降低运动员的表现，反之则会提高运动员的竞技状态。但是，如果长时间进行低训练量和低强度的训练，那么运动员的准备程度将急剧下降，运动员的运动能力也会明显下降。

表 8.5 ▶ 个人类项目运动表现的最佳状态系数的调整

最佳状态系数	比赛准备水平 /%	短跑运动员（100 米 PB:10 秒）	比赛准备水平 /%	爆发力举重运动员（硬拉 PB:250 千克）
1	100	10.00~10.05 秒	100	250~247.5 千克
2	99~99.5	10.06~10.10 秒	97~98	242.5~245 千克
3	98~98.5	10.11~10.20 秒	95~96	237.5~240 千克
4	97~97.5	10.21~10.30 秒	93~94	232.5~235 千克
5	≤ 97	≥ 10.31 秒	≤ 93	≤ 230 千克

PB= 个人最佳成绩。

多峰值年度训练计划表

即使是对有经验的教练而言，建立一个多峰值的年度训练计划也是一项具有挑战性的工作。图 8.14 的案例清晰地展示了职业网球运动的实际年度计划，网球运动员在全年都要参加各种比赛。组织者赞助的奖金对于大多数运动员来说都是不可抗拒的诱惑，这就是为什么很多运动员掉入了报名参加多个比赛的误区，因为他们根本没有准备好承受旅途和比赛带来的应激，甚至有可能早早地被淘汰，然后再转战另一场比赛。通常情况下这种做法会造成严重的损伤。因此，对于网球运动的多峰值年度训练计划而言，教练和运动员在选择参加比赛场次时要特别谨慎。

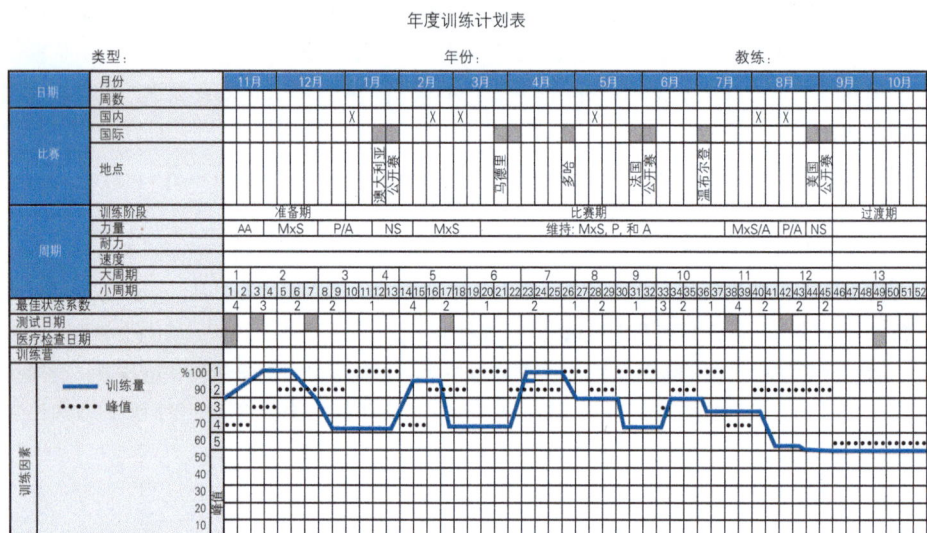

年度训练计划表

类型：		年份：		教练：	

日期	月份	11月	12月	1月	2月	3月	4月	5月	6月	7月	8月	9月	10月
	周数												
比赛	国内		X		X X			X			X X		
	国际												
	地点			澳大利亚公开赛		马德里	多哈	法国公开赛		温布尔登	美国公开赛		
周期	训练阶段	准备期			比赛期							过渡期	
	力量	AA	MxS	P/A	NS	MxS	维持: MxS, P, 和 A			MxS/A	P/A	NS	
	耐力												
	速度												
	大周期	1	2	3	4	5	6	7	8	9	10	11	12	13
	小周期	1 2 3 4 5 6 7 8 9 10 11 12 13	14 15 16 17 18 19	20 21 22 23 24 25 26 27	28 29 30 31 32 33 34 35 36 37 38	39 40 41 42 43 44 45	46 47 48 49 50 51 52							
最佳状态系数		4 3	2 2	1	4	2	1	2 1	3 2	1	2 2	1	5
测试日期													
医疗检查日期													
训练营													
训练因素	训练量 / 峰值	%100 90 80 70 60 50 40 30 20 10											

图 **8.14** 网球多峰值年度计划

X = 次重要级别比赛；AA = 解剖适应；MxS = 最大力量；P/A = 爆发力 / 灵敏性；NS = 在美国和澳大利亚公开赛中无力量训练，其他比赛的建议也是如此。
注释：在网球项目中，速度实际上指的就是灵敏性，耐力实际上就是教练进行的专项训练，并以时间来表示训练量。因此，此表没有设置速度和耐力行。

图 8.14 第一行明确了实施计划的月份。最后一个比赛后（即此案例中的美国公开赛），运动员可以休息 7 天以进行身体恢复和再生。第二行则是明确了具体的周末日期（周日）。周日是每周的最后一天，在年度计划中通常都会很具体地标注出应该做什么事情。图中标注出的比赛是国内比赛，"X"表示次要的比赛。第四和第五行则可用于标注重要比赛的日期和地点，最后一个比赛是美国公开赛。

"周期"对应的几行用于明确训练阶段：准备期是从 11 月上旬到第 2 年 1 月上旬，比赛期是从 1 月上旬到 9 月的第一周，过渡期是从 9 月的第二周开始到 10 月结束。比赛期主要有以下几个比赛：澳大利亚公开赛，马德里巡回赛，多哈巡回赛，法国公开赛，温布尔顿和美国公开赛。表中要设置一行用于标注力量的周期安排，在这一行中有两种类型的力量：解剖适应和最大力量。这两种类型的力量在网球运动中是必备的。如果没有花时间去培养最大力量，那么运动员很难提升爆发力和灵敏性，这两种能力的提升均依赖于最大力量。从马德里巡回赛到温布尔顿巡回赛结束是一个长时间的维持期，运动员要维持自身的最大力量和爆发力。需要记住是的，没有训练，能力会消退。如果最大力量消退了，那么爆发力和灵敏性也会受到直接的影响，比赛场上的速度和爆发力也会受到影响。周期安排还包含两个方面的计划：心理和营养。教练应该咨询心理和营养学专业人士来确定网球的专项需求是什么。

大周期那一行代表每个阶段的具体时长，这可以通过力量的周期安排和比赛日期来加以确定。小周期那一行只能作为运动员的训练状态和最佳状态系数的参考日期。为了更好地理解最佳状态系数，请参考本章的前述内容。测试和医疗检查的日期同样在专门的行中进行了标注。最后，在图表的底部明确了训练量和训练强度曲线。每个曲线的上升表示需要提高训练量、训练强度和竞技状态，它们的变化要参照大周期负荷的波动。教练尝试以这种方式进行计划制定，并从中提高制定计划的能力，为来年做准备。

编制年度训练计划的标准

编制一份年度训练计划是训练过程中不可或缺的环节，因为训练计划可以指导运动员有目的性地进行训练。制定年度计划的最佳的时间是过渡期结束和下一个年度训练开始前。运动员完成了一年的比赛，教练可以根据运动员对训练计划的反应，从心理和生理层面，以及能力变化层面对其进行分析和评估。可以在这段时间对运动员的提升幅度、比赛表现以及测试结果进行分析。从分析中获得的信息可以作为下一年训练目标设立和计划结构选取的参考。教练可以根据自己对运动员的分析和来年的比赛日程来建立下一年的训练计划。每一年的比赛日程安排，包括国内和国际比赛，是由国家或国际体育联合会制定的。每一个区域级组织制定比赛日程都是以此为依据的。

这些日期要在上一年年度训练计划的过渡期中确定好，要不然下一年度训练计划就无法制定出来。大多数情况下，个人类体育项目的联合会要在准备期的 1～2 个月内才会发布比赛日程。在此情况下，教练需要根据上一年的比赛安排来制定年度计划。并在正式的比赛日程发布之后再进行调整。一旦年度训练计划确立了，个人或小团体训练计划也可以制定了。教练制定的年度训练计划要清晰明了，并且必须包含恰当的技术信息。

年度训练计划的组成要素

1. 运动表现模式分析（根据能量供应，生物力学和力量、速度和耐力特征确定运动员的比赛级别）。
2. 回顾性分析。
3. 运动表现预测。
4. 运动表现、体能准备、战术和技术准备、营养准备，以及理论和心理准备。
5. 比赛日程。

6. 测试和标准。

7. 周期安排模式（包括年度训练计划表和大周期结构）。

8. 准备模式。

9. 运动员或队伍的组织和管理模式（包括预算和装备需要）。

年度计划的质量直接反映了一个教练的方法学知识、经验，以及对最新训练理论的认知。教练必须要通过阅读科学文献、参加研讨会、保持与其他教练的沟通，以及密切关注运动员的训练进程才能让自己对训练的各个方面都了如指掌。教练也要根据自己的经验和知识储备调整和改进年度训练计划。

某些情况下，国家单项体育协会或出资方会要求教练展示下一年度的训练计划。这样的一个计划必须要考虑全面、设计合理，并且必须要考虑训练的主要参数。接下来的章节中列出了包含所有必需元素的年度计划模型。训练计划中包含的各部分的提纲可以在"年度训练计划组成要素"中找到。

运动表现模式分析

在运动表现模式分析中，首先需要呈现的要素是需求分析，需求分析中要以训练需求的方式呈现专项的理论和方法层面的内容。为了达到此目的，教练必须要了解该专项的生物力学和生理学特征，并分析每种运动能力对运动表现的影响（参见图 8.15）。

力量

1. 选择力量类型。确定以下哪一项力量子能力与项目有关：爆发力，爆发力耐力，短时、中时和长时肌肉耐力。提升所选择的力量子能力是整个力量训练的最终目标。力量耐力（更多与代谢相关）和形态功能上的适应比神经适应需要的时间要长。这个因素直接影响了过渡期的长短，也影响了其他周期可用的时间，因此制定计划要从后往前做。

2. 根据运动员的特征（包括其所处职业发展阶段和力量训练经历）和引导阶段可利用的时间来确定解剖适应期的合理时长。

3. 根据运动员及项目的特征来确定是否安排一个增肌期。

4. 选择训练中所需要的练习。体能教练需要根据项目特征、运动员的需求和所处的训练阶段来选择练习方法。每个专项技能都会使用不同的主要肌群，并且不同项目涉及的肌肉并不一样。因此，教练首先必须确定主要参与肌肉，然后再选择能够训练到这些肌肉的练习。同时，教练必须要考虑运动员的需求、背景和强弱项。由于运动链中最薄弱的环节会最先出现问题，所以教练要酌情选择能够强化运动员最薄弱肌肉的补偿性练习（也称辅助性练习）。练习的选取同样也需要根据训练阶段来确定。正常情况下，在解剖适应期，身体会调动大多数肌肉以建立一个更好的、更全面的基础。随着比赛期临近，训练变得更加专项化，因此要选择更多涉及主要参与肌肉的专项运动。

因此,为了确定练习和负荷参数,教练必须要分析体育动作。以下是需要考虑的几个方面。

- 动作发生的三维面（矢状面、冠状面、水平面）。
- 专项动作范围内不同的关节角度对应的发力（即最受专项力量训练影响的角度区间）。
- 产生动作的肌肉群（即主要参与肌肉,其必须是最受专项力量训练影响的肌肉）。
- 肌肉工作方式（向心收缩、离心收缩、等长收缩）。

5. 选择每个大周期和训练进阶中可使用的方法。

关于训练方法和进阶的详细信息请见第十章。

运动表现模式分析表			
供能特征			
主要供能系统:			
磷酸原系统占比:			
糖酵解系统占比:			
有氧供能系统占比:			
力量			
专项力量:			
主要参与肌肉:			
主要参与肌肉的肌肉动作:			
动作活动度:			
速度			
线性		非线性	
加速			
最大速度			
速度耐力			
重复冲刺能力			
次数间的休息			
消极		积极	
完全		不完全	
耐力			
持续性			
间歇性			
专项			

图 8.15 运动表现模式分析表

速度

1. 评估短跑或快速动作的数量、强度和时长。
2. 要考虑速度以下几项子能力之间的区别：非乳酸速度（加速、最大速度）；短程乳酸速度（反复冲刺能力）；长程乳酸速度（速度耐力）。长程乳酸速度（速度耐力）是乳酸功的一种叫法,这种速度维持时间长于8秒。相比之下,短程乳酸速度（反复冲刺能力）是乳酸功的另一种叫法,这种速度持续时间短于6秒,训练时安排练习之间进行不完全恢复,直到这种练习成为一种短程乳酸功训练。这种训练的短时间歇,对运动员的有氧功率也会产生较大的刺激——通过有氧磷酸化再合成磷酸盐。
3. 评估在短跑或快速动作练习之间的恢复类型（积极或消极）和时长。
4. 评估速度是以线性方式还是非线性方式呈现。
5. 选择可用于每个大周期和训练进阶的方法。

耐力

1. 利用科学文献来确定身体运动时每个能量系统的贡献（比赛状态下）。

- 磷酸原系统。
- 糖酵解系统。
- 有氧系统。

2. 评估活动是持续性的还是间歇性的。

3. 确定耐力的强度区间、整个训练计划中所使用的进阶方式。

4. 选择每个大周期和训练进阶的方法。

教练要利用网络资源去寻找与本体育项目相关的代谢、生物力学和神经肌肉特征方面的科学文献。教练也可以通过观看运动员以往竞技水平培训的视频对运动员进行生物力学分析。

回顾性分析

在这一部分，教练呈现了个人或团队方面的信息（例如，体育项目、性别、年龄、身高、体重和身体成分）。为了更加准确地预测运动员在即将到来的赛季中的运动表现和目标达成情况，教练必须要全面分析上一赛季中运动员的运动表现和行为。运动表现包括比赛和测试中的表现。表 8.6 呈现了这些信息。

表8.6	女子标枪测试结果分析示例		
	运动能力	计划完成	实际完成
目标	1. 投掷距离	51.50 米	52.57 米
	2. 30 米冲刺	4.80 秒	4.7 秒
	3. 立定跳远	2.4 米	2.4 米
	4. 过头投掷、双手投掷、投掷实心球（3 千克）	18 米	21.4 米

备注：表中只是示例，还有其他因素（如最大力量、身体成分和体重）未完全展示。

分析了往年的比赛表现、训练目标实现情况和测试结果后，教练可以通过分析每个训练因素来确定运动员的准备状态。对于身体准备而言，教练可以分析一般和专项运动能力是否符合专项需求，是否能够对技术、战术和心理准备有足够的支撑。教练通过比赛和测试获得这些信息，通过这些信息，教练可以把运动员任何技术或战术层面的提升与下降，与测试结果中反映出来的运动员的进步和退步速率联系起来。通常情况下，运动员在准备期进步明显，但是运动员也经常会出现在比赛期退步的情况，这是由于在比赛期体能训练不足，或存在系统性差。因此，在比赛期教练持续地让运动员进行专项身体训练，并且测试运动员在每个大周期期间的进步情况，这样做的目的是搜集与身体准备变化相关的客观数据。

检验技术准备时，教练需要评估运动员的技术娴熟度，以及技术训练对运动员表现的影响程度。教练应该评估之前使用过的技术是否有效，来确定下一年是否要继续沿用。用于提升技术的时间直接反映了运动员技术水平的高低和技能习得的精细程度。肌肉力量会影响技术娴熟程度 [5]，因此，教练应该确定运动员是否有足够的力量去完成项目所需的技术。

分析战术准备应该要确定战术策略的选择是否恰当，是否符合团队的特点，是否能够解决比赛中的问题。总而言之，教练应该指出过去一年所使用的战术中有哪些是需要去除的，哪些是需要继续保留的，哪些是需要继续完善的，从而使团体效率在来年能够得到提高。教练应该检查运动员的心理准备和行为，以及营养计划的质量，还要确定这些因素是如何影响运动员的最终表现的。在评估运动员的行为时，教练要考虑训练期间以及训练以外会发生的事情（如社会因素），因为教练也经常碰到一些训练以外极大影响了训练和比赛表现水平的因素。

最后，教练需要和其他训练专家合作（体能教练、运动生理学家、体育科学家、营养学家、理疗专家）来确定去年所使用的策略是如何影响运动员的表现能力的。总结起来，回顾性分析可用于预测运动员未来的进步和表现水平，也可用于为新一年的年度训练计划制定特定的训练和比赛目标。

运动表现预测

教练的一项重要职责是明确运动员需要加强的技能，以及在计划日起和主要比赛之间需要达到的运动表现水平。运动表现预测可以作为制定年度训练计划目标和标准的参考。实现这些目标和标准可以提高运动员在比赛中获得佳绩的可能性。例如，体操项目的教练会记录运动员的成套和分解技术的分数来预判技术层面是否很难达到 15.01 的平均分数（总分数是120.1），这个分数是女子全国锦标赛中进入前六名的最低分数。根据这样的分析，教练可以确定什么样的新技术需要整合到去年使用的技术中，以及需要增加什么样的技巧才能在下一年中实现既定的分数。在预测过程中必须要考虑运动员的能力以及技能水平，这样才能制定具有现实意义的目标。

表 8.7　奥运会男子赛艇三次比赛的成绩预测

项目	各名次需要的能力 /（分钟：秒）			
	I	II~III	IV~VI	VI~IX
八人艇	5:38	5:41	5:45	5:50
四单无舵	6:05	6:09	6:13	6:17
单人艇	6:53	6:56	6:58	7:04

表 8.8　主要比赛中最低成绩指标和名次预测

项目	能力 /（分钟：秒）	预测名次
八人艇	5:45	VI ~ III
四双	5:58	VI ~ VIII
四单无舵	6:12	III ~ V
四单有舵	6:20	VI ~ IX
双人双桨	6:30	III ~ V
双人无舵	6:50	V ~ VI
单人艇	7:10	VI ~ IX
双人有舵	7:15	VI ~ IX

由于影响运动表现的因素诸多，因此预测集体性项目的运动表现比预测个人项目难度要大。教练可以从以下几个方面预测运动员的运动表现：技术、战术，以及在下一年的比赛中可以提升表现水平的且运动员必须获得的能力。对于那些运动表现可以客观且精确测量的体育项目来说（例如，田径、举重、场地自行车），预测运动表现要稍简单一些。在这些体育项目中，教练可以查看运动员在前一年的训练中取得的最佳成绩，并且利用运动员的"进步率"来预测下一年训练中运动员能够达到的水平。例如，我们可以使用此方法来预测在赛艇比赛中男子运动员的运动表现（参见表 8.7）。教练通过预测和考量运动员的能力以及提升潜力来为运动员制定标准并设置一个合理的期望值（参见表 8.8）。利用运动表现预测，教练可以为每一个训练层面制定现实的目标，并准备年度训练计划表。

目标

在年度训练计划和计划预测中，目标必须要以精确具体的语言按照方法学的顺序呈现。目标是基于过去的表现水平、已经达成的测试标准、技能和表现水平的提升速率以及主要比赛日期制定的。在制定目标时，教练必须考量主要的训练因素以及发展滞缓从而限制了比赛和训练潜力的因素。那么教练需要根据这些限制性的因素（例如，体能、技术、营养计划或心理准备）来排列训练优先项。

每个训练因素的方法学顺序和呈现方式如下。

1. 运动表现目标。

2. 体能准备（如力量、速度、耐力、柔韧性或协调性）。

3. 技术准备（防守和进攻能力）。

4. 战术准备（个人项目和集体性项目的防守和进攻战术）。

5. 心理准备。

6. 营养计划。

7. 理论准备。

但是这并不意味着教练要按照这个顺序去完成每一个训练因素。相反，教练应该优先考虑相对欠缺的因素和对这个项目所有运动员都重要的因素。

在设定目标时，教练应该考量并说明达到这些目标的概率（百分比），尤其是运动表现目标。虽然这一过程必须依赖客观事实，但是还是要考虑主观评估（如运动员的储备、提升潜力和心理素质）。表 8.9 是为排球运动员设定的目标。

表 8.9　排球运动员的目标

能力因素		
内容	目标	实现目标的可能性
能力	在青少年全国锦标赛中取得第一	80%
	在成年全国锦标赛中取得第六	50% ~ 60%

训练因素		
内容	因素	目标
体能准备	力量	增强腿部力量以提高跳跃能力
	速度	提升短程速度来增加双脚移动速度，从而更好地拦网和防守
	耐力	提升耗时较长的比赛和巡回赛中的爆发耐力
	柔韧性	提升肩关节和踝关节的柔韧性
技术准备	发球	提升发球的准确率
	扣球	提升扣球的准确率
	拦网	提升拦网的能力
战术准备	进攻	在 6-0 系统中提升扣球能力
	防守	提升扣球时机的把握能力和速度
心理准备		培养在犯错误后还能冷静应对的能力
营养		
理论准备		知道裁判可能会有的判罚

比赛日程

制作比赛日程是年度训练计划中重要的一部分。教练根据国家、联盟和国际单项体育组织发布的赛事日程来制定运动员的比赛日程。在此过程中，教练根据运动员的需求、发展水平、比赛能力、技能和心理特点来选择最合适的比赛。尽管运动员应该参与训练计划的制定，尤其是高水平运动员，但教练在制定比赛日程的过程中要扮演决定者的角色。年度训练中的大型比赛或主要比赛的目标是用于建立周期训练计划和比赛日程的核心因素。其他正式和非正式的比赛应该是次要的。但是，这些次要的比赛对于教练评估运动员是否达到了年度计划预期的水平来说非常重要。这些比赛被安排在比赛期，并且大都在比赛期之前。在准备期早期不能安排比赛，因为此阶段的重点是身体准备和技能提升，而不是运动表现。理想情况下，主要比赛和次要比赛在计划中会交替排列。集体性项目的联赛或官方赛很多，相比之下个人类项目的比赛有时候就很少。为了保持整个比赛过程中年度训练计划的整体性，教练可考虑把准备性的比赛整合到训练计划中。

在年度计划中安排比赛时，教练必须要遵循训练负荷循序渐进的原则，根据这个原则，教练应该先安排次要的准备性比赛，之后再循序渐进地过渡到更加有挑战性的主要比赛。这是理想型的方式，但是也不一定可行，尤其对于由单项体育协会设置比赛日程的集体性项目而言更是如此。比赛日程上安排的比赛次数对运动员实现目标有着极大的影响。强度大、要求高的比赛日程通常出现于集体性项目中，这会使运动员的竞技状态过早提升，从而导致当主要比赛来临时运动员在比赛期后期的运动表现会下降。相反，运动员参加比赛的次数太少会导致比赛竞技状态下降，阻碍运动员实现既定目标的运动表现水平。因此，要保持好比赛次数之间的平衡，太多和太少都不行。设置最佳比赛次数有两个重要的标准，它们分别是项目特征和运动员的能力水平或发展状态。对于强度大的项目和运动能力差的运动员而言，每年 15～25 次比赛足够了。对于高水平运动员，尤其是集体性项目（如英超联赛）的运动员，可以安排更多的比赛（大于 30 场）。

比赛日程确定了就不能轻易改变，因为整个年度训练计划都是按照比赛日程而制定的。高中或大学运动队的教练不能在考试期间安排任何比赛，尤其是重要的比赛。类似地，运动员在主要比赛前（赛前减量阶段）的最后两个小周期期间不能参加任何官方或强度大的比赛。在这两个小周期期间，教练和运动员要关注训练本身，并且根据前面次要比赛的结果来做微调。每一次比赛，不管是主要的还是次要的，都是对运动员心理上和身体上的考验。训练计划中必须要包含恢复和再生小周期，尤其是后面跟着主要比赛的次要比赛后。

测试和标准

专项测试和标准的评估是制定周期训练计划的关键部分。年度训练计划的这些评估必须要有组织性、系统性和一致性，其目的是收集运动员是否进步的相关信息。通过测试和标准来监测训练过程可以是教练量化运动员进步、停滞不前和成绩下降的一种客观方式。通过监测训练过程，教练可以评估训练负荷－反应之间的关系，并以此来优化训练负荷，帮助运动员在恰当的时机获得最佳运动表现。

运动员的监测计划可以包括一些测试，根据这些测试结果，教练可以客观地评估运动员的进步程度、出现能力提高平台期的可能，以及运动表现下降的风险。根据监测结果，教练可以按照已经建立的能力标准来评估测试结果。为了确保测试的有效性，所使用的测试必须有效（测量想测量的）、可靠（可重复）与影响实际比赛表现的因素有关。为了真正了解运动员的状态，教练必须要选择多种测试，以评价除比赛成绩之外的其他能力[23]。例如，游泳成绩受速度、划臂力学、出发和转身能力的影响。另外，无氧功和无氧能力、肌肉爆发力和柔韧性、一般和专项耐力等生理因素都会影响游泳成绩。教练同样也要评估真实的游泳能力，但是时间并不是唯一的标准。教练需要检验每一次训练课的技术娴熟度，因为这些能力与运动员在比赛中所使用的技术是相关联的[23]。因此，为了监测游泳运动员的准备情况，教练应该周期性地评估这些因素。目前体育界已经开展了大量的研究，把特定测试与比赛成绩进行相关性分析，此类研究可用于建立以运动表现为基础的测试程序。

测试要以代谢特异性（生物能量学）、动作特异性（生物力学或动作模式），以及运动员的训练状态为基础[11]。运动员要熟悉测试程序，但并不是为了完成这个测试而去训练，因为这会损害测试本身的评估价值。显而易见，测试本身所涉及的内容可能包含了与训练过程密切相关的活动，并且常会在实施训练计划过程中遇到。例如，下肢力量训练的常用练习是深蹲，同样的动作也可用于评估下肢力量。因此，从某种程度上来讲，运动员可以利用深蹲来提升下肢力量，也可用 1RM 深蹲来评估最大力量。

运动员监测计划中测试的主要目标

- 监测运动员在专项身体运动能力或技能的增长速率。
- 确定运动员的技能水平，这可用于指导训练。
- 确定运动员的训练内容。
- 确定运动员的强项、弱点和限制。
- 测试战术能力和策略的提升。
- 评估运动员的力量和动作技能（以分析的角度来看，此过程在准备期刚开始时到接下来每次训练课都有）。
- 确定所有训练因素的合适标准。
- 评估并发展心理素质。
- 评估运动员过度训练的风险。
- 评估营养计划对运动表现和身体成分的影响。
- 监测训练计划的训练负荷 – 反应关系。

测试要简单(4~8个能力测试)，且测试要与所对应的体育项目高度相关。比如，斯通等[27]认为，由抓举和大腿中部等长拉力测试得出的最大力量与大学生推铅球和重量包投掷运动员的投掷能力高度相关。因此，在大学生投掷运动员的整个年度训练计划中评估最大力量是有一定意义的。哈芙等[9]利用双周测试去测试了高水平女性举重运动员，该测试中包含了对体重、体脂、去脂体重、训练的激素反应，以及力 – 时间曲线特征（峰值力、等长和动力性动作的力的生成速率）的评估。此测试简单易行，并且力 – 时间曲线特征的变化和训练计划相关。有趣的是，最大力和力的最大生成速率与举重能力相关[8]。因此，简单易行的测试可以区分这些运动员的准备水平。

教练开始实施训练计划时，应该确定整个训练计划中所使用的测试及其测试日期。第一个测试日期在准备期的第一个小周期期间。通过在此时进行测试，教练可以确定运动员的准备水平，并据此对年度训练计划做出调整。每个大周期都有特定的目标，那么测试可以检测这些目标是否达成。因此，一些测试要在每个准备期末期和赛前期末期的1~2天内进行。这些测试可用于评估运动员在这些阶段的准备状态。如果测试结果显示运动员的提升情况较为平整连续，那么先前的训练结构就可以继续使用。相反，假如测试数据显示运动员的水平停滞不前，没有任何提升，那么教练就要调整下一个训练周期。教练测试数据时必须要小心谨慎，因为训练阶段的不同可能会对运动员的能力造成一定影响。比如，在一般准备期期间，训练量和疲劳程度都很高，我们能够预测到的就是运动员的功率生成能力会下降。而在比赛期，爆发力生成能力会提升。在比赛期内，只有比赛间隔为4~5周时才会安排测试课。在此阶段，教练也可以通过比赛评估运动员的训练状态。不论测试环节在年度训练计划中的哪一个环节，教练都要详细记录运动员的测试结果。数据越规范，纵向分析运动员的提升速率和对训练计划的适应性就越简单。在制定好的计划中，教练要用不同颜色或不同符号来标注出每一个训练因素的测试过程。教练在制定年度计划时要建立测试标准，尤其是身体和技术测试。之前的训练标准可以作为下一个训练年度测试标准的参考。这个过程要反映出运动员的提升速率和对训练计划的适应水平。对于初级且刚开始一个结构化训练计划的运动员而言，第一个测试的结构可作为下一步计划的参考。

教练制定标准时必须要谨慎，因为这些标准会对运动员起到激励的作用。标准必须要有挑战性，但又必须要基于实际，这样运动员的目标才能实现。对于那些想要更高运动表现的运动员而言，教练可以为这些运动员制定不同的标准。目前有两种类型的标准：提升性标准和保持性标准。提升性标准要稍高于运动员的能力从而刺激运动员提升自己的水平；保持性标准是为了让运动员维持现有的最佳准备水平。两次测试间隔应该包含最多两个大周期。假如运动不能在这两个大周期期间达到标准，教练就必须要确定原因所在。为简单起见，表8.10给出了测试结果和标准示例（参见表8.10）。

表 8.10	大学投掷运动员准备期的测试结果				
测试	指标		8月23日	9月20日	10月18日
生理特征测试	体重	（千克）	101.0	101.5	103.0
	去脂体重	（千克）	78.3	78.8	80.2
	身体组成	（%）	21.9	21.5	21.5
大腿中部等长拉力	最大力量	（牛）	2,881	2,894	3,002
	力产生峰值速率	（牛/秒）	15,047	18,873	18,000
抗阻训练	抓举	（千克）	61.8	65.5	67.7
投掷	铅球	（米）	11.99	12.25	12.63
	重量袋投掷	（米）	11.55	12.43	12.97

源自：Stone et al. 2003 [26].

周期模式

年度计划的周期安排可以为运动员提供一个训练的参照模式。比赛日程是建立最合适年度计划的基础（单周期、双周期、三周期或多周期）。在根据比赛日程选择年度计划结构之后，教练要确定每一个训练阶段和训练子阶段（参见图8.16）的时长。在安排好每一个训练阶段后，教练要根据运动员身体运动能力周期安排来编排大周期的顺序。每一个大周期都要详细标明训练过程的方向。教练可通过阐明身体运动能力发展的顺序性或细化某种训练方式的周期安排来进一步细化训练过程。

准备模式

准备模式可以反映出整个年度训练计划的大纲，它描绘了训练中所使用的主要特质和量化标准，同时也阐述了当前的各项指标与之前年度计划的指标相比增长的百分比。教练必须要将年度计划的整体结构和目标与准备模式连接起来。有经验的教练可以预测提高技术和能力所需训练课的数量和时长，以此来实现设定的目标。表 8.11 给出了 400 米游泳运动员的准备模式。

表 8.11 展示的模式表明，要达到较高的表现水平，运动员必须要提升有氧和肌肉耐力，要实现这个目标，可通过增加训练量、延长准备期，以及增加训练课数量和增加训练的时间。同样，调整不同训练方法和类型之间的比率可以强化肌肉耐力和有氧耐力。

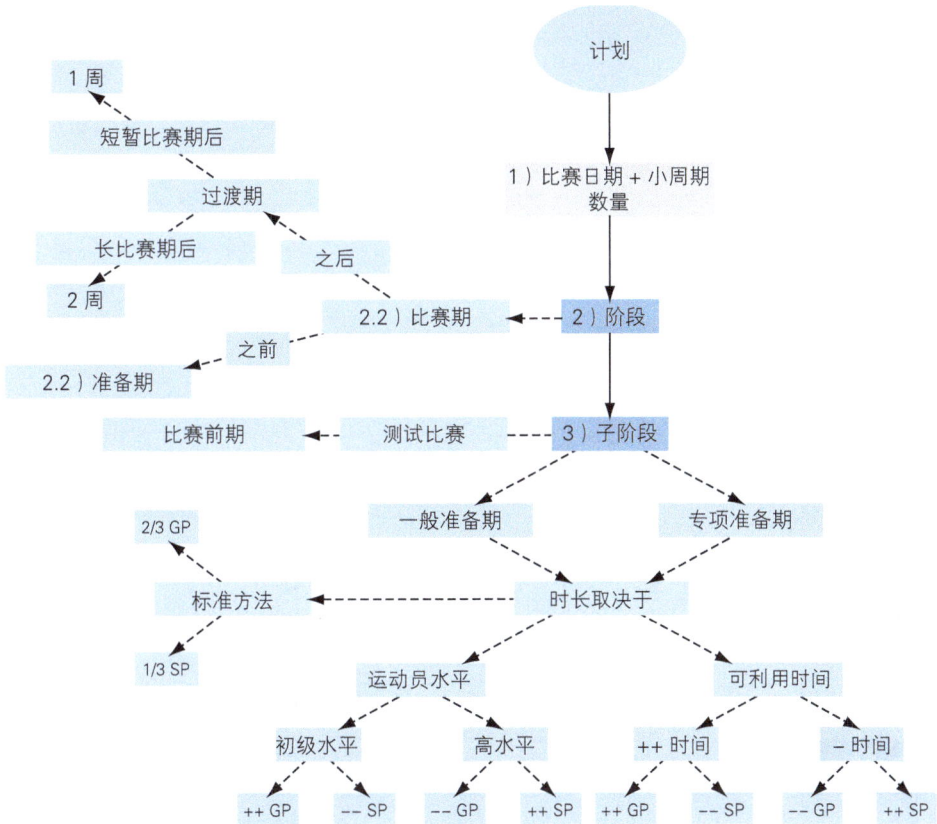

图 8.16 年度训练计划流程图

GP= 一般准备期；SP= 专项准备期。

源自：Courtesy of Dott. Giovanni Altomari, ISCI-SSC.

为了通过力量训练和特殊的水上练习同时提升有氧和肌肉耐力，训练内容可以根据表 8.12 给出的要点进行改变。如表 8.13 所示，训练阶段可以进一步分解。除了考虑训练计划的这些因素，教练还要考虑包括预算和设备需要在内的团队或俱乐部的组织和管理结构。

表 8.11 　400 米游泳运动员的准备模式

训练因素	符号 / 单位	训练量 /%	相比于上一年的改变 /%
年度训练计划类型		单周期	
周期			
年度计划时长（天）	322	100	>8
准备期时长（天）	182	56.5	<5
比赛期时长（天）	119	37	<3
过渡期时长（天）	21	6.5	
大周期（次数）	9		
小周期（次数）	46		
俱乐部	41		
全国训练营	3		
国外	2		
比赛（次数）	7		
国际性	2		
全国性	4		
区域性	1		
训练课程（次数）	554		>6
训练（小时）	1,122		<8.4
测试（次数）	16		
医疗检查（次数）	3		
专项训练（天）	266	82.6	>3
游泳（千米）	2,436		>6
非专项训练（天）	14		>2
跑步（千米）	640	4.4	>2
力量训练（千克·米）	460,000		>14
比赛（小时）	28		>1
休息（天）	42	13	<8

表 8.12 　年度计划训练内容及其相比上一年的改变

内容	年度计划内容占比 /%	相比于上一年的改变 /%
无氧耐力和速度	2	<6
肌肉耐力	16	>2
比赛耐力	32	0
中距离有氧耐力	24	>2
长距离有氧耐力	20	>2

表 8.13	训练内容的改变及每个训练阶段内的改变百分比（现有年度计划 vs 上一年年度计划）			
内容	准备期内容占比 /%	改变 /%	比赛期内容占比 /%	改变 /%
无氧耐力和速度	5	<4	8	<2
肌肉耐力	10	>2	16	>3
比赛耐力	20	<2	36	<2
中距离有氧耐力	30	>3	20	>2
长距离有氧耐力	35	>5	20	>4

主要概念总结

年度训练计划是一个结构合理的训练计划的基础。无论教练的体育科学知识是否丰富，如果计划和组织能力不好，那么他的训练效果也不会很好。教练在设计合理的年度计划时，要有周期安排的概念，特别是要有身体运动能力结构化提高的概念。力量、速度和耐力的周期是指根据具体的训练目标，在不同的训练阶段进行针对性训练，并最终实现高水平的专项适应。当这个目标实现时，运动员的生理准备就已经达到了最高水平。

对周期的正确理解可以帮助教练用图表来设计更好的年度训练计划。比赛日程要能够指导训练阶段的结构。营养和心理训练周期同样要纳入年度训练计划。教练可以制定年度计划图表来满足运动员的需求。

第九章　比赛最佳状态

9

运动员、教练和体育科研工作者一直在努力促进生理适应的发展，因为它是让运动员达到最佳表现水平的基础。运动员要接受严格的训练计划，这要求他们要进行高负荷的训练，并在期间安排减负荷阶段，从而使运动员在重要比赛时达到最佳运动表现水平。要让运动员的表现水平状态达到最佳，就需要在比赛前预定的时间内安排低训练负荷的训练。这段减少训练的时期，被称为减量期。为了在合适的时间优化运动表现水平并达到最佳状态，教练和运动员必须了解如何在年度训练计划中安排减量期和比赛期。

实现最佳状态训练

实现卓越的运动表现水平，是运动员在形态功能上适应了多种类型刺激的直接结果。训练过程中安排并规划了不同的阶段，在这些阶段中运动员要达到特定的训练状态。要想在比赛中达到最佳状态是一个非常复杂的过程，运动员不可能在短期内达到最佳状态；相反，运动员是通过循环渐进和日积月累的方式实现最佳状态的，并且在达到最佳状态之前，必须在其他训练层面上也要取得进步。

图 9.1 展示了单周期年度计划中达到最佳状态的一种渐进方式。本章详细解释了每一个术语，从而让读者更全面地理解训练状态的概念。训练程度指的是一种基础，教练可以在此基础上提升其他训练状态。运动员身体运动能力能达到一个较高水平的原因，是系统的训练安排，当然，在这一过程中运动员

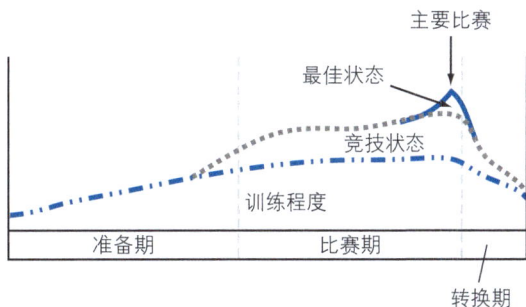

图 9.1 单周期中各训练阶段训练状态的累积和提升

的技能和战术能力同样也会达到较高的水平。在准备期后期，通过测试我们就可以发现运动员在各个方面的进步。因此已经达到高水平训练程度的运动员，对教练制定的训练计划也会达到较高的生理和心理适应水平，对于专项或比赛所要求的所有相关身体运动能力也同样会获得提高。因此，训练程度和准备程度是同义词。当适应水平很低时，其他的训练状态也会受到严重影响（比如比赛心理和竞技状态），这无疑会对竞技状态，以及运动员达到最佳状态有负面影响。

准备程度可分为一般准备和专项准备。一般准备指运动员高度适应了不同的训练形式；

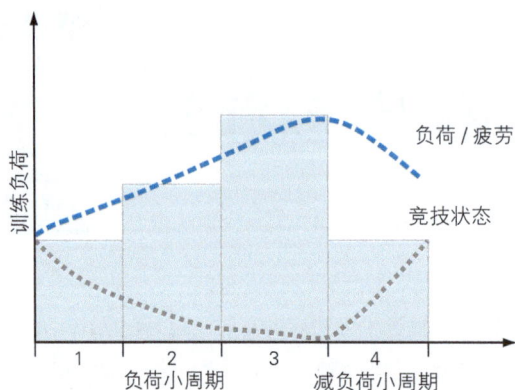

图 9.2 竞技状态变化曲线与负荷曲线关系（呈反比：大周期负荷增加，竞技状态降低；减负荷小周期中训练负荷减少，竞技状态提升。竞技状态曲线和准备程度曲线相遇时，运动员表现出最高运动表现水平。）

专项准备指的是运动员已经适应了一种专项化的训练要求。在比赛阶段，若运动员具备了这种稳定的基础和训练水平，就可以达到良好的竞技状态。帕坡迪等认为，准备程度高是由相对稳定的因素决定的，达到这种训练效果需要很长的时间，因此以下方面并不会突然地变化：身体运动能力、功能系统的能力、技战术能力水平等方面的发展情况 [53b]。

在比赛阶段，运动员经常会被别人评价他的竞技状态。竞技状态是训练的延伸，它是运动员运用自己最大能力表现出来的水平，但是否能表现出这种水平取决于运动员能否在保持自己竞技状态的同时，消除残余疲劳。在重要的比赛前通过安排赛前专项训练计划（包括通过安排减负荷训练小周期来降低疲劳）、调整状态，运动员可以形成良好的训练状态。竞技状态是运动员最佳状态开始的基础，此时，运动员不仅准备程度达到最佳，同时竞技状态水平也达到高峰（参见图 9.2）。

在最佳状态时，运动员竞技状态处于顶峰，可以让运动员达到一年当中最高的表现水平。这是一个暂时的训练状态，在此状态下，运动员的身体和心理效能都达到了最高水平，技术和战术准备也处于最佳状态（高准备程度），而残余疲劳的消除（竞技状态）可以让运动员达到尽可能高的运动表现水平。

最佳状态

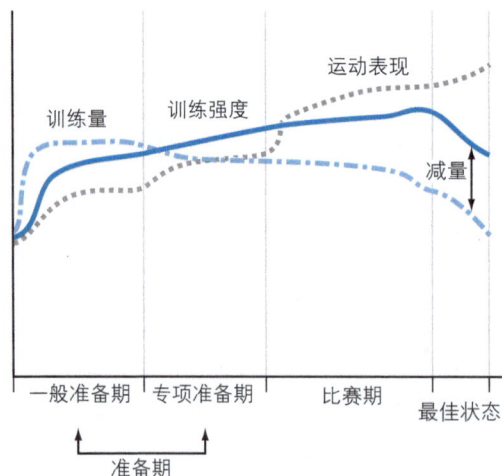

图 9.3 年度计划中训练量、强度和表现水平的变化

训练计划的最终目标是在训练年度的特定比赛中，使运动员达到最佳运动表现水平。此目标是通过详细安排年度训练计划来实现的。在训练准备和比赛期，也就是在运动员形成身体、战术和技术训练的基础时 [64, 65]，运动员就建立了达到最佳状态的基础。在比赛期后期的训练就是为了让运动员在比赛时达到最佳状态（参见图 9.3）。达到最佳状态的过程也是减量的过程 [64, 65]，这个过程非常复杂，很多因素都可以影响此过程，其中包括

训练量、频率以及强度[19]。如果减量过程安排得合理，那么运动员就会出现由训练计划引起的生理和心理适应，并达到最佳状态[19, 41]。减量是运动员备战比赛最关键的阶段之一[19]。很多专项中，教练都会为运动员安排减量过程，目的是能够让运动员最大限度地表现出自己的能力[10, 21, 24, 26, 34, 35, 38, 50, 63]。

减量的定义

当教练尝试让运动员形成最佳状态时，他们会在比赛前减少训练负荷[41]。在此期间训练负荷的降低就可以被视为减量[4, 41, 61]。从传统角度来看，减量仅仅指在赛前阶段训练负荷逐渐减少的过程[58]。木吉卡和帕迪拉[40]将减量定义为"在一个可变的时间框架内，训练负荷呈非线性逐渐减少的过程，其目的是减少日常训练的生理和心理应激并优化运动表现水平"。这个定义对传统定义进行了扩展，并包含了对减量安排的一些理解[41]。

减量的主要目的

减量的目的是在一个特定的时间点优化运动员的表现水平[4, 19, 41, 59]。通常情况下，运动员在维持专项体能的情况下，通过系统地降低训练负荷来减少在训练中产生的疲劳积累（生理和心理），从而实现上述目标[41]。减量过程可以让运动员减少内部负荷（残余疲劳），从而提升运动表现水平[41, 61]。一些科学研究支持了上述说法，这些研究文献表明，在略微提高竞技状态的同时，减量期间积累的疲劳程度会降低[35]，因此运动表现水平会提升。随着疲劳程度在减量过程中的持续减退，运动员可以感受到积极的心理变化，比如用力度感知的降低，心情逐渐变好，疲劳感逐渐降低，以及精力更加充沛[20, 41, 56]。这些发现表明在减量过程开始时，运动员已经对训练计划产生了生理适应，但是可能会因身体疲劳的积累而掩盖了这些生理适应[60]，此外，在减量的过程中心理适应会更明显。因此，减量是一种可以降低生理和心理疲劳的机制，可以提升运动表现水平。

减量的前提条件

体能–疲劳关系是减量的核心概念[5, 60]。竞技状态是可变的，因为它受训练后体能和疲劳程度的直接影响[6, 64, 65]。通过最大限度地提高运动员的体能，并同时最大限度地减少运动员的疲劳，就可以让队员形成更好的竞技状态[54]。当训练的负荷增高时，竞技状态会因为疲劳积累程度提升而降低。

减量的前提是保持体能（准备程度），同时消除积累性疲劳（获得高水平的竞技状态）。由于获得的体能水平在几分钟、几小时甚至几天内相对比较稳定，因此体能水平被认为是运动员竞技准备程度方面变化缓慢的部分。相反，疲劳则被认为是快速变化的部分，因为疲劳程度随时在变化，并且受到生理和心理应激的影响[64, 65]。因此，当训练负荷在减量过程中降低时，积累的疲劳会比较快速地被消除，而体能会根据减量的类型以及减量前的总训练负荷在特定的时间内维持不变[4, 5]。

尽管减量的前提从某种程度上来说较为简单，但是减量的实施却比较复杂。假如减量的过程太长，那么训练计划中所要达到的竞技状态就会逐渐降低，导致训练不足的现象发生[40]，并会导致运动表现水平降低（参见图9.4）。这种训练负荷的减少是训练减少的程度和时长的平衡[61]，两者互相结合才能确定运动员能够达到的竞技状态。假如，减量之前的训练负荷较高，那么就会需要大幅度的减量或者更长时间的减量，才能让疲劳程度大幅降低，提升竞技状态[30, 61]。因此，减量并不仅仅是降低训练负荷，它还包含了许多与提升运动员竞技状态、优化运动表现的因素。

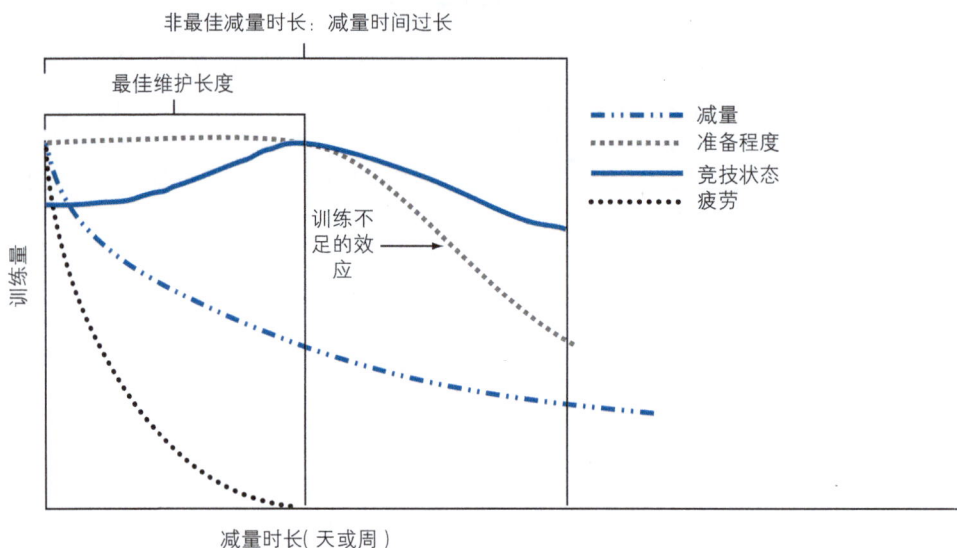

图 9.4 疲劳、竞技状态、准备程度以及减量时长的关系（在减量期间，疲劳程度快速下降，同时竞技状态会维持较长一段时间，这取决于减量的安排方式以及减量前的训练负荷。但是，假如减量时间过长，那么竞技状态将下降，直到产生训练不足的效应。）

影响减量的因素

在年度训练计划中有很多种减量的策略[4]。这些策略的关键部分都是减少训练负荷（比如训练量、训练强度，甚至是频率）。训练负荷降低的效果取决于减量过程持续的时间[59]，及其与减量之前训练负荷的关系[61]。假如减量过程过长，疲劳程度和身体能力（准备程度）都会下降，从而引起训练不足[40]。这种情况下，减量是无效的，运动表现水平肯定也不会提升。因此，教练必须要了解训练强度、训练量、训练频率和减量过程时长之间的联系。

训练强度

科学研究表明，在减量过程中降低训练量和频率时，应该注意训练强度必须要维持原有水平或稍有增加[4, 24, 30, 34, 41, 50, 59]。在减量、降低训练负荷期间，训练强度与维持训练形成的适应能力之间有着紧密的联系[17, 58]。并且在减量过程中，训练强度也是维持训练形成的生理适应的重要因素之一[4, 44]。查阅耐力训练的相关研究时，研究者们就会发现减量期间若采用较低的训练强度（小于或等于70%的最大摄氧量），会导致耐力水平的停滞甚至下降[25, 33]。相反，当减量期间的训练强度较高时（大于或等于90%的最大摄氧量），运动表现水平能够得到提升[58]。查阅力量和爆发力训练的相关研究，情况与其类似。研究者们已经确定，在减量过程中维持训练强度的同时降低训练量，可以提升力量和爆发力水平。因此，教练需要在减量期间保持训练强度，而训练负荷主要通过训练量、训练频率或减量期的时长来调整[41, 59]（详情请见推荐的减量策略）。

训练量

在减量期间降低训练量以降低训练负荷，这可能是科学研究中讨论最多的方法[4, 19, 41, 59, 61]。减量过程中降低训练量，可以通过减少每次训练课的时长，降低训练频率或两者同时降低来实现[4, 41]。减少每次训练课时长是一种比降低训练频率更受欢迎的方式，因为前者对减量的效果会产生更大的影响[4]。

为了达到最佳运动表现水平，减量前的训练量决定了减量过程中需要降低的训练量。科学研究表明在游泳[28, 36, 37, 42, 62]、跑步[22, 23, 25, 33, 38, 39, 58]、自行车[32, 47, 48, 57]、铁人三项[2, 49, 63]和力量训练中，减量过程中的训练量会减少50%～90%。训练有素的耐力型运动员（比如自行车和跑步）为了保持或提升训练引起的适应程度[22, 23, 25, 32, 33, 57]，所降低的训练量标准是50%～70%。在逐步减量的过程中，相比于训练量降低50%，降低75%似乎更能优化减量的效果[38]。相较于中等训练量的减量过程，低训练量减量过程能产生更好的生理适应和表现水平[58]。

科学研究表明，在减量过程中训练量降低41%～60%，运动表现水平提升的效果最好[4]。但是，训练量降低的百分比与减量前的训练负荷以及计划的减量时长有关。假如减量之前的训练负荷很高，那么训练量就要大幅降低，减少减量前训练负荷的60%～90%，这样才能消除疲劳[41, 61]（详情见推荐的减量策略）。假如减少的训练量过大，则减量的时长要短，这样才能抵消训练适应的损失，不至于出现身体表现能力下降的情况[30]。表9.1是减量过程中影响训练量设置的因素总结。

推荐的减量策略

- 利用减量策略来消除疲劳，保持体能，提升竞技状态和运动表现水平。
- 使用个性化的减量策略，持续时长为1～2周。
- 在减量过程中保持中高训练强度，防止训练不足效应。
- 在减量期，相对于之前的训练量要降低41%～60%。假如减量前训练较大，那么将减量前的训练量降低60%～90%是比较理想的。
- 与减量前的训练频率相比，训练频率要保持在之前的80%或更多。
- 使用循序渐进的非线性的减量模式。
- 减量会让表现水平提升3%左右。

改编自：Mujika and Padilla 2003[41], Mujika 1998[34], and Bosquet et al. 2002[4].

表9.1	影响减量中训练量的因素	
	特征	对减量训练量的影响
减量前大周期的负荷	高	大幅减少
	低	小幅减少
减量时长	短	大幅减少
	长	小幅减少
减少负荷类型	线性	较高平均训练量，较低最终训练量
	阶梯式	较低平均训练量，较高最终训练量

训练频率

降低训练频率是另一种可以在减量过程中降低训练负荷并较受欢迎的方式[14, 18, 41, 59]。多个研究表明，将训练频率减少50%能够提升运动表现水平[18, 28]。研究表明，持续2周的训练频率减少，可以保持运动员训练的适应水平和比赛水平[22, 23, 25, 32, 33, 41, 44, 50, 57]。调整训练频率是一种成功改变训练量的方式。

经过中等程度训练的运动员，尽管仅保持减量前30%~50%的训练频率，仍可以维持生理适应水平，但是建议训练有素的运动员在减量期间保持较高的训练频率，以维持技术娴熟度[41]。这些研究表明，为了优化运动表现水平以及维持技术娴熟度，训练频率要维持在减量前的80%或更高[4, 41]（详情见推荐的减量策略）。对于非乳酸爆发力类专项而言（如60米冲刺、田径运动的跳跃和投掷项目、跳水），减量过程中的训练频率要稍低，这可以通过在小周期中设置更多的休息天数来实现，也可以让肌球蛋白重链快速回到Ⅱx表型状态，从而提升表现水平。在高水平集体性项目中，无论是在减量的第1周还是在第1周与第2周之间，在训练中设置2~3天的休息时间是较为常见的做法。

之所以会采用这种方法，是由于赛季时间太长，集体性项目的运动员通常是以一种透支的状态在锦标赛或杯赛决赛之前开始减量过程。鉴于此原因，对于职业队和国家队而言，强烈建议运动医学专家保持对运动员的睾酮素和皮质醇的比率，以及游离睾酮素的水平的监测（可以在整个赛季中都进行监测，以便对比）。监测结果可以给体能教练更多的信息，用于为每个运动员在减量过程中设定训练负荷。

减量时长

减量时长可能是最难确定的事情之一[41]，这是因为影响减量的因素很多。比如，减量前的训练负荷会显著影响消除训练疲劳和提升竞技状态所需的减量时长[61]。减量过程中降低训练量或降低模式，会在维持高适应水平（准备程度）的同时影响用于提升竞技状态的时长。假如训练量降低幅度较大，那么减量过程就要稍短一些[30, 61]。其他因素[例如体重、性别、周训练时间（以小时为单位）以及负荷降低策略]也会影响减量安排的方式（参见表9.2）。

目前已有科学研究证实，时长为 1~4 周的减量可以提升运动员的生理、心理适应和表现水平[4]，对于训练有素的运动员而言，时间可能是 1~2 周。多名专家建议，8~14 天的减量可以消除疲劳，避免因减量时间过长而产生训练不足的不利影响[4, 30]。但是，每个运动员对训练负荷降低产生的生理和心理反应各有不同，因此减量时长要因人而异[4, 35, 43]。因此专家建议，应该针对每个运动员的情况设计减量时长（详情请见推荐的减量策略）。

表 9.2　影响减量时长的因素

特征		对减量时长的影响效果
体重	高	持续时间更长
	低	持续时间更短
性别	男性	需要较少的时间，需要花少量的时间在力量保持上
	女性	需要较多的时间，需要花更多量的时间在力量保持上
减量前大周期负荷	高	持续时间更长
	低	持续时间更短
减量期间负荷减少策略	线性	持续时间更长
	阶梯式	持续时间更短
周训练时间	高	持续时间更长（大于 15 小时）
	低	持续时间更长（小于 10 小时）

减量类型

科学研究已经提出多种多样的减量形式[4, 41]。从广义角度来说，减量可以是循序渐进的，也可以是非循序渐进的。循序渐进的减量过程表现为系统地、循序渐进地减少训练负荷，而非循序渐进的减量过程利用标准化的方式来降低训练负荷[41]。每种减量类型都有不同的负荷特征。

在循序渐进的减量过程中，训练负荷呈线性降低或者呈指数式降低。循序渐进的减量过程可以分为 3 种，分别是线性减量、缓慢指数减量以及快速指数减量（参见图 9.5）[41]。与缓慢指数减量或者快速指数减量相比，线性减量的平均训练负荷通常较高。缓慢指数减量是指缓慢地降低训练负荷，并且它降低的负荷要比快速指数减量要大[41]。快速指数减量取得的表现水平要高于线性和缓慢指数减量[2, 41, 63]。例如，我们在比较缓慢和快速指数减量时，会发现快速指数减量会让运动员的表现水平提升 3.9%~4.1%[41]。

非循序渐进式减量[2, 34, 41, 63]，是通过标准化的方式来降低训练负荷。此类减量方式中训练负荷会有一个突然降低的过程[61]，这在减量过程中可能会导致身体能力下降[2]。很多研究也表明，非循序渐进式减量能够提升运动员对训练产生的生理适应水平和表现适应水平[13, 17, 22, 23, 25, 32, 41, 51]。但是，研究也表明非循序渐进式减量的效果低于缓慢和快速指数减量[2,

[4, 63]。比如，木吉卡和帕迪拉[41]认为，非循序渐进式减量能够将表现水平提升 1.2%～1.5%，而指数式减量能够提升 4.0%～5.0%。专家通常建议，教练在调整运动员的最佳状态时，可以使用指数式减量[4, 41, 61]。

　　渐进减量方式的选择取决于众多因素，其中包括减量之前的训练负荷[19]和减量期时长[61]。但是在大多数情况下，都倾向于使用快速指数减量[41]（详见推荐的减量策略）。

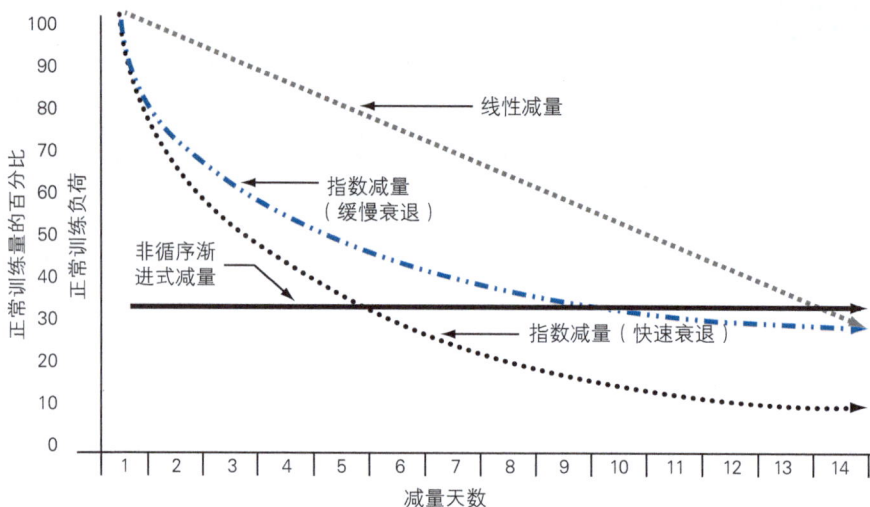

图 9.5　4 种常见的减量类型

改编自：Mujika and Padilla 2003[41]

期望的表现水平提升

　　任何减量方式的主要目标都是在恰当的时间提升比赛表现水平[4, 34, 41]。在奥运会上，运动表现水平的小幅提升都可以对排名产生极大的影响。比如，木吉卡等认为，在 2000 年悉尼奥运会游泳项目上，获得金牌的运动员与第四名之间的差距仅仅只有 1.62%，并且第三名和第八名之间的差距仅仅只有 2.02%。在 2004 年的雅典奥运会举重项目上，第一名和第三名之间的差距只有 1.96%（女性是 2.21%，男性是 1.73%）。这些数据显示运动表现水平只要有少量的提升，就能对最终的成绩产生很大的影响，这就是输和赢的区别。

　　查阅科学研究时，能够发现正确实施减量可以对运动表现水平产生显著的提升效果（0.5%～11.0%），并且也能提升跑步、铁人三项、自行车和游泳运动员的肌肉力量和爆发力（8%～25%）[16, 24, 32, 38, 41, 48, 53, 58, 63]。对比赛进行具体的监测时，发现赛前减量可以使表现水平有 0.5%～6%（平均约3.0%）的提升[41]。木吉卡等曾在 2004 年悉尼奥运会开始前 3 周对游泳运动员进行减量，其成绩提升 2.2%。有趣的是，因此类减量导致的游泳成绩提升幅度，与第一名和第四名（1.62%），第三名和第八名之间（2.02%）的差距类似[4, 43]。

　　对于肌肉力量而言，减量可以使其提升 2%～8%。伊兹奎尔多等认为减量过程能够使背蹲和卧推的表现水平提高 2.0%。寇兹等认为减量可以使力量得到更大幅度的提升 [7]，他们发现重复 3 次最大负荷背蹲，背蹲的能力提高了 7.2%，重复 3 次最大负荷卧推，卧推的能力提升了 5.2%。吉巴拉等 [11] 认为减量还可以使最大等长和动态力量生成能力提升 3% 至 8%。

合理的减量可以使运动表现水平得到大幅提升。运动表现水平提升的幅度与众多因素有关，尤其是所选择的减量类型 [41]。合理的减量可以提升运动表现水平（大约提升 3%），这就是奥运会比赛中第一名和第三名的区别，因为减量带来的表现提升与许多运动当中第一和第三名的成绩差别类似。

年度计划的比赛阶段

年度训练计划的比赛阶段是一个复杂的训练单元，此阶段的目标是让运动员达到比赛所需要的竞技状态。通过利用减量、形成最佳状态的方法以及有效的比赛计划，可以达到比赛所需要的竞技状态。尽管比赛期间通常有很多比赛，但是实际上最佳状态只能维持 7 ~ 14 天 [52b]，这表明了必须要谨慎计划比赛阶段以优化运动员的运动表现水平。

比赛分类

比赛可以分为两个大类：（1）大型或正式比赛；（2）热身或公开赛。

大型比赛是运动员参加的最重要的比赛（比如国家锦标赛、世界锦标赛、奥运会）。这些比赛时运动员要达到最佳状态，并且这些比赛是运动员年度训练计划的指向，尤其是个人项目。为一个主要的大型比赛做准备，通常要设置一个减量过程，以消除积累的疲劳，并提升运动员的竞技状态。

热身或公开赛通常是对运动员进行的评估，教练也可以获得关于特定训练情况的反馈。这些比赛是运动员在准备过程中不可分割的一部分，也是训练计划中的重要内容。通常运动员会把这些比赛安排在减负荷小周期的末期，并不利用特定的减量策略。很多教练利用这些比赛去评估运动员的一些发展状况，比如技术、战术或者特定的身体运动能力。取得胜利并不是这些比赛的重点，相反，可以把这些比赛当作高强度训练课来对待。但是，这些比赛取得胜利可以带来有关运动员身心准备情况的宝贵信息，这可能会导致训练计划的改变。

制定比赛计划

在制定年度训练计划时，最重要的步骤是为运动员或运动队安排比赛日程，并且确定哪些比赛前需要将运动员的竞技状态调整到最好。体育主管部门负责安排比赛日程，最终会以国家赛、洲际赛或者世界锦标赛为结尾。在确定赛程时，教练需要对比赛做出选择，以确定哪些比赛可以作为热身或公开赛，哪些比赛可以针对特定的训练目的。作为让运动员做好大赛前准备的工具，有些比赛可以作为高强度训练课来练习特定的技能组合。

很多教练在为运动员制定赛程时会犯两个明显的错误。第一个错误是让运动员参与每一个可以参加的比赛，这会打乱运动员的训练进程，影响运动员参加主要比赛所需要的生理、技术以及战术技能的提升。第二个主要错误是试图让运动员在每一场比赛前都达到最佳状态。假如运动员过于频繁地去调整最佳状态，那么他就需要大量以恢复为目的的训练环节，无法进行很多切实的训练来提升生理、战术以及技术能力。建议运动员只在少量的（2或3场比赛）重要比赛中通过使用特定的减量策略来尝试发挥自己的最高水平，那么剩余的赛程由不太重要的比赛组成，在这些比赛前可以设置 2～3 天的短期减负荷训练日（参见图 9.6）。假如教练能够设计一个恰当的比赛阶段的训练计划，那么就可以避免这些常犯的错误。

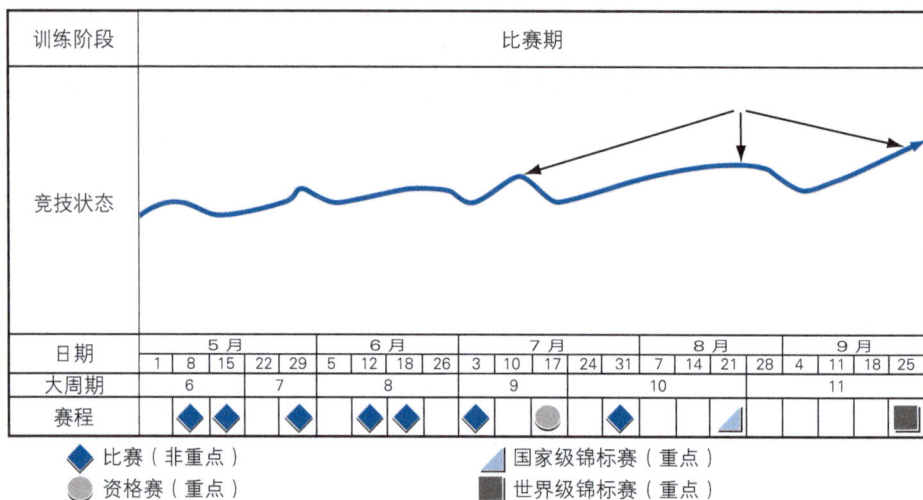

训练阶段	比赛期																				
竞技状态																					
日期	5 月				6 月				7 月					8 月				9 月				
	1	8	15	22	29	5	12	18	26	3	10	17	24	31	7	14	21	28	4	11	18	25
大周期	6			7		8				9				10				11				
赛程		◆	◆		◆		◆	◆		◆		⬤		◆			◣					◼

◆ 比赛（非重点）　　　　◣ 国家级锦标赛（重点）
⬤ 资格赛（重点）　　　　◼ 世界级锦标赛（重点）

图 9.6 主要强调准备状态和最佳状态的赛程表

有多种方式来规划比赛期的训练 [52]。假如运动员正在为一个特定的比赛做准备，那么教练就需要规划一个简单的比赛训练计划；假如要准备两场或两场以上的比赛，那么需要一个较为复杂的比赛训练计划 [52]。比赛期间的大周期数量取决于比赛期训练的复杂性（简单对复杂）以及运动员的需求 [52]。

制定年度比赛期的训练计划，一直使用两种传统的设计方式，即分类方式和循环方式。分类方式是按照顺序一次性地设置 2～3 周的计划，运动员可以在此期间参加锦标赛、一般比赛或一周参加多次赛事或竞赛。如图 9.7 所示，通常这种方式之后会安排多个用于训练的小周期（3～4 周），并且能够让运动员为另外 2～3 周的比赛做准备。

图 9.7 的示例中，运动员或运动队在赛程早期参加持续一组 2 周的比赛。在这 2 周时间里，可能每周末都会有比赛。这些比赛后的第一个小周期是低强度训练，并且在训练周期开始的 2～3 天采用较低的训练负荷，以促进身体恢复。在完成 2～3 天低负荷训练后，可以增加训练负荷，一般在小周期的末期，教练会安排一个峰值训练负荷。后续两个半小周期训练负荷非常高，随后是持续 2～3 天的短期减负荷阶段，此阶段过后运动员便开始持续 3 周的比赛。下一个主要比赛在 8 月 21 日举行，此次比赛是参加 9 月 25 日锦标赛的资格赛，只有通过资格赛的运动员才能进入锦标赛。因为 8 月 21 日的比赛非常重要，其目的是确定运动员是否有资格参加锦标赛，因此教练通常会使用一个为期 8～14 天的指数式减量过程，以此提升运

动表现水平。在运动员完成资格赛后，便可以开始一个恢复小周期，随后在进行另一个减量前开始为期 2~2.5 周的高负荷训练。假如赛程制定合理，那么运动员在锦标赛上也能达到一个很高的表现水平。

将比赛进行分类的方式通常最适合在年度训练计划中只进行少数主要比赛的单项运动。而对于集体性项目而言，分类方式只适用于运动队参加国家锦标赛、国际赛或国际巡回赛。大多数集体性项目组织会使用循环的方式来确定赛程。

在循环方式中，比赛按一定的规律重复（参见图 9.9）。在图 9.9 中，大多数比赛都安排在大周期 8 和 9 的每个周末。此比赛模式通常用于美式橄榄球，在整个秋天的每个周末举行比赛。最后两个大周期（10 和 11）包含此比赛期的两个重要比赛。

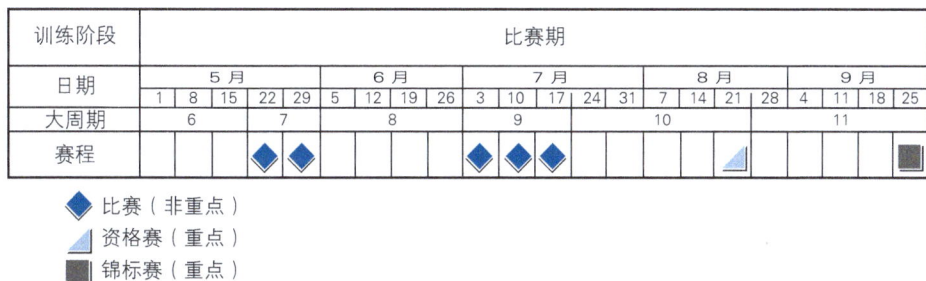

训练阶段	比赛期																				
日期	5 月					6 月				7 月					8 月				9 月		
	1	8	15	22	29	5	12	19	26	3	10	17	24	31	7	14	21	28	4	11	18	25
大周期	6				7			8			9				10				11		
赛程				◆	◆					◆	◆	◆					◣					◼

◆ 比赛（非重点）
◣ 资格赛（重点）
◼ 锦标赛（重点）

图 9.7 基于将比赛进行分类的方式进行赛程设置

比赛不能代替训练

很多教练坚持认为，参加比赛可以提升运动员的准备程度。有些职业项目的教练经常采用让运动员参赛的方式来提升身体能力、达到最佳状态，尽管在某种程度上来说这是正确的，但是教练不应该期望这种方式一定可以达到自己想要的效果。运动员参加比赛，特别是在比赛准备阶段参加一些计划内的公开赛时，的确可以帮助运动员提升年度主要比赛时的竞技状态。在这样的比赛中，教练有机会以最具体的方式去测试运动员的各个训练要素。如果教练仅仅只把比赛作为唯一的提升方式，那么就会影响训练质量，其原因是，这种方式破坏了训练 – 减负荷 – 比赛 – 再生这个循环（参见图 9.8）。而且，一些教练无论是在赛前还是赛后恢复都省略了减负荷环节，这会增加运动员受伤的风险，让他们无法以最佳竞技状态去参加比赛。

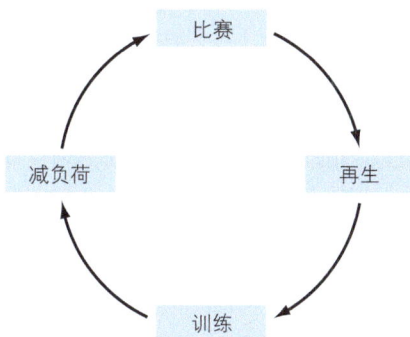

比赛
再生
训练
减负荷

图 9.8 促进比赛时运动员具有良好表现，同时防止受伤的循环模式

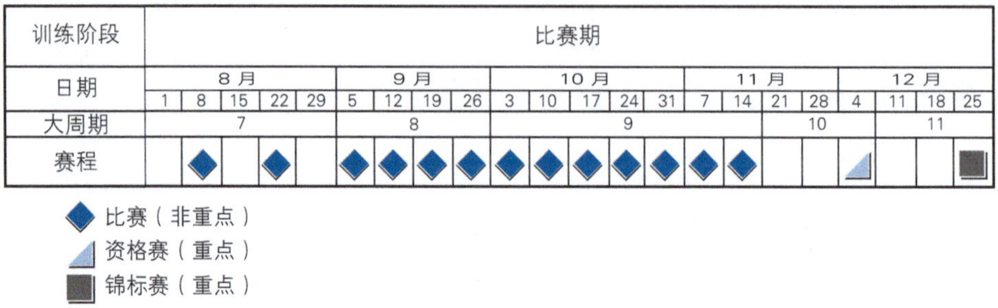

训练阶段	比赛期																					
日期	8 月					9 月				10 月					11 月				12 月			
	1	8	15	22	29	5	12	19	26	3	10	17	24	31	7	14	21	28	4	11	18	25
大周期	7					8				9					10				11			
赛程		◆		◆		◆	◆	◆	◆	◆	◆	◆	◆	◆	◆	◆				◢		■

◆ 比赛（非重点）
◢ 资格赛（重点）
■ 锦标赛（重点）

图 9.9 基于循环方式的集体性项目赛程表

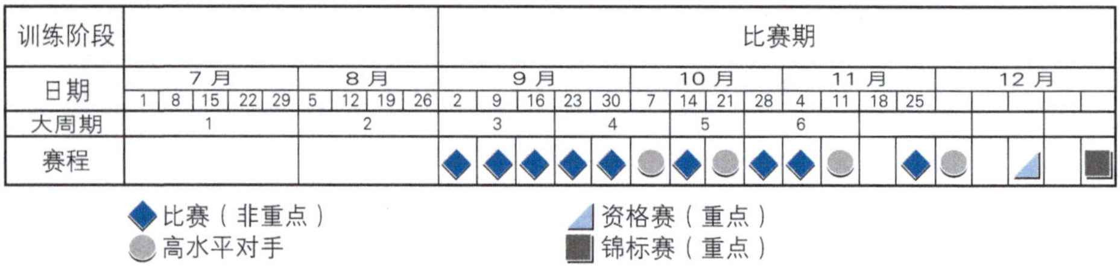

训练阶段	比赛期																				
日期	7 月					8 月				9 月				10 月				11 月			12 月
	1	8	15	22	29	5	12	19	26	2	9	16	23	30	7	14	21	28	4	11	18	25
大周期	1					2				3				4				5			6
赛程										◆	◆	◆	◆	●	◆	●	◆	◆	●	◆	●	◢ ■

◆ 比赛（非重点）　　　　◢ 资格赛（重点）
● 高水平对手　　　　　　■ 锦标赛（重点）

图 9.10 越野滑雪的循环方式

在美国大学橄榄球运动中，大周期 10 中的比赛是邀请赛，而大周期 11 中的比赛是国家锦标赛或碗杯赛。因为大周期 8 和 9 中的每个小周期都以一场比赛结束，所以建议使用单峰值小周期结构。这个峰值或训练负荷一般会安排在周二或者周三。为了消除疲劳和准备比赛，运动员可以设置一段时间的减负荷训练（在每场比赛前的 1 ~ 2 天）。个人运动项目的教练在向主要比赛逐步推进的过程中要考虑使用循环方法（参见图 9.10）。通过这种方法，教练要让运动员参与每两周进行一次的比赛，以获得运动员比赛情况的相关信息。这可以让教练根据从定期比赛中获得的信息来调整训练计划。

在这种循环方法中，赛后前半周会采用较低的训练负荷以促进恢复，而后半周应该采用较高的训练负荷（参见图 9.11）。下一个比赛前的小周期要如此设计：前半周进行较高的负荷训练（例如周二或周三），后半周进行降负荷训练以促进身体恢复，准备参加周末的比赛。但是，这仅仅只是一种小周期安排的示例，根据减量类型和赛季的种类，有很多不同的形式可以使用。尽管教练通常使用这两种主要的方法来规划比赛的训练阶段，但是在制定赛程时也可以结合运用循环方式和分类方式。

比赛频率

确定比赛频率是一个复杂的过程。很多因素，如运动员的特征、训练年限和专项，都会影响每年比赛的频率和数量。教练必须要考虑比赛阶段的时长，因为比赛阶段过长会增加参加比赛的数量。

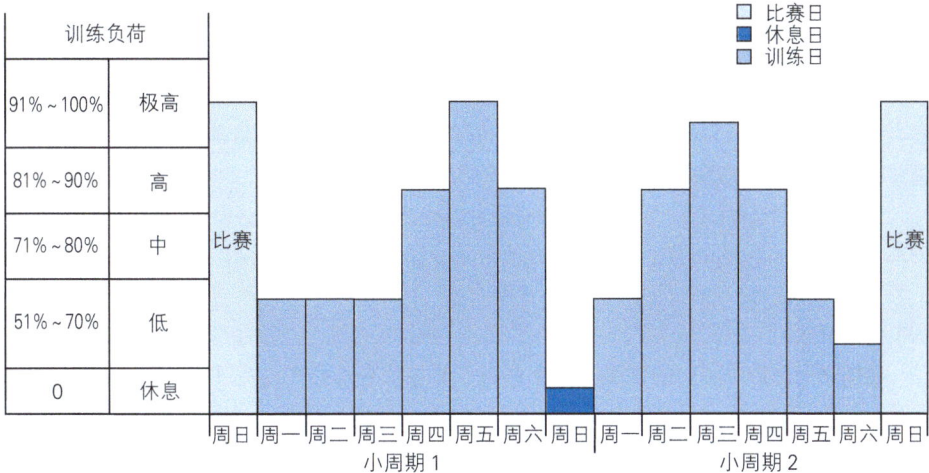

图 9.11 采用循环方式的比赛之间训练的小周期结构

运动员参加比赛的数量主要取决于他们的年龄和训练经验[9]。青少年运动员和儿童的训练经验越少，他们参加比赛的频次就越少[9]。假如运动员的训练重心是全面发展，那么随着技能的不断提升，以及训练计划的重心转向专业化，运动员参加比赛的次数会循序渐进地增加[45, 55]。寇哈任[29]认为，随着年轻运动员训练水平的提高，参加主要比赛的次数可以逐年增加（参见表 9.3）。在这些年中，运动员仍要参加一些次要的或小型的比赛，从而提升自身的比赛技能。随着运动员训练经历的日益丰富，年轻运动员的主要训练重点将是提升比赛中所需要的技能。

表 9.3　年轻运动员参加比赛的类型和数量的建议

年龄 / 岁	比赛类型	组织的比赛 / 次
4 ~ 7	无正式比赛；娱乐	—
8 ~ 11	非正式比赛，只为训练技能，不在乎输赢；以娱乐为目的来参加各类运动	集体性项目：5 ~ 10
12 ~ 13	有组织的比赛，目的是实现特定的身体、技术和战术目标，而不是输赢	集体性项目：10 ~ 15 个人项目：5 ~ 8
14 ~ 16	参加比赛，但不会刻意要求运动员必须达到表现最好	集体性项目：15 ~ 20 个人项目：8 ~ 10
17 ~ 19	参加青年比赛，以确定是否有资格参加锦标赛，为成年比赛做准备	集体性项目：20 ~ 35 个人项目：短历时 20 ~ 30 长历时 6 ~ 8

源自：T.O. Bompa and M. Carrera, 2015, Conditioning young athletes (Champaign, IL: Human Kinetics), 220.

第二个决定比赛频率的因素是专项的特征。集体性项目中，赛季时长会对比赛数量产生极大的影响。比如，参加英格兰足球超级联赛的球队，会在大约 270 天的时间内参加 60 次比赛，这意味着每 3.5 天至 4.5 天就参加一场比赛[8]。

个人项目运动员在选择比赛上通常有较大的灵活性，因为个人项目运动员的参赛频率通常低于集体性项目运动员。迪克[8]建议田径运动的比赛量应该保持在 7～10 次。再有任何额外的比赛可以用于低级别的训练[8]。表 9.4 为初级和高级运动员参加比赛的次数提供了一些大致的参考。无论是何种级别的运动员，以及哪一类专项，教练都需要考虑训练、恢复和最佳状态之间的内在联系。

当为比赛期设计训练计划时，教练必须考虑比赛的顺序和频次，及其与赛后恢复时间的关系[46]。运动员比赛的频率越高，那么他为下一次比赛训练的时间就越少[8, 15]。因此，过于频繁的比赛会影响运动员的发展，因为每参加一次比赛就会导致疲劳，这必须通过减少训练负荷来消除。

教练需要在训练年度的比赛期设置 2～4 次重要比赛。这些比赛可能包括针对年度重要比赛的资格赛。训练计划也要涵盖一些非重要比赛，可作为高强度训练课以了解运动员的能力。教练和运动员应该把赛程视为参加重要比赛的准备（参见表 9.5）。但是，在赛程安排时，必须在热身赛（公开赛）和重要赛事之间预留时间。在此阶段，训练、比赛和恢复之间的最佳顺序取决于每次比赛之间的间隔时间。

关于比赛之间的时间间隔，邦帕[3]和哈尔[15]建议如下。

- 只有当运动员能够达到每个训练要素所设定的目标时才能参加比赛，训练要素包括身体、技术、战术和心理。

表 9.4　田径运动员每年参加的比赛数量（单位：次）建议

比赛	初级运动员		高级运动员	
	冬季	夏季	冬季	夏季
短跑、跨栏、跳跃、投掷运动员				
专项比赛	3～4	12～16	3～5	16～20
其他比赛和项目	2～3	4～6	1～3	3～5
中距离				
800～1500 米	—	4～8	2～3	10～16
短程	2-3	8～10	2～4	8～10
长跑或竞走				
马拉松	—	1	—	2～3
50 千米竞走		6～8	—	8～10
综合比赛				
十项全能	—	1～2		2～3
七项全能	—	1～2		2～4
个人项目	2～4	10～12	3～5	12～16

表 9.5	比赛子阶段目标	
比赛子阶段	目标	实施方式
赛前准备	1. 提升运动表现水平 2. 获得经验 3. 找出强项和不足 4. 测试技术和战术	1. 参加低难度的比赛 2. 增加比赛频率（集体性项目） 3. 使用短时减负荷训练（3～7天）
比赛（联赛或官方赛）	1. 提升竞技状态 2. 为资格赛做准备	1. 将大周期结构调整至与对手匹敌的水平（集体性项目） 2. 根据比赛的重要性来使用不同的减负荷策略（个人项目） 3. 参加难度不断增加的比赛（个人项目）
减负荷（主要比赛）	1. 提升竞技状态 2. 在比赛中达到最高水平	利用专门的准备方式，比如减量，为主要比赛做准备

- 仔细选择并安排比赛日程，逐渐增加难度。
- 选择挑战难度大的比赛，因为没有挑战性的比赛不能充分地激励运动员
- 让运动员迎战比自己能力更强的对手。
- 避免参加过多比赛。参加比赛过多，尤其是参加那些需要长途旅行的比赛，会打乱比赛和训练计划，降低身体和心理潜能。
- 以循序渐进的方式对赛程进行排序，让运动员在赛季的主要比赛前最大化竞技状态，达到最高表现水平。
- 每场比赛之间安排足够的时间，让运动员有时间训练并纠正在次要比赛和公开赛中表现出的技术不足。
- 只在训练年度的主要比赛中指导运动员达到最高表现水平。而将其他比赛视为循序渐进的训练，将运动员的生理能力、技术能力、战术能力以及心理状态（运动表现水平）提升到更高的水平。

如表 9.6 所示，在比赛期逐渐降低训练量和强度，并增加恢复能力，可以帮助运动员补充能量储备、实现超量补偿、调整心态，并激励运动员发挥最大潜能，在比赛中实现最高表现水平。在设置减量阶段时，必须使用表 9.6 中提供的方法，以此来确保运动员能在比赛前使神经肌肉状态达到最佳水平。在此期间，通过适当的休息、营养补充和软组织理疗（比如深度按摩、肌筋膜放松），将训练重点转移至恢复和再生。就训练而言，在完成充足的准备和比赛期训练计划后，就到了收获的时候。

表9.6	减量期间的训练和恢复策略及其收益

策略		收益
训练量变化	• 降低 40%～60% 的总距离或总时长 • 减少重复次数 • 增加休息间隔至完全恢复 • 不要引入新练习	• 所有生理系统实现超量补偿 • 提升神经肌肉系统的准备程度 • 促进能量存储的补充
强度变化	• 降低 5%～10% 爆发力项目的强度，降低 20%～30% 耐力项目的强度，尤其是在第一周 • 在比赛前几天提升强度	
神经肌肉刺激	• 利用神经肌肉系统增强方式	• 引发最佳状态前的神经肌肉状态 • 提升快肌纤维的激活 • 提升快肌纤维的放电率 • 最大限度唤醒神经肌肉系统 • 提升神经肌肉系统的反应
恢复方法	• 利用软组织调整技术（比如深度按摩，肌筋膜放松） • 控制心率变异（HRV）值，以确保恢复方式正确 • 控制睡眠质量（例如睡眠类的应用软件） • 利用心理放松、激励以及视觉化技术（例如催眠，这可以深度放松身体并促进神经系统快速恢复）	• 确定营养合理以及与运动专用食品的补充 • 提升软组织的柔性和关节的灵活度 • 提升神经肌肉系统的准备程度 • 精神放松 • 提升自信心 • 增加唤醒 • 补充能量储备 • 在比赛期间保持最大功率输出

最佳状态的确定

为了确定运动员是否达到最佳状态，特别是对于个人项目而言，最客观的标准之一是运动员成绩的变化[32c]。有研究者进行了一个纵向研究，他们把短跑运动员和中长跑运动员作为研究对象，以此来确定计算最佳状态区域。把运动员去年的个人最好成绩作为参考点（或100%），或区间 1，也可以将不低于去年成绩 2% 的阶段列入高成绩区。中等成绩比最高成绩低 2%～3.5%，为区间 2。低成绩被列入区间 3，它的降幅介于 3.5%～5%。最后是区间 4，此区间的成绩最差，或者相比于往年最好成绩的降幅超过 5%。研究者总结认为，当运动员可以把成绩降幅控制在最好成绩的 2% 以内（区间 1）时，那么他就处于高水平竞技状态，接近于最佳状态。以此为基础，运动员可以轻易达到最佳状态并取得卓越的比赛成绩。当然，根据专项的不同，可以对这些百分比进行调整（参见表 9.7 和表 9.8）。

表 9.7	国际级马拉松运动员的最佳状态区间
马拉松运动员 PB 2:10:00（时/分/秒）	状态最佳化区间
2:10:00~2:12:36	1（< 2%）
2:12:37~2:14:33	2（≥ 2%，<3.5%）
2:14:34~2:16:30	3（≥ 3.5%，≤5%）
>2:16:30	4（>5%）

源自：The classification of Matveyev, Kalinin, and Ozolin [32c].

表 9.8	国际级短跑运动员的最佳状态区间
100 米短跑运动员 PB 10.00（秒）	状态最佳化区间
10.00~10.10	1（< 1%）
10.11~10.20	2（≥ 1%，<2%）
10.21~10.30	3（≥ 2%，≤3%）
>10.30	4（>3%）

PB = 个人最佳。

保持最佳状态

对于实现最佳状态来说，达到区间 1 所需要的时间是一个重要因素。运动员的个人能力各不相同，因此所需要的时间也有可能不同，一个运动员将自身的能力从赛前水平提升到区间 1 的水平，所需要的平均时间是 4~6 个小周期。运动员可能在开始的第三至第四个小周期内看不到明显的提升，这是因为高强度的训练导致的身体疲劳限制了运动员达到较高的表现水平。在最后一个或两个小周期期间，当运动员已经适应训练负荷，并稍微降低了训练强度时，便能产生超量补偿效应，从而可以达到更高的表现水平。尽管从较低的表现水平提升到区间 1 的水平，所需要的过渡期时长取决于很多因素，但是表现水平的变化也取决于每种专项的特殊性和教练的训练方式。

运动员参加比赛的次数会影响最佳状态和区间 1 的时长。每周进行的比赛阶段越长，那么取得最高表现水平的可能性就越低。比赛多并不能促使运动员获得好成绩或取得进步。通常情况下，在规划锦标赛时，这反而会产生消极的影响，导致在比赛阶段末期表现水平出现下降。比赛开始后的第八个小周期通常是关键阶段。这并不必然意味着在比赛阶段后期，运动员的表现水平会下降。相反，这应当引起教练的注意，此时教练应该更多地安排再生活动，而不是易产生疲劳的练习。另外，这也会提醒教练在比赛阶段前和比赛阶段中应该注意选择和安排比赛的方式方法。这对于大学教练来说尤为重要，特别是对于集体性项目，即使是在准备期，比赛日程也非常满。每个运动员参与的个人训练计划以及准备期进行训练的类型和时间，都会对最佳状态保持的时长有重要的影响。准备期越长，基础越稳固，运动员的竞技状态以及最佳状态维持的时间就会越长。

假设教练制定一个适当的训练计划，区间 1 的维持时间应为 1~2 个月。在此期间，运动员可以达到最佳状态 2~3 次，从而达到很高或创纪录的成绩。研究表明，最佳状态维持的时长是 7~10 天，因为神经细胞仅可以在这么长的时间内维持最佳工作能力[52b]。如前所述，在高水平比赛中达到最佳状态，过后必须进行一个较短时间的恢复阶段，才能再开始训练。如果没有恢复，那么会减少区间 1 的维持时间。在训练上，要交替安排高负荷训练和再生训练，这两者之间的相互作用对于训练极其重要。

主要概念总结

　　整个训练阶段中，运动员会达到更高水平的身体运动能力，技术和战术技巧，从而形成被称为训练程度或准备程度的训练状态。训练状态是竞技状态的稳定组成部分，但同样也受高强度、专项化训练、比赛以及残余疲劳的影响。残余疲劳极大地影响了运动员的竞技状态，也影响了其达到高表现水平的准备能力，最终影响了运动员取得最佳表现水平的能力。

　　对于运动员而言，合理地使用减量策略是实现最佳状态的基础。运动员不能在参加的每个比赛中都达到最佳状态。因此，教练必须谨慎制定比赛计划，每一个比赛阶段要设置 2~3 场主要比赛。而其他所有比赛可以作为热身赛，运动员可以将比赛作为训练工具来促进形成好的竞技状态。假如，集体性项目运动员参与循环模式的比赛，教练应该考虑使用可以让运动员在每场比赛之前进行恢复、训练并消除疲劳的训练策略。正如个人项目那样，集体性项目中，教练要让球队在重要的比赛（例如国家锦标赛）中达到最佳状态。

　　减量策略的目标是减少训练引起的疲劳，提升竞技状态。如果使用得当，减量可以提升大约 3% 的运动表现水平，这种变化可能会对最终的比赛结果产生极大的影响。为了实施减量，教练应该以指数方式降低训练负荷，并降低训练量，大多数情况下是降低 41%~60%。但是，假如减量前的训练负荷很高，那么训练量的降低幅度就会更大（60%~90%）。当训练量降低时，训练频率要保持在减量前的 80% 甚至更高。减量过程需要持续 8~14 天。假如减量前的训练负荷过大，那么减量的时间就会更长。但是，教练也可以使用快速指数减量方法骤减训练量。在减量期间，训练强度可以维持在减量前的水平或适当增加，从而让运动员可以保持减量前获得的生理适应。

第三部分

训练方法

第十章 力量和爆发力发展

力量和爆发力生成能力在很多体育项目中是取得成功的关键因素，尤其是集体性项目，以及以速度为主导的项目。现代科学数据表明力量和爆发力对许多以耐力为主的项目同样具有关键性的作用，比如长跑以及越野滑雪。考虑到大多数体育项目中肌肉力量和爆发力的重要性，教练和运动员必须明白力量和爆发力的提升方式会影响运动表现水平。教练和运动员要了解抗阻训练的相关原理，才能更有效地利用抗阻训练提高运动表现水平。

主要身体运动能力之间的关系

运动表现水平是由力量、速度和耐力共同决定的。大多数体育活动都可以归类为以某一项身体运动能力为主的运动。图 10.1 展示了一个以力量、速度或者耐力为主要身体运动能力的理论结构。例如，耐力通常被认为是长跑运动中取得成功所需的决定性身体运动能力。每一项体育活动都有一项起主导作用的身体运动能力（参见图 10.2）。但是，现代研究表明体育活动受多种身体运动能力的影响[137, 140]。从实际情况中可以清楚地看出，力量可以影响跑步的速度[13, 24, 36]及耐力[114]。再比如，腿部力量和爆发力与冲刺速度有很大的关系，那些跑得最快的运动员的腿部最强壮、最具爆发力[13, 24, 36]。我们在科学研究中可以看到一些力量影响耐力的证据。研究表明，与那些只关注耐力训练的运动员相比，在长跑[106, 140]、北欧滑雪[91, 139, 141]及自行车运动员[15]的训练计划中增加力量训练，可以显著提升运动表现水平。最新证据表明，更强壮、更具有爆发力的运动员在灵敏性测试中表现得会更好[21, 143]。

速度和灵敏性的生理基础

在更加强壮之前，没有人能够在运动中做到又快又敏捷。短跑中的起跑、持拍类和集体性项目运动员的变向，都是典型的力量型动作。速度更快的短跑运动员在起跑时会对起跑器施加很大的力。另一方面，改变方向需要强大的离心力量以达到减速的效果，并且也要依靠强大的向心力量来进行加速。你想要成为又快又敏捷的运动员吗？那就增强你的力量吧。

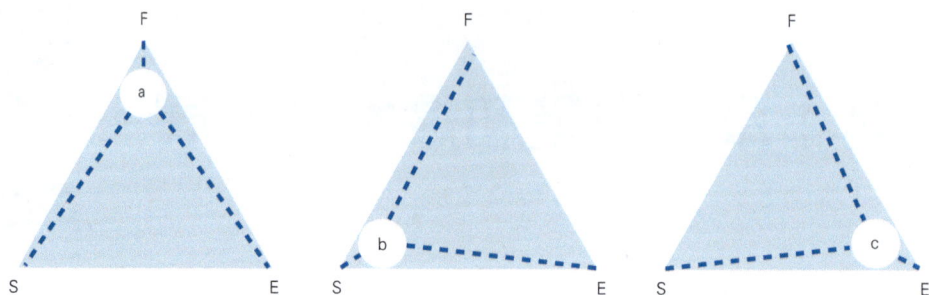

图 10.1 主要身体运动能力之间的关系：a. 力量；b. 速度；c. 耐力

F = 力量或力；S = 速度；E = 耐力。
源自：Florescu, Dumitrescu, and Predescu 1969 [50].

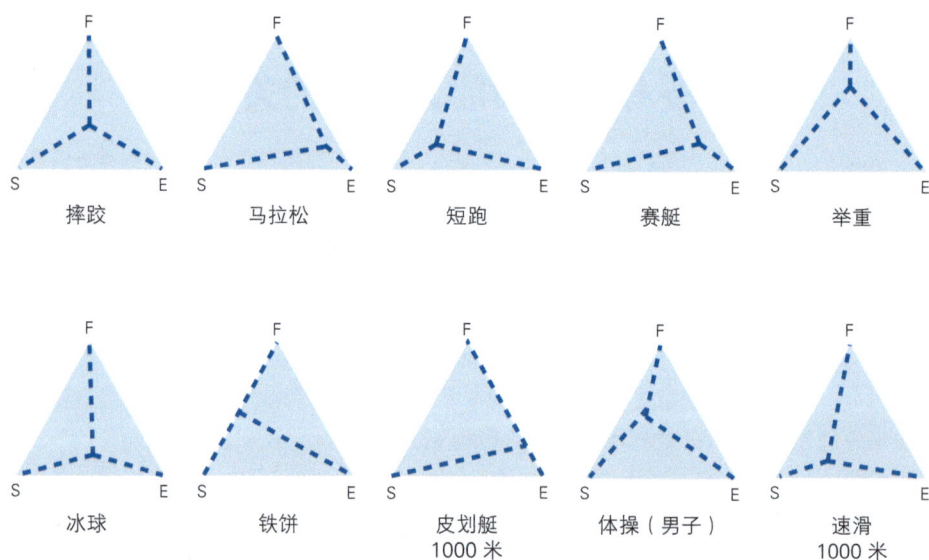

摔跤　马拉松　短跑　赛艇　举重

冰球　铁饼　皮划艇 1000 米　体操（男子）　速滑 1000 米

图 10.2 不同体育项目身体运动能力的主要组成

F = 力量或力；S = 速度；E = 耐力。

　　基于数据，我们可以构建一个假想模型，此模型中力量与研究中证实的可以提升运动表现的很多因素结合到了一起（参见图 10.3）。由于力量会影响其他的身体运动能力，以及几乎所有与运动表现水平有关的方面，因此力量可以看作是最重要的身体运动能力[20]。所以，为了最大限度地提高运动表现，教练在安排其他身体运动能力的同时也要安排力量训练。

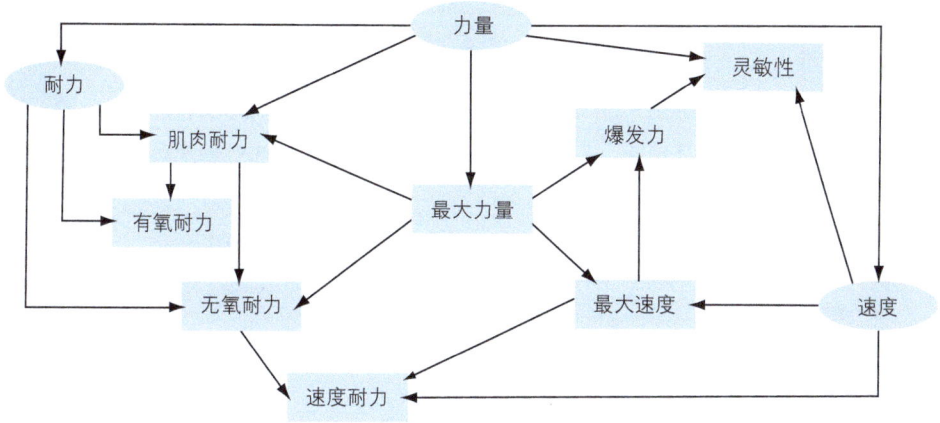

图 10.3 身体运动能力和运动表现水平在不同层面的交互作用

力量

力量是一块肌肉或肌肉群可以产生的最大力或最大扭矩（旋转力）。力量最恰当的定义是神经肌肉系统为抵抗外部阻力而产生力的能力。肌肉力量与短跑[13, 24, 26]、美式橄榄球[14, 55]、足球[32, 62, 90, 17]、排球[47, 130]、冰球[92]、曲棍球联赛[58]以及有氧运动的表现水平[15,91,106,140]有关。这些数据似乎可以支持肌肉力量是大多数体育活动主导因素的论点。因此，恰当地运用抗阻训练可以改变神经肌肉系统，从而提升运动员产生力的能力以及运动表现水平[69, 175, 176]。

力量、速度、力的生成速率和爆发力

在进行体育活动时，抵抗外部阻力的力的生成能力极其重要[127]。从牛顿第二运动定律也能看出力的生成能力的重要性，这是因为此定律揭示了质量和加速度的积等于力（等式1）。如果我们对此等式进行深度剖析，我们就能得出如果想要增加物体的加速度，那么就需要产生更大的力。由于加速度促使速度增加，所以我们可以认为要实现高速运动，就需要提高力的生成能力或力量水平[180]。在相关研究中我们可以找到此说法的支撑证据，研究中也展示了速度和肌肉力量之间的重要关系[13, 24, 36]。

等式

等式 1 $F = M \times A + W$

$F = $ 力

$M = $ 物体质量

$A = $ 物体加速度

$W = $ 物体的重力

等式 2 $RFD = \Delta F / \Delta T$

$RFD = $ 力的生成速率

$\Delta F = $ 力的变化

$\Delta T = $ 时间的变化

等式 3 功率 $= F \times D/T$

功率 $= W/T$

功率 $= F \times V$

$F = $ 力

$W = $ 功

$T = $ 时间

$V = $ 速度

当我们对力量和速度之间的关系进行进一步研究时，就能发现它们之间的关系是成反比的，也就是外部阻力增加，相应的速度就降低（参见图 10.4）[110, 208]。应用周期化力量训练计划可以改变力量 – 速度曲线 [43, 104, 109, 110, 128, 135]。研究表明大力量训练可以刺激生理适应，这种适应与爆发性力量训练产生的适应不同 [74, 75, 110, 202]。例如，着重使用大负荷的力量训练计划可以改变力量 – 速度曲线的高力部分（参见图 10.5），而爆发性力量训练会改变此曲线的高速度部分（参见图 10.6）[110]。

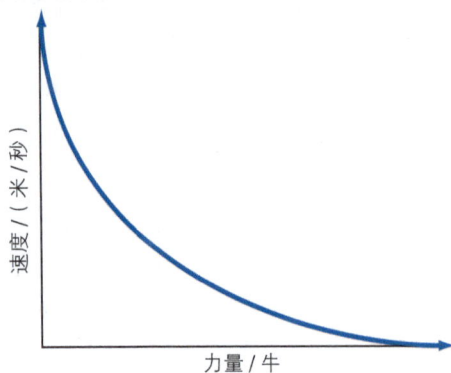

图 **10.4** 力量与速度的关系

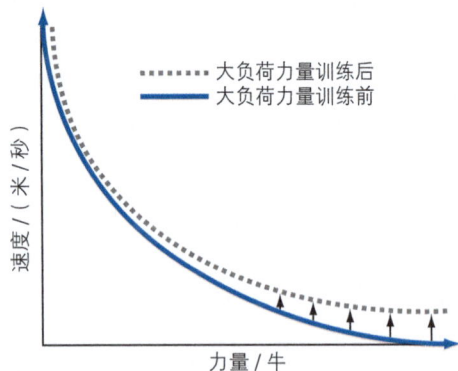

.... 大负荷力量训练后
——— 大负荷力量训练前

图 **10.5** 高负荷力量训练后力与速度曲线的理论变化

相关证据表明，爆发性力量训练会改变运动员的爆发性力量或改变力量的生成速率，这就支撑了为什么爆发性力量训练会对力量 – 速度曲线的高速度部分产生影响的论点 [2, 66, 75, 76, 94]。力量的生成速率是形容力量的产生速度，即力量的变化除以时间的变化 [193]（等式 2）。对于需要爆发力（例如短跑，跳高，投掷）的体育项目来说，在完成动作时力量的生成速率是非常重要的，这类运动需要运动员在一个有限的时间内发出更大的力量（70 ~ 250 毫秒）。一般来说，这个时间比达到最大力量的时间（大于 250 毫秒）要少得多 [9, 67, 159]。但是，最大力量和力量的生成速率是互相关联的 [9, 133]，并且两个变量都与运动表现水平有关，因为两者都与加速能力的产生有关，因此都影响运动速度 [180]。

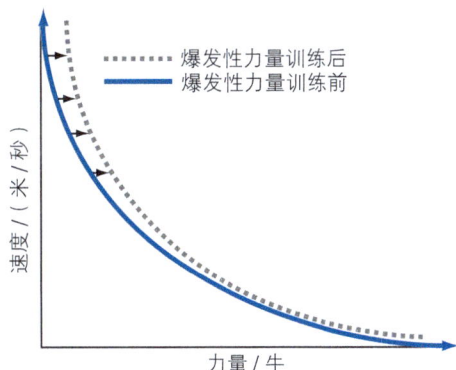

图 10.6 爆发性力量训练时力量 – 速度曲线的理论变化

在人类运动中，力量和速度都极为重要，因为这两个变量的乘积就是功率 [110, 180]（见等式 3）。最大限度地生成力量的能力是产生爆发力的重要影响因素 [157, 159]。切米德特布雷雪儿 [157, 159] 认为随着负荷逐渐减少（运动员需要克服的），最大力量对爆发力产生的影响同样也在减少。鉴于此，他认为力量的生成速率更为重要 [157, 159, 180]。

有专家认为，爆发力生成能力，或者称之为功率，是运动中最重要的一个特征 [69, 110, 127, 157, 180]。事实上，不同运动员的爆发力生成能力是区分体育运动中表现水平的指标 [14, 55]。运动表现水平与两种类型的功率相关：最大功率输出和平均功率输出。最大功率输出与短时间的最佳表现更为相关，例如跳高、短跑、举重、改变方向以及击打 [11, 12, 69, 110, 180, 188]。平均功率输出与重复性运动的表现水平有关，例如耐力跑 [136]、自行车 [183] 以及北欧滑雪 [139]。

影响力量的因素

力量可以被定义为神经肌肉系统产生力来抵抗外力的能力 [180]。运动员展现出来的最大力量与以下 7 个概念有关：（1）运动单位涉及的数量（募集）；（2）运动单位放电率（编码率）；（3）运动单位的同步化；（4）拉长 – 缩短周期的使用；（5）神经肌肉抑制程度；（6）肌肉纤维类型；（7）肌肉肥大程度 [174, 180]。

运动单位募集

运动单位募集与被动员参与工作的运动单位有关 [39, 86]。被动员的运动单位越多，肌肉产生的力就越大 [69]。运动单位募集过程依据从小到大的原则 [86]。亨尼曼等 [86] 在他们的研究中提出亨尼曼大小法则，该法则指出运动单位的大小可以决定它被激活的过程。本研究表明，运动单位越大，被动员的阈值就越高，需要在小运动单位被动员后大运动单位才能被动员。

目前，普遍认为身体在应对较高的外部负荷时会动员较大的运动单位 [48, 69]。但是，影响运动单位募集模式的因素不仅仅是收缩力 [69]，还包括收缩速度 [69]、肌肉收缩类型 [44] 以及肌肉的代谢状态 [103, 134]。

运动单位编码率

编码率指的是运动单位的放电频率 [39]。编码率最独特的一点是在不募集额外的运动单位的情况下，肌肉产生的力可以增加 [69]。凡·可特瑟姆等 [192] 认为编码率在决定主动收缩速度方面起重要作用。我们可以在多个研究中找到对此说法的有力支撑，这些研究表明，运动单位放电率越高，力量的生成速率也就越高 [2, 51, 192, 194]。爆发性高功率输出运动（比如快速伸缩复合练习，力量投掷，蹲跳）有可能改变运动单位编码率，这是因为这些运动易于增加运动单位放电率 [399]。

运动单位同步化

低强度的肌肉收缩会动员运动单位，如果这些肌肉动作有短暂的动态抽动，那么也会引发非同步化的运动单位启动 [180]。一个运动单位启动，同时另一个运动单位不启动时，就会出现运动单位启动的异步性。相反，多个运动单位被同一时间启动，就会出现运动单位的启动的同步化 [59, 116]，研究表明运动单位启动的同步化可以增加力量输出 [135]。最近研究表明，运动单位同步化也可能不会直接提升最大力量输出或最大力量 [160, 204]。现代研究不完全支持运动单位同步化和力量产生能力之间的关系，但有些研究表明经过良好的力量训练的运动员发生运动单位同步化的概率更高 [162]。但是，运动单位同步化对力的生成速率有可能带来极大的影响 [160]。最近的研究中我们可以找到相关说法，研究表明在肌肉快速收缩时，运动单位的同步化对力的生成起着重要作用 [160]。运动单位同步化会对需要在同一时间动员更多肌肉的活动产生最大影响，比如跑步的起跑阶段，在此过程中腓肠肌、比目鱼肌、腘绳肌和股四头肌都会参与运动过程 [160]。

拉长－缩短周期

拉长－缩短周期是肌肉离心和向心收缩的组合 [114, 115]。有研究者认为，拉长－缩短周期是增强式肌肉活动 [180]，这是因为在肌肉向心收缩前，要先进行离心收缩（肌肉拉长）[115]。我们熟知的肌肉拉长－缩短周期的效果是，在周期的最后一个阶段中运动表现水平会有所提升（向心肌肉收缩）[37, 114, 115]。因拉长－缩短周期而产生的运动表现水平提升最可能是因为在离心阶段累积起来的弹性能量 [28, 115]、牵张反射的激活 [116] 以及肌肉激活的最优化 [3, 19]。研究表明，提高激活拉长－缩短周期的能力，是力量训练后最大力量提高的机制之一 [3, 37]。

神经肌肉抑制

当神经接收到了来自不同肌肉和关节受体的神经反馈就会发生神经抑制，进而减少力量的生成 [59, 180]。例如，高尔基肌腱器的功能是保护肌肉在进行最大用力或接近最大用力时，防止产生损伤性的力量[59]。假如改变这些保护机制的神经激活模式，那么就会发生去抑制现象，进面提高力量的生成能力[107]。阿嘉德等人的研究表明[3]，在进行为期14周的大负荷力量训练后，神经肌肉抑制反应显著降低。神经肌肉抑制的降低，可以在一定程度上解释为什么通过训练可以提升人体生成力量的能力[3]。

肌纤维类型

研究表明力量型运动员肌肉中的类型Ⅱ肌肉纤维（快肌纤维；53%~60%）含量较高[56, 57, 77, 80, 148, 184]。运动员的肌肉纤维类型对运动员最大力量以及力的生成能力有着极大影响[56, 57, 148, 149, 185]。例如，弗雷和同事们[56]认为举重运动员的类型Ⅱ肌肉纤维量与在抓举、硬拉和挺举（r=0.78）举重中能够举起的重量显著相关（r=0.94）。运动员纤维类型的分布同样与运动员垂直跳高的能力高度相关（r=0.79）。相反，耐力型运动员通常类型Ⅰ肌肉纤维含量要高一些（慢肌纤维）[17, 185]，此类肌纤维对应更高的最大氧耗率和更低的最大生成力的能力。因此，那些类型Ⅱ肌肉纤维量较高的运动员在对力量和爆发力有高要求的体育活动中有很大的优势。相反，类型Ⅰ肌肉纤维含量较高的运动员在耐力型运动中更有优势。

肌肉肥大

通过力量训练[1, 51]，运动员的肌肉增粗、肌肉横截面积增加。肌肉横截面积增加可以增加收缩单元的数量并提升产生力量的潜力[10, 51, 198]。类型Ⅱ肌肉纤维具有极大的可塑性，它会因训练而快速肥大，也会因训练不足而快速萎缩[51, 78]。

力量训练的生理适应

力量训练产生的生理适应可以分为两类：神经适应和形态适应[51]。神经适应和运动单位募集模式改变[69]、运动单位同步化[108, 132, 161-163]、运动单位放电率[39]以及反射激活[51]等因素相关。形态改变与整个肌肉体积改变[34]、肌肉肥大[34, 138]、肌肉纤维转换[200]以及肌肉结构改变[164]有关。这两种类型对适应过程的贡献受多种因素影响，比如训练状态[156]、训练计划中所使用的练习动作类型[29, 138]、基因组成[23, 33, 100, 142, 189]、年龄[101]以及性别[101]。

在训练早期阶段，力量发展受神经因素影响最大，而长期训练适应受形态因素的限制[156, 196]。神经适应因素占主导的时间大概在力量训练计划开始后的6~12周[29, 156, 196]。神经适应的时间会因力量训练计划所运用到的练习动作的复杂性而改变[29]。智利贝克等[29]的研究表明，多关节参与的复合运动（例如，下蹲，力量挺举，引体向上）需要更多的时间来形成神经适应。同时研究还发现，上肢神经适应发生得很快，10周的肱二头肌弯举训练后肌肉已经开始增粗。相反，腿蹬举训练后，则需要20周的时间才能产生腿部肌肉增粗的现象。这些数据表明力量训练中用到的练习会影响神经适应或肌肉肥大效应发生的程度。中等和高级力量运动员（力量举运动员和举重运动员）年复一年地训练后，即使他们的体重不会增加，他们的力量水平也能够得以提升，这表明神经因素，尤其是肌肉间的协调，从长期来看对力量生成起到了主导作用。

神经适应

在开始力量训练后，影响运动表现的主要适应性与动作学习和协调有关[153]。这些适应与动作模式和肌肉收缩顺序相关[51]，这表明力量的表达需要一定程度的技巧。

力量训练可以改变运动单位的募集模式[69, 192]、运动单位编码率[2, 39, 69]以及运动单位同步化的程度[162]。力量训练计划中采取的训练类型对决定神经适应起到了关键性的作用。例如，高负荷爆发性力量训练（如跳蹲）已经被证实可以降低运动单位募集阈值[69, 192]，并增加运动单位编码率[2, 39, 192]。高负荷力量训练可以提升运动单位同步化[160]并降低神经抑制[3]。这些神经适应似乎可以改变力的生成能力及力的生成速率，这都会影响运动表现。

形态适应

力量训练会导致肌肉肥大，从而改变肌肉结构[164]。这些结构上的改变可以增加收缩物质，反过来可以提升产生力的能力[51]。大多数力量训练研究中提到的最显著的形态改变是肌肉增粗[3, 51, 71, 79, 87, 164, 172]。大多数短期力量训练研究表明，类型Ⅱ肌肉纤维肥大现象显著[1, 41, 95, 190, 198, 200]；而长期研究则表明类型Ⅰ和类型Ⅱ肌肉纤维都会产生肥大现象[78, 123]。肌肉肥大的标志是骨骼肌纤维横截面积显著增加，从而导致收缩物质增加[51]以及肌肉羽状角度增加[1]。这两种形态适应明显可以增强力量训练后产生的肌肉力量适应[1, 51]。

当我们讨论肌肉形态适应时，我们要进一步考虑的是训练干预[53]。爆发性力量训练可以显著增加类型Ⅱ肌肉纤维的大小，显著改变类型Ⅱ和类型Ⅰ肌肉横截面积纤维的比例，从而提升最大力量和爆发力产生能力[51, 70, 180]。弗雷[53]支持此说法，他指出举重运动员的类型Ⅱ与类型Ⅰ肌肉纤维的比例比力量举和健美运动员的要大。这些数据表明力量训练类型可以决定骨骼肌形态上变化的类型。

另外一个力量训练产生的积极形态适应是肌肉纤维类型的改变[51, 200]。因训练计划产生的最一致的纤维类型适应是类型Ⅱx肌肉纤维分布减少，同时伴随类型Ⅱa肌肉纤维分布增加，如果训练是无氧乳酸供能方式，那么此现象会更加明显[27, 79, 172, 200]。这些研究的结果是由分析技术决定的。新的研究表明，肌肉具有更高的可塑性，主要表现在肌肉在训练或停训后会产生较大的改变[60, 124, 191, 200]。

表 10.1　各种力量训练运动员的肌肉纤维类型分布

人群	纤维类型分布 /%			
	Ⅰ	Ⅱa	Ⅱx	混合
参加娱乐活动的年轻人[39, 172, 203]	41	33	6	20
力量训练男性[9, 172, 203, 205]	34	58	<1	8
力量训练女性[205]	35	53	<1	12
健美运动员[39]	27	47	9	17
举重运动员[58]	35	64	1	NA

NA：暂时无数据。
备注：所有的百分比都基于肌球蛋白重链的数据。

现代研究在确认肌肉组成成分时已经检验了肌球蛋白重链（MHC）[51, 53, 124, 200]。肌球蛋白重链组成与经典纤维类型分类方式有着紧密的联系[51]。但是，现代研究表示除了主要的几种肌球蛋白重链类型（类型Ⅰ，类型Ⅱa，以及类型Ⅱx），还存在着一些混合肌纤维类型（Ⅰ/Ⅱa，类型Ⅰ/Ⅱa/Ⅱx，以及类型Ⅱa/Ⅱx）。力量训练[200]、耐力训练[191]及卧床休息期均可以改变混合肌纤维类型[60]。随着这种类型纤维的变化，类型Ⅱx，Ⅱa，以及类型Ⅰ纤维的百分比含量会被改变，这可以在一定程度上解释不同类型的力量运动员有着不同的肌肉纤维组成（参见表10.1）。

力量类型

在力量训练计划中会涉及不同的力量类型。如果教练了解力量和运动表现特征之间的关系，就可以设计出将力量提高转化为运动表现提高的训练计划。力量类型分为以下几种。

- 一般力量：一般力量指的是整个肌肉系统的力量。这种类型的力量是力量训练计划的基础，运动员必须要提高一般力量，以促使运动表现水平的提高。教练应当在准备期或者新运动员的前几年训练过程中重视一般力量训练。假如一般力量没有得到足够的提升，那么运动员的进步可能会受到较大影响。
- 专项力量：专项力量与体育活动中基本肌肉群的运动模式以及它们的生物能量有关。运动员通常在准备期末期专注专项力量的训练。
- 爆发力：爆发力指肌肉高速产生力的能力。爆发力对大多数体育项目中都很重要，尤其对于田径、集体性以及持拍类的项目。在专项准备期以及比赛期，这种力量类型是训练的重点。
- 最大力量：最大力量指的是在最大主动收缩过程中，神经肌肉系统能够产生的最大的力。最大力量可以通过运动员一次能够举起的最大负荷来体现。最大力量已经被证实与肌肉耐力、举重表现以及速度等因素有关。
- 肌肉耐力：肌肉耐力是神经肌肉系统在长时间内以重复性的方式产生力的能力。在特定负荷条件下，运动员可以举起的次数就反映了肌肉耐力。
- 绝对力量：绝对力量指的是无论体重如何都可以产生的力。在一些体育项目中（比如推铅球、美式橄榄球，举重中超重级以及重量级摔跤），运动员必须要有非常强的肌肉力量。运动员的绝对最大力量可以通过1RM（单次重复最大重量）来测量。了解运动员的最大力量是计算训练负荷的必要条件。
- 相对力量：相对力量是运动员最大力量和体重之间的比率。运动员的绝对力量除以体重就可以得出相对力量[178]。

力量训练方法

力量训练需要使用不同的负荷和方式来提升肌肉力量和爆发力。根据力量训练计划的目标，施加阻力的方式可以多样化（见力量训练应用方法）。最佳的力量训练方式是结合自由重量的使用以及其他提升力量和爆发力的方式，例如快速伸缩复合训练、实心球训练以及灵敏性训练。相比于单关节、小肌肉群练习，使用多关节、大肌肉群练习（比如挺举、引体向上以及背蹲）可以起到更大的专项转化效果。

当设计力量训练计划时，教练需要考虑使用渐增负荷的原则。在渐增负荷过程中，随着肌肉不断适应训练刺激[49]，负荷结构会被改变或调整。渐增负荷可通过控制多个训练变量来控制，比如改变所使用的负荷、改变训练计划中的组数或者次数、改变训练频率、改变组数或者次数之间的休息间歇，以及改变训练计划中的练习动作。

训练变量的控制

教练可以采用周期安排的方式，系统地控制训练变量，来安排有效的力量训练计划。教练可以通过有条理地调控训练量和强度来优化训练计划。在训练过程早期的准备期，训练量可以高一些，强度可以稍低一些，可减少专项训练的内容。随着运动员训练过程更趋近于比赛期，一般情况下训练量会稍有减少，训练强度和专项训练会稍有增加。尽管控制训练量和强度极其重要，但是同样重要的是控制其他与训练计划相关的变量，比如训练频率、练习动作顺序、组间的休息间歇以及所选择的练习。

力量训练应用方法

- 体重：由于重力会对身体产生的影响，因此可以采用自重训练来提升力量。自重的练习有很多种，常见的有俯卧撑、正手引体向上、反手引体向上、屈臂撑、爬楼梯等。
- 弹力带：当弹力带被拉长时，它们会产生阻力。利用这种力量训练工具的弊端是随着施加在弹力带上的力不断加大，弹力带的阻力会越来越大，动作速度会变慢[83]。比如跳高运动中，这些工具刚开始施加的阻力较小，但是随着运动员离开地面，阻力逐渐加大，这并非运动当中的负荷模式。类似地，随着运动员不断拉长弹力带，弹力带的阻力加大，加速这一重要能力会受到抑制。相反，如果使用加重的背心或携带自由重量跳跃，这些工具施加的阻力在整个动作中都是一致的，这些训练工具对运动表现的转化效果更佳，并且也是一种更为有效的训练方式[83]。弹力带在体育训练中唯一的应用就是在水中，因为弹力带在水中可以模仿游泳运动员手臂在水中受到的阻力或者赛艇运动员的桨在水中不断深入所受到的阻力，假如运动员没有运用"弹射方法"（ballistic method）来训练，那么弹力带可以作为一种调节阻力的训练工具爆发力。
- 重物：重物包括实心球、壶铃及沙袋。这些器材的阻力大多数都是重力产生的。
- 配重器械：重力是配重器械的阻力来源。力的方向可以通过滑轮、缆线、凸轮以及齿轮来控制。有专家认为这种机器并不符合人类的力量曲线模式[83]。
- 流体阻力机器：流体阻力机是通过使身体或设备通过流体，使流体通过物体，使流体绕物体运动或使流体通过孔板来产生阻力[83]。这些设备使用的流体可以是液体也可以是气体。但是以流体为基础的阻力设备常出现的一个问题是它们并不能提供离心负荷，更不能加速，从而限制了设备的有效性[20, 83]。

- 自由重量：自由重量，比如哑铃和杠铃，都可以视为最佳的力量训练工具。自由重量与人类力量曲线最为贴合[83, 174]，并且可以利用重力来施加阻力。
- 等长：使用等长方式时收缩力等于阻力。等长动作示例之一是用最大的力量去推动不可移动的物体。

在过去的时间里，一些训练设备生产商生产了很多对训练毫无用处的小配件，从平衡训练（BOSU 球）到使用弹力带产生阻力的机器或小配件。在"现代训练"的伪装下，市场上不断涌现出各式各样的设备，从而误导了很多新手教练。这种夸张的现象已经越来越严重，甚至已经发展到了在热身环节或一些灵活度运动中（例如跨栏跑）运动员都需要购买新的设备，问题是很多工具都是无效的，白白浪费了体育俱乐部的金钱。

训练量

训练量是对运动负荷的量化，也可通过总训练小时、举起的公斤数、每次训练课、训练期或每年举起的吨数或短吨数以及完成的组数和次数来计算。在一些书籍中，训练量通常是通过吨来计算的。1 吨等于 2,204.6 磅（1 磅约为 453.6 克），而 1 短吨等于 2,430.2 磅。计算一次训练课的训练量时，举起的重量乘以组数和次数，得出的积就是负荷量值（参见表10.2）。

对于精英级别的举重运动员而言，年度训练计划的总训练负荷可接近 3,726 吨[7]，准备期是 2,789 吨，比赛期是 937 吨。一次训练课的吨数取决于要训练的体育项目类型、运动员的发展状态以及训练阶段。随着运动员不断发展，他可承受更高的训练课或小周期负荷量。对于举重运动员而言在小周期中以 10 ~ 60 吨的标准进行训练是非常常见的[7, 45]。根据不同的体育项目以及训练阶段，小周期训练量会出现很大不同（参见表 10.3）。

表 10.2 训练量计算示例

训练动作	组数	重复次数	负荷 / 千克	负荷量 / 千克	吨	短吨
高翻	3	5	125	1,875	1.875	1.701
深蹲	3	5	160	2,400	2.400	2.177
窄握罗马尼亚硬拉	3	5	140	2,100	2.100	1.905
			合计	6,375	6.375	5.783

计算吨数：用负荷量除以 1,000（1 吨等于 1,000 千克）。计算短吨数：用负荷量除以 1,102.3(1 短吨等于 1,102.3 千克）。

表 10.3	以吨为单位的建议年训练量				
	每个小周期训练量			每年训练量	
运动或项目	准备期	比赛期	过渡期	最低	最高
棒球和板球	20～30	8～10	2～4	900	1,450
篮球	12～24	4～6	2	450	850
拳击和武术	8～14	3	1	380	500
自行车	16～22	8～10	2～4	600	950
速降滑雪	18～36	6～10	2～4	700	1,250
花样滑冰	8～12	2～4	2	350	550
美式橄榄球	30～40	10～12	6	900	1,400
高尔夫球	4～6	2	1	250	300
体操	10～16	4	4	380	600
跳高	16～28	8～10	2～4	620	1,000
冰球	15～25	6～8	2～4	600	950
标枪	12～24	4	2	450	800
跳跃	20～30	8～10	2	800	1,200
赛艇或划艇	20～40	10～12	4	900	1,200
曲棍球	14～22	4～8	4	500	900
赛艇	30～40	10～12	2～4	900	1,200
英式橄榄球	10～20	4～6	4	320	600
铅球	24～40	8～12	4	900	1,450
速滑	14～26	4～6	2～4	500	930
短跑	10～18	4	2	400	600
壁球	8～12	4	4	350	550
游泳	20	8～10	2～4	700	1,200
网球	8～12	2～4	2	350	550
铁人三项	16～20	8～10	2～4	600	1,000
排球	12～20	4	2	450	600
摔跤	20～30	10	4	800	1,200

源自：T.O Bompa and M.C. Carrera, 2005, Periodization training for sports, 2nd ed. (Champaign, IL: Human Kinetics), 65.

训练强度

训练强度或负荷，与总重量和阻力有关。一次课的训练强度等于负荷量除以总重复次数。

　　用单次重复最大重量（1RM）的百分比的方式来表示力量训练中所使用的负荷是一种非常好的方式[111]。一些力量和体能专家推荐利用最大重复次数区间的力竭次数（例如1~3RM，8~12RM，13~15RM）来确定训练强度[27, 49]。但是，在最大力量发展过程中用力竭的训练方式一直以来都备受质疑，并且这并不是一种在力量训练中用于确定负荷的最佳方式[20, 107, 144, 173]。伊兹奎尔多等的研究支持了上述说法[102]，他们认为相比于非力竭训练，力竭训练会带来较小的肌肉力量增长。皮特森等也支持这种说法，在他们的分析中发现，训练到力竭并不能提升力量。因此，确定负荷的最佳方式是单次重复最大重量。确定1RM不同的百分比有助于建立一个负荷结构（参见表10.4）。在这种结构中，负荷强度区间（参见图10.7）可以通过负荷在肌肉耐力、爆发力产生以及最大力量中的关系来量化。发展最大力量可以利用单次重复最大重量的70%或更高，而发展肌肉耐力则在20%~50%之间。根据练习的不同，利用1RM的30%~80%负重进行练习可以最大限度地提高肌肉爆发力[110]。

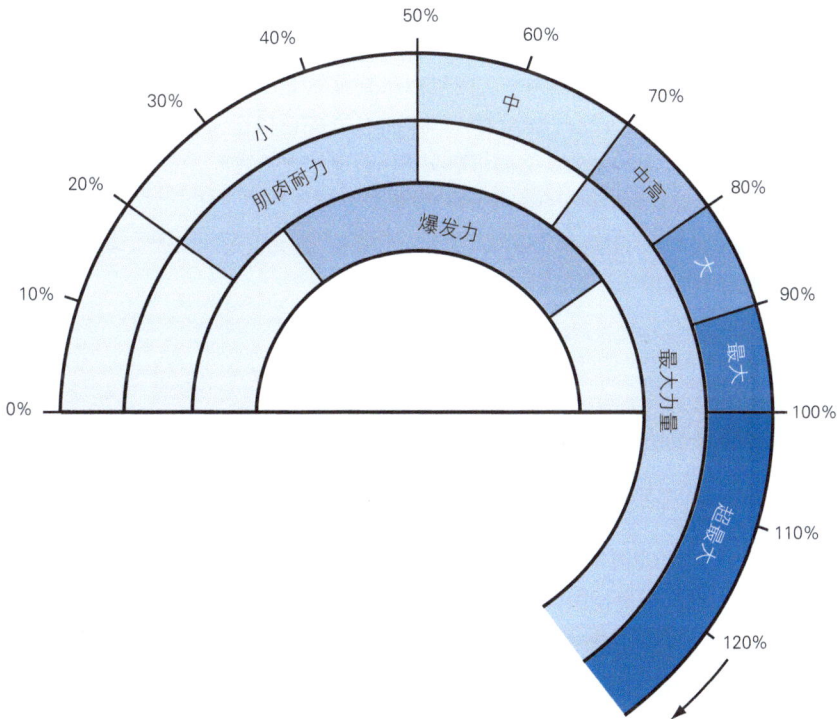

图 10.7 不同负荷的负荷量级的使用和能力的发展

　　单次重复最大重量的100%~125%之间的强度称为超最大负荷。运动员在离心训练时[42]可以使用这种负荷。尽管有教练采用超大负荷进行离心训练，但是相比于常规训练，其并不能对肌肉力量有较大的提升[42]。只有经过高度力量训练的运动员才能尝试超大负荷，并且不能频繁地进行。

强度区间	负荷	强度（1RM 的百分比）/%	肌肉动作
1	超最大	>100	离心负荷 等长
2	最大	91～100	向心／离心
3	大	81～90	向心／离心
4	中高	71～80	向心／离心
5	中	51～70	向心／离心
6	小	20～50	向心／离心

表 10.4　力量训练强度区间

源自：T.O Bompa and M.C. Carrera, 2005, Periodization training for sports, 2nd ed. (Champaign, IL: Human Kinetics), 66.

　　训练负荷在 1RM 的 91%～100% 之间可以被定义为最大负荷。大负荷的强度区间在 1RM 的 81%～90%。训练负荷在 1RM 的 71%～80% 之间可以定义为中高负荷，51%～70% 之间可定义为中负荷，20%～50% 之间可定义为小负荷。大多数负荷都处于中或中高负荷之间（1RM 的 50%～80%）。举重运动员的训练负荷安排支持了上述内容，其强度训练安排比例如下：小负荷 =8%，中负荷 =59%，大负荷 =26%，最大负荷 =7%[207]。训练中的强度取决于训练阶段及所使用的负荷结构。

重复次数

　　重复次数通常是使用负荷的一种表达（参见表 10.5）。负荷越高，可以进行的重复次数就越低。但是，我们很难确定 1RM 的百分比和可以进行的重复次数之间的确切关系，因为在一个既定的负荷中，训练状态、参与的肌肉质量、性别以及练习类型都可以影响重复次数。例如，士曼诺等 [167] 认为没有进行训练的研究对象以 1RM 的 60% 强度进行训练，其背蹲次数在 35.9±13.4 次，卧推在 21.6±4.2 次，手臂弯举在 17.2±3.7 次。相反，训练有素的对象可以以 1RM 的 60% 的强度进行 29.9±7.4 次背蹲，21.7±3.8 次板凳推举，19.0±2.9 次手臂弯举。胡戈等 [88] 认为以不同的 1RM 百分比强度进行训练，练习类型、训练状态以及性别的差异

表 10.5　爆发力型运动员负荷与重复次数之间的关系

1RM 的百分比 /%	重复次数
100	1
95	2
90	3
85	5
80	6
75	8～10
70	12～15
65	16～20
60	21～25
50	31～50
40	51～100
30	> 100

是导致重复次数不同的因素。例如，在 1RM 的 40% 强度时，无训练基础的男性只能进行 80.1 ± 47.9 次腿推举以及 34.9 ± 8.8 次仰卧推举。当无训练基础的女性使用相同的训练手段，进行了 83.6 ± 38.6 次腿推举；器械卧推未被使用，因为无法在机器上进行配重。教练在确定运动员以不同 1RM 百分比重复多少次时需要考虑到运动员的训练状态，以及性别、涉及的肌肉质量以及力量训练模式。通常来说，运动员的神经肌肉效率越高，在任何既定的 1RM 百分比的情况下能重复的次数就越少。

使用不同的重复次数可以产生特定的生理适应 [27]。如图 10.8 所示，低重复机制（1 ~ 6 次重复）可以更好地促进最大肌肉力量发展。重复次数多（大于 15 次）更适合刺激肌肉耐力的发展 [15, 27]。高强度耐力（短耐力）可以通过 15 ~ 30 次的重复训练来实现 [27, 49]，而低强度耐力（长耐力）可通过超 50 次重复训练来提升 [27]。（译者注：此处关于短耐力与长耐力训练的重复次数与表 10.8 中所示有所差异，译者建议使用表中的数据。）根据训练阶段的不同，以爆发力为基础的适应通过低重复次数机制（1 ~ 10 次）来实现。重复次数要根据训练阶段的目标以及所使用的负荷机制来确定。在周期化的训练计划中，可以通过控制重复次数机制来加强特定的适应性。

缓冲

每组练习所包含的重复次数与所使用的负荷（1RM 的百分比）和缓冲目标的安排有很大的联系。一组练习中给定的最大重复次数相对应的负荷（最大力量百分比），与使用同样的重复次数时实际使用的负荷（最大力量百分比）之间的差值就是所谓的"缓冲"。例如，使用 1RM 的 80% 强度进行每组 3 次的练习时，就存在 10% 的缓冲，因为，进行 3 次最大重复次数所对应的极限重量应当是 1RM 的 90%。高缓冲能够让运动员在完成动作时更加注重技术环节（因为负荷很轻，没有挑战性），也能进行更多具有爆发性的向心动作，同时引起的残余疲劳也较低。因此，运动员可以利用高缓冲的练习来实现肌肉间的协调性（技巧）和爆发力发展，此外在减负荷小周期也可使用这种方式。

整个大周期过程中，教练在维持相同重复次数的同时可通过增加强度来降低缓冲。这样做可以让每一次锻炼都能够增加一点难度，同时还能保持相同的组数和次数（最大力量发展中最常用的方式，参见图 10.9）。教练同样可以在维持缓冲的情况下，增加或降低其他参数。通常情况下，教练不会在整个大周期中增加缓冲。在减负荷或调整最佳状态小周期期间，通过降低每组的重复次数来增加缓冲，同时保持强度不变或只稍微降低。

如图 10.10 所示，缓冲 0 的意思是达到向心力竭，这是一种健美运动员最喜欢的方式。重复多组 1 ~ 3 次训练至极限或接近于极限（5% 缓冲）可以提升相对力量，这种力量提升不会伴随着体重增加。在以相对较高的受压时长进行每组 3 ~ 6 次做到极限或接近于极限的训练可以提升绝对力量，让肌肉力量和围度都得到提升。通过以 10% ~ 20% 的缓冲每组重复 1 ~ 3 次的高负荷可以提升最大力量和爆发力（例如力量 – 速度）。通过低负荷以及增加肌肉间协调性来发展最大力量和爆发力，是以 25% ~ 40% 的缓冲重复 3 ~ 6 次的方法来实现。

	1	2	3	4	5	6	7	8	9	10	11	12	13	14	15	16	17	18	19	20	21	22	23	24	25	26	27	28	29	30	31	32	33	34	35	36	37	38	39	40	41	42	43	44	45	46	47	48	49	50	50+
最大力量	■	■	■	■	■	■																																													
爆发力							■	■	■	■																																								
爆发力耐力															■	■	■	■	■	■	■	■	■	■	■	■	■	■	■	■																				
肌肉耐力（短耐力）										■	■	■	■	■	■	■	■	■	■	■	■	■	■	■	■	■	■	■	■	■	■	■	■	■	■	■	■	■	■	■	■	■	■	■	■	■	■	■	■	■	
肌肉耐力（中等耐力）																				■	■	■	■	■	■	■	■	■	■	■	■	■	■	■	■	■	■	■	■	■	■	■	■	■	■	■	■	■	■	■	■
肌肉耐力（长耐力）																																																		■	■

重复次数

图 10.8 用于提升不同力量类型所需的重复次数

项目	75%	77.5%	80%	70%	50%	1	82.5%	85%	90%	70%	50%	T
重复次数	5	5	5	3	3	1	3	3	2	3	3	1
缓冲	10%	7.5%	5%	20%	40%	0	7.5%	5%	5%	20%	40%	0
周数	1	2	3	4			5	6	7	8		
大周期	1						2					
大周期类型	3+1						3+1					
适应重点	最大力量（肌肉间协调性）						最大力量（肌肉内协调性）					

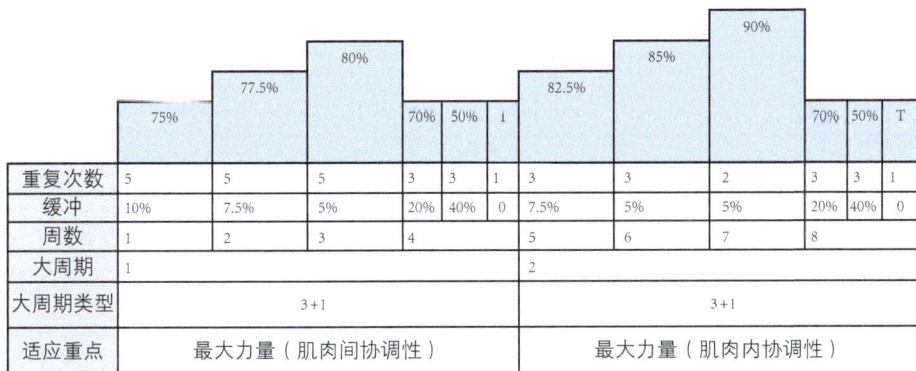

图 10.9 持续 8 周的最大力量阶段所建议的渐增负荷模式（减负荷周的后期部分，用于确立新的 1RM，以作为下一个周期的基础）

T= 最大力量测试。

杠铃速度

　　爆发力是所有需要高力量、高速度以及高灵敏性运动的主要能力。以速度和爆发力为主导的运动包括短跑、跳跃、田径投掷项目、集体性项目、持拍类项目、体操、跳水以及武术。假如运动员想要提升运动表现水平，那么必须要提升爆发力。事实上，要培养出一个速度快、反应敏捷、移动迅速的运动员最不可缺少的训练就是爆发力训练。

表 10.6	力量提升所建议的平均速度
平均速度（米/秒）	建议使用
≥ 0.1，≤ 0.2	单次重复最大速度
≥ 0.3，≤ 0.4	最大力量提升（肌肉内协调性） 在比赛期间（大负荷日），维持最大力量，至少赛前 2 周
> 0.4，≤ 0.5	最大力量提升（肌肉内协调性） 激活后增强训练，赛前 6~24 小时
> 0.5，≤ 0.6	最大力量提升（肌肉间协调性） 在比赛期间（大负荷日），维持最大力量
> 0.6，≤ 0.7	最大力量提升（肌肉间协调性） 比赛期爆发力维持（高负荷） 最大力量维持（大负荷日）
≥ 0.8，≤ 0.9	爆发力提升
> 0.9	爆发力提升 重要比赛前（减量）48~72 小时维持力量水平

　　要提升爆发力必须要提升力量或速度，或者两者结合一起提升。某些运动员虽然看似强壮，但是却不能展现出爆发力，这是因为运动员不能在较短的时间内快速收缩强壮的肌肉。

	1RM的百分比	缓冲 0	缓冲 5%	缓冲 10%	缓冲 15%	缓冲 20%	缓冲 25%~40%
肌肉内协调性	100	1*	1*				
	95	2 相对力量	2				
	90	3	3 绝对/相对力量	1* 最大力量和爆发力（高负荷）			
	85	5	5 绝对力量	2 绝对/相对力量	1* 最大力量和爆发力（高负荷）		
肌肉间协调性	80	6	6	3 绝对力量	2 绝对力量	1* 最大力量和爆发力（高负荷）	
	75	8 肌肉肥大		5	3	2	
	70	12			5	3 绝对力量	
	65						3* 最大力量和爆发力（高负荷）
	60						3~5
	55						3~5 肌肉间协调和爆发力（低负荷）
	50						3~6

* 每列中的数字表示重复次数。

图10.10 负荷（1RM的百分比）、重复次数、缓冲以及训练效果之间的关系

源自：T.O. Bompa and C. Buzzichelli, 2015, Periodization training for sports, 3rd ed. (Champaign, IL: Human Kinetics).

为了解决这一问题，运动员必须要进行爆发力训练以提升力的生成速率。同样地，在对爆发力耐力或肌肉耐力有要求的运动中，运动员能够在比赛全程中维持最高功率输出的能力与运动表现水平有很大的关系。以目前的技术水平来看，使用物美价廉的带有陀螺仪的加速器的设备完全可以测量出一次力量训练课中的每一次最大爆发力值。这样的设备可以测量出运动员的峰值以及平均速度，也能测量出一组练习中每一次动作的平均以及最大爆发力值。在力量训练的监测中，这种设备确实很方便。

　　表 10.6 列出了针对力量提升所建议的平均速度（背蹲，仰卧推举，硬拉，引体向上），速度值取决于运动员和教练想要得到的训练效果。至于奥运会上的力量推举项目建议的最大速度，请参照表 10.7。

　　加速器可以作为爆发力训练监测设备使用，能让运动员在一组练习时随时停下后继的动作，也能让运动员在训练课期间减少练习组数——无论什么时候，只要功率输出有下降，监测器就能监测到。这种设备也能作

表 10.7	奥林匹克运动会举重项目建议的最大速度
奥林匹克举重	最大速度/（米/秒）
挺举	1.8～2.0
抓举	2.4～2.8

为测试工具使用，不仅适用于绝对爆发力（可以测量弹射练习和参加奥运会举重运动的最高速度，也能测量力量举重的平均速度），也适用于测量功率输出稳定性。这种加速器同样也可作为内部负荷或中枢神经系统剩余疲劳监测设备使用。例如，可以在训练课开始之前使用这种加速器测试运动员的跳跃高度，也可在力量训练课热身期间监测功率输出，然后再将测得的数据与整个赛季中的最佳数据进行对比。

组

　　一般情况下，一组训练中包含一系列持续不断进行的重复动作，随后便是休息间歇。从力量提升的角度来看，单组训练是远远不够的。相反，无论是职业运动员还是运动爱好者，通过多组训练才能显著提升适应水平 [144, 151]。皮特森等 [114] 通过对运动量的研究指出，单组训练安排方式可以带来最小的力量提升刺激，4～8 组的安排方式可以优化训练所引发的力量提升。瑞亚等 [151] 的研究表明，无论是经过训练的还是未经过训练的个体，想要最大限度地提高力量，至少在训练中需要安排 3 组练习。研究表明，未经训练的个体在进行 3～4 组训练后获得的提升最大，而经过训练的个体则要安排 4～8 组的练习，从而形成最大限度地适应 [144, 151]。因此，当教练在制定训练计划时，需要考虑每个运动员的训练状态，训练有素的运动员可以承受的练习组数较多，因此也能从中获得更大程度的提高。运动员能够承受的组数越多，那么产生适应的训练刺激就越大，力量提升也就越明显。

　　无论练习组数是如何安排的，训练阶段将决定训练组的结构。比如，在训练准备期，当运动员进行的重复次数和训练动作较多时，那么组数就较少。随着比赛临近，动作数量会降低，此时组数通常会提升。在比赛阶段，任何相关训练变量都会下降，包括重复次数和组数，运动员此时可以进行恢复并关注技术和战术训练。

　　但是有一个特别要注意的是多平面体育项目（动作发生在多个平面），比如集体性项目、对抗性项目及武术。对于这些体育项目来说，训练动作数量要多，每个练习的组数要少，这

样才能解决对矢状面、额状面以及水平面较高的力量需求。

组间休息间歇

在教练考虑负荷安排、训练计划的目标、发展的力量类型以及练习动作的爆发程度时，组间休息间歇也是需要考虑的重要方面 [20]。休息间歇必须要足够长以让三磷酸腺苷和磷酸肌酸的含量恢复，清除导致疲劳的代谢产物并恢复发力能力 [199]。

组间的休息时间对训练组内消耗基质的补充起到了关键性的作用。尽管要完全恢复磷酸腺苷的含量需要 3 ~ 5 分钟的时间，但是休息 30 秒，三磷酸腺苷的含量可恢复 70%[97]。休息两分钟可恢复 84% 的磷酸肌酸的含量，休息 4 分钟可恢复大约 89%，休息 8 分钟可完全恢复 [85, 97, 98]。因此，在高训练量训练期间，休息间歇少于 1 分钟不足以恢复训练中所消耗的基质，并有可能造成恢复不足的现象 [199]。在组间进行 2 ~ 5 分钟的休息几乎完全可以恢复力量和爆发力生成能力 [4, 18, 155]。相反，组合训练期间休息时间少于 1 分钟，力量和爆发力生成能力会下降 12% ~ 44%[4, 15, 181]。这些数据表明，当运动员要让自己的力量和爆发力生成能力最大化时，那么在训练期间休息时间要尽量长一些（2 ~ 5 分钟），避免恢复间隔时间过短（少于 1 分钟）。

很明显，短暂的休息间歇并不能让运动员得到充分的恢复，从而维持多组的训练强度，并且当运动员想让肌肉力量和爆发力发展最大化时，休息间歇短并不会起到积极的作用 [199]。但是，当力量训练计划是为提升肌肉耐力而设计的话，那么短休息时间是有好处的。当进行高训练量训练但休息时间很短时，可以刺激身体产生生理适应从而提升耐力表现。这些生理适应包括毛细血管密度增加、线粒体密度增加以及缓冲能力提升 [199]。

研究表明，使用短休息间歇，可以提升激素的水平，从而带来较大的刺激来改善身体状况 [64, 129, 199]。特别是当重复次数较多（10 次）的中等负荷的力量训练计划设置的休息间歇很短时，身体会分泌更多的生长素 [64, 118, 129]。但是，休息时间较短不能让身体得到完全恢复，并且还会降低运动员完成的总训练负荷。弗罗布斯等 [52] 的研究表明，训练量（吨位数或负荷量）是肌肉增大的主要刺激来源。因此，当运动员的目标是增大肌肉时，休息间歇的时长取决于运动员的身体恢复能力。

练习动作顺序

力量训练计划中的动作顺序会对训练课的效率会产生显著影响。大重量、多关节的练习可安排在训练课早期 [8, 165]，因为这些练习是力量发展的基础，并且需要在运动员疲劳程度最低时进行。在完成大重量、多关节的练习后，运动员可以进行小重量、单关节的练习 [8]。当然，运动员也可以交替进行上肢练习和下肢练习，以此来促进身体恢复 [197]。

当运动员尝试最大限度提高力量和爆发力时，最有效的方法是进行爆发力练习 [128, 195]，或者在进行像跳跃或者冲刺的爆发性运动前安排大负荷、多关节的练习 [128]。上述过程术语称之为"激活后增强"。激活后增强已经被证实可以显著提升力量的生成速率、跳跃高度 [206]、短跑表现水平 [128]、自行车全速测试表现 [171]。但是，假如最开始的练习就给身体造成了很大程度上的疲劳，那么在第二组练习中，运动员的运动表现水平就会受到影响 [30]。激活后增强似乎只有对训练有素的运动员有效 [31]。在科学研究中有很多关于激活后增强的示例，表 10.8 中我们可以看到一些案例有着显著的效果。激活后增强现象需要进行大负荷活动后才会发生（大于或等于 80% 的 1RM），比如较小次数的背蹲（1～3 次），之后在 4～5 分钟后，再进行爆发性活动，如跳或冲刺。

表 10.8 力量训练动作的建议平均速度

研究	激活后增强综合练习			结果
Chiu et al. [31]	背蹲 5 x 1，1RM 的 90%	休息 18.5 分钟	蹲跳	以 1RM 的 30% 跳，功率输出会提升
McBride et al. [128]	背蹲 1 x 3，1RM 的 90%	休息 4 分钟	40 米冲刺	短跑时间下降 0.87%
Smith et al. [171]	背蹲 10 x 1，1RM 的 90%	休息 5 分钟	10 秒自行车全速测试	平均功率输出上升 4.8%
Yetter and Moir [205]	背蹲 3 x1，1RM 的 70%	休息 4 分钟	40 米冲刺	冲刺时间下降 2.3%
Young et al. [206]	背蹲 1 x 5RM	休息 4 分钟	负重下蹲跳	跳跃高度提高 2.8%

训练频率

训练频率通常是某一块特定的肌肉群每周被训练的次数，或者运动员进行全身训练的频率。训练频率越高，力量提升越快。对于那些在每次训练课进行全身训练的初级或中级运动员而言，每周训练 2～3 天是比较合适的频率。随着运动员不断发展，训练频率也会随之增加。

我们在一些科学研究中发现，高级运动员的训练频率较高。例如，大学水平的美式橄榄球运动员每周进行 4～5 次训练课后所提升的肌肉力量，比那些参加较少训练课的运动员要高 [93]。要想让肌肉力量适应水平达到最高，训练频率就需要更高 [8]。研究者认为，通过把总训练量进行拆分，安排成多个短时训练课，并设置恢复时间，在恢复期间进行营养和补品补充的方式可以提升训练质量。哈吉能和卡里能 [72] 的研究支持了上述观点，他们认为相较于每天 1 次的训练课，把训练频率增加至每天 2 次，虽然总训练量保持不变，但更能促进肌肉增长以及神经肌肉适应。

最佳的训练频率由以下因素确定：训练状态、所需力量类型、训练阶段以及运动员的目标。比如，大多数运动员选择进行力量训练来提升他们在其他活动中的表现水平。因此，这些运动员需要每周进行 2～4 次力量训练。在确定训练频率时必须要考虑训练阶段。比如，在准备期的训练频率要比比赛期后期高得多。在减量阶段，为了消除疲劳，训练课的数量通常也会减少。

负荷模式

负荷会激发生理适应，所以训练计划中所使用的负荷模式极其重要。最有效的可以获得最佳力量提升的负荷模式是平金字塔模式[20]。在平金字塔中，运动员先进行多个热身组，之后再按既定的负荷进行训练（参见表 10.9）。当运动员针对最大力量进行训练时，金字塔的平缓部分的训练强度通常在 1RM 的 70%～90%。当大部分训练以 1RM 的 70%～85% 强度进行时，可以最大限度提高运动表现[63, 207]。我们可以从札特斯奥斯基[207]呈现的数据中看到上述现象，举重运动员 35% 的训练量在 1RM 的 70%～80%，26% 的训练量在 1RM 的 80%～90%，仅有 7% 的全年的训练量在 1RM 的 90%～100% 之间。相反，哈吉能等[73]表示当训练量从 1RM 的 80%～90% 增加至 1RM 的 90%～100% 时，最大力量显著增加。当过多的训练量在 90%～100% 之间时，那么运动表现水平就不会得到优化，并且还有可能导致过度训练[56]。

第二个负荷模式是金字塔负荷模式[20, 169]，或者上升金字塔负荷模式。在这种负荷模式中，每组练习的 1RM 百分比增加，每组的重复次数减少（参见表 10.10）。上升金字塔负荷区间变化建议控制在 10%～15% 以内[20]。因为积累性疲劳会影响力量发展，因此负荷区间变化不建议大于 15%[20]。

上升金字塔负荷模式的一种修正被一些人称为双金字塔[20, 65]。双金字塔传统负荷模式是将阻力增加至最大而后逐渐降低的训练方式[207, 208]。为了最大限度提高力量水平，也可以采用另一种方式，即开始保持重复不变（通常为 1 次），之后强度逐步上升，再逐步下降（参见图 10.11）。这种模式在金字塔强度下降的部分可以产生增强效果。但是，必须要限制组数（5～6 组），并且最大的强度不能超过 1RM 的 90%，否则，此类型的负荷结构所产生的疲劳可能会导致强化效果下降[30]。

表 10.9　用背蹲建立的平金字塔负荷模式

	热身				目标组合					
负荷 / 千克	60	100	140	155	170	170	170	170	170	170
重复次数	5	5	3	3	2	2	2	2	2	2
1RM 的百分比 /%	30	50	70	77.5	85	85	85	85	85	85
缓冲 /%	55	35	20	12.5	10	10	10	10	10	10

备注：负荷是以背蹲最大重量 200 千克为基础的。

表 10.10　用背蹲建立的上升金字塔负荷模式

	热身				金字塔			
负荷 / 千克	60	100	140	155	160	165	175	185
重复次数	5	5	5	5	4	3	2	1
1RM 的百分比 /%	30	50	70	77.5	80	82.5	87.5	92.5
缓冲 /%	55	35	15	7.5	7.5	7.5	7.5	7.5

备注：负荷是以背蹲最大重量 200 千克为基础的。

另外一种金字塔模式是倾斜金字塔模式[20]。在这种模式中，前面一系列训练组的强度会增加，而最后一组的强度会逐渐降低（参见表 10.12）。在最后一组中降低负荷（比如降序组合或下降组合）并将训练至极限，这已经被证明可以促进肌肉增粗，而大多数高强度、低重复次数组只能刺激相对力量提升[64]。这种方法可用于年度计划的力量保持阶段。假如，最后一个强度较小的练习组没有训练至极限，那么它可以利用激活后增强效应来刺激爆发力的发展[186]。斯通等[179]支持这种观点，他们的研究表明在降序组合训练中可以达到更快的杠铃速度。

表 10.11　用背蹲建立的双金字塔的负荷模式

	双金字塔				
负荷 / 千克	160	170	180	170	160
重复次数	1	1	1	1	1
1RM 的百分比 /%	80	85	90	85	80
缓冲 /%	20	15	10	15	20

备注：负荷是以背蹲最大重量 200 千克为基础的。运动员需要合理的热身，为训练做准备。

表 10.12　用背蹲建立的倾斜金字塔的负荷模式

	倾斜金字塔					
负荷 / 千克	100	120	140	160	170	180	160
重复次数	6	5	4	3	2	1	8 次到极限
1RM 的百分比 /%	50	60	70	80	85	90	80
缓冲 /%	30	25	17.5	10	10	10	0

备注：负荷是以背蹲最大重量 200 千克为基础的。运动员需要合理的热身，为训练做准备。

还有一种负荷模式是波浪负荷模式[182]，有时也称分段练习[105]。在这种模式中，训练负荷是以波动或波浪的形式增加（参见表 10.13）。这种波浪形的训练安排模式可以产生增强效应，通常，运动员在大负荷训练后进行小负荷训练。

传统训练组的构成可以通过变化训练刺激来改变，其方式是在每次之间设置短暂的休息间歇、建立群组[68, 121, 122]。在传统组合形式中，每次重复会伴随着速度、爆发力和质量下降。而在重复动作之间增加 10 ~ 30 秒的休息时间可以让身体得到一定程度的恢复，从而提升每一次训练的质量[61, 68, 81, 82, 122]。

设置群组的方式有多种，这取决于训练的目标（参见表 10.14）。可以通过改变负荷结构来实现群组的其余变化[68]。以下是可以建立的 4 种不同的重复次数机制：在所有的重复训练中保持相同强度的直线群组，每次重复训练都会增加强度的升序群组；以金字塔形式来实现的波动群组，3 个升序群组重复 3 次的波浪群组（参见表 10.15）。现代研究表明最有效的群组使用方式是在向心爆发力动作中使用[122]，而传统训练组方式对肌肉增大或最大肌肉力量的发展的效果更好[152]。

<table>
</table>

表 10.13	在硬拉练习时使用的波浪负荷模式

		热身			波浪分段				
负荷 / 千克	60	100	140	160	165	170	160	165	170
重复次数	5	3	2	3	2	1	3	2	1
1RM 的百分比 /%	30	50	70	80	82.5	85	80	82.5	85
缓冲 /%	55	40	20	10	12.5	15	10	12.5	15

备注：负荷是以硬拉最大重量 200 千克为基础的。

表 10.14	用不同的挺举形式来设置群组参数

	训练类型	组合 × 重复次数	休息间歇 / 秒	重复负荷 / 千克
群组 1	利用奥林匹克举进行爆发力训练	2×（10×1）	30/180	110 110 110 110 110 110 110 110 110 110
群组 2	利用力量举动作进行爆发力训练	3×（5×1）	1～3/180	110 110 110 110 110

2×（10×1）=2 组，每组重复 10 次，每次之间休息 30 秒，每组之间休息 3 分钟。
3×（5×1）=3 组，每组重复 5 次，每次之间休息 1～3 秒，组合之间休息 3 分钟。
备注：负荷是以挺举最大重量 150 千克，以及背蹲最大重量 200 千克为基础的。

表 10.15	使用高拉为群组参数建立强度变化

	组合 × 重复次数	重复之间休息间歇 / 秒	重复负荷 / 千克
直接群组	3×（6×1）	30	120 120 120 120 120 120
波动群组	3×（5×1）	30	120 130 140 130 120
升序群组	3×（5×1）	30	120 130 140 150 160
波浪群组	3×（6×1）	30	120 130 140 120 130 140

3×（5×1）=3 组，每组重复 5 次，每次重复之间休息 30 秒。
备注：负荷是以挺举最大重量 150 千克为基础的。

力量训练计划的实施

　　人们一般会忽视训练过程的持续监测，这却是实施周期化力量训练计划不可或缺的一部分。监测运动员的训练过程可以帮助教练确定训练计划目标是否达成。以下步骤可以让教练概念化设计并实施一个周期化力量训练计划。

　　1. 确定训练阶段：与其他周期化训练计划一样，力量训练计划也有准备、比赛以及过渡期。每个阶段对最大限度提高运动能力都很重要。这个概念可以称之为阶段增强，这表明一般准备期的活动可以帮助运动员在专项准备期和比赛期的发展。因此，教练必须要对训练阶段进行结构化，这样运动员才能提升身体的运动能力。

2. 确定训练目标：建立周期化力量训练计划最重要的部分是设置不同的年度计划训练目标，还要设置每个训练阶段的目标。这不仅仅只是运动表现水平目标，还有每种主要身体能力的目标。假如主要身体能力的目标没有达成，那么运动表现水平目标也很难达到。

3. 确定运动员的需求：在年度训练计划的最后一个阶段（过渡期），教练必须要分析年度目标是否完成，基于此分析，我们可以设定下一年度训练计划要达到的目标。这不仅仅对运动表现水平很重要，同时对每个主要运动能力的目标也很重要。教练必须要分析为了提高运动表现所需要的生理需求，以及为了实现这个目标运动员需要什么样的帮助或条件。记住一个木桶能装多少水取决于最短的那块木板。

4. 要考量训练计划中所有组成部分的特征：力量训练的目标必须要整合到所有其他对该体育项目有重要影响的组成部分中，包括技术、战术和身体素质[22]。因此，教练必须要考量力量训练计划以及它是怎样影响其他层面的，比如调节灵敏性、技术和战术方面的训练（所有会影响运动表现水平的部分）。

5. 选择练习：所选择的训练动作必须要与专项需求相关。当在对需求进行分析时，教练需要确定哪块肌肉是主动肌，并且将与其相关的练习进行匹配。比如，当我们对一名100米短跑运动员的技巧进行分析时，能够发现下肢力量较弱会影响运动结果。因此，教练可以选择类似于背蹲、壶铃摆等运动来训练短跑中起跑阶段所用到的主动肌。多个研究支持上述说法，研究表明深蹲和高翻的最大力量能力与跑步表现水平有着极大关系[13, 24, 36]。当选择运动时，教练还需要考

壶铃甩摆以一种更特殊的方式锻炼拉长 - 缩短周期

虑训练阶段。在周期化的训练计划中，某些练习最好在特定的时间再使用[22, 84, 146]。比如，在训练一般准备期早期，建议运动员进行一般力量练习。随着运动员进阶至专项准备和训练的比赛期，可以进行更多的专项运动。

6. 测试表现：教练在定好用于提升运动员表现水平的练习后，教练必须要测试运动员的最大力量。教练了解运动员在主要练习动作中的最大力量能力有助于帮助运动员设

定训练负荷。1RM 会随着运动员适应训练计划的生理应激而持续变化。因此，运动员必须要在大周期末期进行测试，以有针对性地确定负荷参数。

力量练习动作的专项性

在正常的情况下，一个练习动作是要根据运动中主动肌（完成多个技巧所需要收缩的肌肉）的需求来选择的。另外，肌肉收缩必须要沿着力线进行（在做技术性动作时主要肌肉收缩的中心线）。换句话说，所选择的练习必须要针对所选专项的需求。

但是，有着奥林匹克举背景的一些力量教练相信，假如你想让自己的运动员像他们的运动员那样强壮，你必须进行相同的练习。其实这是错误的说法：举重运动员强壮的原因并不是他们所做的练习，而是他们所使用的大负荷（尤其在背蹲中）。在体育训练中，奥林匹克举练习比大多数人认为的用处要少得多，因为这种练习不符合力的矢量特异性，并且不能针对性地锻炼大多数专项中所涉及的主动肌。然而，很多健身房中训练的唯一方式就是奥林匹克举。例如，我们仍可以看到很多力量教练还在训练游泳运动员和赛艇运动员的抓举和肩上推举。

这些练习并不适合游泳项目训练，因为游泳这类项目的主动肌是收缩肩胛的肌群，以及肩、肘伸肌。肩上推举和抓举主要针对的是肩部屈肌，跟游泳和其他项目完全是相反的肌肉部位。另外，因为大多数运动需要在少于 300 毫秒的时间内快速施力，假如运动员以肩上推举或抓举的姿势施力，一旦运动员实现三重伸展（踝关节伸展，膝关节伸展和髋关节伸展），无论手臂做什么动作都无所谓了。鉴于此，需要垂直快速用力的体育项目，教练用低拉或高拉更有效。最后，练习会更具体地锻炼到拉长－短缩周期，这种运动更适于短跑运动员（田径和集体性项目）。

换句话说，不要让运动员成为一个机器人，不要仅仅只做奥林匹克举动作，有时候反而会适得其反。

很多教练错误地认为进行 1RM 测试是危险的，会增加运动员受伤的风险 [20, 26, 119, 125, 150]。事实上，1RM 测试对于很多人都是安全的 [154, 166]，并且 1RM 测试是评估肌肉力量的黄金标准 [99]。一些作者认为利用多次重复训练来测试肌肉力量是最好的设定训练强度的方式 [25, 26, 46, 125]，但是有研究者发现估测等方式并不能给出准确的 1RM 值 [125]。这是一个很大的问题，如果估测的 1RM 偏高，那么就会增加受伤风险或者带来由过高训练强度导致的过度训练 [54]。相反，1RM 的估测值偏低会导致力量训练不足，这是因为运动员一直在用低于最佳负荷的负荷在进行训练。

7. 制定力量训练计划：在确定运动员身体表现能力后，教练可以确定大周期中的小周期会用到的练习数量、组数、重复次数以及负荷（1RM 的百分比）。在整个训练计划中，教练需要调整训练量、强度以及所选择的练习以持续提升生理适应，从而让专项力量水平最大化。随着肌肉力量在整个年度计划中不断提升，教练需要阶段性地重新测试运动员的 1RM 能力以优化训练负荷。在每个新的大周期开始之前，对于教练来说最重要的一件事情就是测试运动员的 1RM。教练一次只能为一个大周期制定详细的训练计划。

8. 记录训练计划：教练必须要记录练习、组数、次数以及训练负荷（参见表 10.16）。负荷、次数以及组数记录如下所示。

1RM 的百分比 / 次数 × 组数

当教练训练很多运动员时，把 1RM 的百分比作为负荷是一种很实用的方式，因为这可以让教练计算每一位运动员的负荷。通过利用 1RM 的百分比的概念，教练可以为每一位运动员制定个性化的训练计划，并且运动员可以利用他们各自的 1RM 建立自己的训练负荷。

9. 创建训练日志：记录训练课是非常重要的。假如教练和运动员详细记录训练过程，他们就能评估运动员进步以及将其表现图示化。在训练日志当中需要记录的是练习、完成的次数、完成的组数、按照磅或者千克记录举起的重量以及训练课的时长（参见图 10.11）。通过记录这种方式，教练可以计算负荷量、吨数以及训练强度（训练负荷除以总重复次数）。通过使用 Excel 表，教练可以很容易地计算出负荷量、吨数以及训练强度并建立可以呈现训练量和强度的图表。有加速器的力量教练可以记录运动员每组中最佳训练表现的最高速度、平均速度、最大功率以及平均功率（参见图 10.12）。训练课中的第一个组合的平均速度可以作为日常内部训练的指标，并且教练和运动员可以根据此指标来调整训练课负荷。假如训练日志非常精确且涵盖所有事项，那么这就是极佳的监测训练的工具。

表 10.16　短跑运动员力量训练计划样本（3+1 模式）

运动数量	运动	负荷				休息间歇
1	背蹲	$\frac{80}{3}$-3	$\frac{85}{2}$-3	$\frac{85}{2}$-3	$\frac{70}{2}$-3	3 分钟
2	卧推	$\frac{80}{3}$-3	$\frac{85}{2}$-3	$\frac{85}{2}$-3	$\frac{80}{2}$-2	3 分钟
3	壶铃甩摆（48 千克）	3×6	4×6	4×6	2×6	3 分钟
4	掌心朝内窄握下拉	$\frac{80}{3}$-3	$\frac{85}{2}$-3	$\frac{85}{2}$-3	$\frac{70}{2}$-3	3 分钟
5	提踵 / 脚踝下压	$\frac{75}{5}$-2	$\frac{80}{5}$-2	$\frac{85}{5}$-2	$\frac{70}{5}$-2	3 分钟

姓名 ____________　　开始时间 ________
星期 ____________　　结束时间 ________
日期 ____________

练习		组 1	组 2	组 3	组 4	组 5	组 6	组 7	组 8	组 9	组 10	负荷量	训练强度
背蹲	重量 重复次数	60 10	80 10	110 10	130 10	130 10	130 10					6,400	106.67
1/3 前蹲	重量 重复次数	160 10	160 10	160 10								4,800	160.00
实力举	重量 重复次数	60 10	60 10	60 10								1,800	60.00
上斜卧推	重量 重复次数	70 10	70 10	70 10								2,100	70.00
	重量 重复次数												
	重量 重复次数												
	重量 重复次数												
备注：									总负荷量			15,100	
									吨			15.1	
											训练强度		99.167

图 10.11 单次训练课的训练日志

姓名 _____　　开始时间 _____
星期 _____　　结束时间 _____
日期 _____

运动		组 1	组 2	组 3	组 4	组 5	组 6	组 7	组 8	组 9	组 10	负荷量
1/4 蹲	100 千克	重复 5 次	休息 3 分钟									2,000
	最大速度	1.00	1.19	1.20	1.16							
	平均速度	0.55	0.70	0.72	0.65							
	最大功率	2,080	2,265	2,588	2,108							
	平均功率	902	1,276	1,296	1,154							
硬拉	100 千克	重复 5 次	休息 3 分钟									1,200
	最大速度	1.18	1.31	1.22	1.28							
	平均速度	0.66	0.83	0.75	0.77							
	最大功率	1,978	2,560	2,026	2,240							
	平均功率	989	1,240	1,126	1,190							
跳蹲	40 千克	重复 5 次	休息 3 分钟									800
	最大速度	2.20	2.40	2.55	2.38							
	平均速度	1.09	1.15	1.17	1.11							
	最大功率	7850	8655	9522	8317							
	平均功率	3820	4325	4766	4102							
备注:									总负荷量 吨			4,000
												4

图 10.12 在爆发力阶段单次训练课的训练日志

测试单次重复最大力量（1RM）

一些教练认为测试 1RM 是危险的，且举起 100%1RM 的重量会导致受伤。而事实上，让运动员每 3~4 周进行一次以 100%1RM 为负荷的测试不会出现危险。大多数受伤情况的发生是在训练和比赛中，而不是在测试中。有些时候运动员会承受高达 5 倍体重的冲击力，因此测试最大力量不会带来任何安全问题。运动员应该在已经从上一个负荷小周期中恢复过来后，并且是在大周期中的减负荷小周期末期进行测试。但是，测试 1RM 必须要在进行全面且循序渐进的热身活动后，下述是深蹲 1RM 测试的建议（预期 1RM 是 150 千克）。

第一组合：20 千克 × 10 次，30 秒休息时间，1RM 的 13%。

第二组合：60 千克 × 4 次，60 秒休息时间，1RM 的 40%。

第三组合：80 千克 × 2 次，90 秒休息时间，1RM 的 53%。

第四组合：100 千克 × 2 次，2 分钟休息时间，1RM 的 67%。

第五组合：120 千克 × 1 次，2 分钟休息时间，1RM 的 80%。

第六组合：130 千克 × 1 次，3 分钟休息时间，1RM 的 87%。

第七组合：140 千克 × 1 次，4 分钟休息时间，1RM 的 93%。

第八组合：145 千克 × 1 次，5 分钟休息时间，1RM 的 97%。

第九组合：150 千克 × 1 次，6 分钟休息时间，1RM 的 100%。

力量周期

遵循神经系统对力量训练产生的反应的生理节奏，我们可以将力量周期分为 7 个阶段（参见表 10.17）。7 个阶段分别是：解剖适应、肌肉肥大、最大力量、转化、维持、停止力量训练以及补偿。力量周期所包含的阶段取决于专项的生理需求，至少包含 4 个阶段，按照顺序如下：解剖适应、最大力量、专项力量（爆发力或肌肉耐力）的转化以及维持阶段。所有的力量周期模式均开始于解剖适应阶段。在接下来的章节中将简要阐述这 7 个阶段。

表 10.17 力量周期及其阶段

准备期				比赛期		过渡期
解剖适应	肌肉肥大（如必要）	最大力量	专项力量的转化（爆发力；爆发力耐力，短、中、长肌肉耐力）	维持最大力量和专项力量	停止力量训练	补偿训练

阶段 1：解剖适应

解剖适应是其他训练阶段的基础。顾名思义，此术语反映了一个事实，那就是力量训练并非一开始就要使用大负荷，而是要让运动员的身体生理层面逐渐适应训练过程。解剖适应阶段强调的是预康复，目的是避免康复的出现。此阶段的主要生理目标是：（1）通过此阶段较高的训练量强化肌腱、韧带以及关节；（2）增加骨矿物质密度以及结缔组织增生。另外，无论是何种体育项目，此阶段都可以提升心血管健康，刺激肌肉力量的提高，测试并提升运动员的力量动作模式，提高神经肌肉协调。尽管此阶段的重点并不是增加肌肉的横截面积，但是我们仍能看到有些肌肉的围度发生了明显变化，特别是初级运动员。

通过每组 30 ~ 70 秒的练习（身体处于负荷下的这段时间主要是无氧乳酸系统提供能量）可以强化肌腱。研究表明，乳酸释放的氢离子可以刺激身体释放更多激素，从而合成更多的胶原蛋白，此外，通过离心负荷刺激也可以增加胶原蛋白的合成[10, 35, 40, 112, 113, 120, 131]。鉴于此，教练应该要求运动员在练习时每个动作的离心阶段花费更长的时间（3 ~ 5 秒）。在练习时，无论是主动肌还是对抗肌要安排相同的训练量，从而实现肌肉平衡；在练习的选择上，相对于双侧练习，可使用单侧练习。

阶段 2：肌肉肥大

肌肉肥大，顾名思义是肌肉尺寸变大，是肌肉对力量训练最显著的适应标志之一。此阶段主要的两个生理目标是：（1）通过提升肌肉蛋白质含量增加肌肉横截面积；（2）提升高能量基质和酶的含量。肌肉肥大训练中运用的主要原则类似于健身运动中的原则，但是也有些许不同。相比于健身，肌肉增大训练每组平均重复次数要少一些，但是平均负荷要高，休息间歇时间要长。

另外，运动员要在动作的向心阶段快速发力。健身运动员会采用轻至中等负荷、练习到力竭的方式；但其他专项的运动员则使用大负荷，并且着重于动作速度和每组之间的休息。尽管快肌纤维和慢肌纤维都会增加围度，但是快肌纤维的变化要更加明显[186, 187]。那些想通过力量训练来提升运动表现水平的运动员，更希望出现这种快肌纤维围度增加的情况。这种训练手段下的适应，会使肌肉更加强壮，为接收和使用神经系统信号做好准备。肌肉肥大训练会带来长期的变化，从而为神经系统训练打下了坚实的生理基础。

想要整体增加体重的运动员大多数都会进行增加肌肉围度的训练，比如田径中的投掷运动员、个子高的运动员，特别是在英式和美式橄榄球中处于争球位置的运动员，以及那些在格斗或武术项目中属于重量级选手的运动员。而对于其他运动员而言，除非训练对象的是新手，此力量训练阶段并非必要。

阶段 3：最大力量

大多数体育项目中，提高最大力量可能是最重要的。最大力量取决于肌肉横截面的直径、募集快肌纤维的能力、动员的频率以及同时激活一个动作中所有主动肌的能力[96]。上述各项因素包括结构上和神经控制的因素，并且通过中等重量的爆发性练习以及大负荷练习

（1RM 的 90% 或以上）可以使之发生变化。尽管实际应用的情况比较局限，但通过以大于 1RM 的 100% 负荷进行的离心训练同样也可使身体产生相同的适应性反应。

最大力量训练之所以受欢迎，是因为通过提升最大力量，可以改变运动员的相对力量。很多体育项目（例如排球、体操、格斗）都要求运动员在体重不增加的情况下产生更大的力量。事实上，最大力量阶段的训练主要是针对中枢神经系统的训练，在此阶段运动员可以在不增加体重的情况下增加最大力量[158]。

通过传统的最大力量训练方法，如大负荷、组间最大间歇的方法，可以帮助运动员提高力量水平。但是，若想长期持续提高某个练习动作举起的重量，关键在于肌肉之间的协调性训练（技术训练）。随着时间推移，神经系统会熟悉这个动作，那么运动员举起同样的重量所调动的运动单位会更少，因此可以有更多运动单位储备以参与举起更大的重量。此外，在动作的向心阶段，运动员要以充满爆发性的方式进行，目的是激活快肌纤维（主要负责最高最快速产生力量）以及实现高度的特异性的肌增大。

运动员最常使用的方法中着重强调的是中等（MxS-Ⅰ）和重（MxS-Ⅱ）负荷，并以此顺序排列安排训练（参见图 10.13）。提升肌肉间协调（比如肌肉群的协调性）主要依赖于学习（技巧），这需要运动员以中等负荷（1RM 的 40% ~ 80%）多次重复进行同一练习，并且以最完善的技术爆发式地完成（MxS-Ⅰ）。肌肉内协调，也称之为募集快肌纤维的能力，取决于训练内容，也就是以爆发式的方式（MxS-Ⅱ）进行高负荷训练（1RM 的 80% ~ 90%）。这两种类型的力量训练，MxS-Ⅰ 和 MxS-Ⅱ，都能激活具有爆发性特征的快肌纤维运动单位。

运动员将力量或肌肉围度（可能是）转化为专项所需要的力量的能力，决定了运动员的运动表现。能力基础可以决定运动员的水平层级，提高最大力量、让身体适应大负荷训练会帮助运动员主动激活快肌运动单位的能力。一旦建立了大脑和肌肉之间连接的桥梁，运动员就具备了继续进步的可能。

AA	MxS-Ⅰ	MxS-Ⅰ	MxS-Ⅱ	P	P
3+1	3+1 肌肉间协调负荷（1RM 的 70% ~ 75%）	3+1 肌肉间协调负荷（1RM 的 75% ~ 80%）	2+1 肌肉内协调负荷（1RM 的 85% ~ 90%）	2+1	2+1

图 10.13 最大力量阶段 MxS-Ⅰ 和 MxS-Ⅱ 顺序安排

数字（例如，3+1）指的是三个渐增负荷小周期，而后是恢复小周期。AA = 解剖适应；MxS = 最大力量；P = 爆发力。

阶段 4：转化

根据专项的不同，在最大力量阶段之后，教练有 3 种选择：向爆发力、爆发力耐力或者肌肉耐力转化。通过使用中等到较重的负荷（1RM 的 40% ~ 80%）的练习，并有意识地尽可能快地移动重量，可以将最大力量转化至爆发力或爆发力耐力——这两者的区别在于练习组的时长。通过刺激神经系统，如弹射训练以及上下肢增强式训练的方式可以提升运动员的爆发力，或提升募集高爆发力快肌纤维运动单位的能力。提高最大力量的基础是最大限度提高力的生成速率的必要条件。事实上，即使运动员使用大负荷进行最大力量训练时动作速度相对较慢，但是如果运动员主观上试图以最快速度移动重量，仍可以提高运动员的功率输出[16]。根据专项的不同需求，肌肉耐力训练可以分为短时、中时和长时肌肉耐力训练。短期肌肉耐力的主要供能系统是无氧乳酸系统，而中长期肌肉耐力主要供能的是有氧系统。如果要想将最大力转化至肌肉耐力，运动员每组训练需要完成超过15～20次的动作。事实上，每组训练可达到40次，这样的练习同样具有代谢训练的性质。事实上，代谢训练和肌肉耐力训练的生理目标是相似的。

身体通过3种协同工作的能量系统为肌肉收缩补给能量，它们分别是无氧非乳酸系统、无氧乳酸系统以及有氧系统。肌肉耐力转化需要强调运动员对有氧和无氧乳酸系统的适应。有氧训练的主要目标是促进运动员的生理适应，比如心脏效率、生物化学参数（比如线粒体和毛细血管密度提升，从而提升氧气传输和利用）、代谢参数（提升脂肪作为能量来源的能力以及提升清除并重新利用乳酸的比率）。运动员在生理、生物化学、代谢上的神经肌肉和心血管系统适应，对耐力项目运动员是非常重要的。为了最大限度地提高肌肉耐力项目运动员的表现，在最大力量提高后，必须进行专项代谢训练和专项力量训练，从而提高运动员的身体准备程度。

阶段 5：维持

一旦神经肌肉系统适应了最大表现，那么就是实践的时候了。但是，虽然大多数运动员在比赛期开始前都非常努力且系统地进行训练，但却在赛季开始后停止力量训练。事实上，要想维持比赛期前形成的坚固而稳定的基础，运动员需要在赛季内持续不断的训练。哪怕在此期间有一周没有安排力量训练，都会造成运动表现水平下降，或者会随着赛季的深入，身体过早出现疲劳。保持住能力总比失去能力后再获得能力更容易。力量周期训练既包括最大限度提高运动员的生理适应，也包括在赛季中的能力保持。当赛季结束时，自律的运动员可以休息2～4周，进行身心的恢复。

为了达到最佳运动表现所安排的负荷刺激需要花费时间、计划周密以及持之以恒。生理学可以帮助教练安排训练计划，但是运动表现水平的提升是通过力量周期的方法和原则的实际应用来实现的。

阶段 6：停止力量训练

随着年度主要比赛临近，运动员的大部分能量必须要用于提升专项身体运动能力或综合身体运动能力。此外，停止力量训练阶段的目的是保留运动员的能量，从而使运动员的专项运动能力达到最高水平。鉴于此，在赛前的3～14天，可以停止力量训练。确切的停止时间取决于以下因素。

- 运动员的性别：女性运动员维持力量水平要比男性更难，因此女性应该训练到赛前第

3 天。

- **专项**：力量训练停止的时长达到 1 ~ 2 周会提高运动员排解乳酸的速度。与无氧类型专项相比，长距离耐力性项目运动员的力量水平影响较小，因此力量训练可以在主要比赛前 2 周停止。
- **身体类型**：体重较重的运动员适应和疲劳留存要更久一些，因此力量训练停止的时间要稍早于体重较轻的运动员。

阶段 7：补偿

从传统角度上来说，年度计划最后一个阶段一直以来都被错误地称之为休赛阶段，而事实上该阶段起到了承上启下的作用。此阶段的主要目标是消除训练过程中积累起来的疲劳，并通过降低训练量（通过降低频率）和强度来恢复身体。在训练和比赛期间，大多数运动员都面临着巨大的心理和社会压力，这会消耗他们的心理能量。在过渡期，运动员通过参加他们喜欢的体育和社会活动来放松身心。

对非常进取的运动员来说，其过渡期最长不应超过 4 周。此阶段过长会产生停训效应，如所获得的能力的丢失，尤其是力量水平。因在休赛期忽视力量训练而导致停训效应对运动员下一年运动表现水平的提升速率有负面影响。运动员和教练都应牢记力量易失难增。那些在过渡期没有进行力量训练的运动员不仅肌肉围度减小，而且爆发力也会大幅下降[201]。由于爆发力和速度互相影响，因此运动员的速度也会有一定程度的下降。有研究者指出，如果肌肉缺乏训练，肌肉募集模式和力量产出也会降低；因此，力量和爆发力降低可能是因为运动单位募集减少的结果。

尽管在过渡期体育活动量降低了 50% ~ 60%，但是运动员也要想方设法去保持力量训练。如果运动员去训练对抗肌、稳定肌以及其他与运动专项技能没有直接关系的肌肉，可以获得意想不到的益处。类似地，有些体育项目中（例如投球、投掷项目、射箭、足球、自行车），运动员的身体各部分以及身体两侧之间会出现不平衡的现象，因此可以安排补偿性练习。

主要概念总结

力量对于大多数体育项目而言都是最重要的身体运动能力。力量是产生最大爆发力和维持重复性肌肉收缩（肌肉耐力）的基础。力量周期训练计划可以帮助运动员最大限度提升运动表现。运动员通过力量训练所带来的肌肉神经系统方面的生理适应，是与其所使用的训练计划密切相关的。只有在训练安排合理的情况下，运动表现水平才能最大限度地提高。很多训练方法可以提高运动员的能力，也能引发特定的生理适应。最后，为了最大限度地提高力量训练计划有效性，教练必须将力量训练整合入综合的周期计划之中。如果教练仅仅只是把力量训练加入到整体训练计划，而不考虑其他训练活动，运动员将无法最大限度地提高运动表现。

耐力可以划分为几种类型。有氧耐力，有时也称为低强度运动耐力，是指人体长时间持续不断运动的能力；无氧耐力，也称为高强度运动耐力，是指人体重复进行多回合高强度运动的能力。尽管大多数运动项目都依靠某些形式的耐力，但是耐力类型（低强度或高强度）会影响最终的运动表现。因此，教练和运动员必须要考虑运动员所需要的耐力类型，以及如何将耐力训练合理地纳入到训练计划当中。同时，也要考虑运动员对耐力提升方式的生理适应。教练一旦清楚地理解了耐力类型以及其引起的生理反应，那么他就能够制定出提升专项运动耐力所需的训练计划。

耐力分类

由于各类运动项目中的耐力概念各有不同，因此可以从以下几个不同方面对耐力进行解释。例如，精英马拉松运动员需要的耐力类型，是可以让运动员长时间持续不断地进行特定功率输出或维持特定速度的能力。相反，精英冰球运动员需要在 30~80 秒内不断地重复完成高速动作，然后会穿插持续 4~5 分钟的休息时间[106]。尽管某些耐力形式会影响上述两种类型运动员的运动表现，但是两者所需要的耐力类型的提升方式明显不同。假如采取错误的耐力训练，那么运动员耐力素质的提升就会无法满足运动项目的需求，从而导致运动表现水平能力的下降[45, 147]。为了能够正确开展耐力训练，教练和运动员必须区分当前研究提出的两种主要耐力类型：低强度运动耐力（low-intensity exercise endurance，LIEE）和高强度运动耐力（high-intensity exercise endurance，HIEE）[147]。

低强度运动耐力

以有氧供能为主的运动，所展现出来的峰值功率较低，因此可以归为低强度运动[29, 148]。这些活动需要运动员以低强度进行长时间的持续运动。因此，这种耐力类型用术语称之为低强度运动耐力[148]或有氧耐力。很多活动都主要依赖氧化代谢或有氧代谢（参见第一章和表1.2），并且要求运动员发展高水平的有氧耐力。对于这类运动项目而言，提升低强度运动耐力可以显著提升运动员的运动表现。

与之相反，如果发展无氧供能系统为主项目（例如，短跑、美式橄榄球、冰球、排球）的低强度运动耐力，那么就会导致运动员出现一些适应紊乱，从而降低他们的运动能力[45]。当把低强度运动耐力训练用于发展无氧供能为主项目运动员的耐力时，就会导致运动员爆发力生成能力的急剧下降，运动表现水平也会因此受到极大影响 [42, 45, 63, 83]。研究人员认为造成无氧能力下降的原因之一在于低强度运动耐力训练会减少运动员在力量 – 速度曲线高速区的力的生成能力 [12]。力量 – 速度曲线在此区域的改变会影响运动员爆发力的发展，大多数无氧运动都需要此类爆发性力量 [45]。需要特别指出的是，低强度运动耐力训练计划会对高速力量发展以及高水平的峰值力量生成能力产生负面影响（参见图11.1）。一旦低强度运动耐力成为耐力发展计划的核心内容，那么还会导致肌肉纤维类型的转变，使得Ⅱ类肌纤维含量降低而Ⅰ型肌纤维含量增加 [154]。另外，低强度运动耐力训练同样也会阻碍肌肉增长 [108]，从而影响运动员高速力量的发展 [81]、最大峰值力量的生成能力 [81] 以及优化峰值功率生成能力 [45]。当前研究表明，低强度运动耐力训练不适用于那些以无氧供能为主的项目，以

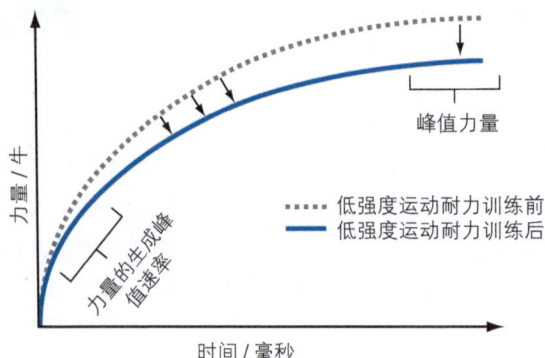

图 11.1 在低强度运动耐力训练后力量 – 时间曲线的变化

源自：Häkkinen and Myllyla 1990 [61]; Häkkinen et al. 1989 [60]。

及需要高水平力量生成、高力量生成速率、高速运动或者高水平功率输出的运动项目。低强度运动耐力训练仅限于那些依靠有氧供能的长时间运动的项目，而发展其他类型运动耐力应该使用其他方法。

高强度运动耐力

　　以无氧代谢为主的运动项目（参见第一章表 1.2）通常需要高功率输出或者重复性的高速动作。由于无氧运动比任何有氧活动都需要更高的功率输出，因此无氧活动可划分为高强度运动 [29, 148]。因此，维持并重复高强度运动的能力被称为高强度运动耐力 [147]。高强度运动耐力训练并不会像低强度运动耐力训练一样对力量的生成能力产生负面影响。高强度运动耐力训练之所以不会降低最大力量和爆发力发展的原因之一在于，高强度运动耐力训练能够维持Ⅱ型肌纤维含量 [45]。而Ⅱ型肌纤维含量与最大力的生成速率 [85]、最大力量的生成能力 [81] 以及峰值功率输出能力 [149] 相关，可见高强度运动耐力适合于以上述因素为主的运动项目，尤其是需要重复性的高速或高功率输出运动。一些研究报告认为高强度间歇训练能够显著增加无氧和有氧运动耐力 [95, 126, 152]。因此，研究人员建议高强度运动耐力训练或间歇训练的方法可用于那些需要高强度重复表现的运动项目（例如，美式橄榄球、足球、篮球以及冰球）[147]。

　　不应将高强度运动耐力训练仅用来发展无氧耐力，因为该类型的训练同样还能够提升有氧耐力 [87]。使用高强度间歇训练发展高强度运动耐力可以对那些以低强度运动耐力为主导的有氧活动产生极大影响。例如，有研究已经证明通过高强度间歇训练可以显著提升 3 千米（+3%）和 10 千米跑的成绩 [4, 142]。另外，利用高强度间歇训练同样也可以显著提升 40 千

米自行车骑行（+2.1% ～ +4.5%）的成绩[144, 145, 158]。多名研究人员认为增加精英运动员的传统低强度运动耐力的训练量并不会产生运动表现提升所必需的生理适应[31, 64]。劳森和詹金斯[87]认为高强度间歇训练或高强度运动耐力训练可能对那些已经建立起低强度运动耐力基础的运动员而言十分必要。因此，在需要长时间重复性表现的有氧运动项目中，让运动员进行高强度运动耐力训练，尤其在临近比赛或比赛期间，将可能对运动表现带来帮助。

影响有氧耐力表现的因素

有氧耐力涵盖的主要方面是决定运动员耐力能力的关键因素[35, 75]。这些因素包括运动员的有氧功率、乳酸阈、动作经济性以及肌纤维类型（参见图11.2）。这些因素都能通过合适的训练方式得到显著的提升。为了制定合理的有氧耐力训练计划，教练和运动员必须要了解同耐力表现相关的生理适应。

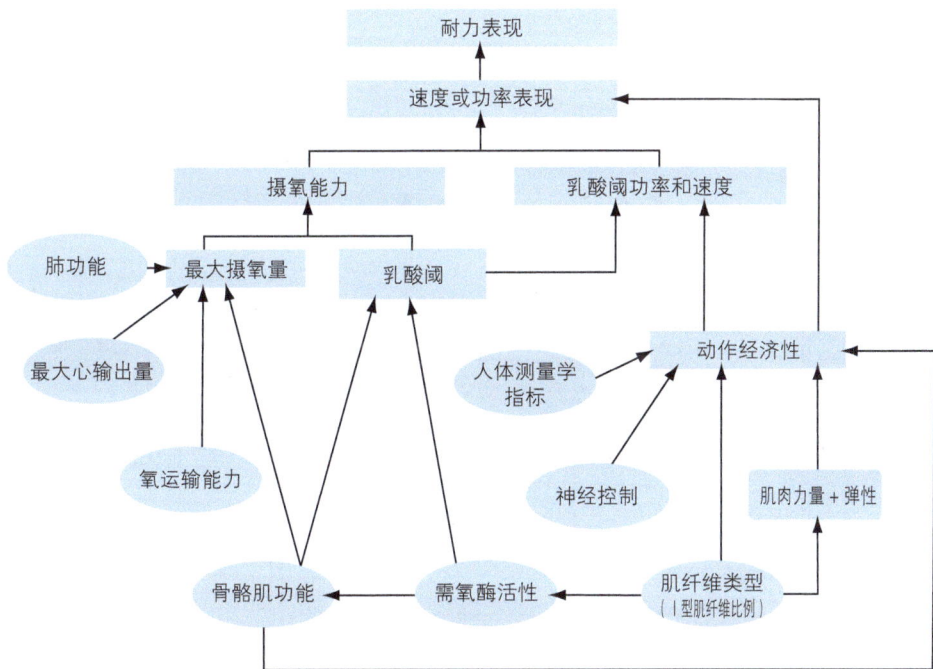

图 11.2 生理因素与耐力表现的关系模式

源自：Bassett and Howley 2000 [9], Coyle 1995 [35], Paavolainen et al. 1999 [110], and Joyner and Coyle 2008 [76].

有氧功率

最大有氧功率被认为是决定耐力项目获得成败的主要因素[33, 131]。然而，有氧功率并不是决定比赛成绩的唯一因素。在极限运动中身体摄入并利用氧气的最大速率即为有氧功率[56]，因此也被称为最大摄氧量[9, 35]。精英运动员的最大摄氧量在 70 毫升 / 千克 / 分钟 ～ 85 毫升 /

千克 / 分钟之内 [34, 76]。女性运动员的最大摄氧量比男性低大约 10%，这是因为女性血红蛋白浓度较低、体脂率较高。无论性别如何，达到较高最大摄氧量的能力会受到肺系统、心脏最大输血量、氧运输能力以及与骨骼肌系统等因素的影响（参见图 11.3）[9]。

肺系统

肺系统在非常特定的环境下会限制最大摄氧量 [9, 120]。例如，精英运动员在进行极限运动时会出现氧饱和度下降 [39]，这是因为高心输出量（Q = 每搏输出量 × 心率）会缩短血红细胞（red blood cell，RBC）通过肺部毛细血管的时间 [9, 39]。血红细胞通过肺部毛细血管时间的减少会降低血液与氧气达到饱和的时间，从而限制运动表现。研究人员对高氧效应（the effects of hyperoxia）的研究支持了肺系统会限制最大摄氧量的论点 [120]。当氧气供应充足时，氧传输的"动力"就会增加，最大摄氧量会因为氧饱和度的升高而获得提升 [109, 120]。

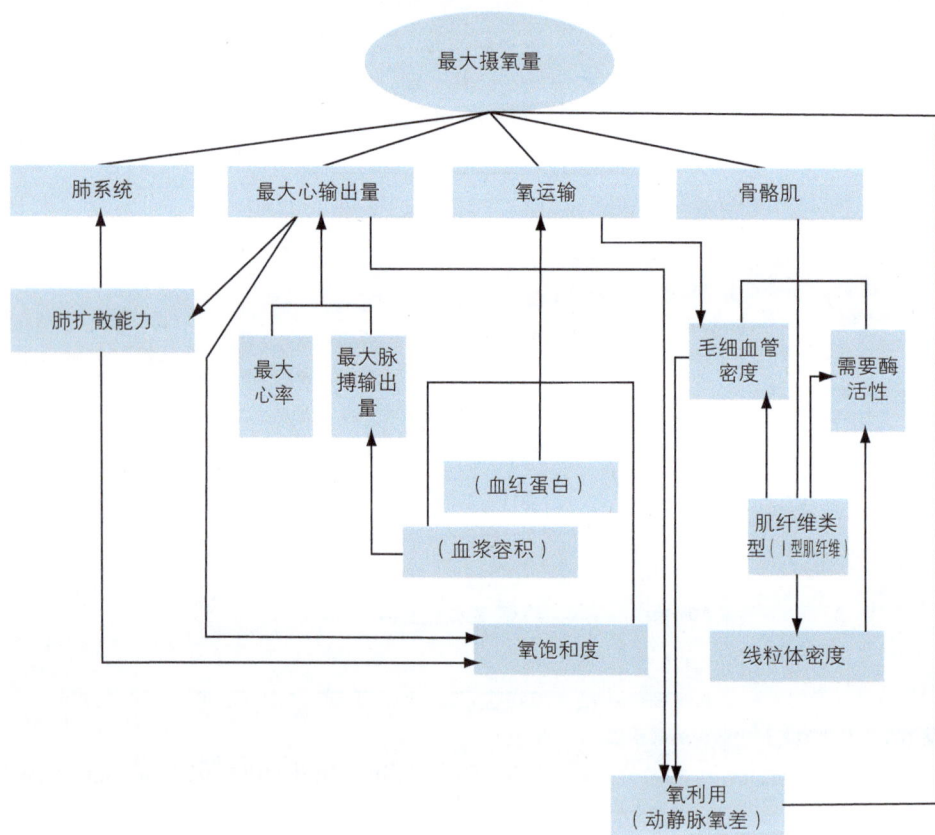

图 11.3 影响最大有氧功率或最大摄氧量的因素

源自：Bassett and Howley 2000 [9], Coyle 1995 [35], and Joyner and Coyle 2008 [76].

当在中高海拔（3000～5000 米）地区进行训练时，同样可以观察到运动表现出现下降。短期暴露在高海拔环境之中（1～3 天），可以引发血液中氧饱和度的降低，出现海拔因素引起的运动表现下降 [23]。在哮喘患者身上，也能看到类似的运动表现下降，以及氧气饱和度降低的反应 [9]。与运动员一样，哮喘患者在补充氧气的情况下，驱动氧气扩散的能力也会获得提升 [9]。这些数据表明，肺系统的气体交换会极大限制运动员的最大摄氧量 [9]。

心输出量

最大有氧功率与最大心输出量有显著相关 [75]。当把训练有素的运动员同未经训练的普通人群的最大心输出量和最大摄氧量进行对比时，这种关系尤为明显（参见图 11.4）[164]。最大心输出量是最大心率和心脏泵血量（每搏输出量）的函数 [92, 164]。低水平运动员和未经训练的运动员在每搏输出量与运动心率上呈现出线性增长趋势，直至最大摄氧量的 40% 左右 [119, 160, 164]，在此之后会达到一个相对稳定的阶段或稍有增加，心率的增加引起了心输出量的增加 [164]。心输出量达到平台期是左心室舒张充盈时间减少的直接体现，这在运动强度增加时可以观察到 [128]。相反，随着运动强度的增加，精英运动员的心率和输出量会同时增加 [59, 164]。导致精英耐力运动员和普通运动员或非运动员人群在心输出量上存在差异的原因还无法最终确定，但是目前广泛接受的说法是精英运动员通常具有更高的最大心输出量 [9]。

由于精英运动员的最大心输出量更高，因此可以推断出精英运动员、普通运动员和非运动员人群之间的差异在于达到最大心率的能力或增加心输出量的能力 [9, 92]。精英运动员与非运动员相比最大心率要稍低一些 [92, 164]。因此，引起精英运动员和非运动员之间的最大心输出量差异的主要因素在于训练影响下的每搏输出量变化 [92]。由于心室顺应性提升或心包膜扩张性提升，心室舒张末期容积的增加可能导致了运动员拥有更大的每搏输出量 [92]。这些数据说明最大心输出量可以在一定程度上解释运动员和非运动员之间的最大摄氧量差异。

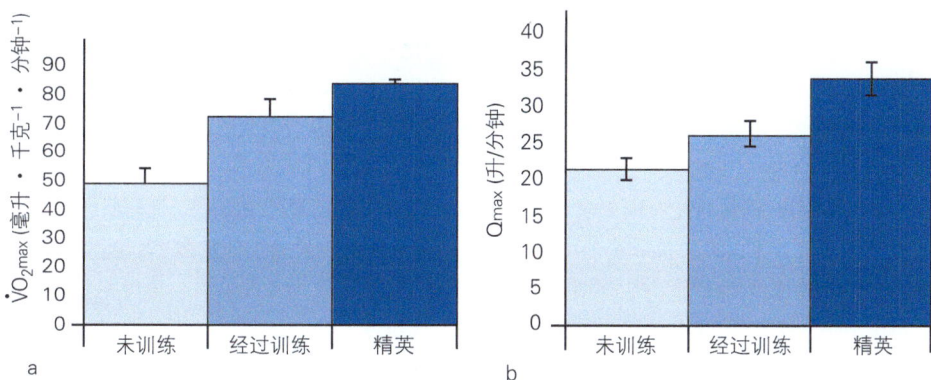

图 11.4 未经训练、经过训练以及精英男子跑步运动员之间的差距 a. 最大摄氧量；b. 最大心输出量
源自：Zhou et al. 2001 [164].

氧运输能力

心肺系统的氧运输能力是另一个最大摄氧量个体差异的影响因素 [9]。血红蛋白浓度的变化能够对工作肌群的氧气运输能力产生极大影响 [15]。例如，当运动员采用体外输血的方式人为增加血红蛋白浓度，那么他们的最大摄氧量和最大心输出量也会相应增加 [44]。血红蛋白浓度与最大摄氧量和最大心输出量之间的关系可以解释血液兴奋剂的有效性 [15]。尽管兴奋剂能够对机体氧运输能力产生重要影响 [15]，但是有氧耐力训练同样可以改变这种能力 [134]。

耐力训练可以降低血红蛋白（Hb）浓度、血细胞比容（Hct）以及血红细胞（RBC）数量，由于血浆容量的增加，该情况会在持续训练后的几天内出现 [135]。尽管耐力训练后血细胞比容和血红蛋白浓度通常会下降，但是血红蛋白的绝对数量会出现增加 [133]。由耐力训练引起的血浆容积的增加会降低血液黏稠度，从而在心输出量增加的影响下，提高了向工作肌群运输氧气的能力，进而提升了最大摄氧量 [134]。

骨骼肌

骨骼肌在决定运动员最大摄氧量方面发挥着非常重要的作用 [9]。最大摄氧量与氧气运输至线粒体中的速率有关 [100]。骨骼肌纤维类型（Ⅰ型或Ⅱ型）、线粒体密度以及毛细管密度是和骨骼肌相关的多个因素，它们都可以影响运动员的氧气利用能力。

肌纤维类型 肌纤维类型与精英运动员的最大摄氧量存在明显的关系 [98]。具有较高最大摄氧量的运动员都具有更高比例的Ⅰ型肌纤维。出现这种现象的原因与毛细血管密度、线粒体含量以及Ⅰ型和Ⅱ型肌纤维的有氧酶能力有关。与Ⅱ型肌纤维相比，Ⅰ型肌纤维周围遍布较多的毛细血管，因此Ⅰ型肌纤维的毛细血管纤维比和氧化能力更高 [165]。同时，Ⅰ型肌纤维具有更大的线粒体密度 [127]，同时对有氧酶活动的依赖程度也更高 [51, 70, 156]。最后，耐力训练产生的反应还包括Ⅱ型肌纤维向Ⅰ型肌纤维转化、线粒体含量增加以及对有氧代谢的依赖性增加 [127, 154]。这些因耐力训练而产生的适应与运动员的训练年龄有关。拥有长期训练经验的运动员，其毛细血管密度以及Ⅰ型肌纤维比例更高，同时对有氧酶活动的依赖性也会更大 [127]。

线粒体密度 线粒体是肌肉中氧气在氧化代谢过程中被消耗的地方 [9]。骨骼肌线粒体含量的增加可能会促进最大摄氧量的增加，因为从血液中提取的氧气量更多 [69]。运动是线粒体生物合成的有力刺激 [69, 161]，同时由运动诱导的线粒体密度增加能够在一定程度上解释耐力训练中最大摄氧量的增加 [69]。理论上讲，假如线粒体密度增加，从血液中析出的氧气会有相应增加 [9]。然而，情况似乎并非如此，因为在接受训练后，即使线粒体酶的数量明显增多，但是个体的最大摄氧量只出现了小幅增加（20%～40%）[69]。由此可见，运动员耐力表现的提升可能是由于训练引起的线粒体酶含量的提高导致的 [9]。这些酶适应可以在运动期间通过降低乳酸的生成从而提升耐力表现及脂肪氧化率，进而不会消耗肌糖原和血糖 [69]。尽管线粒体酶对训练的适应能够在全身运动期间提升最大摄氧量，但是运动表现似乎受氧气运输的影响更大，而不是线粒体密度 [9]。

毛细血管密度 研究人员发现最大摄氧量越高，毛细血管密度或数量就越大 [9, 26, 35, 132]。

据此推测，最大摄氧量取决于毛细血管密度或肌肉单位横截面积毛细血管的数量[100]。毛细血管密度提升可以维持甚至增加血红细胞通过毛细血管网的时间[130]，从而即使在血液流动增加的时候也能提升组织中的氧摄取量，这一过程被称之为动静脉氧差。研究人员还发现毛细血管密度大的运动员比毛细血管密度低的运动员运动的时间更长[76]。这表明毛细血管密度在氧气运输至运动组织的过程中起到了重要作用，同时对清除肌肉所产生的废弃物有一定的促进作用。耐力训练可以提升毛细血管密度[36, 71, 130, 136, 151]。运动员训练年龄与毛细血管提升有着紧密的联系，训练年龄越大，毛细血管密度提升也就越大[127]。

乳酸阈

众所周知，最大摄氧量在耐力表现方面发挥着重要作用。但是，精英运动员之间的最大摄氧量差异很小[18, 27]，这表明最大摄氧量并不能显著区分运动员的运动能力[14, 18]。例如，当两名最大摄氧量不同的精英级别运动员同场竞技，最大摄氧量较低的那名运动员可以通过利用最大的摄氧量占比来补偿自己在最大摄氧量的劣势（参见图 11.5）[18, 33, 140]。因此，运动员能够以多大百分比的最大摄氧量进行运动是更加准确地预测运动表现的指标。我们把这个百分比称之为摄氧量表现（the performance oxygen uptake），其受个体乳酸阈和最大摄氧量的综合影响[14, 35]。

摄氧量表现同样也可认为是乳酸形成和缓冲平衡时的最大运动量。该平衡状态被称为最大乳酸稳态[150]，当这种平衡开始失衡的时候，就说明乳酸积累量已经超过了身体的缓冲能力，我们把开始失衡的起点称之为无氧阈[150]。无氧阈代表着身体不能通过有氧供能机制来满足运动强度的需求，从而无氧供能开始增加来维持正在进行的运动。在这种情况下，乳酸产物增加的原因是糖酵解系统中丙酮酸合成速率的增加，而乳酸不能进入到氧化代谢系统中被消耗清除。相反，它会快速转化为乳酸，然后形成乳酸盐[150]。

乳酸积累曲线的建立可以通过渐增运动强度的测试并结合血样分析获得（参见图 11.6）。乳酸积累曲线表明，随着运动强度的不断增加，会出现乳酸形成的拐点[148]。引起乳酸开始大量增加时的运动强度即称为乳酸阈[14, 148, 150]。乳酸阈可以定义为在分级运动测试时，血乳酸堆积超过了安静水平的 1 毫摩尔 / 升[35, 162]。未经训练者的乳酸阈出现在最大摄氧量的 50% ~ 60% 之间[25, 76, 148]，而训练有素运动员的乳酸阈则发生在最大摄氧量的75% ~ 90% 之间[76]。当功率输出或动作速度维持在乳酸阈临界点处不发生变化时，就可以将其作为预测耐力表现的有效指标[43, 75]。杜姆克等人[43]提出乳酸阈强度下的心率同训练有素的自行车运动员竞速骑行 60 分钟时的心率相接近。强有力的证据表明，乳酸阈时的速度或功率输出，可以解释绝大多数长距离比赛中运动员表现的差异性[9, 47, 48]。教练在执教耐力项目运动员时，应当量化乳酸阈，以及同乳酸阈相关的心率、功率值或速度值。

血乳酸积累点是乳酸积累曲线中的第二个拐点，此时乳酸值稳定在 4 毫摩尔 / 升（参见图 11.6）。血乳酸堆积点比乳酸阈要高很多，其运动强度也远高于乳酸阈强度。与乳酸阈相比，血乳酸堆积点能够更加有力地说明运动员的耐力表现[14, 43, 79]。杜姆克等人[43]认为血乳酸堆积点的心率与进行 30 分钟计时运动的心率接近。

　　乳酸阈和血乳酸堆积点都对训练异常敏感[40, 75]。研究表明，耐力训练可以推动乳酸阈向右移动，这意味着运动员可以进行更高强度的运动而不出现乳酸堆积[75]。持续以乳酸阈或稍高于乳酸阈强度进行训练可以让乳酸阈和血乳酸堆积点同时出现右移，这对提升耐力表现非常重要[24, 65, 139, 157]。实证研究表明，一项设计均衡的耐力训练计划需要围绕乳酸阈进行周期性训练，通过阈值或节奏训练优化运动表现[75]。

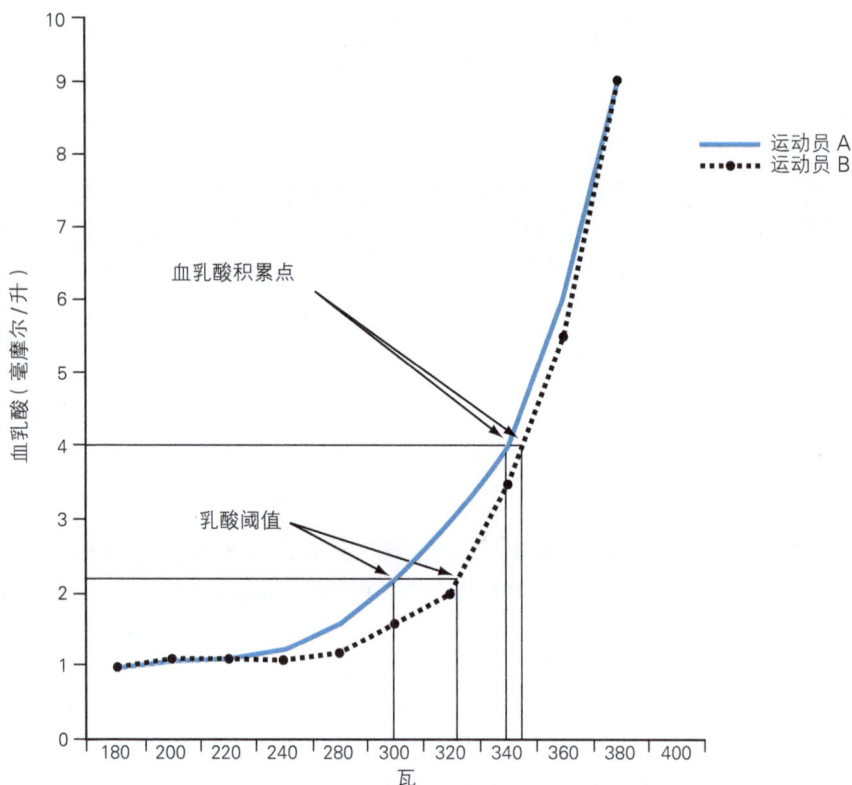

图 11.5 具有相同最大摄氧量的两名运动员间乳酸阈和血乳酸积累点的比较

运动员A可以在乳酸阈处做功300瓦，而运动员B则做功320瓦。因此，运动员B的运动负荷高出6.7%。可见，乳酸阈下的功率与耐力表现之间高度相关[75]。

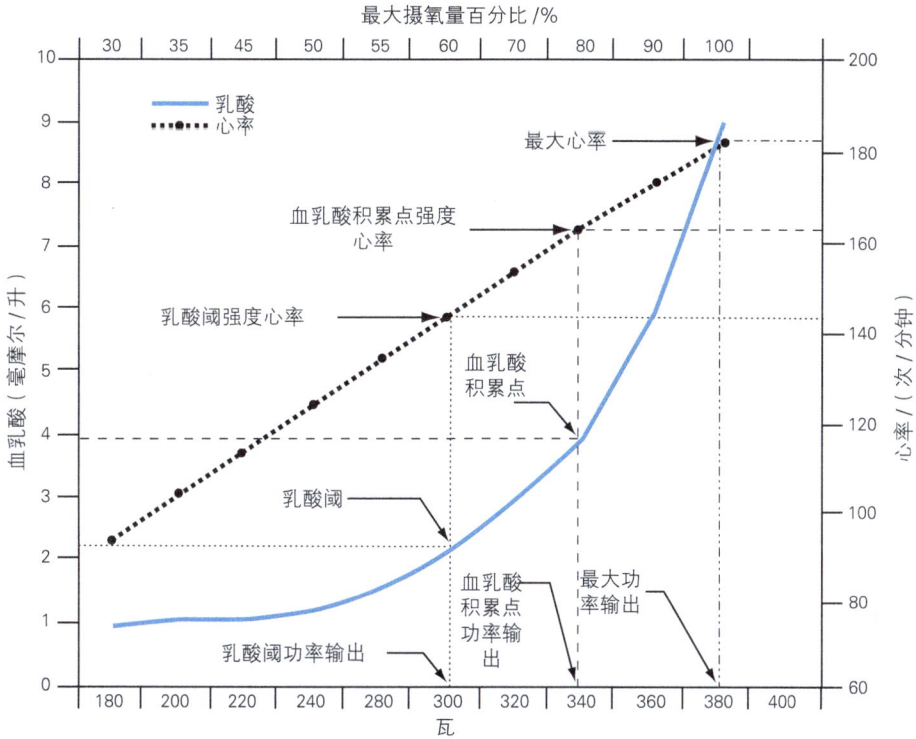

图 11.6 分级循环递增负荷测试中运动员的乳酸阈和血乳酸堆积点

如果以高于乳酸阈功率、速度或心率进行高强度间歇训练，那么乳酸阈和血乳酸堆积点同样也会改变[65]。高强度间歇训练会要求运动员进行不同时长（30秒～8分钟）的高强度运动（大于峰值摄氧能力的80%），同时中间穿插低强度的恢复性运动（60秒～4.5分钟）[87]。耐力项目运动员在准备期进行力量训练同样被证明可以提升乳酸阈[77]。乳酸阈是耐力表现的主要决定因素。了解心率、功率或速度能力相对应的乳酸阈能够为耐力训练计划的制定提供帮助。

运动经济性

运动经济性是呈现耐力运动能力的关键因素。运动经济性，也称动作经济性，其定义是以一个既定的强度进行运动所需要的摄氧量[75]，或完成的机械功与能量消耗之间的比率[9]。动作经济性和其对运动能量消耗产生的影响可以在一定程度上解释最大摄氧量相同的运动员之间运动表现存在的差异性[10]。在对最大摄氧量相似的运动员进行仔细检查后发现，他们在次最大练习中的耗氧量存在个体性差异[75]。

当运动员以一个既定的次最大速度跑动时，个体之间的耗氧量存在巨大的差异[9, 19, 107]。这些个体间的差异似乎会受到训练状态的影响，因为跑步经济性与训练状态有着极大的关

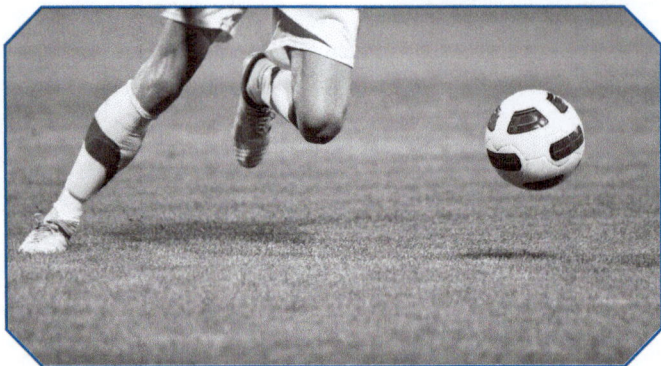

高强度间歇训练可以提升跑步经济性、最大摄氧量、乳酸阈以及足球运动能力

系 [75, 97, 103, 107]。相比于未经训练的运动员，训练有素的运动员会呈现出较高的运动经济性 [107]。事实上，训练年份与跑步效率也有着极大的相关性（$p < 0.05, r = 0.62$）[97]。据此可以推断，跑步经济性会由于长期的骨骼肌适应而随时间推移逐渐提升，其中骨骼肌适应包括Ⅱ型肌纤维会向Ⅰ型肌纤维转变 [117, 154]，这个改变降低了产生特定重复力量的能量成本 [103]。另外，研究已经证明，由于人体测量学、生物力学以及技术因素的改变，长期训练可以影响跑步经济性 [5]。

训练刺激在发展运动经济性方面发挥着至关重要的作用 [9, 75, 103]。研究表明，运动员日常训练时，以特定速度或功率所做的动作通常表现出更高的动作经济性 [75]。有研究已经表明，跑步经济性的变化与运动员的训练量有关 [75]。训练经验越是丰富，或者训练里程越高的运动员展现出的运动经济性通常越高 [74, 75]。

高强度间歇训练可以极大地提升跑步经济性和最大摄氧量，进而改善耐力表现 [87]。以 93%~106% 的最大摄氧量强度进行间歇性跑步练习已经被证明可以提升跑步经济性 [103]。弗兰奇等人的研究也支持这一结论 [53]。在他们的研究中，研究对象进行了为期 8 周的间歇训练，每周训练 2 次，每次训练时研究对象要完成 4~6 组的 4 分钟间歇训练（4.6 米 / 秒），组间间歇时间 2 分钟。研究结果显示，最大摄氧量提升了 6%，而跑步经济性提升了 3%。在一项针对足球运动员的研究中，研究者进行了为期 8 周的有氧间歇训练，受试每次训练要完成 4 组 4 分钟的高强度（90%~95% 的最大心率）间歇训练，组间间歇为 3 分钟，间歇方式为低强度慢跑。通过这种方式可以提升 6.7% 的跑步经济性、10.7% 的最大摄氧量以及 15.9% 的乳酸阈；同时，运动员在比赛中的触球率提升了 24%，以更高的平均心率进行比赛的能力提升了 3.5% [62]。虽然，初始数据表明高强度间歇训练可以提升跑步经济性，但是仍然需要更多的研究去区分何种间歇训练类型是最有效的。因此，无论是集体性项目的运动员，还是传统耐力项目运动员均应该在训练计划中安排高强度间歇训练。

通过力量和低强度增强式训练也是提升长跑运动员跑步效率的有效方法 [73, 110, 155]。依靠运动单位募集模式以及肌肉力量提升（尤其是起跑阶段），运动员在力学上的效率也因此获得提高，进而提升了跑步经济性。尽管力量训练对耐力项目运动员的益处颇多，但是很多运动员担心训练会导致体重增加。然而，并不需要对此过分顾虑。目前对细胞信号传送的研究表明，耐力训练会让细胞传输路径变得迟钝，而这种细胞信号路径需要激活后才能显著提升肌肉质量 [108]。在探究力量训练对耐力表现影响的研究中，我们可以发现，运动员因体重增加所带来的体重增加量不足 1%[68, 110]。因此，耐力项目运动员完全可以通过力量训练和低冲击力类的增强式训练来优化运动经济性及耐力表现。

影响无氧耐力表现的因素

运动员重复进行高强度、无氧运动的能力受多个因素影响[3, 50, 84]。其中包括优先激活的无氧供能系统的能力、缓冲乳酸的能力、心血管系统的功能以及维持与运动表现相关的神经肌肉特征的能力。

生物能量学

高强度运动耐力取决于优先激活无氧供能系统而重复进行高功率输出运动的能力[113]。当运动员将高强度运动耐力训练纳入训练计划之后，将会获得增加磷酸原和糖酵解供能系统的关键酶浓度与活性的生理适应[3, 50]。

研究已经证明进行冲刺或间歇训练可以提升肌肉中三磷酸腺苷、磷酸肌酸和肌糖原的含量[3, 50, 84]。酶活性的改变可以在高强度运动的过程中提供更加快速的能量供应，让运动员维持在一个更高的表现水平。

乳酸缓冲能力

影响运动员提升高强度运动耐力最重要的因素之一是将乳酸缓冲成乳酸盐的能力。研究表明，缓冲乳酸和氢离子的能力与冲刺跑能力有关[93, 159]。现有文献表明，氢离子浓度增加会对磷酸果酸激酶产生抑制效果[143]。假如氢离子没有得到缓冲，磷酸果酸激酶活性的降低就将导致糖酵解系统的三磷酸腺苷供应量下降，从而降低了维持运动所需的功率输出[87]。

研究表明，高强度运动耐力训练方法，例如，高强度节奏训练或间歇训练等，可以提升运动员的乳酸缓冲能力[101, 159]。在以高强度运动耐力为主的项目中，提升缓冲能力可以让身体维持高速的能量供应，从而维持高爆发力表现。因此，当运动项目的生物能量学表现出对高强度运动耐力的需求时，那么训练计划就必须要包含可以提升运动员乳酸缓冲能力的练习内容，从而保持能量流动速率。

低强度运动耐力训练或有氧训练并不能最大程度发展乳酸缓冲能力[113]。为了提升乳酸的缓冲能力，训练计划必须要能够刺激氢离子累积，而这种情况只发生在快速糖酵解系统被重复刺激时。因为低强度运动耐力主要激活有氧供能系统，尤其是在低于乳酸阈的强度下进行训练的时候，这种训练方式对运动员获得无氧耐力的帮助微乎其微。事实上，将低强度运动耐力训练纳入到以无氧供能为主的训练计划中会降低运动员高强度运动耐力水平[125]。

心血管系统

有氧代谢和心血管系统对高强度训练（如抗阻或冲刺跑间歇训练）后的恢复起到了不可

或缺的作用 [148]。但是，在以高强度运动耐力为主的运动项目中，运动员不应进行低强度运动耐力训练，因为这种类型的训练会损害无氧运动能力 [45]。

最新研究显示，高强度间歇训练可以提升最大摄氧量、每搏输出量以及在间歇训练恢复期内有氧代谢的能力 [87, 113]。这些适应对提高运动员从重复性高强度运动中恢复的能力起到了不可或缺的作用。高强度间歇训练并不会在运动过程中损害无氧供能的效果，也不会出现低强度运动耐力训练中常见的神经肌肉激活模式。因此，如果教练能够合理地实施高强度间歇训练，那么就能产生高强度运动耐力发展所需的心血管系统适应。相应的是，在高强度运动耐力为主的项目中，运动员不应当使用低强度运动耐力训练方法，因为高强度间歇训练可以提供必要的适应性刺激来优化运动表现。

神经肌肉系统

高强度间歇训练并不会影响以高强度运动耐力为主导项目所需的高水平力量或高功率输出能力的提高。相反，低强度运动耐力训练会降低运动员在力量－速度曲线中高速发力能力 [13, 45]。力量－时间曲线会因低强度运动耐力训练而改变（参见图 11.1）。在耐力型、力量型和爆发力型运动员中，高强度运动耐力训练与低强度运动耐力训练的差异可以通过力量－时间曲线以及肌电图激活模式清晰地显示出来 [61]。

训练类型会对力的生成速率产生影响。比如，低强度运动耐力的训练方法会极大地降低力的生成速率和峰值力量的生成 [61]。快速发力的能力取决于所激活的供能系统、肌纤维类型以及神经肌肉的募集模式 [45, 61]。

三磷酸腺苷酶的活性决定了三磷酸腺苷快速释放能量的能力，这与肌浆球蛋白重链（MHC）亚型（纤维类型）有关 [163]。与含有肌浆球蛋白重链的 I 型肌纤维相比，含有肌浆球蛋白重链的 X 型和 II a 型肌纤维释放能量的速度更快 [55]。耐力型运动员比短跑或力量型运动员具有更高比例的 I 型肌浆球蛋白重链 [163]。低强度运动耐力训练可以提升亚 I 型肌纤维的肌浆球蛋白重链含量 [154]，从而导致三磷酸腺苷酶活性降低。这种改变会损害运动员维持高强度运动耐力所必需的高水平力量和高速运动的能力。相反，使用间歇训练法会增加亚 II a 型的肌浆球蛋白重链含量，从而能够让运动员维持力量与爆发力的生成能力 [45]。快速的力量生成能力是高强度运动耐力的重要组成部分。因此，冲刺跑和间歇训练是以力量和爆发力为基础的运动项目优先选择的耐力提升方法。

提高耐力的方法

运动员可以使用各种对专项生理和机能反应产生作用的方法发展耐力。当教练在制定训练计划的时候，必须要确定目标耐力类型，这是因为提升耐力的方式会对最终的训练效果和成绩产生不同的影响。例如，提升低强度运动耐力的传统方法要求在最大心率的 60%～90% 的强度区间持续进行训练 [141]。高强度间歇训练已经被证实可以提升低强度运动耐力 [20, 21, 57, 58, 86-91]，因此该方法也丰富了教练和运动员可利用的训练选择。与之相反，低强度运动耐力训练会降低高强度运动耐力的表现，最终对那些需要在比赛中进行重复性高强度或高爆发力动作的运动员表现造成负面影响。教练和运动员必须要知道可以发展低强度运动耐力和高强度运动耐力的不同方法，以及不同运动项目对于耐力需求的类型。

低强度或有氧练习

用于提升耐力的方法有很多种，具体方法的选择取决于年度训练时间和运动员的训练目标（参见表11.1）。低强度运动耐力可以提高与运动表现有关的生理适应。从传统角度来看，提高有氧耐力可以采用长距离慢跑训练（Long slow distance，LSD）的方法。但是，诸如配速或节奏跑训练、间歇训练以及抗阻训练等其他方法，同样也适用于发展低强度运动耐力。

表 11.1 用于提升低强度运动耐力的方法

训练方法	推荐频率（次/周）*	训练部分的时长	强度	
			最大心率的百分比/%	最大摄氧量百分比/%
积极性休息	1 或 2	30 ~ 60 分钟	<60%	<40%
长距离慢跑	1 或 2	≥ 30 分钟（等于或大于比赛距离）	60% ~ 70%	42% ~ 56%
持续配速跑或节奏跑	1 或 2	20 ~ 30 分钟	乳酸阈时的心率和最大摄氧量	
间歇训练				
有氧间歇	1 或 2	总时间 20 ~ 40 分钟（取决于结构）	80% ~ 100%	70% ~ 100%
无氧间歇	1 或 2	运动回合时间 <2 分钟（运动 – 休息比为 2:1 ~ 1:5）	最大	次最大
法特莱克训练	1	>30 分钟	变化	变化

* 其他训练日包含其他训练方法或休息与恢复。

积极性休息

积极性休息或恢复性训练通常用于高强度训练或比赛后的恢复。在这种类型的活动时，运动员心率较低（小于65%的最大心率），练习持续时长30~60分钟[1, 141]。该方法可以根据小周期的结构每周安排多次。

长距离慢跑训练

长距离慢跑训练被认为是"聊天"强度的运动，训练中的运动员可以在无须加重呼吸力度的情况下轻松交谈[118]。长距离慢跑训练要求以长时间（根据运动项目选择30~120分钟或更久的时间）和中低强度（最大心率的 60%~80%；最大摄氧量的 50%~70%；参见表 11.2）完成相对较长的距离 [103, 118, 129]。长距离慢跑训练已经被证实可以提升心血管功能、温度调节能力、线粒体产能以及骨骼肌的氧化能力 [30, 32, 41, 52, 69, 80, 118]。上述长距离慢跑训练引起的所有生理适应都出现在没有训练经验的人群当中 [87]，但是，这些生理学变化在训练有素的耐力型运动员身上应该不会发生 [31, 64, 87]。这很可能是因为高水平的耐力型运动员需要更高强度的训练，这可以通过间歇训练方式得以实现 [87]。

表 11.2	心率、耗氧量以及主导供能系统之间的关系		
最大力量百分比 /%	最大摄氧量百分比 /%	主导供能系统	训练模式
50	28	有氧供能 / 慢速糖酵解	积极性休息
60	42		
66	50		
70	56	慢速糖酵解	低强度有氧能力
74	60		
77	65		
80	70	快速糖酵解 / 慢速糖酵解	高强度有氧能力训练或有氧功率训练
85	75		
88	80		
90	83	快速糖酵解 / 无氧供能	高强度有氧功率训练
92	85		
96	90	快速糖酵解 / 慢速糖酵解	高强度有氧功率训练或无氧能力训练
100	100		

源自：M.L. Micheli, E. Castellini, and M. Marella, 2008, Il condizionamento aerobico, L'allenatore, A.I.A.C. (102b), and R. Proietti, 1999, La corsa: Valutazione e allenamento della potenza aerobica e della resistenza alla velocità nel calcio (Città di Castello, Italy: Edizioni Nuova Prhomos) [120b].

　　长距离慢跑训练中的运动强度明显低于比赛时的强度 [118]。这表明，为了提升运动表现教练必须在训练计划中安排较高强度的训练方法，如间歇训练和法特莱克训练（速度游戏，或强度变化的持续跑）。当然，这并不是说将长距离慢跑训练排除在耐力型运动员的训练计划之外，该类型的训练对提升有氧耐力也是非常重要的 [46]。例如，伊斯迪福·兰乃诺等人 [46] 建议，在安排足够高强度训练的前提下，教练需要安排一定量的长距离慢跑训练。

　　在耐力训练计划的准备期，主要目标是建立生理基础 [54, 141]。通过在长距离慢跑和有氧间歇训练（稳定配速训练或节奏训练）中穿插积极性休息、被动休息以及抗阻训练将有助于生理基础的建立。表 11.3 呈现了一个以建立基础为重点的小周期安排。

表 11.3	强调长距离慢跑训练的一般准备小周期						
日期	周一	周二	周三	周四	周五	周六	周日
训练	休息日						
耐力训练		LSD	恢复	有氧间歇	恢复	LSD	法特莱克训练
力量训练			力量训练		力量训练		
总时长		120 分钟	60 分钟	80 分钟	60 分钟	150 分钟	60～120 分钟
训练时长		120 分钟	60 分钟	15 分钟	60 分钟	150 分钟	—
恢复时长		—	—	5 分钟	—	—	—
运动－休息比		1:0	1:0	3:1	1:0	1:0	—
强度 /（次 / 分钟）		131～139	<131	140～146	<131	131～139	—

备注：此示例基于周训练量为 10 小时，运动员乳酸阈强度下的心率为 153 次 / 分钟。
源自：Friel 2006 [54]；Potteiger 2000[118].

间歇训练

　　间歇训练包括时间从短到长的多个重复训练组，强度通常在乳酸阈或高于乳酸阈水平，或以最大乳酸稳定状态的强度进行重复性运动，中间穿插低强度运动或完全休息的阶段 [16]。尽管间歇训练并不是一种新型训练方式（该方法由德国中长跑运动员：鲁道夫·哈比格首次使用，并在之后得到推广），但是当代的科研文献 [20, 2, 87, 91] 推动了对这一概念的深入探析。相关研究已经解释了间歇训练应成为涵盖初级至精英级别范围运动员年度训练计划重要组成部分的生理学原因 [87]。间歇训练可以分为：无氧间歇训练和有氧间歇训练。

有氧间歇训练

　　有氧间歇训练优先激活的是有氧供能系统，其强度是处于乳酸阈或稍高于乳酸阈或比赛时的强度。有氧间歇训练也被称之为乳酸阈训练、配速或节奏训练 [118]。配速或节奏训练可以持续或间歇进行。例如，在持续配速或节奏训练课，运动员在运动期间会保持一个稳定或稍高于乳酸阈的速度。相反，配速或节奏间歇训练包含稳定状态的运动周期，关于这部分的内容见表 11.4 和表 11.5。

　　当教练设计有氧间歇训练课时，建议对运动员进行渐增负荷测试，目的是了解运动员最大心率、最大功率输出、最大摄氧量速度以及乳酸阈。此过程不可或缺的是确定维持最大摄氧量功率输出或速度运动的时间，术语称之为达峰时间（Tmax）[17b, 87, 91]。一旦达峰时间和最大有氧功率输出或速度（例如最大有氧速度）被确定，那么就可以确定间歇时长或强度。建议每个间歇训练的时长应该相当于达峰时间的 50%～60%，并且要以峰值功率或速度进行 [17c, 91]。休息时间是运动员达到 65% 的最大心率的时长，或者在休息时进行低强度的练习（通常是最大功率的 50%），低强度练习的时间与高强度运动的时长相同（例如，以100% 的最大有氧速度进行 3 分钟运动，接着进行 3 分钟的 50% 最大有氧速度的运动）[17c]。

表 11.4 ▶ 两个有氧间歇训练计划		
有氧间歇形式		
	间歇训练计划 1	间歇训练计划 2
热身运动	10 ~ 15 分钟	10 ~ 15 分钟
间歇训练次数	8	8
强度	80% 的最大功率 * 80% ~ 85% 的最大心率	在最大摄氧量时进行 100% 最大功率输出
训练时长	5 分钟	达峰时间的 50%（约3 分钟）
间歇时长	1 分钟	达到最大心率的 65% 的时间（2 ~ 4 分钟）
运动 – 休息比	5:1	2:1 ~ 1:1
冷却时长	10 ~ 15 分钟	10 ~ 15 分钟
总时长	67 ~ 77 分钟	66 ~ 90 分钟
频率（每周次数）	1 或 2	1 或 2

达峰时间 = 达到最大速度或最大功率输出时的耗时。
* 最大摄氧量时的最大功率。
源自：Stepto et al. 2001 [145]; Laursen et al. 2005 [89].

表 11.5 ▶ 配速或节奏训练		
	持续配速或节奏训练	间歇性配速或节奏训练
热身	15 ~ 20 分钟	15 ~ 20 分钟
训练部分		
数量	1	2
时长	30 分钟	10 分钟
强度 /（次 / 分钟）	153 ~ 156	153 ~ 156
恢复部分		
数量	0	2
时长	0 分钟	10 分钟
强度 /（次 / 分钟）	<131	<131

备注：乳酸阈强度下的心率为 153 次 / 分钟。
源自：Potteiger 2000 [118]; USA Cycling 2002 [1].

　　教练可以使用在预定的持续运动时间内，以规定的心率或功率范围的方式来安排有氧间歇训练[145]。休息间歇的设定要以提高有氧系统的供能能力为目标。例如，一个运动员进行了 8 组时长为 8 分钟的有氧间歇训练，然后是 1 分钟的低强度积极恢复。此类型的间歇训练的强度在最大心率的 80% ~ 85% 之间，或者是稍低于乳酸阈心率的强度。

　　无论使用何种方法，有氧间歇训练以每周 2 次的强度进行 4 周后，运动员的运动表现以及生理适应程度会显著提升 [87, 91, 145]。由于有氧间歇训练会产生较高程度的生理和心理应激，因此教练应该将恢复方式和低强度训练纳入小周期中，目的是避免运动员过度训练。表 11.6 为小周期示例。

表 11.6	有氧间歇或节奏训练小周期						
日期	周一	周二	周三	周四	周五	周六	周日
训练	休息日						
耐力训练		LSD	配速节奏骑行	恢复	有氧间歇	LSD	法特莱克训练
抗阻训练							
总时长		120 分钟	80 分钟	60 分钟	65 分钟	150 分钟	60～120 分钟
训练时长		120 分钟	15 分钟	60 分钟	6 分钟	150 分钟	—
恢复时长		—	5 分钟		1 分钟	—	
运动–休息比		1:0	3:1	1:0	5:1	1:0	
强度 / （次 / 分钟）		131～139	140～146	<131	最大心率的 80%～85%	131～139	—

备注：示例中的小周期计划按照 9～10 小时的周训练量制定，运动员乳酸阈强度下的心率为 153 次 / 分钟。
源自：Friel 2006 [54]; Potteiger 2000 [118].

无氧间歇

耐力项目运动员的无氧间歇训练是近期被广泛关注的课题。在此类型的间歇训练中，运动时长极短（少于 2 分钟），但是强度却超过最大值（全力或超过最大摄氧量功率输出值）。运动员进行 4～10 组 15～30 秒全力运动的无氧间歇训练，中间穿插 45 秒～12 分钟的恢复时间，该方法已经被证实可以显著提升最大摄氧量及无氧耐力，并且能在最少 2 周的时间内刺激身体产生可以提升运动表现的生理适应 [87]。无氧间歇训练课的强度非常大，需要运用恢复方法及合理的计划变动防止过度训练。每周进行 1～2 次间歇训练的效果非常显著，因此可以将其纳入训练计划当中。表 11.8 中列出了包含无氧间歇训练的小周期示例。

重复训练法

另一个间歇训练的方法是重复训练法（repetition method），其特点是在训练过程中设定完全恢复的休息时间。该方法中的运动距离可以比实际比赛的距离更长或者更少一些。时间较长的间歇训练会导致训练重点转移至提升有氧供能系统，类似于有氧间歇训练。相反，较短时长的间歇训练会更多地激活无氧供能系统，类似于无氧间歇训练。极高强度但时长较短的训练所需的休息时间相对更长 [118]。重复训练法可以改善运动员的跑动速度、跑步经济性以及高强度运动耐力。

最大有氧速度场地测试

　　最大有氧速度是达到最大耗氧量（最大摄氧量）时的最低速度。评估最大有氧速度最实际的方法是进行 6 分钟跑测试，最好是在田径场地内进行。有研究者认为 6 分钟是练习者在最大摄氧量功率输出下力竭跑的时间（即达峰时间）[17d, 17e]。这种测试要求自行进行配速，但必须在最后 1 分钟付诸全力（剩下最后 1 分钟的时候可向运动员鸣哨提示）。运动员跑过的距离乘以 10，最终获得值即为最大有氧速度。

　　例如：

　　跑动距离 4 圈 =1,600 米；那么速度为：

　　1,600 米 ÷6 分钟 ×60 分钟 =16,000 米 / 小时，即 10 英里 / 小时（1 英里约为 1.6 千米）该速度就是最大摄氧量速度或最大有氧速度。

　　对照表 11.7 找到以预期速度完成常规训练距离所需的时间。

表 11.7   常规训练距离所需的时间及其对应的最大有氧速度

最大有氧速度（英里/小时）	重复跑距离							
	100 米	200 米	300 米	400 米	500 米	600 米	800 米	1000 米
	时间 /（分钟，秒）							
8.7	0:25.7			1:43	2:08	2:34	3:25	4:17
9	0:24.8			1:39	2:04	2:29	3:18	4:08
9.3	0:24		1:12	1:36	2:00	2:24	3:12	4:00
9.6	0:23.2		1:10	1:33	1:45	2:19	3:06	3:52
10	0:22.5	0:45	1:07	1:30	1:52	2:15	3:00	3:45
10.3	0:21.8	0:43.6	1:05	1:27	1:49	2:11	2:54	3:38
10.6	0:21.2	0:42.3	1:03	1:24	1:46	2:07	2:49	3:32
10.9	0:20.6	0:41.1	1:02	1:22	1:43	2:03	2:44	3:25
11.2	0:20	0:40	1:00	1:20	1:40	2:00	2:40	3:20
11.5	0:19.5	0:38.9	0:58.4	1:18	1:37	1:57	2:35	
11.8	0:19	0:37.9	0:57	1:16	1:35	1:54	2:31	
12.1	0:18.5	0:36.9	0:55.4	1:14		1:51	2:27	
12.4	0:18	0:36	0:55	1:12	1:32			
12.7	0:17.5	0:35.1	0:52.6	1:10	1:30			
13	0:17.1	0:34.3	0:51.4	1:08				
13.3	0:16.7	0:33.5						
13.7	0:16.4	0:32.7						
14	0:16	0:32						
14.3	0:15.7							
14.6	0:15.3							
14.9	0:15							

表 11.8	10 千米跑运动员无氧间歇训练小周期示例						
日期	周一	周二	周三	周四	周五	周六	周日
训练	休息日						
耐力训练		间歇	恢复	LSD	间歇	LSD	法特莱克训练
抗阻训练							
总时长		30~40分钟*	1 小时	2 小时	30~40分钟*	45 分钟	45 分钟~1 小时
训练时长		30 秒	1 小时	2 小时	30 秒	45 分钟	
恢复时长		60 秒	0	0	60 秒	0	
间歇训练次数		6			6		
运动－休息比		1:2	1:0	1:0	1:2	1:0	
强度/（次/分钟）		最大	<131	131~139	最大	131~139	

* 包括 15 分钟的热身和放松。
备注：示例中的小周期计划按照 5~6 小时的周训练量制定，运动员乳酸阈强度下的心率为 153 次/分钟。
源自：Friel 2006 [5]; Potteiger 2000 [118].

法特莱克训练

法特莱克源自瑞典语，意为"速度游戏"，这是一种用于耐力发展的经典方法。该训练方法将间歇训练和持续训练结合在了一起，然而这种结合缺少相关的科学依据。例如，跑步运动员会在快速跑动练习中穿插慢跑 [98, 118, 141]。这类训练可以在平地上完成，也可以在起伏的山丘上进行 [141]。法特莱克训练对运动负荷或心率并未提出具体的要求。相反，它依靠的是对训练的主观感知 [98]。法特莱克训练在年度训练计划的一般体能储备阶段或准备期最为有效，因为它可以在挑战生理系统的同时，消除日常训练枯燥和单调感 [98, 118]。

力量训练

力量训练也可以促进耐力的发展。传统观点认为，抗阻训练并不会对低强度运动耐力的提升产生重要的作用 [77]。但是，最近的研究表明力量训练可以提高自行车 [11, 96]、跑步 [73, 110, 153] 以及北欧式滑雪 [68, 111] 运动员的表现。力量训练同时还被证实能够影响不同训练水平运动员 [77] 的最大摄氧量、乳酸阈、动作效率以及耐力项目运动员的神经肌肉特征。例如，未经训练的运动员会因为最大摄氧量、乳酸阈以及动作经济性的提升而促进低强度运动耐力的提升 [77]。而对于训练有素的耐力项目运动员而言，低强度运动耐力表现的提升与乳酸阈的改变 [96]、动作经济性的提升 [110] 以及神经肌肉功能的改变 [104, 153] 相关性最大（参见图 11.7）。可见，将抗阻训练纳入耐力项目运动员的年度训练计划可以为运动员带来一些帮助。

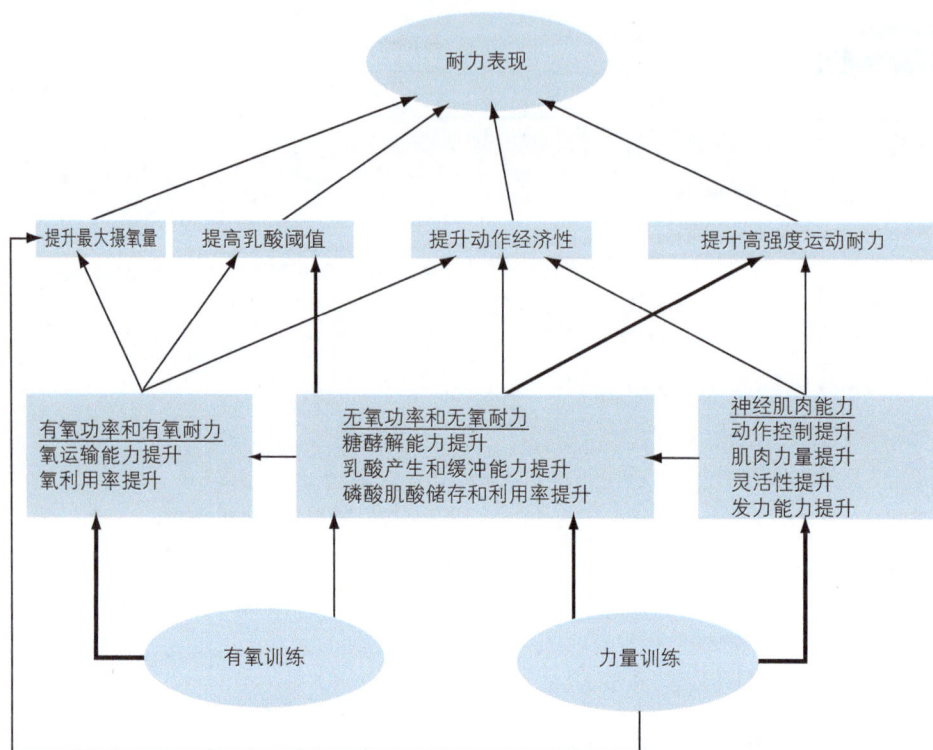

图 11.7 耐力项目运动员抗阻训练和耐力训练并行结构

源自：Paavolainen et al. 1999 [110]; Stone et al. 2006 [147].

将抗阻训练纳入耐力项目运动员的年度训练计划中可以提升运动表现 [77, 147, 153]。但是，在利用抗阻训练来提升低强度运动耐力的时候一定要特别注意。当抗阻训练仅仅只是简单地增加到已经设定好的耐力训练计划时，通常情况下并不能带来运动表现的增加 [72]。因为，将抗阻训练负荷增加到整体的训练负荷中会导致过度的训练应激，从而增加疲劳程度并降低运动员的备战状态。杰克森等人在研究中支撑了上述说法 [72]，在自行车项目中额外增加抗阻训练会导致较高的疲劳感，造成运动能力提升不足。研究人员称，当同时采用抗阻训练和耐力训练提升低强度运动耐力表现时，通常可以减少一些耐力训练量以与抗阻训练负荷相配合 [11, 104, 110]。当为了刺激运动表现提升而把抗阻训练加入到整体训练计划中时，合理的安排是把耐力训练负荷降低 19% ~ 37%[11, 104, 110]。

发展高强度耐力的方法

对于那些需要重复产生高功率输出能力的运动项目而言，低强度运动耐力技术会降低运动员的运动能力 [28, 45]。以爆发力为主导的运动项目大致分为两类：（1）如美式橄榄球和棒球等项目，运动员需要完成一些短时的、间歇性任务，包括在两次极大功率输出的活动之间伴有长时休息间歇，运动中以磷酸原供能系统为主；（2）如足球、手球、橄榄球以及篮球等项目，需要进行重复性高强度运动，休息时间短且大都为积极性休息类型，因此能量供应同时需要磷酸原供能和糖酵解供能系统。在上述两种类型的项目中，有氧代谢在恢复期间非常重要，这是因为磷酸肌酸的补充及乳酸的清除是一个氧化过程[22, 45, 153b]。经典理论强调，低强度运动耐力是以无氧能力为主导项目运动员所必需的能力，而恢复期间对有氧代谢的依赖恰恰是该论断的基础。

尽管低强度运动耐力训练可以提升高强度活动之间的恢复速率等多种生理因素，但是通过低强度运动耐力训练所带来的无氧能力和运动能力的下降效应，超过了训练带来的积极效果[45]。无氧项目运动员应当避免低强度运动耐力训练，而应该使用能够强化运动表现和恢复的其他有效策略[113, 115]。然而，高强度运动耐力的发展确实可以提升低强度运动耐力表现，因此无氧耐力项目的运动员所使用的训练方式同样可以为有氧耐力项目运动员带来帮助[87, 147]。

高强度间歇训练是发展耐力的重要策略之一，它不仅可以提升无氧功、无氧能力，同时也可以提升有氧功率[987, 113]。间歇训练通常由多组重复冲刺跑构成，中间穿插恢复间歇。休息间隔的时长取决于需要发展的目标生物能量系统[28]（参见表 11.9）。例如，运动 – 休息比是 1∶1 的间歇训练计划针对的是有氧供能系统[50]，而运动 – 休息比为 1∶20 针对的是无氧供能系统[28]。间歇训练计划的使用由运动项目的生物能量需求、专项运动表现模型以及年度训练计划阶段等多个因素决定。上述因素的影响可以通过控制运动 – 休息间歇、间歇训练强度、间歇时长或距离、间歇训练量、间歇训练时长、间歇训练频率、间歇训练进阶、赛季内状态保持以及抗阻训练等加以调控。

表 11.9 间歇训练的生物能量特征

间歇比率（运动 – 休息比）	典型间歇训练形式		案例间歇训练形式		主要供能系统	最大功率百分比/%
	运动/秒	休息/秒	运动/秒	休息/秒		
1∶12 ~ 1∶20	2 ~ 8	60 ~ 200	5	60	磷酸原供能，快速糖酵解供能	90 ~ 100
1∶3 ~ 1∶5	10 ~ 30	45 ~ 150	30	90	快速糖酵解供能，慢速糖酵解供能	75 ~ 90
1∶3 ~ 1∶4	60 ~ 180	180 ~ 720	60	180	快速糖酵解供能，慢速糖酵解供能，有氧供能*	50 ~ 75
1∶0.5 ~ 1∶1	>180	>180	240	120	有氧供能	30 ~ 50

* 主要供能系统的选用取决于间歇时长和恢复时长。

间歇跑训练

间歇跑来源于法特拉克训练法，非常适用于准备期的集体性项目，诸如足球、手球或篮球项目（即间歇性运动项目），该类训练由多次高强度活动和低强度的持续性活动组成。在这种训练中，通过高强度与低强度交互的结构化的组合，可以产生特定的训练效果（参见表

11.10）。

表 11.10 不同时长间歇跑步的机能促进效果，与最大有氧速度百分比的关系	
形式	主要供能系统
强度：100% 最大有氧速度	
10"~10"	有氧供能
20"~20"	有氧供能
30"~30"	有氧供能
强度：105% 最大有氧速度	
10"~10"	无氧供能略微占主导
20"~20"	无氧供能略微占主导
30"~30"	无氧供能略微占主导
强度：110% 最大有氧速度	
10"~10"	无氧供能略微占主导
20"~20"	无氧供能
30"~30"	几乎全部为无氧供能
强度：115% 最大有氧速度	
10"~10"	无氧供能
20"~20"	几乎全部为无氧供能
30"~30"	几乎全部为无氧供能

"= 秒。
源自：G.N. Bisciotti, 2002, Utilizziamo bene l'intermittente, Il Nuovo Calcio 114: 110–114.

运动 – 休息间歇

　　运动 – 休息间歇训练可以根据专项需求进行设定。据报道，美式橄榄球的平均运动 – 休息间歇大概是 1∶6，其中带球向前跑打法的运动 – 休息间歇（秒 / 秒）是 4.3∶27.9，将球向前抛传打法的运动 – 休息间歇为 5.8∶36.8[115]。有研究表明，每场比赛平均有 12~13 次运动战（每节为 3.1~3.3 次），平均每次运动战的时长为 2~12 秒[113]。大多数攻防过程的时间在 3~6 秒[113]，平均一次攻防的持续时间为 4 秒[112]。因此该研究建议美式橄榄球运动员的理想间歇训练应当包括 10~16 次冲刺跑，每次跑动时间为 3~5 秒，然后穿插 20~45 秒的恢复时间（运动 – 休息比为 1∶6）[115]。

　　足球项目则采用另一种运动 – 休息间歇训练方式。有研究建议，运动 – 时间比为 1∶6 的间歇训练基本接近于真实足球比赛情况[7, 8]，并且与足球比赛中的速度衰减幅度近似[94]。足球项目中运动 – 休息比为 1∶7~1∶8，且中间穿插着 3~4 秒的低强度运动[94]。里特和威廉姆认为按照 1∶6 的运动 – 休息比，重复 40 次 15 米冲刺跑运动可以产生与足球比赛中相同的生理应激。运动 – 休息比要根据运动项目的专项需求，以及训练计划的特定阶段而设定。

间歇性运动项目专项代谢测试

目前存在很多不同的体能测试方法，其中包括持续式或间歇式测试。间歇测试更加适用于诸如足球、手球、篮球和网球等间歇类项目。其中 YYIRT 间歇恢复测试（Yo-Yo Intermittent Recovery Test，YYIRT）（参见图 11.8）是其中的一种，用于测试运动员在一段长时间内重复进行间歇性运动的能力。但是，由于两次重复运动之间设置了较长的休息间隔（10 秒），因此 YYIRT 测试更像是对间歇性运动项目代谢特征的动态模拟[8b, 83b]。表 11.11 和表 11.12 为运动员的体能水平的标准。教练可以将运动员的比赛表现和 YYIRT 测试结果相结合，建立运动员专项运动能力和比赛水平的分析表格。

表 11.11 男子职业足球联赛运动员体能水平等级参照表。基于场上位置以及在 YYIRT 间歇恢复测试等级 1 中的结果

水平	位置		
	中后卫，前锋	中场，边锋	边后卫，边前卫
	等级		
<17	差	差	差
≥ 17.5，< 18	一般	差	差
≥ 18，< 18.5	良好	一般	差
≥ 18.5，< 19	很好	良好	一般
≥ 19，< 19.5	优秀	很好	良好
≥ 19.5，≤ 20	*	优秀	很好
≥ 20.5，< 21	*	优秀	优秀
≥ 21	*	*	优秀

达到 * 级的运动员在进行训练时，在代谢训练方面可以仅使用保持性的训练计划，同时重点放在神经肌肉训练方面。

表 11.12 女子职业足球联赛运动员体能水平等级参照表。基于场上位置以及在 YYIRT 间歇恢复测试等级 1 中的结果

水平	等级
<14	差
≥ 14，< 14.5	低于平均水平
≥ 14.5，< 15	一般
≥ 15，< 15.5	良好
≥ 15.5，< 16	很好
≥ 16，< 16.5	优秀
≥ 16.5	*

达到 * 级的运动员在进行训练时，在代谢训练方面可以仅使用保持性的训练计划，同时重点放在神经肌肉训练方面。

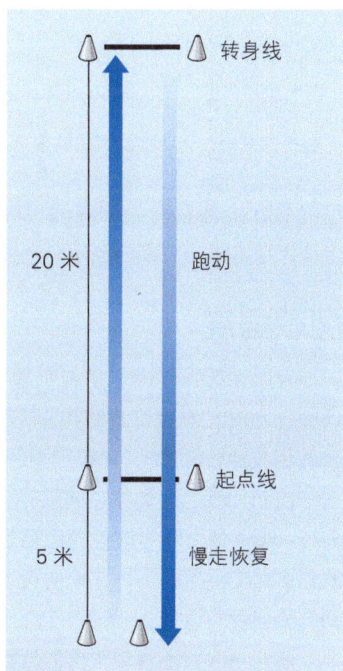

图 11.8 YYIRT 间歇恢复测试的设置

源自：M. Mc-Guigan, 2016, Administration, scoring, and interpretation of selected tests. In Essentials of strength training and conditioning, 4th ed., edited by G.G. Haff and N.T. Triplett for the National Strength and Conditioning Association (Champaign, IL: Human Kinetics), 278.

一旦教练明确了专项所需的运动 – 休息比间歇之后，运动员就可以选择不同的方式将间歇训练课纳入到训练计划中。第一种方法就是利用之前确定的运动时间来计算合适的休息间歇时长 [50, 113]。另一种确定休息间歇的方法是使用个人到达特定心率的时间，比如 110 ~ 120 次 / 分钟 [116]。休息间歇应当根据每名运动员的情况设定，尽量为每名运动员确定合理的恢复时长，从而使训练刺激能够满足训练计划当中特定的生物能量因素目标。

表 11.13	两名运动员间歇训练计划的比较	
变量	运动员 A	运动员 B
预期运动 – 休息比	1:4	1:4
40 米冲刺跑时间	5.2 秒	6.0 秒
恢复时长	20.8 秒	20.8 秒
实际运动 – 休息比	1:4	1:3

这两名运动员进行了 5 次 40 米冲刺跑，但恢复时间基于速度较快的运动员。由于恢复时间对于运动员 B 而言更短，因此他的训练强度更大。

很多教练常犯的典型错误是以大组的形式训练所有队员，并且采用相同的恢复时间，此时与恢复能力较快的运动员相比，那些恢复较慢的运动员更有可能被迫按照更低的运动 – 休息比进行训练，结果大大增加了训练课的难度，并导致训练课的生物能量发展目标发生偏移（参见表 11.13）。这种形式的训练不仅可能会加大训练过度的风险，同时也会阻碍运动员的发展。因此，教练应当根据最大有氧速度对运动员进行分组，从而个性化安排重复练习的时长和运动 – 休息比。其次，教练再根据每个人的场上位置设定训练量。这样就可以确保每名运动员都能利用合理的运动 – 休息比，并获得预期的生理刺激。

间歇强度

间歇训练强度确定是否合理，会极大影响训练计划产生的训练效果。在执行无氧间歇训练计划时，不建议教练将心率作为运动强度的主要指标，因为在这种情况下，心率与强度的相关性较低 [113]。比较理想的方式是根据每名运动员的最大能力设计训练目标，之后由教练控制训练强度和休息间歇 [50, 113]。例如，在帮助运动员建立体能基础的时期，可以按照 60% ~ 80% 最大能力进行大运动量的冲刺跑练习。相反，进入到训练准备期的末端，需要过渡到更加专项化的训练，此时可以将间歇训练的强度提高到最大能力的 80% ~ 90%，或者达到比赛强度 [116]。

建立完成特定跑动距离的目标时间是设定个性化强度训练的最佳手段。然而，教练应当对运动员进行定期测试，以便可以适时调整训练强度。当利用这种方式来确定训练强度的时候，教练应该将能力相差不多的运动员组成一队（例如冲刺跑时间），因为这样做可以帮助教练确定合理的运动 – 休息间歇，并最大限度地提高每名运动员的生理表现和运动能力。

间歇时长或距离

高强度运动耐力训练的质量比训练数量更加重要 [113]。间歇训练计划中有关训练时长和运动距离的选定取决于运动项目的战术模式 [114]。例如，普利斯科 [114] 称以 1：6 的运动 – 休息比进行 3 组 6 ~ 7 次 43.7 码的冲刺跑符合美式橄榄球的代谢需求。与关注训练持续时间相比，这种通过调控强度激活磷酸原和糖酵解供能机制的训练更加有效 [148]，因此，单纯的延长专项所需的时长和距离并不可行，甚至可能会导致适应紊乱反应 [113]。因此，间歇训练的时长和距离应当与基于专项活动的比赛模型相匹配。

间歇训练量

间歇训练量主要取决于年度训练计划的各个阶段、目标生理适应以及运动项目等几个方面。间歇训练量在准备期的早期阶段通常较高，在进入到竞赛期后开始减少。目前关于间歇训练引起生理表现和运动适应的最佳训练量方面的文献还十分有限。

与间歇训练量有关的研究中，训练量一般在 2 ~ 24 次 [87, 84] 甚至高达 40 次 [94]。一些实证研究建议，短跑项目的运动员每次训练应当进行 6 ~ 12 次冲刺跑练习，而中长距离项目的运动员在进行快速间歇训练时，需要 1.5 ~ 2 次重复跑练习，而在慢速间歇训练时，则需要完成 2 ~ 3 次重复跑练习 [113]。关于不同的间歇训练量安排对运动表现的影响尚缺乏足够的证据。因此，间歇训练量的控制需要基于运动员需求及训练诱导应激下的反应确定。

间歇训练时长

研究表明，在未经训练的运动员中，在 2 ~ 15 周无氧间歇训练后可以产生显著的生理适应，而这取决于训练频率、时长和间歇训练计划的强度 [37b]。另外，精英级别的自行车运动员在不足两周的高强度训练之后，获得了显著的生理适应，并提升了运动成绩 [86, 87, 144]。尽管文献同时表明，自行车运动员和跑步运动员都可以通过高强度间歇训练，在两周之内显著提高运动表现，但是还需要进一步的研究以建立相关原则，明确用于优化运动表现所需的训练时长。无论从研究层面，还是训练实践都提示应当在中等强度耐力训练阶段之后，安排较高强度的间歇性训练 [4, 46b, 135b, 162b]。

间歇训练频率

目前有关高强度间歇训练的研究文献已经对每周 2 ~ 7 天的不同训练频率进行了分析和探讨 [16, 87]。比尔莱特等人发现，当运动员从 6 节跑动训练课（在低到中等强度下利用稳定状态的方式）变为 4 节跑动训练课，并增加 1 节无氧阈训练课和 1 节高强度间歇训练课之后，最大摄氧量强度下的速度和跑步经济性都获得了提高（但最大摄氧量没有增加）。当把高强度间歇训练课增加至 3 节后，运动表现水平没有出现进一步提升，相反过度训练的风险指标却出现了增加 [17c]。在另一项研究中，进行 2 ~ 8 周多节高强度间歇训练课（每周 3 ~ 4 节）也会导致运动表现下降以及过度训练风险增加 [61b]。

因此，经验与科学证据同时表明，将高强度运动耐力训练限制在每周 1 ~ 2 天的频率范围内是比较符合实际的安排 [17c, 141b, 142]。该建议的提出是有充分依据的，因为高强度运动耐力训练会增加过度训练的风险，相关研究表明，如果每周增加高强度运动耐力训练课的频率，那么应激水平也会随之增加 [17c]。高强度运动耐力训练必须要考虑训练计划与其他训练形式相结合（例如，力量训练、快速伸缩复合训练、灵敏性训练以及战术和技术训练）。如果整合方式得当，那么高强度运动耐力训练可以与技能、技术或灵敏性训练相结合达到刺激耐力表现提升的目的 [113]。为了让运动员得到恰当的恢复，在小周期内持续刺激生理和运动表现水平适应的同时，教练要适当调整训练刺激。

间歇训练进阶

　　教练在设计高强度运动耐力训练计划时，需要综合考虑多个训练层面（例如战术、技术、力量、功率、耐力）的因素。教练在确定运动 – 休息比和运动项目所要求的耐力素质后[114]，可以建立基本的训练进阶模式。间歇性训练计划所使用的强度和训练量，取决于年度训练计划的阶段和高强度运动耐力提升的方式。当运动员在准备期之初建立一般体能基础时，间歇性训练的强度应设置的稍低一些，要包括更多低强度的活动（参见表11.9）[113]。随着运动员进入赛季，则可以使用较高的训练强度和较低的运动量（参见表11.14）[113, 114]。在准备期后期以及年度训练计划竞赛期的初始阶段，运动员应当融入更多围绕比赛的实战元素，发展高强度运动耐力，即专项耐力[114, 116]（参见表11.15）。随着赛季逐渐临近，运动员可以使用特定的策略保持赛季中的高强度运动耐力，包括各种间歇性训练和实战模拟。

表 11.14 ▶ 速度耐力提升的间歇性特征

特征			
间歇方法	变量	初级水平运动员	高水平运动员
拓展式	相对强度	60%～80% 的比赛速度	60%～80% 的比赛速度
	强度分类	低到中	低到中
	时长或距离	20～100 秒或 100～400 米	14～180 秒或 100～1,000 米
	训练量	5～12 次重复	8～20 次重复
	目标恢复心率/（次 / 分钟）	110～120	125～130
	恢复时长	60～120 秒	45～90s
强化式	相对强度	比赛速度的 80%～90%	比赛速度的 80%～90%
	强度分类	高	高
	时长或距离	15～95 秒或 100～40 米	13～180 秒或 100～1,000 米
	训练量	4～8 次重复	4～12 次重复
	目标恢复心率/（次 / 分钟）	110～120	125～130
	恢复时长	120～240 秒	90～180 秒

改编自：Plisk and Stone 2003[116].

表 11.15 ▶ 提升高强度运动耐力的实战模拟方法

方法	强度	时长或距离	400 米冲刺跑示例
超大训练	等同于比赛	小于比赛	100～200 米间歇冲刺跑
最大训练	大于比赛	等同于比赛	200～400 米间歇冲刺跑
次最大训练	小于比赛	大于或等同于比赛	400～600 米间歇冲刺跑

比赛期的间歇训练

在比赛期间，教练如果没有把综合性体能训练内容纳入到比赛期训练计划之中，并给予特别重视，那么很容易出现体能下降的情况[84, 105, 113, 137]。很多研究文献都对此进行了阐述，当无氧间歇训练量（例如，冲刺跑和灵敏性训练）急剧下降或在赛季中没有安排，体能和肌肉量会随之降低[105]。非首发运动员与首发运动员减少的程度各不相同[84]。因此，必须在赛季中的训练计划中安排专门的高强度运动耐力训练。

当教练对运动员赛季中的表现进行评估时，首先应当考虑赛季开始前6~8周的训练状况。如果在此期间运动员发生了急性训练过度（acute overtraining），那么运动员在赛季期间身体会以分解代谢为主导，且运动能力会呈现出下降的趋势[84]。即使在赛季开始前实施了合理的训练，一旦运动员没有将无氧耐力训练纳入赛季训练计划之中，运动员在赛季中的运动表现水平也会出现下降[150]。最好的方法是将专项练习、力量训练以及以高强度运动耐力为基础的体能训练结合起来[49b, 137]。当比赛频率超过每周一次，那些在7天时间内参加了3场比赛的运动员最好停止有氧耐力训练，目的是防止训练过度、促进身体恢复。

为了最大限度地提高训练时间，高强度运动耐力可以与专项运动技能训练相结合。例如，足球专项练习就可以作为体能训练方法[121]。兰披尼尼等人[121]指出，在一个较大的足球场内进行3v3比赛，可以使运动强度达到实际比赛水平。利用这种方式可以让运动员提升足球比赛所需的专项耐力。为了在进行专项技能练习的同时达到特定体能目标，教练可以控制场地大小、运动员数量、运动时长以及球员在比赛中必须采用的技能等，从而达到调整训练刺激的目标（参见表11.16）[121]。

表 11.16 负荷参数控制下的小场地足球比赛训练效果的影响方式

规则	训练效果
每支球队的运动员数量	增加每名运动员比赛参与频率较低
	减少每名运动员比赛参与频率较高
场地维度	增加每名运动员比赛参与频率较低
	减少每名运动员比赛参与频率较高
触球次数	增加更多合理时间以及较低的比赛速度
	减少更少合理时间以及较高的比赛速度
比赛时长	增加低于平均比赛强度
	减少高于平均比赛强度
休息间歇时长	增加高于平均比赛强度
	减少低于平均比赛强度

竞赛期是训练计划中的重要部分，在赛季中，不要让体能下降出现

　　尽管以技能为基础的体能训练非常重要，但是为了避免在整个赛季中出现运动能力下降，教练需要安排力量[105]、高强度运动耐力和冲刺敏捷性训练[137]。但是，教练要综合考虑不同的训练因素（例如，高强度运动耐力、技能以及力量训练），从而防止过度训练，因为在整个赛季过程中，运动表现下降不是过度训练的唯一指标。教练必须要在防止过度训练发生的同时，通过提供足够的训练刺激来维持运动员的体能水平和运动表现。

使用带有陀螺仪和 GPS 的加速度计监测集体性项目的运动员

　　在 2000 年初期，动作视频分析是训练中尤其是比赛时监测球员表现的技术。当时每名球员的运动表现根据速度的高低进行等级划分（参见图 11.9）。尽管这种做法体现了体育科学的进步，但是速度高低分类法并不足以描述运动员在比赛中的表现，因为间歇类项目包含了大量的加速和减速运动——虽然运动员会在高强度下运动，但并不一定是高速下的跑动（参见图 11.10）。到了 2005 年，迪·普兰裴若等人在其开展的一项研究中，证明了在平坦地形上进行冲刺跑时，加速阶段的生物力学等效于恒定速度下的上坡跑，坡度由向前的加速度决定，而减速阶段的生物力学与下坡跑相同[40c]。据此，就可以建立一个用于测量间歇性运动，尤其是集体性项目中每个动作代谢功率的算法[109b]。与视频分析

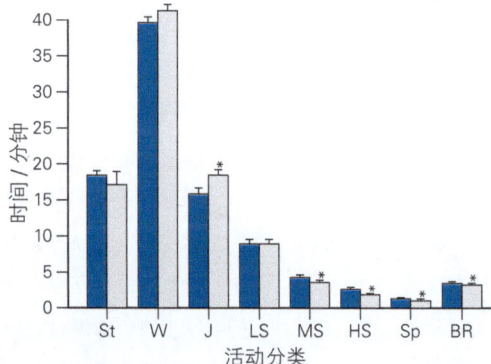

图 11.9 足球比赛中顶级球员（深色）和中等水平球员（浅色）的各项移动能力分类

St = 站立；W = 步行；J = 慢跑；LS, MS, 与 HS = 分别对应低速跑，中速跑，以及高速跑；Sp = 冲刺跑；BR = 后退跑；* = 组间具有显著性差异（$P < 0.05$）。源自：M. Mohr, P. Krustrup, and J. Bangsbo, 2003, Match performance of high-standard soccer players with special ref-erence to development of fatigue, Journal of Sports Sciences 21(7): 519-528. Reprinted by permission of the publisher.

工具相比，带有 GPS 和陀螺仪的加速度计设备因其更大的适用性和低廉的价格被越来越广泛地应用在集体性项目运动员的表现分析上。球员的表现可以根据功率输出等级进行划分：最低功率（0 瓦 / 千克 ~ 10 瓦 / 千克）、低功率（11 瓦 / 千克 ~ 20 瓦 / 千克）、中等功率（21 瓦 / 千克 ~ 35 瓦 / 千克）、高功率（36 瓦 / 千克 ~ 55 瓦 / 千克）以及最大功率（大于 55 瓦 / 千克）（参见图 11.11）。这些设备可以测量出比赛对身体的要求 [4b, 56b]，同时也可以帮助体能教练量化每名运动员在基于比赛的训练中完成的情况（例如小场地比赛），并成为提升集体性项目运动员技能和体能水平的工具 [56b, 56c]。

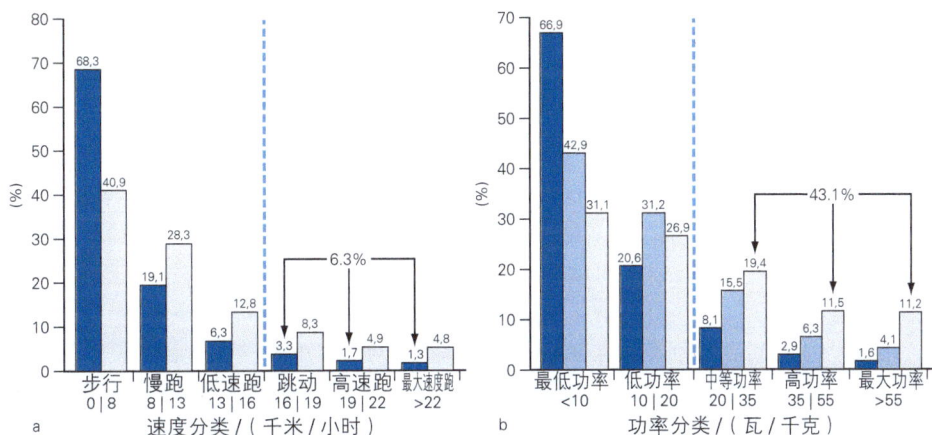

图 11.10 a. 速度分类，b. 功率输出分类两者相比，后者更好地说明了足球比赛中运动员的用力程度

源自：C. Osgnach, S. Poser, R. Bernardini, R. Rinaldo, and P.E. di Prampero, 2010, Energy cost and metabolic power in elite soccer: A new match analysis approach, Medicine & Science in Sports & Exercise 42: 170–178. Used courtesy of P.E. di Prampero, C. Osgnach, and S. Poser.

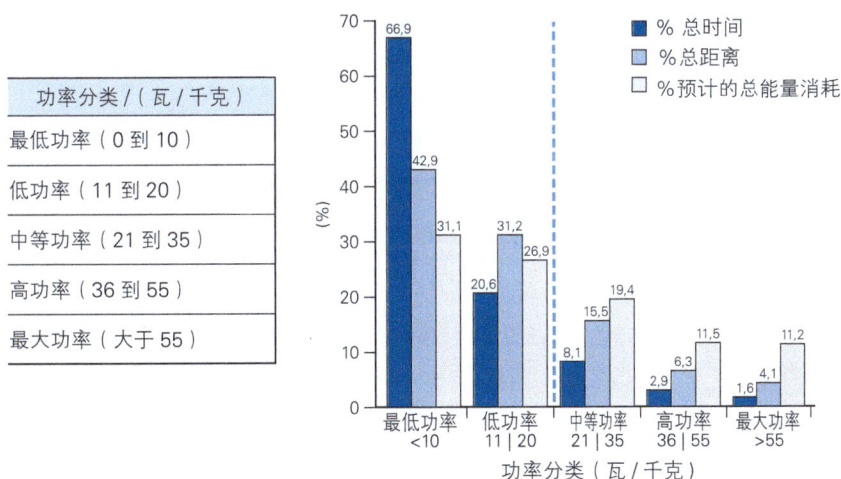

图 11.11 意大利 56 场职业足球比赛中功率输出的平均数据

源自：C. Osgnach, S. Poser, R. Bernardini, R. Rinaldo, and P.E. di Prampero, 2010, Energy cost and metabolic power in elite soccer: A new match analysis approach, Medicine & Science in Sports & Exercise 42(1): 170–178.

目前，能够依据此类表现监测设备的测量结果构建训练标准的科学研究仍显不足，因此，体能教练正在尝试利用该项技术建立专属的数据库，通过数据分析评估专项技能的训练负荷以及球员个体竞技状态的波动情况。当教练使用专项训练（例如，小场地比赛）来代替一般训练（例如，跑步）并逐渐增加负荷的时候，此过程会显得尤为重要。此外，为了使球队专项训练达到足够大的强度，还需要拥有良好的技术作为支撑，而在某些情况下，一般训练方法会更容易达到这种强度。

力量训练

大量的研究表明，力量训练可以提升高强度运动耐力[66, 67, 99, 125, 147]，得出这一结论的原因极有可能与训练后运动员肌肉力量、形态适应提高，或缓冲能力的代谢适应提升有关[102, 125]。

当训练计划包含了每组重复 12 次或以上的抗阻训练的时候，高强度运动耐力水平便会得到提升[125]。运动强度增加时，运动表现也会随之提升[66]。与低重复次数或单组训练方案相比，每组包括更高的重复次数（大于 8 次）且重复多组的抗阻练习，更有可能提升高强度运动耐力[51, 99, 146]。另外，大训练量（负荷量）的抗阻训练也能够在更大的程度范围内提升高强度运动耐力。

多篇研究文献指出，抗阻训练组间的短时休息间歇可以提升高强度运动耐力表现[51, 146]。此结论近期得到了希尔·哈斯等人研究的支持，他们认为包含短间歇（20 秒）的抗阻训练计划相比于长间歇（80 秒）的抗阻训练计划而言，前者可以极大提升高强度运动耐力水平（>12.5%）。在短时休息间歇的训练计划中，运动员长时间处于有助于发展高强度运动耐力表现的高乳酸水平状态下，因此运动员的乳酸缓冲能力会得到提升和发展。然而，罗宾逊等人[125]对此提出了相反的观点，相比于长时休息间歇（180 秒），短时休息间歇（30 秒）并不会提升高强度运动耐力表现。他们在研究中发现，仅仅是提升抗阻训练的训练量就可以更有效地提升高强度运动耐力，并且不会对其他训练适应产生负面影响。

上述两项研究都发现了短时休息间歇对力量表现的提升作用较为平缓[67, 125]。由于冲刺跑速度与肌肉力量高度相关[6, 37]，而增加训练量和强度提升的是高强度运动耐力[99, 125]，因此在练习组间减少休息间歇的有效性受到了质疑。总之，教练和运动员在控制休息间歇时间方面应当特别谨慎，避免因休息间歇的极大减少而影响到力量的提升。

耐力周期

尽管提升专项身体运动能力的方法和手段始终处于持续的发展之中，但是一些传统的方法仍然在被沿用，尤其是在耐力表现发展方面。在以速度和功率为主导的运动项目中，有氧耐力的作用并不是那么重要（除了一些集体性项目，例如足球、长曲棍球、水球）。然而，在诸如美式橄榄球、板球、棒球、曲棍球、篮球、板球以及长距离慢跑等项目中，尽管有氧耐力并不是这些项目的专项需求以及主导的供能系统，但是依然被认为需要获得发展。例如，在美式橄榄球的比赛中，后卫球员每场会进行 40~60 次的 3~6 秒的加速跑，休息间歇时长为 1~3 分钟。5 英里跑训练无益于这种能力的发展。对于此类以功率为主导的运动项目，在一般准备期的首个大周期，可以安排重复相同距离（400 ~ 600 米）的多组节奏训练，或降序阶梯式训练（根据每次重复的距离而变换不同的强度，参见图 11.12），或低强度间歇训练。此时，训练强度和距离可以以周为单位变化，从一般训练到专项训练逐步演进。也可以将跑动距离拆分，为更加专项的往返跑方式进行训练。

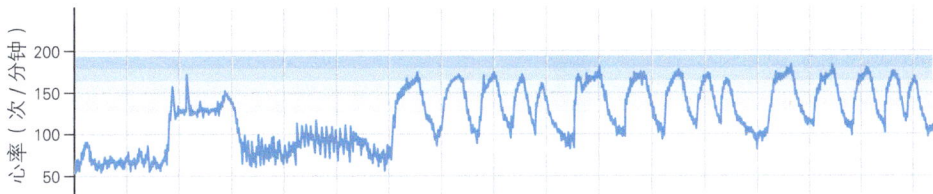

图 11.12 以阶梯方式进行的有氧功率训练课的心率变化（训练由 3 组 600-500-400-300-200 米重复跑练习构成，每个跑动距离分别对应 95%–95%–100%–100% 的最大有氧速度进行，每次重复跑之间的运动 – 休息间歇比为 1 : 1。）

教练应该遵循年度训练计划（从准备期开始，随后进入竞赛期），逐步从以有氧为主的训练（强度区间 5 到 3）进阶至无氧乳酸系统的训练（强度区间 2）。参见图 11.13 的示例。

设计具有六个强度区间的耐力训练

在所有运动项目中，教练必须要在小周期中改变训练强度，以提升运动员对训练的生理适应以及高负荷训练后的恢复。然而，训练强度的变化取决于比赛的专项供能比例及训练阶段的特征。

绝大多数运动项目的能量供应需要所有供能系统共同参与，因此为了能够让运动员在所有供能系统下获得发展，训练必然会变得更加复杂，尤其是在准备期之后的阶段及整个竞赛期当中。

我们在表 11.17 中给出了 6 级强度值，以帮助教练制定科学和合理的训练计划，并充分兼顾运动员的生理特征及项目的供能需求。对这些强度值的罗列旨在呈现功率输出的程度和范围，从 1 区的最大功率输出为主的供能系统到 6 区的最低功率输出为主的供能系统。

表 11.17	耐力训练的 6 级强度区间
强度区间	训练类型
1	非乳酸系统训练
2	乳酸训练
3	最大摄氧量训练
4	无氧阈训练
5	有氧阈训练
6	有氧补偿训练

区间 1：非乳酸系统训练（Alactic System Training，AST）

非乳酸系统训练的目的是增加运动员以更经济的方式获得更快运动的能力。非乳酸系统训练主要发展起动和加速能力。在 2 ~ 8 秒的短时运动中，以高于 95% 的最大速度进行训练可以实现上述目标。此类训练计划主要激活的是磷酸原供能系统，训练结果是储存在肌肉中

年度计划训练安排表

教练：

类型：

日期	10月	11月	12月	1月	2月	3月	4月	5月	6月	7月	8月
主要阶段	准备期						比赛期				过渡期
次级阶段	一般准备期			专项准备期		赛前	赛中				过渡期
大周期	1	2	3	4	5	6	7	8	9	10	11	12	13	14	15

小周期 / 强度（最大摄氧量的百分比/%）

小周期	1	2	3	4	5	6	7	8	9	10	11	12	13	14	15	16	17	18	19	20	21	22	23
强度/%	70	75	80	75	80	85	90	85	90	95	90	95	90	90	100	90	90	>100	90	>100	>100	90	90

小周期	24	25	26	27	28	29	30	31	32	33	34	35	36	37	38	39	40	41	42	43	44	45	46
强度/%	100/60	100/60	95/60	100/60	100/60	95/60	100/60	95/60	100/60	95/60	100/60	95/60	100/60	95/60	95/60	100/60	90/60	60	65	60	65	70	65

耐力周期（耐力）

阶段	小周期
节奏训练	1–3
有氧间隙训练	4–11
无氧间隙训练	12–15
专项耐力训练	16–23
表现维持训练	24–40
长距离慢跑训练	41–46

图11.13 包括20周准备期的集体性项目年度耐力周期计划示例

的磷酸肌酸数量增加，增加磷酸原供能系统中负责能量释放的酶的活性。

　　为了实现肌肉磷酸肌酸供应的完全恢复，训练中的组间休息必须采用长时恢复间歇（运动　休息比=1：50至1：100）。如果休息间歇较短，就会导致磷酸肌酸恢复不完全，使无氧糖酵解系统成为主要供能系统，而非既定的磷酸盐反应。一旦出现这种情况，运动员的速度就会因为乳酸的积累而下降，并影响到预期的训练效果。由于无氧糖酵解供能系统发挥作用的标志就是肌肉酸中毒，因此非乳酸系统训练或冲刺跑训练应当避免这一现象的发生。

区间2：乳酸训练（Lactic Acid Training，LAT）

　　乳酸训练可以提升运动员以乳酸供能的能力，以及耐受乳酸的能力，这种能力对15~90秒的快速重复运动非常重要。在40~50秒高强度活动时，身体会积累大量的乳酸，而以最大用力程度进行12~16秒的活动时乳酸的产生速率最快。增加乳酸供能系统的代谢酶的活性以及神经系统的适应性，可以提高乳酸供能活动时的功率输出。实际上，在以乳酸功为主的专项中（时长10~20秒），神经系统维持肌肉放电频率的能力比代谢方面的因素更有可能决定运动员的运动表现[155b]。

　　另一方面，由于骨骼肌不断地将乳酸从血液中清除的能力提高后，运动员的乳酸耐受力也会得到提升。研究表明高强度训练后会使乳酸转运蛋白含量增加（17克）。身体从血液中清除乳酸并将其运输至慢肌纤维作为能量使用的能力是一种适应性反应，这不仅能够延缓疲劳，同时势必将提升运动员在强调乳酸耐受力的运动项目中的运动表现。

　　如果一名运动员的神经系统已经通过训练能够在乳酸作用期间继续维持放电频率，或者他能够承受肌肉酸化（血液中乳酸含量高）带来的不适，那么他就可以长时间保持良好的运动表现。因此，以强度区间2进行训练的目的是让运动员适应长时间最大强度下的神经压力，获得抵抗因乳酸堆积而产生的酸化效应，加强运动员从肌肉中清除乳酸的能力，并提升运动员在生理和心理上对训练不适和比赛挑战的承受能力。

　　以下列出了强度区间2的训练。

1. 短时乳酸功率训练：由多组短时、接近最大强度或最大强度的重复性运动或练习（3~10秒）构成，组间穿插更加短的休息间歇（15秒~4分钟，取决于练习时长、重复次数以及相对强度），让机体只能清除部分乳酸。在此类训练中，运动员需要在极限酸化的情况下承受体内激增的乳酸，并保持较高水平的无氧功率输出。这种方法通常用于临近赛季时，以及运动员挑战自身最大能力时。

2. 长时乳酸功率训练：接近最大强度或最大强度进行更长时间的重复性练习（10~20秒），可让乳酸供能系统以最大能量产出率工作。这是让神经肌肉处于最大应激状态的训练方式之一。因此，为了保证重复练习的质量，运动员需要更长时间的休息间歇（12~30分钟，具体取决于运动员的运动表现以及重复次数），确保身体能够将乳酸全部移除并保证中枢神经系统的恢复。如果休息间歇不够充分，那么将不会完全恢复，受伤风险也会随之增加。

3. 乳酸耐受能力训练：由更长时间（20~60秒）的高强度重复性练习构成，通过训练增加机体乳酸含量（建议超过12毫摩尔）。为了保证练习的质量，运动员需要中等时长的休息间歇（4~8分钟，具体取决于练习时长、重复次数以及相对强度），使乳酸能够完全移除。如果运动员的休息间歇不够充分，那么乳酸在未被完全清除的情况下，酸化作用会持续发生作用。在这种情况下，运动员会被迫将重复活动的速度降低至既定水平以下。相应地，运动员将无法达到提升乳酸耐受能力的预期效果，而是在有氧供能系统下进行训练。

从心理学角度上来说，乳酸耐受训练的目的是促使运动员超越不适极限或阈值。但是，这类型训练的使用频率每周不宜超过两次，因为这会让运动员会产生极大的疲劳感。训练过量会使让运动员处于受伤、过度训练的风险当中。

区间 3：最大摄氧量训练

在训练和比赛期间，负责氧运输的传输系统的中心性因素（心脏）和外围性因素（工作肌肉部分的毛细血管）都承受着向机体提供所需氧气的巨大压力。由于工作肌肉方面的氧气供应是限制运动表现的重要因素之一，同时最大摄氧量较高的运动员在耐力项目的比赛成绩更为理想，因此教练和运动员必须充分地重视最大摄氧量训练。

最大摄氧量训练可以促进循环系统的氧气运输能力及肌肉系统对氧气的提取和利用率。因此，提升最大摄氧量的训练应当在训练计划中占有较大的比重。为了达到这一训练效果，就需要以 90%～100% 的最大摄氧量强度进行 1～6 分钟的训练（专项活动时长越长，重复次数减少）。每堂课练习的重复次数取决于专项活动的时间特征：运动持续时间越长，那么重复的次数（时间）就应该越少。因此，在一节既定的训练课内，如果运动员每次都以 100% 最大摄氧量的强度重复 6 次时长为 3 分钟的练习，或者以 95% 的最大摄氧量的强度重复 8 次时长为 5 分钟的练习，并设置 1∶1 的休息间歇，那么运动员就可以从中获益。

通过练习时间稍短（30 秒～2 分钟）、间歇时间短（10～30 秒）、大于最大摄氧量的强度进行训练，就可以提高运动员的最大摄氧量。在这种情况下，可以通过多次重复练习（4～12 次）的累积达到最大摄氧量，而非 1 或 2 次的重复运动，这种训练可以动用无氧系统。

区间 4：无氧阈训练（Anaerobic Threshold Training，AnTT）

无氧阈训练指的是采用血液中乳酸扩散率等于移除率（AnTT=4～6 毫摩尔）时的运动强度进行训练。肌肉中产生的乳酸会扩散至临近非工作状态的肌肉当中，因此可以降低乳酸浓度。在工作肌肉中的乳酸除了可以被代谢排除之外，还能够以和乳酸堆积相同的速率被心脏、肝脏和肌肉从血液中清除出去。

该类训练可以通过 85%～90% 的最大摄氧量强度或 92%～96% 的最大心率强度进行更短时间（1～6 分钟）的重复练习，但组间需采用稍长的休息间歇（运动－休息比在 1∶0.5 至 1∶1）。这样的训练可以在乳酸浓度未发生明显增加的情况下同时刺激无氧和有氧代谢。该训练效果还可以通过延长重复练习的时间加以实现：以 80%～85% 的最大摄氧量强度，重复 7 次时长为 8～15 分钟的练习，或者按照 1∶0.3 和 1∶0.5 的运动－休息比完成 87%～92% 的最大心率强度的训练。在此类训练计划中，运动速度会比平常情况略快，因此运动员可能会感受到轻度不适。

区间 5：有氧阈训练（Aerobic Threshold Training，ATT）

高水平有氧能力是所有中长时间专项的决定性因素。同样，也是所有以有氧供能为主导项目的关键要素。绝大多数运动项目都可以从有氧阈训练获得益处，因为这种训练可以让运动员在训练或比赛后快速恢复、提升心肺和神经系统效率以及促进代谢系统高效运转。与此同时，增加运动员对长时间训练应激的耐受能力。

大多数有氧阈训练都是无间断（统一配速）的大训练量练习，或者是超过 10 分钟的间歇性重复性练习。有氧阈训练课的时长在 1 ~ 2 小时。运动员只有在乳酸浓度在 2 ~ 3 毫摩尔且心率在 130 次 / 分钟 ~ 150 次 / 分钟的时候才能获得预期训练效果。如果低于上述标准，那么训练效果就很难达到。

在比赛期，可以将有氧阈训练作为维持有氧能力的方法或者将其作为低强度下维持一般体能水平的恢复训练课，每周进行 1 或 2 次。

区间 6：有氧补偿训练（Aerobic Compensation Training，CoT）

有氧补偿训练可以促进运动员赛后和强度区间 2 和 3 高强度训练课后的恢复。具体而言，为了清除系统当中的代谢产物，加速恢复和再生，必须在计划中安排强度非常低的训练（最大摄氧量的 45% ~ 60%）。

高强度耐力训练是促进运动员适应与运动表现提升不可或缺的训练。但是，在身体尚未恢复并得到强化之前就进行大负荷的训练会对身体带来负面影响。以最大能力 50% 的强度进行 5 ~ 20 分钟的自行车或跑步等主动性恢复方式可以促进恢复和再生。

与此相反，如果在剧烈的耐力训练之后采用的是静止类的休息方式（如仰卧或坐下），那么很可能延缓身体系统的恢复，降低训练副产物的清除速度。恢复和再生减缓的原因来自于睾酮素和肾上腺素含量的增加，同时白细胞和免疫系统催化剂（比如中性白细胞和单核细胞）含量的降低也会加剧这一现象 [66b, 72b, 159b]。

另一方面，积极恢复（辅以合理的运动后营养摄入）已经被证实可以抵消因睾酮素和肾上腺素提升并清除白细胞含量下降以及中性白细胞和单核细胞下降带来的负面影响 [66b, 72b, 159b]。同时，积极恢复方式会在剧烈的训练后触发免疫系统功能，从而促进身体更快恢复。

因此，训练课结束之后，训练中的困难部分已经全部完成，但是对于那些愿意为适应和表现提升投入精力的运动员而言，就应当再利用额外的 15 ~ 20 分钟的时间进行恢复和再生。放弃这一部分内容会延缓恢复进程，并可能对下次训练课造成负面影响，甚至导致过度训练和损伤。在训练最为艰难的几周时间里，强度区间 6 的训练可以安排 2 ~ 3 次，有时候还可以与其他强度的训练结合起来（这种情况下应当安排在训练结束的时间段里进行）。

周计划的制定

我们已经展示了 6 种不同强度区间的训练方法，那么接下来最为关键的问题是如何将它们纳入训练计划当中。通常情况下，教练在制定计划时会将身体、战术或技术目标安排在某段时间或小周期内完成。然而，最关键部分是供能系统的训练，这也是良好运动表现的基础。教练必须要在对比赛制胜的生理学特征分析基础上，将能量系统与技术和战术层面相互结合。

当设计小周期计划时，教练并不需要写出具体的训练内容，但是周期内量化训练强度的数值需要明确标识。这可以清晰呈现训练课中所针对的能量系统。每个小周期的 6 个训练强度的分布取决于训练阶段、运动员的需求以及比赛是否处于该周期的结束之后。

在设定小周期内训练强度值的分布情况时，最主要的一个关注点是运动员对训练的生理反应，以及既定强度下的疲劳程度。当运动员以最高强度区间之上的某个强度进行训练时，就会连续产生较高程度的疲劳。因此，这样的训练课之后应该安排一节 5 区强度的训练课，通过更少的训练量实现超量恢复。这是小周期内改变强度和供能系统的原则。另一方面，对于一个纯有氧类的运动项目而言（马拉松、越野滑雪），只需要思考如何对强度进行调控，因为几乎所有的训练课都是以有氧供能为主。

通常情况下，一次训练课内的不同强度组合也非常必要。例如，鉴于无氧训练（即区间 1 和 2）最为费力和疲劳，因此教练应该在此类训练结束后设计强度更低的训练（即区间 6），因此建议采用区间 1 和 3 组合，或是区间 2 和 6 组合。这样的组合可以保持或强化有氧耐力水平，尤其可以促进训练课之间的恢复速率。

不同专项的生理适应特征也会影响强度组合的构成。例如，有一种 1+3+2 的组合模型。即，在比赛开始阶段（先发制人）主要依靠磷酸原供能系统提供能量（区间 1）；之后利用乳酸和有氧系统产生能量（区间 3）；最后，运动员需要承受不断增加的乳酸水平（区间 2），组合使用这 3 个强度区间将决定最终比赛胜负的走向。

如果教练想要制定出更加高效的训练计划，那么就要为计划制定提供一定的科学依据。在训练计划中实施 6 种强度类型的训练，需要整合以耐力为主导或与耐力相关的运动项目所必需的所有供能系统，覆盖从磷酸原系统到乳酸系统再到有氧系统等全部供能系统。在这个方法中，教练可以为计划赋予数值，包括依据运动项目的类型、训练阶段以及运动员的需求标注出小周期中的供能比例和强度分布。

为了避免过度训练带来的不良影响，在严格遵循超量恢复原则的同时，要考虑标注强度的顺序和使用频率。在这种情况下，计划愈加科学，就越会体现出逻辑次序，并体现高、低强度刺激之间交替改变时的训练要求，使疲劳通过再生手段得以持续的恢复。

主要概念总结

所有运动项目都需要一定程度的耐力。教练必须确定专项中用于优化运动表现的耐力类型。耐力可以分为低强度运动耐力和高强度运动耐力。长时间持续运动的运动项目通常需要低强度运动耐力。与之相反，高强度运动耐力是在需要穿插一定恢复时间的持续重复性高强度运动中需要具备的能力。高强度运动耐力的运动项目依赖于运动员较高的功率输出或高水平力量的生成能力。高强度运动耐力训练方式可以提升低强度运动耐力表现，但是低强度运动耐力的训练方法却会降低高强度运动耐力表现。当教练在指导集体性项目的运动员时，必须要根据场上位置——其主导的供能系统、与不同速度或功率输出相适配的跑动量以及最终运动员的最大有氧速度——来调控训练强度和休息间歇等因素，为运动员量身定制耐力发展计划。只有个性化的训练计划才能使运动员的专项耐力得到最大限度的发展。

第十二章　速度与灵敏性训练 12

在大多数的运动项目中，速度、灵敏性以及速度耐力是影响运动表现的关键能力。这些能力相互联系，且很大程度上取决于运动员的肌肉力量。将速度、灵敏性以及速度耐力训练纳入年度训练计划当中，并控制特定的训练变量，可以实现运动能力的最佳发展。因此，对速度、灵敏性以及速度耐力影响因素的理解将有助于教练建立起促进最佳运动表现的专项训练计划。

速度训练

速度是快速移动一段距离的能力。快速直线移动或朝不同方向（变向）移动的能力是影响很多运动项目运动员场上表现的重要因素。直线冲刺跑可以分为加速、最大速度获得以及最大速度保持3个阶段 [27, 75]。加速是在最短的时间内将速度提升到最大速度的能力。加速决定了短距离内（例如，5米和20米）的冲刺能力，通常以速度单位米/秒或一个单位时间进行计量。不同项目运动员的加速能力各有不同。例如，在100米跑时，未经训练的运动员能够在20~30米内达到最大速度 [27]，而训练有素的运动员则在50~60米处才会达到 [65] 最大速度。伸膝肌群、伸髋肌群和跖屈肌群（小腿肌群）的最大力量水平限制了不同运动员的加速能力，这是因为力量与冲刺跑能力有着极大的联系。与速度较慢的运动员相比，速度更快的运动员身体也更加强壮、加速能力也更强，该结论已经得到了相关文献的支持 [6, 24, 69, 110]。

在很多运动项目中，加速能力是影响比赛表现的重要因素。例如，足球比赛中的冲刺跑距离在5~50或60米范围内，平均距离为17米 [9]。在冲刺跑起动之前，球员通常处于慢速的移动状态，[110] 或者在准备摆脱对手或准备铲断。因此，起动前几步的快速加速能力对场上表现至关重要。上述数据表明，针对加速阶段的冲刺跑训练计划应当着重发展专项力量（最大力量和爆发力）和力学技能（mechanical skill）[110]。

在完成冲刺跑的加速阶段后，运动员将会获得最大跑动速度。一名运动员很有可能拥有强大的加速能力，但是高速跑的表现却差强人意，这也说明了加速和最大跑动速度是不同类型的能力 [26]。在冲刺跑过程中加速和最大速度部分的动力学差异印证了这一观点 [78, 110]，同时，跑步的力学机制和专项力量素质 [69] 在提升最大跑动速度方面都具有非常重要的作用。

直线冲刺跑的最后阶段要求运动员继续保持最大速度，该能力体现了短跑运动员的速度耐力表现。尽管运动员以最高速度移动，但是疲劳程度的加剧开始影响运动员维持力量输出的能力和有效的跑步技术，进而对跑动速度产生影响。当运动员以最大速度冲刺跑时，由于受到快速糖酵解供能速率的影响，一旦休息间歇不足就会导致磷酸肌酸消耗殆尽，以及乳酸

的堆积 [91]。随着磷酸肌酸含量不断减少，运动员将更加依靠无氧乳酸供能系统。乳酸的持续增加导致氢离子开始出现累积，最终会削弱运动员的发力能力 [99]，并对跑步技术和机械效率产生负面干扰。无论是穿插较短休息间歇的短时反复冲刺跑计划，还是带有充足休息间歇的长时重复性冲刺跑计划，都有助于肌肉缓冲能力的提升并降低疲劳 [25, 97, 91]。另一方面，发展最大速度的训练应该采用带有充分休息间歇的短时重复性练习。

    速度是允许运动员保持高动作速率的一系列技能与能力的表达。尽管人们习惯性认为跑动技术与能力互不联系，而事实上二者之间却高度相关，并且可以通过专项训练获得提升 [91, 92]。合理的使用冲刺跑训练方法，并结合周期训练计划，可以提升冲刺跑的运动表现（例如加速、实现最高速度，以及保持最高速度），最终提高竞技表现水平。

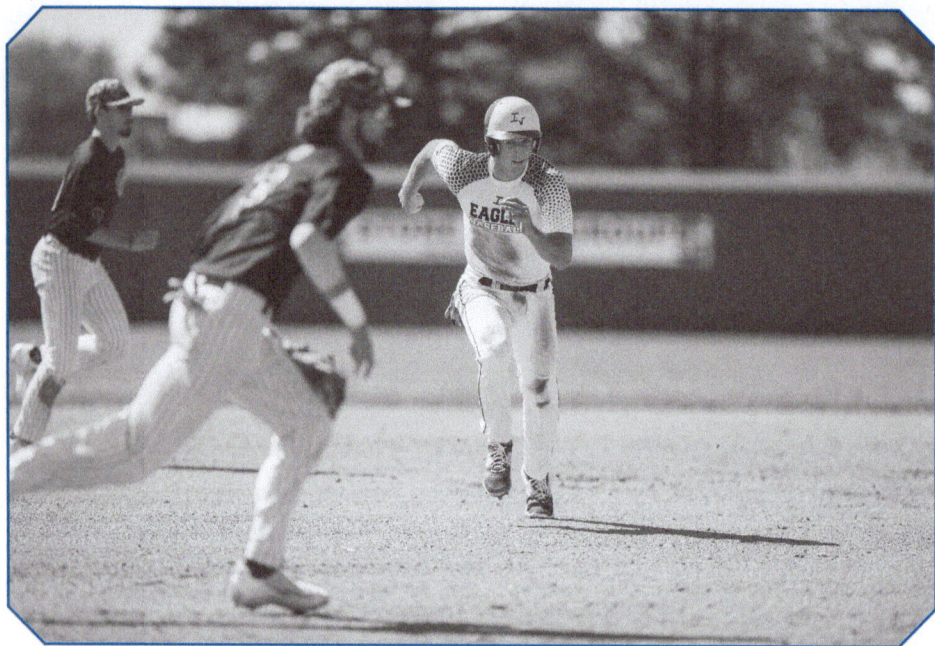

不仅径赛运动员需要进行速度训练，所有专项的运动员都需要将速度训练纳入训练计划中

影响速度提高的因素

    为了提升速度，教练和运动员必须理解影响运动员产生高动作速率的因素。多个生理上和运动表现水平上的因素可以影响冲刺跑能力，接下来的内容会进行相关说明。

能量系统

冲刺跑要求能量快速释放，使肌肉内横桥滑动周期加快，以及快速地重复性产生肌肉力量。身体在冲刺跑时通过以下 3 种方式满足肌肉对能量的需求：（1）改变特定能量生成途径的酶活性；（2）增加肌肉中的能量储存；（3）提升肌肉对疲劳代谢产物堆积的耐受能力[91]。

（1）酶活性。 身体的 3 大供能系统（磷酸原供能系统、糖酵解供能系统以及有氧供能系统）都可以提供能量[67]。其中，磷酸原供能系统和糖酵解供能系统在冲刺跑活动中占据主导地位。有氧供能系统的贡献程度取决于跑动时长、距离、重复次数，以及重复运动之间的休息间歇。例如，当冲刺跑的时间较长（大于或等于 30 秒），并且重复次数较多、休息间歇时间较短，那么有氧供能系统的能量供应比重就会逐渐增加[67]。因此，酶的适应性对于训练过程中的冲刺跑练习具有特殊的作用[91]。

磷酸原供能系统对冲刺跑活动的反应表明，肌肉中三磷酸腺苷和磷酸肌酸的存储量会因冲刺跑训练而急剧减少[45]。冲刺跑速度较快的运动员其磷酸肌酸分解速率越高[45]，这是因为磷酸肌酸激酶（creatine phosphokinase，CPK）活性会因冲刺跑训练而增加[78, 83, 102]。为了满足冲刺跑训练中身体对三磷酸腺苷需求的增加，肌激酶（myokinase，MK）活性增加，从而提升三磷酸腺苷的合成速率[25, 93]。研究已经证实，无论是在短时还是长时冲刺跑训练过程中，肌激酶的活性都会出现增加[25, 83]。

几种与糖酵解供能系统相关的重要酶，同样也会受到不同形式冲刺跑训练的影响[91]。例如，负责肌糖原分解的糖原磷酸化酶（phosphorylase，PHOS）活性，无论是在短时（小于 10 秒）还是长时（大于 10 秒）冲刺跑运动中都会有所增加[25, 51, 66, 83, 91]。磷酸果酸激酶（phosphofructokinase，PFK）活性（调节糖酵解速率的酶）似乎也能在短时或长时，以及两者结合的冲刺跑运动中出现增加。磷酸果酸激酶活性的变化极为重要，这是因为磷酸果酸激酶活性已经被证实与高强度运动表现(如冲刺跑活动)有关[101]。最后，在短时和长时冲刺跑中，乳酸脱氢酶（lactate dehydrogenase，LDH）活性也已经被证明会出现增加[19, 47, 66, 79, 90, 91]。

当运动员进行 10 秒全力冲刺跑练习时，有氧供能系统在此过程中的能量供应比例最少（13%）[11]。但是，在进行多次较长时间的冲刺跑过程中（大于或等于 30 秒），糖酵解供能系统的能量供应会显著减少，同时还伴随着最大爆发力和速度的降低[10]。这可能是因为氢离子浓度的提升放慢了糖酵解供能的速率，造成乳酸生成速度的减缓。为了满足工作肌肉的能量需求，有氧代谢的供能的贡献提高[8, 10, 97]。然而，有氧供能系统的能量供应贡献率很大程度上受冲刺跑时长以及休息间歇的影响[7]。例如，在较短的休息间歇内进行多次更长距离的冲刺跑将会增加有氧供能系统的能量供应比例。随着有氧供能系统的能量供应率不断增加，琥珀酸脱氢酶和柠檬酸合生酶（氧化系统的关键酶）活性会在冲刺跑过程中增加也就不足为奇了[19, 47, 66]。

无论是长时间还是短时间的冲刺间歇训练，都能显著提高运动员的有氧功率（最大摄氧量）[57, 97]。因此，高强度间歇训练是提升以无氧（例如，足球、美式橄榄球、篮球）和有氧（例如，长跑、自行车、滑雪）供能为主的运动项目专项体能的方法[44, 46]。在实际比赛中经常会看到与反复冲刺跑相类似的活动形式，然而这类运动都是以有氧供能为主，因此并非只有长距离有氧训练才是提高体能的最佳方式。例如，赫尔格鲁德等人[44]就在研究中发现，与传统的有氧训练相比，高强度间歇训练可以显著提升最大摄氧量。这种以间歇为主的训练方式引起的最大摄氧量提高，与足球比赛中的跑步经济性、跑动距离、结合球的相关活动次数以及平均运动强度显著相关[43]。

冲刺跑训练引起的酶活性变化加速了糖酵解供能系统提供三磷酸腺苷的速率，因而在促进肌肉快速收缩方面起到了不可或缺的作用。对集体性项目的运动员来讲，与传统的耐力训练相比，多组高强度冲刺间歇训练对提高他们运动表现的效果更好。高强度间歇训练应当是集体性项目首选的耐力训练，尤其是在专项准备期。

（2）能量底物的储备。　如果能提高代谢底物的储备，那么运动开始后就能提升运动员进行或保持高强度运动的能力[91, 106]。帕拉等人[83]认为，短时冲刺跑可以提升静息状态下磷酸肌酸和糖原的水平，而长时间的训练只会提升静息状态下糖原的水平。这表明冲刺训练计划会改变储存在肌肉中的能量底物。能量底物含量的改变会对冲刺跑表现提升产生一定的帮助[83]。

（3）疲劳所导致的代谢产物的堆积。　反复冲刺跑运动后，会造成乳酸的堆积，进而对冲刺跑表现造成负面影响[62, 107]。随着乳酸含量堆积的增加，氢离子浓度也会随之增加（会抑制磷酸果酸激酶的活性）[41]，导致钙离子传输速率下降[59]，以及骨骼肌肉内横桥周期滑动的速率降低[100]。如果氢离子无法得到缓冲，那么冲刺跑的能力，特别是反复冲刺跑的能力，都将因此被削弱[57]。

研究已经证明高强度间歇训练可以增强缓冲能力[70, 107]。缓冲能力的增加，意味着维持能量供应的能力也相应提升，因此就能够维持较高的功率输出表现，例如冲刺跑。如果要为冲刺跑和灵敏性表现建立生理学基础，就应当将高强度间歇训练纳入整个训练计划中，通过提高缓冲能力，使身体能够承受代谢疲劳积累（例如乳酸和氢离子）。更多的关于提升耐力和缓冲能力的内容，请参考第十一章。

神经肌肉系统

运动员肌肉的形态学特征以及对神经激活模式的适应能够在高速运动中发挥极其重要的作用。20世纪末期有研究者提出，运动员在冲刺跑运动中的运动表现水平绝大程度上取决于遗传因素，但是最新研究表明肌纤维特征以及神经激活模式会因不同的训练刺激而改变[92, 103-105, 108, 109]。

肌纤维类型　肌肉纤维类型或组成在决定冲刺跑表现方面扮演着重要的作用。更高比例的Ⅱb型肌纤维或Ⅱx肌球蛋白重链亚型肌纤维（快肌纤维）在需要高功率输出或高水平力量的活动中具有很大的优势[17, 84]，例如这种优势可以体现在冲刺跑活动中。肌球蛋白重链亚型肌纤维连续体涵盖了Ⅰ型肌纤维（慢肌纤维）到Ⅱa、Ⅱb或Ⅱx型肌纤维，以及作为亚型肌纤维之间过渡状态存在的特定混合体（例如Ⅰ/Ⅱa、Ⅰ/Ⅱa/Ⅱx、Ⅱa/Ⅱx）[5, 85, 108]。在单一肌球蛋白重链亚型的不同肌纤维中，发现了不同的力量与爆发力生成能力（参见图12.1）。其中，Ⅰ型纤维表现出了最低的力量和爆发力生成能力，而Ⅱb型或Ⅱx肌球蛋白重链亚型肌纤维与最大爆发力和力量的生成能力有关[16, 17]。

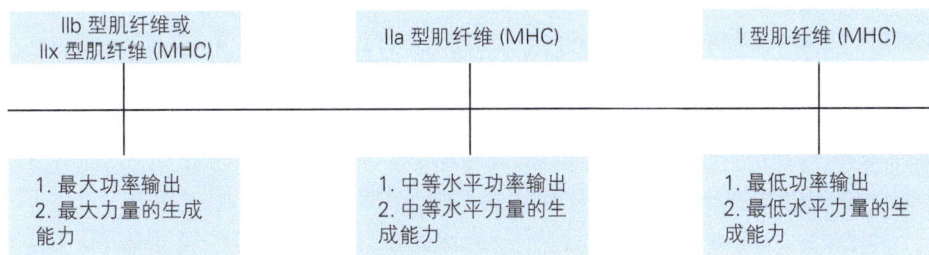

IIb 型肌纤维或 IIx 型肌纤维 (MHC)	IIa 型肌纤维 (MHC)	I 型肌纤维 (MHC)
1. 最大功率输出 2. 最大力量的生成能力	1. 中等水平功率输出 2. 中等水平力量的生成能力	1. 最低功率输出 2. 最低水平力量的生成能力

图 12.1 肌球蛋白重链肌纤维亚型对应的功率输出和力量的生成能力

　　正是由于爆发力、力量和纤维类型之间的相互关系，运动员的肌纤维类型在一定程度上决定着冲刺跑能力。相关研究支持了上述说法，研究表明冲刺跑表现与运动员Ⅱ型肌纤维比例有着极大的关系[25, 32, 73]。相比于未经训练或之前参加过耐力训练的运动员而言，参加了冲刺跑训练的运动员具有更大的力量生成速率和力量输出能力[39, 68]，这可能与更高Ⅱ型肌纤维比例有关。事实上，研究已经证实短跑运动员都拥有高比例的Ⅱ型肌纤维[23]。因此，训练引起肌纤维构成的特定适应性可以解释冲刺跑表现的提升。

　　运动员在短跑训练后肌纤维改变的能力在一定程度上取决于个体差异和遗传特征。长时间的耐力训练通常会使Ⅱ型肌纤维向Ⅰ型肌纤维转变（例如：Ⅱx或Ⅱb→Ⅱa→Ⅰ），从而对冲刺跑运动表现产生不利影响[104]。相反，冲刺跑训练可以增加Ⅱ型肌纤维的含量[25, 31, 47, 48]。当冲刺训练跑训练计划包含的是高频次的乳酸环境下的练习，那么就会触发向Ⅱ型肌纤维的双向转变（Ⅰ→Ⅱa→Ⅱb或Ⅱx）[3, 4, 91]。然而，如果训练计划中加入了耐力训练，那么这种对肌纤维构成的有利适应性过程就会变得不明显[91]。在反复冲刺训练中，如果运动员在重复练习之间或练习组间得不到充分休息[42, 60, 91]或者只进行持续时间较长的快速跑[19, 58, 91, 96]，那么就可能获得与耐力训练相似的肌纤维构成变化。因此，教练在制定周期训练计划时，必须仔细考量训练内容。首先，那些需要运动员在比赛中表现出高水平冲刺速度的项目，应当尽量避免进行诸如长距离慢跑类的传统耐力训练。其次，根据运动员的需求以及专项要求，短时休息间歇以及更长时间的冲刺跑练习应当安排在年度训练计划中的一般准备期。随着进阶到专项准备期，以及进入到比赛期，进行更短时间的冲刺跑、更长时间的休息间歇训练将有助于发展运动员的高速运动能力。

　　神经因素　高速训练，例如最大强度的冲刺跑训练，需要较高的神经激活水平[29, 51, 81, 92]。影响短跑能力的神经因素有很多，包括肌肉激活的顺序、牵张反射以及神经疲劳的程度[92]。

　　肌肉激活　当进行冲刺跑时，多个部位的肌群需要以特定的时间和强度激活才能达到理想的动作速度[92]。训练使得神经支配模式得以改善，并形成了更加完善和高效的动作程序[72, 92]。协同肌的贡献率会随着肌肉收缩速度的变化而发生改变[20, 92]。研究已经表明，肌肉拉长-缩短周期也会因此而发生改变[92]，并能够影响跑步过程中的推进力[29]。最后，在优化冲刺跑能力时，完全或选择性募集Ⅱ型肌纤维的能力非常重要[92]。训练中采用弹射式或爆发性的练习（例如冲刺跑、力量举、快速伸缩复合训练）能够改变运动单位的募集方式，使Ⅱ型肌纤维募集的速度加快[38]。

牵张反射　短时牵张反射可以影响冲刺跑表现[92]。尤其是当运动员进行冲刺跑时，牵张反射可以提高力量输出。在冲刺跑的非支撑阶段（在下面的技术章节会有详细阐述），大量肌群将被激活，参与到发力过程[35]，同时肌梭的敏感性也会出现提升[36, 40, 92]。冲刺跑训练可以产生肌梭敏感性的训练适应[55, 56]，并且能够提升与地面接触后的肌肉刚度（muscle stiffness）[92]。肌肉刚度与最大速度和速度保持有关[21, 64]。肌肉刚度的增加有助于提升力量的生成速率和生成最大峰值力量，从而会减少冲刺跑支撑阶段的触地时间[92]。

神经疲劳　神经疲劳会降低自主力量的生成能力，对冲刺跑表现产生影响[90]。在100米短跑中，疲劳会造成速度的轻微下降，尤其是在最后阶段，速度上的变化与步频下降有关[2, 82]。罗斯等人[92]认为步频的减少由神经疲劳引起，具体表现为运动单位募集模式与运动单位放电率发生了变化。

在诸如100米跑的运动项目中，Ⅱ型肌纤维（快肌纤维）会被优先募集，但是由于此类肌纤维具有短时收缩和高速传导的特征，因而很容易出现急性神经疲劳[92]。随着100米跑行程的推进，运动皮质输出下降可能会导致肌纤维募集数量逐渐减少。因此，一旦100米短跑达到了最大速度，那么肌肉激活率就会降低4.9%～8.7%。神经肌肉接点疲劳、放电率下降以及较高阈值的肌纤维募集减少（Ⅱb型或Ⅱx型）都可能引起肌纤维募集出现下降[92]。

罗斯等人[92]认为，急性神经疲劳会降低反射敏感性。虽然研究人员尚未证明这种变化与冲刺跑练习与之相关，但是大量创伤性拉长缩短动作会降低反射敏感性，进而降低跑动过程中的力量输出[92]。这种力量输出的减少就会限制冲刺跑的运动表现。

技术

冲刺跑是通过连续迈步推动身体以最大速度向前移动一段距离的弹射式运动。冲刺跑包含两个主要阶段：非支撑阶段（或腾空阶段）和支撑阶段。非支撑阶段包括折叠前摆和触地准备阶段，而支撑阶段则包括落地／离心，以及向心推进子阶段[1]。运动员在冲刺跑时进行的是非支撑阶段与支撑阶段反复交替的运动。当运动员进入跑动的支撑阶段时，首先进行的是一个力量吸收的离心动作，随即过渡到爆发性的向心收缩动作（向心推进阶段）。随着跑动速度的提升，非支撑阶段的用时会逐渐增加，而支撑阶段的用时相应减少[1]。因此，为了降低支撑阶段的用时，通过提高力量的生成速率来保持或不断提升跑动速度就显得极其重要。减少支撑阶段的用时是任何高速运动成功的要素，并直接取决于运动员的最大力量和爆发力表现。之所以这样说的原因在于以下几点。

- 没有人可以在变得强壮之前就能快速奔跑（力量训练使你变快）。
- 假如你想快速跑动，就必须缩短触地阶段的时间。而只有获得最大力量和爆发力才有可能缩短触地阶段的用时。为此，你必须提升最大力量以及股四头肌、腓肠肌和比目鱼肌的爆发力。

运动员跑步或冲刺跑的速度很大程度上是步频和步幅交互作用的结果。当运动员加速并接近最大速度时，步频增加的幅度较大，而步幅的变化较不明显。步幅与身高和推进阶段发力程度有关。但是，精英级别的短跑运动员能够在更短的时间内达到更快的步频和更大的步幅，因此这也表明通过合理的训练干预可以同时优化步频和步幅。短跑分为起跑、加速以及最大速度 3 个阶段。

起跑　运动员无论采用两点站姿（站立式起跑）还是三点站姿或四点站姿（蹲踞式起跑），最佳的起跑姿势都应保持双脚的合适距离。双腿爆发式地快速蹬地，克服惯性后从起跑姿势转换到冲刺跑状态。前腿蹬伸的同时后腿向前摆动，这样的动作应至少保持两步，然后再逐渐抬高身体。随着后腿向前摆动，同侧髋关节应至少屈曲至 90 度，踝关节呈背屈姿势，为之后的脚部向下发力蹬地做准备。与此同时，对侧手臂向前方上摆，肘关节屈曲 90 度，手部移动至头部上方位置。随着前导腿触地蹬伸进入到支撑阶段，对侧手臂应当向后摆动，肘关节完全伸展。正确的起跑姿势，身体应当与地面呈 45 度或更小的夹角，头部与背部呈一条直线，蹬地动作的瞬间要求从足尖至肩部呈最佳排列姿势。

加速　从静止起跑到起动加速的过程中，步频和步幅在前 15 ~ 20 米或 9 ~ 12 步之间都会增加。针对精英运动员的分析表明，100 米项目的前 20 米距离内，相较于步频，步幅增加更多[65]。然而，步频却是集体性项目运动员速度快慢表现的主要评判指标[78]。在加速阶段的初期，身体呈前倾姿势（小于或等于 45 度），而后运动员的躯干逐渐变得更加直立，直至达到最大速度。前倾姿势能够让运动员的重心在地面的垂直投影位于支持腿之前，这是有利于获得更大加速度的技术姿势。在整个加速期间，腿部蹬地时应当完全伸展，身体在纵轴方向呈一条直线。在这个姿势下，腿部的折叠前摆动作需要逐渐让摆动脚在每一步的跑动中逐渐抬高，并且在每次前摆动作的末端确保大腿都应垂直于躯干。随着进入支撑阶段，腿部向下后方伸展的同时，肘关节后摆的屈曲角度在每一次迈步后逐渐减小，最后在整个手臂摆动周期内保持屈曲 90 度，此时运动员身体处于最大速度阶段的直立姿势。

手臂以肩部为轴前后运动。这种手臂动作可以抵消对侧腿和髋部产生的轴向动量。在支撑阶段，运动员利用肌肉拉长 - 缩短周期运动在向心和离心子阶段之间互相转换[87]。随着运动员不断加速，需要更大的地面作用力才能保证持续加速[54, 77]。这些数据表明，力量训练尤其是可以提高力量的产生速率的练习，应当成为冲刺跑能力提升计划的重要组成部分。其中水平方向的地面作用力能够反映短跑运动员的速度表现[18, 18b, 53, 71, 77, 82]，因此建议在训练中应该更多的使用发展前后矢量方向的力量练习（壶铃甩摆和奥林匹克举，与蹲举相对的臀推练习[22]），或者更多地使用水平方向上的发力练习（与纵跳跃相对应的水平跳跃）。

最大速度　当达到最大速度时（30 ~ 60 米以内，主要取决于运动员自身），躯干会更加接近直立（参见图 12.2），步频和步幅都能对运动速度产生影响。在最大速度跑的过程中，进入支撑阶段之初的垂直地面作用力可以让非支撑阶段的用时达到最大化，从而使摆动腿获得了充足的时间，为过渡到接下来的支撑阶段再次做好动作准备。当能够在冲刺跑的最大速度阶段施加更大的水平地面作用力时，就意味着运动员具备了达到并保持更大运动速度的能力[18, 18b, 53, 71, 77, 82]。这有力地证明了，力量和爆发力训练是以提高速度为核心的周期训练计划的重要组成部分。

图 12.2 最大速度阶段的冲刺跑技术

i = 非支持阶段初期；ii = 非支持阶段中期；iii = 非支持阶段末期；iv = 支撑阶段初期；v = 支撑阶段后期。
源自：G. Schmolinsky, ed., 1993, Track and field: The East German textbook of athletics (Toronto: Sport Books).

在支撑阶段，运动员脚部触地的位置将会直接在身体重心的正下方。从支撑阶段开始，运动员将在肌肉拉长 – 缩短周期机制作用下实现离心支撑到向心蹬伸动作的过渡。在整个向心阶段中，运动员通过髋关节、膝关节以及踝关节的"三重伸展"动作向地面施加作用力。在三重伸展动作结束后，运动员会紧接着进行踝关节、膝关节和髋关节共同参与的三重屈曲动作，足跟上提靠近臀部。此时，折叠腿的足跟在膝关节上方滑过（参见图 12.3）。三重屈曲动作可以让运动员快速地将折叠腿的膝关节移动至髋关节前方，有效地将腿部移至体前。该动作能够确保运动员折叠腿的脚部快速下压，并为之后的下后方蹬地阶段产生最大的地面作用力提供了充分的准备[87]。

疲劳

图 12.3 最大速度时折叠腿的足跟位置以及躯干的直立姿势

在短跑训练期间，运动员应当能够感知到身体疲劳，因为疲劳的出现会降低冲刺跑能力。研究已经证明，疲劳能够造成步频降低，同时步幅增加，支撑阶段的触地时间变长。上述情况会显著降低支撑阶段中离心与向心子阶段的肌肉拉长 – 缩短周期机制的有效性。高度疲劳也会减少腿部伸展动作的幅度[87]。代谢疲劳的出现可以在一定程度上解释上述跑步力学中存在的问题[91]。

疲劳会降低冲刺跑能力，尤其是进行多次最大速度冲刺跑时更为明显[92]。此类型疲劳是由脊髓层面的慢性疲劳、部分传入抑制、动作神经元兴奋性降低、兴奋分支点丧失以及神经肌肉接点激活肌肉的能力下降导致的[92]。因此，神经肌肉疲劳是造成冲刺跑速度下降的主要原因。

提高速度与速度耐力的方法

教练可以通过掌控多种训练变量来发展运动员的速度和速度耐力。例如，加速阶段的能力的提高要将磷酸原供能系统作为目标能量供能系统，在练习时，让运动员以最大速度的95%~100%的强度进行短距离加速跑练习（10米~40米），在重复练习和组间安排长时休息间歇。相反，如果运动员进行更长距离（大于200米）、较低强度（低于70%的最大速度）的节奏跑训练，并穿插短时休息间歇（小于60秒），训练的重点则转移到了有氧能力 [33]。表 12.1 列出了提高速度和速度耐力的多种方法。

表 12.1 提高速度和速度耐力的方法

训练类型	目标供能系统		目标	距离/米	最大值百分比/%	恢复时间	
	总体	具体				重复次数	组数
速度训练	无氧	磷酸原供能	加速	10~40	95~100	每10米休息间歇1分钟	—
			最大速度	50~60	95~100	每10米休息间歇1分钟	—
速度耐力训练	无氧	磷酸原供能和糖酵解供能	短距离速度耐力	5~30	95~100	0.5~1.5分钟	3~5分钟
		糖酵解供能	短距离速度耐力	60~100	90~95	1~3分钟	3~6分钟
			长距离速度耐力	120~200	90~95	3~5分钟	6~10分钟
					95~100	10~20分钟	
	无氧/有氧	糖酵解供能和有氧供能	专项耐力	250~400	90~95	5~6分钟	8~12分钟
					95~100	10~20分钟	
节奏训练	强化	无氧/有氧	糖酵解供能和有氧供能	无氧能力	80	80~90	30秒~5分钟	3~5分钟
	扩展	有氧	有氧供能	有氧功率	100	50~70	<1分钟	<3分钟

灵敏性训练

直线冲刺跑能力对田径项目运动员以及外场类项目（例如，足球、美式橄榄球、棒球）的运动员而言至关重要。而快速加速、减速以及变向的能力却是场馆类运动项目和集体性项目运动的决定性因素。大多数情况下，这些项目的运动员必须对外部信号快速做出减速、制动以及向其他方向再加速的动作反应。上述能力通常都可以被认为是灵敏的表现。一些研究将术语"动作速度"（quickness）可以作为灵敏性或者变向速度的同义词[76, 94]。但是，谢泼德等人[94]认为"动作速度"的定义中并没有体现减速或变向的内容，而是包含在灵敏性概念当中。而另一个用于描述变向能力的术语"切步"（cutting）[94]有时也会被错误地用于替换灵敏性。该术语仅仅考虑了在运动员准备变向前脚部触地的方式[94]，但是却忽略了伸肌离心力量在该过程中的重要作用。

灵敏性是一系列相互联系技能的复杂组合，运动员通过综合运用这些技能可以对外部刺激信号做出快速减速、变向以及再次加速的动作反应。杨等人[11]和谢泼德等人[94]认为运动员的感知和决策能力，以及他们变向能力都会影响灵敏性表现（参见图 12.4）。

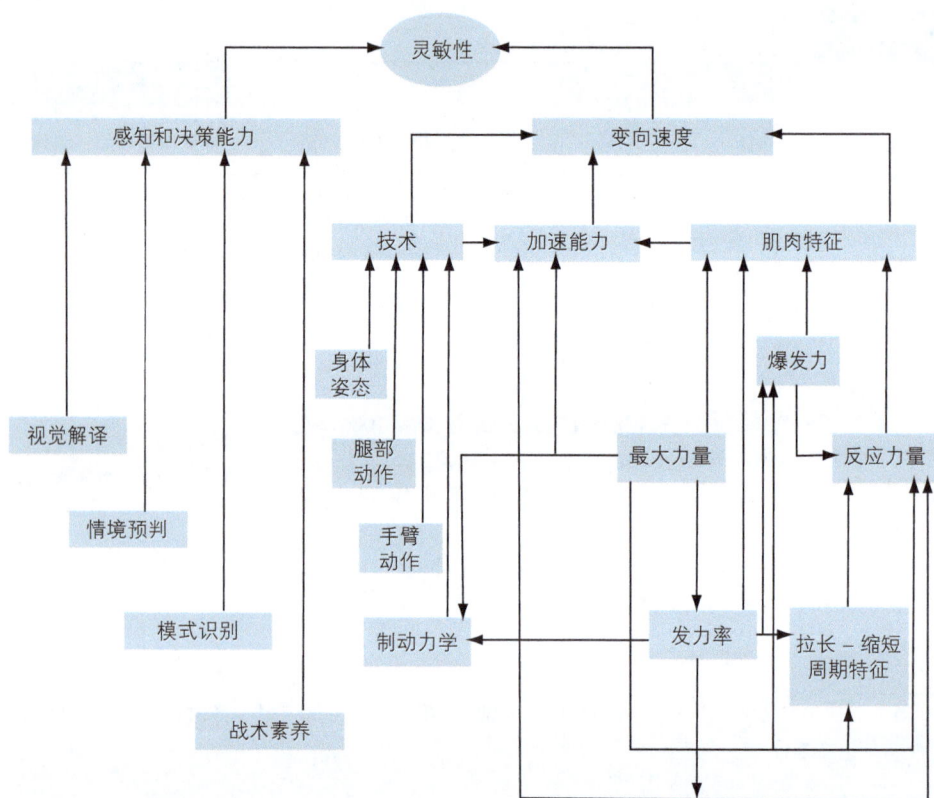

图 12.4 灵敏性的影响因素模型

源自：Young, James, and Montgomery 2002[111] and Sheppard and Young 2006[94].

感知和决策能力

在比赛期间，运动员必须要能够感知周围情况、做出决策并改变运动方向和速度来应对出现的外部刺激信号。而这一过程是视觉解译、情境预判、模式识别以及战术素养等方面复杂交互作用的结果[94, 111]。

在执行多方位任务时的视觉观察或聚焦能力能够对运动表现产生积极的影响[86]。运动员对特定动作的识别能力，以及对该行为结果做出处理，并使用合理的变向或动作模式的能力存在很大的差异。战术知识的储备及对对手动作的预判同样会影响运动员的变向能力[94]。尽管感知和决策能力能够对比赛中的灵敏性产生影响，但是有关二者关系的研究非常少。

鉴于视觉解译与变向之间存在着某种关系，因此应当将那些需要运动员对视觉或听觉刺激信号做出特定动作的活动或练习纳入训练计划当中[58]。这类练习可以整合在速度和灵敏性训练当中，并转化应用在竞争性的实战中。但不得不说，目前对此类训练的有效性研究还十分有限。

变向速度

技术、加速能力及肌肉特征是影响运动员执行变向任务的三大关键因素[94, 111]。

技术

腿部动作、手臂动作及制动力学机制都能影响运动员在各种运动中的灵敏性。当运动员加速或减速时，必须增加身体的倾斜角度，在降低重心的同时，使支撑面远离身体重心[87]。这些动作可以让运动员保持动态稳定并快速变向[94]。在进行变向之前的减速动作时，运动员需要减小步幅[93]。而当再加速时，运动员应该在逐渐增加步幅和步频的同时，保证更加直的身体姿态，或者朝新的移动方向倾斜身体。如果运动项目要求运动员频繁做出变向，那么在跑动时就需要保持较低的重心和更加明显的身体前倾姿势[93, 94]。

因为手臂的驱动在加速或再加速期间能够直接影响运动员的腿部动作频率，因此强有力的手臂动作是多方向运动的基本组成部分。在减速时，降低手臂的动作频率和运动半径有利于快速减速和变向的说法并不正确。力量是加速和减速基础。加速时，推进力以向心的形式完成，而在减速时则依靠离心力量。因为在后面一种情况中，运动员需要更大的力量克服惯性[12]。

为了具备良好的减速表现，运动员就必须让全脚掌与地面接触，尽可能增大与地面的接触面积，并通过整个下肢的参与来克服离心负荷[86]。

加速能力

一些教练认为直线冲刺跑训练能够直接影响运动员的变向能力[94]。但是在外场类项目和场馆类项目中却并非如此。加速能力并不是区别运动员变向运动表现的重要能力[94, 111, 112]。如果只进行直线冲刺跑练习，那么几乎不会对多方向任务的变向表现产生任何帮助。另外，结合球（如足球或篮球）的灵敏性练习可以显著提升运动员完成多方向任务的能力[94, 112]。因此，无论是直线冲刺跑还是各类变向训练（结合器材或徒手练习），都应该纳入运动员不同发展阶段及备战训练计划之中。

肌肉特征

一直以来，人们都普遍认为肌肉力量和爆发力特征决定了运动员的冲刺跑能力。但是，肌肉力量和爆发力同运动员的变向表现之间也存在着某种联系。研究表明，这种关系更多体现在大角度变向动作时，而在持续更长时间的高速变向（如足球项目中前锋的跑动）中却没那么明显 [94]。因此，运动员要努力使自己变得更加强壮和有爆发力，因为这会有助于提升他们的变向能力。

反应力量或利用肌肉拉长 – 缩短周期机制的能力也有助于提升运动员的变向能力 [34, 111]。离心负荷刺激下的肌肉拉长 – 缩短周期利用能力可以在执行变向任务的向心阶段生成更大的力。该机制的利用能够在变向时提供更快的加速度。因此，非常推荐将快速伸缩复合训练纳入训练中 [111]。

计划设计

在制定训练计划时，需要设定不同层级的内容。其中包括小周期、大周期及年度训练计划。教练应当在每层级考虑速度和灵敏性发展的主要原则，并且要了解具体训练变量引起的生理和运动表现反应。

速度与灵敏性发展的原则

当教练在提升运动员的速度时，需要考虑以下几个原则 [28]。

质量比数量更重要

速度训练会使运动员产生极大的生理应激。为了使训练效果最大化，应当设定速度训练的精准"剂量"，安排较低训练量、较长的恢复时间。过多的冲刺跑练习会导致过度训练。在疲劳状态或者休息间歇极短的情况下进行冲刺跑和灵敏性训练是一种很不明智的做法。

时刻强调技术的正确性

为了建立最佳运动模式，教练必须在所有的训练中强调使用正确的技术。如果运动员在练习中存在技术不足的问题，那么就可能让不正确的技术固化下来，从而阻碍速度的发展和灵敏性表现。因此，在热身环节就应该强调技术的正确性，而后继续在训练的主体环节进行强化。如果由于疲劳引起了技术问题，那么最好的方法是降低训练课的训练量。

速度与灵敏性发展的专项性

在提高速度和灵敏性时，运动员要根据专项需求提升相关的技能。例如，足球运动员有时候需要结合球的情况完成速度和灵敏动作，因为这是构成竞技表现的主要部分。当教练设计专项冲刺跑和灵敏性训练课时，需要同时考虑生物能量特点、运动 – 休息比以及专项的动力学特征。教练要根据运动项目的需求制定专项冲刺跑和灵敏性训练计划。例如，教练可以进行一些足球的小场地比赛或场地带球练习（参见第五章图 5.14），因为这些活动更加接近比赛中的真实情况 [45]。

支持性因素的提升

很多因素都能够帮助运动员提升速度能力，变向动作更高效。教练必须要了解不同冲刺跑和灵敏性训练活动对生物能量的需求，以及这些训练与专项的关联方式。另外，需要充分意识到力量训练在速度表现和变向能力方面的重要作用。

反馈

在整个训练过程中，记录运动员的客观和主观反馈尤为重要。客观反馈包括记录时间和视频表现分析，主观反馈包括建立对最大速度概念的感知[28]。对于初级水平运动员，或当技能组合较为复杂时，教练应当给予持续的反馈和强化。在技能提升的早期阶段，反馈极为重要，随着运动员的发展，反馈频率应当有所降低。要同时考虑提供准确的技术信息，以及错误纠正的具体方法。根据优先次序，力争在每次训练课纠正一至两项技术错误。随着技能的不断提升，反馈频率可以降低，并由主要强调训练的质量特征向强调训练的数量特征倾斜。

动机

速度和灵敏性的发展要求运动员必须具备很高的自主能动性。各类高功率输出的活动通常需要高水平的动机以及最大的专注度。另外，冲刺跑和灵敏性训练会产生较高程度的疲劳，尤其是进行速度耐力训练时[86]。一名动力十足的运动员更有可能承受此类训练。通过向运动员提供反馈，尤其是当反馈体现了运动员积极参与训练时，或者让运动员全程参与到训练计划制定的过程中时，动力就会被确立起来。如果计划得以正确实施，那么运动员就能把自己提升至更高的水平。

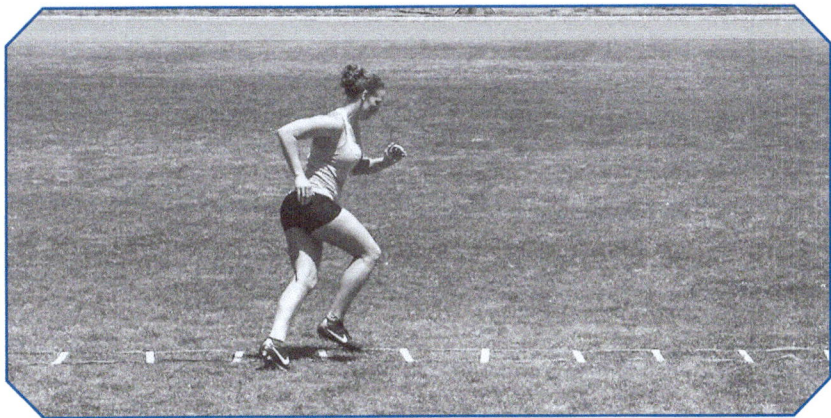

灵敏性训练要结合专项。运动员可以在提升速度和灵敏性的同时，提高专项运动技能

速度与灵敏性训练相关变量

当教练把速度和灵敏性训练纳入年度周期训练计划中时，应该考虑如何控制多个不同的

训练变量 [87]。

密度

训练密度是在一个既定时间内（训练课）运动员完成的训练量。以冲刺跑、速度耐力或灵敏性训练课为例，密度是指一组或几组冲刺的次数与间歇之比。如果保证训练质量，那么就需要更长的休息时长，以确保冲刺或灵敏性练习组间的充分休息。这就是冲刺跑和灵敏性训练需要较低训练密度的原因。

时长和距离

一次跑动练习的时长通常可以以秒或者分钟计算。同时，还可以用米或码为单位计算跑过的距离。例如，一名运动员 100 米（距离）冲刺跑用时 12 秒（时间），时长和距离都被用于计算训练强度。

一项活动的时长或距离决定了生物供能路径以及专项目标特质。短时间或短距离运动倾向于动用磷酸原供能系统，旨在发展加速或速度能力。例如，当运动员进行的是较短距离的冲刺跑练习的（10 ~ 40 米），那么训练强调的是加速能力，而在较长距离的冲刺跑时（50 ~ 60 米），训练的目标是最大速度。另一方面，如果运动员的训练目标是速度耐力，那么跑动距离可以增加到 80 ~ 150 米。精英短跑运动员会在起跑后的 50 ~ 60 米的距离内达到最大速度，通常用时 5 ~ 6 秒，而初级水平运动员可能在 20 ~ 30 米内就会得到最大速度 [65, 87]。如果将冲刺跑的距离延长，那么对有氧供能系统的依赖程度也会随之增加。因此，无论运动员的训练目标是加速、最大速度还是耐力，冲刺的距离和时长是非常重要的影响因素。

关于灵敏性训练，训练时长应当根据运动项目及场上位置的主要供能系统来确定。大多数情况下，灵敏性训练的时长和类型相对较短且强度极大（5 ~ 10 秒）。该情况适用于排球和美式橄榄球一类的项目，主导供能系统为磷酸原系统。而在其他的一些集体性项目中，有氧供能系统则是主要的能量供应系统（如足球），此时灵敏性练习可以采用更长的时间，或者在短时灵敏性练习之间设置非常短的休息间歇。

集体性项目中运动员的位置不同也要体现训练差异。例如，足球项目中的边后卫或中后卫的灵敏性练习应该设置更短的时长（10 ~ 15 秒），但强度极高，同时必须加入反应时间和动作时间性训练。另一方面，对于以有氧供能为主的中场球员而言，教练可以安排持续更长时间的灵敏性训练，例如 20 ~ 40 秒的练习，甚至更长。

练习顺序

练习顺序是进行专项训练任务的先后次序。在设计一节速度、速度耐力或灵敏性训练课中各项练习的顺序时，教练必须要同时考虑疲劳控制与身体素质发展的问题。由于冲刺跑和灵敏性训练对代谢、神经肌肉以及协调性需求较高，因此这些类型的训练必须要在疲劳程度较低时进行。

在设计训练课内容的顺序时，应当对导致疲劳的各类因素加以考虑。速度与灵敏性练习应当安排在动态热身之后，更加容易产生疲劳的训练内容之前进行。建议将日常训练计划中的训练课分为多个独立的内容。例如，恢复日之后的上午训练课（上午 9 点）可以专注于速度训练，下午训练课（下午 4 点）则可以安排速度耐力或力量训练。然而，以最大速度或高强度灵敏性训练为目标的训练课最好安排在下午进行，尤其是上午休息的下午。

灵敏性训练的时长

灵敏性训练无须按照标准时长进行（即每名运动员可以采用相同时长）。但是，灵敏性训练必须基于所在项目的主要供能系统及特定的位置进行安排。因此，灵敏性训练的时长和强度直接依赖于既定的专项适应。同样，还要考虑运动员在场上的位置。

由于最大速度是速度训练中的决定性因素，因此运动员理想的情况是处于超量恢复的状态中。同时，建议速度与灵敏性训练课的最佳结构是由若干简短的练习组成的，中间安排多次持续 3 ~ 5 分钟的休息间歇。重复法是较为有效的灵敏性训练方法，该方法以较低训练量的极短时高强度练习构成，穿插长时休息间歇确保完全恢复，最终实现速度与技术熟练度的最大化发展（参见表 12.1）。教练可以在训练课中同时安排提高速度与速度耐力的训练，但前提是需要充分考虑训练课中各项练习的安排顺序。

强度

当运动员进行速度、速度耐力以及灵敏性训练时，强度通常情况下要根据最大速度或动作速度进行量化：

$$强度（米 / 秒）= \frac{距离（米）}{时间（秒）}$$

根据该公式，如果运动员以 12 秒跑完 100 米，那么他的强度就是 8.33 米 / 秒。表 12.2 和表 12.3 展示了关于如何计算个人冲刺跑强度的示例。教练必须清楚高速完成短距离冲刺跑属于更高强度的练习。

在设计训练计划时，教练可以根据运动员跑完一段既定路程的最佳用时来构建强度区间（参见表 12.3）。具体强度区间可以通过下列公式计算出最大强度（速度）百分比进行划分：

$$最大速度百分比（米 / 秒）= 最大强度 \times 百分比$$

如果运动员 100 米跑得最快用时为 11 秒，那么 90% 的最大速度可以通过下列公式计算：

$$90\% 最大速度 \approx 9.1 米 / 秒 \times 0.9 \approx 8.2 米 / 秒$$

表 12.2		冲刺跑训练课训练负荷与平均强度的决定性因素					
训练 1				训练 2			
距离 / 米	时长 / 秒	强度 /（米 / 秒）	训练负荷量	距离 / 米	时长 / 秒	强度 /（米 / 秒）	训练负荷量
200	48	4.17	833.33	400	79	5.06	2,025.32
200	35	5.71	1,142.86	400	89	4.49	1,797.75
200	36	5.56	1,111.11	200	42	4.76	952.38
200	39	5.13	1,025.64	200	40	5.00	1,000.00
训练强度 =		5.14		训练强度 =		4.83	
训练课负荷量 = 4,112.94				训练课负荷量 = 5,775.45			

备注：训练负荷量可以是任意单位。训练强度是训练的平均速度。此概念基于普利斯科 [87] 的方法。

表 12.3	冲刺跑训练强度区间			
强度区间	最大速度百分比 /%	速度 /（米 / 秒）	时长 / 秒	强度
1	>100	>9	<11.0	最大强度
2	> 95，≤100	8.6 ~ 9	11.6 ~ 11.0	高强度
3	> 90，≤ 95	8.1 ~ 8.5	12.2 ~ 11.7	中高强度
4	> 85，≤ 90	7.6 ~ 8	12.8 ~ 12.3	中等强度
5	> 80，≤ 85	7.1 ~ 7.5	13.4 ~ 12.9	低强度

备注：时间是基于 11 秒跑完 100 米。

　　如果训练强度区间设置在 90% ~ 100% 的最大速度，那么训练时间可以通过下列公式进行计算：

$$训练时间（秒）= \frac{距离（米）}{最大速度百分比的速度（米 / 秒）}$$

$$以 90\% 的强度进行训练的时间 = \frac{100（米）}{8.2（米 / 秒）} \approx 12.2 秒$$

　　因此，在一个为期 4 周的大周期中，3 个负荷小周期可以从 90% 的强度开始，逐渐进阶至 92.5%，再到 95%，让运动员依次以 12.2 秒、11.9 秒及 11.6 秒跑完 100 米。有关训练强度区间的示例见表 12.3。

休息间歇

　　控制重复次数与组间休息间歇能够显著影响运动员的生理应激，以及速度、速度耐力或灵敏性训练课的表现。长时休息间歇（运动：休息 =1：50 到 1：100）可以提升运动员的绝对速度训练，因为这种方式可以让磷酸原储存含量更快恢复，并且能够产生最大功率输出。当运动员进行高强度间歇耐力训练时，教练应该设置较短的休息间歇（运动：休息 =1：4 到 1：24）。

最后，短时休息间歇（运动：休息 =1：0.3 到 1：1）针对有氧供能系统的训练[13]。有关休息间歇的影响可参见第十一章的表 11.9，表 11.13 以及表 11.14。

在教练设置运动 – 休息比时，可以参考该运动项目比赛中的运动 – 休息比。例如，橄榄球的运动 – 休息比在 1：1 到 1：1.9 和 1：1 到 1.9：1 之间[30]，而美式橄榄球的比率通常是 1：6[88]，足球的比率是 1：7 到 1：8[63]。确定项目的运动 – 休息比之后，教练就可以针对项目能量代谢需求制定训练计划，同时有效提高速度能力。

训练强度

训练强度与训练执行率或能量消耗率有关[100]。训练强度越大，训练执行率就会越高，消耗的能量也越大。冲刺跑和灵敏性训练过程中的训练强度可以通过下列公式计算：

$$训练强度（米 / 秒）= \frac{训练课负荷量}{训练中跑动的总距离}$$

在表 12.2 中的示例，在一系列的训练中，运动员的负荷量是 4112.94，跑动的总距离为 800 米。

$$训练强度（米 / 秒）= \frac{4112.94}{800} 米 / 秒 \approx 5.14 米 / 秒$$

因此，这次训练课的训练强度是 5.14 米 / 秒。需要注意的是，随着负荷量的增加，运动表现的强度或动作速度大致会呈现出下降的趋势。

训练量

训练量表示在一次训练课或训练阶段完成训练的总量，通常以完成既定训练负荷或任务的总重复次数表示。计算一节速度和灵敏性训练课完成训练量的最准确方法是负荷量，它是每次练习重复所完成的强度与跑动距离的乘积[87]。

负荷量

在观察强度和训练量之间交互作用的效果时，教练和运动员应当采用一种评估训练压力的量化方法[87]。负荷量是训练压力的最佳指标，它的计算方式是训练量乘以强度[87, 100]。在冲刺跑和灵敏性训练中，负荷量可以通过跑动速度（强度）和完成的跑动距离[87]来确定，公式如下：

冲刺跑或灵敏性训练负荷量＝速度（米／秒）× 距离（米）

至于抗阻训练（参见第十章），当训练课的强度（速度）降低时，就要增加负荷量。负荷量的计算示例见表 12.2。

教练制定训练计划时，应当预测冲刺跑训练中负荷量的波动，并将负荷量同已经确定的抗阻训练负荷结合起来。如果实施得当，训练负荷的整合将使疲劳得到更好的管理，同时最大限度地提高体能，为比赛做好准备。

速度和灵敏性的周期

实施速度和灵敏性训练的关键是确保能整合各个训练因素，帮助运动员达到训练目标。为田径运动员制定冲刺跑训练计划在某种程度上比为集体项目运动员制定训练计划更加容易，因为后者必须考虑灵敏性、技术及战术等多个方面。请注意每个年度计划中的主要身体运动能力的周期安排，下面详细介绍。

年度训练计划

速度和灵敏性训练计划的建立应当从年度训练计划的制定开始。如第六章所述，用于制定年度计划所需的关键信息包括重要比赛的日期，以及准备期、比赛期和过渡期。专项运动特征是年度训练计划构建的基础。例如，短跑运动员通常使用双周期训练计划，而集体性项目的运动员则不是，他们的训练主要根据联赛的要求进行安排。

精英级别的短跑运动员年度训练计划为三周期模型，也就是在计划中出现 3 个峰值。单周期的计划常用于低水平的短跑运动员。图 12.5 呈现的是三周期模型计划，第一个峰值（室内锦标赛）出现在 3 月 27 日，第二个峰值（国家级赛事）出现在 7 月 7 日，最后一个峰值（奥运会）出现在 8 月 17 日。

集体性项目的年度计划结构具有动态性特征，同个人项目之间存在巨大差别。集体性项目的比赛期通常由球队参加的联盟或赛会公布。

图 12.6 是大学生足球联赛年度训练计划的示例。该年度训练计划为双周期结构，主要比赛在比赛期 1 阶段举行。对于传统年度训练计划而言，年度计划被分为了准备期、比赛期以及过渡期。

大周期

图 12.5 是短跑运动员的年度训练计划，第一个准备期明显比第二个准备期持续时间更长。第一个准备期包含两个子阶段，分别是一般准备期和专项准备期。一般准备期的目标是建立解剖适应，或者也被称为力量耐力训练。第二个重点是节奏训练，旨在同时发展有氧和无氧能力。在一般准备期的开始阶段，需要完成长时节奏训练或有氧间歇训练；到了一般准备期的末段，则进行短时持续的节奏训练（无氧间歇训练）。当运动员进入到专项准备期，训练

日期		10月	11月	12月	1月	2月	3月	4月	5月	6月	7月	8月
月份	周日（日期）	11　18　25	1　8　15　22　29	6　13　20　27	3　10　17　24　31	7　14　21　28	6　13　20　27	7　14　21　28	5　12　19　26	2　9　16　23　30	7　14　21　28	3　10　17　24　31
比赛	国际级											
	国家级					X　X	X　X			X　X		X
	地区级					托伦　格拉斯哥	伯明翰　波特兰			阿尔伯克基　克洛维斯	尤金选拔	伦敦　里约
阶段		准备期1				比赛期1		准备期2		比赛期2	比赛期3	
子阶段		GP		SP	PC	C		SP		C	C	
大周期		1	2	3	4	5	6	…	…	…	…	…18
小周期		1…3	…8	…12	…17	…20	…25	…28	…33	…39	…43	…47
身体运动能力的训练周期	力量	AA	MxS	MxS	P	保持	Co	MxS	P–E	保持	Co	保持　Co
	速度	上坡冲刺跑和技术训练	加速	加速/最大速度	加速/最大速度	保持	保持	加速/最大速度	加速/最大速度	保持	—	—
	耐力	ET	IT	专项耐力	专项耐力	保持	保持	速度耐力	速度耐力	保持	IT	ET

图12.5 奥运会级别短跑运动员的周期训练模型

备注：拓展式节奏训练即有氧间歇训练；强化节奏训练即无氧间歇训练。

X＝次要赛；T＝过渡期；GP＝一般准备期；SP＝专项准备期；PC＝比赛前；C＝比赛期；AA＝解剖适应；MxS＝最大力量；P＝爆发力；Co＝超量补偿；P–E ＝爆发力耐力；ET＝拓展式节奏耐力；IT＝强化式节奏训练。

日期		5月	6月	7月	8月	9月	10月	11月	12月	1月	2月	3月	4月	5月
月份	周末（周日）比赛	5 12 19 26	2 9 16 23 30	7 14 21 28	4 11 18 25	1 8 15		X						7
阶段		准备期1				比赛期1			准备期2			比赛期1		
子阶段		GP	SP	SP	PC	C	C	T	GP	SP	PC	C	C	T
大周期		1	2	3	4	5	6	7 8 9	10	11	12 13	14 15	16	17
小周期		1 2 3 4	5 6 7 8	9 10 11 12 13	14 15 16	17 18 19 20 21	22 23 24 25 26	27 28 29 30 31	32 33 34 35	36 37 38 39 40	41 42 43 44	45 46 47 48 49	50 51 52	53
身体运动能力的训练周期	力量	AA	MxS	P	P	保持	保持	CO	MxS	MxS	P	保持	保持	Co
	速度	直线加速	直线加速和减速/变向	变向/灵敏性	变向/灵敏性	保持	保持	—	直线加速/变向	直线加速/变向	变向/灵敏性	保持	保持	—
	耐力	ET	IT	速度耐力（短时）	速度耐力（短时）	保持	保持	ET	IT	IT	速度耐力（短时）	保持	保持	ET

图12.6 大学生足球赛联年度训练计划的示例。该年度训练计划计划为双周期结构，主要比赛在比赛期1阶段举行。对于传统年度训练计划而言，年度计划被分为了准备期、比赛期以及过渡期。

X = 次要比赛；T = 过渡期；GP = 一般准备期；SP = 专项准备期；PC = 比赛前；C = 比赛期；AA = 解剖适应；MxS = 最大力量；P = 爆发力；Co = 超量补偿；P–E = 爆发力耐力；ET = 拓展式节奏训练；IT = 强化式节奏训练。

重心将更多地用于发展最大力量以及进行无氧间歇训练。之后，采用无氧间歇训练提升重复性速度耐力。在进入比赛期后，训练目标转化为提升最大速度，同时增加爆发力的生成能力及保持速度耐力的能力。

根据训练阶段不同，年度训练计划可以将运动员的提高过程结构化。例如，在一般准备期，主要重点是发展力量和一般耐力，而在专项准备期，训练的重点是提升无氧耐力和短时速度耐力。在设计年度训练计划的各个阶段时，教练必须考虑每个阶段的目标，因为这可以明确与冲刺跑相关的目标因素。例如，在一般准备期，有氧能力和爆发力的发展是次级发展目标。在该时期的开始阶段，采用拓展式节奏训练有助于该目标的实现。随着运动员在该阶段的逐渐进阶，可以减少跑动距离，采用强化式节奏训练，调动无氧和有氧能量供应。一旦运动员进入到专项准备期，那么就可以选择进行速度耐力类的训练（如短时速度训练）。

我们需要考虑的一个重要因素是利用发展有氧能力的慢速长距离训练并不适合速度的提升[88]。发展有氧能力和爆发力或速度耐力的最佳方式是进行拓展式节奏训练和强化式节奏训练，即有氧和无氧间歇[87, 88]。最新研究表明这些训练方式能够引发提升速度耐力表现的生理适应[57]。

在执教集体性项目时，还需要在制定大周期计划时考虑额外的问题，这是因为训练计划必须要将与技战术相联系的耐力、力量、冲刺跑以及灵敏性发展的训练包括在内。图12.6显示的是集体性项目的年度计划示例，两个准备期具有相同的时长，而由于比赛日程的不同，第一个比赛期持续的时长明显多于第二个比赛期。目前，绝大部分集体性项目，在第一个准备期都会包含一个时间相对较短的一般准备期，而将更多的重心放在专项准备期。每一个子阶段被分为多个具有不同侧重点的训练大周期，具体情况见图12.6。例如，在第一个大周期中，主要的重点是生理适应、直线速度以及有氧耐力。而第二个大周期的重点则是最大力量、直线速度和灵敏性以及无氧或有氧耐力。第三个和第四个大周期主要针对爆发力、灵敏性和专项耐力。

小周期

一旦确定了大周期的特征，那么就可以构建单个小周期。其中疲劳管理是影响一个包含了速度、灵敏性和速度耐力训练的小周期计划的主要因素之一[87]。对疲劳的监测极为重要，因为较大程度的疲劳会影响运动员以正确的技术和功率输出有效地完成基于速度和灵敏性练习的能力。事实上，建议运动员在最低疲劳程度下，进行速度和灵敏性训练，这样可以让技术娴熟度最大化，从而掌握技能，维持较高的功率输出。这就要求运动员应当在完成包含了一般和专项热身活动的正确热身活动之后再进行此类练习[50]。另外，教练必须在重复次数或组合之间设置合理的休息时间。在训练日当中，可以在不同的训练课中安排不同的训练要素（参见图12.7）。

与速度和灵敏性训练不同，速度耐力训练的目的是提高运动员疲劳耐受能力。控制训练变量（例如运动 – 休息间歇持续时间以及冲刺跑强度）来针对性强化特定的代谢系统，从而实现上述目标。增加冲刺跑训练课的训练量能够产生有助于速度耐力发展的专项代谢适应。

日期	大周期	周数	训练重点	周一	周二	周三	周四	周五	周六	周日
5月	1	1~3	力量	ST	ST		ST	ST		
			速度与灵敏性	SA			SA			
			速度耐力		SE			SE		
6月	2	4~7	力量	ST		ST		ST		
			速度与灵敏性	SA				SA		
			速度耐力		SA		SE		SE	
7月	3	8~10	力量	ST	SE		ST	ST		
			速度与灵敏性	SA	ST		SA			
			速度耐力							
8月	4	11~14	力量	ST			ST			
			速度与灵敏性	SA						
			速度耐力				SE			

图 12.7 美国大学或职业橄榄球队 14 周连续准备期的大周期训练计划结构

ST = 力量训练；SA= 速度与灵敏性训练；SE= 速度耐力训练。

备注：如果一天中安排了多次训练课，那么这些活动必须进行分隔，上午训练课针对一个重点要素进行训练，至少经过 4 小时之后再开始其他训练要素的练习。如果时间有限，就意味着需要在同一次训练课中针对所有要素进行训练，那么就应该首先安排优先选项。如果一天中安排了力量训练和速度灵敏性训练，那么一般将力量训练安排在后面。

主要概念总结

　　速度、灵敏性以及速度耐力的提升对于大多数运动项目而言至关重要。这些因素的发展必须反映运动项目或场上位置的生理学特征，并最终整合到周期训练计划之中。长距离训练方法会损害速度和灵敏性的提升，因此，提高速度和灵敏性表现时应当避免长距离跑练习。对想要实现速度能力最佳发展的运动员而言，最大力量和爆发力都是重要的影响因素，应当在训练计划中纳入这两类训练。

　　有些非常专业的力学机制能够使运动员的运动速度实现最大化发展，并且能够促进变向表现水平的提升。尽管速度对于变向能力具有重要作用，但是灵敏性练习同样需要纳入训练计划当中。在很多运动项目中，速度被认为是直线跑活动（如美式橄榄球的外接手和内接手）。在其他项目中（如持拍类项目），反应速度或快速移动能力实际上就是灵敏性。尽管很多运动员都投入了大量的时间用于直线跑训练，但是如果进行更多强调加速、减速、变向以及再加速能力的灵敏性练习可能会获得更好的效果。如果在这些练习中安排结合实战的器材（例如，足球或篮球）的练习，可能会有意想不到的效果。

参考文献

第一章

1. ABERNETHY, P.J., J. JURIMAE, P.A. LOGAN, A.W. TAYLOR, and R.E. THAYER. Acute and chronic response of skeletal muscle to resistance exercise. *Sports Med* 17:22-38, 1994.

2. ABERNETHY, P.J., R. THAYER, and A.W. TAYLOR. Acute and chronic responses of skeletal muscle to endurance and sprint exercise: a review. *Sports Med* 10:365-389, 1990.

3. AHTIAINEN, J.P., A. PAKARINEN, W.J. KRAE-MER, and K. HÄKKINEN. Acute hormonal and neuromuscular responses and recovery to forced vs maximum repetitions multiple resistance exercises. *Int J Sports Med* 24:410-418, 2003.

4. Alpine Canada Alpin. *Physiological Profile of Skiing Events.* Alpine Canada News Letter 32, Calgary, Alberta, Canada, 1990.

5. BAAR, K. Training for endurance and strength: lessons from cell signaling. *Med Sci Sports Exerc* 38:1939-1944, 2006.

6. BALOG, E.M., B.R. FRUEN, P.K. KANE, and C.F. LOUIS. Mechanisms of P(i) regulation of the skeletal muscle SR Ca(2+) release channel. *Am J Physiol Cell Physiol* 278:C601-611, 2000.

7. BANGSBO, J. The physiology of soccer—with special reference to intense intermittent exercise. *Acta Physiol Scand Suppl* 619:1-155, 1994.

8. BISHOP, D., and M. SPENCER. Determinants of repeated-sprint ability in well-trained team-sport athletes and endurance-trained athletes. *J Sports Med Phys Fitness* 44:1-7, 2004.

9. BONDARCHUK, A.P. Constructing a Training System. *Track Tech.* 102:254-269, 1988.

10. BROOKS, G.A., T.D. FAHEY, T.P. WHITE, and K.M. BALDWIN. *Exercise Physiology: Human Bioenergetics and Its Application.* 3rd ed. Mountain View, CA: Mayfield, 2000.

11. BURGOMASTER, K.A., G.J. HEIGENHAUSER, and M.J. GIBALA. Effect of short-term sprint interval training on human skeletal muscle carbohydrate metabolism during exercise and time-trial performance. *J Appl Physiol* 100:2041-2047, 2006.

12. BURKE, L.M. Nutrition for post-exercise recovery. *Aus J Sci Med Sport* 29:3-10, 1996.

13. BURKE, L., and V. DEAKIN. *Clinical Sports Nutrition.* Roseville, Australia: McGraw-Hill Australia, 2000.

14. BURLESON, M.A., Jr., H.S. O'BRYANT, M.H. STONE, M.A. COLLINS, and T. TRIPLETT-MC-BRIDE. Effect of weight training exercise and treadmill exercise on post-exercise oxygen consumption. *Med Sci Sports Exerc* 30:518-522, 1998.

15. CAREY, D.G., M.M. DRAKE, G.J. PLIEGO, and R.L. RAYMOND. Do hockey players need aerobic fitness? Relation between VO_2max and fatigue during high-intensity intermittent ice skating. *J Strength Cond Res* 21:963-966, 2007.

16. CERRETELLI, P., G. AMBROSOLI, and M. FUM-AGALLI. Anaerobic recovery in man. *Eur J Appl Physiol Occup Physiol* 34:141-148, 1975.

17. CHESLEY, A., J.D. MACDOUGALL, M.A. TARNOP-OLSKY, S.A. ATKINSON, and K. SMITH. Changes in human muscle protein synthesis after resistance exercise. *J Appl Physiol* 73:1383-1388, 1992.

18. CLOSE, G.L., T. ASHTON, A. MCARDLE, and D.P. MACLAREN. The emerging role of free radicals in delayed onset muscle soreness and contraction-induced muscle injury. *Comp Biochem Physiol* 142:257-266, 2005.

19. COFFEY, V.G., and J.A. HAWLEY. The molecular bases of training adaptation. *Sports Med* 37:737-763, 2007.

20. CONLEY, M. Bioenergetics of exercise training. In: *Essentials of Strength Training and Conditioning.* T.R. Baechle and R.W. Earle, eds. Champaign, IL: Human Kinetics, 2000, pp. 73-90.

21. COOKE, S.R., S.R. PETERSEN, and H.A. QUIN-NEY. The influence of maximal aerobic power on recovery of skeletal muscle following anaerobic exercise. *Eur J Appl Physiol Occup Physiol* 75:512-519, 1997.

22. COOPER, K.H. *Aerobics.* New York, NY: Bantam Books, 1968.

22b. COOPER, K.H. *The New Aerobics.* New York, NY: M. Evans and Company, 1970.

23. COSTILL, D.L., P.D. GOLLNICK, E.D. JANSSON, B. SALTIN, and E.M. STEIN. Glycogen depletion pattern in human muscle fibres during distance running. *Acta Physiol Scand* 89:374-383, 1973.

24. COSTILL, D.L., and J.M. MILLER. Nutrition for endurance sport: carbohydrate and fluid bal-ance. *Int J Sports Med* 1:2-14, 1980.

25. COSTILL, D.L., D.D. PASCOE, W.J. FINK, R.A. ROBERGS, S.I. BARR, and D. PEARSON. Impaired muscle glycogen resynthesis after eccentric exercise. *J Appl Physiol* 69:46-50, 1990.

26. COSTILL, D.L., W.M. SHERMAN, W.J. FINK, C.

MARESH, M. WITTEN, and J.M. MILLER. The role of dietary carbohydrates in muscle glycogen resynthesis after strenuous running. *Am J Clin Nutr* 34:1831-1836, 1981.

27. COYLE, E.F. Physical activity as a metabolic stressor. *Am J Clin Nutr* 72:512S-520S, 2000.

28. COYLE, E.F. Substrate utilization during exercise in active people. *Am J Clin Nutr* 61:968S-979S, 1995.

29. COYLE, E.F. Timing and method of increased carbohydrate intake to cope with heavy training, competition and recovery. *J Sports Sci* 9(Spec No):29-51, discussion 51-22, 1991.

30. DAHLSTEDT, A.J., A. KATZ, B. WIERINGA, and H. WESTERBLAD. Is creatine kinase responsible for fatigue? Studies of isolated skeletal muscle deficient in creatine kinase. *FASEB J* 14:982-990, 2000.

31. DAL MONTE, A. *The functional values of sport.* Firente: Sansoni, 1983.

32. DAVIS, J.M. Central and peripheral factors in fatigue. *J Sports Sci* 13(Spec No):S49-S53, 1995.

33. DAVIS, J.M., Z. ZHAO, H.S. STOCK, K.A. MEHL, J. BUGGY, and G.A. HAND. Central nervous system effects of caffeine and adenosine on fatigue. *Am J Physiol Regul Integr Comp Physiol* 284:R399-R404, 2003.

34. DI PRAMPERO, P.E., L. PEETERS, and R. MARGARIA. Alactic O_2 debt and lactic acid production after exhausting exercise in man. *J Appl Physiol* 34:628-632, 1973.

35. DUMKE, C.L., D.W. BROCK, B.H. HELMS, and G.G. HAFF. Heart rate at lactate threshold and cycling time trials. *J Strength Cond Res* 20:601-607, 2006.

36. DUNLAVY, J.K., W.A. SANDS, J.R. MCNEAL, M.H. STONE, S.A. SMITH, M. JEMNI, and G.G. HAFF. Strength performance assessment in a simulated men's gymnastics still rings cross. *J. Sports. Sci. Medicine* 6:93-97, 2007.

37. EDGE, J., D. BISHOP, C. GOODMAN, and B. DAWSON. Effects of high-and moderate-intensity training on metabolism and repeated sprints. *Med Sci Sports Exerc* 37:1975-1982, 2005.

38. ENDEMANN, F. Teaching Throwing Events. In: *The Throws: Contemporary Theory, Technique, and Training.* J. Jarver, ed. Mountain View, CA: Taf-news Press, 2000. pp. 11-14.

39. ESFARJANI, F., and P.B. LAURSEN. Manipulating high-intensity interval training: effects on VO₂max, the lactate threshold and 3000 m running per formance in moderately trained males. *J Sci Med Sport* 10:27-35, 2007.

40. FEBBRAIO, M.A., and J. DANCEY. Skeletal muscle energy metabolism during prolonged, fatiguing exercise. *J Appl Physiol* 87:2341-2347, 1999.

41. FRY, A.C. The role of training intensity in resistance exercise overtraining and overreaching. In: *Overtraining in Sport.* R.B. Kreider, A.C. Fry, and M.L. O'Toole, eds. Champaign, IL: Human Kinetics, 1998, pp. 107-127.

42. FRY, A.C., and W.J. KRAEMER. Resistance exercise overtraining and overreaching: neuroendocrine responses. *Sports Med* 23:106-129, 1997.

43. FRY, A.C., W.J. KRAEMER, M.H. STONE, B.J. WARREN, S.J. FLECK, J.T. KEARNEY, and S.E. GORDON. Endocrine responses to overreaching before and after 1 year of weightlifting. *Can J Appl Physiol* 19:400-410, 1994.

44. FRY, A.C., W.J. KRAEMER, F. VAN BORSELEN, J.M. LYNCH, J.L. MARSIT, E.P. ROY, N.T. TRIPLETT, and H.G. KNUTTGEN. Performance decrements with high-intensity resistance exercise overtrain-ing. *Med Sci Sports Exerc* 26:1165-1173, 1994.

45. FRY, A.C., B.K. SCHILLING, L.W. WEISS, and L.Z. CHIU. Beta2-Adrenergic receptor down-regulation and performance decrements during high-intensity resistance exercise overtraining. *J Appl Physiol* 101:1664-1672, 2006.

46. GALLIVEN, E.A., A. SINGH, D. MICHELSON, S. BINA, P.W. GOLD, and P.A. DEUSTER. Hormonal and metabolic responses to exercise across time of day and menstrual cycle phase. *J Appl Physiol* 83:1822-1831, 1997.

47. GARCIA-LOPEZ, D., J.A. DE PAZ, R. JIMENEZ-JIMENEZ, G. BRESCIANI, F. DE SOUZA-TEIXEIRA, J.A. HERRERO, I. ALVEAR-ORDENES, and J. GONZALEZ-GALLEGO. Early explosive force reduction associated with exercise-induced muscle damage. *J Physiol Biochem* 62: 163-169, 2006.

48. GARRANDES, F., S.S. COLSON, M. PENSINI, and P. LEGROS. Time course of mechanical and neuromuscular characteristics of cyclists and triathletes during a fatiguing exercise. *Int J Sports Med* 28:148-156, 2007.

49. GARRANDES, F., S.S. COLSON, M. PENSINI, O. SEYNNES, and P. LEGROS. Neuromuscular fatigue profile in endurance-trained and power-trained athletes. *Med Sci Sports Exerc* 39:149-158, 2007.

50. GILLAM, G.M. Effects of frequency of weight training on muscle strength enhancement. *J Sports Med* 21:432-436, 1981.

51. GOLLNICK, P.D., R.B. ARMSTRONG, B. SALTIN, C.W.T. SAUBERT, W.L. SEMBROWICH, and R.E. SHEPHERD. Effect of training on enzyme activity and fiber composition of human skeletal muscle. *J Appl Physiol* 34:107-111, 1973.

52. GOTO, K., M. HIGASHIYAMA, N. ISHII, and K. TAKAMATSU. Prior endurance exercise attenuates growth hormone response to subsequent resistance exercise. *Eur J Appl Physiol* 94:333-338, 2005.

53. GRANTIN, K. Contributions regarding the systematization of physical exercises. *Theory and Practice of Physical Culture* 9:27-37, 1940.

54. GUEZENNEC, Y., L. LEGER, F. LHOSTE, M. AYMONOD, and P.C. PESQUIES. Hormone and metabolite response to weight-lifting training sessions. *Int J Sports Med* 7:100-105, 1986.

55. HAFF, G.G., A.J. KOCH, J.A. POTTEIGER, K.E. KUPHAL, L.M. MAGEE, S.B. GREEN, and J.J. JAKICIC. Carbohydrate supplementation attenuates muscle glycogen loss during acute bouts of resistance exercise. *Int J Sport Nutr Exerc Metab* 10:326-339, 2000.

56. HAFF, G.G., M.J. LEHMKUHL, L.B. MCCOY, and M.H. STONE. Carbohydrate supplementation and resistance training. *J Strength Cond Res* 17:187-196, 2003.

57. HAFF, G.G., and A. WHITLEY. Low-carbohydrate diets and high-intensity anaerobic exercise. *Strength Cond* 24:42-53, 2002.

58. HALSON, S.L., M.W. BRIDGE, R. MEEUSEN, B. BUSSCHAERT, M. GLEESON, D.A. JONES, and A.E. JEUKENDRUP. Time course of performance changes and fatigue markers during intensified training in trained cyclists. *J Appl Physiol* 93:947-956, 2002.

59. HARRE, D. *Principles of sports training*. Berlin, Germany: Democratic Republic: Sportverlag, 1982.

60. HARRIS, R.C., R.H. EDWARDS, E. HULTMAN, L.O. NORDESJO, B. NYLIND, and K. SAHLIN. The time course of phosphorylcreatine resynthesis during recovery of the quadriceps muscle in man. *Pflugers Arch* 367:137-142, 1976.

61. HEIDT, R.S., JR., L.M. SWEETERMAN, R.L. CARLONAS, J.A. TRAUB, and F.X. TEKULVE. Avoidance of soccer injuries with preseason conditioning. *Am J Sports Med* 28:659-662, 2000.

62. HEPBURN, D., and R.J. MAUGHAN. Glycogen availability as a limiting factor in performance of isometric exercise. *J Physiol* 342:52P-53P, 1982.

63. HERMANSEN, L., and I. STENSVOLD. Production and removal of lactate during exercise in man. *Acta Physiol Scand* 86:191-201, 1972.

64. HIRVONEN, J., S. REHUNEN, H. RUSKO, and M. HARKONEN. Breakdown of high-energy phosphate compounds and lactate accumulation during short supramaximal exercise. *Eur J Appl Physiol* 56:253-259, 1987.

65. HULTMAN, E., J. BERGSTROM, and N.M. ANDERSON. Breakdown and resynthesis of phosphorylcreatine and adenosine triphosphate in connection with muscular work in man. *Scand J Clin Lab Invest* 19:56-66, 1967.

66. HULTMAN, E., and H. SJØHOLM. Biochemical causes of fatigue. In: Human Muscle Power. N.L. Jones, ed. Champaign, IL: Human Kinetics, 1986, pp. 343-363.

67. IMPELLIZZERI, F., A. SASSI, M. RODRIGUEZ-ALONSO, P. MOGNONI, and S. MARCORA. Exercise intensity during off-road cycling competitions. *Med Sci Sports Exerc* 34:1808-1813, 2002.

68. IVY, J.L., A.L. KATZ, C.L. CUTLER, W.M. SHERMAN, and E.F. COYLE. Muscle glycogen synthesis after exercise: effect of time of carbohydrate ingestion. *J Appl Physiol* 64:1480-1485, 1988.

69. IZQUIERDO, M., J. IBANEZ, J.J. GONZALEZ-BADILLO, K. HÄKKINEN, N.A. RATAMESS, W.J. KRAEMER, D.N. FRENCH, J. ESLAVA, A. ALTADILL, X. ASIAIN, and E.M. GOROSTIAGA. Differential effects of strength training leading to failure versus not to failure on hormonal responses, strength, and muscle power gains. *J Appl Physiol* 100:1647-1656, 2006.

70. JACOBS, I. Lactate, muscle glycogen and exercise performance in man. *Acta Physiol Scand Suppl* 495:1-35, 1981.

71. JAMURTAS, A.Z., Y. KOUTEDAKIS, V. PASCHALIS, T. TOFAS, C. YFANTI, A. TSIOKANOS, G. KOUKOULIS, D. KOURETAS, and D. LOUPOS. The effects of a single bout of exercise on resting energy expenditure and respiratory exchange ratio. *Eur J Appl Physiol* 92:393-398, 2004.

72. KARLSSON, J. Lactate in working muscles after prolonged exercise. *Acta Physiol Scand* 82:123-130, 1971.

73. KARLSSON, J., L.O. NORDESJÖ, L. JORFELDT, and B. SALTIN. Muscle lactate, ATP, and CP levels during exercise after physical training in man. *J Appl Physiol* 33:199-203, 1972.

74. KARLSSON, J., and B. OLLANDER. Muscle metabolites with exhaustive static exercise of different duration. *Acta Physiol Scand* 86:309-314, 1972.

75. KJAER, M., B. KIENS, M. HARGREAVES, and E.A. RICHTER. Influence of active muscle mass on glucose homeostasis during exercise in humans. *J Appl Physiol* 71:552-557, 1991.

76. KRAEMER, W.J., B.J. NOBLE, M.J. CLARK, and B.W. CULVER. Physiologic responses to heavy-resistance exercise with very short rest periods. *Int J Sports Med* 8:247-252, 1987.

77. LAFORGIA, J., R.T. WITHERS, and C.J. GORE. Effects of exercise intensity and duration on the excess post-exercise oxygen consumption. *J Sports Sci* 24:1247-1264, 2006.

78. LAURSEN, P.B., and D.G. JENKINS. The scientif-ic basis for high-intensity interval training: optimising training programmes and maximising performance in highly trained endurance athletes. *Sports Med* 32:53-73, 2002.

79. LAURSEN, P.B., C.M. SHING, J.M. PEAKE, J.S. COOMBES, and D.G. JENKINS. Interval training program optimization in highly trained endurance cyclists. *Med Sci Sports Exerc* 34:1801-1807, 2002.

80. LEBON, V., S. DUFOUR, K.F. PETERSEN, J. REN, B.M. JUCKER, L.A. SLEZAK, G.W. CLINE, D.L. ROTHMAN, and G.I. SHULMAN. Effect of triiodothyronine on mitochondrial energy coupling in human skeletal muscle. *J Clin Invest* 108:733-737, 2001.

81. MACDOUGALL, J.D., M.J. GIBALA, M.A. TARNOPOLSKY, J.R. MACDONALD, S.A. INTERISANO, and K.E. YARASHESKI. The time course for elevated muscle protein synthesis following heavy resistance exercise. *Can J Appl Physiol* 20:480-486, 1995.

82. MACDOUGALL, J.D., A.L. HICKS, J.R. MACDONALD, R.S. MCKELVIE, H.J. GREEN, and K.M. SMITH. Muscle performance and enzymat-

ic adaptations to sprint interval training. *J Appl Physiol* 84:2138-2142, 1998.

83. MACDOUGALL, J.D., S. RAY, D.G. SALE, N. MCCARTNEY, P. LEE, and S. GARNER. Muscle substrate utilization and lactate production during weightlifting. *Can J Appl Physiol* 24:209-215, 1999.

84. MACINTOSH, B.R., and D.E. RASSIER. What is fatigue? *Can J Appl Physiol* 27:42-55, 2002.

85. MACINTYRE, D.L., S. SORICHTER, J. MAIR, A. BERG, and D.C. MCKENZIE. Markers of inflammation and myofibrillar proteins following eccentric exercise in humans. *Eur J Appl Physiol* 84:180-186, 2001.

86. MATHEWS, D., and E. FOX. *The Physiological Basis of Physical Education and Athletics*. Philadelphia: Saunders, 1976.

87. MAUGHAN, R., and M. GLEESON. *The Biochemical Basis of Sports Performance*. New York: Oxford University Press, 2004.

88. MCARDLE, W.D., F.I. KATCH, and V.L. KATCH. *Exercise Physiology: Energy, Nutrition, and Human Performance*. 6th ed. Baltimore: Lippincott, Williams & Wilkins, 2007.

89. MCCANN, D.J., P.A. MOLE, and J.R. CATON. Phosphocreatine kinetics in humans during exercise and recovery. *Med Sci Sports Exerc* 27:378-389, 1995.

90. MCMILLAN, J.L., M.H. STONE, J. SARTIN, R. KEITH, D. MARPLE, C. BROWN, and R.D. LEWIS. 20-hour physiological responses to a single weight-training session. *J Strength Cond Res* 7:9-21, 1993.

91. MELBY, C., C. SCHOLL, G. EDWARDS, and R. BULLOUGH. Effect of acute resistance exercise on postexercise energy expenditure and resting metabolic rate. *J Appl Physiol* 75:1847-1853, 1993.

92. MICHAUT, A., M. POUSSON, G. MILLET, J. BELLEVILLE, and J. VAN HOECKE. Maximal voluntary eccentric, isometric and concentric torque recovery following a concentric isokinetic exercise. *Int J Sports Med* 24:51-56, 2003.

92b. NEWSHOLME, E., A. LEECH, and G. DUESTER. *Keep on Running: The Science of Training and Performance*. West Sussex, UK: Wiley, 1994.

93. NICOL, C., J. AVELA, and P.V. KOMI. The stretch-shortening cycle: a model to study naturally occurring neuromuscular fatigue. *Sports Med* 36:977-999, 2006.

94. NIEMAN, D.C., and B.K. PEDERSEN. Exercise and immune function: recent developments. *Sports Med* 27:73-80, 1999.

95. PADILLA, S., I. MUJIKA, F. ANGULO, and J.J. GOIRIENA. Scientific approach to the 1-h cycling world record: a case study. *J Appl Physiol* 89:1522-1527, 2000.

96. PAROLIN, M.L., A. CHESLEY, M.P. MATSOS, L.L. SPRIET, N.L. JONES, and G.J. HEIGENHAUSER. Regulation of skeletal muscle glycogen phosphorylase and PDH during maximal intermittent exercise. *Am J Physiol* 277:E890-E900, 1999.

97. PETERSON, M.D., M.R. RHEA, and B.A. ALVAR. Applications of the dose-response for muscular strength development: a review of meta-analytic efficacy and reliability for designing training prescription. *J Strength Cond Res* 19:950-958, 2005.

98. PINCIVERO, D.M., and T.O. BOMPA. A physiological review of American football. *Sports Med* 23:247-260, 1997.

99. POWERS, S.K., and E.T. HOWLEY. *Exercise Physiology: Theory and Application to Fitness and Performance*. 5th ed. New York: McGraw-Hill, 2004.

100. PRATLEY, R., B. NICKLAS, M. RUBIN, J. MILLER, A. SMITH, M. SMITH, B. HURLEY, and A. GOLD-BERG. Strength training increases resting meta-bolic rate and norepinephrine levels in healthy 50-to 65-yr-old men. *J Appl Physiol* 76:133-137, 1994.

101. RAHNAMA, N., T. REILLY, and A. LEES. Injury risk associated with playing actions during competitive soccer. *Br J Sports Med* 36:354-359, 2002.

102. SELYE, H. *The Stress of Life*. New York: McGraw-Hill, 1956.

103. SHERMAN, W.M. Carbohydrates, muscle glycogen, and muscle glycogen supercompensation. In: *Ergogenic Aids in Sport*. M.H. Williams, ed. Champaign IL: Human Kinetics, 1983, pp. 3-26.

104. SHERMAN, W.M., and G.S. WIMER. Insufficient dietary carbohydrate during training: does it impair athletic performance? *Int J Sport Nutr* 1:28-44, 1991.

105. SIFF, M.C., and Y.U. VERKHOSHANSKY. *Supertraining*. Denver, CO: Supertraining International, 1999.

106. STEPTO, N.K., D.T. MARTIN, K.E. FALLON, and J.A. HAWLEY. Metabolic demands of intense aerobic interval training in competitive cyclists. *Med Sci Sports Exerc* 33:303-310, 2001.

107. STONE, M.H., M.E. STONE, and W.A. SANDS. *Principles and Practice of Resistance Training*. Champaign, IL: Human Kinetics, 2007.

108. STONE, M.H., W.A. SANDS, and M.E. STONE. The downfall of sports science in the United States. *Strength and Cond J* 26:72-75, 2004.

109. SUH, S.H., I.Y. PAIK, and K. JACOBS. Regulation of blood glucose homeostasis during prolonged exercise. *Mol Cells* 23:272-279, 2007.

110. TESCH, P. Muscle fatigue in man: with special reference to lactate accumulation during short term intense exercise. *Acta Physiol Scand Suppl* 480:1-40, 1980.

111. TESCH, P.A., L.L. PLOUTZ-SNYDER, L. YSTRÖM, M. CASTRO, and G. DUDLEY. Skeletal muscle glycogen loss evoked by resistance exercise. *J Strength Cond Res* 12:67-73, 1998.

112. TOMLIN, D.L., and H.A. WENGER. The relationship between aerobic fitness and recovery from high intensity intermittent exercise. *Sports Med* 31:1-11, 2001.

113. K.A. VAN SOMEREN. The physiology of anaero-

bic endurance training. In: *The Physiology of Training*. G. Whyte, ed. Oxford, UK: Elsevier, 2006, pp.88.

114. WADLEY, G., and P. LE ROSSIGNOL. The relationship between repeated sprint ability and the aerobic and anaerobic energy systems. *J Sci Med Sport* 1:100-110, 1998.

115. WESTERBLAD, H., D.G. ALLEN, and J. LANNERGREN. Muscle fatigue: lactic acid or inorganic phosphate the major cause? *News Physiol Sci* 17:17-21, 2002.

116. YAKOVLEV, N. *Sports Biochemistry*. Leipzig: Deutche Hochschule für, Körperkultur, 1967.

117. YASPELKIS, B.B.D., J.G. PATTERSON, P.A. ANDERLA, Z. DING, and J.L. IVY. Carbohydrate supplementation spares muscle glycogen during variable-intensity exercise. *J Appl Physiol* 75:1477-1485, 1993.

118. ZAINUDDIN, Z., P. SACCO, M. NEWTON, and K. NOSAKA. Light concentric exercise has a temporarily analgesic effect on delayed-onset muscle soreness, but no effect on recovery from eccentric exercise. *Appl Physiol Nutr Metab* 31:126-134, 2006.

119. ZATSIORSKY, V.M., and W.J. KRAEMER. *Science and Practice of Strength Training*. 2nd ed. Champaign, IL: Human Kinetics, 2006.

第二章

1. ABERNETHY, P.J., J. JURIMAE, P.A. LOGAN, A.W. TAYLOR, and R.E. THAYER. Acute and chronic response of skeletal muscle to resistance exercise. *Sports Med* 17:22-38, 1994.

2. ABERNETHY, P.J., R. THAYER, and A.W. TAYLOR. Acute and chronic responses of skeletal muscle to endurance and sprint exercise: a review. *Sports Med* 10:365-389, 1990.

3. ARMSTRONG, N., B.J. KIRBY, A.M. MCMANUS, and J.R. WELSMAN. Aerobic fitness of prepubescent children. *Ann Hum Biol* 22:427-441, 1995.

4. ATHERTON, P.J., J. BABRAJ, K. SMITH, J. SINGH, M.J. RENNIE, and H. WACKERHAGE. Selective activation of AMPK-PGC-1alpha or PKB-TSC2mTOR signaling can explain specific adaptive responses to endurance or resistance training-like electrical muscle stimulation. *FASEB J* 19:786-788, 2005.

5. AVALOS, M., P. HELLARD, and J.C. CHATARD. Modeling the training-performance relationship using a mixed model in elite swimmers. *Med Sci Sports Exerc* 35:838-846, 2003.

6. BAAR, K. Training for endurance and strength: lessons from cell signaling. *Med Sci Sports Exerc* 38:1939-1944, 2006.

7. BAAR, K., G. NADER, and S. BODINE. Resistance exercise, muscle loading/unloading and the control of muscle mass. *Essays Biochem* 42:61-74, 2006.

8. BAKER, D. Cycle-length variants in periodized strength/power training. *Strength Cond* 29:10-17, 2007.

9. BALYI, I., and A. HAMILTON. Long-term athlete development: trainability in childhood and adolescence. *Olympic Coach* 16:4-9, 1993.

10. BANISTER, E.W., T.W. CALVERT, M.V. SAVAGE, and A. BACK. A system model of training for athletic performance. *Aus J Sports Med* 7:170-176, 1975.

11. BILLAT, L.V., J.P. KORALSZTEIN, and R.H. MORTON. Time in human endurance models: from empirical models to physiological models. *Sports Med* 27:359-379, 1999.

11b. BOMPA, T.O. Antrenamentul in perioada pregatitoare [Training methodology during the preparatory phase]. *Caiet pentru sporturi nautice* 3:22-28, 1956.

11c. BOMPA, T.O. Theory and Methodology of Training. Dubuque, Iowa: Kendall/Hunt Publishing Company, 1983.

11d. BOMPA, T.O. *Periodization of Strength: The New Wave in Strength Training*. Toronto: Veritas, 1993.

12. BREWER, C. Athlete development: principles into practice. In: *SPEC: Coaches and Sports Sciences Symposium*. Johnson City, TN: East Tennessee State University, 2007, pp. 1-44.

13. BRUIN, G., H. KUIPERS, H.A. KEIZER, and G.J. VANDER VUSSE. Adaptation and overtraining in horses subjected to increasing training loads. *J Appl Physiol* 76:1908-1913, 1994.

14. BUSHMAN, B., G. MASTERSON, and J. NELSEN. Anaerobic power performance and the menstrual cycle: eumenorrheic and oral contraceptive users. *J Sports Med Phys Fitness* 46:132-137, 2006.

15. CAINE, D.J., and J. BROEKHOFF. Maturity assessment: available preventive measure against physical and psychological insult to the young athlete? *Phys Sportsmed.* 15:70, 1987.

16. CALVERT, T.W., E.W. BANISTER, and M.V. SAVAGE. A systems model of the effects of training on physical performance. *SMS Systems, Man, and Cybernetics* 2:94-102, 1976.

17. CAO, W. Training differences between males and females. In: *Proceedings of the Weightlifting Symposium: Ancient Olympia, Greece*, A. Lukácsfalvi and F. Takács, eds. International Weightlifting Federation: Budapest, Hungary.1993, pp. 97-101.

18. CARLSON, R. The socialization of elite tennis players in Sweden: an analysis of the players' background and development. *Sociol Sport J* 5:241-256, 1988.

19. CHEUVRONT, S.N., R. CARTER, K.C. DERUISSEAU, and R.J. MOFFATT. Running performance differences between men and women: an update. *Sports Med* 35:1017-1024, 2005.

20. COAST, J.R., J.S. BLEVINS, and B.A. WILSON. Do gender differences in running performance disappear with distance? *Can J Appl Physiol* 29:139-145, 2004.

21. COFFEY, V.G., and J.A. HAWLEY. The molecular bases of training adaptation. *Sports Med* 37:737-763, 2007.

22. COLIBABA, E.D., and I. BOTA. *Jocurile Sportive:*

Teoria si Medodica. Bucuresti: Editura Aldin, 1998.

23. COUTTS, A.J., L.K. WALLACE, and K.M. SLATTERY. Monitoring changes in performance, physiology, biochemistry, and psychology during overreaching and recovery in triathletes. *Int J Sports Med* 28:125-134, 2007.

24. DENCKER, M., O. THORSSON, M.K. KARLSSON, C. LINDEN, S. EIBERG, P. WOLLMER, and L.B. ANDERSEN. Gender differences and deter-minants of aerobic fitness in children aged 8-11 years. *Eur J Appl Physiol* 99:19-26, 2007.

25. DRABIK, J. *Children and Sports Training.* Island Pond, VT: Stadion, 1995.

26. FAIGENBAUM, A.D. Strength training for children and adolescents. *Clin Sports Med* 19:593-619, 2000.

27. FAIGENBAUM, A.D., and W.L. WESTCOTT. *Strength and Power for Young Athletes.* Champaign, IL: Human Kinetics, 2000.

28. FLECK, S., and W.J. KRAEMER. *Designing Resistance Training Programs.* 3rd ed. Champaign, IL: Human Kinetics, 2004.

29. FORD, L.E., A.J. DETTERLINE, K.K. HO, and W. CAO. Gender-and height-related limits of muscle strength in world weightlifting champions. *J Appl Physiol* 89:1061-1064, 2000.

30. FOSTER, C. Monitoring training in athletes with reference to overtraining syndrome. *Med Sports Exerc* 30:1164-1168, 1998.

31. FRY, A.C. The role of training intensity in resistance exercise overtraining and overreaching. In: *Overtraining in Sport.* R.B. Kreider, A.C. Fry, and M.L. O'Toole, eds. Champaign, IL: Human Kinetics, 1998, pp. 107-127.

32. FRY, A.C., and W.J. KRAEMER. Resistance exercise overtraining and overreaching: neuroendocrine responses. *Sports Med* 23:106-129, 1997.

33. FRY, A.C., W.J. KRAEMER, M.H. STONE, L.P. KOZIRIS, J.T. THRUSH, and S.J. FLECK. Relationships between serum testosterone, cortisol, and weightlifting performance. *J Strength Cond Res.* 14:338-343, 2000.

34. FRY, A.C., W.J. KRAEMER, M.H. STONE, B.J. WARREN, S.J. FLECK, J.T. KEARNEY, and S.E. GORDON. Endocrine responses to overreaching before and after 1 year of weightlifting. *Can J Appl Physiol* 19:400-410, 1994.

35. FUSTER, V., A. JEREZ, and A. ORTEGA. Anthropometry and strength relationship: male-female differences. *Anthropol Anz* 56:49-56, 1998.

36. GARHAMMER, J. A comparison of maximal power outputs between elite male and female weightlifters in competition. *Int J Sport Biomech* 7:3-11, 1991.

37. GRGANTOV, Z., D. NEDOVIC, and R. KATIC. Integration of technical and situation efficacy into the morphological system in young female volleyball players. *Coll Antropol* 31:267-273, 2007.

38. GURD, B., and P. KLENTROU. Physical and pubertal development in young male gymnasts. *J Appl Physiol* 95:1011-1015, 2003.

39. HAFF, G.G., M. BURGENER, A.D. FAIGENBAUM, J.L. KILGORE, M.E. LAVALLE, M. NITKA, M. RIP-PETOE, and C. PROULX. Roundtable discussion: youth resistance training. *Strength Cond J* 25:49-64, 2003.

40. HÄKKINEN, K. Neuromuscular and hormonal adaptations during strength and power training: a review. *J Sports Med Phys Fitness* 29:9-26, 1989.

41. HÄKKINEN, K., and M. KALLINEN. Distribution of strength training volume into one or two daily sessions and neuromuscular adaptations in female athletes. *Electromyogr Clin Neurophysiol* 34:117-124, 1994.

42. HÄKKINEN, K., K.L. KESKINEN, M. ALEN, P.V. KOMI, and H. KAUHANEN. Serum hormone concentrations during prolonged training in elite endurance-trained and strength-trained athletes. *Eur J Appl Physiol* 59:233-238, 1989.

43. HÄKKINEN, K., A. PAKARINEN, M. ALEN, H. KAUHANEN, and P.V. KOMI. Daily hormonal and neu-romuscular responses to intensive strength training in 1 week. *Int J Sports Med* 9:422-428, 1988.

44. HÄKKINEN, K., A. PAKARINEN, M. ALEN, H. KAUHANEN, and P.V. KOMI. Neuromuscular and hormonal adaptations in athletes to strength training in two years. *J Appl Physiol* 65:2406-2412, 1988.

45. HALSON, S.L., M.W. BRIDGE, R. MEEUSEN, B. BUSSCHAERT, M. GLEESON, D.A. JONES, and A.E. JEUKENDRUP. Time course of performance changes and fatigue markers during intensified training in trained cyclists. *J Appl Physiol* 93:947-956, 2002.

46. HARRE, D. *Trainingslehre.* Berlin, Germany: Sportverlag, 1982.

47. HARRIS, G.R., M.H. STONE, H.S. O'BRYANT, C.M. PROULX, and R.L. JOHNSON. Short-term performance effects of high power, high force, or combined weight-training methods. *J Strength Cond Res* 14:14-20, 2000.

48. HAWLEY, J.A. Adaptations of skeletal muscle to prolonged, intense endurance training. *Clin Exp Pharmacol Physiol* 29:218-222, 2002.

49. HELLARD, P., M. AVALOS, L. LACOSTE, F. BARALE, J.C. CHATARD, and G.P. MILLET. Assessing the limitations of the Banister model in monitoring training. *J Sports Sci* 24:509-520, 2006.

50. HELLEBRANDT, F., and S. HOUTZ. Mechanisms of muscle training in man: experimental demonstration of the overload principle. *Phys Ther Rev* 36:371-383, 1956.

51. HODGES, N.J., S. HAYES, R.R. HORN, and A.M. WILLIAMS. Changes in coordination, control and outcome as a result of extended practice on a novel motor skill. *Ergonomics* 48:1672-1685, 2005.

52. HOFFMAN, J.R., M. WENDELL, J. COOPER, and J. KANG. Comparison between linear and nonlinear in-season training programs in freshman football players. *J Strength Cond Res* 17:561-565, 2003.

53. JANSE DE JONGE, X.A. Effects of the menstrual

cycle on exercise performance. *Sports Med* 33:833-851, 2003.

54. JANSSEN, I., S.B. HEYMSFIELD, Z.M. WANG, and R. ROSS. Skeletal muscle mass and distribution in 468 men and women aged 18-88 yr. *J Appl Physiol* 89:81-88, 2000.

55. KALLINEN, M., and A. MARKKU. Aging, physical activity and sports injuries: an overview of common sports injuries in the elderly. *Sports Med* 20:41-52, 1995.

56. KATIC, R., M. CAVALA, and V. SRHOJ. Biomotor structures in elite female handball players. *Coll Antropol* 31:795-801, 2007.

57. KRAEMER, W.J., S.A. MAZZETTI, B.C. NINDL, L.A. GOTSHALK, J.S. VOLEK, J.A. BUSH, J.O. MARX, K. DOHI, A.L. GOMEZ, M. MILES, S.J. FLECK, R.U. NEWTON, and K. HÄKKINEN. Effect of resistance training on women's strength/power and occupational performances. *Med Sci Sports Exerc* 33:1011-1025, 2001.

58. KURZ, T. *Science of Sports Training*. 2nd ed. Island Pond, VT: Stadion, 2001.

59. LANGE, L. *Uber Funktionelle Anpassung*. Berlin, Germany: Springer Verlag, 1919.

60. LAUGHLIN, N.T., and P.L. BUSK. Relationships between selected muscle endurance tasks and gender. *J Strength Cond Res* 21:400-404, 2007.

61. MACKINNON, L.T., and S.L. HOOPER. Overtraining and overreaching: causes effects and prevention. In: *Exercise and Sport Science*. W.E. Garrett and D.T. Kirkendall, eds. Philadelphia: Lippincott Williams & Wilkins, 2000, pp. 487-498.

62. MATVEYEV, L.P. *Fundamentals of Sports Training*. Moscow: Fizkultua i Sport, 1977.

63. MATVEYEV, L.P. *Periodisterung Des Sportlichen Trainings*. Moscow: Fizkultura i Sport, 1972.

64. MAUD, P.J., and B.B. SHULTZ. Gender comparisons in anaerobic power and anaerobic capacity tests. *Br J Sports Med* 20:51-54, 1986.

65. MERO, A., H. KAUHANEN, E. PELTOLA, T. VUORIMAA, and P.V. KOMI. Physiological performance capacity in different prepubescent athletic groups. *J Sports Med Phys Fitness* 30:57-66, 1990.

66. MILLER, A.E., J.D. MACDOUGALL, M.A. TARNOPOLSKY, and D.G. SALE. Gender differences in strength and muscle fiber characteristics. *Eur J Appl Physiol Occup Physiol* 66:254-262, 1993.

67. NADER, G.A. Concurrent strength and endurance training: from molecules to man. *Med Sci Sports Exerc* 38:1965-1970, 2006.

68. NADER, G.A., T.J. MCLOUGHLIN, and K.A. ESSER. mTOR function in skeletal muscle hypertrophy: increased ribosomal RNA via cell cycle regulators. *Am J Physiol Cell Physiol* 289:C1457-C1465, 2005.

69. O'TOOLE, M.L. Overreaching and overtraining in endurance athletes. In: *Overtraining in Sport*. R.B. Kreider, A.C. Fry, and M.L. O'Toole, eds. Champaign, IL: Human Kinetics, 1998, pp. 3-18.

70. PLISK, S.S., and V. GAMBETTA. Tactical metabolic training: part 1. *Strength Cond* 19:44-53, 1997.

71. PLISK, S.S., and M.H. STONE. Periodization strategies. *Strength Cond* 25:19-37, 2003.

72. POLIQUIN, C. Five steps to increasing the effectiveness of your strength training program. *NSCA J.* 10:34-39, 1988.

73. RATEL, S., N. LAZAAR, C.A. WILLIAMS, M. BEDU, and P. DUCHE. Age differences in human skeletal muscle fatigue during high-intensity intermittent exercise. *Acta Paediatr* 92:1248-1254, 2003.

74. RHEA, M.R., R.L. HUNTER, and T.J. HUNTER. Competition modeling of American football: observational data and implications for high school, collegiate, and professional player condi-tioning. *J Strength Cond Res* 20:58-61, 2006.

75. RILLING, J.K., C.M. WORTHMAN, B.C. CAMP-BELL, J.F. STALLINGS, and M. MBIZVA. Ratios of plasma and salivary testosterone throughout puberty: production versus bioavailability. *Steroids* 61:374-378, 1996.

76. ROBAZZA, C., L. BORTOLI, and Y. HANIN. Perceived effects of emotion intensity on athletic performance: a contingency-based individualized approach. *Res Q Exerc Sport* 77:372-385, 2006.

77. SATORI, J., and P. TSCHIENE. The further development of training theory: new elements and tendencies. *Sci Period Res Technol Sport* 8:Physical Training 8(4):W-1. 1988.

78. SCHMOLINSKY, G. *Track and Field: The East German Textbook of Athletics*. Toronto, ON, Canada: Sports Book Publisher, 2004.

79. SEILER, K.S., and G.O. KJERLAND. Quantifying training intensity distribution in elite endurance athletes: is there evidence for an "optimal" distribution? *Scand J Med Sci Sports* 16:49-56, 2006.

80. SEILER, S., J.J. DE KONING, and C. FOSTER. The fall and rise of the gender difference in elite anaerobic performance 1952-2006. *Med Sci Sports Exerc* 39:534-540, 2007.

81. SHARP, M.A., J.F. PATTON, J.J. KNAPIK, K. HAURET, R.P. MELLO, M. ITO, and P.N. FRYK-MAN. Comparison of the physical fitness of men and women entering the U.S. Army: 1978-1998. *Med Sci Sports Exerc* 34:356-363, 2002.

82. SIFF, M.C., and Y.U. VERKHOSHANSKY. *Supertraining*. Denver, CO: Supertraining International, 1999.

83. SMITH, D.J. A framework for understanding the training process leading to elite performance. *Sports Med* 33:1103-1126, 2003.

84. STEYERS, J. *Liukin good at 18*.

85. STONE, M.H., and A.C. FRY. Increased training volume in strength/power athletes. In: *Overtraining in Sport*. R.B. Kreider, A.C. Fry, and M.L. O'Toole, eds. Champaign, IL: Human Kinetics, 1998, pp. 87-106.

86. STONE, M.H., R. KEITH, J.T. KEARNEY, G.D. WILSON, and S. FLECK, J. Overtraining: a review of the signs and symptoms of overtraining. *J Appl Sport Sci Res* 5:35-50, 1991.

87. STONE, M.H., H. O'BRYANT, and J. GARHAM-MER. A hypothetical model for strength training. *J. Sports Med* 21:342-351, 1981.

88. STONE, M.H., K. SANBORN, H.S. O'BRYANT, M. HARTMAN, M.E. STONE, C. PROULX, B. WARD, and J. HRUBY. Maximum strength-power-performance formance relationships in collegiate throwers. *J Strength Cond Res* 17:739-745, 2003.

89. STONE, M.H., M.E. STONE, and W.A. SANDS. *Principles and Practice of Resistance Training.* Champaign, IL: Human Kinetics, 2007.

90. SUZUKI, S., T. SATO, A. MAEDA, and Y. TAKA-HASHI. Program design based on a mathematical model using rating of perceived exertion for an elite Japanese sprinter: a case study. *J Strength Cond Res* 20:36-42, 2006.

91. TANAKA, H., and D.R. SEALS. Endurance exercise performance in masters athletes: age-associated changes and underlying physiological mechanisms. *J Physiol* 586:55-63, 2008.

92. TSCHIENE, P. A necessary direction in training: the integration of biological adaptation in the training program. *Coach Sport Sci J* 1:2-14, 1995.

93. VANDERBURGH, P.M., M. KUSANO, M. SHARP, and B. NINDL. Gender differences in muscular strength: an allometric model approach. *Biomed Sci Instrum* 33:100-105, 1997.

94. VERKHOSHANSKY, Y.U. *Fundamentals of Special Strength Training in Sport.* Livonia, MI: Sportivy Press, 1986.

95. VERKHOSHANSKY, Y.U. *Programming and Organization of Training.* Moscow: Fizkultura i Sport, 1985.

96. VIRU, A. *Adaptations in Sports Training.* Boca Raton, FL: CRC Press, 1995.

97. VIRU, A., and M. VIRU. *Biochemical Monitoring of Sport Training.* Champaign, IL: Human Kinetics, 2001.

98. WERCHOSHANSKI, J. Specific training principles for power. *Mod Athlete Coach* 17:11-13, 1979.

99. WILMORE, J.H., D.L. COSTILL, and W.L. KEN-NEY. *Physiology of Sport and Exercise.* 4th ed. Champaign, IL: Human Kinetics, 2008.

100. ZANCHI, N.E., and A.H. LANCHA, JR. Mechanical stimuli of skeletal muscle: implications on mTOR/p70s6k and protein synthesis. *Eur J Appl Physiol* 102:253-263, 2008.

101. ZATSIORSKY, V.M. *Science and Practice of Strength Training.* Champaign, IL: Human Kinetics, 1995.

102. ZATSIORSKY, V.M., and W.J. KRAEMER. *Science and Practice of Strength Training.* 2nd ed. Cham-paign, IL: Human Kinetics, 2006.

第三章

1. BAKER, D., and S. NANCE. The relation between running speed and measures of strength and power in professional rugby league players. *J Strength Cond Res* 13:230-235, 1999.

2. BOMPA, T.O. *Periodization: Theory and Methodology of Training.* 4th ed. Champaign, IL: Human Kinetics, 1999.

3. BOMPA, T.O. *Total training for coaching team sports.* Toronto: Sport Books Publisher, 2006, page 22.

4. BRAVO, D.F., F.M. IMPELLIZZERI, E. RAMPININI, C. CASTAGNA, D. BISHOP, and U. WISLOFF. Sprint vs. interval training in football. *Int J Sports Med* 29:668-674, 2008.

5. BRET, C., A. RAHMANI, A.B. DUFOUR, L. MES-SONNIER, and J.R. LACOUR. Leg strength and stiffness as ability factors in 100 m sprint running. *J Sports Med Phys Fitness* 42:274-281, 2002.

6. BURGOMASTER, K.A., G.J. HEIGENHAUSER, and M.J. GIBALA. Effect of short-term sprint interval training on human skeletal muscle carbohydrate metabolism during exercise and time-trial performance. *J Appl Physiol* 100:2041-2047, 2006.

7. BURGOMASTER, K.A., S.C. HUGHES, G.J. HEIGENHAUSER, S.N. BRADWELL, and M.J. GIBALA. Six sessions of sprint interval training increases muscle oxidative potential and cycle endurance capacity in humans. *J Appl Physiol* 98:1985-1990, 2005.

8. CAVANAGH, P.R., and K.R. WILLIAMS. The effect of stride length variation on oxygen uptake during distance running. *Med Sci Sports Exerc* 14:30-35, 1982.

9. CHIU, L.Z., A.C. FRY, B.K. SCHILLING, E.J. JOHNSON, and L.W. WEISS. Neuromuscular fatigue and potentiation following two successive high intensity resistance exercise sessions. *Eur J Appl Physiol* 92:385-392, 2004.

10. CONLEY, D.L., and G. KRAHENBUHL. Running economy and distance running performance of highly trained athletes. *Med Sci Sports Exerc* 14:357-360, 1980.

11. CRONIN, J.B., and K.T. HANSEN. Strength and power predictors of sports speed. *J Strength Cond Res* 19:349-357, 2005.

12. CURY, F., S. BIDDLE, P. SARRAZIN, and J.P. FAMOSE. Achievement goals and perceived ability predict investment in learning a sport task. *Br J Educ Psychol* 67:293-309, 1997.

13. DALLEAU, G., A. BELLI, M. BOURDIN, and J.R. LACOUR. The spring-mass model and the energy cost of treadmill running. *Eur J Appl Physiol Occup Physiol* 77:257-263, 1998.

14. DANIELS, J.T. A physiologist's view of running economy. *Med Sci Sports Exerc* 17:332-338, 1985.

15. DUNLAVY, J.K., W.A. SANDS, J.R. MCNEAL, M.H. STONE, S.A. SMITH, M. JEMNI, and G.G. HAFF. Strength performance assessment in a simulated men's gymnastics still rings cross. *J Sports Sci Med* 6:93-97, 2007.

16. ENDEMANN, F. Teaching throwing events. In: *The Throws: Contemporary Theory, Technique, and Training.* J. Jarver, ed. Mountain View, CA: Taf-news Press, 2000, pp. 11-14.

17. FLORESCU, C., V. DUMITRESCU, and A. PRE-DESCU. *Metodologia Desvoltari Calitatilor Fizice* [The Methodology of Developing Physical Quali-

ties]. Bucharest: National Sports Council, 1969.

18. GIBALA, M.J., J.P. LITTLE, M. VAN ESSEN, G.P. WILKIN, K.A. BURGOMASTER, A. SAFDAR, S. RAHA, and M.A. TARNOPOLSKY. Short-term sprint interval versus traditional endurance training: similar initial adaptations in human skeletal muscle and exercise performance. *J Physiol* 575:901-911, 2006.

19. GODFREY, R.J. Cross-training. *Sports Exercise & Injury* 4:50-56, 1998.

20. HEISE, G.D., and P.E. MARTIN. Are variations in running economy in humans associated with ground reaction force characteristics? *Eur J Appl Physiol* 84:438-442, 2001.

21. HODGES, N.J., S. HAYES, R.R. HORN, and A.M. WILLIAMS. Changes in coordination, control and outcome as a result of extended practice on a novel motor skill. *Ergonomics* 48:1672-1685, 2005.

22. HUGHES, M.D., and R.M. BARTLETT. The use of performance indicators in performance analysis. *J Sports Sci* 20:739-754, 2002.

23. KANEKO, M., A. ITO, T. FUCHIMOTO, Y. SHISHIKURA, and J. TOYOOKA. Influence of running speed on the mechanical efficiency of sprinters and distance runners. In: *Biomechanics IX-B*. D.A. Winter et al., eds. Champaign, IL: Human Kinetics, 1985, pp. 307-312.

24. LAURSEN, P.B., C.M. SHING, J.M. PEAKE, J.S.COOMBES, and D.G. JENKINS. Interval training program optimization in highly trained endurance cyclists. *Med Sci Sports Exerc* 34:1801-1807, 2002.

25. MALTSEVA, N. Instructing young throwers. In: *The Throws: Contemporary Theory, Technique, and Training*. J. Jarver, ed. Mountain View, CA: Tafnews Press, 2000, pp. 15-17.

26. MEDVEDEV, A.S. *Sistema Mnogoletnyei Trenirovki V Tyazheloi Atletikye*. Moscow: Fizkultura i Sport, 1986.

27. MORGAN, D.W., and M. CRAIB. Physiological aspects of running economy. *Med Sci Sports Exerc* 24:456-461, 1992.

28. NUMMELA, A., T. KERANEN, and L.O. MIKKELSSON. Factors related to top running speed and economy. *Int J Sports Med* 28:655-661, 2007.

29. PLISK, S.S., and V. GAMBETTA. Tactical metabolic training: part 1. *Strength Cond* 19:44-53, 1997.

30. PLISK, S.S., and M.H. STONE. Periodization strategies. *Strength Cond* 25:19-37, 2003.

31. RAGLIN, J.S. The psychology of the marathoner: of one mind and many. *Sports Med* 37:404-407, 2007.

32. ROBINSON, J.M., M.H. STONE, R.L. JOHNSON, C.M. PENLAND, B.J. WARREN, and R.D. LEWIS. Effects of different weight training exercise/rest intervals on strength, power, and high intensity exercise endurance. *J. Strength Cond Res* 9:216-221, 1995.

33. SCHMIDT, R.A., and C.A. WRISBERG. *Motor Learning and Performance*. 3rd ed. Champaign,

IL: Human Kinetics, 2004.

34. SCHMOLINSKY, G. *Track and Field: The East German Textbook of Athletics*. Toronto, ON, Canada: Sports Book Publisher, 2004.

35. SIFF, M.C., and Y.U. VERKHOSHANSKY. *Supertraining*. Denver, CO: Supertraining International, 1999.

36. SINITSIN, A. A few hints for novice discus throwers. In: *The Throws: Contemporary Theory, Technique, and Training*. J. Jarver, ed. Mountain View, CA: Tafnews, 2000, pp. 95-97.

37. SMITH, D.J. A framework for understanding the training process leading to elite performance. *Sports Med* 33:1103-1126, 2003.

38. STONE, M.H., and H.O. O'BRYANT. *Weight Training: A Scientific Approach*. Edina, MN: Burgess, 1987.

39. STONE, M.H., R. KEITH, J.T. KEARNEY, G.D. WILSON, and S. FLECK, J. Overtraining: a review of the signs and symptoms of overtraining. *J Appl Sport Sci Res* 5:35-50, 1991.

40. STONE, M.H., W.A. SANDS, K.C. PIERCE, R.U. NEWTON, G.G. HAFF, and J. CARLOCK. Maximum strength and strength training: a relationship to endurance? *Strength Cond J* 28:44-53, 2006.

41. STONE, M.H., M.E. STONE, and W.A. SANDS. *Principles and Practice of Resistance Training*. Champaign, IL: Human Kinetics, 2007.

42. SUINN, R.M. Mental practice in sport psychology: where have we been, where do we go? *Clin Psychol Sci Pract* 4:189-207, 1997.

43. TAN, J.C., and M.R. YEADON. Why do high jumpers use a curved approach? *J Sport Sci* 23:775-780, 2005.

44. TEODORESCU, L., and C. FLORESCU. Some directions regarding the perfection and mastery of technique and strategy. In: *The Content and Methodology of Training*. E. Ghibu, ed. Bucharest, Hungary: Stadion, 1971, pp. 66-81.

45. VAN-YPEREN, N.W., and J.L. DUDA. Goal orientations, beliefs about success, and performance improvement among young elite Dutch soccer players. *Scand J Med Sci Sports* 9:358-364, 1999.

46. WILLIAMS, S.J., and L.R. KENDALL. A profile of sports science research (1983-2003). *J Sci Med Sport* 10:193-200, 2007.

47. ZATSIORSKY, V.M. *Science and Practice of Strength Training*. Champaign, IL: Human Kinetics, 1995.

第四章

1. *2002 USA Cycling Club Coach Manual*. Colorado Springs, CO: USA Cycling, 2002.

2. ABADEJEV, I. Basic training principles for Bulgarian elite. *Int Olympic Lifter* 3:12-13, 1976.

3. ABADEJEV, I. Basic training principles for Bulgarian elite. *Canadian Weightlifting Federation Official Newsletter* 5:13-18, 1976.

4. ABADEJEV, I. Basic training principles for Bulgarian elite. *New Brunswick Weightlifting Association Newsletter* 4:19-24, 1977.

5. ABADEJEV, I. Preparation of the Bulgarian weightlifters for the Olympic Games 1984. *Australian Weightlifter* October:25-29, 1981.

6. ABADJIEV, I., and B. FARADJIEV. *Training of Weight Lifters.* Sofia, Bulgaria: Medicina i Fizkultura, 1986.

7. ACEVEDO, E.O., and A.H. GOLDFARB. Increased training intensity effects on plasma lactate, ventilatory threshold, and endurance. *Med Sci Sports Exerc* 21:563-568, 1989.

8. AJÁN, T., and L. BAROGA. *Weightlifting: Fitness for All Sports.* Budapest: International Weightlifting Federation, 1988.

9. ALLEN, H., and A.R. COGGAN. *Training and Racing with a Power Meter.* Boulder, CO: Velo Press, 2006.

10. BARNETT, A. Using recovery modalities between training sessions in elite athletes: does it help? *Sports Med* 36:781-796, 2006.

11. BEN ABDELKRIM, N., S. EL FAZAA, and J. EL ATI. Time-motion analysis and physiological data of elite under-19-year-old basketball players during competition. *Br J Sports Med* 41:69-75; discussion 75, 2007.

12. BILLAT, V.L., B. FLECHET, B. PETIT, G. MURIAUX, and J.P. KORALSZTEIN. Interval training at VO₂max: effects on aerobic performance and overtraining markers. *Med Sci Sports Exerc* 31:156-163, 1999.

13. BOMPA, T.O. *Periodization: Theory and Methodology of Training.* 4th ed. Champaign, IL: Human Kinetics, 1999.

14. BOMPA, T.O., and M.C. CARRERA. *Periodization Training for Sports: Science-Based Strength and Conditioning Plans for 20 Sports.* 2nd ed. Champaign, IL: Human Kinetics, 2005.

15. BROOKS, G.A., T.D. FAHEY, T.P. WHITE, and K.M. BALDWIN. *Exercise Physiology: Human Bioenergetics and Its Application.* 3rd ed. Mountain View, CA: Mayfield, 2000.

16. BURKE, L., and V. DEAKIN. *Clincial Sports Nutrition.* Roseville, Australia: McGraw-Hill Australia, 2000.

17. COFFEY, V.G., and J.A. HAWLEY. The molecular bases of training adaptation. *Sports Med* 37:737-763, 2007.

18. CONLEY, M. Bioenergetics of exercise training. In: *Essentials of Strength Training and Conditioning.* T.R. Baechle and R.W. Earle, eds. Champaign, IL: Human Kinetics, 2000, pp. 73-90.

19. CONLEY, M.S., M.H. STONE, H.S. O'BRYANT, R.L. JOHNSON, D.R. HONEYCUTT, and T.P. HOKE. Peak power versus power at maximal oxygen uptake. In: *Proceedings of the National Strength and Conditioning Association Annual Convention,* Las Vegas, NV, 1993.

20. DEDRICK, M.E., and P.M. CLARKSON. The effects of eccentric exercise on motor performance in young and older women. *Eur J Appl Physiol Occup Physiol* 60:183-186, 1990.

21. ENISELER, N. Heart rate and blood lactate concentrations as predictors of physiological load on elite soccer players during various soccer training activities. *J Strength Cond Res* 19:799-804, 2005.

22. FARIA, E.W., D.L. PARKER, and I.E. FARIA. The science of cycling: physiology and training—part 1. *Sports Med* 35:285-312, 2005.

23. FARIA, E.W., D.L. PARKER, and I.E. FARIA. The science of cycling: factors affecting performance—part 2. *Sports Med* 35:313-337, 2005.

24. FISKERSTRAND, Å., and K.S. SEILER. Training and performance characteristics among Norwegian international rowers 1970-2001. *Scand J Med Sci Sports* 14:303-310, 2004.

25. FLECK, S., and W.J. KRAEMER. *Designing Resistance Training Programs.* 3rd ed. Champaign, IL: Human Kinetics, 2004.

26. FROBÖSE, I., A. VERDONCK, F. DUESBERG, and C. MUCHA. Effects of various load intensities in the framework of postoperative stationary endurance training on performance deficit of the quadriceps muscle of the thigh. *Z Orthop Ihre Grenzgeb* 131:164-167, 1993.

27. FRY, A.C., and W.J. KRAEMER. Resistance exercise overtraining and overreaching: neuroendocrine responses. *Sports Med* 23:106-129, 1997.

28. FRY, R.W., A.R. MORTON, and D. KEAST. Overtraining in athletes: an update. *Sports Med* 12:32-65, 1991.

29. GABBETT, T.J. Science of rugby league football: a review. *J Sports Sci* 23:961-976, 2005.

30. GARHAMMER, J., and B. TAKANO. Training for weightlifting. In: *Strength and Power in Sport.* P.V. Komi, ed. Oxford, UK: Blackwell Scientific, 2003, pp. 502-515.

31. GILLAM, G.M. Effects of frequency of weight training on muscle strength enhancement. *J Sports Med* 21:432-436, 1981.

32. HAFF, G.G., A. WHITLEY, and J.A. POTTEIGER. A brief review: explosive exercises and sports performance. *Natl Strength Cond Assoc* 23:13-20, 2001.

33. HÄKKINEN, K., and M. KALLINEN. Distribution of strength training volume into one or two daily sessions and neuromuscular adaptations in female athletes. *Electromyogr Clin Neurophysiol* 34:117-124, 1994.

34. HARRE, D. *Trainingslehre.* Berlin, Germany: Sportverlag, 1982.

35. HAUSSWIRTH, C., D. LEHENAFF, P. DREANO, and K. SAVONEN. Effects of cycling alone or in a sheltered position on subsequent running performance during a triathlon. *Med Sci Sports Exerc* 31:599-604, 1999.

36. HOWE, C., and A.R. COGGAN, *The Road Cyclist's Guide to Training by Power.* 2003, Training Smart Online.

37. ILIUTA, G., and C. DUMITRESCU. Medical and physiological criteria for the assessing and directing of athletes' training. *Sportul de Performanta Bucareti* 53:49-64, 1998.

38. JONES, L. Training programs: do Bulgarian methods lead the way for the USA? *Weightlifting USA* 9:10-11, 1991.

39. KOMI, P.V *Strength and Power in Sport*. Oxford, UK: Blackwell Scientific, 1991.

40. KOMI, P.V. *Strength and Power in Sport*. 2nd ed. Malden, MA: Blackwell Scientific, 2003.

41. LANIER, A.B. Use of nonsteroidal anti-inflammatory drugs following exercise-induced muscle injury. *Sports Med* 33:177-186, 2003.

42. LAURSEN, P.B., and D.G. JENKINS. The scientific basis for high-intensity interval training: optimising training programmes and maximising performance in highly trained endurance athletes. *Sports Med* 32:53-73, 2002.

43. LAURSEN, P.B., C.M. SHING, J.M. PEAKE, J.S. COOMBES, and D.G. JENKINS. Interval training program optimization in highly trained endurance cyclists. *Med Sci Sports Exerc* 34:1801-1807, 2002.

44. LAURSEN, P.B., C.M. SHING, J.M. PEAKE, J.S. COOMBES, and D.G. JENKINS. Influence of high-intensity interval training on adaptations in well-trained cyclists. *J Strength Cond Res* 19:527-533, 2005.

45. LEUTSHENKO, A.V., and A.L. BERESTOVSKAYA. The main elements in the planning of training for elite discus throwers. In: *The Throws: Contemporary Theory, Technique, and Training*. J. Jarver, ed. Mountain View, CA: Tafnews Press, 2000, pp. 106-108.

46. LUEBBERS, P.E., J.A. POTTEIGER, M.W. HULVER, J.P. THYFAULT, M.J. CARPER, and R.H. LOCKWOOD. Effects of plyometric training and recovery on vertical jump performance and anaerobic power. *J Strength Cond Res* 17:704-709, 2003.

47. LYMAN, S., G.S. FLEISIG, J.W. WATERBOR, E.M. FUNKHOUSER, L. PULLEY, J.R. ANDREWS, E.D. OSINSKI, and J.M. ROSEMAN. Longitudinal study of elbow and shoulder pain in youth baseball pitchers. *Med Sci Sports Exerc* 33:1803-1810, 2001.

48. MATVEYEV, L.P. *Fundamentals of Sports Training*. Moscow: Fizkultua i Sport, 1977.

49. MAUGHAN, R., and M. GLEESON. *The Biochemical Basis of Sports Performance*. New York: Oxford University Press, 2004.

50. MCARDLE, W.D., F.I. KATCH, and V.L. KATCH. *Exercise Physiology: Energy, Nutrition, and Human Performance*. 6th ed. Baltimore: Lippincott, Williams & Wilkins, 2006.

51. MONEDERO, J., and B. DONNE. Effect of recovery interventions on lactate removal and subsequent performance. *Int J Sports Med* 21:593-597, 2000.

52. MORTON, R.H., J.R. FITZ-CLARKE, and E.W. BANISTER. Modeling human performance in running. *J Appl Physiol* 69:1171-1177, 1990.

53. MUJIKA, I., and S. PADILLA. Detraining: loss of training-induced physiological and performance adaptations: part I: short term insufficient training stimulus. *Sports Med* 30:79-87, 2000.

54. MUJIKA, I., and S. PADILLA. Detraining: loss of training-induced physiological and performance adaptations: part II: long term insufficient training stimulus. *Sports Med* 30:145-154, 2000.

55. NOAKES, T.D. *Lore of Running*. 4th ed. Champaign, IL: Human Kinetics, 2001.

56. OLBRECT, J. *The Science of Winning: Planning, Periodizing, and Optimizing Swim Training*. Luton, UK: Swimshop, 2000.

57. OSGNACH, C., S. POSER, R. BERNARDINI, R. RINALDO, and P.E. DI PRAMPERO. Energy cost and metabolic power in elite soccer: a new match analysis approach. *Med Sci Sports Exerc* 42:170-178, 2010.

58. PETERSON, M.D., M.R. RHEA, and B.A. ALVAR. Applications of the dose-response for muscular strength development: a review of meta-analytic efficacy and reliability for designing training prescription. *J Strength Cond Res* 19:950-958, 2005.

59. PLATONOV, V.N. *Teoria General del Entrenamiento Deportivo Olimpico*. Badalona, Spain: Paidotribo Editorial, 2002.

60. PLISK, S.S., and M.H. STONE. Periodization strategies. *Strength Cond* 25:19-37, 2003.

61. POTTEIGER, J.A. Aerobic endurance exercise training. In: *Essentials of Strength Training and Conditioning*. T.R. Baechle and R.W. Earle, eds. Champaign, IL: Human Kinetics, 2000, pp. 495-509.

62. RHEA, M.R., B.A. ALVAR, L.N. BURKETT, and S.D. BALL. A meta-analysis to determine the dose response for strength development. *Med Sci Sports Exerc* 35:456-464, 2003.

63. SCHMOLINSKY, G. *Track and Field: The East German Textbook of Athletics*. Toronto, ON, Canada: Sports Book Publisher, 2004.

64. SIFF, M.C., and Y.U. VERKHOSHANSKY. *Supertraining*. Denver, CO: Supertraining International, 1999.

65. SIMONEAU, J.A., G. LORTIE, M.R. BOULAY, M. MARCOTTE, M.C. THIBAULT, and C. BOUCHARD. Effects of two high-intensity intermittent training programs interspaced by detraining on human skeletal muscle and performance. *Eur J Appl Physiol Occup Physiol* 56:516-521, 1987.

66. SKURVYDAS, A., V. DUDONIENE, A. KALVENAS, and A. ZUOZA. Skeletal muscle fatigue in long-distance runners, sprinters and untrained men after repeated drop jumps performed at maximal intensity. *Scand J Med Sci Sports* 12:34-39, 2002.

67. SMITH, D.J. A framework for understanding the training process leading to elite performance. *Sports Med* 33:1103-1126, 2003.

68. SMITH, T.P., L.R. MCNAUGHTON, and K.J. MARSHALL. Effects of 4-wk training using Vmax/ Tmax on VO_2max and performance in athletes. *Med Sci Sports Exerc* 31:892-896, 1999.

69. SPENCER, M., D. BISHOP, B. DAWSON, and

C. GOODMAN. Physiological and metabolic responses of repeated-sprint activities: specific to field-based team sports. *Sports Med* 35:1025-1044, 2005.

70. STEPTO, N.K., D.T. MARTIN, K.E. FALLON, and J.A. HAWLEY. Metabolic demands of intense aerobic interval training in competitive cyclists. *Med Sci Sports Exerc* 33:303-310, 2001.

71. STOLEN, T., K. CHAMARI, C. CASTAGNA, and U. WISLOFF. Physiology of soccer: an update. *Sports Med* 35:501-536, 2005.

72. STONE, M.H., R. KEITH, J.T. KEARNEY, G.D. WILSON, and S. FLECK, J. Overtraining: a review of the signs and symptoms of overtraining. *J Appl Sport Sci Res* 5:35-50, 1991.

73. STONE, M.H., and H.O. O'BRYANT. *Weight Training: A Scientific Approach*. Edina, MN: Burgess, 1987.

74. STONE, M.H., M.E. STONE, and W.A. SANDS. *Principles and Practice of Resistance Training*. Champaign, IL: Human Kinetics, 2007.

75. WERNBOM, M., J. AUGUSTSSON, and R. THOMEE. The influence of frequency, intensity, volume and mode of strength training on whole muscle cross-sectional area in humans. *Sports Med* 37:225-264, 2007.

76. ZATSIORSKY, V.M. Intensity of strength training fact and theory: Russian and Eastern European approach. *NSCA J* 14:46-57, 1992.

77. ZATSIORSKY, V.M. *Science and Practice of Strength Training*. Champaign, IL: Human Kinetics, 1995.

78. ZATSIORSKY, V.M. and W.J. KRAEMER. *Science and Practice of Strength Training*. 2nd ed. Champaign, IL: Human Kinetics, 2006.

第五章

1. BOMPA, T.O. *Periodization: Theory and Methodology of Training*. 4th ed. Champaign, IL: Human Kinetics, 1999.

2. BOMPA, T.O. *Theory and Methodology of Training: The Key to Athletic Performance*. Dubuque, IA: Kendall/Hunt, 1994.

3. BOMPA, T.O. *Total Training for Coaching Team Sports: A Self Help Guide*. Toronto, CA: Sports Books Publisher, 2006.

4. BOMPA, T.O., and M.C. CARRERA. *Periodization Training For Sports: Science-Based Strength and Conditioning Plans for 20 Sports*. 2nd ed. Champaign, IL: Human Kinetics, 2005.

5. BOMPA, T.O. Antrenamentul in perioada pregatitoare [Training methodology during the preparatory phase]. *Caiet pentru sporturi nautice* 3:22-28, 1956.

6. BOMPA, T. *Antrenamentul in Diferite Perioade de Pregatire* [Training Content in Different Stages of Preparation]. Timisoara, Romania: Cjefs, 1960.

7. BOMPA, T. *Periodization of Strength for Power Sports*. In: *International Conference on Advancements in Sports Training*. Moscow, 1965.

8. BOMPA, T. Periodization of strength. *Sports Re-*

view 1:26–31, 1965b.

9. BOMPA, T.O. *Theory and Methodology of Training*. Dubuque, Iowa: Kendall/Hunt Publishing Company, 1983.

10. BOMPA, T.O. *Periodization of Strength: The new wave in Strength Training*. Toronto: Veritas, 1993.

11. DE LORME, T.L., and A.L. WATKINS. *Progression Resistance Exercises*. New York: Appleton-Century-Crofts, 1951.

12. FARROW, D., W. YOUNG, and L. BRUCE. The development of a test of reactive agility for netball: a new methodology. *J Sci Med Sport* 8:52-60, 2005.

13. FLECK, S.J., and W.J. KRAEMER. *Designing Resistance Training Programs*. 2nd ed. Champaign, IL: Human Kinetics, 1997.

14. FLECK, S., and W.J. KRAEMER. *Designing Resistance Training Programs*. 3rd ed. Champaign, IL: Human Kinetics, 2004.

15. FREEMAN, W.H. *Peak When It Counts Periodization for American Track & Field*. 4th ed. Mountain View, CA: Tafnews Press, 2001.

16. HOFF, J., U. WISLØFF, L.C. ENGEN, O.J. KEMI, and J. HELGERUD. Soccer specific aerobic endurance training. *Br J Sports Med* 36:218-221, 2002.

17. ISSURIN, V. Block periodization versus traditional training theory: a review. *J Sports Med Phys Fitness* 48:65-75, 2008.

18. KRAEMER, W.J., D.N. FRENCH, N.J. PAXTON, K. HÄKKINEN, J.S. VOLEK, W.J. SEBASTIANELLI, M. PUTUKIAN, R.U. NEWTON, M.R. RUBIN, A.L. GOMEZ, J.D. VESCOVI, N.A. RATAMESS, S.J. FLECK, J.M. LYNCH, and H.G. KNUTTGEN. Changes in exercise performance and hormonal concentrations over a big ten soccer season in starters and nonstarters. *J Strength Cond Res* 18:121-128, 2004.

19. KRAEMER, W.J., L.P. KOZIRIS, N.A. RATAMESS, K. HÄKKINEN, T.R.M. NT, A.C. FRY, S.E. GORDON, J.S. VOLEK, D.N. FRENCH, M.R. RUBIN, A.L. GOMEZ, M.J. SHARMAN, J. MICHAEL LYNCH, M. IZQUIERDO, R.U. NEWTON, and S.J. FLECK. Detraining produces minimal changes in physical performance and hormonal variables in recreationally strength-trained men. *J Strength Cond Res* 16:373-382, 2002.

20. KRAEMER, W.J., J.S. VOLEK, J.A. BUSH, M. PUTUKIAN, and W.J. SEBASTIANELLI. Hormonal responses to consecutive days of heavy-resistance exercise with or without nutritional supplementation. *J Appl Physiol* 85:1544-1555, 1998.

21. LAURSEN, P.B., and D.G. JENKINS. The scientific basis for high-intensity interval training: optimising training programmes and maximising performance in highly trained endurance athletes. *Sports Med* 32:53-73, 2002.

22. MALLO, J., and E. NAVARRO. Physical load imposed on soccer players during small-sided training games. *J Sports Med Phys Fitness* 48:166-171, 2008.

23. MATVEYEV, L.P. *Fundamentals of Sports Training*. Moscow: Fizkultua i Sport, 1977.

24. MATVEYEV, L.P. *Periodisterung Des Sportlichen Trainings*. Moscow: Fizkultura i Sport, 1972.

25. MATVEYEV, L. *Periodization of Sports Training*. Moscow: Fizkultura i Sport, 1965.

26. MIKKOLA, J., H. RUSKO, A. NUMMELA, T. POLLARI, and K. HÄKKINEN. Concurrent endurance and explosive type strength training improves neuromuscular and anaerobic characteristics in young distance runners. *Int J Sports Med* 28:602-611, 2007.

27. NÁDORI, L. *Training and Competition*. Budapest: Sport, 1962.

28. NÁDORI, L., and I. GRANEK. *Theoretical and Methodological Basis of Training Planning With Special Considerations Within a Microcycle*. Lincoln, NE: NSCA, 1989.

29. OZOLIN, N. *Sovremennaia Systema Sportivnoi Trenirovky* [Athlete's Training System for Competition]. Moscow: Fizkultura i Sport, 1971.

30. PLATONOV, B.H. Theory of annual training: background, status, discussions, ways to modernize. In: *Theory and Practice of Physical Culture* 9:18-34, 2009.

31. SIEGLER, J., S. GASKILL, and B. RUBY. Changes evaluated in soccer-specific power endurance either with or without a 10-week, in-season, intermittent, high-intensity training protocol. *J Strength Cond Res* 17:379-387, 2003.

32. STONE, M.H., and C. KARATZEFERI. Connective tissue and bone response to strength training. In: *Encyclopaedia of Sports Medicine: Strength and Power in Sports*. P.V. Komi, ed. Oxford, UK: Blackwell, 2003. pp. 343-360.

33. STONE, M.H., R. KEITH, J.T. KEARNEY, G.D. WILSON, and S. FLECK, J. Overtraining: a review of the signs and symptoms of overtraining. *J Appl Sport Sci Res* 5:35-50, 1991.

34. STONE, M.H., and H.S. O'BRYANT. Letter to the editor. *J Strength Cond Res* 9:125-127, 1995.

35. STONE, M.H., and H.O. O'BRYANT. *Weight Training: A Scientific Approach*. Edina, MN: Burgess, 1987.

36. STONE, M.H., H. O'BRYANT, and J. GARHAMMER. A hypothetical model for strength training. *J. Sports Med.* 21:342-351, 1981.

37. STONE, M.H., H.S. O'BRYANT, and J. GARHAMMER. A theoretical model of strength training. *NSCA J.* 3:36-39, 1982.

38. STONE, M.H., H.S. O'BRYANT, L. MCCOY, R. COGLIANESE, M. LEHMKUHL, and B. SCHILLING. Power and maximum strength relationships during performance of dynamic and static weighted jumps. *J Strength Cond Res* 17:140-147, 2003.

39. STONE, M.H., K. SANBORN, H.S. O'BRYANT, M. HARTMAN, M.E. STONE, C. PROULX, B. WARD, and J. HRUBY. Maximum strength-power-performance relationships in collegiate throwers. *J Strength Cond Res* 17:739-745, 2003.

40. STONE, M.H., W.A. SANDS, J. CARLOCK, S. CALLAN, D. DICKIE, K. DAIGLE, J. COTTON, S.L. SMITH, and M. HARTMAN. The importance of isometric maximum strength and peak rate-of-force development in sprint cycling. *J Strength Cond Res* 18:878-884, 2004.

41. STONE, M.H., W.A. SANDS, K.C. PIERCE, J. CARLOCK, M. CARDINALE, and R.U. NEWTON. Relationship of maximum strength to weightlifting performance. *Med Sci Sports Exerc* 37:1037-1043, 2005.

42. STONE, M.H., W.A. SANDS, K.C. PIERCE, R.U. NEWTON, G.G. HAFF, and J. CARLOCK. Maximum strength and strength training: a relationship to endurance? *Strength Cond J* 28:44-53, 2006.

43. STONE, M.H., M.E. STONE, and W.A. SANDS. *Principles and Practice of Resistance Training*. Champaign, IL: Human Kinetics, 2007.

44. TANAKA, H., and T. SWENSEN. Impact of resistance training on endurance performance: a new form of cross-training? *Sports Med* 25:191-200, 1998.

45. TOMLIN, D.L., and H.A. WENGER. The relationship between aerobic fitness and recovery from high intensity intermittent exercise. *Sports Med* 31(1):1-11, 2001.

46. VERKHOSHANSKY, Y.U. *Fundamentals of Special Strength Training in Sport*. Livonia, MI: Sportivy Press, 1986.

47. VERKHOSHANSKY, Y.U. Perspectives in the development of speed-strength preparation in the development of jumpers. *Track and Field* 9:11-12, 1966.

48. VERKHOSHANSKY, Y.U. *Programming and Organization of Training*. Moscow: Fizkultura i Sport, 1985.

49. VERKHOSHANSKY, Y.U. *Special Strength Training: A Practical Manual for Coaches*. Muskegon, MI: Ultimate Athlete Concepts, 2006.

50. YOUNG, W.B., R. JAMES, and I. MONTGOMERY. Is muscle power related to running speed with changes of direction? *J Sports Med Phys Fitness* 42:282-288, 2002.

第六章

1. ALLEN, D.G., J.A. LEE, and H. WESTERBLAD. Intracellular calcium and tension during fatigue in isolated single muscle fibres from Xenopus laevis. *J Physiol* 415:433-458, 1989.

2. BARCROFT, H., and O.G. EDHOLM. The effect of temperature on blood flow and deep temperature in the human forearm. *J Physiol* 102:5-20, 1943.

3. BARCROFT, J., and W.O. KING. The effect of tem-perature on the dissociation curve of blood. *J Physiol* 39:374-384, 1909.

4. BISHOP, D. Warm up I: potential mechanisms and the effects of passive warm up on exercise performance. *Sports Med* 33:439-454, 2003.

5. BISHOP, D. Warm up II: performance changes following active warm up and how to structure the

warm up. *Sports Med* 33:483-498, 2003.

6. BISHOP, D., D. BONETTI, and M. SPENCER. The effect of an intermittent, high-intensity warm-up on supramaximal kayak ergometer performance. *J Sports Sci* 21:13-20, 2003.

7. BOGDANIS, G.C., M.E. NEVILL, H.K. LAKOMY, C.M. GRAHAM, and G. LOUIS. Effects of active recovery on power output during repeated maximal sprint cycling. *Eur J Appl Physiol Occup Physiol* 74:461-469, 1996.

8. BOMPA, T.O. *Total Training for Coaching Team Sports: A Self Help Guide.* Toronto, ON, Canada: Sports Books Publisher, 2006.

9. BOMPA, T.O., and M. CARRERA. *Conditioning Young Athletes.* Champaign, IL: Human Kinetics, 2015.

10. BURKE, L., and V. DEAKIN. *Clinical Sports Nutrition.* Roseville, Australia: McGraw-Hill Australia, 2000.

11. CHEUNG, K., P. HUME, and L. MAXWELL. Delayed onset muscle soreness: treatment strategies and performance factors. *Sports Med* 33:145-164, 2003.

12. CHIU, L.Z., A.C. FRY, L.W. WEISS, B.K. SCHILLING, L.E. BROWN, and S.L. SMITH. Postactivation potentiation response in athletic and recreationally trained individuals. *J Strength Cond Res* 17:671-677, 2003.

13. COGGAN, A.R., and E.F. COYLE. Carbohydrate ingestion during prolonged exercise: effects on metabolism and performance. *Exerc Sport Sci Rev* 19:1-40, 1991.

14. DAVIS, J.M. Central and peripheral factors in fatigue. *J Sports Sci* 13(spec no):S49-S53, 1995.

15. DAVIS, J.M., N.L. ALDERSON, and R.S. WELSH. Serotonin and central nervous system fatigue: nutritional considerations. *Am J Clin Nutr* 72:573S-578S, 2000.

16. DAVIS, J.M., and S.P. BAILEY. Possible mechanisms of central nervous system fatigue during exercise. *Med Sci Sports Exerc* 29:45-57, 1997.

17. ENOKA, R.M. Activation order of motor axons in electrically evoked contractions. *Muscle Nerve* 25:763-764, 2002.

18. ENOKA, R.M. *Neuromechanics of Human Movement.* Champaign, IL: Human Kinetics, 2015.

19. ENOKA, R.M., and D.G. STUART. Neurobiology of muscle fatigue. *J Appl Physiol* 72:1631-1648, 1992.

20. FRY, A.C., B.K. SCHILLING, L.W. WEISS, and L.Z. CHIU. Beta2-adrenergic receptor downregulation and performance decrements during high-intensity resistance exercise overtraining, *J Appl Physiol* 101(6):1664-72, 1985.

21. GANDELSMAN, A., and K. SMIRNOV. *Physiologicheskie Osnovi Metodiki Sportivnoi Trenirovki* [The Physiological Foundations of Training]. Moscow: Fizkultura i Sport, 1970.

22. GRANGE, R.W., C.R. CORY, R. VANDENBOOM, and M.E. HOUSTON. Myosin phosphorylation augments force-displacement and force-velocity relationships of mouse fast muscle. *Am J Physiol* 269:C713-C724, 1995.

23. GRANGE, R.W., R. VANDENBOOM, J. XENI, and M.E. HOUSTON. Potentiation of in vitro concentric work in mouse fast muscle. *J Appl Physiol* 84:236-243, 1998.

24. GRODJINOVSKY, A., and J.R. MAGEL. Effect of warming up on running performance. *Res Q Exerc Sport* 41:116-119.

25. HAFF, G.G., R.T. HOBBS, E.E. HAFF, W.A. SANDS, K.C. PIERCE, and M.H. STONE. Cluster training: a novel method for introducing training program variation. *Strength Cond* 30:67-76, 2008.

26. HAFF, G.G., M.J. LEHMKUHL, L.B. MCCOY, and M.H. STONE. Carbohydrate supplementation and resistance training. *J Strength Cond Res* 17:187-196, 2003.

27. HÄKKINEN, K., and M. KALLINEN. Distribution of strength training volume into one or two daily sessions and neuromuscular adaptations in female athletes. *Electromyogr Clin Neurophysiol* 34:117-124, 1994.

28. HODGSON, M., D. DOCHERTY, and D. ROBBINS. Post-activation potentiation: underlying physiology and implications for motor performance. *Sports Med* 35:585-595, 2005.

29. HOLCOMB, W.R. Stretching and warm-up. In: *Essentials of Strength and Conditioning.* T.R. Baechle and R.W. Earle, eds. Champaign, IL: Human Kinetics, 2000. pp. 321-342.

30. HORNERY, D.J., D. FARROW, I. MUJIKA, and W. YOUNG. Fatigue in tennis: mechanisms of fatigue and effect on performance. *Sports Med* 37:199-212, 2007.

31. IVY, J., and R. PORTMAN. *The Future of Sports Nutrition: Nutrient Timing.* North Bergan, NJ: Basic Health, 2004.

32. LAFORGIA, J., R.T. WITHERS, and C.J. GORE. Effects of exercise intensity and duration on the excess post-exercise oxygen consumption. *J Sports Sci* 24:1247-1264, 2006.

33. LITTLE, T., and A.G. WILLIAMS. Effects of differential stretching protocols during warm-ups on high-speed motor capacities in professional soccer players. *J Strength Cond Res* 20:203-207, 2006.

34. MALAREKI, I. Investigation of physiological justification of so-called "warming up." *Acta Physiol Pol* 5:543-546, 1954.

35. MASSEY, B.H., W.R. JOHNSON, and G.F. KRAMER. Effect of warm-up exercise upon muscular performance using hypnosis to control the psychological variable. *Re. Q Exerc Sport* 32:63-71, 1961.

36. MATVEYEV, L. About the construction of training. *Modern Athlete and Coach* 32:12-16, 1994.

37. MATVEYEV, L.P. *Fundamentals of Sports Training.* Moscow: Fizkultua i Sport, 1977.

38. MATVEYEV, L.P. *Periodisterung Des Sportlichen Trainings.* Moscow: Fizkultura i Sport, 1972.

39. MAUGHAN, R., and M. GLEESON. *The Biochemical Basis of Sports Performance.* New York:

Oxford University Press, 2004.

40. MCBRIDE, J.M., S. NIMPHIUS, and T.M. ERICKSON. The acute effects of heavy-load squats and loaded countermovement jumps on sprint performance. *J Strength Cond Res* 19:893-897, 2005.

41. MCMILLAN, J.L., M.H. STONE, J. SARTIN, R. KEITH, D. MARPLE, C. BROWN, and R.D. LEWIS. 20-hour physiological responses to a single weight-training session. *J Strength Cond Res* 7:9-21, 1993.

42. MCGILL, S.M. *Low Back Disorders: Evidence-Based Prevention and Rehabilitation.* 2nd ed. Champaign, IL: Human Kinetics, 2007.

43. MEDVEDEV, A.S. *Sistema Mnogoletnyei Trenirovki V Tyazheloi Atletikye.* Moscow: Fizkultura i Sport, 1986.

44. MIKA, A., P. MIKA, B. FERNHALL, and V.B. UNNITHAN. Comparison of recovery strategies on muscle performance after fatiguing exercise. *Am J Phys Med Rehabil* 86:474-481, 2007.

45. MONEDERO, J., and B. DONNE. Effect of recovery interventions on lactate removal and subsequent performance. *Int J Sports Med* 21:593-597, 2000.

46. NAGANE, M. Relationship of subjective chronic fatigue to academic performance. *Psychol Rep* 95:48-52, 2004.

47. NOAKES, T.D. Physiological models to understand exercise fatigue and the adaptations that predict or enhance athletic performance. *Scand J Med Sci Sports* 10:123-145, 2000.

48. PETERSEN, J., K. THORBORG, M.B. NIELSEN, E. BUDTZ-JERGENSEN, and P. Hölmich. Preventive effect of eccentric training on acute hamstring injuries in men's soccer: a cluster-randomized controlled trial. *Am J Sports Med* 39(11):2296-2303, 2011.

49. RADCLIFFE, J.C., and J.L. RADCLIFFE. Effects of different warm-up protocols on peak power output during a single response jump task [abstract]. *Med Sci Sports Exerc* 28:S189, 1996.

50. REILLY, T., and B. EKBLOM. The use of recovery methods post-exercise. *J Sport Sci* 23:619-627, 2005.

51. SAEZ SAEZ DE VILLARREAL, E., J.J. GONZALEZ-BADILLO, and M. IZQUIERDO. Optimal warm-up stimuli of muscle activation to enhance short and long-term acute jumping performance. *Eur J Appl Physiol* 100:393-401, 2007.

52. SALTIN, B., A.P. GAGGE, and J.A. STOLWIJK. Muscle temperature during submaximal exercise in man. *J Appl Physiol* 25:679-688, 1968.

53. SHRIER, I. Does stretching improve performance? A systematic and critical review of the literature. *Clin J Sports Med* 14:267-273, 2004.

54. ST CLAIR GIBSON, A., D.A. BADEN, M.I. LAMBERT, E.V. LAMBERT, Y.X. HARLEY, D. HAMPSON, V.A. RUSSELL, and T.D. NOAKES. The conscious perception of the sensation of fatigue. *Sports Med* 33:167-176, 2003.

55. STONE, M.H., W.A. SANDS, K.C. PIERCE, M.W. RAMSEY, and G.G. HAFF. Power and power potentiation among strength power athletes: preliminary study. *Int J Sports Physiol Perf* 3:55-67, 2008.

56. STONE, M.H., M.E. STONE, and W.A. SANDS. *Principles and Practice of Resistance Training.* Champaign, IL: Human Kinetics, 2007.

57. THORBORG, K., C. COUPPÉ, J. PETERSEN, S.P. MAGNUSSON, and P. Hölmich. Eccentric hip adduction and abduction strength in elite soccer players and matched controls: a cross-sectional study. *Br J Sports Med* 45(1):10-13, 2011.

58. WINCHESTER, J.B., A.G. NELSON, D. LANDIN, M.A. YOUNG, and I.C. SCHEXNAYDER. Static stretching impairs sprint performance in collegiate track and field athletes. *J Strength Cond Res* 22:13-19, 2008.

59. WOODS, C., R.D. HAWKINS, S. MALTBY, M. HULSE, A. THOMAS, and A. HODSON. The Football Association Medical Research Programme: an audit of injuries in professional football—analysis of hamstring injuries. *Br J Sports Med* 38(1):36-41, 2004.

60. WOODS, K., P. BISHOP, and E. JONES. Warm-up and stretching in the prevention of muscular injury. *Sports Med* 37:1089-1099, 2007.

61. YETTER, M., and G.L. MOIR. The acute effects of heavy back and front squats on speed during forty-meter sprint trials. *J Strength Cond Res* 22:159-165, 2008.

62. YOUNG, W.B., and D.G. BEHM. Effects of running, static stretching and practice jumps on explosive force production and jumping performance. *J Sports Med Phys Fitness* 43:21-27, 2003.

63. ZATSIORSKY, V.M. *Science and Practice of Strength Training.* Champaign, IL: Human Kinetics, 1995.

64. ZATSIORSKY, V.M., and W.J. KRAEMER. Science and Practice of Strength Training. 2nd Champaign, IL: Human Kinetics, 2006.

第七章

1. ARAZI, H. S.S. MOSAVI, S.S. BASIR, and M.G. KARAM. The effects of different recovery conditions on blood lactate concentration and physiological variables after high intensity exercise in handball players. *Sport Sci* 5:13-17, 2012.

2. BROOKS, G.A., T.D. FAHEY, T.P. WHITE, and K.M. BALDWIN. *Exercise Physiology: Human Bioenergetics and Its Application.* 3rd ed. Mountain View, CA: Mayfield, 2000.

3. BURKE, L., and V. DEAKIN. *Clinical Sports Nutrition.* Roseville, Australia: McGraw-Hill Australia, 2000.

4. HALSON, S.L., M.W. BRIDGE, R. MEEUSEN, B. BUSSCHAERT, M. GLEESON, D.A. JONES, and A.E. JEUKENDRUP. Time course of performance changes and fatigue markers during intensified training in trained cyclists. *J Appl Physiol* 93:947-956, 2002.

5. HELLARD, P., M. AVALOS, G. MILLET, L. LACOSTE, F. BARALE, and J.C. CHATARD. Model-

ing the residual effects and threshold saturation of training: a case study of Olympic swimmers. *J Strength Cond Res* 19:67-75, 2005.

6. HEYMAN, E., B. DE GEUS, I. MERTENS, and R. MEEUSEN. Effects of four recovery methods on repeated maximal rock climbing performance. *Med Sci Sports Exerc* 41:1303-1310, 2009.

7. IVY, J., and R. PORTMAN. *The Future of Sports Nutrition: Nutrient Timing.* North Bergan, NJ: Basic Health, 2004.

8. KRUSTRUP, P., M. MOHR, A. STEENSBERG, J. BENCKE, M. KJAER, and J. BANGSBO. Muscle and blood metabolites during a soccer game: implications for sprint performance. *Med Sci Sports Exerc* 38:1165-1174, 2006.

9. MARTIN, N.A., R.F. ZOELLER, R.J. ROBERTSON, and S.M. LEPHART. The comparative effects of sports massage, active recovery, and rest in promoting blood lactate clearance after supramaximal leg exercise. *J Athl Train* 33:30-35, 1998.

10. MCARDLE, W.D., F.I. KATCH, and V.L. KATCH. *Exercise Physiology: Energy, Nutrition, and Human Performance.* 6th ed. Baltimore: Lippincott Williams & Wilkins, 2007.

11. MENZIES, P., C. MENZIES, L. MCINTYRE, P. PATERSON, J. WILSON, and O.J. KEMI. Blood lactate clearance during active recovery after an intense running bout depends on the intensity of the active recovery. *J Sports Sci* 28:975-982, 2010.

12. MUJIKA, I., and S. PADILLA. Scientific bases for precompetition tapering strategies. *Med Sci Sports Exerc* 35:1182-1187, 2003.

13. REILLY, T., and B. EKBLOM. The use of recovery methods post-exercise. *J Sport Sci* 23:619-627, 2005.

14. REILLY, T., and M. RIGBY. Effect of an active warm-down following competitive soccer. In: *Science and Football IV.* W. Spinks, T. Reilly, and A. Murphy, eds. London: Routledge, 2002, pp. 226-229.

15. STONE, M.H., M.E. STONE, and W.A. SANDS. *Principles and Practice of Resistance Training.* Champaign, IL: Human Kinetics, 2007.

16. WHITE, G.E., and G.D. WELLS. The effect of on-hill active recovery performed between runs on blood lactate concentration and fatigue in alpine ski racers. *J Strength Cond Res* 29, 800-806, 2015.

第八章

1. ANDERSEN, L.L., J.L. ANDERSEN, S.P. MAGNUSSON, C. SUETTA, J.L. MADSEN, L.R. CHRISTENSEN, and P. AAGAARD. Changes in the human muscle force-velocity relationship in response to resistance training and subsequent detraining. *J Appl Physiol* 99:87-94, 2005.

2. BOMPA, T.O. *Theory and Methodology of Training.* Dubuque, Iowa: Kendall/Hunt Publishing Company, 1983.

3. BOMPA, T.O. *Periodization: Theory and Methodology of Training.* 4th ed. Champaign, IL: Human Kinetics, 1999.

4. COYLE, E.F., W.H. MARTIN, III, D.R.

SINACORE, M.J. JOYNER, J.M. HAGBERG, and J.O. HOLLOSZY. Time course of loss of adaptations after stopping prolonged intense endurance training. *J Appl Physiol* 57:1857-1864, 1984.

5. DUNLAVY, J.K., W.A. SANDS, J.R. MCNEAL, M.H. STONE, S.A. SMITH, M. JEMNI, and G.G. HAFF. Strength performance assessment in a simulated men's gymnastics still rings cross. *J Sports Sci Med* 6:93-97, 2007.

6. FRY, R.W., A.R. MORTON, and D. KEAST. Overtraining in athletes: an update. *Sports Med* 12:32-65, 1991.

7. FRY, A.C. The role of training intensity in resistance exercise overtraining and overreaching. In: *Overtraining in Sport.* R.B. Kreider, A.C. Fry, and M.L. O'Toole, eds. Champaign, IL: Human Kinetics, 1998. pp. 107-127.

8. HAFF, G.G., J.M. CARLOCK, M.J. HARTMAN, J.L. KILGORE, N. KAWAMORI, J.R. JACKSON, R.T. MORRIS, W.A. SANDS, and M.H. STONE. Force-time curve characteristics of dynamic and isometric muscle actions of elite women Olympic weightlifters. *J Strength Cond Res* 19:741-748, 2005.

9. HAFF, G.G., J.R. JACKSON, N. KAWAMORI, J.M. CARLOCK, M.J. HARTMAN, J.L. KILGORE, R.T. MORRIS, M.W. RAMSEY, W.A. SANDS, and M.H. STONE. Force-time curve characteristics and hormonal alterations during an eleven-week training period in elite women weightlifters. *J Strength Cond Res* 22:433-446, 2008.

10. HÄKKINEN, K., and P.V. KOMI. Electromyographic changes during strength training and detraining. *Med Sci Sports Exerc* 15:455-460, 1983.

11. HARMAN, E., and C. PANDORF. Principles of test selection and administration. In: *Essentials of Strength Training and Conditioning.* T.R. Baechle and R.W. Earle, eds. Champaign, IL: Human Kinetics, 2000, pp. 275-286.

12. HAWLEY, J.A. Interaction of exercise and diet to maximise training adaptation. *Asia Pac J Clin Nutr* 14:S35, 2005.

13. HORTOBAGYI, T., J.A. HOUMARD, J.R. STEVENSON, D.D. FRASER, R.A. JOHNS, and R.G. ISRAEL. The effects of detraining on power athletes. *Med Sci Sports Exerc* 25:929-935, 1993.

14. HOUMARD, J.A., T. HORTOBAGYI, R.A. JOHNS, N.J. BRUNO, C.C. NUTE, M.H. SHINEBARGER, and J.W. WELBORN. Effect of short-term training cessation on performance measures in distance runners. *Int J Sports Med* 13:572-576, 1992.

15. IZQUIERDO, M., J. IBANEZ, J.J. GONZALEZ-BADILLO, N.A. RATAMESS, W.J. KRAEMER, K. HÄK-KINEN, H. BONNABAU, C. GRANADOS, D.N. FRENCH, and E.M. GOROSTIAGA. Detraining and tapering effects on hormonal responses and strength performance. *J Strength Cond Res* 21:768-775, 2007.

16. KRAEMER, W.J., L.P. KOZIRIS, N.A. RATAMESS, K. HÄKKINEN, T.R.-M. NT, A.C.

FRY, S.E. GORDON, J.S. VOLEK, D.N. FRENCH, M.R. RUBIN, A.L. GOMEZ, M.J. SHARMAN, J. MICHAEL LYNCH, M. IZQUIERDO, R.U. NEWTON, and S.J. FLECK. Detraining produces minimal changes in physical performance and hormonal variables in recreationally strength-trained men. *J Strength Cond Res* 16:373-382, 2002.

17. KRAEMER, W.J., J.S. VOLEK, J.A. BUSH, M. PUTUKIAN, and W.J. SEBASTIANELLI. Hormonal responses to consecutive days of heavy-resistance exercise with or without nutritional supplementation. *J Appl Physiol* 85:1544-1555, 1998.

18. KUIPERS, H., and H.A. KEIZER. Overtraining in elite athletes: review and directions for the future. *Sports Med* 6:79-92, 1988.

19. MAUGHAN, R. Physiology of sport. *Br J Hosp Med (Lond)* 68:376-379, 2007.

20. MUJIKA, I., and S. PADILLA. Detraining: loss of training-induced physiological and performance adaptations: part I: short term insufficient training stimulus. *Sports Med* 30:79-87, 2000.

21. MUJIKA, I., and S. PADILLA. Detraining: loss of training-induced physiological and performance adaptations: part II: Long term insufficient training stimulus. *Sports Med* 30:145-154, 2000.

22. MUJIKA, I., and S. PADILLA. Muscular characteristics of detraining in humans. *Med Sci Sports Exerc* 33:1297-1303, 2001.

23. SMITH, D.J., S.R. NORRIS, and J.M. HOGG. Performance evaluation of swimmers: scientific tools. *Sports Med* 32:539-554, 2002.

24. STARON, R.S., M.J. LEONARDI, D.L. KARAPONDO, E.S. MALICKY, J.E. FALKEL, F.C. HAGERMAN, and R.S. HIKIDA. Strength and skeletal muscle adaptations in heavy-resistance-trained women after detraining and retraining. *J Appl Physiol* 70:631-640, 1991.

25. STONE, M.H., and H.O. O'BRYANT. *Weight Training: A Scientific Approach.* Edina, MN: Burgess, 1987.

26. STONE, M.H., K. SANBORN, H.S. O'BRYANT, M. HARTMAN, M.E. STONE, C. PROULX, B. WARD, and J. HRUBY. Maximum strength-power-performance relationships in collegiate throwers. *J Strength Cond Res* 17:739-745, 2003.

27. STONE, M.H., W.A. SANDS, K.C. PIERCE, J. CAR-LOCK, M. CARDINALE, and R.U. NEWTON. Relationship of maximum strength to weightlifting performance. *Med Sci Sports Exerc* 37:1037-1043, 2005.

28. VIRU, A. *Adaptations in Sports Training.* Boca Raton, FL: CRC Press, 1995.

29. ZATSIORSKY, V.M., and W.J. KRAEMER. *Science and Practice of Strength Training.* 2nd ed. Champaign, IL: Human Kinetics, 2006.

第九章

1. AJÁN, T., and L. BAROGA. *Weightlifting: Fitness for All Sports.* Budapest: International Weightlifting Federation, 1988.

2. BANISTER, E.W., J.B. CARTER, and P.C. ZARKADAS. Training theory and taper: validation in triathlon athletes. *Eur J Appl Physiol Occup Physiol* 79:182-191, 1999.

3. BOMPA, T.O. *Theory and Methodology of Training: The Key to Athletic Performance.* Dubuque, IA: Kendall/Hunt, 1994.

4. BOSQUET, L., L. LEGER, and P. LEGROS. Methods to determine aerobic endurance. *Sports Med* 32:675-700, 2002.

5. BUSSO, T. Variable dose-response relationship between exercise training and performance. *Med Sci Sports Exerc* 35:1188-1195, 2003.

6. BUSSO, T., K. HÄKKINEN, A. PAKARINEN, H. KAUHANEN, P.V. KOMI, and J.R. LACOUR. Hormonal adaptations and modeled responses in elite weightlifters during 6 weeks of training. *Eur J Appl Physiol* 64:381-386, 1992.

6b. CHTOUROU, H., A. CHAOUACHI, T. DRISS, M. DOGUI, D.G. BEHM, K. CHAMARI, and N. SOUISSI. The effect of training at the same time of day and tapering period on the diurnal variation of short exercise performances. *J Strength Cond Res* 26(3):697-708, 2012.

7. COUTTS, A., P. REABURN, T.J. PIVA, and A. MURPHY. Changes in selected biochemical, muscular strength, power, and endurance measures during deliberate overreaching and tapering in rugby league players. *Int J Sports Med* 28:116-124, 2007.

8. DICK, F.W. *Sports Training Principles.* 4th ed. London: A & C Black, 2002.

9. DRABIK, J. *Children and Sports Training.* Island Pond, VT: Stadion, 1995.

10. FLYNN, M.G., F.X. PIZZA, J.B. BOONE, JR., F.F. ANDRES, T.A. MICHAUD, and J.R. RODRIGUEZ-ZAYAS. Indices of training stress during competitive running and swimming seasons. *Int J Sports Med* 15:21-26, 1994.

11. GIBALA, M.J., J.D. MACDOUGALL, and D.G. SALE. The effects of tapering on strength performance in trained athletes. *Int J Sports Med* 15:492-497, 1994.

12. GJURKOW, D. Annual competition and training program for senior weightlifters. In: *Proceedings of the Weightlifting Symposium: Ancient Olympia/Greece 1993.* Á. Lukácsfalvi and F. Takács, eds. Budapest: International Weightlifting Federation, 1993, pp. 103-115.

13. GRAVES, J.E., M.L. POLLOCK, D. FOSTER, S.H. LEGGETT, D.M. CARPENTER, R. VUOSO, and A. JONES. Effect of training frequency and specificity on isometric lumbar extension strength. *Spine* 15:504-509, 1990.

14. GRAVES, J.E., M.L. POLLOCK, S.H. LEGGETT, R.W. BRAITH, D.M. CARPENTER, and L.E. BISHOP. Effect of reduced training frequency on muscular strength. *Int J Sports Med* 9:316-319, 1988.

15. HARRE, D. *Trainingslehre.* Berlin, Germany: Sportverlag, 1982.

16. HELLARD, P., M. AVALOS, G. MILLET, L. LA-

COSTE, F. BARALE, and J.C. CHATARD. Modeling the residual effects and threshold saturation of training: a case study of Olympic swimmers. *J Strength Cond Res* 19:67-75, 2005.

17. HICKSON, R.C., C. FOSTER, M.L. POLLOCK, T.M. GALASSI, and S. RICH. Reduced training intensities and loss of aerobic power, endurance, and cardiac growth. *J Appl Physiol* 58:492-499, 1985.

18. HICKSON, R.C., and M.A. ROSENKOETTER. Reduced training frequencies and maintenance of increased aerobic power. *Med Sci Sports Exerc* 13:13-16, 1981.

19. HOOPER, S.L., L.T. MACKINNON, and E.M. GINN. Effects of three tapering techniques on the performance, forces and psychometric measures of competitive swimmers. *Eur J Appl Physiol Occup Physiol* 78:258-263, 1998.

20. HOOPER, S.L., L.T. MACKINNON, and A. HOWARD. Physiological and psychometric variables for monitoring recovery during tapering for major competition. *Med Sci Sports Exerc* 31:1205-1210, 1999.

21. HOUMARD, J.A. Tapering for the competitive cyclist. *Performance Conditioning for Cyclists* 2:1-8, 1996.

22. HOUMARD, J.A., D.L. COSTILL, J.B. MITCHELL, S.H. PARK, W.J. FINK, and J.M. BURNS. Testosterone, cortisol, and creatine kinase levels in male distance runners during reduced training. *Int J Sports Med* 11:41-45, 1990.

23. HOUMARD, J.A., D.L. COSTILL, J.B. MITCHELL, S.H. PARK, R.C. HICKNER, and J.N. ROEMMICH. Reduced training maintains performance in distance runners. *Int J Sports Med* 11:46-52, 1990.

24. HOUMARD, J.A., and R.A. JOHNS. Effects of taper on swim performance: practical implications. *Sports Med* 17:224-232, 1994.

25. HOUMARD, J.A., J.P. KIRWAN, M.G. FLYNN, and J.B. MITCHELL. Effects of reduced training on submaximal and maximal running responses. *Int J Sports Med* 10:30-33, 1989.

26. HOUMARD, J.A., B.K. SCOTT, C.L. JUSTICE, and T.C. CHENIER. The effects of taper on performance in distance runners. *Med Sci Sports Exerc* 26:624-631, 1994.

27. IZQUIERDO, M., J. IBANEZ, J.J. GONZALEZ-BA-DILLO, N.A. RATAMESS, W.J. KRAEMER, K. HÄKKINEN, H. BONNABAU, C. GRANADOS, D.N. FRENCH, and E.M. GOROSTIAGA. Detraining and tapering effects on hormonal responses and strength performance. *J Strength Cond Res* 21:768-775, 2007.

28. JOHNS, R.A., J.A. HOUMARD, R.W. KOBE, T. HORTOBAGYI, N.J. BRUNO, J.M. WELLS, and M.H. SHINEBARGER. Effects of taper on swim power, stroke distance, and performance. *Med Sci Sports Exerc* 24:1141-1146, 1992.

29. KAUHANEN, H. Organization of the coaching system of young weightlifters in Finland. In: *Proceedings of International Conference on Weightlifting and Strength Training*. Lahti, Finland, 1998, p. 137-140.

30. KUBUKELI, Z.N., T.D. NOAKES, and S.C. DENNIS. Training techniques to improve endurance exercise performances. *Sports Med* 32:489-509, 2002.

31. KUKUSHKIN, G.I. *System of Physical Education in the USSR*. Moscow: Raduga, 1983.

31b. LACEY, J., M. BRUGHELLI, M. MCGUIGAN, K. HANSEN, P. SAMOZINO, and J.B. MORIN. The effects of tapering on power-force-velocity profiling and jump performance in professional rugbyleague players, *J Strength Cond Res* 28(12):3567-3570, 2014.

32. MARTIN, D.T., J.C. SCIFRES, S.D. ZIMMERMAN, and J.G. WILKINSON. Effects of interval training and a taper on cycling performance and isokinetic leg strength. *Int J Sports Med* 15:485-491, 1994.

32b. MATVEYEV, L.P. Teorii postroenija sportivnoj trenirovki [Sport Training Design Theories]. Teorija i praktika fiziceskoj kul'turi [Theory and Practice of Physical Kulture]12:11-20, 1991.

32c. MATVEYEV, L., V. KALININ, and N. OZOLIN. Characteristics of athletic shape and methods of rationalizing the structure of the competitive phase. In: *Scientific Research Collection*. Moscow, 1974, pp. 4-23.

33. MCCONELL, G.K., D.L. COSTILL, J.J. WIDRICK, M.S. HICKEY, H. TANAKA, and P.B. GASTIN. Reduced training volume and intensity maintain aerobic capacity but not performance in distance runners. *Int J Sports Med* 14:33-37, 1993.

34. MUJIKA, I. The influence of training characteristics and tapering on the adaptation in highly trained individuals: a review. *Int J Sports Med* 19:439-446, 1998.

35. MUJIKA, I., T. BUSSO, L. LACOSTE, F. BARALE, A. GEYSSANT, and J.C. CHATARD. Modeled responses to training and taper in competitive swimmers. *Med Sci Sports Exerc* 28:251-258, 1996.

36. MUJIKA, I., J.C. CHATARD, and A. GEYSSANT. Effects of training and taper on blood leucocyte populations in competitive swimmers: relationships with cortisol and performance. *Int J Sports Med* 17:213-217, 1996.

37. MUJIKA, I., J.C. CHATARD, S. PADILLA, C.Y. GUEZENNEC, and A. GEYSSANT. Hormonal responses to training and its tapering off in competitive swimmers: relationships with performance. *Eur J Appl Physiol Occup Physiol* 74:361-366, 1996.

38. MUJIKA, I., A. GOYA, S. PADILLA, A. GRIJALBA, E. GOROSTIAGA, and J. IBANEZ. Physiological responses to a 6-d taper in middle-distance runners: influence of training intensity and volume. *Med Sci Sports Exerc* 32:511-517, 2000.

39. MUJIKA, I., A. GOYA, E. RUIZ, A. GRIJALBA, J. SANTISTEBAN, and S. PADILLA. Physiological and performance responses to a 6-day taper in middle-distance runners: influence of training

frequency. *Int J Sports Med* 23:367-373, 2002.

40. MUJIKA, I., and S. PADILLA. Detraining: loss of training-induced physiological and performance adaptations: part I: short term Insufficient training stimulus. *Sports Med* 30:79-87, 2000.

41. MUJIKA, I., and S. PADILLA. Scientific bases for precompetition tapering strategies. *Med Sci Sports Exerc* 35:1182-1187, 2003.

42. MUJIKA, I., S. PADILLA, A. GEYSSANT, and J.C. CHATARD. Hematological responses to training and taper in competitive swimmers: relationships with performance. *Arch Physiol Biochem* 105:379-385, 1998.

43. MUJIKA, I., S. PADILLA, and D. PYNE. Swimming performance changes during the final 3 weeks of training leading to the Sydney 2000 Olympic Games. *Int J Sports Med* 23:582-587, 2002.

44. MUJIKA, I., S. PADILLA, D. PYNE, and T. BUSSO. Physiological changes associated with the preevent taper in athletes. *Sports Med* 34:891-927, 2004.

45. NABATNIKOWAS, M.Y. *Osnovy upravlienya podgotovki yunyky sportsmenov*. Moscow: Fizkultura i Sport, 1982.

46. NÁDORI, L., and I. GRANEK. *Theoretical and Methodological Basis of Training Planning With Special Considerations Within a Microcycle*. Lincoln, NE: NSCA, 1989.

47. NEARY, J.P., Y.N. BHAMBHANI, and D.C. MCKENZIE. Effects of different stepwise reduction taper protocols on cycling performance. *Can J Appl Physiol* 28:576-587, 2003.

48. NEARY, J.P., T.P. MARTIN, and H.A. QUINNEY. Effects of taper on endurance cycling capacity and single muscle fiber properties. *Med Sci Sports Exerc* 35:1875-1881, 2003.

49. NEARY, J.P., T.P. MARTIN, D.C. REID, R. BURNHAM, and H.A. QUINNEY. The effects of a reduced exercise duration taper programme on performance and muscle enzymes of endurance cyclists. *Eur J Appl Physiol Occup Physiol* 65:30-36, 1992.

50. NEUFER, P.D. The effect of detraining and reduced training on the physiological adaptations to aerobic exercise training. *Sports Med* 8:302-320, 1989.

51. NEUFER, P.D., D.L. COSTILL, R.A. FIELDING, M.G. FLYNN, and J.P. KIRWAN. Effect of reduced training on muscular strength and endurance in competitive swimmers. *Med Sci Sports Exerc* 19:486-490, 1987.

52. OLBRECT, J. *The Science of Winning: Planning, Periodizing, and Optimizing Swim Training*. Luton, UK: Swimshop, 2000.

52b. OZOLIN, N. *Sovremennaia Systema Sportivnoi Trenirovky* [Athlete's Training System for Competition]. Moscow: Fizkultura i Sport, 1971.

53. PAPOTI, M., L.E. MARTINS, S.A. CUNHA, A.M. ZAGATTO, and C.A. GOBATTO. Effects of taper on swimming force and swimmer performance after an experimental ten-week training program. *J Strength Cond Res* 21:538-542, 2007.

53b. PLATONOV, V.N. *L'Organizzazione dell' Allenamento e dell'Attività di Gara* [General Training Theory of Olympic Sports].Perugia, Italy: Calzetti & Mariucci, 2004.

54. PLISK, S.S., and M.H. STONE. Periodization strategies. *Strength Cond* 25:19-37, 2003.

55. RACKZEK, J. *Szkolenie mlodziezy w systemie sportu wyczynowego* [Youth Training in the Competitive Sport System]. Katowice, Poland: AWF, 1989.

56. RAGLIN, J.S., D.M. KOCEJA, J.M. STAGER, and C.A. HARMS. Mood, neuromuscular function, and performance during training in female swimmers. *Med Sci Sports Exerc* 28:372-377, 1996.

57. RIETJENS, G.J., H.A. KEIZER, H. KUIPERS, and W.H. SARIS. A reduction in training volume and intensity for 21 days does not impair performance in cyclists. *Br J Sports Med* 35:431-434, 2001.

58. SHEPLEY, B., J.D. MACDOUGALL, N. CIPRIANO, J.R. SUTTON, M.A. TARNOPOLSKY, and G. COATES. Physiological effects of tapering in highly trained athletes. *J Appl Physiol* 72:706-711, 1992.

59. SMITH, D.J. A framework for understanding the training process leading to elite performance. *Sports Med* 33:1103-1126, 2003.

60. STONE, M.H., M.E. STONE, and W.A. SANDS. *Principles and Practice of Resistance Training*. Champaign, IL: Human Kinetics, 2007.

61. THOMAS, L., and T. BUSSO. A theoretical study of taper characteristics to optimize performance. *Med Sci Sports Exerc* 37:1615-1621, 2005.

62. TRAPPE, S., D. COSTILL, and R. THOMAS. Effect of swim taper on whole muscle and single muscle fiber contractile properties. *Med Sci Sports Exerc* 32:48-56, 2000.

63. ZARKADAS, P.C., J.B. CARTER, and E.W. BANISTER. Modelling the effect of taper on performance, maximal oxygen uptake, and the anaerobic threshold in endurance triathletes. *Adv Exp Med Biol* 393:179-186, 1995.

64. ZATSIORSKY, V.M. *Science and Practice of Strength Training*. Champaign, IL: Human Kinetics, 1995.

65. ZATSIORSKY, V.M., and W.J. KRAEMER. *Science and Practice of Strength Training*. 2nd ed. Champaign, IL: Human Kinetics, 2006.

第十章

1. AAGAARD, P., J.L. ANDERSEN, P. DYHRE-POULSEN, A.M. LEFFERS, A. WAGNER, S.P. MAGNUSSON, J. HALKJAER-KRISTENSEN, and E.B. SIMONSEN. A mechanism for increased contractile strength of human pennate muscle in response to strength training: changes in muscle architecture. *J Physiol* 534:613-623, 2001.

2. AAGAARD, P., E.B. SIMONSEN, J.L. ANDERSEN, P. MAGNUSSON, and P. DYHRE-POULSEN. Increased rate of force development and neural drive of human skeletal muscle following resistance training. *J Appl Physiol* 93:1318-1326, 2002.

3. AAGAARD, P., E.B. SIMONSEN, J.L. ANDERSEN, S.P. MAGNUSSON, J. HALKJAER-KRISTENSEN, and P. DYHRE-POULSEN. Neural inhibition during maximal eccentric and concentric quadriceps contraction: effects of resistance training *J Appl Physiol* 89:2249-2257, 2000.

4. ABDESSEMED, D., P. DUCHE, C. HAUTIER, G. POUMARAT, and M. BEDU. Effect of recovery duration on muscular power and blood lactate during the bench press exercise. *Int J Sports Med* 20:368-373, 1999.

5. ADAMS, G.R., B.M. HATHER, K.M. BALDWIN, and G.A. DUDLEY. Skeletal muscle myosin heavy chain composition and resistance training. *J Appl Physiol* 74:911-915, 1993.

6. AHTIAINEN, J.P., A. PAKARINEN, M. ALEN, W.J. KRAEMER, and K. HÄKKINEN. Muscle hypertrophy, hormonal adaptations and strength development during strength training in strength-trained and untrained men. *Eur J Appl Physiol* 89:555-563, 2003.

7. AJÁN, T., and L. BAROGA. *Weightlifting: Fitness for All Sports*. Budapest: International Weightlifting Federation, 1988.

8. American College of Sports Medicine position stand: progressive models in resistance training for healthy adults. *Med Sci Sports Exerc* 34:364-380, 2002.

9. ANDERSEN, L.L., and P. AAGAARD. Influence of maximal muscle strength and intrinsic muscle contractile properties on contractile rate of force development. *Eur J Appl Physiol* 96:46-52, 2006.

10. BABRAJ et al., Collagen synthesis in human musculoskeletal tissues and skin. *Am J Physiol Endocrinol Metab*. 289 (5): E864-E869, 2005. 10.1152/ajpendo.00243.2005

11. BAKER, D. Comparison of upperbody strength and power between professional and collegeaged rugby league players. *J Strength Cond Res* 15:30-35, 2001.

12. BAKER, D. A series of studies on the training of high-intensity muscle power in rugby league football players. *J Strength Cond Res* 15:198-209, 2001.

13. BAKER, D., and S. NANCE. The relation between running speed and measures of strength and power in professional rugby league players. *J Strength Cond Res* 13:230-235, 1999.

14. BARKER, M., T.J. WYATT, R.L. JOHNSON, M.H. STONE, H.S. O'BRYANT, C. POE, and M. KENT. Performance factors, physiological assessment, physical characteristic, and football playing ability. *J Strength Cond Res* 7:224-233, 1993.

15. BASTIAANS, J.J., A.B. VAN DIEMEN, T. VENEBERG, and A.E. JEUKENDRUP. The effects of replacing a portion of endurance training by explosive strength training on performance in trained cyclists. *Eur J Appl Physiol* 86:79-84, 2001.

16. BEHM, D., and D.G. SALE. Intended rather than actual movement velocity determines velocity-specific training response. *J Appl Physiol* 74:359-368, 1993.

17. BERGH, U., A. THORSTENSSON, B. SJODIN, B. HULTEN, K. PIEHL, and J. KARLSSON. Maximal oxygen uptake and muscle fiber types in trained and untrained humans. *Med Sci Sports* 10:151-154, 1978.

18. BILCHECK, H.M., W.J. KRAEMER, C.M. MARESH, and Z. M.A. The effect of isokinetic fatigue on recovery of maximal isokinetic concentric and eccentric strength in women. *J Strength Cond Res* 7:43-50, 1993.

19. BOBBERT, M.F., and A.J. VAN SOEST. Why do people jump the way they do? *Exerc Sport Sci Rev* 29:95-102, 2001.

20. BOMPA, T.O., and M.C. CARRERA. *Periodization Training for Sports: Science-Based Strength and Conditioning Plans for 20 Sports*. 2nd ed. Champaign, IL: Human Kinetics, 2005.

21. BOMPA, T.O. *Total Training for Coaching Team Sports: A Self Help Guide*. Toronto, CA: Sports Books Publisher, 2006.

22. BOMPA, T.O., and C.A. BUZZICHELLI. *Periodization Training for Sports*. 3rd ed. Champaign, IL: Human Kinetics, 2015.

23. BOUCHARD, C., F.T. DIONNE, J.A. SIMONEAU, and M.R. BOULAY. Genetics of aerobic and anaerobic performances. *Exerc Sport Sci Rev* 20:27-58, 1992.

24. BRET, C., A. RAHMANI, A.B. DUFOUR, L. MES-SONNIER, and J.R. LACOUR. Leg strength and stiffness as ability factors in 100 m sprint running. *J Sports Med Phys Fitness* 42:274-281, 2002.

25. BRYZYCHI, M. Assessing Strength. *Fitness Manage* June:34-37, 2000.

26. BRYZYCHI, M. Strength testing: predicting a one rep max from reps to fatigue. *JOPERD* 64:88-90, 1993.

27. CAMPOS, G.E., T.J. LUECKE, H.K. WENDELN, K. TOMA, F.C. HAGERMAN, T.F. MURRAY, K.E. RAGG, N.A. RATAMESS, W.J. KRAEMER, and R.S. STARON. Muscular adaptations in response to three different resistance-training regimens: specificity of repetition maximum training zones. *Eur J Appl Physiol* 88:50-60, 2002.

28. CAVAGNA, G.A., F.P. SAIBENE, and R. MARGARIA. Effect of negative work on the amount of positive work performed by an isolated muscle. *J Appl Physiol* 20:157-158, 1965.

29. CHILIBECK, P.D., A.W. CALDER, D.G. SALE, and C.E. WEBBER. A comparison of strength and muscle mass increases during resistance training in young women. *Eur J Appl Physiol* 77:170-175, 1998.

30. CHIU, L.Z., A.C. FRY, B.K. SCHILLING, E.J. JOHNSON, and L.W. WEISS. Neuromuscular fatigue and potentiation following two successive high intensity resistance exercise sessions. *Eur J Appl Physiol* 92:385-392, 2004.

31. CHIU, L.Z., A.C. FRY, L.W. WEISS, B.K. SCHILLING, L.E. BROWN, and S.L. SMITH. Postactivation potentiation response in athletic and recreationally trained individuals. *J Strength Cond Res*

17:671-677, 2003.

32. CHRISTOU, M., I. SMILIOS, K. SOTIROPOU-LOS, K. VOLAKLIS, T. PILIANIDIS, and S.P. TOKMAKIDIS. Effects of resistance training on the physical capacities of adolescent soccer players. *J Strength Cond Res* 20:783-791, 2006.

33. CLARKSON, P.M., J.M. DEVANEY, H. GORDISH-DRESSMAN, P.D. THOMPSON, M.J. HUBAL, M. URSO, T.B. PRICE, T.J. ANGELOPOULOS, P.M. GORDON, N.M. MOYNA, L.S. PESCATELLO, P.S. VISICH, R.F. ZOELLER, R.L. SEIP, and E.P. HOFFMAN. ACTN3 genotype is associated with increases in muscle strength in response to resistance training in women. *J Appl Physiol* 99:154-163, 2005.

34. COFFEY, V.G., and J.A. HAWLEY. The molecular bases of training adaptation. *Sports Med* 37:737-763, 2007.

35. CRAMERI, R.M., H. LANGBERG, B. TEISNER, P. MAGNUSSON, H.D. SCHRÿDER, J.L. OLESEN, C.H. JENSEN, S. KOSKINEN, C. SUETTA, and M. KJAER. Enhanced procollagen processing in skeletal muscle after a single bout of eccentric loading in humans. *Matrix Biol* 23 (4):259–64, 2004.

36. CRONIN, J.B., and K.T. HANSEN. Strength and power predictors of sports speed. *J Strength Cond Res* 19:349-357, 2005.

37. CRONIN, J.B., P.J. MCNAIR, and R.N. MARSHALL. The role of maximal strength and load on initial power production. *Med Sci Sports Exerc* 32:1763-1769, 2000.

38. D'ANTONA, G., F. LANFRANCONI, M.A. PELLEGRINO, L. BROCCA, R. ADAMI, R. ROSSI, G. MORO, D. MIOTTI, M. CANEPARI, and R. BOTTINELLI. Skeletal muscle hypertrophy and structure and function of skeletal muscle fibres in male body builders. *J Physiol* 570:611-627, 2006.

39. DESCHENES, M. Short review: rate coding and motor unit recruitment patterns. *J Appl Sports Sci Res* 3:33-39, 1989.

40. DOESSING, S. and M. KJAER. Growth hormone and connective tissue in exercise. *Scand J Med Sci Sports* 15(4):202–210, 2005.

41. DONS, B., K. BOLLERUP, F. BONDE-PETERSEN, and S. HANCKE. The effect of weight-lifting exercise related to muscle fiber composition and muscle cross-sectional area in humans. *Eur J Appl Physiol* 40:95-106, 1979.

42. DRINKWATER, E.J., T.W. LAWTON, M.J. MCKEN- NA, R.P. LINDSELL, P.H. HUNT, and D.B. PYNE. Increased number of forced repetitions does not enhance strength development with resistance training. *J Strength Cond Res* 21:841-847, 2007.

43. DUCHATEAU, J., and K. HAINAUT. Isometric or dynamic training: differential effects on mechanical properties of a human muscle. *J Appl Physiol* 56:296-301, 1984.

44. DUCHATEAU, J., J.G. SEMMLER, and R.M. ENO- KA. Training adaptations in the behavior of human motor units. *J Appl Physiol* 101:1766-1775, 2006.

45. EL-HEWIE, M.F. *Essentials of Weightlifting & Strength Training.* Lodi, NJ: Shaymaa, 2003.

46. EPLEY, B. *The Path to Athletic Power.* Champaign, IL: Human Kinetics, 2004.

47. FERRIS, D.P., J.F. SIGNORILE, and J.F. CARUSO. The relationship between physical and physiological variables and volleyball spiking velocity. *J Strength Cond Res* 9:32-36, 1995.

48. FLECK, S.J., and W.J. KRAEMER. *Designing Resistance Training Programs.* 2 ed. Champaign, IL: Human Kinetics, 1997.

49. FLECK, S., and W.J. KRAEMER. *Designing Resistance Training Programs.* 3rd ed. Champaign, IL: Human Kinetics, 2004.

50. FLORESCU, C., V. DUMITRESCU, and A. PREDESCU. *Metodologia Desvoltari Calitatilor Fizice* [The Methodology of Developing Physical Qualities]. Bucharest: National Sports Council, 1969.

51. FOLLAND, J.P., and A.G. WILLIAMS. The adaptations to strength training: morphological and neurological contributions to increased strength. *Sports Med* 37:145-168, 2007.

52. FROBOSE, I., A. VERDONCK, F. DUESBERG, and C. MUCHA. Effects of various load intensities in the framework of postoperative stationary endurance training on performance deficit of the quadriceps muscle of the thigh. *Z Orthop Ihre Grenzgeb* 131:164-167, 1993.

53. FRY, A.C. The role of resistance exercise intensity on muscle fibre adaptations. *Sports Med* 34:663-679, 2004.

54. FRY, A.C. The role of training intensity in resistance exercise overtraining and overreaching. In: *Overtraining in Sport.* R.B. Kreider, A.C. Fry, and M.L. O'Toole, eds. Champaign, IL: Human Kinetics, 1998, pp. 107-127.

55. FRY, A.C., and W.J. KRAEMER. Physical performance characteristics of American collegiate football players. *J Appl Sport Sci Res* 5:126-138, 1991.

56. FRY, A.C., B.K. SCHILLING, R.S. STARON, F.C. HAGERMAN, R.S. HIKIDA, and J.T. THRUSH. Muscle fiber characteristics and performance correlates of male Olympic-style weightlifters. *J Strength Cond Res* 17:746-754, 2003.

57. FRY, A.C., J.M. WEBBER, L.W. WEISS, M.P. HARBER, M. VACZI, and N.A. PATTISON. Muscle fiber characteristics of competitive power lifters. *J Strength Cond Res* 17:402-410, 2003.

58. GABBETT, T.J. Science of rugby league football: a review. *J Sports Sci* 23:961-976, 2005.

59. GABRIEL, D.A., G. KAMEN, and G. FROST. Neural adaptations to resistive exercise: mechanisms and recommendations for training practices. *Sports Med* 36:133-149, 2006.

60. GALLAGHER, P., S. TRAPPE, M. HARBER, A. CREER, S. MAZZETTI, T. TRAPPE, B. ALKNER, and P. TESCH. Effects of 84-days of bedrest and resistance training on single muscle fibre myosin heavy chain distribution in human vastus lateralateralis and soleus muscles. Acta

Physiol Scand 185:61-69, 2005.

61. GARCÍA-RAMOS, A., P. PADIAL, G.G. HAFF, J. ARQÜELLES-CIENFUEGOS, M. GARCÍA-RA-MOS, J. CONDE-PIPÓ, and B. FERICHE. Effect of different interrepetition rest periods on barbell velocity loss during the ballistic bench press exercise. *J Strength Cond Res* 29(9):2288-2296, 2015.

62. GISSIS, I., C. PAPADOPOULOS, V.I. KALAPO-THARAKOS, A. SOTIROPOULOS, G. KOMSIS, and E. MANOLOPOULOS. Strength and speed characteristics of elite, subelite, and recreational young soccer players. *Res Sports Med* 14:205-214, 2006.

63. GONZALEZ-BADILLO, J.J., M. IZQUIERDO, and E.M. GOROSTIAGA. Moderate volume of high relative training intensity produces greater strength gains compared with low and high volumes in competitive weightlifters. *J Strength Cond Res* 20:73-81, 2006.

64. GOTO, K., M. NAGASAWA, O. YANAGISAWA, T. KIZUKA, N. ISHII, and K. TAKAMATSU. Muscular adaptations to combinations of high- and low-intensity resistance exercises. *J Strength Cond Res* 18:730-737, 2004.

65. GROSSER, M., and A. NEUMEIER. *Tecnicas de Entrenamiento* [Training Techniques]. Barcelona, Spain: Martinez Roca, 1986.

66. HAFF, G.G., J.M. CARLOCK, M.J. HARTMAN, J.L. KILGORE, N. KAWAMORI, J.R. JACKSON, R.T. MORRIS, W.A. SANDS, and M.H. STONE. Force-time curve characteristics of dynamic and isometric muscle actions of elite women Olympic weightlifters. *J Strength Cond Res* 19:741-748, 2005.

67. HAFF, G.G., M.H. STONE, H.S. O'BRYANT, E. HARMAN, C.N. DINAN, R. JOHNSON, and K.H. HAN. Force-time dependent characteristics of dynamic and isometric muscle actions. *J Strength Cond Res* 11:269-272, 1997.

68. HAFF, G.G., A. WHITLEY, L.B. MCCOY, H.S. O'BRYANT, J.L. KILGORE, E.E. HAFF, K. PIERCE, and M.H. STONE. Effects of different set configurations on barbell velocity and displacement during a clean pull. *J Strength Cond Res* 17:95-103, 2003.

69. HAFF, G.G., A. WHITLEY, and J.A. POTTEIGER. A brief review: explosive exercises and sports performance. *Natl Strength Cond Assoc* 23:13-20, 2001.

70. HÄKKINEN, K. Neuromuscular adaptations during strength training, aging, detraining, and immobilization. *Crit Rev Phys Rehabil Med* 6:161-198, 1994.

71. HÄKKINEN, K., M. ALEN, M. KALLINEN, M. IZQUIERDO, K. JOKELAINEN, H. LASSILA, E. MALKIA, W.J. KRAEMER, and R.U. NEWTON. Muscle CSA, force production, and activation of leg extensors during isometric and dynamic muscle actions in middleaged and older men and women. *J Aging Phys Act* 6:232-247, 1998.

72. HÄKKINEN, K., and M. KALLINEN. Distribution of strength training volume into one or two daily

sessions and neuromuscular adaptations in female athletes. *Electromyogr Clin Neurophysiol* 34:117-124, 1994.

73. HÄKKINEN, K., H. KAUHANEN, and T. KUOP-PA. Neural, muscular and hormonal adaptations, changes in muscle strength and weightlifting results with respect to variations in training during one year follow-up period in Finnish elite weightlifters. *World Weightlifting (IWF)* 87:2-10, 1987.

74. HÄKKINEN, K., and P.V. KOMI. Changes in electrical and mechanical behavior of leg extensor muscles during heavy resistance strength training. *Scand J Sports Sci* 7:55-64, 1985.

75. HÄKKINEN, K., and P.V. KOMI. Effect of explosive type strength training on electromyographic and force production characteristics of leg extensor muscles during concentric and various stretch-shortening cycle exercises. *Scand J Sports Sci* 7:65-76, 1985.

76. HÄKKINEN, K., and P.V. KOMI. Training-induced changes in neuromuscular performance under voluntary and reflex conditions. *Eur J Appl Physiol Occup Physiol* 55:147-155, 1986.

77. HÄKKINEN, K., P.V. KOMI, M. ALEN, and H. KAUHANEN. EMG, muscle fibre and force production characteristics during a 1 year training period in elite weight-lifters. *Eur J Appl Physiol* 56:419-427, 1987.

78. HÄKKINEN, K., P.V. KOMI, and P.A. TESCH. Effect of combined concentric and eccentric strength training and detraining on force-time, muscle fiber and metabolic characteristics of leg extensor muscles. *Scand J Sports Sci* 3:50-58, 1981.

79. HÄKKINEN, K., R.U. NEWTON, S.E. GORDON, M. MCCORMICK, J.S. VOLEK, B.C. NINDL, L.A. GOTSHALK, W.W. CAMPBELL, W.J. EVANS, A. HÄKKINEN, B.J. HUMPHRIES, and W.J. KRAEMER. Changes in muscle morphology, electro-myographic activity, and force production characteristics during progressive strength training in young and older men. *J Gerontol A Biol Sci Med Sci* 53:B415-423, 1998.

80. HÄKKINEN, K., A. PAKARINEN, M. ALEN, H. KAUHANEN, and P.V. KOMI. Neuromuscular and hormonal adaptations in athletes to strength training in two years. *J Appl Physiol* 65:2406-2412, 1988.

81. HARDEE, J.P., M.M. LAWRENCE, K.A. ZWET-SLOOT, N.T. TRIPLETT, A.C. UTTER, and J.M. MCBRIDE. Effect of cluster set configurations on power clean technique. *J Sports Sci* 31(5):488-496, 2013.

82. HARDEE, J.P., N.T. TRIPLETT, A.C. UTTER, K.A. ZWETSLOOT, and J.M. MCBRIDE. Effect of interrepetition rest on power output in the power clean. *J Strength Cond Res* 26(4):883-889, 2012.

83. HARMAN, E. Resistance training modes: a biomechanical perspective. *Strength Cond* 16:59-65, 1994.

84. HARRIS, G.R., M.H. STONE, H.S. O'BRYANT, C.M. PROULX, and R.L. JOHNSON. Short-term

performance effects of high power, high force, or combined weight-training methods. *J Strength Cond Res* 14:14-20, 2000.

85. HARRIS, R.C., R.H. EDWARDS, E. HULTMAN, L.O. NORDESJO, B. NYLIND, and K. SAHLIN. The time course of phosphorylcreatine resynthesis during recovery of the quadriceps muscle in man. *Pflugers Arch* 367:137-142, 1976.

86. HENNEMAN, E., G. SOMJEN, and D.O. CARPENTER. Excitability and inhibitability of motoneurons of different sizes. *J Neurophysiol* 28:599-620, 1965.

87. HIGBIE, E.J., K.J. CURETON, G.L. WARREN, III, and B.M. PRIOR. Effects of concentric and eccentric training on muscle strength, cross-sectional area, and neural activation. *J Appl Physiol* 81:2173-2181, 1996.

88. HOEGER, W.W.K., D.R. HOPKINS, S.L. BARETTE, and D.F. HALE. Relationship between repetitions and selected percentages of one repetition maximum: a comparison between untrained and trained males and females. *J Appl Sport Sci Res* 4:47-54, 1990.

89. HOFF, J., A. GRAN, and J. HELGERUD. Maximal strength training improves aerobic endurance performance. *Scand J Med Sci Sports* 12:288-295, 2002.

90. HOFF, J., and J. HELGERUD. Endurance and strength training for soccer players: physiological considerations. *Sports Med* 34:165-180, 2004.

91. HOFF, J., J. HELGERUD, and U. WISLOFF. Maximal strength training improves work economy in trained female cross-country skiers. *Med Sci Sports Exerc* 31:870-877, 1999.

92. HOFF, J., O.J. KEMI, and J. HELGERUD. Strength and endurance differences between elite and junior elite ice hockey players: the importance of allometric scaling. *Int J Sports Med* 26:537-541, 2005.

93. HOFFMAN, J.R., W.J. KRAEMER, A.C. FRY, M. DESCHENES, and M. KEMP. The effects of self-selection for frequency of training in a winter conditioning program for football. *J Appl Sport Sci Res* 4:76-82, 1990.

94. HOLTERMANN, A., K. ROELEVELD, B. VEREIJKEN, and G. ETTEMA. The effect of rate of force development on maximal force production: acute and training-related aspects. *Eur J Appl Physiol* 99:605-613, 2007.

95. HOUSTON, M.E., E.A. FROESE, S.P. VALERIOTE, H.J. GREEN, and D.A. RANNEY. Muscle performance, morphology and metabolic capacity during strength training and detraining: a one leg model. *Eur J Appl Physiol* 51:25-35, 1983.

96. HOWARD, J.D., M.R. RITCHIE, D.A. GATER, D.R. GATER, and R.M. ENOKA. Determining factors of strength: physiological foundations. *National Strength and Conditioning Journal* 7(6):16-21, 1985.

97. HULTMAN, E., J. BERGSTROM, and N.M. ANDERSON. Breakdown and resynthesis of phosphorylcreatine and adenosine triphosphate in connection with muscular work in man. *Scand J Clin Lab Invest* 19:56-66, 1967.

98. HULTMAN, E., and H. SJOHOLM. Biochemical causes of fatigue. In: *Human Muscle Power*. N.L. Jones, ed. Champaign, IL: Human Kinetics, 1986, pp. 343-363.

99. HUMPHRIES, B., E. DUGAN, and T.L. DOYLE. Muscular fitness. In: *ACSM's Resource Manual for Guidelines for Exercise Testing and Prescription*. L.A. Kaminsky, ed. Baltimore: Lippincott Williams & Wilkins, 2006, pp. 206-224.

100. HUYGENS, W., M.A. THOMIS, M.W. PEETERS, R.F. VLIETINCK, and G.P. BEUNEN. Determinants and upper-limit heritabilities of skeletal muscle mass and strength. *Can J Appl Physiol* 29:186-200, 2004.

101. IVEY, F.M., S.M. ROTH, R.E. FERRELL, B.L. TRACY, J.T. LEMMER, D.E. HURLBUT, G.F. MARTEL, E.L. SIEGEL, J.L. FOZARD, E. JEFFREY METTER, J.L. FLEG, and B.F. HURLEY. Effects of age, gender, and myostatin genotype on the hypertrophic response to heavy resistance strength training. *J Gerontol A Biol Sci Med Sci* 55:M641-M648, 2000.

102. IZQUIERDO, M., J. IBANEZ, J.J. GONZALEZ-BADILLO, K. HÄKKINEN, N.A. RATAMESS, W.J. KRAEMER, D.N. FRENCH, J. ESLAVA, A. ALTADILL, X. ASIAIN, and E.M. GOROSTIAGA. Differential effects of strength training leading to failure versus not to failure on hormonal responses, strength, and muscle power gains. *J Appl Physiol* 100:1647-1656, 2006.

103. JENSEN, B.R., M. PILEGAARD, and G. SJOGAARD. Motor unit recruitment and rate coding in response to fatiguing shoulder abductions and subsequent recovery. *Eur J Appl Physiol* 83:190-199, 2000.

104. JONES, K., P. BISHOP, G. HUNTER, and G. FLEISIG. The effects of varying resistance-training loads on intermediate- and high-velocity-specific adaptations. *J Strength Cond Res* 15:349-356, 2001.

105. JONES, L. Coaching platform: advanced training programs. *Weightlifting USA* volume x issue 4: 8-11, 1992.

106. JUNG, A.P. The impact of resistance training on distance running performance. *Sports Med* 33:539-552, 2003.

107. KAMEN, G. The acquisition of maximal isometric plantar flexor strength: a force-time curve analysis. *J Motor Behav* 15:63-73, 1983.

108. KAMEN, G., and A. ROY. Motor unit synchronization in young and elderly adults. *Eur J Appl Physiol* 81:403-410, 2000.

109. KANEKO, M., T. FUCHIMOTO, H. TOJI, and K. SUEI. Training effect of different loads on the force–velocity relationship and mechanical power output in human muscle. *Scand J Sports Sci* 5:50-55, 1983.

110. KAWAMORI, N., and G.G. HAFF. The optimal training load for the development of muscular power. *J Strength Cond Res* 18:675-684, 2004.

111. KEMMLER, W.K., D. LAUBER, A. WASSERMANN, and J.L. MAYHEW. Predicting maximal strength in trained postmenopausal woman. *J Strength Cond Res* 20:838-842, 2006.

112. KJAER, M., H. LANGBERG, B.F. MILLER, R. BOUSHEL, R. CRAMERI, S. KOSKINEN, K. HEINEMEIER, J.L. OLESEN, S. DÿSSING, M. HANSEN, S.G. PEDERSEN, M.J. RENNIE, and P. MAGNUSSON. Metabolic activity and collagen turnover in human tendon in response to physical activity. *J Musculoskelet Neuronal Interact* 5(1):41-52, 2005.

113. KJAER, M., P. MAGNUSSON, M. KROGSGAARD, J. BOYSEN MÿLLER, J. OLESEN, K. HEINEMEIER, M. HANSEN, B. HARALDSON, S. KOSKINEN, B. ESMARCK, and H. LANGBERG. Extracellular matrix adaptation of tendon and skeletal muscle to exercise. *J Anat* 208(4):445-450, 2006.

114. KOMI, P.V. *Strength and Power in Sport.* 2nd ed. Malden, MA: Blackwell Scientific, 2003.

115. KOMI, P.V. Stretch-shortening cycle: a powerful model to study normal and fatigued muscle. *J Biomech* 33:1197-1206, 2000.

116. KOMI, P.V. Training of muscle strength and power: interaction of neuromotoric, hypertrophic, and mechanical factors. *Int J Sports Med* 7:10-15, 1986.

117. KRAEMER, W.J., A.C. FRY, B.J. WARREN, M.H. STONE, S.J. FLECK, J.T. KEARNEY, B.P. CONROY, C.M. MARESH, C.A. WESEMAN, N.T. TRIPLETT, and S.E. GORDON. Acute hormonal responses in elite junior weightlifters. *Int J Sports Med* 13:103-109, 1992.

118. KRAEMER, W.J., L. MARCHITELLI, S.E. GORDON, E. HARMAN, J.E. DZIADOS, R. MELLO, P. FRYKMAN, D. MCCURRY, and S.J. FLECK. Hormonal and growth factor responses to heavy resistance exercise protocols. J Appl Physiol 69:1442-450, 1990.

119. KRAVITZ, L., C. AKALAN, K. NOWICKI, and S.J. KINZEY. Prediction of 1 repetition maximum in high-school power lifters. *J Strength Cond Res* 17:167-172, 2003.

120. LANGBERG et al. Eccentric rehabilitation exercise increases peritendinous type I collagen synthesis in humans with Achilles tendinosis, *Scand J Med Sci Sports* 17(1):61-6, 2007.

121. LAWTON, T., J. CRONIN, E. DRINKWATER, R. LINDSELL, and D. PYNE. The effect of continuous repetition training and intraset rest training on bench press strength and power. *J Sports Med Phys Fitness* 44:361-367, 2004.

122. LAWTON, T.W., J.B. CRONIN, and R.P. LINDSELL. Effect of interrepetition rest intervals on weight training repetition power output. *J Strength Cond Res* 20:172-176, 2006.

123. MACDOUGALL, J.D., G.C. ELDER, D.G. SALE, J.R. MOROZ, and J.R. SUTTON. Effects of strength training and immobilization on human muscle fibres. *Eur J Appl Physiol* 43:25-34, 1980.

124. MALISOUX, L., M. FRANCAUX, and D. THE-

ISEN. What do single-fiber studies tell us about exercise training? *Med Sci Sports Exerc* 39:1051-1060, 2007.

125. MAYHEW, J.L., J.L. PRINSTER, J.S. WARE, D.L. ZIMMER, J.R. ARABAS, and M.G. BEMBEN. Muscular endurance repetitions to predict bench press strength in men of different training levels. *J Sports Med Phys Fitness* 35:108-113, 1995.

126. MCBRIDE, J.M., S. NIMPHIUS, and T.M. ERICKSON. The acute effects of heavy-load squats and loaded countermovement jumps on sprint performance. *J Strength Cond Res* 19:893-897, 2005.

127. MCBRIDE, J.M., T. TRIPLETT-MCBRIDE, A. DAVIE, and R.U. NEWTON. A comparison of strength and power characteristics between power lifters, Olympic lifters, and sprinters. *J Strength Cond Res* 13:58-66, 1999.

128. MCBRIDE, J.M., T. TRIPLETT-MCBRIDE, A. DAVIE, and R.U. NEWTON. The effect of heavyvs. light-load jump squats on the development of strength, power, and speed. *J Strength Cond Res* 16:75-82, 2002.

129. MCCALL, G.E., W.C. BYRNES, S.J. FLECK, A. DICKINSON, and W.J. KRAEMER. Acute and chronic hormonal responses to resistance training designed to promote muscle hypertro phy. *Can J Appl Physiol* 24:96-107, 1999.

130. MELROSE, D.R., F.J. SPANIOL, M.E. BOHLING, and R.A. BONNETTE. Physiological and performance characteristics of adolescent club volleyball players. *J Strength Cond Res* 21:481-486, 2007.

131. MILLER, B.F., J.L. OLESEN, M. HANSEN, S. DÿSSING, R.M. CRAMERI, R.J. WELLING, H. LANGBERG, A. FLYVBJERG, M. KJAER, J.A. BABRAJ, K. SMITH, and M.J. RENNIE. Coordinated collagen and muscle protein synthesis in human patella tendon and quadriceps muscle after exercise. *J Physiol* 567(3):1021-1033, 2005.

132. MILNER-BROWN, H.S., R.B. STEIN, and R.G. LEE. Synchronization of human motor units: possible roles of exercise and supraspinal reflexes. *Electroencephalogr Clin Neurophysiol* 38:245-254, 1975.

133. MIRKOV, D.M., A. NEDELJKOVIC, S. MILANOVIC, and S. JARIC. Muscle strength testing: evaluation of tests of explosive force production. *Eur J Appl Physiol* 91:147-154, 2004.

134. MORITANI, T., W.M. SHERMAN, M. SHIBATA, T. MATSUMOTO, and M. SHINOHARA. Oxygen availability and motor unit activity in humans. *Eur J Appl Physiol Occup Physiol* 64:552-556, 1992.

135. MOSS, B.M., P.E. REFSNES, A. ABILDGAARD, K. NICOLAYSEN, and J. JENSEN. Effects of maximal effort strength training with different loads on dynamic strength, cross-sectional area, load-power and load-velocity relationships. *Eur J Appl Physiol* 75:193-199, 1997.

136. NOAKES, T.D. Implications of exercise testing for prediction of athletic performance: a contempo-

rary perspective. *Med Sci Sports Exerc* 20:319-330, 1988.

137. NOAKES, T.D., K.H. MYBURGH, and R. SCHALL. Peak treadmill running velocity during the VO₂ max test predicts running performance. *J Sports Sci* 8:35-45, 1990.

138. NORRBRAND, L., J.D. FLUCKEY, M. POZZO, and P.A. TESCH. Resistance training using eccentric overload induces early adaptations in skeletal muscle size. *Eur J Appl Physiol* 102:271-281, 2008.

139. ØSTERÅS, H., J. HELGERUD, and J. HOFF. Maximal strength-training effects on force–velocity and force-power relationships explain increases in aerobic performance in humans. *Eur J Appl Physiol* 88:255-263, 2002.

140. PAAVOLAINEN, L., K. HÄKKINEN, I. HAMALAINEN, A. NUMMELA, and H. RUSKO. Explosive-strength training improves 5-km running time by improving running economy and muscle power. *J Appl Physiol* 86:1527-1533, 1999.

141. PAAVOLAINEN, L., K. HÄKKINEN, and H. RUSKO. Effects of explosive type strength training on physical performance characteristics in cross-country skiers. *Eur J Appl Physiol Occup Physiol* 62:251-255, 1991.

142. PAPADIMITRIOU, I.D., C. PAPADOPOULOS, A. KOUVATSI, and C. TRIANTAPHYLLIDIS. The ACTN3 gene in elite Greek track and field athletes. *Int J Sports Med* 29:352-355, 2008.

143. PETERSON, M.D., B.A. ALVAR, and M.R. RHEA. The contribution of maximal force production to explosive movement among young collegiate athletes. *J Strength Cond Res* 20:867-873, 2006.

144. PETERSON, M.D., M.R. RHEA, and B.A. ALVAR. Applications of the dose-response for muscular strength development: a review of meta-analytic efficacy and reliability for designing training prescription. *J Strength Cond Res* 19:950-958, 2005.

145. PINCIVERO, D.M., W.S. GEAR, N.M. MOYNA, and R.J. ROBERTSON. The effects of rest interval on quadriceps torque and perceived exertion in healthy males. *J Sports Med Phys Fitness* 39:294-299, 1999.

146. PLISK, S.S., and M.H. STONE. Periodization strategies. *Strength Cond* 25:19-37, 2003.

147. POLLOCK, M.L., J.E. GRAVES, M.M. BAMMAN, S.H. LEGGETT, D.M. CARPENTER, C. CARR, J. CIRULLI, J. MATKOZICH, and M. FULTON. Frequency and volume of resistance training: effect on cervical extension strength. *Arch Phys Med Rehabil* 74:1080-1086, 1993.

148. PRINCE, F.P., R.S. HIKIDA, and F.C. HAGERMAN. Human muscle fiber types in power lifters, distance runners and untrained subjects. *Pflugers Arch* 363:19-26, 1976.

149. PRINCE, F.P., R.S. HIKIDA, F.C. HAGERMAN, R.S. STARON, and W.H. ALLEN. A morphometric analysis of human muscle fibers with relation to fiber types and adaptations to exercise. *J Neurol Sci*

49:165-179, 1981.

150. REYNOLDS, J.M., T.J. GORDON, and R.A. ROBERGS. Prediction of one repetition maximum strength from multiple repetition maximum testing and anthropometry. *J Strength Cond Res* 20:584-592, 2006.

151. RHEA, M.R., B.A. ALVAR, L.N. BURKETT, and S.D. BALL. A meta-analysis to determine the dose response for strength development. *Med Sci Sports Exerc* 35:456-464, 2003.

152. ROONEY, K.J., R.D. HERBERT, and R.J. BAL-NAVE. Fatigue contributes to the strength training stimulus. *Med Sci Sports Exerc* 26:1160-1164, 1994.

153. RUTHERFORD, O.M. and D.A. JONES. The role of learning and coordination in strength training. *Eur J Appl Physiol Occup Physiol* 55:100-105, 1986.

154. RYDWIK, E., C. KARLSSON, K. FRANDIN, and G. AKNER. Muscle strength testing with one repetition maximum in the arm/shoulder for people aged 75+: test-retest reliability. *Clin Rehabil* 21:258-265, 2007.

155. SAHLIN, K., and J.M. REN. Relationship of contraction capacity to metabolic changes during recovery from a fatiguing contraction. *J Appl Physiol* 67:648-654, 1989.

156. SALE, D.G. Neural adaptation to resistance training. *Med Sci Sports Exerc* 20:S135-S145, 1988.

157. SCHMIDTBLEICHER, D. Strength training, part 2: structural analysis of motor strength qualities and its application to training. *Science Periodical on Research and Technology* 5:1-10, 1985.

158. SCHMIDTBLEICHER, D. 1984. *Sportliches Krafttraining*. Berlin: Jung, Haltong, und Bewegung bei Menchen.

159. SCHMIDTBLEICHER, D. Training for power events. In: *Strength and Power in Sport*. P.V. Komi, ed. Oxford, UK: Blackwell, 1992, pp. 381-385.

160. SEMMLER, J.G. Motor unit synchronization and neuromuscular performance. *Exerc Sport Sci Rev* 30:8-14, 2002.

161. SEMMLER, J.G., K.W. KORNATZ, D.V. DINEN-NO, S. ZHOU, and R.M. ENOKA. Motor unit synchronisation is enhanced during slow lengthening contractions of a hand muscle. *J Physiol* 545:681-695, 2002.

162. SEMMLER, J.G., and M.A. NORDSTROM. Motor unit discharge and force tremor in skill- and strength-trained individuals. *Exp Brain Res* 119:27-38, 1998.

163. SEMMLER, J.G., M.V. SALE, F.G. MEYER, and M.A. NORDSTROM. Motor-unit coherence and its relation with synchrony are influenced by training. *J Neurophysiol* 92:3320-3331, 2004.

164. SEYNNES, O.R., M. DE BOER, and M.V. NARICI. Early skeletal muscle hypertrophy and architectural changes in response to high-intensity resistance training. *J Appl Physiol* 102:368-373, 2007.

165. SFORZO, G.A., and P.R. TOUEY. Manipulating

exercise order affects muscular performance during a resistance exercise training session. *J Strength Cond Res* 10:20-24, 1996.

166. SHAW, C.E., K.K. MCCULLY, and J.D. POSNER. Injuries during the one repetition maximum assessment in the elderly. *J Cardiopulm Rehabil* 15:283-287, 1995.

167. SHIMANO, T., W.J. KRAEMER, B.A. SPIERING, J.S. VOLEK, D.L. HATFIELD, R. SILVESTRE, J.L. VINGREN, M.S. FRAGALA, C.M. MARESH, S.J. FLECK, R.U. NEWTON, L.P. SPREUWENBERG, and K. HÄKKINEN. Relationship between the number of repetitions and selected percentages of one repetition maximum in free weight exercises in trained and untrained men. *J Strength Cond Res* 20:819-823, 2006.

168. SHOEPE, T.C., J.E. STELZER, D.P. GARNER, and J.J. WIDRICK. Functional adaptability of muscle fibers to long-term resistance exercise. *Med Sci Sports Exerc* 35:944-951, 2003.

169. SIFF, M.C., and Y.U. VERKHOSHANSKY. *Supertraining*. Denver, CO: Supertraining International, 1999.

170. SILVESTRE, R., W.J. KRAEMER, C. WEST, D.A. JUDELSON, B.A. SPIERING, J.L. VINGREN, D.L. HATFIELD, J.M. ANDERSON, and C.M. MARESH. Body composition and physical performance during a National Collegiate Athletic Association Division I men's soccer season. *J Strength Cond Res* 20:962-970, 2006.

171. SMITH, J.C., A.C. FRY, L.W. WEISS, Y. LI, and S.J. KINZEY. The effects of high-intensity exercise on a 10-second sprint cycle test. *J Strength Cond Res* 15:344-348, 2001.

172. STARON, R.S., E.S. MALICKY, M.J. LEONARDI, J.E. FALKEL, F.C. HAGERMAN, and G.A. DUDLEY. Muscle hypertrophy and fast fiber type conversions in heavy resistance-trained women. *Eur J Appl Physiol* 60:71-79, 1990.

173. STONE, M.H., T.J. CHANDLER, M.S. CONLEY, J.B. KRAMER, and M.E. STONE. Training to muscular failure: is it necessary? *Strength Cond* 18:44-51, 1996.

174. STONE, M.H., and H.O. O'BRYANT. *Weight Training: A Scientific Approach*. Edina, MN: Burgess, 1987.

175. STONE, M.H., H.S. O'BRYANT, B.K. SCHILLING, R.L. JOHNSON, K.C. PIERCE, G.G. HAFF, A.J. KOCH, and M. STONE. Periodization: effects of manipulating volume and intensity, part 1. *Strength Cond* 21:56-62, 1999.

176. STONE, M.H., H.S. O'BRYANT, B.K. SCHILLING, R.L. JOHNSON, K.C. PIERCE, G.G. HAFF, A.J. KOCH, and M. STONE. Periodization: effects of manipulating volume and intensity, part 2. *Strength Cond J* 21:54-60, 1999.

177. STONE, M.H., K. PIERCE, W.A. SANDS, and M. STONE. Weightlifting: program design. *Strength Cond* 28:10-17, 2006.

178. STONE, M.H., W.A. SANDS, K.C. PIERCE, J. CARLOCK, M. CARDINALE, and R.U. NEWTON. Relationship of maximum strength to weightlifting performance. *Med Sci Sports Exerc* 37:1037-1043, 2005.

179. STONE, M.H., W.A. SANDS, K.C. PIERCE, M.W. RAMSEY, and G.G. HAFF. Power and power potentiation among strength power athletes: preliminary study. *Int J Sports Physiol Perf* in press.

180. STONE, M.H., M.E. STONE, and W.A. SANDS. *Principles and Practice of Resistance Training*. Champaign, IL: Human Kinetics, 2007.

181. STULL, G.A., and D.H. CLARKE. Patterns of recovery following isometric and isotonic strength decrement. *Med Sci Sports* 3:135-139, 1971.

182. TAN, B. Manipulating resistance training program variables to optimize maximum strength in men: a review. *J Strength Cond Res* 13:289-304, 1999.

183. TANAKA, H., and T. SWENSEN. Impact of resistance training on endurance performance: a new form of cross-training? Sports Med 25:191-200, 1998.

184. TERZIS, G., G. GEORGIADIS, E. VASSILIADOU, and P. MANTA. Relationship between shot put performance and triceps brachia fiber type composition and power production. *Eur J Appl Physiol* 90:10-15, 2003.

185. TESCH, P.A., and J. KARLSSON. Muscle fiber types and size in trained and untrained muscles of elite athletes. *J Appl Physiol* 59:1716-1720, 1985.

186. TESCH, P.A., A. THORSSON, and P. KAISER. Muscle capillary supply and fiber type characteristics in weight and power lifters. *J Appl Physiol Respir Environ Exerc Physiol* 56(1):35-38, 1984.

187. TESCH, P.A., and L. LARSSON. Muscle hypertrophy in bodybuilders. *Eur J Appl Physiol Occup Physiol* 49(3):301-306, 1982.

188. THOMAS, M., M.A. FIATARONE, and R.A. FIELDING. Leg power in young women: relationship to body composition, strength, and function. *Med Sci Sports Exerc* 28:1321-1326, 1996.

189. THOMPSON, P.D., N. MOYNA, R. SEIP, T. PRICE, P. CLARKSON, T. ANGELOPOULOS, P. GOR- DON, L. PESCATELLO, P. VISICH, R. ZOELLER, J.M. DEVANEY, H. GORDISH, S. BILBIE, and E.P. HOFFMAN. Functional polymorphisms associated with human muscle size and strength. *Med Sci Sports Exerc* 36:1132-1139, 2004.

190. THORSTENSSON, A., B. HULTEN, W. VON DO-BELN, and J. KARLSSON. Effect of strength training on enzyme activities and fibre characteristics in human skeletal muscle. *Acta Physiol Scand* 96:392-398, 1976.

191. TRAPPE, S., M. HARBER, A. CREER, P. GALLAGHER, D. SLIVKA, K. MINCHEV, and D. WHITSETT. Single muscle fiber adaptations with marathon training. *J Appl Physiol* 101:721-727, 2006.

192. VAN CUTSEM, M., J. DUCHATEAU, and K. HAINAUT. Changes in single motor unit behaviour contribute to the increase in contraction speed after dynamic training in humans. *J Physiol* 513(1):295-305, 1998.

193. VIITASALO, J.T. Rate of force development, muscle structure and fatigue. In: *Biomechanics VII-A: Proceedings of the 7th International Congress of Biomechanics*. A. Morecki, et al. eds. Warsaw, Poland: PWN, 1981, pp. 136-141.

194. VIITASALO, J.T., and P.V. KOMI. Interrelationships between electromyographic, mechanical, muscle structure and reflex time measurements in man. *Acta Physiol Scand* 111:97-103, 1981.

195. VOROBYEV, A.N. *A Textbook on Weightlifting*. Budapest: International Weightlifting Federation, 1978.

196. WERNBOM, M., J. AUGUSTSSON, and R. THOMEE. The influence of frequency, intensity, volume and mode of strength training on whole muscle cross-sectional area in humans. *Sports Med* 37:225-264, 2007.

197. WESTCOTT, W.L. *Strength Fitness*. Boston: Allyn & Bacon, 1982.

198. WIDRICK, J.J., J.E. STELZER, T.C. SHOEPE, and D.P. GARNER. Functional properties of human muscle fibers after short-term resistance exercise training. *Am J Physiol Regul Integr Comp Physiol* 283:R408-R416, 2002.

199. WILLARDSON, J.M. A brief review: factors affect ing the length of the rest interval between resistance exercise sets. *J Strength Cond Res* 20:978-984, 2006.

200. WILLIAMSON, D.L., P.M. GALLAGHER, C.C. CARROLL, U. RAUE, and S.W. TRAPPE. Reduction in hybrid single muscle fiber proportions with resistance training in humans. *J Appl Physiol* 91:1955-1961, 2001.

201. Wilmore and Costill, *Training for Sport and Activity: The Physiological Basis of the Conditioning Process*. Champaign, IL: Human Kinetics, 1993.

202. WILSON, G.J., R.U. NEWTON, A.J. MURPHY, and B.J. HUMPHRIES. The optimal training load for the development of dynamic athletic performance. *Med Sci Sports Exerc* 25:1279-1286, 1993.

203. YAMAMOTO, L.M., R.M. LOPEZ, J.F. KLAU, D.J. CASA, W.J. KRAEMER, and C.M. MARESH. The effects of resistance training on endurance distance running performance among highly trained runners: a systematic review. *J Strength Cond Res* 22:2036-2044. 2008.

204. YAO, W., R.J. FUGLEVAND, and R.M. ENOKA. Motor-unit synchronization increases EMG amplitude and decreases force steadiness of simulated contractions. *J Neurophysiol* 83:441-452, 2000.

205. YETTER, M. and G.L. MOIR. The acute effects of heavy back and front squats on speed during fortymeter sprint trials. *J Strength Cond Res* 22:159-165. 2008.

206. YOUNG, W.B., A. JENNER, and K. GRIFFITHS. Acute enhancement of power performance from heavy load squats. *J. Strength Cond Res* 12:82-84, 1998.

207. ZATSIORSKY, V.M. *Science and Practice of Strength Training*. Champaign, IL: Human Kinetics, 1995.

208. ZATSIORSKY, V.M., and W.J. KRAEMER. *Science and Practice of Strength Training*. 2nd ed. Champaign, IL: Human Kinetics, 2006.

第十一章

1. *2002 USA Cycling Club Coach Manual*. Colorado Springs, CO: USA Cycling, 2002.

2. AAGAARD, P., E.B. SIMONSEN, J.L. ANDERSEN, P. MAGNUSSON, and P. DYHRE-POULSEN. Increased rate of force development and neural drive of human skeletal muscle following resistance training. *J Appl Physiol* 93:1318-1326, 2002.

3. ABERNETHY, P.J., R. THAYER, and A.W. TAYLOR. Acute and chronic responses of skeletal muscle to endurance and sprint exercise. A review. *Sports Med* 10:365-389, 1990.

4. ACEVEDO, E.O., and A.H. GOLDFARB. Increased training intensity effects on plasma lactate, ventilatory threshold, and endurance. *Med Sci Sports Exerc* 21:563-568, 1989.

4b. AKENHEAD, R., P.R. HAYES, K.G. THOMPSON, and D. FRENCH. Diminutions of acceleration and deceleration output during professional football match play. *J Sci Med Sport* 16(6):556-561, 2013.

5. BAILEY, S.P., and R.R. PATE. Feasibility of improving running economy. *Sports Med* 12:228-236, 1991.

6. BAKER, D., and S. NANCE. The relation between running speed and measures of strength and power in professional rugby league players. *J Strength Cond Res* 13:230-235, 1999.

7. BALSOM, P.D., J.Y. SEGER, B. SJÖDIN, and B. EKBLOM. Maximal-intensity intermittent exercise: effect of recovery duration. *Int J Sports Med* 13:528-533, 1992.

8. BALSOM, P.D., J.Y. SEGER, B. SJÖDIN, and B. EKBLOM. Physiological responses to maximal intensity intermittent exercise. *Eur J Appl Physiol* 65:144-149, 1992.

8b. BANGSBO, J., F.M. IAIA, and P. KRUSTRUP. The Yo-Yo intermittent recovery test: a useful tool for evaluation of physical performance in intermittent sport. *Sports Med* 38(1):37-51, 2008.

9. BASSETT, D.R., Jr., and E.T. HOWLEY. Limiting factors for maximum oxygen uptake and determinants of endurance performance. *Med Sci Sports Exerc* 32:70-84, 2000.

10. BASSETT, D.R., Jr., and E.T. HOWLEY. Maximal oxygen uptake: "classical" versus "contemporaryn": viewpoints. *Med Sci Sports Exerc* 29:591-603, 1997.

11. BASTIAANS, J.J., A.B. VAN DIEMEN, T. VENEBERG, and A.E. JEUKENDRUP. The effects of replacing a portion of endurance training by explosive strength training on performance in trained cyclists. *Eur J Appl Physiol* 86:79-84, 2001.

12. BEHM, D.G., and D.G. SALE. Intended rather than actual movement velocity determines velocity-specific training response. *J Appl Physiol* 74:359-368, 1993.

13. BEHM, D.G., and D.G. SALE. Velocity specificity of resistance training. *Sports Med* 15:374-388, 1993.

14. BENTLEY, D.J., J. NEWELL, and D. BISHOP. Incremental exercise test design and analysis: implications for performance diagnostics in endurance athletes. *Sports Med* 37:575-586, 2007.

15. BERGLUND, B., B. EKBLOM, E. EKBLOM, L. BER- GLUND, A. KALLNER, P. REINEBO, and S. LIN- DEBERG. The Swedish Blood Pass project. *Scand J Med Sci Sports* 17:292-297, 2007.

16. BILLAT, L.V. Interval training for performance: a scientific and empirical practice. Special recommendations for middle- and long-distance running. Part I: aerobic interval training. *Sports Med* 31(1):13-31, 2001.

17. BILLAT, L.V. Interval training for performance: a scientific and empirical practice. Special recommendations for middle- and long-distance running. Part II: anaerobic interval training. *Sports Med* 31:75-90, 2001.

17b. BILLAT, V., J.C. RENOUX, J. PINOTEAU, B. PE- TIT, and J.P. KORALSZTEIN. Times to exhaus- tion at 90, 100 and 105% of velocity at VO_2 max (maximal aerobic speed) and critical speed in elite long-distance runners, *Arch Physiol Biochem*.103(2):129-35, 1995.

17c. BILLAT, V., B. FLECHET, B. PETIT, G. MURIAUX, and J.P. KORALSZTEIN. Interval training at VO_2max: effects on aerobic performance and over- training markers. *Med Sci Sports Exerc* 31(1):156-163, 1999.

17d. BILLAT, V., J.C. RENOUX, J. PINOTEAU, B. PETIT, and J.P. KORALSZTEIN. Times to exhaustion at 100% of velocity at VO_2max and modelling of the time-limit/velocity relationship in elite long-distance runners. *Eur J Appl Physiol* 69:271-273, 1994.

17e. BILLAT, V., and J.P. KORALSZTEIN. Significance of the velocity at VO_2max and time to exhaustion at this velocity. *Sports Med.* 22(2):90-108, 1996.

17f. BISCIOTTI, G.N. *Utilizziamo bene l'intermittente*. *Il Nuovo Calcio* 114:110-114, 2002.

17g. BONEN, A. The expression of lactate transporters (MCT1 and MCT4) in heart and muscle. *Eur J Appl Physiol* 86(1):6-11, 2001.

18. BOSQUET, L., L. LEGER, and P. LEGROS. Methods to determine aerobic endurance. *Sports Med* 32:675-700, 2002.

19. BRANSFORD, D.R., and E.T. HOWLEY. Oxygen cost of running in trained and untrained men and women. *Med Sci Sports* 9:41-44, 1977.

20. BURGOMASTER, K.A., G.J. HEIGENHAUSER, and M.J. GIBALA. Effect of short-term sprint interval training on human skeletal muscle carbohydrate metabolism during exercise and time-trial performance. *J Appl Physiol* 100:2041-2047,2006.

21. BURGOMASTER, K.A., S.C. HUGHES, G.J. HEI-GENHAUSER, S.N. BRADWELL, and M.J. GIBA-LA. Six sessions of sprint interval training increases muscle oxidative potential and cycle endurance capacity in humans. *J Appl Physiol* 98:1985-1990,2005.

22. BURLESON, M.A., JR., H.S. O'BRYANT, M.H. STONE, M.A. COLLINS, and T. TRIPLETT-MC-BRIDE. Effect of weight training exercise and treadmill exercise on post-exercise oxygen consumption. *Med Sci Sports Exerc* 30:518-522, 1998.

23. BURTSCHER, M., M. FAULHABER, M. FLATZ, R. LIKAR, and W. NACHBAUER. Effects of short- term acclimatization to altitude (3200 m) on aerobic and anaerobic exercise performance. *Int J Sports Med* 27:629-635, 2006.

24. CARTER, H., A.M. JONES, and J.H. DOUST. Effect of 6 weeks of endurance training on the lactate minimum speed. *J Sports Sci* 17:957-967, 1999.

25. CERRETELLI, P., G. AMBROSOLI, and M. FUMAGALLI. Anaerobic recovery in man. *Eur J Appl Physiol Occup Physiol* 34:141-148, 1975.

26. COGGAN, A.R., R.J. SPINA, M.A. ROGERS, D.S. KING, M. BROWN, P.M. NEMETH, and J.O. HOLLOSZY. Histochemical and enzymatic characteristics of skeletal muscle in master athletes. *J Appl Physiol* 68:1896-1901, 1990.

27. CONLEY, D.L., and G.S. KRAHENBUHL. Running economy and distance running performance of highly trained athletes. *Med Sci Sports Exerc* 12:357-360, 1980.

28. CONLEY, M. Bioenergetics of exercise training. In: *Essentials of Strength Training and Conditioning*. T.R. Baechle and R.W. Earle, eds. Champaign, IL: Human Kinetics, 2000, pp. 73-90.

29. CONLEY, M.S., M.H. STONE, H.S. O'BRYANT, R.L. JOHNSON, D.R. HONEYCUTT, and T.P. HOKE. Peak power versus power at maximal oxygen uptake. In: *Proceedings of National Strength and Conditioning Association Annual Convention*. Las Vegas, NV, 1993.

30. COSTILL, D.L., W.J. FINK, and M.L. POLLOCK. Muscle fiber composition and enzyme activities of elite distance runners. *Med Sci Sports* 8:96-100, 1976.

31. COSTILL, D.L., M.G. FLYNN, J.P. KIRWAN, J.A. HOUMARD, J.B. MITCHELL, R. THOMAS, and S.H. PARK. Effects of repeated days of intensified training on muscle glycogen and swimming performance. *Med Sci Sports Exerc* 20:249-254, 1988.

32. COSTILL, D.L., R. THOMAS, R.A. ROBERGS, D. PASCOE, C. LAMBERT, S. BARR, and W.J. FINK. Adaptations to swimming training: influence of training volume. *Med Sci Sports Exerc* 23:371-377, 1991.

33. COSTILL, D.L., H. THOMASON, and E. ROBERTS. Fractional utilization of the aerobic capacity during distance running. *Med Sci Sports* 5:248-252, 1973.

34. COYLE, E.F. Improved muscular efficiency displayed as Tour de France champion matures. *J Appl Physiol* 98:2191-2196, 2005.

35. COYLE, E.F. Integration of the physiological factors determining endurance performance ability. *Exerc Sport Sci Rev* 23:25-63, 1995.

36. COYLE, E.F., A.R. COGGAN, M.K. HOPPER, and T.J. WALTERS. Determinants of endurance in welltrained cyclists. *J Appl Physiol* 64:2622-2630, 1988.

37. CRONIN, J.B. and K.T. HANSEN. Strength and power predictors of sports speed. *J Strength Cond Res* 19:349-357, 2005.

37b. DAUSSIN, F.N., E. PONSOT, S.P. DUFOUR, E. LONSDORFER-WOLF, S. DOUTRELEAU, B. GENY, F. PIQUARD, and R. RICHARD. Improvement of VO₂max by cardiac output and oxygen extraction adaptation during intermittent versus continuous endurance training. *Eur J Appl Physiol* 101: 377-383, 2007.

37c. WUNDERSITZ, D.W., C. JOSMAN, R. GUPTA, K.J. NETTO, P.B. GASTIN, and S. ROBERTSON. Classification of team sport activities using a single wearable tracking device, *J Biomech* 48(15):3975-3981, 2015.

38. DAWSON, B., M. FITZSIMONS, S. GREEN, C. GOODMAN, M. CAREY, and K. COLE. Changes in performance, muscle metabolites, enzymes and fibre types after short sprint training. *Eur J Appl Physiol* 78:163-169, 1998.

39. DEMPSEY, J.A., P.G. HANSON, and K.S. HENDERSON. Exercise-induced arterial hypoxaemia in healthy human subjects at sea level. *J Physiol* 355:161-175, 1984.

40. DENADAI, B.S., M.J. ORTIZ, C.C. GRECO, and M.T. DE MELLO. Interval training at 95% and 100% of the velocity at VO₂max: effects on aerobic physiological indexes and running per- formance. *Appl Physiol Nutr Metab* 31:737-743, 2006.

40b. DI PRAMPERO, P.E., and C. OSGNACH. Impegno metabolico del calciatore: teorie e realtà. [Metabolic effort of the soccer player: theories and reality], Milan, 2013, Slideshare.

40c. DI PRAMPERO, P.E., A. BOTTER, and C. OSGNACH. The energy cost of sprint running and the role of metabolic power in setting top performances, *Eur J Appl Physiol* 115(3):451-469, 2015.

41. DUDLEY, G.A., W.M. ABRAHAM, and R.L. TERJUNG. Influence of exercise intensity and duration on biochemical adaptations in skeletal muscle. *J Appl Physiol* 53:844-850, 1982.

42. DUDLEY, G.A., and R. DJAMIL. Incompatibility of endurance- and strength-training modes of exercise. *J Appl Physiol* 59:1446-1451, 1985.

43. DUMKE, C.L., D.W. BROCK, B.H. HELMS, and G.G. HAFF. Heart rate at lactate threshold and cycling time trials. *J Strength Cond Res* 20:601-607, 2006.

44. EKBLOM, B., G. WILSON, and P.O. ASTRAND. Central circulation during exercise after venesection and reinfusion of red blood cells. *J Appl Physiol* 40:379-383, 1976.

45. ELLIOTT, M.C., P.P. WAGNER, and L. CHIU. Power athletes and distance training: physiological and biomechanical rationale for change. *Sports Med* 37:47-57, 2007.

46. ESTEVE-LANAO, J., C. FOSTER, S. SEILER, and A. LUCIA. Impact of training intensity distribution on performance in endurance athletes. *J Strength Cond Res* 21:943-949, 2007.

46b. ESTEVE-LANAO, J., A.F. SAN JUAN, C.P. EARNEST, C. FOSTER, and A. LUCIA. How do endurance runners actually train? Relationship with competition performance. *Med Sci Sports Exerc* 37(3):496-504, 2005.

47. FARRELL, P.A., J.H. WILMORE, E.F. COYLE, J.E. BILLING, and D.L. COSTILL. Plasma lactate accumulation and distance running performance. *Med Sci Sports* 11:338-344, 1979.

48. FARRELL, P.A., J.H. WILMORE, E.F. COYLE, J.E. BILLING, and D.L. COSTILL. Plasma lactate accumulation and distance running performance. 1979. *Med Sci Sports Exerc* 25:1091-1097; discussion 1089-1090, 1993.

49. FAULKNER, J.A., J. KOLLIAS, C.B. FAVOUR, E.R. BUSKIRK, and B. BALKE. Maximum aerobic capacity and running performance at altitude. *J Appl Physiol* 24:685-691, 1968.

49b. FAVERO, T.G., and K.J. STOLL. Seasonal improvements in VO₂max among women's college soccer players with oneday per week aerobic interval training. *Kinesiologia Slovenica* 22(2):14-21, 2016.

50. FLECK, S. Bridging the gap: interval training: physiological basis. *NSCA J* 5:40-63, 1983.

51. FLECK, S., and W.J. KRAEMER. *Designing Resistance Training Programs.* 3rd ed. Champaign, IL: Human Kinetics, 2004.

52. FOSTER, C., L.L. HECTOR, R. WELSH, M. SCHRAGER, M.A. GREEN, and A.C. SNYDER. Effects of specific versus cross-training on running performance. *Eur J Appl Physiol Occup Physiol* 70:367-372, 1995.

53. FRANCH, J., K. MADSEN, M.S. DJURHUUS, and P.K. PEDERSEN. Improved running economy following intensified training correlates with reduced ventilatory demands. *Med Sci Sports Exerc* 30:1250-1256, 1998.

54. FRIEL, J. *Total Heart Rate Training.* Berkley, CA: Ul- ysses Press, 2006.

55. FRY, A.C., C.A. ALLEMEIER, and R.S. STARON. Correlation between percentage fiber type area and myosin heavy chain content in human skeletal muscle. *Eur J Appl Physiol Occup Physiol* 68:246-251, 1994.

56. GABBETT, T., T. KING, and D. JENKINS. Applied physiology of rugby league. *Sports Med* 38:119-138, 2008.

56b. GABBETT, T.J. GPS analysis of elite women's field hockey training and competition. *J Strength Cond Res* 24(5):1321-1324, 2010.

56c. GABBETT, T.J. Skill-based conditioning games as an alternative to traditional conditioning for rugby league players. *J Strength Cond Res* 20:309-314, 2006.

57. GIBALA, M.J. High-intensity interval training: a time-efficient strategy for health promotion? *Curr Sports Med Rep* 6:211-213, 2007.

58. GIBALA, M.J., J.P. LITTLE, M. VAN ESSEN,

G.P. WILKIN, K.A. BURGOMASTER, A. SAFDAR, S. RAHA, and M.A. TARNOPOLSKY. Short-term sprint interval versus traditional endurance training: similar initial adaptations in human skeletal muscle and exercise performance. *J Physiol* 575:901-911, 2006.

59. GLEDHILL, N., D. COX, and R. JAMNIK. Endurance athletes' stroke volume does not plateau: major advantage is diastolic function. *Med Sci Sports Exerc* 26:1116-1121, 1994.

60. HÄKKINEN, K., A. MERO, and H. KAUHANEN. Specificity of endurance, sprint and strength training on physical performance capacity in young athletes. *J Sports Med Phys Fitness* 29:27-35, 1989.

61. HÄKKINEN, K. and E. MYLLYLA. Acute effects of muscle fatigue and recovery on force production and relaxation in endurance, power and strength athletes. *J Sports Med Phys Fitness* 30:5-12, 1990.

61b.HALSON, S.L., and A.E. JEUKENDRUP. Does overtraining exist? an analysis of overreaching and overtraining research. *Sports Med* 34:967-981, 2004.

62. HELGERUD, J., L.C. ENGEN, U. WISLOFF, and J. HOFF. Aerobic endurance training improves soccer performance. *Med Sci Sports Exerc* 33:1925-1931, 2001.

63. HENNESSY, L.C. and A.W.S. WATSON. The interference effects of training for strength and endurance simultaneously. *J Strength Cond Res* 8:12-19, 1994.

64. HENRIKSSON, J. Effects of physical training on the metabolism of skeletal muscle. *Diabetes Care* 15:1701-1711, 1992.

65. HENRITZE, J., A. WELTMAN, R.L. SCHURRER, and K. BARLOW. Effects of training at and above the lactate threshold on the lactate threshold and maximal oxygen uptake. *Eur J Appl Physiol Occup Physiol* 54:84-88, 1985.

66. HICKSON, R.C., B.A. DVORAK, E.M. GOROSTIAGA, T.T. KUROWSKI, and C. FOSTER. Potential for strength and endurance training to amplify endurance performance. *J Appl Physiol* 65:2285-2290, 1988.

66b.HICKSON, R.C., J.M. HAGBERG, R.K. CONLEE, D.A. JONES, A.A. EHSANI, and W.W. WINDER. Effect of training on hormonal responses to exercise in competitive swimmers. *Eur J Appl Physiol Occup Physiol* 41(3):211-219, 1979.

67. HILL-HAAS, S., D. BISHOP, B. DAWSON, C. GOODMAN, and J. EDGE. Effects of rest interval during high-repetition resistance training on strength, aerobic fitness, and repeated-sprint ability. *J Sports Sci* 25:619-628, 2007.

68. HOFF, J., A. GRAN, and J. HELGERUD. Maximal strength training improves aerobic endurance performance. *Scand J Med Sci Sports* 12:288-295, 2002.

69. HOLLOSZY, J.O. and E.F. COYLE. Adaptations of skeletal muscle to endurance exercise and their metabolic consequences. *J Appl Physiol* 56:831-

838, 1984.

70. HOWALD, H., H. HOPPELER, H. CLAASSEN, O. MATHIEU, and R. STRAUB. Influences of endurance training on the ultrastructural composition of the different muscle fiber types in humans. *Pflugers Arch* 403:369-376, 1985.

71. INGJER, F. Capillary supply and mitochondrial content of different skeletal muscle fiber types in untrained and endurance-trained men. A histochemical and ultrastructural study. *Eur J Appl Physiol Occup Physiol* 40:197-209, 1979.

72. JACKSON, N.P., M.S. HICKEY, and R.F. REISER, II. High resistance/low repetition vs. low resistance/high repetition training: effects on performance of trained cyclists. *J Strength Cond Res* 21:289-295, 2007.

72b.JEZOVi, D., M. VIGAS, P. TATiR, R. KVETNANSK›, K. NAZAR, H. KACIUBA-UŚCILKO, and S. KO-ZLOWSKI. Plasma testosterone and catecholamine responses to physical exercise of different intensities in men. *Eur J Appl Physiol Occup Physiol* 54(1):62–66, 1985.

73. JOHNSTON, R.E., T.J. QUINN, R. KERTZER, and N.B. VROMAN. Strength training in female distance runners: impact on running economy. *J Strength Cond Res* 11:224-229, 1997.

74. JONES, A.M. A five year physiological case study of an Olympic runner. *Br J Sports Med* 32:39-43, 1998.

75. JONES, A.M., and H. CARTER. The effect of endurance training on parameters of aerobic fitness. *Sports Med* 29:373-386, 2000.

76. JOYNER, M.J., and E.F. COYLE. Endurance exercise performance: the physiology of champions. *J Physiol* 586:35-44, 2008.

77. JUNG, A.P. The impact of resistance training on distance running performance. *Sports Med* 33:539-552, 2003.

78. KEITH, S.P., I. JACOBS, and T.M. MCLELLAN. Adaptationsto training at the individual anaerobic threshold. *Eur J Appl Physiol Occup Physiol* 65:316-323, 1992.

79. KINDERMANN, W., G. SIMON, and J. KEUL. The significance of the aerobic-anaerobic transition for the determination of work load intensities during endurance training. *Eur J Appl Physiol Occup Physiol* 42:25-34, 1979.

80. KLAUSEN, K., L.B. ANDERSEN, and I. PELLE. Adaptive changes in work capacity, skeletal muscle capillarization and enzyme levels during training and detraining. *Acta Physiol Scand* 113:9-16, 1981.

81. KORHONEN, M.T., A. CRISTEA, M. ALEN, K. HAKKINEN, S. SIPILA, A. MERO, J.T. VIITASALO, L. LARSSON, and H. SUOMINEN. Aging, muscle fiber type, and contractile function in sprint-trained athletes. *J Appl Physiol* 101:906-917, 2006.

82. KRAEMER, W.J., D.N. FRENCH, N.J. PAXTON, K. HÄKKINEN, J.S. VOLEK, W.J. SEBASTIANELLI, M. PUTUKIAN, R.U.

NEWTON, M.R. RUBIN, A.L. GOMEZ, J.D. VESCOVI, N.A. RATAMESS, S.J. FLECK, J.M. LYNCH, and H.G. KNUTTGEN. Changes in exercise performance and hormonal concentrations over a big ten soccer season in starters and nonstarters. *J Strength Cond Res* 18:121-128, 2004.

83. KRAEMER, W.J., J.F. PATTON, S.E. GORDON, E.A. HARMAN, M.R. DESCHENES, K. REYNOLDS, R.U. NEWTON, N.T. TRIPLETT, and J.E. DZIADOS. Compatibility of high-intensity strength and endurance training on hormonal and skeletal muscle adaptations. *J Appl Physiol* 78:976-989, 1995.

83b. KRUSTRUP, P., M. MOHR, T. ARMSTRUP, T. RYSGAARD, J. JOHANSEN, A. STEENSBERG, P.K. PEDERSEN, and J. BANGSBO. The Yo-Yo intermittent recovery test: physiological response, reliability, and validity. *Med Sci Sports Exerc* 35(4):697-705, 2003.

84. KUBUKELI, Z.N., T.D. NOAKES, and S.C. DENNIS. Training techniques to improve endurance exercise performances. *Sports Med* 32:489-509, 2002.

85. KYROLAINEN, H., J. AVELA, J.M. MCBRIDE, S. KOSKINEN, J.L. ANDERSEN, S. SIPILA, T.E. TAKALA, and P.V. KOMI. Effects of power training on muscle structure and neuromuscular performance. *Scand J Med Sci Sports* 15:58-64, 2005.

86. LAURSEN, P.B., M.A. BLANCHARD, and D.G. JENKINS. Acute high-intensity interval training improves Tvent and peak power output in highly trained males. *Can J Appl Physiol* 27:336-348, 2002.

87. LAURSEN, P.B., and D.G. JENKINS. The scientific basis for high-intensity interval training: optimising training programmes and maximising performance in highly trained endurance ath- letes. *Sports Med* 32:53-73, 2002.

88. LAURSEN, P.B., E.C. RHODES, R.H. LANGILL, D.C. MCKENZIE, and J.E. TAUNTON. Relationship of exercise test variables to cycling performance in an Ironman triathlon. *Eur J Appl Physiol* 87:433-440, 2002.

89. LAURSEN, P.B., E.C. RHODES, R.H. LANGILL, J.E. TAUNTON, and D.C. MCKENZIE. Exercise-induced arterial hypoxemia is not different during cycling and running in triathletes. *Scand J Med Sci Sports* 15:113-117, 2005.

90. LAURSEN, P.B., C.M. SHING, J.M. PEAKE, J.S. COOMBES, and D.G. JENKINS. Influence of high-intensity interval training on adaptations in well-trained cyclists. *J Strength Cond Res* 19:527-533, 2005.

91. LAURSEN, P.B., C.M. SHING, J.M. PEAKE, J.S. COOMBES, and D.G. JENKINS. Interval training program optimization in highly trained endurance cyclists. *Med Sci Sports Exerc* 34:1801-1807, 2002.

92. LEVINE, B.D. V/od/O_2max: what do we know, and what do we still need to know? *J Physiol* 586:25-34, 2008.

93. LINOSSIER, M.T., D. DORMOIS, C. PERIER, J. FREY, A. GEYSSANT, and C. DENIS. Enzyme adaptations of human skeletal muscle during bicycle short-sprint training and detraining. *Acta Physiol Scand* 161:439-445, 1997.

94. LITTLE, T., and A.G. WILLIAMS. Effects of sprint duration and exercise: rest ratio on repeated sprint performance and physiological responses in professional soccer players. *J Strength Cond Res* 21:646-648, 2007.

95. MACDOUGALL, J.D., A.L. HICKS, J.R. MACDONALD, R.S. MCKELVIE, H.J. GREEN, and K.M. SMITH. Muscle performance and enzymatic adaptations to sprint interval training. *J Appl Physiol* 84:2138-2142, 1998.

96. MARCINIK, E.J., J. POTTS, G. SCHLABACH, S. WILL, P. DAWSON, and B.F. HURLEY. Effects of strength training on lactate threshold and endurance performance. *Med Sci Sports Exerc* 23:739-743, 1991.

97. MAYHEW, J.L. Oxygen cost and energy expenditure of running in trained runners. *Br J Sports Med* 11:116-121, 1977.

98. MCARDLE, W.D., F.I. KATCH, and V.L. KATCH. *Exercise Physiology: Energy, Nutrition, and Human Performance*. 6th ed. Baltimore: Lippincott Williams & Wilkins, 2007.

99. MCGEE, D., T.C. JESSEE, M.H. STONE, and D. BLESSING. Leg and hip endurance adaptations to three weight-training programs. *J Appl Sport Sci Res* 6:92-85, 1992.

100. MCGUIRE, B.J., and T.W. SECOMB. Estimation of capillary density in human skeletal muscle based on maximal oxygen consumption rates. *Am J Physiol Heart Circ Physiol* 285:H2382-2391, 2003.

101. MCKENNA, M.J., A.R. HARMER, S.F. FRASER, and J.L. LI. Effects of training on potassium, calcium and hydrogen ion regulation in skeletal muscle and blood during exercise. *Acta Physiol Scand* 156:335-346, 1996.

102. MEDBO, J.I., and S. BURGERS. Effect of training on the anaerobic capacity. *Med Sci Sports Exerc* 22:501-507, 1990.

102b. MICHELI, M.L., E. CASTELLINI, and M. MARELLA. Il condizionamento aerobico. *L'Allenatore*, 2008.

103. MIDGLEY, A.W., L.R. MCNAUGHTON, and A.M. JONES. Training to enhance the physiological determinants of long-distance running performance: can valid recommendations be given to runners and coaches based on current scientific knowledge? *Sports Med* 37:857-880, 2007.

104. MIKKOLA, J., H. RUSKO, A. NUMMELA, T. POLLARI, and K. HÄKKINEN. Concurrent endurance and explosive type strength training improves neuromuscular and anaerobic characteristics in young distance runners. *Int J Sports Med* 28:602-611, 2007.

105. MILLER, T.A., R. THIERRY-AGUILERA, J.J. CONGLETON, A.A. AMENDOLA, M.J. CLARK, S.F. CROUSE, S.M. MARTIN, and O.C. JENKINS. Seasonal changes in VO_2max among Division 1A collegiate women soccer players. *J Strength Cond Res* 21:48-51, 2007.

105b. MOHR, M., P. KRUSTRUP, and J. BANGSBO. Match performance of high-standard soccer players with special reference to development of fatigue. *J Sports Sci* 21(7):519-528, 2003.

106. MONTGOMERY, D.L. Physiology of ice hockey. *Sports Med* 5:99-126, 1988.

107. MORGAN, D.W., D.R. BRANSFORD, D.L. COSTILL, J.T. DANIELS, E.T. HOWLEY, and G.S. KRAHENBUHL. Variation in the aerobic demand of running among trained and untrained subjects. *Med Sci Sports Exerc* 27:404-409, 1995.

108. NADER, G.A. Concurrent strength and endurance training: from molecules to man. *Med Sci Sports Exerc* 38:1965-1970, 2006.

109. NIELSEN, H.B. Arterial desaturation during exercise in man: implication for O$_2$ uptake and work capacity. *Scand J Med Sci Sports* 13:339-358, 2003.

109b. OSGNACH, C., S. POSER, R. BERNARDINI, R. RINALDO, and P.E. DI PRAMPERO. Energy cost and metabolic power in elite soccer: a new match analysis approach. *Med Sci Sports Exerc* 42:170-178, 2010.

110. PAAVOLAINEN, L., K. HÄKKINEN, I. HAMALAINEN, A. NUMMELA, and H. RUSKO. Explosive-strength training improves 5-km running time by improving running economy and muscle power. *J Appl Physiol* 86:1527-1533, 1999.

111. PAAVOLAINEN, L., K. HÄKKINEN, and H. RUSKO. Effects of explosive type strength training on physical performance characteristics in cross-country skiers. *Eur J Appl Physiol Occup Physiol* 62:251-255, 1991.

112. PINCIVERO, D.M., and T.O. BOMPA. A physiological review of American football. *Sports Med* 23:247-260, 1997.

113. PLISK, S.S. Anaerobic metabolic conditioning: a brief review of theory, strategy and practical application. *J Appl Sport Sci Res* 5:22-34, 1991.

114. PLISK, S.S. Speed, agility, and speed-endurance development. In: *Essentials of Strength Training and Conditioning*. T.R. Baechle and R.W. Earle, eds. Champaign, IL: Human Kinetics, 2008.

115. PLISK, S.S., and V. GAMBETTA. Tactical metabolic training: part 1. *Strength Cond* 19:44-53, 1997.

116. PLISK, S.S., and M.H. STONE. Periodization strategies. *Strength Cond* 25:19-37, 2003.

117. POLLOCK, M.L. The quantification of endur- ance training programs. *Exerc Sport Sci Rev* 1:155-188, 1973.

118. POTTEIGER, J.A. Aerobic endurance exercise training. In: *Essentials of Strength Training and Conditioning*. T.R. Baechle and R.W. Earle, eds. Champaign, IL: Human Kinetics, 2000, pp. 495-509.

119. POWERS, S.K., and E.T. HOWLEY. *Exercise Physiology: Theory and Application to Fitness and Performance*. 5th ed. New York: McGraw-Hill, 2004.

120. POWERS, S.K., J. LAWLER, J.A. DEMPSEY, S. DODD, and G. LANDRY. Effects of incomplete pulmonary gas exchange on VO$_2$ max. *J Appl Physiol* 66:2491-2495, 1989.

120b. PROIETTI, R. *La Corsa*. Città di Castello, Italy: Edizioni Nuova Prhomos, 1999.

121. RAMPININI, E., F.M. IMPELLIZZERI, C. CASTAGNA, G. ABT, K. CHAMARI, A. SASSI, and S.M. MARCORA. Factors influencing physiological responses to small-sided soccer games. *J Sports Sci* 25:659-666, 2007.

122. REILLY, T., C.N. DOWZER, and N.T. CABLE. The physiology of deep-water running. *J Sports Sci* 21:959-972, 2003.

123. REILLY, T., and B. EKBLOM. The use of recovery methods post-exercise. *J Sports Sci* 23:619-627, 2005.

124. REINDELL, H., and H. ROSKAMM. Ein Beitrag zu den physiologischen Grundlagen des Intervall training unter besonderer Berücksichtigug

125. ROBINSON, J.M., M.H. STONE, R.L. JOHNSON, C.M. PENLAND, B.J. WARREN, and R.D. LEWIS. Effects of different weight training exercise/rest intervals on strength, power, and high intensity exercise endurance. *J Strength Cond Res* 9:216-221, 1995.

126. RODAS, G., J.L. VENTURA, J.A. CADEFAU, R. CUSSO, and J. PARRA. A short training programme for the rapid improvement of both aerobic and anaerobic metabolism. *Eur J Appl Physiol* 82:480-486, 2000.

127. RODRIGUEZ, L.P., J. LOPEZ-REGO, J.A. CALBET, R. VALERO, E. VARELA, and J. PONCE. Effects of training status on fibers of the musculus vastus lateralis in professional road cyclists. *Am J Phys Med Rehabil* 81:651-660, 2002.

128. RUBAL, B.J., J.M. MOODY, S. DAMORE, S.R. BUNKER, and N.M. DIAZ. Left ventricular performance of the athletic heart during upright exercise: a heart rate-controlled study. *Med Sci Sports Exerc* 18:134-140, 1986.

129. RUBIO, J. Devising an efficient training plan. In: *Run Strong*. K. Beck, ed. Champaign, IL: Human Kinetics, 2005, pp. 41-58.

130. SALTIN, B. Hemodynamic adaptations to exercise. *Am J Cardiol* 55:42D-47D, 1985.

131. SALTIN, B., and P.O. ASTRAND. Maximal oxygen uptake in athletes. *J Appl Physiol* 23:353-358, 1967.

132. SALTIN, B., J. HENRIKSSON, E. NYGAARD, P. ANDERSEN, and E. JANSSON. Fiber types and metabolic potentials of skeletal muscles in sedentary man and endurance runners. *Ann N Y Acad Sci* 301:3-29, 1977.

133. SCHMIDT, W., N. MAASSEN, U. TEGTBUR, and K.M. BRAUMANN. Changes in plasma volume and red cell formation after a marathon competition. *Eur J Appl Physiol Occup Physiol* 58:453- 458, 1989.

134. SCHUMACHER, Y.O., D. GRATHWOHL, J.M. BARTUREN, M. WOLLENWEBER, L. HEINRICH, A. SCHMID, G. HUBER, and J. KEUL. Haemoglobin, haematocrit and red blood

cell indices in elite cyclists. Are the control values for blood testing valid? *Int J Sports Med* 21:380-385, 2000.

135. SCHUMACHER, Y.O., A. SCHMID, D. GRATH-WOHL, D. BULTERMANN, and A. BERG. Hematological indices and iron status in athletes of various sports and performances. *Med Sci Sports Exerc* 34:869-875, 2002.

135b.SEILER, K.S., and G.O. KJERLAND. Quantifying training intensity distribution in elite endurance athletes: is there evidence for an "optimal" distribution? *Scand J Med Sci Sports* 16(1):49-56, 2006.

136. SHONO, N., H. URATA, B. SALTIN, M. MIZUNO, T. HARADA, M. SHINDO, and H. TANAKA. Effects of low intensity aerobic training on skeletal muscle capillary and blood lipoprotein profiles. *J Atheroscler Thromb* 9:78-85, 2002.

137. SILVESTRE, R., W.J. KRAEMER, C. WEST, D.A. JUDELSON, B.A. SPIERING, J.L. VINGREN, D.L. HATFIELD, J.M. ANDERSON, and C.M. MARESH. Body composition and physical performance during a National Collegiate Athletic Association Division I men's soccer season. *J Strength Cond Res* 20:962-970, 2006.

138. SJÖDIN, B., and I. JACOBS. Onset of blood lactate accumulation and marathon running performance. *Int J Sports Med* 2:23-26, 1981.

139. SJÖDIN, B., I. JACOBS, and J. SVEDENHAG. Changes in onset of blood lactate accumulation (OBLA) and muscle enzymes after training at OBLA. *Eur J Appl Physiol Occup Physiol* 49:45-57, 1982.

140. SJÖDIN, B, and J. SVEDENHAG. Applied physiology of marathon running. *Sports Med* 2:83-99, 1985.

141. SLEAMAKER, R., and R. BROWNING. *Serious Training for Endurance Athletes.* 2nd ed. Champaign, IL: Human Kinetics, 1996.

141b. SLETTALƳKKEN, G., and B.R. RƳNNESTAD. High-intensity interval training every second week maintains VO2max in soccer players during off-season, *J Strength Cond Res.*; 28(7):1946-1951, 2014.

142. SMITH, T.P., L.R. MCNAUGHTON, and K.J. MARSHALL. Effects of 4-wk training using Vmax/Tmax on V/od/O₂max and performance in athletes. *Med Sci Sports Exerc* 31:892-896, 1999.

143. SPRIET, L.L., M.I. LINDINGER, R.S. MCKELVIE, G.J. HEIGENHAUSER, and N.L. JONES. Muscle glycogenolysis and H⁺ concentration during maximal intermittent cycling. *J Appl Physiol* 66:8-13, 1989.

144. STEPTO, N.K., J.A. HAWLEY, S.C. DENNIS, and W.G. HOPKINS. Effects of different interval-training programs on cycling time-trial performance. *Med Sci Sports Exerc* 31:736-741, 1999.

145. STEPTO, N.K., D.T. MARTIN, K.E. FALLON, and J.A. HAWLEY. Metabolic demands of intense aerobic interval training in competitive cyclists. *Med Sci Sports Exerc* 33:303-310, 2001.

146. STONE, M.H., and H.O. O'BRYANT. *Weight Training: A Scientific Approach.* Edina, MN: Burgess, 1987.

147. STONE, M.H., W.A. SANDS, K.C. PIERCE, R.U. NEWTON, G.G. HAFF, and J. CARLOCK. Maximum strength and strength training: a relationship to endurance? *Strength Cond J* 28:44-53, 2006.

148. STONE, M.H., M.E. STONE, and W.A. SANDS. *Principles and Practice of Resistance Training.* Champaign, IL: Human Kinetics, 2007.

149. SUTER, E., W. HERZOG, J. SOKOLOSKY, J.P. WILEY, and B.R. MACINTOSH. Muscle fiber type distribution as estimated by Cybex testing and by muscle biopsy. *Med Sci Sports Exerc* 25:363-370, 1993.

150. SVEDAHL, K., and B.R. MACINTOSH. Anaerobic threshold: the concept and methods of measurement. *Can J Appl Physiol* 28:299-323, 2003.

151. SVEDENHAG, J., J. HENRIKSSON, and A. JUHLIN-DANNFELT. Beta-adrenergic blockade and training in human subjects: effects on muscle metabolic capacity. *Am J Physiol* 247:E305-311, 1984.

152. TABATA, I., K. IRISAWA, M. KOUZAKI, K. NISHIMURA, F. OGITA, and M. MIYACHI. Metabolic profile of high intensity intermittent exercises. *Med Sci Sports Exerc* 29:390-395, 1997.

153. TANAKA, H., and T. SWENSEN. Impact of resistance training on endurance performance. A new form of cross-training? *Sports Med* 25:191-200, 1998.

153b. TOMLIN, D.L., and H.A. WENGER. The relationship between aerobic fitness and recovery from high intensity intermittent exercise. *Sports Med* 31(1):1-11, 2001.

154. TRAPPE, S., M. HARBER, A. CREER, P. GALLAGHER, D. SLIVKA, K. MINCHEV, and D. WHITSETT. Single muscle fiber adaptations with marathon training. *J Appl Physiol* 101:721-727, 2006.

155. TURNER, A.M., M. OWINGS, and J.A. SCHWANE. Improvement in running economy after 6 weeks of plyometric training. *J Strength Cond Res* 17:60-67, 2003.

155b. VITTORI, C. Velocista resisti. *Universo Atletica* 17:19-20, 1991.

156. WANG, N., R.S. HIKIDA, R.S. STARON, and J.A. SIMONEAU. Muscle fiber types of women after resistance training–quantitative ultrastructure and enzyme activity. *Pflugers Arch* 424:494-502, 1993.

157. WELTMAN, A., R.L. SEIP, D. SNEAD, J.Y. WELTMAN, E.M. HASKVITZ, W.S. EVANS, J.D. VELDHUIS, and A.D. ROGOL. Exercise training at and above the lactate threshold in previously untrained women. *Int J Sports Med* 13:257-263, 1992.

158. WESTGARTH-TAYLOR, C., J.A. HAWLEY, S. RICKARD, K.H. MYBURGH, T.D. NOAKES, and S.C. DENNIS. Metabolic and performance adaptations to interval training in endurance-trained cyclists. *Eur J Appl Physiol* 75:298-304,1997.

159. WESTON, A.R., K.H. MYBURGH, F.H. LIND-SAY, S.C. DENNIS, T.D. NOAKES, and J.A. HAWLEY. Skeletal muscle buffering capacity and endurance performance after high-intensity interval training by well-trained cyclists. *Eur J Appl Physiol Occup Physiol* 75:7-13, 1997.

159b. WIGERNAES, I., A.T. HOSTMARK, S.B. STROMME, P. KIERULF, and K. BIRKELAND. Active recovery and post-exercise white blood cell count, free fatty acids, and hormones in endurance athletes. *Eur J Appl Physiol* 84(4):358-66, 2001.

160. WILMORE, J.H., D.L. COSTILL, and W.L. KEN-NEY. *Physiology of Sport and Exercise*. 4th ed. Champaign, IL: Human Kinetics, 2008.

161. WRIGHT, D.C., D.H. HAN, P.M. GARCIA-ROVES, P.C. GEIGER, T.E. JONES, and J.O. HOLLOSZY. Exercise-induced mitochondrial biogenesis begins before the increase in muscle PGC-1 alpha expression. *J Biol Chem* 282:194-199, 2007.

162. YOSHIDA, T., M. CHIDA, M. ICHIOKA, and Y. SUDA. Blood lactate parameters related to aer-obic capacity and endurance performance. *Eur J Appl Physiol Occup Physiol* 56:7-11, 1987.

162b. ZAPICO, A.G., F.J. CALDERON, P.J. BENITO, C.B. GONZALEZ, A. PARISI, F. PIGOZZI, and V. DI SALVO. Evolution of physiological and hae-matological parameters with training load in elite male road cyclists: a longitudinal study. *J Sports Med Phys Fitness* 47:191-196, 2007.

163. ZAWADOWSKA, B., J. MAJERCZAK, D. SEMIK, J. KARASINSKI, L. KOLODZIEJSKI, W.M. KILARSKI, K. DUDA, and J.A. ZOLADZ. Characteristics of myosin profile in human vastus lateralis muscle in relation to training background. *Folia Histochem Cytobiol* 42:181-190, 2004.

164. ZHOU, B., R.K. CONLEE, R. JENSEN, G.W. FELLINGHAM, J.D. GEORGE, and A.G. FISHER. Stroke volume does not plateau during graded exercise in elite male distance runners. *Med Sci Sports Exerc* 33:1849-1854, 2001.

165. ZOLADZ, J.A., D. SEMIK, B. ZAWADOWSKA, J. MAJERCZAK, J. KARASINSKI, L. KOLODZIE-JSKI, K. DUDA, and W.M. KILARSKI. Capillary density and capillary-to-fibre ratio in vastus lat-eralis muscle of untrained and trained men. *Fo- lia Histochem Cytobiol* 43:11-17, 2005.

第十二章

1. ADRIAN, M.J., and J.M. COOPER. *Biomechanics of Human Movement*. 2nd ed. New York: WCB McGraw-Hill, 1995.

2. AE, M., A. ITO, and M. SUZUKI. The men's 100 metres. *New Studies in Athletics* 7:47-52, 1992.

3. ALLEMEIER, C.A., A.C. FRY, P. JOHNSON, R.S. HIKIDA, F.C. HAGERMAN, and R.S. STARON. Effects of sprint cycle training on human skeletal muscle. *J Appl Physiol* 77:2385-2390, 1994.

4. ANDERSEN, J.L., H. KLITGAARD, and B. SALTIN. Myosin heavy chain isoforms in single fibres from m. vastus lateralis of sprinters: influence of training. *Acta Physiol Scand* 151:135-142, 1994.

5. ANDERSEN, J.L., and S. SCHIAFFINO. Mis-match between myosin heavy chain mRNA and protein distribution in human skeletal muscle fibers. *Am J Physiol* 272:C1881-1889, 1997.

6. BAKER, D., and S. NANCE. The relation be-tween running speed and measures of strength and power in professional rugby league players. *J. Strength Cond. Res* 13:230-235, 1999.

7. BALSOM, P.D., J.Y. SEGER, B. SJODIN, and B. EKBLOM. Maximal-intensity intermittent exer-cise: effect of recovery duration. *Int J Sports Med* 13:528-533, 1992.

8. BALSOM, P.D., J.Y. SEGER, B. SJODIN, and B. EKBLOM. Physiological responses to maximal intensity intermittent exercise. *Eur J Appl Physiol* 65:144-149, 1992.

9. BANGSBO, J. The physiology of soccer—with special reference to intense intermittent exercise. *Acta Physiol Scand Suppl* 619:1-155, 1994.

10. BOGDANIS, G.C., M.E. NEVILL, L.H. BOOBIS, and H.K. LAKOMY. Contribution of phospho-creatine and aerobic metabolism to energy sup ply during repeated sprint exercise. *J Appl Physiol* 80:876-884, 1996.

11. BOGDANIS, G.C., M.E. NEVILL, H.K. LAKO-MY, and L.H. BOOBIS. Power output and mus cle metabolism during and following recovery from 10 and 20 s of maximal sprint exercise in humans. *Acta Physiol Scand* 163:261-272, 1998.

12. BOMPA, T.O. *Total Training for Coaching Team Sports: A Self Help Guide*. Toronto, CA: Sports Books Publisher, 2006.

13. BOMPA, T., and C. BUZZICHELLI. *Periodization Training for Sports*. 3rd ed. Champaign, IL: Hu-man Kinetics, 2015.

14. BONDARCHUK, A.P. The role and sequence of using different training-load intensities. *Fit Sports Rev Int* 29:202-204, 1994.

15. BONDARCHUK, A.P. *Track and Field Training*. Kiev: Zdotovye, 1986.

16. BOTTINELLI, R., M.A. PELLEGRINO, M. CANEPARI, R. ROSSI, and C. REGGIANI. Spe-cific contributions of various muscle fibre types to human muscle performance: an in vitro study. *J Electromyogr Kinesiol* 9:87-95, 1999.

17. BOTTINELLI, R., S. SCHIAFFINO, and C. REGGIANI. Force-velocity relations and myosin heavy chain isoform compositions of skinned fibres from rat skeletal muscle. *J Physiol* 437:655-672, 1991.

18. BRUGHELLI, M., J. CRONIN, and A. CHAOUACHI. Effects of running velocity on running kinetics and kinematics. *J Strength Cond Res* 25(4):933-939, 2011.

18b. BUCHHEIT, M., P. SAMOZINO, J.A. GLYNN, B.S. MICHAEL, H. AL HADDAD, A. MENDEZ-VILLANUEVA, and J.B. MORIN. Mechanical determinants of acceleration and maximal sprint-ing speed in highly trained young soccer players. *J Sports Sci* 32(20):1905-1913, 2014.

19. CADEFAU, J., J. CASADEMONT, J.M. GRAU,

J. FERNANDEZ, A. BALAGUER, M. VERNET, R. CUSSO, and A. URBANO-MARQUEZ. Biochemical and histochemical adaptation to sprint training in young athletes. *Acta Physiol Scand* 140:341-351, 1990.

20. CARPENTIER, A., J. DUCHATEAU, and K. HAINAUT. Velocity dependent muscle strategy during plantarflexion in humans. *J Electromyogr Kinesiol* 6:225-233, 1996.

21. CHELLY, S.M., and C. DENIS. Leg power and hopping stiffness: relationship with sprint running performance. *Med Sci Sports Exerc* 33:326-333, 2001.

22. CONTRERAS, B., A.D. VIGOTSKY, B.J. SCHOENFELD, C. BEARDSLEY, D.T. MCMASTER, J.H. REYNEKE, and J.B. CRONIN. Effects of a six-week hip thrust vs. front squat resistance training program on performance in adolescent males: a randomized controlled trial. *J Strength Cond Res* 31(4):999-1008, 2017.

23. COSTILL, D.L., J. DANIELS, W. EVANS, W. FINK, G. KRAHENBUHL, and B. SALTIN. Skeletal muscle enzymes and fiber composition in male and female track athletes. *J Appl Physiol* 40:149-154, 1976.

24. CRONIN, J.B., and K.T. HANSEN. Strength and power predictors of sports speed. *J Strength Cond Res* 19:349-357, 2005.

25. DAWSON, B., M. FITZSIMONS, S. GREEN, C. GOODMAN, M. CAREY, and K. COLE. Changes in performance, muscle metabolites, enzymes and fibre types after short sprint training. *Eur J Appl Physiol* 78:163-169, 1998.

26. DELECLUSE, C. Influence of strength training on sprint running performance. Current findings and implications for training. *Sports Med* 24:147-156, 1997.

27. DELECLUSE, C.H., H. VAN COPPENOLLE, E. WILLEMS, R. DIELS, M. GORIS, M. VAN LEEMPUTTE, and M. VUYLSTEKE. Analysis of 100 m sprint performance as a multi-dimensional skill. *Journal of Human Movement Studies* 28:87-101, 1995.

28. DICK, F.W. Planning the programme. In: *Sports Training Principles*. London: A&C Black, 1997, pp. 253-304.

29. DIETZ, V., D. SCHMIDTBLEICHER, and J. NOTH. Neuronal mechanisms of human locomotion. *J Neurophysiol* 42:1212-1222, 1979.

30. DUTHIE, G., D. PYNE, and S. HOOPER. Applied physiology and game analysis of rugby union. *Sports Med* 33:973-991, 2003.

31. ESBJORNSSON, M., Y. HELLSTEN-WESTING, P.D. BALSOM, B. SJODIN, and E. JANSSON. Muscle fibre type changes with sprint training: effect of training pattern. *Acta Physiol Scand* 149:245-246, 1993.

32. ESBJORNSSON, M., C. SYLVEN, I. HOLM, and E. JANSSON. Fast twitch fibres may predict anaerobic performance in both females and males. *Int J Sports Med* 14:257-263, 1993.

33. FREEMAN, W.H. *Peak When it Counts: Periodiza-* tion for American Track & Field. 4th ed. Mountain View, CA: Tafnews Press, 2001.

34. GABBETT, T.J., J.N. KELLY, and J.M. SHEPPARD. Speed, change of direction speed, and reactive agility of rugby league players. *J Strength Cond Res* 22:174-181, 2008.

35. GOLLHOFER, A., A. SCHOPP, W. RAPP, and V. STROINIK. Changes in reflex excitability following isometric contraction in humans. *Eur J Appl Physiol Occup Physiol* 77:89-97, 1998.

36. GOTTLIEB, G.L., G.C. AGARWAL, and R.J. JAEGER. Response to sudden torques about ankle in man. IV. A functional role of alpha-gamma linkage. *J Neurophysiol* 46:179-190, 1981.

37. GRAY, H., and M.H. STONE. *Players Guide to ETSU Men's Soccer: Athlete Development*. Johnson City, TN: East Tennessee State University, 2008, p.40.

38. HAFF, G.G., A. WHITLEY, and J.A. POTTEIGER. A brief review: explosive exercises and sports performance. *Natl Strength Cond Assoc* 23:13-20, 2001.

39. HÄKKINEN, K. and E. MYLLYLA. Acute effects of muscle fatigue and recovery on force production and relaxation in endurance, power and strength athletes. *J Sports Med Phys Fitness* 30:5-12, 1990.

40. HAMADA, T., D.G. SALE, and J.D. MACDOUGALL. Postactivation potentiation in endurance-trained male athletes. *Med Sci Sports Exerc* 32:403-411, 2000.

41. HARGREAVES, M., M.J. MCKENNA, D.G. JENKINS, S.A. WARMINGTON, J.L. LI, R.J. SNOW, and M.A. FEBBRAIO. Muscle metabolites and performance during high-intensity, intermittent exercise. *J Appl Physiol* 84:1687-1691, 1998.

42. HARRIDGE, S.D., R. BOTTINELLI, M. CANEPARI, M. PELLEGRINO, C. REGGIANI, M. ESBJORNSSON, P.D. BALSOM, and B. SALTIN. Sprint training, in vitro and in vivo muscle function, and myosin heavy chain expression. *J Appl Physiol* 84:442-449, 1998.

43. HELGERUD, J., L.C. ENGEN, U. WISLØFF, and J. HOFF. Aerobic endurance training improves soccer performance. *Med Sci Sports Exerc* 33:1925-1931, 2001.

44. HELGERUD, J., K. HOYDAL, E. WANG, T. KARLSEN, P. BERG, M. BJERKAAS, T. SIMONSEN, C. HELGESEN, N. HJORTH, R. BACH, and J. HOFF. Aerobic high-intensity intervals improve VO2max more than moderate training. *Med Sci Sports Exerc* 39:665-671, 2007.

45. HIRVONEN, J., S. REHUNEN, H. RUSKO, and M. HARKONEN. Breakdown of high-energy phosphate compounds and lactate accumulation during short supramaximal exercise. *Eur J Appl Physiol* 56:253-259, 1987.

46. HOFF, J., U. WISLØFF, L.C. ENGEN, O.J. KEMI, and J. HELGERUD. Soccer specific aerobic endurance training. *Br J Sports Med* 36:218-221, 2002.

47. JACOBS, I., M. ESBJORNSSON, C. SYLVEN, I. HOLM, and E. JANSSON. Sprint training effects on muscle myoglobin, enzymes, fiber types, and

blood lactate. *Med Sci Sports Exerc* 19:368-374, 1987.

48. JANSSON, E., M. ESBJORNSSON, I. HOLM, and I. JACOBS. Increase in the proportion of fast-twitch muscle fibres by sprint training in males. *Acta Physiol Scand* 140:359-363, 1990.

49. JEFFREYS, I. *Total Soccer Fitness*. Monterey, CA: Coaches Choice, 2007.

50. JEFFREYS, I. Warm-up and stretching. In: *Essentials of Strength Training and Conditioning*. T.R. Baechle and R.W. Earle, eds. Champaign, IL: Human Kinetics, 2008, pp. 296-276.

51. JENKINS, D.G., S. BROOKS, and C. WILLIAMS. Improvements in multiple sprint ability with three weeks of training. *NZ J Sports Med* 22:2-5, 1994.

52. JONHAGEN, S., M.O. ERICSON, G. NEMETH, and E. ERIKSSON. Amplitude and timing of electromyographic activity during sprinting. *Scand J Med Sci Sports* 6:15-21, 1996.

53. KAWAMORI, N., K. NOSAKA, and R.U. NEWTON. Relationships between ground reaction impulse and sprint acceleration performance in team sport athletes, *J Strength Cond Res* 27(3):568-573, 2013.

54. KELLER, T.S., A.M. WEISBERGER, J.L. RAY, S.S. HASAN, R.G. SHIAVI, and D.M. SPENGLER. Relationship between vertical ground reaction force and speed during walking, slow jogging, and running. *Clin Biomech (Bristol, Avon)* 11:253-259, 1996.

55. KOMI, P.V. Stretch-shortening cycle. In: *Strength and Power in Sport*. P.V. Komi, ed. Oxford, UK: Blackwell Science, 2003, pp. 184-202.

56. KOMI, P.V. Training of muscle strength and power: interaction of neuromotoric, hypertrophic, and mechanical factors. *Int J Sports Med* 7(suppl 1):10-15, 1986.

57. LAURSEN, P.B., and D.G. JENKINS. The scientific basis for high-intensity interval training: optimising training programmes and maximising performance in highly trained endurance athletes. *Sports Med* 32:53-73, 2002.

58. LILJEDAHL, M.E., I. HOLM, C. SYLVEN, and E. JANSSON. Different responses of skeletal muscle following sprint training in men and women. *Eur J Appl Physiol* 74:375-383, 1996.

59. LINNAMO, V., K. HAKKINEN, and P.V. KOMI. Neuromuscular fatigue and recovery in maximal compared to explosive strength loading. *Eur J Appl Physiol Occup Physiol* 77:176-181. 1998.

60. LINOSSIER, M.T., C. DENIS, D. DORMOIS, A. GEYSSANT, and J.R. LACOUR. Ergometric and metabolic adaptation to a 5-s sprint training programme. *Eur J Appl Physiol* 67:408-414, 1993.

61. LINOSSIER, M.T., D. DORMOIS, A. GEYSSANT, and C. DENIS. Performance and fibre characteristics of human skeletal muscle during short sprint training and detraining on a cycle ergometer. *Eur J Appl Physiol* 75:491-498, 1997.

62. LINOSSIER, M.T., D. DORMOIS, C. PERIER, J. FREY, A. GEYSSANT, and C. DENIS. Enzyme adaptations of human skeletal muscle during bicycle short-sprint training and detraining. *Acta Physiol Scand* 161:439-445, 1997.

63. LITTLE, T., and A.G. WILLIAMS. Specificity of acceleration, maximum speed, and agility in professional soccer players. *J Strength Cond Res* 19:76-78, 2005.

64. LOCATELLI, E. The importance of anaerobic glycolysis and stiffness in the sprints (60, 100, 200 metres) *N. Stud Athletics* 11:121-125, 1996.

65. MACKALA, K. Optimisation of performance through kinematic analysis of the different phases of the 100 metres, *N. Stud Athletics* 22(2):7-16, 2007.

66. MACDOUGALL, J.D., A.L. HICKS, J.R. MAC-DONALD, R.S. MCKELVIE, H.J. GREEN, and K.M. SMITH. Muscle performance and enzymatic adaptations to sprint interval training. *J Appl Physiol* 84:2138-2142, 1998.

67. MAUGHAN, R., and M. GLEESON. *The Biochemical Basis of Sports Performance*. New York: Oxford University Press, 2004.

68. MCBRIDE, J.M., T. TRIPLETT-MCBRIDE, A. DAVIE, and R.U. NEWTON. A comparison of strength and power characteristics between power lifters, Olympic lifters, and sprinters. *J Strength Cond Res* 13:58-66, 1999.

69. MCBRIDE, J.M., T. TRIPLETT-MCBRIDE, A. DAVIE, and R.U. NEWTON. The effect of heavy- vs. light-load jump squats on the development of strength, power, and speed. *J Strength Cond Res* 16:75-82, 2002.

70. MCKENNA, M.J., A.R. HARMER, S.F. FRASER, and J.L. LI. Effects of training on potassium, calcium and hydrogen ion regulation in skeletal muscle and blood during exercise. *Acta Physiol Scand* 156:335-346, 1996.

71. MCKENNA, M., and P.E. RICHES. A comparison of sprinting kinematics on two types of treadmill and over-ground. *Scand J Med Sci Sports* 17:649-655, 2007.

72. MERO, A., and P.V. KOMI. Effects of supramaximal velocity on biomechanical variables in sprinting. *Int J Sport Biomech* 1:240-252, 1985.

73. MERO, A., P. LUHTANEN, J.T. VIITASALO, and P.V. KOMI. Relationships between maximal running velocity, muscle fiber characteristics, force production and force relaxation of sprinters. *Scand J Sports Sci* 3:16-22, 1981.

74. MILLER, R.G., R.S. MOUSSAVI, A.T. GREEN, P.J. CARSON, and M.W. WEINER. The fatigue of rapid repetitive movements. *Neurology* 43:755-761, 1993.

75. MOIR, G., R. SANDERS, C. BUTTON, and M. GLAISTER. The effect of periodized resistance training on accelerative sprint performance. *Sports Biomech* 6:285-300, 2007.

76. MORENO, E. Developing quickness, part II. *Strength Cond J* 17:38-39, 1995.

77. MORIN, J.B., P. EDOUARD, and P. SAMOZINO. New insights into sprint biomechanics and determinants of elite 100m performance. *N. Stud Athletics* 28(3/4):87-104, 2013.

78. MURPHY, A.J., R.G. LOCKIE, and A.J. COUTTS. Kinematic determinants of early acceleration in field sport athletes. *J Sports Sci Med* 2:144-150, 2003.

79. NEGRETE, R., and J. BROPHY. The relationship between isokinetic open and closed chain lower extremity strength and functional performance. *J Sport Rehabil* 9:46-61, 2000.

80. NEVILL, M.E., L.H. BOOBIS, S. BROOKS, and C. WILLIAMS. Effect of training on muscle metabolism during treadmill sprinting. *J Appl Physiol* 67:2376-2382, 1989.

81. NUMMELA, A., H. RUSKO, and A. MERO. EMG activities and ground reaction forces during fatigued and nonfatigued sprinting. *Med Sci Sports Exerc* 26:605-609, 1994.

82. NUMMELA, A., T. KERÄNEN, and L.O. MIKKELSSON. Factors related to top running speed and economy. *Int J Sports Med* 28(8):655-661, 2007.

83. PARRA, J., J.A. CADEFAU, G. RODAS, N. AMIGO, and R. CUSSO. The distribution of rest periods affects performance and adaptations of energy metabolism induced by high-intensity training in human muscle. Acta Physiol Scand 169:157-65, 2000.

84. PETTE, D. The adaptive potential of skeletal muscle fibers. *Can J Appl Physiol* 27:423-448, 2002.

85. PETTE, D., and R.S. STARON. Myosin isoforms, muscle fiber types, and transitions. *Microsc Res Tech* 50:500-509, 2000.

86. PLISK, S.S. The angle on agility. *Training and Conditioning* 10:37-43, 2000.

87. PLISK, S.S. Speed, agility, and speed-endurance development. In: *Essentials of Strength Training and Conditioning*. T.R. Baechle and R.W. Earle, eds. Champaign, IL: Human Kinetics, 2008.

88. PLISK, S.S., and V. GAMBETTA. Tactical metabolic training: part 1. *Strength Cond* 19:44-53, 1997.

89. PLISK, S.S., and M.H. STONE. Periodization strategies. *Strength Cond* 25:19-37, 2003.

90. RACINAIS, S., D. BISHOP, R. DENIS, G. LATTIER, A. MENDEZ-VILLANEUVA, and S. PERREY. Muscle deoxygenation and neural drive to the muscle during repeated sprint cycling. *Med Sci Sports Exerc* 39:268-274, 2007.

91. ROSS, A., and M. LEVERITT. Long-term metabolic and skeletal muscle adaptations to short-sprint training: implications for sprint training and tapering. *Sports Med* 31:1063-1082, 2001.

92. ROSS, A., M. LEVERITT, and S. RIEK. Neural influences on sprint running: training adaptations and acute responses. *Sports Med* 31:409-425, 2001.

93. SAYERS, M. Running technique for field sport players. *Sports Coach* Autumn: 26-27, 2000.

94. SHEPPARD, J.M., and W.B. YOUNG. Agility literature review: classifications, training and testing. *J Sports Sci* 24:919-932, 2006.

95. SIFF, M.C. *Supertraining*. 6th ed. Denver, CO: Supertraining Institute, 2003.

96. SIMONEAU, J.A., G. LORTIE, M.R. BOULAY, M. MARCOTTE, M.C. THIBAULT, and C. BOUCHARD. Human skeletal muscle fiber type alteration with high-intensity intermittent training. *Eur J Appl Physiol Occup Physiol* 54:250-253, 1985.

97. SPENCER, M., D. BISHOP, B. DAWSON, and C. GOODMAN. Physiological and metabolic responses of repeated-sprint activities : specific to field-based team sports. *Sports Med* 35:1025-1044, 2005.

98. SPRIET, L.L., M.I. LINDINGER, R.S. MCKELVIE, G.J. HEIGENHAUSER, and N.L. JONES. Muscle glycogenolysis and H^+ concentration during maximal intermittent cycling. *J Appl Physiol* 66:8-13, 1989.

99. STACKHOUSE, S.K., D.S. REISMAN, and S.A. BINDER-MACLEOD. Challenging the role of pH in skeletal muscle fatigue. *Phys Ther* 81:1897-1903, 2001.

100. STONE, M.H., M.E. STONE, and W.A. SANDS. *Principles and Practice of Resistance Training*. Champaign, IL: Human Kinetics, 2007.

101. TESCH, P.A., J.E. WRIGHT, J.A. VOGEL, W.L. DANIELS, D.S. SHARP, and B. SJODIN. The influence of muscle metabolic characteristics on physical performance. *Eur J Appl Physiol Occup Physiol* 54:237-243, 1985.

102. THORSTENSSON, A., B. SJÖDIN, and J. KARLS SON. Enzyme activities and muscle strength after "sprint training" in man. *Acta Physiol Scand* 94:313-318, 1975.

103. TRAPPE, S., M. GODARD, P. GALLAGHER, C. CARROLL, G. ROWDEN, and D. PORTER. Resistance training improves single muscle fiber contractile function in older women. *Am J Physiol Cell Physiol* 281:C398-406, 2001.

104. TRAPPE, S., M. HARBER, A. CREER, P. GALLAGHER, D. SLIVKA, K. MINCHEV, and D. WHITSETT. Single muscle fiber adaptations with marathon training. *J Appl Physiol* 101:721-727, 2006.

105. TRAPPE, S., D. WILLIAMSON, M. GODARD, D. PORTER, G. ROWDEN, and D. COSTILL. Effect of resistance training on single muscle fiber contractile function in older men. *J Appl Physiol* 89:143-152, 2000.

106. VOLEK, J.S., and W.J. KRAEMER. Creatine supplementation: its effect on human muscular performance and body composition. *J Strength Cond Res* 10:200-210, 1996.

107. WESTON, A.R., K.H. MYBURGH, F.H. LINDSAY, S.C. DENNIS, T.D. NOAKES, and J.A. HAWLEY. Skeletal muscle buffering capacity and endurance performance after high-intensity interval training by well-trained cyclists. *Eur J Appl Physiol Occup Physiol* 75:7-13, 1997.

108. WILLIAMSON, D.L., P.M. GALLAGHER, C.C. CARROLL, U. RAUE, and S.W. TRAPPE. Reduction in hybrid single muscle fiber proportions with resistance training in humans. *J Appl Physiol* 91:1955-1961, 2001.

109. WILLIAMSON, D.L., M.P. GODARD, D.A. POR-TER, D.L. COSTILL, and S.W. TRAPPE. Progressive resistance training reduces myosin heavy chain coexpression in single muscle fibers from older men. *J Appl Physiol* 88:627-633, 2000.

110. YOUNG, W., D. BENTON, G. DUTHIE, and J. PRYOR. Resistance training for short sprints and maximum-speed sprints. *Strength Cond* 23:7-13, 2001.

111. YOUNG, W.B., R. JAMES, and I. MONT-GOMERY. Is muscle power related to running speed with changes of direction? *J Sports Med Phys Fitness* 42:282-288, 2002.

112. YOUNG, W.B., M.H. MCDOWELL, and B.J. SCARLETT. Specificity of sprint and agility training methods. *J Strength Cond Res* 15:315-319, 2001.

图德・O. 邦帕（Tudor O. Bompa）博士，1963 年开始，他就在罗马尼亚推行开创性的周期理论，彻底改变了之前的训练方法。采用他的训练体系后，东欧国家从 1970 年到 1980 年占据了国际体坛的主导地位。1988 年，邦帕开始将周期化原则应用于健美运动。他个人培训了 11 名奥运会奖牌得主（包括 4 名金牌选手），他还为世界各地的教练和运动员提供了指导。

邦帕关于训练方法的图书 *Theory and Methodology of Training: The Key to Athletic Performance* 和 *Periodization Training for Sports*，已经被翻译成了 19 种语言，传播到了 180 多个国家，很多国家运用他的训练方法进行运动员培养和教练培训认证。邦帕已经受邀在 30 多个国家进行训练方法的演讲，并且获得了来自阿根廷文化部、澳大利亚体育委员会、西班牙奥林匹克委员会、美国国家体能协会（2014 年获阿尔文・罗伊终身成就奖），以及国际奥委会等权威机构授予的荣誉和奖项。

他不仅是加拿大奥林匹克协会和罗马尼亚国家体育委员会的成员，也是约克大学的荣誉教授，他于 1987 年开始就在约克大学讲授关于训练理论的课程。2017 年，邦帕在其祖国罗马尼亚被授予了荣誉博士学位。他与妻子居住在加拿大安大略省。

卡洛・A. 布齐凯利（Carlo A. Buzzichelli），哈瓦那高等体育学院（古巴）的博士，专业的体能教练，国际体能协会主任，古巴奥林匹克田径队顾问，米兰大学（意大利）训练理论与方法的副教授，国际运动科学协会总统计划咨询委员会委员。布齐凯利在世界范围内的多所大学和多个体育运动协会举办过研讨会和讲座，并受邀于 2012 年在特里凡得琅（印度）体能国际研讨会、2015 年在北京（中国）训练峰会、2016 年在布加勒斯特（罗马尼亚）国际体能研讨会，以及 2017 年在哈瓦那国家田径队教练论坛上发表了演讲。

布齐凯利在 2002 年英联邦运动会、2003 年和 2007 年世界田径锦标赛以及 2016 年夏季奥运会上担任过教练。作为一名团体项目的体能教练，他带领的大学队伍在各自的联赛上取得了第一名和第二名的好成绩，他带领的中学队伍赢得了两次地区冠军。作为一名个人项目的体能教练，布齐凯利指导的运动员在 4 个体育项目（田径、游泳、巴西柔术和举重）中赢得了 23 枚国家锦标赛的奖牌，在举重和田径项目中打破了 9 个国家记录，在国际比赛中赢得了 10 枚奖牌。2015 年，布齐凯利指导的运

动员获得了两个项目的意大利国家冠军；2016 年，他指导的两名运动员在两个格斗项目中获得了国际荣誉。

译者简介

曹晓东　博士

中国体育科学学会体能分会委员、职业足球俱乐部青训体能总监／体能教练、中国足协体能讲师、TBI（图德·邦帕学院）中国区总监。美国国家体能协会认证体能教练、足球体能教练网及微信公众号订阅号创办人。作为球队体能教练，所属球队获得2015年第一届全国青年运动会男子足球甲组冠军，并连续于2013年及2017年获得第12届和第13届全国运动会男子足球甲组冠军。作为体能教练、科研教练，执教或工作于国家奥林匹克足球队、国家女子足球队、国家U22 &19男子足球队、国家女子足球青年队，多家中超足球俱乐部，参加了奥运会、世青赛、亚洲杯、亚运会、中超联赛、全运会等国内外赛事。近年来参与翻译出版了《足球与科学》《足球实战训练》《国际足联执教手册》《足球有氧与无氧训练》《化繁为简：顶级足球实战教程》《进攻型足球打法训练指南》等专著；参与编写了《青少年运动员身体训练》《高水平足球运动员体能训练》《足球运动训练与比赛监控的理论及实证》等专业图书。

黎涌明　博士

上海体育学院教授，博士研究生导师，美国运动医学学会国际关系委员会委员，亚洲教练科学学会秘书长，"黑马科学训练坊"微信公众号创办人。本科、硕士、博士分别毕业于北京体育大学、清华大学和（德国）莱比锡大学，研究方向为人体运动的动作和能量代谢、训练监控与评价、体能训练。近年来承担国家级课题2项，在国内外期刊发表文章50多篇。2016年入选国家体育总局优秀中青年专业技术人才百人计划，获上海市青年教师教学竞赛三等奖；2017年获上海高校特聘教授称号（东方学者），入选上海市青年拔尖人才开发计划。

杨东汉

　　留美学习工作八年，得克萨斯州贝勒大学运动生理学硕士。美国体能协会 CSCS 认证教练，美国举重协会第一级别教练。曾在 NCAA 第一级别的密歇根大学和贝勒大学校队训练多种项目的运动员，如男女篮、女足、田径、网球等。

　　目前任中国国家田径队短跑和跳跃组运动表现教练，负责多位世界级运动员的力量和爆发力以及多种身体素质方面的训练，并有幸同时作为该书两位作者的现场译者，在不同场合授课。

尹晓峰　博士

　　上海体育科学研究所副研究员、体育信息研究中心主任，上海体育学院硕士生导师，德国拜罗伊特大学访问学者，美国运动医学学会青少年锻炼认证教练（YES）、FMS lever2、SFMA 认证，国家体育总局《全国各级各类体校教练人才教育培训规划》系列教练培训班特聘讲师，上海市青少年体育协会体适能分会副秘书长。译有《每天都是比赛日》《青少年运动员体能训练》等图书，主要研究方向为青少年运动能力测评与发展。